텐서플로 2와 **머신러닝**으로 시작하는

자연어 처리

로지스틱 회귀부터 BERT와 GPT3까지

개정2판

텐서플로 2와 **머신러닝**으로 시작하는
자연어 처리
로지스틱 회귀부터 BERT와 GPT3까지

지은이 전창욱, 최태균, 조중현, 신성진
펴낸이 박찬규 엮은이 이대엽 디자인 북누리 표지디자인 Arowa & Arowana

펴낸곳 위키북스 전화 031-955-3658, 3659 팩스 031-955-3660
주소 경기도 파주시 문발로 115, 311호 (파주출판도시, 세종출판벤처타운)

가격 36,000 페이지 600 책규격 175 x 235mm

개정2판 1쇄 발행 2022년 03월 24일
개정2판 2쇄 발행 2023년 07월 07일
ISBN 979-11-5839-316-8 (93000)

등록번호 제406-2006-000036호 등록일자 2006년 05월 19일
홈페이지 wikibook.co.kr 전자우편 wikibook@wikibook.co.kr

텐서플로 **2**와 **머신러닝**으로 시작하는

자연어 처리

로지스틱 회귀부터 BERT와 GPT3까지

개정2판

전창욱, 최태균, 조중현, 신성진 지음

위키북스

기계를 활용해 인간의 언어를 처리하는 것은 꽤 오래전부터 시도돼 왔고, 그 성능 역시 계속해서 발전해 왔다. 1950년대에는 앨런 튜링이 처음으로 기계가 인간과 얼마나 비슷하게 대화하는지를 기준으로 지능을 판별한 튜링 테스트(Turing test)가 등장했다. 이후에도 언어 모델을 활용한 교정 시스템, 질의응답 모델로 유명한 IBM의 왓슨(Watson)부터 아마존의 알렉사(Alexa)를 필두로 한 인공지능 스피커까지, 기계를 활용한 언어 처리, 즉 자연어 처리 분야는 급격하게 성장해 왔다.

최근에는 딥러닝을 활용한 자연어 처리를 통해 인간보다도 높은 성능을 보여주고 있다. 책을 읽고 있는 이 순간에도 좀 더 효과적인 자연어 처리 방안을 연구하는 논문들이 쏟아져 나오고 있다. 하지만 아직은 기계가 실생활에서 인간처럼 동작하기에는 부족한 점이 많으며 계속해서 연구가 필요하다. 이 책을 통해 독자들이 자연어 처리에 대한 감각을 익힌 후 지속적인 연구를 통해 우리의 삶을 바꿔 줄 수 있는 기술들을 만들기를 기대한다.

이 책은 기존 자연어 처리 책과는 다른 세 가지 특징이 있으며, 독자들이 최대한 자연어 처리를 쉽게 이해하고 구현할 수 있게 하는 데 집중했다.

첫째, 자연어 처리와 관련된 개념적인 설명에서 끝나는 것이 아니라 모델 구현에 집중한다. 그뿐만 아니라 상용 서비스를 지원하는 텐서플로를 기반으로 모델을 개발한다.

둘째, 현업에서 자연어 처리 문제를 해결하는 데 조금이나마 도움이 되고자 다양한 오픈 데이터를 활용했으며, 이를 통해 감정분석부터 유사도 처리, 챗봇 그리고 버트와 GPT에서 할 수 있는 모든 하위 문제를 다룬다.

셋째, 시중에 출간된 딥러닝 기반 자연어 처리 책은 대부분 번역서이기 때문에 주로 영어 데이터만 다루지만 이 책에서는 영어 데이터뿐만 아니라 한글 데이터를 활용해 문제를 다룬다.

기존 책에 비해 개정판은 쉽고 빠르게 책을 완성할 수 있을 것이라 생각했지만 완성도 높고 쉬운 내용을 통해 독자들에게 다가가고 싶은 마음에 계획한 일정에 비해 6개월이 늦어졌다. 앞에서 설명한 이번 책의 큰 특징 세 가지 중 두 번째 내용에 포함돼 있는 버트와 GPT 관련 내용은 가장 많은 시간을 할애해서 썼으며, 현재 시중에 출간된 어떤 책보다도 많은 내용을 완성도 높고 쉽게 풀어냈다고 자부한다.

DeepNLP 스터디 모임에서 책을 함께 쓰실 분을 모집해서 2018년 한 해 동안 책을 집필해 출판하고 개정판 작업을 하자고 했을 때 흔쾌히 함께해주신 저자 최태균 님, 조중현 님, 신성진 님 모두에게 감사드린다. 함께한 몇 년 동안 많은 성장을 했고, 그러한 성장을 기반으로 모든 분들이 좋은 회사에서 인공지능 업무에 종사하는 모습이 멋지고 앞으로도 계속 성장해서 각자가 원하는 꿈을 이루길 바란다.

어딘가에서 성장을 위해 노력하고 공부하는 모든 분들에게 이 책이 조금이나마 도움이 되길 바라며, 저자들은 자연어 처리를 전공하진 않았지만 현재 자연어 처리를 활용해 딥러닝을 연구하고 있다. 독자 여러분도 남들이 따라올 수 없는 노력을 한다면 무슨 일이든 하고 싶은 일을 할 수 있을 것이라 믿고 응원한다.

마지막으로 평일에는 회사 업무를 해야 하고 책은 대부분 주말 시간을 할애해 쓰기 때문에 가족들의 배려가 없었다면 책이 출간되기는 힘들었을 것이다. 나의 아내 홍수민 그리고 우리 아들 전우람, 우리딸 전민주 고맙고 사랑한다. 성진 님의 아내 왕세루 님, 딸 신서아, 태균 님의 아내 원서현 님의 배려에 깊이 감사한다. 저자들의 모든 가족을 사랑하며 항상 행복하고 건강하길 기원한다.

전창욱

김성훈
홍콩과기대 / 네이버 Clova AI

우리는 말과 글을 통해 사물을 배우고 이해한다. 그래서 인공지능의 궁극은 말과 글을 이해하는 것으로, 즉 NLP가 완성이라고 해도 과언이 아닐 것이다. 이 책은 최근 많은 발전을 이룬 딥러닝 NLP의 기초부터 최신 기술까지 익힐 수 있게 해준다. 이 책은 이론적인 설명에서 그치지 않고 데이터셋을 자세히 들여다보면서 인사이트를 얻고, 코드 레벨까지 깊게 내려가면서 이론을 손으로 만지듯 더듬으면서 이해할 수 있게 해주며, 간단한 딥러닝 코드가 만들어 내는 경이로운 정확도를 직접 확인할 수 있게 해주는 멋진 가이드가 될 것이다.

박규병
카카오브레인 A.I. Researcher

최근 몇 년 동안 인공지능과 기계학습에 대한 관심이 높아졌습니다. 자연어 처리를 공부하는 사람들도 크게 늘어난 것 같습니다. 당연하겠지요. 인공지능의 주요 적용 분야 중 하나가 언어니까요. 사실 자연어 처리라는 학문이 갑작스레 생겨 난 것은 아닙니다. 컴퓨터가 사람의 말을 이해하게끔 만들고자 하는 과학적인 시도는 이미 오래전부터 있어 왔습니다. 하지만 2019년 현재, 자연어 처리는 기계학습, 특히 딥러닝과 떼어 놓고 생각할 수 없게 됐습니다. 고전적인 여러 방법들을 딥러닝이 대체해 가고 있습니다. 예를 들어, 언어 모델의 경우 고전적인 n-gram 모델 대신 rnnlm 등이 표준으로 여겨지고 있습니다. 번역도 구 기반 모델(phrase based model)을 딥러닝 모델이 이미 뛰어넘었습니다.

그렇다고 딥러닝 도입 이전에 축적돼 온 자연어 처리 지식들이 모두 쓸모없는 것인가, 하면 그렇지는 않습니다. 오랫동안 텍스트 처리의 대표적인 툴킷으로 사랑받은 NLTK는 여전히 많이 사용됩니다. 최근에는 spaCy도 많이 쓰이고요. 형태소 분석이나 구문분석, 품사 부착 등의 과제를 이해하기 위해서는 언어학 지식이 필요합니다. 메모리 등 현실적인 제약 때문에 딥러닝이 아닌 고전적인 기법들을 적용해야 할 수도 있습니다.

상황이 이렇다 보니 자연어 처리에 입문하려는 사람들의 머릿속이 복잡한 것도 이상한 일이 아닙니다. 책을 봐야 할지, 강의를 들어야 할지, 논문을 봐야 할지, 대학원에 가야 할지, 혼자 공부해도 되는지 등 궁금한 점이 많이 생깁니다. 사실 제가 그랬습니다. 한 가지 좋은 소식은 온라인에 좋은 콘텐츠들이 많다는 점입니다. 걱정스러운 점은 대부분의 자료가 영어로 돼 있다는 점입니다. 이런 상황에서 이제 이 책이 하나의 선택지로 자리하게 된 것을 다행스럽게 생각합니다.

저자분들이 1년여에 걸쳐 모두의연구소 DeepNLP 랩을 통해 자연어 처리를 공부한 내용을 이렇게 책으로 엮으셨다는 얘기를 들었습니다. 입문자들이 무엇을 궁금해하며, 무엇이 필요한지를 정확히 읽어내고 가장 현장감 있는 콘텐츠를 책 속에 담아냈을 것이라 예상했습니다. 완성된 원고를 읽으며 저의 짐작이 맞았다는 것을 확인했습니다. 각종 툴킷의 설치부터 자연어 처리에 대한 개념적 설명, 딥러닝의 필수 요소에 대한 소개, 트랜스포머(Transformer) 같은 최신 모델에 대한 구체적인 설명까지 필요한 내용을 빠짐없이 다뤘습니다. 아, 그렇다고 자연어 처리의 모든 것이 이 책 한 권으로 해결된다는 뜻은 아닙니다. 그러니, 더 바람이 있다면 더 깊은 내용을 원하는 독자들을 위해 다음 단계의 책도 기획하면 어떨까 합니다.

독자들께 당부 말씀을 드립니다. 자연어 처리 분야는 매우 빠르게 발전하고 있습니다. 많은 분들이 어지럼증을 호소합니다. 저도 마찬가지고요. 어떻게 해야 할까요? 기본기를 굳건히 다지는 것이 좋은 전략이 될 수 있습니다. 새로 쏟아지는 논문과 이론들을 따라가는 일도 중요합니다. 하지만 그중 대부분은 시간의 검증 속에 잊혀질 겁니다. 커뮤니티에 귀를 열어 놓고 무엇이 중요한지를 파악하면서 기본기를 다지는 데 집중하세요. 이 책도 한 번 읽고 책장에 꽂아두지 말고 늘 가까이에 두고 거듭 읽으면 읽을 때마다 새롭게 얻는 게 있을 겁니다.

저자분들께는 책을 내는 것이 끝이 아니라 이제 시작이라고 생각해 주십사 하는 말씀을 드리고 싶습니다. 책을 계속 업데이트하고 독자와 소통해 주세요. 기회가 닿는 대로 직접 독자를 만나고 그 목소리를 책에 반영해 주세요. 2029년에도 여전히 이 책이 여러 사람들에게 읽히고 한국어로 된 자연어 처리 입문서의 고전으로 자리하게 되면 좋겠습니다.

책을 내는 일은 전혀 간단한 일이 아닙니다. 저자분들의 노고에 깊이 감사드립니다. 이 책을 선택하신 독자 여러분께도 축하와 응원을 보냅니다.

정지훈

경희사이버대 선임강의 교수, 모두의연구소 Chief Vision Officer

딥러닝의 발전으로 과거에는 매우 오래 걸릴 것으로 생각했던 자연어 처리 분야에서도 커다란 성과를 내는 연구들이 크게 늘고 있다. 그럼에도 자연어 처리는 일부 연구자들의 것으로 치부하고, 실제로 일반인들이나 개발자들이 접근하기에는 요원한 것으로 생각했던 것이 사실이다. 이 책은 그런 분들을 위한 책이다. 단순히 최신 딥러닝 기반 자연어 처리 기술을 소개하는 것이 아니라 실질적인 코딩과 한국어의 특성 등을 충분히 어필하고 있기에 실제 자연어 처리를 도입해서 새로운 서비스나 앱 등을 개발하려는 분들에게 큰 도움이 될 것이다. 더불어 이런 멋진 책을 자발적인 연구자들이 그룹을 이뤄 연구를 하는 모두의연구소를 통해 나왔다는 것에 더더욱 큰 의미가 있고, 더 많은 연구자들이 협력할 수 있게 되기를 바란다.

주재걸

고려대 컴퓨터학과 교수

인공지능 분야의 주된 기술인 딥러닝의 발전에 힘입어 자연어 처리에서도 최근 괄목할 만한 성과가 나타나고 있다. 그러나 이러한 딥러닝 및 자연어 처리를 공부할 때 일부 외국 자료나 번역서가 있지만 비전문가도 쉽게 시작할 수 있는 한글 서적이나 자료가 많지 않은 것이 사실이다. 이러한 상황에서 이 책은 딥러닝을 통한 자연어 처리 전반에 관한 핵심 기술을, 실제로 가장 많이 쓰이는 딥러닝 라이브러리인 텐서플로를 통해 입문자들이 차근차근 작성 및 실행해가며 배울 수 있게 도와준다. 이렇게 실제 코드를 가지고 딥러닝을 통한 자연어 처리 기법을 접할 수 있다는 점 덕분에 복잡한 이론적 내용 때문에 어렵게만 여겨지던 딥러닝 기반 자연어 처리를 많은 사람들이 쉽고 재미있게 배울 수 있을 것이다.

조대협
구글(조대협의 블로그)

딥러닝의 기본 개념만 익혀뒀다가 자연어 처리 분야를 준비하는 중이었는데, 괜찮은 가이드를 찾기 어려웠습니다. 데이터 분석과 학습을 위해서는 다양한 플랫폼이 필요한데, 이 책에서는 하나의 플랫폼만 다루지 않고 scikit-learn, 텐서플로 등 각 단계에 필요한 플랫폼을 적절하게 소개합니다. 또한 개념 이해를 위해 클러스터링, 원핫인코딩, TF-IDF 등과 같은 기본적인 개념부터 텍스트 처리를 위한 임베딩 등의 여러 개념을 잘 설명하고 있어서 이론적인 기초부터 잘 쌓을 수 있게 돼 있습니다.

이런 좋은 책을 한국어로 써주신 저자분께 감사드리며, 자연어 처리에 관심이 있는 분들께 많은 도움이 되리라 생각합니다. 강추합니다.

이기창
네이버 Clova Chatbot (http://ratsgo.github.io의 블로그)

한국어로 쓰여진 자연어 처리 서적 가운데 이보다 방대하고 친절한 책은 없을 것이다. 이 책 한 권으로 실무 수준의 모델 구현이 가능하다. 전통 기법과 최신 트렌드도 빠짐없이 확인할 수 있다. 로지스틱 회귀, K-means 클러스터링 같은 기존 머신러닝 방법은 물론 콘볼루션 신경망, Sequence-to-Sequence, 트랜스포머에 이르는 최신 딥러닝 기법까지 망라하고 있다. 탐색적 자료 분석(EDA)부터 단어 임베딩, TF-IDF 등 피처 생성, 모델 학습 및 성능 검증, 배포에 이르기까지 전 과정이 담겨 있다. 여기에 tf.keras, layers, tf.data, Estimator 등 텐서플로의 최신 기능을 비롯해 KoNLPy, Numpy, Pandas, scikit-Learn 같은 오픈소스 툴킷 사용법은 덤이다. 독자들이 이처럼 여러 기술을 익힐 수 있도록 수많은 시행착오를 겪었을, 그리고 수시로 임납해 보는 귀자니슴을 이겨낸 저자들에게 박수를 보낸다.

03

자연어 처리 개요

08

GPT3

들어가며

01 배경

우리는 현재 4차 산업혁명이라는 새로운 산업혁명의 기로에 서 있다. 지금까지 많은 산업혁명을 통해 인류는 끊임없이 진화했다. 이때까지의 산업혁명의 핵심 내용 중 하나는 "자동화"다. 산업혁명을 통해 단순 노동을 자동화하면서 빠르고 정확하게 대량 생산이 가능한 세상이 만들어졌다. 지금도 많은 분야에서 자동화를 위한 노력이 끊임없이 진행되고 있다.

4차 산업혁명도 마찬가지로 다양한 분야에서 자동화가 이뤄질 것으로 전망되고 있다. 다양한 분야 중 인간의 삶에 가장 직접적으로 영향을 주는 분야 중 하나는 "언어"에 대한 자동화다. 단적인 예로 과거에는 외국으로 여행을 가거나 외국어로 작성된 문서에서 정보를 얻을 때 외국어에 능통한 사람에게 의존했었지만, 현재는 구글 번역기나 네이버의 파파고 등 기계번역 소프트웨어를 활용해 더 쉽고 편리하게 여행하고 외국어 문서를 읽을 수 있게 됐다.

언어의 자동화를 위해 인류 역사는 많은 도전을 해왔다. 1950년대에는 앨런 튜링이 처음으로 기계가 인간과 얼마나 비슷하게 대화하는지를 기준으로 지능을 판별한 튜링 테스트(Turing test)가 등장했고, 그 이후에는 언어 모델을 활용한 철자 및 문법 교정과 원하는 정보를 찾아주는 검색 서비스에서부터 기계번역 및 챗봇까지 수많은 도전을 시도했다. 그중에서 질의-응답 모델로 유명한 사례 중 하나인 IBM의 왓슨(Watson)은 자연어 형식으로 된 질문에 답할 수 있는 인공지능 컴퓨터 시스템이다. 왓슨은 2011년 미국 ABC 방송의 인기 퀴즈쇼인 '제퍼디!(Jeopardy!)'에 등장해서 수많은 퀴즈의 달인들을 물리치기 시작하며 그 성능을 입증했다. 최근에는 아마존의 알렉사(Alexa)를 필두로 한 음성 인식 인터페이스가 우리의 실생활에 깊게 침투했고, 수많은 업체들이 대화 모델의 성능을 올리는 데 열을 올리고 있다.

지금도 언어 처리를 좀 더 효과적으로 자동화하는 주제에 대한 다양한 논문들이 쏟아져 나오고 있다. 하지만 아직까지는 실생활에서 문제없이 활용할 만큼의 성능이 나오지 않은 상태다. 기계번역, 대화 모델에서 상당한 성과가 있다는 것은 틀림없지만 아직까지는 작은 오류들이 많은 상태로서 계속해서 많은 연구가 필요하다. 즉, 현재 자연어 처리 분야는 끊임없이 진화하고 있고 실생활에서 만족할 만한 성능이 나오는 순간 이 분야는 우리의 삶을 송두리째 바꿀 만큼 큰 영향력이 있다고 생각한다. 따라서 이 책에서는 언어 처리라는 미지의 세계, 어쩌면 수많은 기회가 남아있는 분야에 입문하고자 하는 분들에게 지식을 공유하고자 한다.

02 이 책의 목표와 활용법

이 책은 자연어 처리에 관심이 많은 초심자를 대상으로 쓰였다. 따라서 파이썬의 기본 문법을 이해하고 딥러닝과 머신러닝에 대한 기초 지식이 있는 분들을 대상으로 설명한다. 만약 관련 지식이 부족하다면 이 책에서 등장하는 기본적인 딥러닝, 머신러닝에 대한 공부를 이 책과 함께 병행하기를 권장한다. 이 책에서는 자연어 처리 및 관련 알고리즘에 대한 전반적인 내용은 깊게 다루지 않겠지만 이와 관련된 기본 지식과 딥러닝 프레임워크인 텐서플로의 예제를 통해 직접 코드를 한 줄 한 줄 입력하면서 배울 수 있게 하는 것을 목표로 한다. 또한 기존의 딥러닝 기반 자연어 처리 서적들은 대부분 번역서라서 주로 영어 데이터만 다루지만 이 책에서는 영어 데이터뿐만 아니라 한글 데이터 처리를 위한 접근법까지 다룬다.

우선 이 책에서는 자연어 처리 전반에 사용할 도구를 배운 다음, 자연어 처리의 개념에 대해 알아보겠다. 자연어 처리에 대한 개념과 도구를 사용하는 법을 모두 습득했다면 그 이후로는 실습을 진행한다. 실습 과정은 머신러닝 경진대회 플랫폼인 캐글(Kaggle)을 활용해 진행한다. 최종적으로는 한글 챗봇을 딥러닝 모델을 통해 만들어 볼 것이다.

03 실습 환경 구축

이번 장에서는 자연어 딥러닝 프로젝트를 위한 환경 구축과 개발 도구를 사용하는 법을 다루고자 한다. 아나콘다(Anaconda)라는 개발 툴킷을 활용해 프로젝트에 대한 전반적인 개발 환경을 구성하고 독립적인 개발 프로젝트 관리를 위해 가상 환경을 구성한다. 그리고 실습을 위한 라이브러리 설정과 코드 실습을 위한 개발 도구를 소개하고자 한다.

아나콘다 설치

환경 설정을 위해 아나콘다를 활용해 파이썬을 설치한다. 아나콘다는 파이썬을 쉽고 간편하게 설치해서 사용할 수 있게 해주는 개발 도구로서 많은 AI 연구자 및 개발자들이 활용하고 있다. 여기서는 아나콘다를 macOS, 리눅스, 윈도우의 각 운영체제별로 설치하는 방법을 살펴본다.

윈도우

아나콘다를 설치하기 위해 아나콘다 다운로드 페이지[1]에 접속한다.

그림 1.1 아나콘다 다운로드 페이지

---

1 https://www.anaconda.com/products/individual

이 페이지에서 각 운영체제에 따른 설치 파일을 내려받을 수 있다. 윈도우용 아나콘다를 내려받기 위해 'Download' 버튼을 클릭해 파이썬 3의 최신 버전을 내려받으면 된다.

설치 파일을 내려받아 실행하면 다음과 같은 화면이 나타날 것이다.

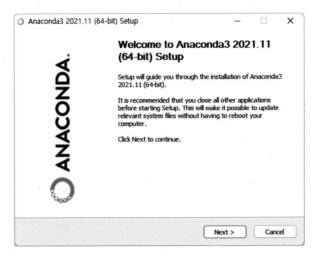

그림 1.2 아나콘다 설치

[Next] 버튼을 클릭한 후 다음 화면에서 라이선스에 동의한다.

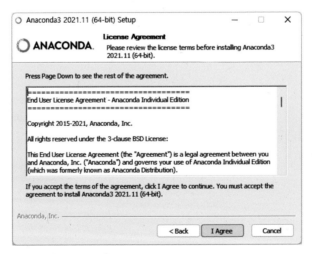

그림 1.3 아나콘다 라이선스 동의

이 프로그램에 대한 사용자 권한을 설정한다. 여기서는 [Just Me]를 선택해서 현재 사용자만 사용할 수 있게 한다.

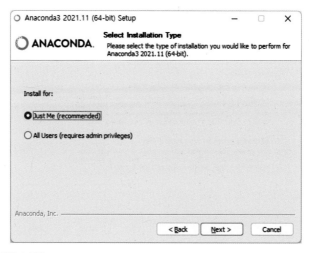

그림 1.4 아나콘다 사용자 선택

이어지는 화면에서 설치 경로를 지정한다.

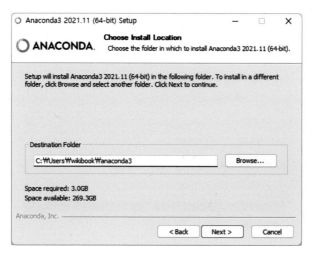

그림 1.5 아나콘다 설치 경로 지정

추가로 파이썬에 대한 환경변수 설정 옵션을 선택해야 한다. 여기서는 아나콘다에서 설치하는 파이썬을 기본 파이썬으로 설정한다.

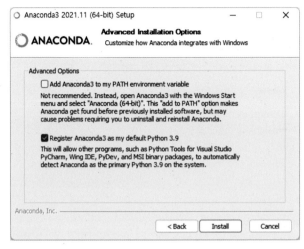

그림 1.6 PATH 환경변수 지정

지금까지 진행한 과정을 모두 거치고 나서 [Install] 버튼을 클릭하면 설치 과정을 시작한다. 설치를 시작하기 전에 환경변수 설정을 어떻게 해야 할지 옵션을 선택해야 한다. 첫 번째 옵션은 아나콘다를 환경 변수에 추가한다는 옵션이다. 편의를 위해 선택해도 되지만 혹여나 삭제 후 재설치 과정에서 문제를 발생시킬 수도 있다. 그리고 아래의 옵션은 기본적으로 선택돼 있는 옵션인데, 아나콘다의 파이썬을 기본 파이썬으로 설정하는 부분이다. 아래의 옵션은 선택된 채로 두고 위의 옵션은 편의에 따라서 선택해도 되고 그냥 넘어가도 된다.

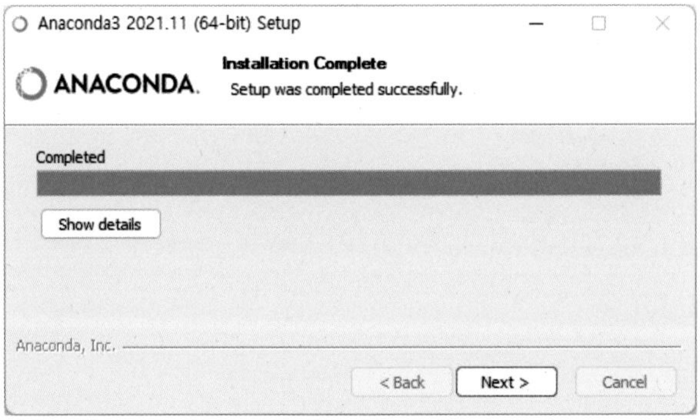

그림 1.7 설치 완료

이제 아나콘다가 실제로 설치됐는지 파이썬을 실행해 확인해 보자. 먼저 커맨드 라인을 실행한 후 다음 명령을 입력한다.

```
$ python
```

다음과 같이 'Anaconda'라는 문구가 나온다면 아나콘다를 통해 파이썬이 정상적으로 설치된 것이다.

```
Python 3.9.7 (default, Sep 16 2021, 16:59:28) [MSC v.1916 64 bit (AMD64)] :: Anaconda,
Inc. on win32
```

macOS

윈도우와 같은 방식으로 아나콘다 다운로드 페이지에서 'macOS'를 선택한 후 'Python 3.9 version'에 해당하는 설치 파일을 내려받는다.

내려받은 설치 파일을 실행하면 다음과 같은 화면이 나온다. [계속] 버튼을 클릭한 후 이어지는 화면에서 [읽어보기]와 [사용권 계약]을 차례로 확인한다.

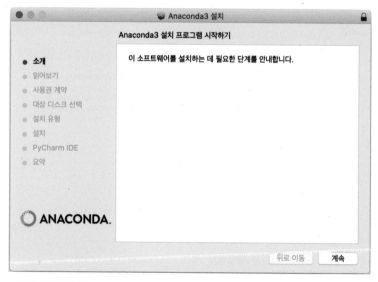

그림 1.8 macOS용 아나콘다 설치

그럼 다음과 같이 설치 유형을 확인할 수 있다.

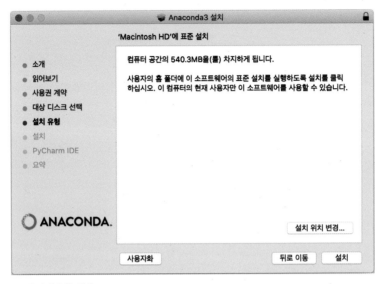

그림 1.9 아나콘다 설치 유형 안내

설치 용량을 확인하고 [설치] 버튼을 클릭하면 설치가 진행되고, 완료되면 다음과 같은 화면을 확인할 수 있다.

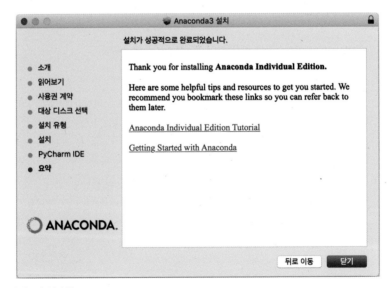

그림 1.10 아나콘다 설치 완료

이제 아나콘다가 잘 설치됐는지 확인해 보자.

아나콘다를 실행하기 위해 터미널을 실행한다. Spotlight를 실행한 후 'Terminal'을 입력하고 'Enter'를 누르면 된다.

그림 1.11 터미널 실행

터미널에서 다음과 같이 'python' 명령어를 입력한 후 실행한다.

```
python
```

출력 결과에 'Anaconda'라는 문구가 들어가 있으면 정상적으로 설치된 것이다.

```
Python 3.9.7 (default, Sep 16 2021, 08:50:36)
[Clang 10.0.0 ] :: Anaconda, Inc. on darwin
Type "help", "copyright", "credits" or "license" for more information.
```

정상적으로 설치된 것을 확인한 후 파이썬 셸에서 빠져나오려면 quit()을 입력하면 된다.

리눅스

리눅스의 경우 일반적으로 터미널에서 진행한다고 가정하고 설치 방법을 설명하겠다. 먼저 설치 파일을 내려받기 위해 다음과 같은 명령어를 입력한다. 이 명령어는 curl로 지정한 링크에 위치한 파일을 받아오는 명령어다.

```
curl -O https://repo.anaconda.com/archive/Anaconda3-2021.11-Linux-x86_64.sh
```

파일 다운로드가 완료되면 bash 명령어를 이용해 설치 파일을 실행한다.

```
bash Anaconda3-2021.11-Linux-x86_64.sh
```

다음과 같은 문구를 확인할 수 있다. Enter를 입력해서 설치를 진행하자.

```
Welcome to Anaconda3 2021.11

In order to continue the installation process, please review the license
agreement.
Please, press ENTER to continue
```

그리고 라이선스에 동의를 구하는 메시지가 나오면 'yes'를 입력한다.

```
Do you approve the license terms? [yes¦no]
```

이어서 아나콘다 설치 경로를 선택하는 메시지가 나온다. 이때 특정 경로를 입력하고 싶다면 '>>>' 뒤에 해당 경로를 지정하면 된다. 기본 경로를 사용하고 싶다면 Enter를 입력해서 설치를 진행한다.

```
Anaconda3 will now be installed into this location:
/home/username/anaconda3

  - Press ENTER to confirm the location
  - Press CTRL-C to abort the installation
  - Or specify a different location below

[/home/username/anaconda3] >>>
```

설치가 완료되면 아나콘다에 대한 경로를 .bashrc에 설정할지 묻는데, 여기서 'yes'를 입력해서 설정한다.

```
installation finished.
Do you wish the installer to prepend the Anaconda3 install location
to PATH in your /home/sammy/.bashrc ? [yes¦no]
[no] >>>
```

앞에서 'yes'를 입력하면 다음과 같은 문구가 출력된다. 아나콘다 경로에 대한 환경변수를 설정하기 위한 메시지이고, 만약 .bashrc에 작성돼 있지 않을 경우 PATH 변수를 .bashrc에 추가하면 된다.

```
Prepending PATH=/home/sammy/anaconda3/bin to PATH in /home/sammy/.bashrc
A backup will be made to: /home/sammy/.bashrc-anaconda3.bak
```

환경변수를 설정하고 나면 환경변수를 적용하기 위해 source 명령어를 입력한다.

```
source ~/.bashrc
```

정상적으로 설치 및 설정됐는지 확인하기 위해 conda 명령어를 입력한다. 이때 버전을 확인하기 위해 --version을 명령행 인자로 지정한다.

```
conda --version
```

conda가 정상적으로 설치됐다면 다음과 같이 아나콘다 버전을 확인할 수 있으며, 다음과 같은 메시지가 출력되면 정상적으로 설치된 것이다.

```
conda 4.10.3
```

가상 환경 구성

아나콘다를 정상적으로 설치했다면 이제 가상 환경을 구성해 보자. 가상 환경은 각 프로젝트마다 파이썬 실행 환경을 독립적으로 활용할 수 있게 해주는 기능이다. 만약 다른 파이썬 프로젝트를 위해 새로운 환경을 구성해야 한다면 간단하게 가상 환경을 생성하면 된다. 가상 환경은 운영체제와 상관없이 공통적으로 커맨드 라인(Comand Line)에서 생성할 수 있으며, 다음과 같이 conda 명령어를 활용해 생성하면 된다.

```
conda create --name pr_tensorflow python=3.6
```

conda create는 가상 환경을 생성한다는 것을 의미한다. 여기서는 가상 환경의 이름을 지정하는 --name 옵션에 'pr_tensorflow'를 입력하고, python 옵션에 사용하고자 하는 파이썬 버전으로 파이썬 3.6을 의미하는 '3.6'을 입력했다.

가상 환경이 생성되면 다음 명령어로 가상 환경을 실행해 보자.

```
conda activate pr_tensorflow
```

conda activate 명령어를 이용해 pr_tensorflow라는 아나콘다 가상 환경을 활성화한다. 그럼 명령행이 다음과 같이 나타날 것이다.

```
(pr_tensorflow) $ <명령어 라인>
```

가끔 가상 환경의 이름이 기억나지 않을 때가 있다. 이럴 때는 다음과 같은 명령어로 가상 환경의 이름을 확인해 볼 수 있다.

```
conda env list
```

이제 가상 환경을 활성화하고 파이썬 라이브러리 관리 및 개발 도구 등을 확인하고 실행할 수 있다. 이어서 이 책의 실습을 진행하기 위한 방법을 알아보자.

실습 프로젝트 구성

이 책에서 다루는 모든 실습 프로젝트는 깃허브 저장소[2]에서 내려받을 수 있다. 깃허브 저장소에 접속하면 다음과 같은 화면을 확인할 수 있다.

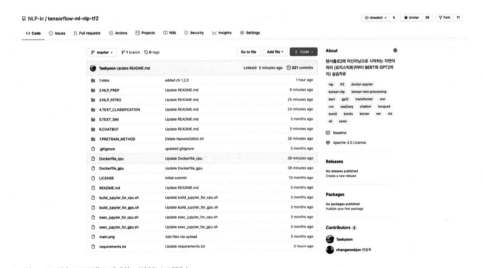

그림 1.12 실습 프로젝트가 있는 깃허브 저장소

---

2   https://github.com/NLP-kr/tensorflow-ml-nlp-tf2.git

실습 프로젝트를 내려받기 위해 페이지 오른쪽 중간에 있는 초록색 'Code' 버튼을 클릭하면 다음과 같은 화면을 확인할 수 있다.

그림 1.13 깃허브 프로젝트 다운로드 옵션

크게 두 가지 방식으로 프로젝트를 내려받을 수 있다. 첫 번째 방법은 'Download ZIP'을 클릭해 .zip 파일 형태로 내려받는 방법이다. 두 번째 방법은 git clone 명령어를 통해 내려받는 방법이다. 이 경우 커맨드 라인에서 다음과 같은 명령어로 프로젝트를 내려받을 수 있다.

```
git clone https://github.com/NLP-kr/tensorflow-ml-nlp-tf2.git
```

이렇게 하면 실습 프로젝트를 모두 내려받는다.

프로젝트를 내려받았다면 이제 실습을 위한 라이브러리를 구성하자.

pip 설치

pip은 파이썬으로 개발된 라이브러리를 설치 및 관리하는 도구다. 주로 라이브러리 설치, 업데이트, 삭제 등을 위해 사용하며, 주로 사용하는 명령어는 다음과 같다.

```
pip install <설치할 라이브러리 이름>
pip uninstall <설치된 라이브러리 이름>
```

pip install은 설치를 위한 명령어로, 위와 같이 입력하면 라이브러리가 설치된다. pip uninstall은 설치된 라이브러리를 삭제하는 역할을 한다.

이제 pip 명령어를 이용해 프로젝트에 필요한 라이브러리들을 설치해 보자.

앞서 실습 프로젝트를 구성했다면 이제 프로젝트에 필요한 라이브러리를 설치한다. 필요한 라이브러리 목록은 실습 프로젝트의 'requirements.txt' 파일에 명시돼 있다. pip 명령어를 실행할 때 이 파일을 전달해서 설치하면 되며, 다음과 같은 명령어를 실행하면 필요한 라이브러리가 설치된다[3].

```
pip install -r requirements.txt
```

주피터 노트북

이 책에서는 프로젝트를 주로 주피터 노트북(Jupyter Notebook)을 이용해 실행할 예정이다 (6장의 경우는 예외로 한다). 주피터 노트북을 실행하려면 커맨드 라인에서 프로젝트 폴더로 이동한 후 다음 명령어를 입력한다.

```
jupyter notebook
```

그러고 나면 다음과 같은 링크가 출력된다.

```
Copy/paste this URL into your browser when you connect for the first time, to login with
a token: http://localhost:8888/?token=cd7e369f049a78d2447877155f85f1fe149447c2a169a4ef
```

이 링크를 가지고 웹 브라우저에 접속하면 다음과 같은 화면이 나타난다.

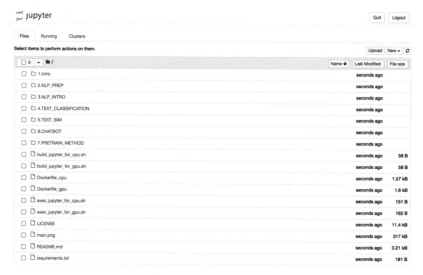

그림 1.14 주피터 노트북을 실행한 모습

---

3 위의 pip install이 제대로 되지 않을 경우가 있다. 이 경우엔 커맨드 라인에 conda install python=3.6 명령어를 입력하여 해결한다.

이제 이 페이지에서 프로젝트 코드를 실행하고 결과를 확인할 수 있으며, 이 환경에서 자연어 처리 실습을 진행하겠다.

다양한 환경 구축 및 변경사항을 통일하기 위해 코드 저장소의 README에 도커(Docker)를 통해 손쉽게 개발 환경을 구성하는 방법을 설명했다. 해당 가이드대로 진행하면 향후 업데이트에도 문제없이 실습을 진행할 수 있을 것이다.

만약에 환경구성 중에 문제가 생기면 깃허브에 README 내용을 먼저 확인하고 자신의 개발 환경이 README에 설명된 방식으로 설치됐는지 다시 확인해본다. README의 방식대로 설치 진행이 되지 않으면 깃허브 issue를 등록하여 문제를 해결할 수 있다.

04 정리

환경 설정까지 끝났다면 자연어 처리에 대해 본격적으로 알아보자. 책과 함께 공부하거나, 혹은 이 책을 다 본 후에 추가로 자연어 처리에 대해 공부할 수 있게 도움이 될 만한 사이트들을 공유한다.

자연어 처리 강의

- 딥러닝을 이용한 자연어 처리: https://www.boostcourse.org/ai331

자연어 처리 스터디 모임

- DeepNLP(모두의연구소 자연어 처리 스터디): https://github.com/modulabs/DeepNLP

- 바벨피쉬(싸이그래머 스터디): https://www.facebook.com/groups/babelPish/

온라인 참고 자료

- 스탠퍼드 자연어 처리 강의: http://web.stanford.edu/class/cs224n/

- Jacob Eisenstein 교수님의 자연어 처리 강의: https://github.com/jacobeisenstein/gt-nlp-class/blob/master/notes/eisenstein-nlp-notes.pdf

- YSDA 자연어 처리: https://github.com/yandexdataschool/nlp_course

- 조경현 교수님의 자연어 처리 강의 노트: https://github.com/nyu-dl/NLP_DL_Lecture_Note/blob/master/lecture_note.pdf

자연어 처리
개발 준비

이제 본격적으로 자연어 처리에 대해 알아보자. 자연어 처리를 위한 도구를 먼저 알아보겠다. 여기서 말하는 도구란 자연어 처리를 위한 라이브러리를 의미한다. 딥러닝 모델을 만들기 위한 라이브러리인 텐서플로, 머신러닝 모델과 데이터를 다루기 위한 라이브러리인 사이킷런, 자연어 데이터를 토크나이징하기 위한 라이브러리인 NLTK와 Spacy, 그리고 넘파이, 판다스 등 각종 라이브러리에 대해 알아보겠다.

참고로 이번 장을 통해 전반적인 자연어 처리 라이브러리에 대해 배운 후 다음 장에서는 자연어 처리의 개념에 대해 알아볼 것이다. 이후 4장부터는 2, 3장에서 배운 내용을 바탕으로 실습을 진행할 것이므로 이번 장에서 다룬 내용을 잘 이해한 후 다음 내용을 진행하길 권장한다.

먼저 딥러닝 라이브러리 중 하나인 텐서플로에 대해 알아보겠다.

01 텐서플로

텐서플로(TensorFlow)는 구글에서 2015년에 오픈소스로 발표한 머신러닝 라이브러리다. 일반인이 사용하기 쉽게 구성돼 있고, 파이썬을 주로 활용해 손쉽게 모델링 및 테스트해 볼 수 있는 구조로 돼 있다. 또한 머신러닝 생태계를 중요시해서 적극적인 이슈 대응 및 버전 업그레이드를 통해 인지도를 높이고 있다.

수많은 라이브러리 가운데 이 책에서 텐서플로를 선택한 이유는 텐서플로가 파이썬을 기반으로 한 안정적인 라이브러리이며, 다른 라이브러리와는 다르게 상용 서비스까지 고려해서 최적화돼 있기 때문이다. 하지만 이 책은 텐서플로 자체에 대해 설명하는 책이 아니기 때문에 최신 버전의 핵심 내용과 필요한 기능에만 집중해서 설명한다(참고로 개정판에서는 2.0 이상 버전의 텐서플로를 기준으로 한다).

텐서플로는 다음과 같은 특징이 있다.

- 데이터 플로 그래프를 통한 풍부한 표현력

- 아이디어 테스트에서 서비스 단계까지 이용 가능

- 계산 구조와 목표 함수만 정의하면 자동으로 미분 계산을 처리

- 파이썬/C++를 지원하며, SWIG를 통해 다양한 언어 지원 가능

- 유연성과 확장성

여기서 텐서(Tensor)는 N차원 매트릭스를 의미하며, 말 그대로 텐서를 플로(Flow)한다는 것은 데이터 흐름 그래프(Data flow graph)를 사용해 수치 연산을 하는 과정을 의미한다.

그래프의 노드(Node)는 수치 연산(operator), 변수(variable), 상수(constant)를 나타내고 에지(edge)는 노드 사이를 이동하는 다차원 데이터 배열(텐서, tensor)을 나타낸다. 텐서플로는 유연한 아키텍처로 구성돼 있어 코드를 수정하지 않고도 데스크톱, 서버 혹은 모바일 디바이스에서 CPU나 GPU를 사용해 연산을 구동시킬 수 있다.

tf.keras.layers

텐서플로를 이용해 하나의 딥러닝 모델을 만드는 것은 마치 블록을 하나씩 쌓아서 전체 구조를 만들어 가는 것과 비슷하다. 따라서 쉽게 블록을 바꾸고, 여러 블록들의 조합을 쉽게 만들 수 있다는 것은 텐서플로의 큰 장점이다. 그렇다면 모델을 만들기 위해서는 어떤 블록들이 있는지를 알아야 하는데, 텐서플로에는 블록 역할을 할 수 있는 모듈의 종류가 다양하다. 이 책에서는 텐서플로의 케라스 모듈 중 tf.keras.layer의 모듈에 대해 알아보겠다. 케라스는 텐서플로와 같은 별개의 딥러닝 오픈소스인데, 텐서플로에서도 케라스를 사용할 수 있다.

텐서플로 2.0 이후 버전에는 기존의 다양한 모듈 중 대부분을 tf.keras.layers의 모듈로 통합하고 이를 표준으로 사용하고 있다. tf.keras.layers의 다양한 모듈 중 이 책에서 주로 사용하는 모듈 위주로 알아보자.

tf.keras.layers.Dense

처음 소개할 모듈은 tf.keras.layers.Dense다. Dense란 신경망 구조의 가장 기본적인 형태를 의미한다. 즉, 아래의 수식을 만족하는 기본적인 신경망 형태의 층을 만드는 함수다.

$$y=f(Wx+b)$$

위의 수식에서 x와 b는 각각 입력 벡터, 편향 벡터이며 W는 가중치 행렬이 된다. 즉, 가중치와 입력 벡터를 곱한 후 편향을 더해준다. 그리고 그 값에 f라는 활성화 함수를 적용하는 구조다. 위 수식을 그림으로 보면 아래와 같은 은닉층이 없는 간단한 신경망 형태가 된다.

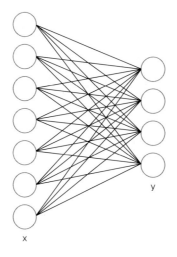

그림 2.1 Dense 층

위 그림에서 왼쪽 노드들이 입력값인 x가 되고 오른쪽 노드들이 y가 된다. 그리고 중간에 있는 선이 가중치를 곱하는 과정을 의미하고, 여기서 곱해지는 가중치들이 앞 수식의 W가 된다.

이러한 Dense 층을 구성하는 기본적인 방법은 가중치인 W와 b를 각각 변수로 선언한 후 행렬 곱을 통해 구하는 방법이다. 다음과 같이 코드를 작성해서 직접 가중치 변수를 모두 정의해야 한다.

```
W = tf.Variable(tf.random.uniform([5,10], -1.0, 1.0))
b = tf.Variable(tf.zeros([10]))

y = tf.matmul(W, x) + b
```

위와 같이 모든 변수들을 선언하고 하나하나 직접 곱하고, 더해야 한다. 하지만 텐서플로의 Dense를 이용하면 한 줄로 위의 코드를 작성할 수 있다. 이 경우 내부적으로 변수를 생성하고 연산을 진행한다. 아울러 인자 설정에 따라 활성화 함수 설정, 초기화 방법, 정규화 방법 등 다양한 기능을 쉽게 사용할 수 있게 구성돼 있다.

케라스의 Dense를 사용하려면 우선 객체를 생성해야 한다.

```
dense = tf.keras.layers.Dense( ... )
```

이렇게 생성한 Dense 층 객체에 입력값을 넣어야 한다. 입력값을 넣기 위해서는 객체를 생성할 때 함께 넣거나 생성한 후 따로 적용하는 방법이 있다.

```
# 1. 객체 생성 후 다시 호출하면서 입력값 설정
dense = tf.keras.layers.Dense( ... )
output = dense(input)

# 2. 객체 생성 시 입력값 설정
output = tf.keras.layers.Dense( ... )(input)
```

Dense 층을 만들 때 여러 인자를 통해 가중치와 편향 초기화 방법, 활성화 함수의 종류 등 여러 가지를 옵션으로 정할 수 있다. 객체를 생성할 때 지정할 수 있는 인자는 다음과 같다.

```
__init__(
    units,
    activation=None,
    use_bias=True,
    kernel_initializer='glorot_uniform',
    bias_initializer='zeros',
    kernel_regularizer=None,
    bias_regularizer=None,
```

```
    activity_regularizer=None,
    kernel_constraint=None,
    bias_constraint=None,
    **kwargs
)
```

각 인자 값이 의미하는 바가 무엇인지 하나씩 알아보자.

- units: 출력 값의 크기, Integer 혹은 Long 형태다.

- activation: 활성화 함수

- use_bias: 편향(b)을 사용할지 여부, Boolean 값 형태다.

- kernel_initializer: 가중치(W) 초기화 함수

- bias_initializer: 편향 초기화 함수

- kernel_regularizer: 가중치 정규화 방법

- bias_regularizer: 편향 정규화 방법

- activity_regularizer: 출력 값 정규화 방법

- kernel_constraint: Optimizer에 의해 업데이트된 이후에 가중치에 적용되는 부가적인 제약 함수(예: norm constraint, value constraint)

- bias_constraint: Optimizer에 의해 업데이트된 이후에 편향에 적용되는 부가적인 제약 함수(예: norm constraint, value constraint)

필요에 따라 사용할 인자 값만 지정하면 된다.

그럼 몇 가지 예제를 통해 사용법을 알아보자. 입력값에 대해 활성화 함수로 시그모이드 함수를 사용하고, 출력 값으로 10개의 값을 출력하는 완전 연결 계층(Fully Connected Layer)은 다음과 같이 정의하면 된다.

```
INPUT_SIZE = (20, 1)

inputs = tf.keras.layers.Input(shape = INPUT_SIZE)
output = tf.keras.layers.Dense(units = 10, activation = tf.nn.sigmoid)(inputs)
```

10개의 노드를 가지는 은닉층이 있고 최종 출력 값은 2개의 노드가 있는 신경망 구조를 생각해보자. 그렇다면 객체를 두 개 생성해서 신경망을 만들 수 있다.

```
INPUT_SIZE = (20, 1)

inputs = tf.keras.layers.Input(shape = INPUT_SIZE)
hidden = tf.keras.layers.Dense(units = 10, activation = tf.nn.sigmoid)(inputs)
output = tf.keras.layers.Dense(units = 2, activation = tf.nn.sigmoid)(hidden)
```

보다시피 사용법이 매우 간단하다. 그뿐만 아니라 다른 여러 옵션을 사용할 때도 별다른 어려움 없이 사용할 수 있으므로 익혀두고 필요할 때마다 사용하자.

tf.keras.layers.Dropout

신경망 모델을 만들 때 생기는 여러 문제점 중 대표적인 문제점은 과적합(Overfitting)이다. 과적합 문제는 정규화(Regularization) 방법을 사용해서 해결하는데, 그중 가장 대표적인 방법이 드롭아웃(dropout)이다. 텐서플로는 드롭아웃을 쉽게 모델에 적용할 수 있게 간단한 모듈을 제공하는데, 이 모듈을 이용하면 특정 keras.layers의 입력값에 드롭아웃을 적용할 수 있다. 사용법은 위의 dense 층을 만드는 방법과 유사하게 Dropout 객체를 생성해서 사용하면 된다.

```
tf.keras.layers.Dropout( ... )
```

드롭아웃을 적용할 입력값을 설정해야 한다. 앞서 진행했던 것과 입력값을 설정하는 방법은 동일하다.

```
# 1. 객체 생성 후 다시 호출하면서 입력값 설정
dropout= tf.keras.layers.Dropout( ... )
output = dropout(input)

# 2. 객체 생성 시 입력값 설정
output = tf.keras.layers.Dropout( ... )(input)
```

드롭아웃 객체에도 다른 객체와 동일하게 몇 가지 인자를 설정할 수 있다. 어떤 인자들이 있는지 알아보자.

```
__init__(
    rate,
    noise_shape=None,
    seed=None,
    **kwargs
)
```

드롭아웃을 적용할 때 설정할 수 있는 인자 값에 대해 하나씩 알아보자.

- rate: 드롭아웃을 적용할 확률을 지정한다. 확률 값이므로 0~1 사이의 값을 받는다. 예를 들어 dropout=0.2로 지정하면 전체 입력값 중에서 20%를 0으로 만든다.

- noise_shape: 정수형의 1D-tensor 값을 받는다. 여기서 받은 값은 shape을 뜻하는데, 이 값을 지정함으로써 특정 값만 드롭아웃을 적용할 수 있다. 예를 들면, 입력값이 이미지일 때 noise_shape을 지정하면 특정 채널에만 드롭아웃을 적용할 수 있다.

- seed: 드롭아웃의 경우 지정된 확률 값을 바탕으로 무작위로 드롭아웃을 적용하는데, 이것은 임의의 선택을 위한 시드 값을 의미한다. seed 값은 정수형이며, 같은 seed 값을 가지는 드롭아웃의 경우 동일한 드롭아웃 결과를 만든다.

드롭아웃을 적용하는 과정을 생각해보자. 학습 데이터에 과적합되는 상황을 방지하기 위해 학습 시 특정 확률로 노드들의 값을 0으로 만든다. 그리고 이러한 과정은 학습할 때만 적용되고 예측 혹은 테스트할 때는 적용되지 않아야 한다. 케라스의 Dropout을 사용할 경우 이러한 부분이 자동으로 적용된다. 드롭아웃을 적용하는 방법은 아래와 같이 적용시킬 값을 입력값으로 넣어주면 된다.

```
INPUT_SIZE = (20, 1)

inputs = tf.keras.layers.Input(shape = INPUT_SIZE)
dropout = tf.keras.layers.Dropout(rate = 0.5)(inputs)
```

텐서플로에서 드롭아웃은 tf.keras.layers뿐만 아니라 tf.nn 모듈에도 있는데, 두 모듈의 차이점은 tf.keras.layers.dropout의 경우 확률을 0.2로 지정했을 때 노드의 20%를 0으로 만드는 데 비해 tf.nn.dropout의 경우 확률을 0.2로 지정했을 때 80% 값을 0으로 만든다는 것이다.

함수를 사용하는 방법을 알아보자. 이전의 dense 층 예제인 신경망 구조에서 처음 입력값에 드롭아웃을 적용해 보자.

```
inputs = tf.keras.layers.Input(shape = INPUT_SIZE)
dropout = tf.keras.layers.Dropout(rate = 0.2)(inputs)
hidden = tf.keras.layers.Dense(units = 10, activation = tf.nn.sigmoid)(dropout)
output = tf.keras.layers.Dense(units = 2, activation = tf.nn.sigmoid)(hidden)
```

드롭아웃을 적용하려는 층의 노드를 객체에 적용하면 된다. 위 코드의 경우 입력값에 드롭아웃을 적용한 후 Dense 층을 지나도록 작성했다. 이처럼 드롭아웃은 여러 층에 범용적으로 사용되어 과적합을 방지하기 때문에 모델을 구현할 때 자주 사용하는 기법이다.

tf.keras.layers.Conv1D

이번 절에서는 합성곱(Convolution) 연산 중 Conv1D에 대해 알아보겠다. 텐서플로의 합성곱 연산은 Conv1D, Conv2D, Conv3D로 나눠지는데 우선 이 세 개가 어떤 차이점이 있는지 알아보자.

우리가 흔히 알고 있는 기본적인 이미지에 적용하는 합성곱 방식은 Conv2D다. 합성곱은 일반적으로 두 가지 기준으로 구분할 수 있다. 바로 합성곱이 진행되는 방향과 합성곱 결과로 나오는 출력값이다. 이 두 가지를 기준으로 비교한 결과는 다음과 같다.

	합성곱의 방향	출력값
Conv1D	한 방향(가로)	1-D Array(vector)
Conv2D	두 방향(가로, 세로)	2-D Array(matrix)
Conv3D	세 방향(가로, 세로, 높이)	3-D Array(tensor)

위의 표에서 나온 출력값의 경우 실제 합성곱 출력값과 동일하진 않다. 배치 크기와 합성곱이 적용되는 필터의 개수도 고려해야 하기 때문에 출력값이 위와 동일하게 나오지 않는 것이다. 위의 경우는 단순히 배치의 경우는 고려하지 않고 합성곱 필터를 하나만 적용했을 때라고 생각하면 된다.

Conv1D를 적용하는 과정을 다음 그림을 통해 간략하게 이해해보자.

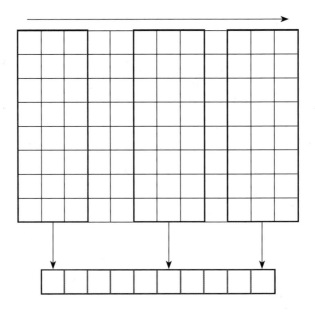

그림 2.2 conv1d

그림을 보면 빨간색 사각형이 하나의 필터가 된다. 이 필터는 가로 방향으로만 옮겨가면서 (slide) 입력값에 대해 합성곱을 수행한다. 연산 결과들이 모여서 최종 출력 값이 나온다. 따라서 출력 값은 하단에 위치한 것과 같은 1차원 벡터가 된다.

자연어 처리 분야에서 사용하는 합성곱의 경우 각 단어(혹은 문자) 벡터의 차원 전체에 대해 필터를 적용시키기 위해 주로 Conv1D를 사용한다. 이제 이 Conv1D를 사용하는 방법을 알아보자. 앞서 사용했던 Dense, Dropout과 동일한 방법으로 사용할 수 있다.

```
# 1. 객체 생성 후 다시 호출하면서 입력값 설정
conv1d = tf.keras.layers.Conv1D( ... )
output = conv1d(input)

# 2. 객체 생성 시 입력값 설정
output = tf.keras.layers.Conv1D( ... )(input)
```

합성곱도 필터의 크기, 필터의 개수, 스트라이드 값 등을 객체를 생성할 때 인자로 설정할 수 있다. 인자 값을 어떻게 설정하느냐에 따라 학습 성능이 크게 달라지므로 어떤 선택 사항이 있는지와 각 인자가 의미하는 바에 대해 정확하게 알고 있는 것이 중요하다. 객체 생성 시 전달할 수 있는 인자는 다음과 같다.

```
__init__(
    filters,
    kernel_size,
    strides=1,
    padding='valid',
    data_format='channels_last',
    dilation_rate=1,
    activation=None,
    use_bias=True,
    kernel_initializer='glorot_uniform',
    bias_initializer='zeros',
    kernel_regularizer=None,
    bias_regularizer=None,
    activity_regularizer=None,
    kernel_constraint=None,
    bias_constraint=None,
    **kwargs)
```

구조는 몇 가지를 제외하고 이전에 알아본 Dense와 비슷하다. 다른 점은 합성곱 연산을 수행할 필터와 관련된 부분이다. 그리고 합성곱은 기본적으로 필터의 크기를 필요로 하는데, 이 경우 Conv1D는 필터의 높이(high)는 필요하지 않다. Conv1D의 필터는 입력값의 차원 수와 높이가 동일하게 연산되기 때문에 필터의 가로 길이만 설정하면 된다. 즉, 필터의 가로에 적용되는 kernel_size만 설정하면 된다. 그리고 총 몇 개의 필터를 사용할지를 filters 인자를 통해 정해야 한다.

Conv1D의 입력값, 필터, 출력값의 형태를 예를 들어 생각해 보자. 예를 들어 (5, 10) 형태의 입력값에 대해 필터의 크기인 kernel_size를 2로 설정하고 필터의 개수를 10으로 지정할 경우 출력값의 형태는 $(1, 4, 10)$이 된다. 다음 그림을 참고하자.

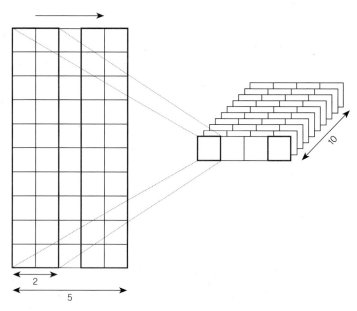

그림 2.3 Conv1D 예시

그리고 패딩을 사용해 입력값과 출력값의 가로 크기를 똑같이 만들고 싶다면 padding="same"
을 지정하면 입력과 출력의 가로 값이 같아진다. 그 밖에도 다양한 옵션을 위한 인자가 있는
데, 하나씩 알아보자.

- filters: 필터의 개수로서, 정수형으로 지정한다. 출력의 차원 수를 나타낸다.

- kernel_size: 필터의 크기로서, 정수 혹은 정수의 리스트, 튜플 형태로 지정한다. 합성곱이 적용되는 윈도
  (window)의 길이를 나타낸다.

- strides: 적용할 스트라이드의 값으로서 정수 혹은 정수의 리스트, 튜플 형태로 지정한다. 1이 아닌 값을 지
  정할 경우 dilation_rate는 1 이외의 값을 지정하지 못한다.

- padding: 패딩 방법을 정한다. "VALID" 또는 "SAME"을 지정할 수 있다.

- data_format: 데이터의 표현 방법을 선택한다. "channel_last" 혹은 "channel_first"를 지정할 수 있
  다. channel_last의 경우 데이터는 (batch, length, channels) 형태여야 하고, channel_first의 경
  우 데이터는 (batch, channels, length) 형태여야 한다.

- dilation_rate: dilation 합성곱 사용 시 적용할 dilation 값으로서 정수 혹은 정수의 리스트, 튜플 형
  태로 지정한다. 1이 아닌 값을 지정하면 strides 값으로 1 이외의 값을 지정하지 못한다.

- activation: 활성화 함수

- use_bias: 편향(b)을 사용할지 여부. Boolean 값 형태다.

- kernel_initializer: 가중치(W) 초기화 함수

- bias_initializer: 편향 초기화 함수

- kernel_regularizer: 가중치 정규화 방법

- bias_regularizer: 편향 정규화 방법

- activity_regularizer: 출력 값 정규화 방법

- kernel_constraint: Optimizer에 의해 업데이트된 이후에 가중치에 적용되는 부가적인 제약 함수(예: norm constraint, value constraint)

- bias_constraint: Optimizer에 의해 업데이트된 이후에 편향에 적용되는 부가적인 제약 함수(예: norm constraint, value constraint)

Conv1D의 기본적인 사용법을 알아보자. 간단하게 Conv1D를 사용한 합성곱 신경망은 다음과 같이 만들 수 있다.

```
INPUT_SIZE = (1,28,28)

inputs = tf.keras.Input(shape = INPUT_SIZE)
conv = tf.keras.layers.Conv1D(
        filters=10,
        kernel_size=3,
        padding='same',
        activation=tf.nn.relu)(inputs)
```

입력값에 드롭아웃을 적용한 합성곱 신경망도 Dropout과 Conv1D를 사용해서 구현할 수 있다.

```
INPUT_SIZE = (1,28,28)

inputs = tf.keras.Input(shape = INPUT_SIZE)
dropout = tf.keras.layers.Dropout(rate=0.2)(inputs)
conv = tf.keras.layers.Conv1D(
        filters=10,
```

```
        kernel_size=3,
        padding='same',
        activation=tf.nn.relu)(dropout)
```

합성곱의 경우 자주 사용하므로 각 옵션에 대해 자세히 알아두는 편이 좋다. 또한 conv2d와 conv3d의 경우도 몇 가지 옵션을 제외하면 대부분 비슷하므로 텐서플로 API 공식 문서[1]를 보고 비교하며 함께 알아두자.

tf.keras.layers.MaxPool1D

합성곱 신경망과 함께 쓰이는 기법 중 하나는 풀링이다. 보통 피처 맵(feature map)의 크기를 줄이거나 주요한 특징을 뽑아내기 위해 합성곱 이후에 적용되는 기법이다. 풀링에는 주로 두 가지 풀링 기법이 사용되는데, 맥스 풀링(max-pooling)과 평균 풀링(average-pooling)이 있다. 맥스 풀링은 피처 맵에 대해 최댓값만을 뽑아내는 방식이고, 평균 풀링은 피처 맵에 대해 전체 값들을 평균한 값을 뽑는 방식이다. 이 책에서는 주로 맥스 풀링 기법을 사용하므로 MaxPool1D에 대해 알아보자.

맥스 풀링도 합성곱과 같이 세 가지 형태로 모델이 구분돼 있다. MaxPool1D, MaxPool2D, MaxPool3D로 나눠져 있는데 합성곱과 똑같은 원리다. 자연어 처리에 주로 사용되는 합성곱과 동일하게 MaxPool1D를 주로 사용하는데 한 방향으로만 풀링이 진행된다. 사용법은 앞에서 설명한 합성곱과 동일하다.

```
# 1. 객체 생성 후 apply 함수를 이용해 입력값 설정
max_pool = tf.keras.layers.MaxPool1D(...)
max_pool.apply(input)

# 2. 객체 생성 시 입력값 설정
max_pool = tf.keras.layers.MaxPool1D(...)(input)
```

맥스 풀링도 여러 인자 값을 설정함으로써 풀링이 적용되는 필터의 크기 등을 설정할 수 있다.

---

1 https://www.tensorflow.org/api_docs/python/tf

```
__init__(
    pool_size=2,
    strides=None,
    padding='valid',
    data_format=None,
    **kwargs)
```

합성곱에 비해 인자들의 종류가 많지는 않다. 인자들이 의미하는 것에 대해 하나씩 알아보자.

- pool_size: 풀링을 적용할 필터의 크기를 뜻한다. 정숫값을 받는다.

- strides: 적용할 스트라이드의 값. 정수 혹은 None 값을 받는다.

- padding: 패딩 방법을 지정한다. "valid" 또는 "same"을 지정할 수 있다.

- data_format: 데이터의 표현 방법을 선택한다. "channel_last" 혹은 "channel_first"를 지정할 수 있다. channel_last의 경우 데이터는 (batch, length, channels) 형태여야 하고, channel_first의 경우 데이터는 (batch, channels, length) 형태여야 한다.

이제 합성곱 신경망에서 맥스 풀링을 사용하는 예제를 통해 사용법을 익혀 보자. 입력값이 합성곱과 맥스 풀링을 사용한 후 완전 연결 계층을 통해 최종 출력 값이 나오는 구조를 만들어 보자. 그리고 입력값에는 드롭아웃을 적용한다. 그리고 맥스 풀링 결괏값을 완전 연결 계층으로 연결하기 위해서는 행렬이었던 것을 벡터로 만들어야 한다. 이때 tf.keras.layers.Flatten을 사용한다. Flatten의 경우 별다른 인자값 설정 없이도 사용할 수 있기 때문에 쉽게 사용할 수 있다. 다음 코드를 보자.

```
INPUT_SIZE = (1,28,28)

inputs = tf.keras.Input(shape = INPUT_SIZE)
dropout = tf.keras.layers.Dropout(rate=0.2)(input)
conv = tf.keras.layers.Conv1D(
        filters=10,
        kernel_size=3,
        padding='same',
        activation=tf.nn.relu)(input)
max_pool = tf.keras.layers.MaxPool1D(pool_size = 3, padding = 'same')(conv)
flatten = tf.keras.layers.Flatten()(max_pool)
```

```
hidden = tf.keras.layers.Dense(units = 50, activation = tf.nn.relu)(flatten)
output = tf.keras.layers.Dense(units = 10, activation = tf.nn.softmax)(hidden)
```

위의 코드를 보면 간단하게 몇 가지 모듈만 사용해서 하나의 네트워크를 만들었다. 만약 해당
모듈들을 사용하지 않았다면 매우 길고 복잡한 코드를 작성해야 할 것이다. 이 밖에도 여러 모
듈들이 있으므로 텐서플로 홈페이지의 공식 문서에서 필요한 문서를 참고해서 사용하자.

TensorFlow 2.0

텐서플로는 2.0 버전 이후로 기존의 1.x(1.0~1.15) 버전에 비해 많은 변화를 겪었다. 이러한
변화는 텐서플로를 훨씬 더 생산적이고 효율적으로 사용할 수 있게 만들어준다. 기존의 산발
적으로 흩어져 있어 사용하기 불편했던 다양한 API를 제거 및 통합했고, 파이썬으로 활용하
기에 적합하도록 이거 모드(Eager execution)를 기본적으로 통합했다.

이번 장에서는 텐서플로 2.0을 활용해서 모델을 구축하고(building) 학습(training)하는 효
율적인 방법을 알아보겠다. 우선 텐서플로 2.0 버전에서 크게 바뀐 부분들을 요약하면 다음
과 같다.

- API 정리(API Cleanup)

- 이거 모드(Eager execution)

- 전역 메커니즘 제거(No more globals)

- 세션을 대신하는 함수(Functions, not sessions)

이 가운데 여기서 살펴볼 내용은 API 정리와 이거 모드다.

API 정리

기존의 텐서플로 1.x 버전에서는 같은 기능을 수행하는 다양한 API가 다양한 패키지에 속해
있었다. 그뿐만 아니라 복잡하게 흩어져 있던 다양한 API들을 모두 파악하고 사용하기가 매
우 어려웠다. 텐서플로 2.0에서는 명료하고 사용하기 편하도록 동일한 기능의 다양한 API를
하나로 통합하고, 잘 사용하지 않는 여러 API를 제거했다.

이거 모드

기존 텐서플로에서의 실행 방식은 우선 텐서플로 API를 이용해 그래프를 만든 후 별도로 세션을 통해 해당 그래프를 실행하는 방식이었다. 따라서 연산의 결과를 알기 위해서는 연산 그래프를 만든 후 session.run()을 통해 그려진 그래프를 추가로 실행해야만 값을 확인할 수 있었다. 하지만 텐서플로 2.0부터는 파이썬과 동일한 이거 모드로 실행되기 때문에 연산을 구성하면서 바로바로 값을 확인할 수 있게 됐다.

모델 구축

텐서플로 2.0에서는 케라스를 활용해 모델을 구축하고 학습하는 것을 권장한다. 케라스 API는 고수준(High-level) API로서 사용하기 간편할뿐더러 매우 유연하고 높은 성능을 보여준다. 케라스를 활용해 모델을 구축하는 방법은 크게 다음과 같은 방법으로 분류할 수 있다.

- Sequential API

- Functional API

- Functional/Sequential API
    - + Custom Layers

- Subclassing (Custom Model)

이 책에서는 이러한 방법 가운데 Subclassing을 주로 이용해 모델을 구축하게 될 것이다. 우선 각 방법을 사용해 모델을 구축하는 과정을 하나씩 알아보자.

Sequential API

tf.keras.Sequential은 케라스를 활용해 모델을 구축할 수 있는 가장 간단한 형태의 API다. Sequential 모듈을 이용하면 간단한 순차적인 레이어의 스택을 구현할 수 있다. 예를 들면 다음과 같은 방법으로 간단한 형태의 완전 연결 계층(fully-connected layer)을 구현할 수 있다.

```
from tensorflow.keras import layers

model = tf.keras.Sequential()
model.add(layers.Dense(64, activation='relu'))
```

```
model.add(layers.Dense(64, activation='relu'))
model.add(layers.Dense(10, activation='softmax'))
```

보다시피 Sequential 인스턴스를 생성한 후 해당 인스턴스에 여러 레이어를 순차적으로 더하기만 하면 모델이 완성된다. 이렇게 만든 모델을 입력값을 더한 순서에 맞게 레이어들을 통과시킨 후 최종 출력값을 뽑아오게 된다. Sequential 모듈의 경우 위와 같이 구현 자체가 매우 간단하다는 사실을 알 수 있다. 그에 반해 모델 구현에 제약이 있는데, 모델의 층들이 순차적으로 구성돼 있지 않은 경우에는 Sequential 모듈을 사용해 구현하기가 어려울 수 있다. 예를 들면, VQA(Visual Question Answering) 문제(사진과 질문이 입력값으로 주어지고 사진을 참고해 질문에 답하는 문제)의 경우 사진 데이터에서 특징을 뽑는 레이어와 질문 텍스트 데이터에서 특징을 뽑는 두 레이어가 각기 순차적으로 존재한다. 따라서 최종적으로 출력값을 뽑기 위해서는 이 두 값을 합쳐야 하는데, 이러한 구조의 모델을 구현할 때 Sequential 모듈을 사용하게 되면 하나의 플로만 계산할 수 있는 Sequential 모듈로는 두 개의 값을 합칠 수가 없기 때문에 여러 제약이 존재한다. 따라서 이러한 경우에는 앞으로 소개할 다른 방법을 이용해 모델을 구현하는 것이 적절하다.

Functional API

앞에서 살펴본 Sequential 모듈은 간단한 레이어들의 스택 구조에는 적합하지만 복잡한 모델의 경우에는 여러 구현상의 제약이 있을 수 있다. 예를 들면, 모델의 구조가 다음과 같을 경우 Sequential 모듈을 사용하기가 어려울 수 있다.

- 다중 입력값 모델(Multi-input models)

- 다중 출력값 모델(Multi-output models)

- 공유 층을 활용하는 모델(Models with shared layers)

- 데이터 흐름이 순차적이지 않은 모델(Models with non-sequential data flows)

이러한 모델을 구현할 때는 케라스의 Functional API를 사용하거나 이후 살펴볼 Subclassing 방식을 사용하는 것이 적절할 수 있다. Functional API를 활용해 앞에서 정의한 모델과 동일한 모델을 만들어 보자.

```
inputs = tf.keras.Input(shape=(32,))
x = layers.Dense(64, activation='relu')(inputs)
x = layers.Dense(64, activation='relu')(x)
predictions = layers.Dense(10, activation='softmax')(x)
```

Functional API를 활용하기 위해서는 입력값을 받는 Input 모듈을 선언해야 한다. 세션 기반의 텐서플로 구현에서의 tf.placeholder와 동일한 역할이라 생각하면 된다. 이 모듈을 선언할 때는 모델의 입력으로 받는 값의 형태(shape)를 정의하면 된다. 이 Input 모듈을 정의한 후 입력값을 적용할 레이어를 호출할 때 인자로 전달하는 방식으로 구현하면 된다.

이처럼 정의한 후 최종 출력값을 사용해 모델을 학습하면 된다. 그러면 마지막 출력값이 앞에서 Sequential로 구현했을 때의 모델과 동일한 형태가 된다.

Custom Layer

앞에서는 Sequential API와 Functional API를 사용하기 위해 케라스의 layers 패키지에 정의된 레이어를 사용해 구현했다. 대부분 구현하고자 하는 모듈의 경우 해당 패키지에 구현돼 있지만 새로운 연산을 하는 레이어 혹은 편의를 위해 여러 레이어를 하나로 묶은 레이어를 구현해야 하는 경우가 있다. 이때 사용자 정의 층(custom layer)을 만들어 사용하면 된다. 앞에서 정의한 모델에서는 dense 층이 여러 번 사용된 신경망을 사용했다. 이 신경망을 하나의 레이어로 묶어 재사용성을 높이고 싶다면 다음과 같이 새로운 사용자 정의 층으로 정의하면 된다.

```
class CustomLayer(layers.Layer):

    def __init__(self, hidden_dimension, hidden_dimension2, output_dimension):
        self.hidden_dimension = hidden_dimension
        self.hidden_dimension2 = hidden_dimension2
        self.output_dimension = output_dimension
        super(CustomLayer, self).__init__()

    def build(self, input_shape):
        self.dense_layer1 = layers.Dense(self.hidden_dimension, activation = 'relu')
        self.dense_layer2 = layers.Dense(self.hidden_dimension2, activation = 'relu')
```

```
        self.dense_layer3 = layers.Dense(self.output_dimension, activation = 'softmax')

    def call(self, inputs):
        x = self.dense_layer1(inputs)
        x = self.dense_layer2(x)

        return self.dense_layer3(x)
```

사용자 정의 층을 정의할 때는 layers 패키지의 Layer 클래스를 상속받고 위와 같이 3개의 메서드를 정의하면 된다. 우선 하이퍼파라미터는 객체를 생성할 때 호출되도록 __init__ 메서드에서 정의하고, 모델의 가중치와 관련된 값은 build 메서드에서 생성되도록 정의한다. 그리고 이렇게 정의한 값들을 이용해 call 메서드에서 해당 층의 로직을 정의하면 된다. 이렇게 정의한 사용자 정의 층은 Sequential API나 Functional API를 활용할 때 하나의 층으로 사용할 수 있다. 만약 Sequential 모듈을 활용한다면 다음과 같이 사용하면 된다.

```
from tensorflow.keras import layers

model = tf.keras.Sequential()
model.add(CustomLayer(64, 64, 10))
```

Subclassing (Custom Model)

이번에는 이 책에서 가장 많이 활용하는 방법이자 가장 자유도가 높은 Subclassing을 알아보자. 이 경우 tf.keras.Model을 상속받고 모델 내부 연산들을 직접 구현하면 된다. 모델 클래스를 구현할 때는 객체를 생성할 때 호출되는 __init__ 메서드와 생성된 인스턴스를 호출할 때(즉, 모델 연산이 사용될 때) 호출되는 call 메서드만 구현하면 된다.

앞에서 구현한 모델을 Model 클래스를 상속받아 직접 구현해보자.

```
class MyModel(tf.keras.Model):

    def __init__(self, hidden_dimension, hidden_dimension2, output_dimension):
        super(MyModel, self).__init__(name='my model')
        self.dense_layer1 = layers.Dense(hidden_dimension, activation = 'relu')
```

```
        self.dense_layer2 = layers.Dense(hidden_dimension2, activation = 'relu')
        self.dense_layer3 = layers.Dense(output_dimension, activation = 'softmax')

    def call(self, inputs):
        x = self.dense_layer1(inputs)
        x = self.dense_layer2(x)

        return self.dense_layer3(x)
```

구현 방법은 사용자 정의 층을 만드는 방식과 매우 유사하다. 그뿐만 아니라 이 방법은 파이토치(PyTorch) 프레임워크에서 모델을 구현할 때 사용하는 방식과도 매우 유사하다. __init__ 메서드에서는 모델에 사용될 층과 변수를 정의하면 되고, call 메서드에서는 이렇게 정의한 내용을 활용해 모델 연산을 진행하면 된다. 참고로 모델에서 사용될 층을 정의할 때도 사용자 정의 층을 사용할 수 있다.

이렇게 총 4가지 방법을 이용해 모델을 구축하는 과정을 알아봤다. 이제 모델을 학습시키는 과정을 알아보자.

모델 학습

이제 모델 학습에 대해 알아보자. 모델 학습이라 명명했지만 실제로는 학습뿐 아니라 모델 검증, 예측 등 여러 과정을 포함한다는 점을 알아두자. 텐서플로 2.0 공식 가이드에서 모델 학습에 대해 권장하는 방법은 크게 두 가지로 나뉜다.

1. 케라스 모델의 내장 API를 활용하는 방법(예: model.fit(), model.evaluate(), model.predict())

2. 학습, 검증, 예측 등 모든 과정을 GradientTape 객체를 활용해 직접 구현하는 방법

첫 번째 방법의 경우 대부분 케라스 모델의 메서드로 이미 구현돼 있어 간편하다는 큰 장점이 있고, 두 번째 방법의 경우 첫 번째 방법과 비교했을 때 일일이 구현해야 한다는 단점이 있지만 좀 더 복잡한 로직을 유연하고 자유롭게 구현할 수 있다는 장점이 있다. 이 책에서는 주로 첫 번째 방법을 사용해 모델을 학습시킬 예정이므로 내장 API를 활용하는 방법만 알아보자.

내장 API를 활용하는 방법

이미 정의된 케라스의 모델 객체가 있다고 가정해보자(앞에서 모델을 구축할 때 정의한 model
과 동일하다). 이 모델 객체는 케라스의 모델 객체이기 때문에 여러 메서드가 이미 내장돼 있
다. 따라서 내장 메서드를 간단히 사용하기만 하면 된다. 먼저 해야 할 일은 학습 과정을 정의
하는 것이다. 즉, 학습 과정에서 사용될 손실 함수(loss function), 옵티마이저(optimizer),
평가에 사용될 지표(metric) 등을 정의하면 된다.

```
model.compile(optimizer=tf.keras.optimizers.Adam(),
            loss=tf.keras.losses.CategoricalCrossentropy(),
            metrics=[tf.keras.metrics.Accuracy()])
```

위와 같이 정의하면 학습을 실행할 모든 준비가 끝난다. 참고로 옵티마이저, 손실 함수, 평가
지표 등은 객체 형식으로 지정해도 되고 다음과 같이 문자열 형태로 지정해도 된다.

```
model.compile(optimizer='adam',
            loss='categorical_crossentropy',
            metrics=['accuracy'])
```

이제 정의된 모델 객체를 대상으로 학습, 평가, 예측 메서드를 호출하면 정의한 값들을 활용
해 학습이 진행된다. 즉, 다음과 같이 fit 메서드를 호출하면 데이터들이 모델을 통과하며 학
습이 진행된다. 아울러 학습이 진행되면서 각 에폭당 모델의 성능(손실 함수, 정확도) 등이
출력되는 것을 확인할 수 있다.

```
model.fit(x_train, y_train,
        batch_size=64,
        epochs=3)
```

```
Train on 5000 samples
Epoch 1/3
5000/5000 [==============================] - 3s 54us/sample - loss: 0.3401 - accuracy:
0.9031
Epoch 2/3
5000/5000 [==============================] - 2s 41us/sample - loss: 0.1564 - accuracy:
```

```
0.9540
Epoch 3/3
5000/5000 [==============================] - 2s 41us/sample - loss: 0.1169 - accuracy:
0.9651
```

학습 과정에서 에폭마다 검증을 진행하는 것 또한 가능하다. evaluate 메서드를 사용해 검증할 수 있지만 매번 에폭을 호출해야 한다는 번거로움이 있다. 따라서 에폭마다 검증 결과를 보기 위해서는 fit 함수에 검증 데이터를 추가로 넣으면 된다.

```
model.fit(x_train, y_train,
         batch_size=64,
         epochs=3,
         validation_data=(x_val, y_val))
```

```
Train on 5000 samples, validate on 1000 samples
Epoch 1/3
5000/5000 [==============================] - 3s 54us/sample - loss: 0.3401 - accuracy:
0.9031 - val_loss: 0.1877 - val_accuracy: 0.9454
Epoch 2/3
5000/5000 [==============================] - 2s 41us/sample - loss: 0.1564 - accuracy:
0.9540 - val_loss: 0.1348 - val_accuracy: 0.9615
Epoch 3/3
5000/5000 [==============================] - 2s 41us/sample - loss: 0.1169 - accuracy:
0.9651 - val_loss: 0.1187 - val_accuracy: 0.9672
```

이제 모델을 구축하는 과정과 학습하는 과정을 모두 알아봤다. 이어서 간단한 더미 데이터를 활용해 감정 분석 문제를 해결해 보자.

더미 데이터를 활용한 감정 분석 모델링

앞에서 알아본 방법을 활용해 모델을 직접 구현해보자. 모델 학습에는 케라스 모델의 내장 API를 활용할 예정이며, 모델을 구축하는 다양한 방법을 사용해보겠다.

이번에 구현할 모델은 심층 신경망(Deep Neural Network) 구조를 사용해 앞서 텍스트의 긍정/부정을 예측하는 감정 분석(Sentiment Analysis) 모델이다. 감정 분석 문제에 대한 자세한 내용은 이후 3장에서 다시 소개할 것이며, 모델에 적용할 데이터는 앞에서 정의한 텍스트 데이터를 사용한다. 모델의 자세한 구조는 다음과 같다.

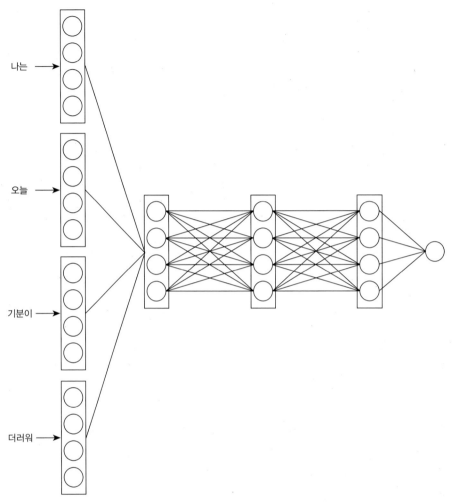

그림 2.4 심층 신경망 모델 예제

우선 각 단어로 구성된 입력값은 임베딩된 벡터로 변형된다. 이후 각 벡터를 평균해서 하나의 벡터로 만든다. 이후에 하나의 은닉층을 거친 후 하나의 결괏값을 뽑는 구조다. 마지막으로 나온 결괏값에 시그모이드 함수를 적용해 0과 1 사이의 값을 구한다.

모델에서 나온 임베딩 벡터 등과 같은 내용이 잘 이해되지 않더라도 대략적인 모델의 구조가 위와 같이 구성된다는 것만 이해하면 된다. 이후 자세한 내용은 3장부터 나오기 때문에 이번 장에서는 텐서플로 2.0 버전에서 케라스를 이용해 모델을 구현하는 방법을 중점적으로 보자.

이제 본격적으로 모델을 구현해 보자. 데이터는 임의의 더미 데이터를 사용하고 전처리 과정을 적용한다.

```python
import tensorflow as tf
from tensorflow.keras import preprocessing

samples = ['너 오늘 이뻐 보인다',
           '나는 오늘 기분이 더러워',
           '끝내주는데, 좋은 일이 있나봐',
           '나 좋은 일이 생겼어',
           '아 오늘 진짜 짜증나',
           '환상적인데, 정말 좋은거 같아']

labels = [[1], [0], [1], [1], [0], [1]]
tokenizer = preprocessing.text.Tokenizer()
tokenizer.fit_on_texts(samples)
sequences = tokenizer.texts_to_sequences(samples)

word_index = tokenizer.word_index
```

전처리 과정은 뒤에서 다시 다룰 예정이므로 여기서는 간단하게 넘어가도록 한다. 간략하게 설명하면 텍스트를 모델에 들어갈 수 있는 구조로 만든 것이다. 추가로 모델 구축 및 모델 학습에 필요한 변수를 정의하자.

```python
batch_size = 2
num_epochs = 100
vocab_size = len(word_index) + 1
emb_size = 128
hidden_dimension = 256
output_dimension = 1
```

여기서 정의한 변수는 이후 학습 과정에서 적용할 배치 사이즈와 에폭 수, 모델의 하이퍼파라미터에 해당하는 여러 차원 크기(임베딩 층, 은닉 층, 출력 층)다. 이제 전처리한 데이터를 통과시킬 모델을 구현해보자. 우선 Sequential API를 활용해 심층 신경망 모델을 생성하려면 다음과 같이 구현하면 된다.

```
model = tf.keras.Sequential()
model.add(layers.Embedding(vocab_size, emb_size, input_length = 4))
model.add(layers.Lambda(lambda x: tf.reduce_mean(x, axis = 1))
model.add(layers.Dense(hidden_dimension, activation='relu')
model.add(layers.Dense(output_dimension, activation='sigmoid')
```

보다시피 Sequential 객체를 생성한 후 각 층을 추가하면 된다. 혹은 객체 생성 시 인자로 사용할 층을 순차적으로 리스트로 만들어서 전달하는 방법으로도 위와 동일한 모델을 생성할 수 있다.

```
model = tf.keras.Sequential([
layers.Embedding(vocab_size, emb_size, input_length = 4),
layers.Lambda(lambda x: tf.reduce_mean(x, axis = 1)),
layers.Dense(hidden_dimension, activation='relu'),
layers.Dense(output_dimension, activation='sigmoid')])
```

구현한 모델을 보면 입력값을 임베딩하는 Embedding 층을 모델에 추가했다. 이후 임베딩된 각 단어의 벡터를 평균하기 위해 람다(Lambda) 층을 사용한다. 람다 층은 텐서플로 연산을 Sequential API와 Functional API에 적용하기 위해 사용하는 방법이다. 평균의 경우 하나의 층으로 정의돼 있지 않기 때문에 람다 층을 활용해 해당 층에 들어오는 입력값들을 평균한다. 람다 층을 활용해 평균을 낸 후 하나의 은닉층을 통과한 후 최종 출력값을 뽑기 위해 두 개의 Dense 층을 모델에 추가한다. 이때 최종 출력값을 뽑은 Dense 층의 경우 0과 1 사이의 확률값을 뽑기 위해 활성화 함수를 시그모이드 함수로 정의한다.

이렇게 최종 출력 층까지 모델에 추가했다면 모델이 모두 완성된 것이다. 모델을 구축하는 과정이 모두 끝났으니 모델을 학습해보자. 케라스 내장 API를 활용해 모델을 학습하기 위해서는 우선 모델을 컴파일하는 메서드를 통해 학습 과정을 정의한다. 옵티마이저의 경우 아담(Adam) 최적화 알고리즘을 사용하고, 학습은 이진 분류 문제이므로 이진 교차 엔트로피 손실 함수(binary cross-entropy)를 사용한다. 그리고 추가로 모델의 성능을 측정하기 위한 기준인 평가 지표를 정의하는데, 이진 분류의 평가 지표로 가장 널리 사용되는 정확도(accuracy)를 평가 지표로 정의한다.

```
model.compile(optimizer=tf.keras.optimizers.Adam(0.001),
              loss='binary_crossentropy',
              metrics=['accuracy'])
```

이처럼 컴파일 메서드로 학습 과정을 정의했다면 케라스의 내장 API를 통해 학습할 준비가
모두 끝났다. 이제 fit 메서드를 통해 학습을 진행해보자.

```
model.fit(input_sequences, labels, epochs=num_epochs, batch_size=batch_size)
```

```
Train on 6 samples
Epoch 1/100
6/6 [==============================] - 1s 89ms/sample - loss: 0.6916 - accuracy: 0.8333
Epoch 2/100
6/6 [==============================] - 0s 861us/sample - loss: 0.6738 - accuracy: 1.0000
Epoch 3/100
6/6 [==============================] - 0s 962us/sample - loss: 0.6584 - accuracy: 1.0000
                                ...
Epoch 98/100
6/6 [==============================] - 0s 1ms/sample - loss: 5.8172e-04 - accuracy: 1.0000
Epoch 99/100
6/6 [==============================] - 0s 1ms/sample - loss: 5.6949e-04 - accuracy: 1.0000
Epoch 100/100
6/6 [==============================] - 0s 994us/sample - loss: 5.5600e-04 - accuracy: 1.0000
```

fit 메서드를 호출하면 학습 경과가 출력되는 것을 확인할 수 있다. 에폭이 경과함에 따라 손
실함수의 값과 정확도가 늘어가는 것을 확인할 수 있다. 더미 데이터의 결과이기 때문에 의미
있는 수치는 아니지만 텐서플로 2.0의 표준 방법을 통해 학습이 정상적으로 돌아가도록 구현
했다는 데 의미가 있다.

이제 Sequential API가 아닌 Functional API, Subclassing 방법으로 동일한 모델을 구현해
보고 학습해보자.

```
inputs = layers.Input(shape = (4, ))
embed_output = layers.Embedding(vocab_size, emb_size)(inputs)
pooled_output = tf.reduce_mean(embed_output, axis=1)
```

```
hidden_layer = layers.Dense(hidden_dimension, activation='relu')(pooled_output)
outputs = layers.Dense(output_dimension, activation='sigmoid')(hidden_layer)
model = tf.keras.Model(inputs=inputs, outputs=outputs)

model.compile(optimizer=tf.keras.optimizers.Adam(0.001),
              loss='binary_crossentropy',
              metrics=['accuracy'])
model.fit(input_sequences, labels, epochs=num_epochs, batch_size=batch_size)
```

앞에서 알아본 것처럼 Functional API는 케라스의 입력층을 구현한 후 각 값을 다음 레이어들을 호출하면서 인자로 넣는 방식으로 구현하면 된다. 구현 방법에서 차이가 있을 뿐 모델연산 흐름이나 로직이 변경된 것은 아니므로 결과는 동일하게 나온다. 다음은 Subclassing방법으로 동일한 모델을 구현한 것이다.

```
class CustomModel(tf.keras.Model):

    def __init__(self, vocab_size, embed_dimension, hidden_dimension, output_dimension):
        super(CustomModel, self).__init__(name='my_model')
        self.embedding = layers.Embedding(vocab_size, embed_dimension)
        self.dense_layer = layers.Dense(hidden_dimension, activation='relu')
        self.output_layer = layers.Dense(output_dimension, activation='sigmoid')

    def call(self, inputs):
        x = self.embedding(inputs)
        x = tf.reduce_mean(x, axis=1)
        x = self.dense_layer(x)
        x = self.output_layer(x)

        return x

model = CustomModel(vocab_size = vocab_size,
            embed_dimension=emb_size,
            hidden_dimension=hidden_dimension,
            output_dimension=output_dimension)
```

```
model.compile(optimizer=tf.keras.optimizers.Adam(0.001),
              loss='binary_crossentropy',
              metrics=['accuracy'])

model.fit(input_sequences, labels, epochs=num_epochs, batch_size=batch_size)
```

이번 장에서는 여러 방법으로 모델을 구현 및 학습해봤다. 아직 모델의 자세한 내용에 대해서는 알아보지 않아서 구현한 모델에 대해서는 감이 오지 않을 것이다. 지금은 단순히 텐서플로 2.0 버전에서의 모델 구현 및 학습 방법만 익히면 되므로 모델의 내부 원리에 대해서는 3, 4장에서 알아보기로 하자. 3장부터는 여기서 배운 모델을 구축 및 학습하는 과정들을 본격적으로 활용해 여러 가지 데이터와 문제를 모델링할 것이다.

02 사이킷런

사이킷런(scikit-learn)[2]은 파이썬용 머신러닝 라이브러리다. 머신러닝 기술을 활용하는 데 필요한 다양한 기능을 제공하며, 파이썬으로 머신러닝 모델을 만들 수 있는 최적의 라이브러리다. 라이브러리를 구성하는 대부분의 모듈들이 통일된 인터페이스를 가지고 있어 간단하게 여러 기법을 적용할 수 있으며, 쉽고 빠르게 원하는 결과를 얻을 수 있다.

딥러닝 모델을 텐서플로, 케라스, 파이토치 등을 이용해서 생성할 수 있는 것처럼 머신러닝 모델은 주로 사이킷런 라이브러리를 통해 만들어 낼 수 있다. 사이킷런 라이브러리는 지도 학습을 위한 모듈, 비지도 학습을 위한 모듈, 모델 선택 및 평가를 위한 모듈, 데이터 변환 및 데이터를 불러오기 위한 모듈, 계산 성능 향상을 위한 모듈로 구성돼 있다.

지도 학습 모듈에는 나이브 베이즈(Naive Bayes), 의사결정 트리(Decision Trees), 서포트 벡터 머신(Support Vector Machines) 모델 등이 있다. 비지도 학습 모듈에는 군집화(Clustering), 가우시안 혼합 모델(Gaussian mixture models) 등이 있다.

모델 선택과 평가 모듈에서는 교차 검증(Cross validation), 모델 평가(Model evaluation), 모델의 지속성을 위해 모델 저장과 불러오기를 위한 기능 등을 제공한다. 그리고 데이터

---

2   사이킷런 사용자 가이드: http://scikit-learn.org/stable/user_guide.html

변환 모듈에서는 파이프라인(Pipeline), 특징 추출(Feature extraction), 데이터 전처리 (preprocessing data), 차원 축소(dimensionality reduction) 등의 기능을 제공한다.

또한 머신러닝 연구와 학습을 위해 라이브러리 안에 자체적으로 데이터 셋을 포함하고 있고, 이를 쉽게 불러와서 사용할 수 있다. 라이브러리에서 기본적으로 제공되는 데이터로는 당뇨병 데이터, 아이리스 데이터, 유방암 데이터 등이 있다.

머신러닝을 통해 문제를 해결하기 위해서는 해결해야 할 문제에 적합한 알고리즘을 선택하는 것이 매우 중요한데 사이킷런에서 제공하는 아래의 그림을 참고하면 좀 더 쉽게 문제를 해결하는 데 적합한 모델을 선택할 수 있다.

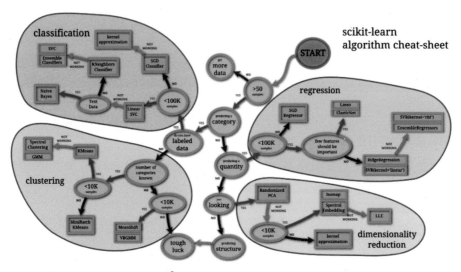

그림 2.5 올바른 알고리즘 선택을 위한 지도[3]

이번 절에서는 전체적인 사이킷런의 사용법을 알아본다. 먼저 지도 학습 모듈에 대해 알아본 후 비지도 학습 모듈에 대해 알아보자. 이번 절에서 설명하는 내용은 사이킷런 0.19.1 버전을 기준으로 한다.

---

3 출처: https://scikit-learn.org/stable/tutorial/machine_learning_map/index.html

사이킷런 설치

우선 사이킷런 라이브러리를 설치하는 것부터 시작하자. 사이킷런의 경우 의존성 라이브러리가 존재한다. 여기서 의존성 라이브러리는 현재 라이브러리를 사용하기 위해 미리 설치돼 있어야 하는 라이브러리를 의미한다. 예를 들어, A 라이브러리를 설치하려고 하는데, B 라이브러리와 C 라이브러리가 A 라이브러리의 의존성 라이브러리라면 B, C 라이브러리가 설치돼 있어야 A를 설치해서 사용할 수 있다.

사이킷런의 경우 2개의 의존성 라이브러리인 넘파이(Numpy)와 사이파이(Scipy)가 있다. 우선 두 라이브러리를 먼저 설치해야 하지만 아나콘다를 통해 설치한다면 자동으로 의존성 라이브러리까지 설치할 수 있다. 커맨드 라인에서 다음과 같은 명령어를 입력한다.

```
conda install scikit-learn
```

설치를 완료하면 라이브러리를 파이썬에서 불러와 정상적으로 설치돼 있는지 확인해보자. 그런 다음, 사이킷런 라이브러리의 버전을 확인한다.

```
import sklearn
sklearn.__version__
```

```
'0.19.1'
```

위 명령이 특별한 문제 없이 정상적으로 실행되면 정상적으로 설치된 것이다. 이제 라이브러리를 직접 사용해보자.

여기서는 하나의 데이터에 대해 두 가지 분류 모델을 만들 것이다. 하나는 지도 학습 모델인 k 최근접 이웃 분류기(k-nearest neighbor classifier) 모델이고, 나머지 하나는 비지도 학습 모델인 k 평균 군집화(k-means clustering) 모델이다. 하나의 데이터셋을 사용해 각 모델에 적용함으로써 사이킷런을 활용한 지도 학습과 비지도 학습에 대해 알아보겠다.

데이터 소개

각 모델을 사용해 보기 전에 우선은 공통적으로 사용할 데이터에 대해 알아보자. 이번 절에서 사용할 데이터는 머신러닝 기초를 배울 때 흔히 사용되는 붓꽃(Iris) 데이터다. 이 데이터는 1936년에 만들어진 데이터로서 매우 직관적이고 사용하기도 쉬워서 자주 사용된다.

그림 2.6 붓꽃 이미지

붓꽃 데이터는 사이킷런 라이브러리에 기본적으로 내장돼 있는 데이터 중 하나라서 따로 설치할 필요 없이 바로 사용할 수 있다. 먼저 다음과 같이 데이터를 불러온다.

```
from sklearn.datasets import load_iris
```

그다음으로 변수에 할당하고, 데이터가 어떤 값으로 구성돼 있는지 출력해 보자.

```
iris_dataset = load_iris()
print("iris_dataset key: {}".format(iris_dataset.keys()))

iris_dataset key: dict_keys(['data', 'target', 'target_names', 'DESCR', 'feature_names'])
```

데이터의 키 값을 확인해보면 'data', 'target', 'target_names', 'DESCR', 'feature_names'로 구성돼 있음을 알 수 있다. 키 값을 하나씩 뽑아서 확인해 보자. 우선 'data' 값을 확인해 보자.

```
print(iris_dataset['data'])
print("shape of data: {}". format(iris_dataset['data'].shape))

[[5.1 3.5 1.4 0.2]
 [4.9 3.  1.4 0.2]
      ...
```

```
[6.2 3.4 5.4 2.3]
[5.9 3.  5.1 1.8]]
shape of data: (150, 4)
```

data에는 실제 데이터가 포함돼 있다. 각 데이터마다 4개의 특징(feature) 값을 가지고 있다. 데이터의 형태를 보면 (150, 4)로 전체 150개의 데이터가 각각 4개의 특징값을 가지고 있는 형태다. 4개의 특징값이 의미하는 바를 확인하기 위해 'feature_names' 값을 확인해 보자.

```
print(iris_dataset['feature_names'])
```

```
['sepal length (cm)', 'sepal width (cm)', 'petal length (cm)', 'petal width (cm)']
```

결과를 보면 4개의 특징값은 각 데이터, 즉 꽃의 꽃받침 길이, 꽃받침 너비, 꽃잎 길이, 꽃잎 너비를 의미한다.

이번에는 'target'에 대해 알아보자. 'target' 값과 'target_names' 값을 함께 출력해보자.

```
print(iris_dataset['target'])
print(iris_dataset['target_names'])
```

```
[0 0 0 0 0 0 0 0 0 0 0 0 0 0 0 0 0 0 0 0 0 0 0 0 0 0 0 0 0 0 0 0 0 0 0 0 0
 0 0 0 0 0 0 0 0 0 0 0 0 0 1 1 1 1 1 1 1 1 1 1 1 1 1 1 1 1 1 1 1 1 1 1 1 1
 1 1 1 1 1 1 1 1 1 1 1 1 1 1 1 1 1 1 1 1 1 1 1 1 2 2 2 2 2 2 2 2 2 2
 2 2 2 2 2 2 2 2 2 2 2 2 2 2 2 2 2 2 2 2 2 2 2 2 2 2 2 2 2 2 2 2 2 2
 2 2]
['setosa' 'versicolor' 'virginica']
```

'target'은 각 데이터에 대한 정답, 즉 라벨값을 가지고 있다. 결과를 보면 해당 데이터는 총 3개의 라벨을 가지고 있는데, 'target_names' 값을 보면 각 라벨값이 의미하는 것을 알 수 있다. 타깃은 붓꽃의 세 가지 종인 Setosa, Versicolor, Virginica를 나타내는 각 값인 0, 1, 2를 가진다.

마지막으로 'DESCR'에 대해 알아보자.

```
print(iris_dataset['DESCR'])
```

```
Iris Plants Database
====================

Notes
-----
Data Set Characteristics:
    :Number of Instances: 150 (50 in each of three classes)
    :Number of Attributes: 4 numeric, predictive attributes and the class
    :Attribute Information:
        - sepal length in cm
        - sepal width in cm
        - petal length in cm
        - petal width in cm
        - class:
                - Iris-Setosa
                - Iris-Versicolour
                - Iris-Virginica
    :Summary Statistics:

    ============= ==== ==== ======= ===== ====================
                    Min  Max   Mean    SD   Class Correlation
    ============= ==== ==== ======= ===== ====================
    sepal length:   4.3  7.9   5.84   0.83     0.7826
    sepal width:    2.0  4.4   3.05   0.43    -0.4194
    petal length:   1.0  6.9   3.76   1.76     0.9490   (high!)
    petal width:    0.1  2.5   1.20   0.76     0.9565   (high!)
    ============= ==== ==== ======= ===== ====================

                        ....
```

'DESCR'은 'Description'의 약자로서 해당 데이터에 대한 전체적인 요약 정보를 보여준다.

이제 이 데이터를 사용해 3개의 타깃으로 분류하는 모델을 만들어 볼 것이다. 분류를 위한 모델을 만든 후에 모델에 대한 평가를 해야 하는데, 학습 데이터를 사용해 평가할 경우 당연히 성능이 좋게 나올 수밖에 없다. 따라서 정확한 성능 평가를 위해 평가 데이터가 필요한데, 지금은 150개의 학습 데이터만 가지고 있다. 따라서 우선적으로 150개의 데이터 중에서 일부분을 평가를 위한 데이터로 분리하는 과정을 먼저 진행한다.

사이킷런을 이용한 데이터 분리

사이킷런을 이용하면 학습 데이터를 대상으로 학습 데이터와 평가 데이터로 쉽게 나눌 수 있다. 다음과 같이 함수를 불러오자.

```
from sklearn.model_selection import train_test_split
```

그런 다음 train_test_split 함수에 학습 데이터와 라벨을 넣으면 정의한 비율로 데이터를 나눈다. 다음과 같이 코드를 작성해서 데이터를 분리해 보자.

```
train_input, test_input, train_label, test_label = train_test_split(iris_dataset['data'],
iris_dataset['target'], test_size = 0.25, random_state=42)
```

train_test_split 함수를 사용하려면 우선 나누고 싶은 데이터를 넣는다. 여기서는 데이터 값과 라벨인 타깃 값을 넣었다. 그리고 나서 평가 데이터의 크기를 결정해야 한다. 이 값의 경우 0과 1 사이의 값을 넣어야 하는데, 이는 비율을 의미한다. 즉, 0.25로 설정할 경우 전체 학습 데이터의 25%를 따로 나눠준다는 의미다. 마지막으로 random_state 값을 설정한다. 이 함수가 데이터를 나눌 때 무작위로 데이터를 선택해서 나누는데, 이때 무작위로 선택되는 것을 제어할 수 있는 값이 random_state 값이다. 함수를 여러 번 사용하더라도 이 값을 똑같이 설정할 경우 동일한 데이터를 선택해서 분리할 것이다. 이렇게 나눈 다음, 각 변수의 형태를 확인해 보자.

```
print("shape of train_input: {}".format(train_input.shape))
print("shape of test_input: {}".format(test_input.shape))
print("shape of train_label: {}".format(train_label.shape))
print("shape of test_label: {}".format(test_label.shape))
```

```
shape of train_input: (112, 4)
shape of test_input: (38, 4)
shape of train_label: (112,)
shape of test_label: (38,)
```

결과를 보면 학습 데이터가 총 112개이고, 평가 데이터가 38개다. 앞에서 평가 데이터의 크기를 전체의 25%로 설정했기 때문에 150개의 25%에 해당하는 38개가 평가 데이터로 설정됐다. 나머지 75%에 해당하는 112개의 데이터는 학습 데이터로 사용할 것이다.

학습 데이터와 평가 데이터가 따로 존재하지 않는 경우에는 이처럼 학습 데이터의 일부분을 평가 데이터로 사용한다. 평가 데이터가 있는 경우에도 이 함수를 사용해 학습 데이터의 일부분을 따로 분리해 놓는 경우가 있는데, 이러한 경우는 학습 데이터를 학습 데이터와 검증 데이터로 구분하는 경우다. 즉, 학습 데이터, 평가 데이터, 검증 데이터로 총 3개의 데이터로 나눈다. 이 경우에는 우선 학습 데이터를 사용해서 모델을 학습시키고 학습시킨 모델에 대해 일차적으로 검증 데이터를 사용해 모델 검증을 진행한다. 그 결과를 통해 모델의 하이퍼파라미터를 수정한다. 이처럼 학습과 검증 과정을 반복적으로 진행한 후 최종적으로 나온 모델에 대해 평가 데이터를 사용해 평가한다. 이러한 방식은 모델을 만드는 과정에서 대부분 사용하는 방법이다.

이제 붓꽃 데이터를 대상으로 사이킷런을 통해 모델을 만드는 방법을 알아보자. 앞서 말했듯이 지도 학습 모델과 비지도 학습 모델을 모두 만들면서 사용법을 익혀볼 것이다. 우선은 지도 학습 모델을 만들어보자.

사이킷런을 이용한 지도 학습

사이킷런을 통해 지도 학습 모델을 만드는 방법을 알아보자. 우선 지도 학습이란 간단히 말해서 각 데이터에 대해 정답이 있는 경우 각 데이터의 정답을 예측할 수 있게 학습시키는 과정이다. 즉, 모델이 예측하는 결과를 각 데이터의 정답과 비교해서 모델을 반복적으로 학습시킨다.

이번 절에서는 지도 학습 모델 중 하나를 선택해서 직접 사용해 보겠다. 지도 학습 모델에는 다양한 모델이 있지만 간단하고 데이터 특성만 맞는다면 좋은 결과를 확인할 수 있는 k-최근접 이웃 분류기(K-nearest neighbor classifier)를 사용한다. k-최근접 이웃 분류기는 예측하고자 하는 데이터에 대해 가장 가까운 거리에 있는 데이터의 라벨과 같다고 예측하는 방법이다. 이 방법은 데이터에 대한 사전 지식이 없는 경우의 분류에 많이 사용된다.

여기서 k 값은 예측하고자 하는 데이터와 가까운 몇 개의 데이터를 참고할 것인지를 의미한다. 즉, k 값이 1이라면 예측하고자 하는 데이터에서 가장 가까운 데이터 하나만 참고해서 그

데이터와 같은 라벨이라고 예측하고, k 값이 3인 경우는 예측하려는 데이터에서 가장 가까운 3개의 데이터를 참고해서 그 3개 데이터의 라벨 중 많은 라벨을 결과로 예측한다. 아래 그림을 보고 k=1인 경우와 k=3인 경우를 구분 지어 이해해보자.

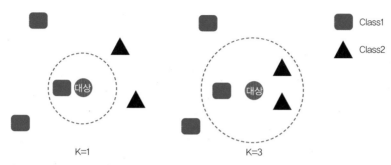

그림 2.7 최근접 이웃 분류기 알고리즘

그림을 보면 k=1인 경우에는 가장 가까운 데이터의 라벨값이 Class1이기 때문에 Class1로 예측한다. k=3인 경우에는 가까운 3개의 데이터가 Class1 1개, Class2 2개로 구성돼 있기 때문에 이 경우에는 Class2로 예측하게 된다.

이러한 k-최근접 이웃 분류기의 특징은 아래와 같다.

- 데이터에 대한 가정이 없어 단순하다.

- 다목적 분류와 회귀에 좋다.

- 높은 메모리를 요구한다.

- k값이 커지면 계산이 늦어질 수 있다.

- 관련 없는 기능의 데이터 규모에 민감하다.

이제 이러한 k-최근접 이웃 분류기를 직접 만들어보자. 우선 분류기 객체를 불러와 변수에 할당한다.

```
from sklearn.neighbors import KNeighborsClassifier
knn = KNeighborsClassifier(n_neighbors = 1)
```

분류기를 생성할 때 인자 값으로는 n_neighbors 값을 받는데, 이 값은 위에서 설명한 k 값을 의미한다. 즉, 여기서는 k=1인 분류기를 생성한 것이다. 이제 이렇게 생성한 분류기를 학습 데이터에 적용하면 되는데, 간단하게 아래와 같이 구현할 수 있다.

```
knn.fit(train_input, train_label)
```

```
KNeighborsClassifier(algorithm='auto', leaf_size=30, metric='minkowski',
        metric_params=None, n_jobs=1, n_neighbors=1, p=2,
        weights='uniform')
```

위와 같이 fit 함수를 사용해 분류기 모델에 학습 데이터와 라벨 값을 적용하기만 하면 모델 학습이 간단하게 끝난다. 이제 학습시킨 모델을 사용해 새로운 데이터의 라벨을 예측해보자. 우선은 새롭게 4개의 피처값을 임의로 설정해서 넘파이 배열로 만들자.

```
import numpy as np
new_input = np.array([[6.1, 2.8, 4.7, 1.2]])
```

4개의 특징값을 직접 입력해서 넘파이 배열로 만들었다(넘파이에 대해서는 뒤에 나오는 '넘파이' 절에서 자세히 알아보겠다). 생성한 배열을 보면 꽃받침 길이와 너비가 각각 6.1, 2.8이고 꽃잎의 길이와 너비가 각각 4.7, 1.2인 데이터로 구성돼 있다. 참고로 배열을 생성할 때 리스트 안에 또 하나의 리스트가 포함된 방식으로 만들었는데, 이렇게 생성하지 않고 하나의 리스트만 사용해서 정의한 경우 이를 함수에 적용하면 오류가 발생한다.

이제 이 값을 대상으로 앞에서 만든 분류기 모델의 predict 함수를 사용해 결과를 예측해 보자.

```
knn.predict(new_input)
```

```
array([1])
```

보다시피 1(Versicolor)로 예측하고 있다. 이 데이터는 임의로 만든 것이기 때문에 이 결과가 제대로 예측한 것인지 확인할 수 없다. 이제 모델의 성능을 측정하기 위해 이전에 따로 분리해둔 평가 데이터를 사용해 모델의 성능을 측정해보자. 우선 따로 분리해둔 평가 데이터에 대해 예측을 하고 그 결괏값을 변수에 저장하자.

```python
predict_label = knn.predict(test_input)
print(predict_label)
```

```
[1 0 2 1 1 0 1 2 1 1 2 0 0 0 0 1 2 1 1 2 0 2 0 2 2 2 2 2 0 0 0 0 1 0 0 2 1 0]
```

이제 예측한 결괏값과 실제 결괏값을 비교해서 정확도가 어느 정도인지 측정해보자. 실제 결과와 동일한 것의 개수를 평균을 구하면 된다.

```python
print('test accuracy {:.2f}'.format(np.mean(predict_label == test_label)))
```

```
test accurance 1.00
```

정확도가 1.00인데, 전체 100%의 정확도로서 매우 좋은 성능을 보여준다. 이것은 데이터 자체가 특징이 라벨에 따라 구분이 잘 되고 모델이 데이터에 매우 적합하다는 것을 의미한다. 이제 비지도 학습 모델을 만드는 방법을 알아보자.

사이킷런을 이용한 비지도 학습

이전 절에서 지도 학습 모델을 사이킷런 라이브러리를 사용해 만드는 방법을 알아봤다. 이번에는 사이킷런을 통해 비지도 학습 모델을 만들어 보자. 비지도 학습이란 지도 학습과는 달리 데이터에 대한 정답, 즉 라벨을 사용하지 않고 만들 수 있는 모델이다. 모델을 통해 문제를 해결하고 싶은데 데이터에 대한 정답이 없는 경우에 적용하기에 적합한 모델이다.

비지도 학습 방법에도 여러 가지 방법이 있지만 여기서는 군집화 방법 중 하나인 k-평균 군집화(K-means Clustering) 모델을 사용해 진행한다. 군집화(clustering)란 데이터를 특성에 따라 여러 집단으로 나누는 방법이다. 따라서 붓꽃 데이터의 경우에는 3개의 정답이 있으므로 3개의 군집으로 나누는 방법을 사용해야 할 것이다.

k-평균 군집화는 군집화 방법 중 가장 간단하고 널리 사용되는 군집화 방법이며, 데이터 안에서 대표하는 군집의 중심을 찾는 알고리즘이다. 알고리즘은 계속해서 반복적으로 수행되는

데, 우선 k개만큼의 중심을 임의로 설정한다. 그러고 난 후, 모든 데이터를 가장 가까운 중심에 할당하며, 같은 중심에 할당된 데이터들을 하나의 군집으로 판단한다. 각 군집 내 데이터들을 가지고 군집의 중심을 새로 구해서 업데이트한다. 이후 또다시 가까운 중심에 할당되고 이러한 과정이 계속 반복된다. 이러한 반복은 할당되는 데이터에 변화가 없을 때까지 이뤄진다. 이후 반복이 종료되면 각 데이터가 마지막으로 할당된 중심에 따라 군집이 나뉜다. 붓꽃 데이터를 군집화한다면 다음 그림(k-평균 군집화)처럼 각 붓꽃 데이터는 각 군집으로 나뉠 것이다.

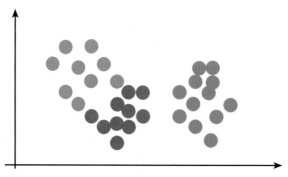

그림 2.8 k-평균 군집화

이제 사이킷런 라이브러리의 k-평균 군집화 함수를 사용해 붓꽃 데이터를 군집화해보자.

```
from sklearn.cluster import KMeans
k_means = KMeans(n_clusters=3)
```

사용법은 앞서 사용했던 k-최근접 이웃 분류기 모델과 비슷하다. 우선 군집화 모듈에서 KMeans를 불러온 후 k-평균 군집화 모델을 만들면 된다. 이때 인자로 k 값을 의미하는 군집의 개수를 설정한다. 여기서는 3개의 군집을 만들어야 하기 때문에 이 값을 3으로 설정한다. 이제 군집화 모델에 데이터를 적용하자.

```
k_means.fit(train_input)
```

```
KMeans(algorithm='auto', copy_x=True, init='k-means++', max_iter=300,
    n_clusters=3, n_init=10, n_jobs=1, precompute_distances='auto',
    random_state=None, tol=0.0001, verbose=0)
```

이전과 같이 fit 함수를 사용해 데이터와 라벨을 입력하면 자동으로 데이터를 군집화한다. 하지만 앞서 진행한 지도 학습 모델과는 다른 점이 있는데, fit 함수의 인자로 데이터의 라벨값을 넣지 않았다. 비지도 학습 모델인 k-평균 군집화는 라벨을 필요로 하지 않고 입력 데이터만을 사용해서 비슷한 데이터끼리 군집을 만들기 때문에 라벨을 넣지 않아도 된다.

라벨값을 넣지 않고 단순히 데이터 사이의 거리를 이용해 군집화한 것이기 때문에 바로 붓꽃의 라벨을 예측할 수 없다. 하지만 다음과 같이 군집화한 k-평균 군집화 모델의 라벨 속성을 확인하면 각 데이터의 라벨을 확인할 수 있다.

```
k_means.labels_
```

```
array([1, 1, 0, 0, 0, 1, 1, 0, 0, 2, 0, 2, 0, 2, 0, 1, 2, 0, 1, 1, 1, 0,
       0, 1, 1, 1, 0, 1, 0, 2, 1, 0, 0, 1, 0, 0, 0, 0, 2, 0, 1, 0, 2, 1,
       1, 0, 2, 1, 0, 1, 1, 0, 0, 2, 0, 2, 2, 0, 1, 1, 0, 2, 1, 1, 1, 0,
       2, 1, 2, 2, 1, 0, 0, 0, 2, 2, 1, 2, 0, 2, 0, 0, 0, 1, 0, 0, 1, 0,
       2, 2, 1, 0, 2, 2, 1, 2, 1, 2, 2, 2, 0, 2, 0, 0, 0, 0, 1, 0, 0, 1,
       0, 2])
```

앞선 설명에 따르면 붓꽃의 라벨을 확인할 수 없다고 했는데, 각 데이터에 라벨링이 돼 있다. 이것은 사실 붓꽃의 라벨을 의미하는 것이 아니라 3개(n_clusters=3)의 군집으로 k-평균 군집화한 각 군집을 나타낸다. 즉 k_means.labels에 나온 0이라는 라벨은 0번째 군집을 의미하고, 붓꽃 데이터의 라벨 0은 Setosa 종을 의미한다.

따라서 각 군집의 붓꽃 종의 분포를 확인하기 위해 다음과 같이 작성해서 각 군집의 종을 확인해 보자.

```
print("0 cluster:", train_label[k_means.labels_ == 0])
print("1 cluster:", train_label[k_means.labels_ == 1])
print("2 cluster:", train_label[k_means.labels_ == 2])
```

```
0 cluster: [2 1 1 1 2 1 1 1 1 1 2 1 1 1 2 2 2 1 1 1 1 1 2 1 1 1 1 2 1 1 1 1 2 1 1 1 2 1 1 1 1 1 1 1
 1 1 1 2 2 1 2 1]
1 cluster: [0 0 0 0 0 0 0 0 0 0 0 0 0 0 0 0 0 0 0 0 0 0 0 0 0 0 0 0 0 0 0 0 0 0]
2 cluster: [2 2 2 2 2 2 2 1 2 2 2 2 2 2 2 1 2 2 2 2 2 2 2 2 2 1 2 2 2 2]
```

결과를 보면 0번째 군집은 라벨 1인 데이터들이 주로 분포돼 있고, 1번째 군집은 라벨 0인 데이터들만 분포돼 있다. 그리고 2번째 군집은 라벨 2인 데이터들이 주로 분포돼 있다. 따라서 새로운 데이터에 대해서 0번째 군집으로 예측할 경우 라벨 1로, 1번째 군집으로 예측할 경우 라벨 0으로, 2번째 군집으로 예측할 경우 라벨 2로 판단할 수 있다.

하지만 여기서 중요한 것은 항상 결과가 위와 동일하게 나오지 않고 군집화를 진행할 때마다 바뀐다는 것이다. 즉 0번째 군집에 라벨 0인 데이터들이 주로 분포할 수도 있다. 이는 k-평균 군집화 모델 알고리즘 특성 때문에 불가피하게 발생하는 현상이다. k-평균 군집화의 경우 처음에 초기값을 랜덤으로 설정한 후 군집화 과정을 진행하는데 이러한 과정 때문에 군집의 순서가 바뀔 수도 있다. 따라서 위의 코드를 실행할 때 책과 다르게 결과가 나오더라도 잘못된 것이 아니고, 각 군집이 어떤 라벨을 의미하는지만 파악하면 된다.

이제 앞서 지도 학습에서 진행했던 것과 동일하게 임의의 새로운 데이터를 만들어서 예측을 진행해보자.

```
import numpy as np
new_input = np.array([[6.1, 2.8, 4.7, 1.2]])
```

데이터 형식에 맞춰 4개의 붓꽃 특징 값을 갖도록 넘파이 배열을 만든다. 여기서도 동일하게 입력 형식을 맞춰야 한다. 위와 같이 하지 않고 하나의 리스트로 넘파이 배열을 만들어서 적용하면 오류가 발생할 것이다. 새로 정의한 데이터를 앞서 학습시킨 모델에 적용해 예측값을 확인해 보자.

```
prediction = k_means.predict(new_input)
print(prediction)
```

```
[0]
```

결과를 보면 새롭게 정의한 데이터는 0번째 군집에 포함된다고 예측했다. 앞서 확인했을 때 0번째 군집은 주로 라벨 1(Versicolour)인 종의 붓꽃들이 군집화돼 있었기 때문에 새로운 데이터(new_input) 역시 라벨 1(Versicolour)로 예측할 수 있을 것이다. 마지막으로 해당 모델의 성능을 측정하기 위해 평가 데이터를 적용시켜서 실제 라벨과 비교해 성능을 측정해 보자.

```
predict_cluster = k_means.predict(test_input)
print(predict_cluster)
```

```
[0 1 2 0 0 1 0 2 0 0 2 1 1 1 1 0 2 0 0 2 1 0 1 2 2 2 2 2 1 1 1 1 0 1 1 0 0 1]
```

평가 데이터를 적용시켜 예측한 군집을 이제 각 붓꽃의 종을 의미하는 라벨값으로 다시 바꿔
줘야 실제 라벨과 비교해서 성능을 측정할 수 있다.

```
np_arr = np.array(predict_cluster)
np_arr[np_arr==0], np_arr[np_arr==1], np_arr[np_arr==2] = 3, 4, 5
np_arr[np_arr==3] = 1
np_arr[np_arr==4] = 0
np_arr[np_arr==5] = 2
predict_label = np_arr.tolist()
print(predict_label)
```

```
[1, 0, 2, 1, 1, 0, 1, 2, 1, 1, 2, 0, 0, 0, 0, 1, 2, 1, 1, 2, 0, 1, 0, 2, 2, 2, 2, 2, 0, 0, 0,
0, 1, 0, 0, 1, 1, 0]
```

각 데이터가 속한 군집의 순서를 실제 붓꽃의 라벨로 바꿔주었다. 만약 각 군집의 라벨 분포
가 다르게 나온다면 각 군집이 어떤 라벨을 의미하는지 파악한 후 해당 라벨로 바꿔줘야 한
다. 여기서는 0번째 군집이 라벨 1(Versicolour), 1번째 군집이 라벨 0(Setosa), 2번째 군집
이 라벨 2(Virginica)를 의미한다. 이를 변경할 때는 임시 저장을 위해 군집의 순서값 3, 4, 5
를 넘파이 배열로 먼저 만들어 준다. 이후에 군집 3을 1(Versicolour)로, 군집 4를 0(Setosa)
으로, 군집 5를 2(Virginica)로 바꿔주었다.

이제 모델 성능을 측정하기 위해 각 평가 데이터에 대해 예측값을 모두 구했다. 실제 라벨과
비교해서 성능이 어느 정도 되는지 확인해 보자.

```
print('test accuracy {:.2f}'.format(np.mean(predict_label == test_label)))
```

```
test accuracy 0.95
```

결과를 보면 앞서 진행한 지도 학습 모델보다는 낮은 성능이지만 그래도 95%라는 매우 높은 성능을 보여준다. 데이터의 라벨을 사용하지 않고 학습했음에도 불구하고 이 정도의 성능이면 매우 우수한 결과다. 따라서 만약 데이터는 있지만 각 데이터의 라벨이 존재하지 않을 때는 비지도 학습 모델을 쓰는 것도 나쁘지 않은 방법이다.

이렇게 해서 붓꽃 데이터와 사이킷런 라이브러리를 활용해 지도 학습 모델과 비지도 학습 모델을 사용하는 방법을 알아봤다. 사이킷런 라이브러리 내의 함수들은 사용하기가 아주 쉽게 구성돼 있어 데이터를 적용하기만 하면 자동으로 학습과 예측을 수행했는데, 만약 데이터가 붓꽃 데이터와는 다르게 수치형 데이터가 아닐 경우에는 어떻게 해야 할까? 예를 들어, 인간 언어의 경우 수치화돼 있지 않은 데이터이기 때문에 다양한 머신러닝 모델에 바로 적용할 수 없다. 이어지는 절에서는 이러한 상황을 해결하기 위한 특징 추출 모듈에 대해 알아보겠다.

사이킷런을 이용한 특징 추출

이번 절에서는 사이킷런의 특징 추출 모듈에 대해 알아보겠다. 자연어 처리에서 특징 추출이란 텍스트 데이터에서 단어나 문장들을 어떤 특징 값으로 바꿔주는 것을 의미한다. 기존에 문자로 구성돼 있던 데이터를 모델에 적용할 수 있도록 특징을 뽑아 어떤 값으로 바꿔서 수치화한다. 이번 장에서는 사이킷런을 사용해 텍스트 데이터를 수치화하는 세 가지 방법에 대해 알아본다. 참고로 세 가지 방법 모두 텍스트 데이터를 다루면서 자주 사용하는 기법이므로 알아둔다면 도움이 될 것이다. 관련 모듈의 목록은 다음과 같다.

- CountVectorizer

- TfidfVectorizer

- HashingVectorizer

세 가지 방법 모두 텍스트를 벡터로 만드는 방법이다. CountVectorizer는 단순히 각 텍스트에서 횟수를 기준으로 특징을 추출하는 방법이다. TfidfVectorizer는 TF-IDF라는 값을 사용해 텍스트에서 특징을 추출한다. 마지막으로 HashingVectorizer는 앞에서 설명한 CountVectorizer와 동일한 방법이지만 텍스트를 처리할 때 해시 함수를 사용하기 때문에 실행 시간을 크게 줄일 수 있다. 따라서 텍스트의 크기가 클수록 HashingVectorizer를 사용하는 것이 효율적이다.

여기서는 세 가지 특징 추출 기법 중에서 CountVectorizer와 TfidfVectorizer에 대해서 알아보도록 하자.

CountVectorizer

CountVectorizer는 이름에서도 확인할 수 있듯이 텍스트 데이터에서 횟수를 기준으로 특징을 추출하는 방법이다. 여기서 어떤 단위의 횟수를 셀 것인지는 선택 사항이다. 여기서 말하는 단위는 단어가 될 수도 있고, 문자 하나하나가 될 수도 있다. 보통은 텍스트에서 단어를 기준으로 횟수를 측정하는데, 문장을 입력으로 받아 단어의 횟수를 측정한 뒤 벡터로 만든다.

CountVectorizer를 사용하려면 먼저 객체를 만들어야 한다. 그리고 이 객체에 특정 텍스트를 적합시켜야 한다. 여기서 말하는 적합의 의미는 횟수를 셀 단어의 목록을 만드는 과정이다. 그다음에 횟수를 기준으로 해당 텍스트를 벡터화한다.

예를 들어, "나는 매일 공부를 한다"라는 문장을 횟수값으로 이뤄진 벡터로 만든다면, 우선 단어 사전을 정의해야 한다. 이때 단어 사전이 "나는", "너가", "매일", "공부를", "한다", "좋아한다"라는 6개의 단어로 구성돼 있다고 한다면 "나는 매일 공부를 한다" 문장의 경우 [1, 0, 1, 1, 1, 0]이라는 벡터로 바뀔 것이다. 즉, 첫 번째 단어인 "나는"이라는 단어가 1번 나오므로 1이라는 값을 가지고, 두 번째 단어인 "너가"라는 단어는 나오지 않으므로 0이 된다. 이러한 방식으로 나머지 단어 사전의 단어에 대해서도 횟수를 세서 해당 횟수를 벡터 값으로 만든다. 만약 "나는 매일 매일 공부를 한다"라는 문장에 대해서는 단어 사전의 세 번째 단어인 "매일"이 두 번 나오므로 [1, 0, 2, 1, 1, 0]이라는 벡터로 바뀔 것이다.

이제 사이킷런의 모듈을 사용해 직접 구현해 보자. 우선 특징 추출 모듈 sklearn.feature_extraction.text에서 CountVectorizer를 불러오자.

```
from sklearn.feature_extraction.text import CountVectorizer
```

이번에는 텍스트 데이터를 불러오자. 여기서는 특정 데이터를 사용하지 않고 리스트로 텍스트 데이터를 직접 정의해서 사용한다. 그리고 CountVectorizer 객체를 생성한다.

```
text_data = ['나는 배가 고프다', '내일 점심 뭐먹지', '내일 공부 해야겠다', '점심 먹고 공부 해야지']

count_vectorizer = CountVectorizer()
```

우선은 앞에서 설명한 것처럼 단어 사전을 만들어야 한다. 생성한 객체에 fit 함수를 사용해 데이터를 적용하면 자동으로 단어 사전을 생성한다.

```
count_vectorizer.fit(text_data)
print(count_vectorizer.vocabulary_)
```

```
{'나는': 2, '배가': 6, '고프다': 0, '내일': 3, '점심': 7, '뭐먹지': 5, '공부': 1, '해야겠다':
8, '먹고': 4, '해야지': 9}
```

데이터를 적용한 후 단어 사전을 출력해보면 각 단어에 대해 숫자들이 사전 형태로 구성돼 있다. 이제 텍스트 데이터를 실제로 벡터로 만들어보자. 정의한 텍스트 데이터 중에서 하나만 선택해서 벡터로 만든다.

```
sentence = [text_data[0]] # ['나는 배가 고프다']
print(count_vectorizer.transform(sentence).toarray())
```

```
[[1 0 1 0 0 0 1 0 0 0]]
```

'나는 배가 고프다'라는 문장을 벡터로 만들었다. 각 단어가 1번씩 나왔으므로 해당 단어 사전 순서에 맞게 1 값을 가진다. 이처럼 매우 간단하게 텍스트 데이터에서 특징을 추출할 수 있다. 횟수를 사용해서 벡터를 만들기 때문에 직관적이고 간단해서 여러 상황에서 사용할 수 있다는 장점이 있다. 하지만 단순히 횟수만을 특징으로 잡기 때문에 큰 의미가 없지만 자주 사용되는 단어들, 예를 들면 조사 혹은 지시대명사가 높은 특징 값을 가지기 때문에 유의미하게 사용하기 어려울 수 있다. 이제 이러한 문제점을 해결할 수 있는 TF-IDF 방식의 특징 추출 방법을 살펴보자.

TfidfVecotorizer

TfidfVectorizer는 TF-IDF라는 특정한 값을 사용해서 텍스트 데이터의 특징을 추출하는 방법이다. 각 값이 의미하는 바를 간단히 설명하면 TF(Term Frequency)란 특정 단어가 하나의 데이터 안에서 등장하는 횟수를 의미한다. 그리고 DF(Document Frequency)는 문서 빈도 값으로, 특정 단어가 여러 데이터에 자주 등장하는지를 알려주는 지표다. IDF(Inverse Document Frequency)는 이 값에 역수를 취해서 구할 수 있으며, 특정 단어가 다른 데이터에 등장하지 않을수록 값이 커진다는 것을 의미한다. TF-IDF란 이 두 값을 곱해서 사용하므로 어떤 단어가 해당 문서에 자주 등장하지만 다른 문서에는 많이 없는 단어일수록 높은 값을 가지게 된다. 따라서 조사나 지시대명사처럼 자주 등장하는 단어는 TF 값은 크지만 IDF 값은 작아지므로 TfidfVectorizer는 CountVectorizer가 가진 문제점을 해결할 수 있다.

이제 사이킷런의 TfidfVectorizer를 사용하는 방법을 알아보자. 기본적인 방법은 CountVectorizer와 거의 유사하다. 결괏값만 단어의 출현 횟수가 아닌 각 단어의 TF-IDF 값으로 나오는 것이 다르다. 우선은 TFidfVecotirzer를 불러오자. 마찬가지로 사이킷런의 특징 추출 모듈에서 불러오면 된다.

```
from sklearn.feature_extraction.text import TfidfVectorizer
```

이제 특징을 추출할 데이터를 정의하고 해당 객체를 생성한다. 앞에서 사용했던 데이터와 동일한 데이터로 진행한다.

```
text_data = ['나는 배가 고프다', '내일 점심 뭐먹지', '내일 공부 해야겠다', '점심 먹고 공부
해야지']
tfidf_vectorizer = TfidfVectorizer()
```

TfidfVecotirzer를 사용할 때도 앞에서 했던 것과 동일하게 먼저 단어 사전을 만들어야 한다. 단어 사전을 만든 후 단어 사전의 목록을 출력하고, 해당 데이터의 한 문장만 객체에 적용해 벡터로 바뀐 값도 출력해보자.

```
tfidf_vectorizer.fit(text_data)
print(tfidf_vectorizer.vocabulary_)

sentence = [text_data[3]] # ['점심 먹고 공부 해야지']
print(tfidf_vectorizer.transform(sentence).toarray())
```

```
{'나는': 2, '배가': 6, '고프다': 0, '내일': 3, '점심': 7, '뭐먹지': 5, '공부': 1, '해야겠다':
8, '먹고': 4, '해야지': 9}

[[0.         0.43779123 0.         0.         0.55528266 0.
  0.         0.43779123 0.         0.55528266]]
```

단어 사전은 앞에서 만든 것과 동일한데, 특정 문장을 벡터로 만든 값이 CounterVectorizer의 결과와 다르다. 예시로 사용한 문장은 '점심 먹고 공부 해야지'라는 문장인데 여기서 1, 4, 7, 9번째 단어를 제외한 단어들은 해당 문장에 사용되지 않아서 모두 0 값이 나왔다. 그리고 문장에 나온 단어에 대한 TF-IDF 값을 살펴보자. 우선 1, 7번째 단어인 '공부'와 '점심'이라는 단어는 0.4 정도의 값을 가지고 4, 9번째 단어인 '먹고'와 '해야지'는 0.5 정도의 값으로 앞의 두 단어보다 높은 값을 가진다. TF-IDF 측정 방법을 생각해보면 우선 해당 문장 안에서 단어의 출현 빈도를 측정하고 해당 단어가 다른 데이터에서는 잘 나오지 않는 값일수록 높은 값을 가진다고 했다. 이 문장에서 4단어 모두 한 번씩 나왔으나 '먹고'와 '해야지'의 경우 다른 데이터에는 나오지 않은 단어이기 때문에 앞선 두 단어보다 높은 값이 나왔다.

이처럼 특징 추출 방법으로 TF-IDF 값을 사용할 경우 단순 횟수를 이용하는 것보다 각 단어의 특성을 좀 더 잘 반영할 수 있다. 따라서 모델에 적용할 때도 단순히 횟수를 이용해 특징을 추출한 Countvectorizer보다 TF-IDF 값으로 특징을 추출한 TfidfVecorizer를 사용하는 편이 일반적으로 좀 더 좋은 결과를 만들어낸다.

지금까지 사이킷런을 사용해서 모델을 만드는 방법, 데이터 분리, 특징 추출 방법에 대해 알아봤다. 사이킷런에는 여기서 소개한 기능뿐 아니라 다양한 모듈을 제공하고 있으므로 머신러닝 모델을 통해 문제를 해결하려 한다면 사이킷런 라이브러리를 사용하는 것이 매우 효율적일 것이다. 그뿐만 아니라 텐서플로 등 다른 라이브러리를 사용해서 딥러닝 모델을 만든다 하더라도 데이터 분리나 특징 추출 등 사이킷런의 전처리 모듈은 유용하게 활용될 수 있다. 이후 4장부터 실습할 때도 실제로 사이킷런을 사용하는 내용이 나오므로 사용법을 확실히 익혀두기를 권장한다.

03 자연어 토크나이징 도구

자연어 처리를 위해서는 우선 텍스트에 대한 정보를 단위별로 나누는 것이 일반적이다. 예를 들어, 영화 리뷰 내용을 예측한다고 하면 한 문장을 단어 단위로 쪼개서 분석할 수 있다. 이처럼 예측해야 할 입력 정보(문장 또는 발화)를 하나의 특정 기본 단위로 자르는 것을 토크나이징이라고 한다. 파이썬을 이용하면 이러한 작업을 라이브러리를 통해 간편하게 처리할 수 있다.

이번 절에서는 토크나이징 도구에 대해 간단히 설명하고, 설치 방법과 단어, 형태소 토크나이징과 문장 토크나이징 방법을 이야기하고자 한다. 그리고 토크나이징을 할 때 언어의 특징에 따라 처리 방법이 달라지므로 이 책에서는 영어 토크나이징과 한글 토크나이징을 구분해서 따로 설명하겠다.

영어 토크나이징 라이브러리

이번 절에서는 영어 토크나이징 작업을 수행할 수 있는 라이브러리를 소개한다. 영어의 경우 NLTK(Natural Language Toolkit)와 Spacy가 토크나이징에 많이 쓰이는 대표적인 라이브러리다. 이 두 라이브러리는 영어 텍스트에 대해 전처리 및 분석을 하기 위한 도구로 유명하다.

NLTK

NLTK는 파이썬에서 영어 텍스트 전처리 작업을 하는 데 많이 쓰이는 라이브러리다. 이 라이브러리는 50여 개가 넘는 말뭉치 리소스를 활용해 영어 텍스트를 분석할 수 있게 제공한다. 직관적으로 함수를 쉽게 사용할 수 있게 구성돼 있어 빠르게 텍스트 전처리를 할 수 있다.

라이브러리 설치

우선 NLTK 라이브러리를 설치해 보자. 다른 라이브러리와 마찬가지로 아나콘다를 통해 설치하면 된다. 명령행에서 다음 명령을 입력한다.

```
conda install nltk
```

정상적으로 설치되면 다음과 같이 출력될 것이다.

```
Successfully built nltk
Installing collected packages: six, nltk
Successfully installed nltk-3.3 six-1.11.0
```

이제 NLTK를 사용해 영어 텍스트를 토크나이징해보자. 하지만 그 전에 추가로 설치해야 할 것이 있다. NLTK의 경우 단순히 라이브러리를 설치한다고 해서 바로 토크나이징할 수 있는 것이 아니다. 말뭉치(corpus)를 내려받아 연동할 수 있어야 한다. 말뭉치를 설치하려면 라이브러리를 불러온 후 함수를 사용하면 된다. 우선 다음과 같이 라이브러리를 불러오고 말뭉치 설치 함수를 실행하자.

```
import nltk
nltk.download()
```

nltk.download 함수를 실행하고 나면 다음과 같은 창이 나타난다. 여기서 'all'을 선택해서 설치하도록 하자.

그림 2.9 NLTK 다운로더

말뭉치를 설치했다면 영어 텍스트를 토크나이징하기 위한 모든 준비가 끝난 것이다. 본격적으로 토크나이징에 대해 알아보고 직접 실습해 보자.

토크나이징

토크나이징이란 텍스트에 대해 특정 기준 단위로 문장을 나누는 것을 의미한다. 예를 들면, 문장을 단어 기준으로 나누거나 전체 글을 문장 단위로 나누는 것들이 토크나이징에 해당한다(한글의 경우 'ㄱ', 'ㄴ', 'ㅏ', 'ㅗ' 같은 음소도 하나의 토큰이 된다). 파이썬에서 간단하게 문자열에 대해 split 함수를 사용해서 나눌 수도 있지만 라이브러리를 사용하면 훨씬 더 간편하고 효과적으로 토크나이징할 수 있다.

이제 라이브러리를 이용해 직접 몇 가지 텍스트 데이터에 대해 토크나이징해보자. 먼저 단어를 기준으로 진행한 후 그다음으로 문장 단위로 토크나이징해 보자.

단어 단위 토크나이징

텍스트 데이터를 각 단어를 기준으로 토크나이징해보자. 우선 라이브러리의 tokenize 모듈에서 word_tokenize를 불러온 후 사용하면 된다.

```
from nltk.tokenize import word_tokenize
sentence = "Natural language processing (NLP) is a subfield of computer science,
information engineering, and artificial intelligence concerned with the interactions
between computers and human (natural) languages, in particular how to program computers
to process and analyze large amounts of natural language data."

print(word_tokenize(sentence))
```

```
['Natural', 'language', 'processing', '(', 'NLP', ')', 'is', 'a', 'subfield', 'of',
'computer', 'science', ',', 'information', 'engineering', ',', 'and', 'artificial',
'intelligence', 'concerned', 'with', 'the', 'interactions', 'between', 'computers', 'and',
'human', '(', 'natural', ')', 'languages', ',', 'in', 'particular', 'how', 'to', 'program',
'computers', 'to', 'process', 'and', 'analyze', 'large', 'amounts', 'of', 'natural',
'language', 'data', '.']
```

영어 텍스트를 정의한 후 word_tokenize 함수에 적용하면 위와 같이 구분된 리스트를 받을 수 있다. 결과를 보면 모두 단어로 구분돼 있고, 특수 문자의 경우 따로 구분된 것을 볼 수 있다. 이렇게 별다른 설정 없이 함수에 데이터를 적용하기만 해도 간단하게 토크나이징된 결과를 받을 수 있다. 이제 단어 단위로 자르는 것이 아니라 문장 단위로 잘라보자.

문장 단위 토크나이징

경우에 따라 텍스트 데이터를 우선 단어가 아닌 문장으로 나눠야 하는 경우가 있다. 예를 들어, 데이터가 문단으로 구성돼 있어서 문단을 먼저 문장으로 나눈 후 그 결과를 다시 단어로 나눠야 하는 경우가 있다. 이런 경우에 문장 단위의 토크나이징이 필요하다. 역시 NLTK의 라이브러리를 사용하면 쉽게 토크나이징할 수 있다. 앞서 불러왔던 것처럼 문장 토크나이징 함수를 불러온 후 데이터에 적용해 보자.

```
from nltk.tokenize import sent_tokenize
paragraph = "Natural language processing (NLP) is a subfield of computer science,
information engineering, and artificial intelligence concerned with the interactions
between computers and human (natural) languages, in particular how to program
computers to process and analyze large amounts of natural language data. Challenges in
natural language processing frequently involve speech recognition, natural language
understanding, and natural language generation."

print(sent_tokenize(paragraph))
```

```
['Natural language processing (NLP) is a subfield of computer science, information
engineering, and artificial intelligence concerned with the interactions between
computers and human (natural) languages, in particular how to program computers to
process and analyze large amounts of natural language data.',
'Challenges in natural language processing frequently involve speech recognition,
natural language understanding, and natural language generation.']
```

사용법은 단어를 기준으로 나눴을 때와 크게 다르지 않다. 그냥 데이터를 sent_tokenize 함수에 적용하기만 하면 자동으로 문장 기준으로 나눠준다. 결과를 보면 위의 텍스트가 2개의 문장으로 나눠진 리스트로 나오는 것을 알 수 있다. 이처럼 라이브러리를 사용하면 원하는 기준으로 간단하게 토크나이징할 수 있다.

그뿐만 아니라 NLTK 라이브러리의 경우 토크나이징 외에도 자연어 처리에 유용한 기능들을 제공한다. 대표적으로 텍스트 데이터를 전처리할 때 경우에 따라 불용어를 제거해야 할 때가 있다. 여기서 불용어란 큰 의미를 가지지 않는 단어를 의미한다. 예를 들어, 영어에서는 'a', 'the' 같은 관사나 'is'와 같이 자주 출현하는 단어들을 불용어라 한다. NLTK 라이브러리에는 불용어 사전이 내장돼 있어서 따로 불용어를 정의할 필요 없이 바로 사용할 수 있다. 이처럼

NLTK를 사용하면 자연어 처리 전반에 유용한 기능들을 활용해 효율적으로 문제를 해결할 수 있다.

이제 또 다른 토크나이징 도구인 Spacy에 대해 알아보자. Spacy도 NLTK와 마찬가지로 매우 간단하게 텍스트를 토크나이징할 수 있는 라이브러리이고 사용법 또한 매우 간단하기 때문에 쉽게 익힐 수 있을 것이다.

Spacy

Spacy는 NLTK와 같은 오픈소스 라이브러리다. 주로 교육, 연구 목적이 아닌 상업용 목적으로 만들어졌다는 점에서 NLTK와 다른 목적으로 만들어진 라이브러리다. Spacy는 현재 영어를 포함한 8개 국어에 대한 자연어 전처리 모듈을 제공하고, 빠른 속도로 전처리할 수 있다고 한다. 또한 쉽게 설치하고 원하는 언어에 대한 전처리를 한 번에 해결할 수 있다는 장점이 있으며, 특히 딥러닝 언어 모델의 개발도 지원하고 있어 매력적이다. 이 책에서는 Spacy를 이용해 언어 모델을 개발하는 내용은 다루지 않지만 공식 문서[4]를 통해 자세한 내용을 확인할 수 있다.

라이브러리 설치

Spacy 역시 아나콘다를 통해 설치한다. 명령행에서 다음과 같이 설치 명령어를 입력하자.

```
conda install spacy
```

NLTK와 마찬가지로 영어에 대한 텍스트를 전처리하려면 언어 데이터 자료를 별도로 내려받아야 한다. 다음 명령어를 입력해서 'en' 자료를 설치하자.

```
python -m spacy download en
```

Spacy 라이브러리와 언어 데이터까지 설치하고 나면 텍스트 데이터를 토크나이징할 준비가 모두 끝난다. 이번에도 단어 단위의 토크나이징과 문장 단위의 토크나이징 방법을 알아보자. 우선 단어를 기준으로 나누는 방법을 알아보자.

---

4 https://spacy.io/usage/training

Spacy 토크나이징

NLTK 라이브러리에서는 단어 단위의 토크나이징 함수는 word_tokenize(), 문장 단위의 토크나이징 함수는 sent_tokenize()로 서로 구분돼 있었다. 하지만 Spacy에서는 두 경우 모두 동일한 모듈을 통해 토크나이징한다. 우선 객체를 생성하기 위해 라이브러리를 불러오자.

```
import spacy
```

Spacy를 사용할 때는 토크나이징을 위해 라이브러리를 불러와야 한다. 라이브러리를 불러왔다면 문장에 대해 spacy를 이용해 토크나이징해 보자.

```
nlp = spacy.load('en')
sentence = "Natural language processing (NLP) is a subfield of computer science,
information engineering, and artificial intelligence concerned with the interactions
between computers and human (natural) languages, in particular how to program computers
to process and analyze large amounts of natural language data.".

doc = nlp(sentence)
```

먼저 spacy.load('en')을 통해 토크나이징할 객체를 생성해서 nlp 변수에 할당한다. 그리고 토크나이징할 텍스트를 sentence에 할당해서 nlp(sentence)를 실행해 nlp 객체에 대해 호출하자(이 경우는 nlp 객체의 함수를 호출하는 것으로 이해하면 된다). 그리고 나면 텍스트에 대해 구문 분석 객체를 반환하는데 이를 doc 변수에 할당한다. 이제 doc 객체를 가지고 입력한 텍스트에 대한 단어 토크나이징과 문장 토크나이징을 할 수 있다.

```
word_tokenized_sentence = [token.text for token in doc]
sentence_tokenized_list = [sent.text for sent in doc.sents]
print(word_tokenized_sentence)
print(sentence_tokenized_list)
```

```
['Natural', 'language', 'processing', '(', 'NLP', ')', 'is', 'a', 'subfield', 'of',
'computer', 'science', ',', 'information', 'engineering', ',', 'and', 'artificial',
'intelligence', 'concerned', 'with', 'the', 'interactions', 'between', 'computers', 'and',
'human', '(', 'natural', ')', 'languages', ',', 'in', 'particular', 'how', 'to', 'program',
'computers', 'to', 'process', 'and', 'analyze', 'large', 'amounts', 'of', 'natural',
```

```
'language', 'data', '.']

['Natural language processing (NLP) is a subfield of computer science, information
engineering, and artificial intelligence concerned with the interactions between
computers and human (natural) languages, in particular how to program computers to
process and analyze large amounts of natural language data.',
'Challenges in natural language processing frequently involve speech recognition,
natural language understanding, and natural language generation.']
```

토크나이징할 때는 doc 객체를 활용해 [token.text for token in doc]과 같이 리스트 컴프리헨션을 활용하면 간단하게 토크나이징 결과를 확인할 수 있다. 리스트 컴프리헨션은 파이썬에서 제공하는 기능으로 한 리스트의 모든 원소 각각에 어떤 함수를 적용한 후, 그 반환값을 원소로 가지는 다른 리스트를 쉽게 만들 수 있다. doc 객체에 대해 반복문을 사용하면 단어를 기준으로 토큰이 나오고 doc.sents 값에 대해 반복문을 사용하면 문장을 기준으로 토크나이징된다. 이 값을 리스트 컴프리헨션을 통해 각각 리스트로 만들었다. 이처럼 단어 기준, 문장 기준 토크나이징은 매우 유사하지만 조금 다른 구조로 생성할 수 있다.

NLTK는 함수를 통해 토크나이징을 처리했지만 Spacy는 객체를 생성하는 방식으로 구현돼 있다. 이처럼 객체를 생성하는 이유는 이 객체를 통해 단순히 토크나이징뿐 아니라 갖가지 다른 자연어 전처리 기능을 제공할 수 있기 때문이다.

사용법을 보면 NLTK와 Spacy는 간단하게 사용할 수 있다는 것을 알 수 있다. 하지만 사용법에 저마다 특색이 있고, 토크나이징 외에 제공되는 기능이 서로 다르므로 두 라이브러리 모두 알아두고 적재적소에 사용하면 된다.

지금까지 두 라이브러리를 통해 영어 텍스트를 토크나이징하는 방법을 알아봤다. 하지만 이러한 영어 토크나이징 도구는 한국어에 적용할 수 없다는 것이 큰 문제점이다. 이어지는 절에서는 한글 텍스트 데이터를 어떻게 토크나이징하는지 알아보겠다.

한글 토크나이징 라이브러리

자연어 처리에서는 언어마다 특징이 다르기 때문에 천편일률적으로 동일한 방법을 적용하기는 어렵다. 한글에도 NLTK나 Spacy 같은 도구를 사용할 수 있으면 좋겠지만 언어 특성상 영어를 위한 도구를 사용하기에는 적합하지 않다. 예를 들어, 영어에 없는 형태소 분석이나 음소 분리와 같은 내용은 앞서 소개한 라이브러리로는 다루기 어렵다. 하지만 다행히도 영어 자연어 처리를 위한 도구와 같이 한글 자연어 처리를 돕는 도구가 있다. 여러 가지 도구가 있지만 여기서는 한글 자연어 처리에 많이 사용하는 파이썬 라이브러리인 KoNLPy에 대해 알아보겠다. KoNLPy는 형태소 분석으로 형태소 단위의 토크나이징을 가능하게 할뿐만 아니라 구문 분석을 가능하게 해서 언어 분석을 하는 데 유용한 도구다.

KoNLPy

KoNLPy는 한글 자연어 처리를 쉽고 간결하게 처리할 수 있도록 만들어진 오픈소스 라이브러리다. 또한 국내에 이미 만들어져 사용되고 있는 여러 형태소 분석기를 사용할 수 있게 허용한다. 일반적인 어절 단위에 대한 토크나이징은 NLTK로 충분히 해결할 수 있으므로 여기서는 형태소 단위에 대한 토크나이징에 대해 알아보겠다.

우선 라이브러리를 설치해야 한다. 운영체제에 따라 설치 방법이 다르므로 자신의 운영체제에 해당하는 설치법을 따라 설치하자.

윈도우에서 설치

KoNLPy의 경우 기존의 자바로 쓰여진 형태소 분석기를 사용하기 때문에 윈도우에서 KoNLPy를 설치하기 위해서는 사용 중인 컴퓨터에 1.7 이상 버전의 자바(Java)가 설치돼 있어야 한다. 자바가 설치돼 있는지 확인하는 방법은 [제어판] → [프로그램 및 기능]으로 들어가서 검색창에 "Java"를 입력하거나 목록에서 직접 찾으면 된다. 만약 자바가 설치돼 있지 않다면 자바 홈페이지[5]에서 내려받아 설치하자. 자바가 설치된 것을 확인했다면 커맨드 라인에서 다음 명령으로 자바의 버전을 확인해보자.

```
> java -version
```

버전이 1.7 이상이면 다음 단계로 진행하면 되고, 그보다 낮다면 업데이트한 뒤 진행하면 된다(위의 명령어를 입력했을 때 'java is not recognized' 같은 결과가 나오면서 버전을 확인할 수 없다면 이어서 다음에서 설명하는 환경변수 설정을 먼저 진행한 후 다시 확인하자).

---

5   https://java.com/

1.7 버전 이상의 자바가 준비됐다면 환경변수를 설정해야 한다. 우선 [내 PC]에서 마우스 오른쪽 버튼을 클릭해서 [속성]에 들어간 뒤 [고급 시스템 설정]으로 들어가자. 상단에 있는 여러 탭 중에서 [고급] 탭으로 이동한 후 하단의 [환경 변수]를 클릭한다. 다음으로 [시스템 변수]에 새로운 환경변수인 JAVA_HOME을 만들고 경로는 다음과 같이 자바가 설치된 경로를 지정한다.

```
C:\Program Files\Java\jdk1.8.0_131
```

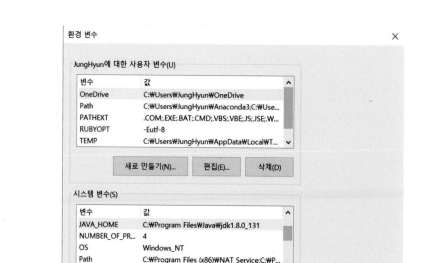

그림 2.10 환경변수 설정

환경변수 설정이 끝났다면 이제 0.5.7 버전 이상의 JPype1을 설치해야 한다. JPype1은 KoNLPy에서 필요하며 파이썬에서 자바 클래스를 사용할 수 있도록 만들어주는 라이브러리다. 우선 JPype1 설치 홈페이지[6]에 들어가서 본인의 파이썬 버전과 윈도우의 아키텍처(32비트나 64비트)에 해당하는 버전을 설치하자. 만약 64비트 윈도우를 사용하고 파이썬 버전이

---

6   http://www.lfd.uci.edu/~gohlke/pythonlibs/#jpype

3.6 버전이라면 "JPype1-1.1.2-cp36-cp36m-win_amd64.whl"을 설치하면 되며, 커맨드 라인에서 다음과 같은 명령을 입력하자.

```
> pip install JPype1-1.1.2-cp36-cp36m-win_amd64.whl
```

설치할 파일이 해당 경로에 있어야 제대로 설치된다.

여기까지 진행했다면 이제 KoNLPy를 설치하기 위한 준비가 모두 끝났다. 다시 커맨드 라인에서 다음 명령을 입력하면 설치가 진행된다.

```
> pip install konlpy
```

설치가 성공적으로 끝났다는 메시지가 나오면 파이썬을 실행하고 해당 라이브러리를 불러오자.

```
import konlpy
```

별다른 오류 없이 불러온다면 제대로 설치된 것이다.

macOS에서 설치

macOS에 KoNLPy를 설치하는 방법은 윈도우에 비하면 매우 간단하다. 따로 자바를 설치하는 것 같은 작업 없이 명령행에서 파이썬 버전에 맞게 다음 명령어만 입력하면 간단하게 끝난다.

```
$ pip install konlpy  # 파이썬 2.x 버전
$ pip3 install konlpy # 파이썬 3.x 버전
```

설치가 성공적으로 끝났다면 파이썬을 실행해 해당 라이브러리를 불러오자.

```
import konlpy
```

별다른 오류 없이 불러온다면 제대로 설치된 것이다.

이제 KoNLPy 사용법을 알아보자. KoNLPy 라이브러리에 포함된 형태소 분석 및 품사 태깅 기능과 데이터에 대해 각각 알아보겠다.

형태소 단위 토크나이징

한글 텍스트의 경우에는 형태소 단위 토크나이징이 필요할 때가 있다. KoNLPy에서는 여러 형태소 분석기를 제공하며, 각 형태소 분석기별로 분석한 결과는 다를 수 있다. 각 형태소 분석기는 클래스 형태로 돼 있고, 이를 객체로 생성한 후 메서드를 호출해서 토크나이징할 수 있다.

형태소 분석 및 품사 태깅

형태소 분석을 설명하기 전에 먼저 형태소가 무엇인지 알아보자. 형태소란 의미를 가지는 가장 작은 단위로서 더 쪼개지면 의미를 상실하는 것들을 말한다. 따라서 형태소 분석이란 의미를 가지는 단위를 기준으로 문장을 살펴보는 것을 의미한다.

KoNLPy 이전에 C, C++, 자바 언어를 통해 형태소 분석을 할 수 있는 좋은 라이브러리들이 있었다. KoNLPy는 이러한 기존의 형태소 분석기들을 파이썬 라이브러리로 통합해서 사용할 수 있게 했고, 그 결과, 한국어 구문 분석을 쉽게 할 수 있게 됐다. KoNLPy에는 다양한 형태소 분석기들이 객체 형태로 포함돼 있으며 각 형태소 분석기의 목록은 다음과 같다.

- Hannanum

- Kkma

- Komoran

- Mecab

- Okt(Twitter)

위 객체들은 모두 동일하게 형태소 분석 기능을 제공하는데, 각기 성능이 조금씩 다르므로 직접 비교해보고 자신의 데이터를 가장 잘 분석하는 분석기를 사용하길 권장한다. Mecab의 경우 윈도우에서는 사용할 수 없으니 참고하길 바란다.

각 분석기의 사용법은 거의 비슷하므로 이 책에서는 그중 하나인 Okt를 예로 들어 설명한다. Okt는 원래 이름이 Twitter였으나 0.5.0 버전 이후부터 이름이 Okt로 바뀌었다.

Okt를 사용하기 위해서는 먼저 불러와야 한다. 다음 명령어를 입력해서 불러오자.

```
from konlpy.tag import Okt
```

그리고 Okt를 사용하려면 Okt 객체를 먼저 생성해야 한다.

```
okt = Okt()
```

Okt 객체는 다음과 같은 4개의 함수를 제공한다.

okt.morphs()

> 텍스트를 형태소 단위로 나눈다. 옵션으로는 norm과 stem이 있다. 각각 True 혹은 False 값을 받으며, norm
> 은 normalize의 약자로서 문장을 정규화하는 역할을 하고, stem은 각 단어에서 어간을 추출하는 기능이다.
> 각각 True로 설정하면 각 기능이 적용된다. 옵션을 지정하지 않으면 기본값은 둘 다 False로 설정된다.

okt.nouns()

> 텍스트에서 명사만 뽑아낸다.

okt.phrases()

> 텍스트에서 어절을 뽑아낸다.

okt.pos()

> 위의 세 함수는 어간/명사/어절 등을 추출해내는 추출기로 동작했다면 pos 함수는 각 품사를 태깅하는 역할
> 을 한다. 품사를 태깅한다는 것은 주어진 텍스트를 형태소 단위로 나누고, 나눠진 각 형태소를 그에 해당하는
> 품사와 함께 리스트화하는 것을 의미한다. 이 함수에서도 옵션을 설정할 수 있는데, morphs 함수와 마찬가지
> 로 norm, stem 옵션이 있고 추가적으로 join 함수가 있는데 이 옵션 값을 True로 설정하면 나눠진 형태소
> 와 품사를 '형태소/품사' 형태로 같이 붙여서 리스트화한다.

임의의 문장을 직접 지정하고 해당 문장에 각 함수를 직접 적용해 보자.

```
text = "한글 자연어 처리는 재밌다 이제부터 열심히 해야지ㅎㅎㅎ"

print(okt.morphs(text))
print(okt.morphs(text, stem=True)) # 형태소 단위로 나눈 후 어간을 추출
```

```
['한글', '자연어', '처리', '는', '재밌다', '이제', '부터', '열심히', '해야지', 'ㅎㅎㅎ']
['한글', '자연어', '처리', '는', '재밌다', '이제', '부터', '열심히', '하다', 'ㅎㅎㅎ']
```

어간 추출을 한 경우 '해야지'의 어간인 '하다'로 추출된 것을 볼 수 있다. 이제 앞서 정의한 문장에서 명사와 어절을 추출해 보자.

```
print(okt.nouns(text))
print(okt.phrases(text))
```

```
['한글', '자연어', '처리', '이제']
['한글', '한글 자연어 처리', '이제', '자연어', '처리']
```

nouns 함수를 사용한 경우에는 명사만 추출됐고 phrases 함수의 경우에는 어절 단위로 나뉘어서 추출됐다.

이제 품사 태깅을 하는 함수인 pos 함수를 사용해 보자.

```
print(okt.pos(text))
print(okt.pos(text, join=True)) # 형태소와 품사를 붙여서 리스트화
```

```
[('한글', 'Noun'), ('자연어', 'Noun'), ('처리', 'Noun'), ('는', 'Josa'), ('재밌다',
'Adjective'), ('이제', 'Noun'), ('부터', 'Josa'), ('열심히', 'Adverb'), ('해야지', 'Verb'),
('ㅎㅎㅎ', 'KoreanParticle')]
['한글/Noun', '자연어/Noun', '처리/Noun', '는/Josa', '재밌다/Adjective', '이제/Noun',
'부터/Josa', '열심히/Adverb', '해야지/Verb', 'ㅎㅎㅎ/KoreanParticle']
```

join 옵션을 True로 설정한 경우 형태소와 품사가 함께 나오는 것을 볼 수 있다. 경우에 따라 옵션을 설정하면서 사용하자.

KoNLPy 데이터

KoNLPy 라이브러리는 한글 자연어 처리에 활용할 수 있는 한글 데이터를 포함하고 있다. 따라서 라이브러리를 통해 데이터를 바로 사용할 수 있으며, 데이터의 종류는 다음과 같다.

kolaw

한국 법률 말뭉치. 'constitution.txt' 파일로 저장돼 있다.

kobill

대한민국 국회 의안 말뭉치. 각 id 값을 가지는 의안으로 구성돼 있고 파일은 '1809890.txt'부터 '1809899. txt'까지로 구성돼 있다.

이제 라이브러리를 사용해 각 데이터를 불러오자. 우선은 각 말뭉치를 불러와야 한다.

```
from konlpy.corpus import kolaw
from konlpy.corpus import kobill
```

불러왔다면 법률 말뭉치를 먼저 불러오자. 긴 말뭉치이므로 앞의 20개까지만 불러와 보자.

```
kolaw.open('constitution.txt').read()[:20]
```

```
'대한민국헌법\n\n유구한 역사와 전통에 '
```

국회 의안 말뭉치도 불러오자. 여러 의안 중에서 '1809890.txt' 의안을 불러오자.

```
kobill.open('1809890.txt').read()
```

```
'지방공무원법 일부개정법률안\n\n(정의화의원 대표발의 )\n\n 의 안\n 번
...
tanzania@assembly.go.kr)\n\n- 11 -\n\n\x0c'
```

위 데이터들을 여러 가지 한글 자연어 처리 문제를 연습하는 데 활용할 수 있다. 앞에서 배운 단어 임베딩이나 형태소 분석 등을 연습해보자.

04 그 밖의 라이브러리(전처리)

마지막으로 자연어 처리 문제에 도움을 줄 수 있는 파이썬 라이브러리를 소개하겠다. 계산을 위한 라이브러리인 numpy, 데이터 분석을 위한 pandas, 시각화 도구인 matplotlib, 정규 표현식을 사용하기 위한 Re, 그리고 HTML 데이터를 다루기 위한 Beautiful Soup까지 총 5가지 라이브러리에 대해 알아보자.

넘파이

넘파이(numpy)는 빠르고 효율적인 계산을 위해 만들어진 파이썬 라이브러리다. 넘파이는 고성능의 다차원 배열 객체와 이러한 배열을 계산할 효율적인 도구를 제공한다. 넘파이의 핵심은 ndarray 객체다. 이 객체는 동일한 자료형을 가지는 n차원의 배열로 이 객체를 활용하면 파이썬에 내장된 배열을 사용하는 것보다 더 적은 코드로 연산이 가능하고 더 빠르게 결과를 얻을 수 있다.

넘파이 설치

넘파이 라이브러리를 사용하기 위해 설치부터 진행하자. 커맨드 라인에 다음 명령을 입력해서 설치하자.

```
conda install numpy
```

다음과 같이 출력되면 문제없이 잘 설치된 것이다.

```
Successfully installed numpy-1.14.5
```

제대로 설치됐는지 다시 한번 확인하기 위해 주피터 노트북을 실행해 넘파이 라이브러리를 사용해 보자.

```
import numpy as np
a = np.array([1,2,3])
print(a)
```

위와 같이 실행할 경우 다음과 같은 결과가 나오면 제대로 설치된 것이다.

```
array([1,2,3])
```

넘파이 배열

넘파이 배열은 앞서 말한 ndarray 객체 형태다. 이 객체는 동일한 자료형을 가지는 값들이 표 (또는 격자판) 형태로 구성돼 있다. 각 값은 음이 아닌 정수 값으로 색인되고, 객체의 차원은 axis(축)라 불린다.

ndarray 객체의 속성에 대해 알아보자.

ndarray.ndim

배열의 축(차원)의 수를 반환한다.

ndarray.shape

배열의 형태를 반환한다. 예를 들어, 2x3 크기의 2차원 배열이 있다면 이 배열의 shape은 (2,3)이 된다.

ndarray.size

배열 내 원소의 총 개수를 반환한다.

ndarray.dtype

배열 내 원소들의 자료형을 반환한다.

ndarray 객체를 생성하고 객체의 속성을 하나씩 사용해보자. 우선은 넘파이 라이브러리를 불러오자.

```
import numpy as np
```

넘파이를 성공적으로 불러왔다면 이제 아래 예제를 하나씩 실습해 보자.

```
a = np.array([[1,2,3], [1,5,9], [3,5,7]])

print(a.ndim)
```

```
# 2

print(a.shape)
# (3,3)

print(a.size)
# 9

print(a.dtype)
# dtype('int32')
```

이 예제에서는 배열을 만들 때 직접 리스트를 중첩해서 만들었지만 배열을 생성할 때는 다음
과 같은 다양한 방법을 활용할 수 있다.

numpy.zeros

모든 배열의 원소가 0인 배열을 생성한다.

numpy.ones

모든 배열의 원소가 1인 배열을 생성한다.

numpy.empty

배열의 크기만 정해주고 원소는 초기화하지 않은 배열을 생성한다. 원소에는 매우 크거나 작은 값이 들어간다.

numpy.arange

파이썬의 range 함수와 유사한 형태로 배열을 생성할 수 있다. 배열의 원소들이 수열을 구성한다.

numpy.full

배열의 모든 값이 하나의 상수인 배열을 생성한다.

numpy.eye

지정한 크기의 단위행렬을 생성한다.

numpy.random.random

배열의 원소를 임의의 값으로 생성한다. 값은 0부터 1 사이의 값으로 지정된다.

이 밖에도 다양한 방법으로 배열을 생성할 수 있다. 다른 방법에 대한 내용은 넘파이 공식 문서[7]를 참고한다. 배열을 생성하는 방법들을 하나씩 사용해 직접 생성해 보자.

```python
a = np.zeros((2,3)) # 원소가 모두 0인 배열 생성
print(a)
# array([[0., 0., 0.],
#        [0., 0., 0.]])


b = np.ones((2,1)) # 원소가 모두 1인 배열 생성
print(b)
# array([[1.],
#        [1.]])


c = np.empty((2,2)) # 원소값을 초기화하지 않은 배열 생성
print(c)
# array([[1.96088859e+243, 5.22864540e-067],
#        [1.47173270e-052, 1.47214053e-052]])


d = np.arange(10, 30, 5) # 10부터 30 전까지 5 단위로 배열 생성
print(d)
# array([10, 15, 20, 25])


e = np.full((2, 2), 4) # 원소가 모두 4인 배열 생성
print(e)
# array([[4, 4],
#        [4, 4]])


f = np.eye(3) # 3x3 크기의 단위행렬 생성
print(f)
# array([[1., 0., 0.],
#        [0., 1., 0.]
#        [0., 0., 1.]))


g = np.random.random((2, 2)) # 임의값을 가진 배열 생성
print(g)
```

---

7 https://docs.scipy.org/doc/numpy/user/

```
# array([[0.94039485, 0.18284953],
#        [0.59283818, 0.48592838]])
```

넘파이 기본 연산

넘파이는 배열끼리 연산할 때 빠르고 사용하기 쉬운 여러 연산 함수를 제공한다. 넘파이에서 제공하는 기본 배열 연산에 대해 알아보자.

넘파이는 배열의 기본적인 사칙 연산을 모두 지원한다. 주의할 점은 벡터끼리의 곱셈과 내적을 구분해야 한다는 점이다. * 연산의 경우에는 벡터끼리 사용할 경우 원소별 곱셈을 의미한다. 벡터의 내적인 경우에는 dot 함수를 사용해야 한다. 아래 예제를 보면서 기본 연산을 익혀보자.

```
a = np.array([1, 2, 3])
b = np.array([10, 20, 30])

print(a+b)
# array([11, 22, 33])

print(np.add(a,b)) # 위의 연산과 같다.
# array([11, 22, 33])

print(b-a)
# array([9, 18, 27])

print(np.subtract(b,a)) # 위의 연산과 같다.
# array([9, 18, 27])

print(a**2) # 제곱 연산
# array([1, 4, 9])

print(b<15)
# array([True, False, False])

C = np.array([[1, 2],
              [3, 4]])
```

```
D = np.array([[10, 20],
              [30, 10]])
print(C*D)  # 원소별 곱셈
# array([[10, 40],
#        [90, 40]])

print(np.dot(C,D)) # 내적(dot product) 계산
# array([[ 70,  40],
#        [150, 100]])

print(C.dot(D)) # 내적의 또 다른 사용법
# array([[ 70,  40],
#        [150, 100]])
```

위의 기본적인 연산 외에 중요한 연산 기능은 축(axis)을 기준으로 한 연산이다. 다음 예제를 보자.

```
a = np.array([[ 1, 2, 3, 4],
              [ 5, 6, 7, 8],
              [ 1, 3, 5, 7]])

print(a.sum(axis=0)) # 0축, 즉 열을 기준으로 한 덧셈
# array([7, 11, 15, 19])

print(a.sum(axis=1)) # 1축, 즉 행을 기준으로 한 덧셈
# array([10, 26, 16])

print(a.max(axis=1)) # 각 행에서의 최댓값
# array([4, 8, 7])
```

넘파이 배열 인덱싱, 슬라이싱

넘파이 배열은 파이썬 리스트와 마찬가지로 인덱싱(indexing), 슬라이싱(slicing) 기능을 제공한다. 인덱싱이란 배열에서 특정 원소를 뽑아내는 것이며, 슬라이싱이란 배열에서 특정 구간의 값을 뽑아내는 것이다.

일차원 배열의 경우 인덱싱과 슬라이싱은 파이썬의 리스트 인덱싱과 슬라이싱과 매우 비슷하다. 다음 예제를 보자.

```
a = np.array([1, 2, 3, 4, 5, 6, 7])

print(a[3])
# 4

print(a[-1]) # 마지막 원소
# 7

print(a[2: 5]) # 인덱스값 5를 가지는 원소 전까지
# array([3, 4, 5])

print(a[2: ])
# array([3, 4, 5, 6, 7])

print(a[ :4])
# array([1, 2, 3, 4])
```

다차원 배열의 경우 넘파이는 유용한 인덱싱과 슬라이싱 기능을 제공한다. 이 경우 인덱싱은 축(axis)을 기준으로 한다.

```
a = np.array([[ 1, 2, 3],
          [ 4, 5, 6],
          [ 7, 8, 9]])

print(a[1, 2])
# 6

print(a[ : , 1]) # 1열의 모든 원소
# array([2, 5, 8])

print(a[-1]) # 마지막 행
# array([7, 8, 9])
```

넘파이를 이용한 배열 형태 변환

배열을 사용하다 보면 배열의 형태를 바꿔야 할 때가 자주 있다. 이때 넘파이는 배열의 형태를 쉽게 바꿀 수 있는 여러 함수를 제공한다.

ndarray.ravel()

배열을 1차원 배열로 만든다.

ndarray.reshape()

배열의 형태를 바꾼다.

ndarray.T

트랜스포즈된 배열을 만든다. 행렬의 트랜스포즈와 같다.

```
a = np.array([[1, 2, 3, 4],
              [5, 6, 7, 8],
              [9,10,11,12]])

print(a.ravel()) # 1차원 배열(벡터)로 만들어준다.
# array([1, 2, 3, 4, 5, 6, 7, 8, 9, 10, 11])

print(a.reshape(2, 6))
# array([[ 1,  2,  3,  4,  5,  6],
#        [ 7,  8,  9, 10, 11, 12]])

print(a.T)
# array([[ 1,  5,  9],
#        [ 2,  6, 10],
#        [ 3,  7, 11],
#        [ 4,  8, 12]])
```

reshape의 경우 특정한 행, 열만 지정해도 나머지는 자동으로 맞출 수 있다.

```
print(a.reshape(3, -1)) # 3행만 지정하고 열에 -1을 넣으면 자동으로 배열을 reshape한다.
# array([[ 1,  2,  3,  4],
```

```
#      [ 5,  6,  7,  8],
#      [ 9, 10, 11, 12]])
```

넘파이 브로드캐스팅

배열의 경우 두 배열의 형태가 같아야만 사용할 수 있는 연산이 많다. 하지만 넘파이는 브로드캐스팅이라는 기능을 통해 다른 형태의 배열끼리도 연산이 가능하게 만들어 준다. 예를 들면, 작은 크기의 배열을 큰 크기의 배열에 더하고 싶을 때 반복문을 사용하지 않고도 더할 수 있다. 다음 예제를 보자.

```
a = np.array([[1,2,3], [4,5,6], [7,8,9]])
b = np.array([1,0,1])
y = np.empty_like(a) # 배열 a와 크기가 같은 원소가 비어있는 배열 생성

# 배열 b를 a의 각 행에 더해주기 위해 반복문을 사용한다.
for i in range(3):
    y[i, : ] = a[i, : ] + b

print(y)
# array([[  2,  2,  4],
#        [  5,  5,  7],
#        [  8,  8, 10]])
```

위와 같은 방식으로 각 행에 배열을 더할 수 있지만 배열이 커질수록 위와 같은 반복문은 매우 느려질 수 있다. 이러한 경우 브로드캐스팅을 사용하면 반복문 없이 매우 간단하게 계산할 수 있다.

```
a = np.array([[1,2,3], [4,5,6], [7,8,9]])
b = np.array([1,0,1])

c = a + b # c를 따로 선언할 필요 없이 만들 수 있다.
print(c)
# array([[  2,  2,  4],
#        [  5,  5,  7],
#        [  8,  8, 10]])
```

브로드캐스팅을 사용하면 위와 같이 반복문을 작성하는 수고스러움도 줄고 연산 속도도 배열의 크기가 크다면 매우 빠르다는 것을 알 수 있다. 이처럼 넘파이를 이용하면 배열이나 행렬을 다룰 때 시간 및 효율성 측면에서 매우 우수하기 때문에 주로 행렬 혹은 벡터 데이터를 다루는 머신러닝, 딥러닝 분야에서는 넘파이가 필수적인 라이브러리로 인식되고 있다.

판다스

판다스(Pandas)란 데이터 과학을 위해 꼭 필요한 파이썬 라이브러리 중 하나다. 편리한 데이터 구조와 데이터 분석 기능을 제공하기 때문에 데이터를 다루기 위해서는 반드시 알아둬야한다.

판다스 설치

판다스를 설치하는 방법은 넘파이를 설치할 때와 같다. 아나콘다를 이용해 설치하자.

```
conda install pandas
```

판다스를 설치하고 나면 파이썬에서 다음과 같은 명령을 실행해서 설치가 잘 됐는지 확인하자.

```
import pandas as pd
```

판다스를 불러올 때 별다른 오류 메시지가 출력되지 않으면 제대로 설치된 것이다. 이제 판다스를 이용하는 방법을 알아보자.

판다스 데이터 구조

판다스는 다음의 세 가지 데이터 구조를 사용할 수 있다.

- 시리즈(Series)
- 데이터프레임(DataFrame)
- 패널(Panel)

세 가지 데이터 구조를 구분하는 가장 명확한 기준은 차원이다. Series 데이터 구조의 경우 1차원의 데이터 구조이고 DataFrame은 2차원, Panel은 3차원이다. 이제 각 데이터 구조의 특징을 알아보자.

Series

시리즈(Series) 데이터 구조는 1차원 배열의 형태를 가진 데이터 구조다. 다음과 같은 형태의 데이터가 Series다.

13	24	58	29	19	79

DataFrame

데이터프레임(DataFrame)은 2차원의 데이터 구조다. 데이터프레임의 각 열은 각각 시리즈 형태다. 데이터프레임은 주로 아래와 같은 형식으로 구성된다.

이름	가격	수량
바나나	5,000	349
사과	7,000	537
복숭아	4,000	581
수박	10,000	285

Panel

패널(Panel)은 3차원 데이터다. 패널 자료형도 데이터프레임처럼 원소마다 다를 수 있다. 주로 패널은 데이터프레임의 모음이다.

판다스 데이터 생성

판다스를 이용해 데이터를 생성하는 방법을 알아보자. 시리즈, 데이터프레임을 생성하는 방법을 나눠서 알아보고 여기서는 패널 데이터를 생성하는 법은 생략한다. 패널에 대한 자세한 설명은 판다스 공식 문서[8]에서 확인할 수 있다.

---

8 http://pandas.pydata.org/pandas-docs/stable/

우선 다음 예제들을 시작하기 전에 라이브러리를 불러온다. 여기서는 판다스와 라이브러리를 함께 불러온다. 넘파이를 이용해 판다스 데이터를 생성할 수도 있기 때문이다.

```
import pandas as pd
import numpy as np
```

시리즈 생성

시리즈 데이터는 1차원 데이터다. 시리즈를 만드는 명령은 다음과 같다.

```
pandas.Series(data, index, dtype, copy)
```

data를 제외한 값들은 생략할 수 있다. 그렇다면 실제 시리즈를 만드는 여러 가지 예제를 살펴보자. 시리즈 데이터는 리스트를 직접 넣어서 만들 수도 있고, 넘파이 배열을 이용해 생성할 수도 있다. 두 가지 방법 모두 예제를 통해 알아보자.

```
a = pd.Series([1, 3, 5, 7, 10]) # 리스트를 이용한 시리즈 데이터 생성
print(a) # a를 확인해 보면 index와 함께 값이 나온다.
# 0    1
# 1    3
# 2    5
# 3    7
# 4    10
# dtype: int64

data = np.array(['a', 'b', 'c', 'd']) # 넘파이 배열 생성
b = pd.Series(data) # 넘파이 배열을 이용한 시리즈 데이터 생성
print(b)
# 0    a
# 1    b
# 2    c
# 3    d
# dtype: object

c = pd.Series(np.arange(10,30,5)) # 넘파이 arange 함수로 생성한 배열로 시리즈 생성
```

```
print(c)
# 0    10
# 1    15
# 2    20
# 3    25
# dtype: int32
```

시리즈 데이터는 기본적으로 순서대로 index가 존재하는데 이 값을 원하는 값으로 바꿔줄 수 있다. 파이썬의 딕셔너리를 활용해 시리즈를 생성하면 이 index 값은 딕셔너리의 키 값으로 지정된다.

```
a = pd.Series(['a', 'b', 'c'], index=[10, 20, 30]) # 인덱스를 직접 지정한다.
print(a)
# 10    a
# 20    b
# 30    c
# dtype: object

dict = {'a' : 10, 'b' : 20, 'c' : 30} # 파이썬 딕셔너리를 활용한 시리즈 생성
d = pd.Series(dict) # 인덱스가 a, b, c로 된 것을 확인할 수 있다.
print(d)
# a    10
# b    20
# c    30
```

데이터프레임 생성

데이터프레임은 2차원 데이터다. 데이터프레임을 만드는 명령은 다음과 같다.

```
pandas.DataFrame( data, index, columns, dtype, copy)
```

데이터프레임도 시리즈를 생성할 때와 마찬가지로 data를 제외한 나머지 값은 생략 가능하다. 그리고 시리즈에는 없던 columns 값이 생겼다. 이 값을 이용하면 각 열의 라벨을 지정할 수 있다. 몇 가지 예제를 보며 데이터프레임을 생성하는 방법을 알아보자.

```
a = pd.DataFrame([1,3,5,7,9]) # 리스트를 이용한 생성
print(a)
#     0
# 0   1
# 1   3
# 2   5
# 3   7
# 4   9


dict = { 'Name' : [ 'Cho', 'Kim', 'Lee' ], 'Age' : [ 28, 31, 38] }
b = pd.DataFrame(dict) # 딕셔너리를 이용한 생성
print(b)
#      Age    Name
# 0    28     Cho
# 1    31     Kim
# 2    38     Lee


c = pd.DataFrame([['apple', 7000], ['banana', 5000], ['orange', 4000]]) # 리스트의 중첩에
의한 생성
print(c)
#          0      1
# 0    apple   7000
# 1   banana   5000
# 2   orange   4000
```

데이터프레임의 구조를 살펴보면 각 열의 상단에 인덱스가 지정돼 있는 모습을 볼 수 있다. 여기서 다음과 같이 인덱스를 칼럼 인자값을 통해 지정해 줄 수 있다.

```
a = pd.DataFrame([['apple', 7000], ['banana', 5000], ['orange', 4000]], columns = ['name',
'price'])
print(a)
#       name   price
# 0    apple   7000
# 1   banana   5000
# 2   orange   4000
```

판다스 데이터 불러오기 및 쓰기

앞에서 판다스의 시리즈와 데이터프레임을 만드는 법을 알아봤다. 하지만 실제로 데이터를 다룰 때는 직접 작성하지 않고 데이터 파일을 읽어서 사용한다. 보통의 데이터셋은 .csv 파일 형식으로 돼 있다. 판다스의 read_csv라는 함수를 이용하면 쉽고 간단하게 이러한 데이터 파일들을 읽어올 수 있다. 이 함수는 다음과 같은 형태로 사용할 수 있다.

```
pandas.read_csv( 'file_path' )
```

위와 같이 작성해서 데이터 파일을 불러올 수 있다. 함수의 인자값에는 데이터가 저장된 경로를 설정하면 된다. 이제 실제 데이터를 불러와 보자.

```
df = pd.read_csv( './data_in/datafile.csv')
print(df)
```

위와 같이 불러온 후 출력하면 다음과 같은 결과가 나올 것이다.

	A	B	C
2018-02-03	0.076547	-0.410959	824
2018-02-04	0.810574	0.988997	255
2018-02-05	0.071555	0.772209	859
2018-02-06	0.319684	0.760100	551
2018-02-07	0.571791	0.162974	159
2018-02-08	0.501618	-0.789557	417
2018-02-09	0.740173	-0.244696	889
2018-02-10	0.604684	-0.965561	507
2018-02-11	0.112874	0.974228	208
2018-02-12	0.819399	0.901926	595

그림 2.11 판다스의 read_csv를 실행한 결과

데이터를 읽는 것은 어렵지 않다. 이제는 이 데이터를 다루는 방법을 알아보자.

판다스 데이터 다루기

앞서 읽어온 데이터를 생각해보자. 3개의 열(column)을 가지고 있었다. 우리는 상황에 따라 필요한 열만 읽어 올 수도 있고, 특정 열을 더해 새로운 열을 만들거나 특정 열을 제거할 수 있다. 그뿐만 아니라 필요없는 행을 제거하는 것 또한 어렵지 않다. 아래 예제를 보며 데이터를 다루는 방법을 알아보자.

```
data_frame = pd.read_csv( './data/datafile.csv')

print(data_frame['A']) # A열의 데이터만 확인
# 2018-02-03    0.076547
# 2018-02-04    0.810574
#                  ...
# 2018-11-28    0.072067
# 2018-11-29    0.705263
# Freq: D, Name: A, Length: 300, dtype: float64

print(data_frame['A'][:3]) # A열의 데이터 중 앞의 3개만 확인
# 2018-02-03    0.076547
# 2018-02-04    0.810574
# 2018-02-05    0.071555
# Freq: D, Name: A, dtype: float64

data_frame['D'] = data_frame['A'] + data_frame['B'] # A열과 B열을 더한 새로운 D열 생성
print(data_frame ['D'])
# 2018-02-03    -0.334412
# 2018-02-04     1.799571
# 2018-02-07     0.734765
# Freq: D, Name: D, dtype: float64
```

이러한 기본적인 데이터 확인 방법뿐 아니라 판다스는 데이터를 쉽게 이해할 수 있게 다양한 함수를 제공한다. describe() 함수를 사용하면 데이터에 대한 평균, 표준편차 등 다양한 수치 값을 얻을 수 있다.

```
data_frame.describe()
```

결과는 다음과 같다.

	A	B	C	D
count	300.000000	300.000000	300.000000	300.000000
mean	0.504467	0.120235	517.743333	0.624702
std	0.283837	0.576256	283.187160	0.656320
min	0.003110	-0.981417	0.000000	-0.890799
25%	0.241881	-0.336614	282.250000	0.100411
50%	0.528009	0.224035	526.500000	0.767702
75%	0.750084	0.591710	754.250000	1.141083
max	0.994491	0.989536	996.000000	1.857518

그림 2.12 pd.describe() 함수

그뿐만 아니라 판다스는 데이터를 분석하기 위한 다양한 함수를 제공하기 때문에 사용법을 잘 익혀야 한다. 데이터를 다루는 과정에서 판다스는 빠질 수 없는 라이브러리이기 때문에 여기서 소개한 기능 외의 다른 기능에 대해서도 익혀두는 것을 권장한다.

Matplotlib

데이터 혹은 결괏값들은 수치로 보는 것보다 그래프로 시각화된 자료를 보는 것이 훨씬 더 직관적으로 잘 이해될 때가 많다. 맷플롯립(Matplotlib)은 데이터 분석 시 시각화를 위한 라이브러리다.

맷플롯립은 파이썬 스크립트나 IPython, 주피터 노트북 등에서 사용할 수 있다. 맷플롯립을 이용하면 차트(chart), 플롯(plot) 등 다양한 시각화 자료를 몇 줄의 코드만으로 쉽게 만들 수 있다.

맷플롯립 설치

다른 라이브러리와 마찬가지로 아나콘다를 이용해 설치하자.

```
conda install matplotlib
```

설치가 잘 됐는지 확인하기 위해 파이썬에서 해당 라이브러리를 불러온다.

```
import matplotlib
```

특별한 오류가 발생하지 않는다면 성공적으로 설치된 것이다.

Matplotlib.pyplot

파이플롯(pyplot)은 맷플롯립 안에 포함된 서브 모듈이다. 시각화를 위한 많은 함수가 있으며, 실제로 사용할 때 파이플롯을 활용하는 경우가 많다. 간단한 시각화의 경우에는 파이플롯만 사용하더라도 충분하다. 해당 모듈은 다음 명령어로 불러온 후 사용할 수 있다. 우선 예제를 위해 파이플롯과 넘파이를 불러오자.

```
import matplotlib.pyplot as plt
import numpy as np
```

만약 주피터 노트북을 사용하는 경우라면 다음 명령을 입력해 주피터 노트북 내부에서 그림을 표시하자.

```
%matplotlib inline
```

기본적인 그래프 그리기

특정한 x와 y 값을 가지는 그래프를 그리는 것은 어렵지 않다. x 리스트와 y 리스트를 따로 정의한 후 파이플롯 함수를 사용하면 된다.

```
X = [1,3,5,7,9]
Y = [100,200,300,400,500]
plt.plot(X,Y)
```

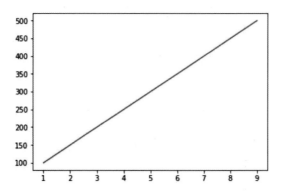

그림 2.13 plot 함수를 이용한 시각화

코사인 함수 그리기

넘파이의 코사인 함수와 파이플롯을 이용하면 코사인 함수도 쉽게 그릴 수 있다. x 값들을 정의한 후 넘파이의 코사인 함수를 사용해 y 리스트를 정의하면 된다.

```
x = np.linspace(-np.pi, np.pi, 128) # 연속적인 값을 갖는 배열
y = np.cos(x) # x 리스트에 대한 cos값 계산
plt.plot(y)
```

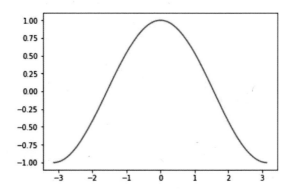

그림 2.14 넘파이와 plot() 함수를 이용한 코사인 함수

판다스 데이터 시각화

데이터는 보통 판다스를 사용해서 다루기 때문에 판다스 데이터를 시각화하는 것이 중요하다. 판다스의 시리즈와 데이터프레임은 기본적으로 plot() 함수를 내장한다. 따라서 맷플롯립을 따로 불러오지 않고도 판다스의 plot() 함수를 사용할 수 있다. 사용법 또한 어렵지 않다.

```python
import pandas as pd
data_frame = pd.read_csv('./data/datafile.csv')  # 데이터를 읽어 온다.
data_frame.plot()
```

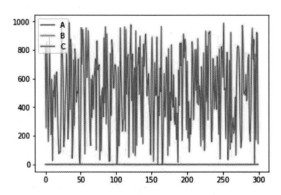

그림 2.15 판다스를 이용한 데이터 시각화

C 데이터(초록색)만 보이는 이유는 데이터 값이 상대적으로 다른 값에 비해 크기 때문이다.

만약 누적된 값을 가지고 데이터의 증감에 대해 시각화하고 싶다면 Pandas.cumsum() 함수를 이용한 후 시각화한다.

```python
data_sum = data_frame.cumsum() # 데이터를 누적값으로 바꿔준다.
data_sum.plot()
```

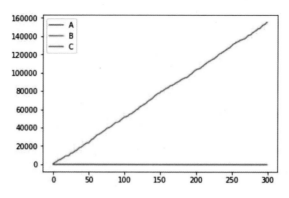

그림 2.16 판다스를 이용한 누적 데이터 시각화

이처럼 맷플롯립을 이용하면 데이터를 시각화하기가 매우 쉽다. 수치로 보는 것보다 시각화해서 보는 편이 훨씬 직관적이고 데이터를 이해하기가 쉬운 경우가 많아 데이터 과학자에게 시각화는 기본 소양이라 할 수 있다. 이후 데이터 분석에서 시각화하는 과정을 통해 맷플롯립을 더 자세히 알아보겠다.

re

re는 파이썬 정규 표현식(Regular Expression) 라이브러리다. 다른 라이브러리와는 달리 파이썬 내장 라이브러리이므로 별다른 설치 없이 바로 사용할 수 있다. re를 사용해 문자열을 쉽게 다룰 수 있기 때문에 문자열 데이터를 주로 다루는 자연어 처리 분야에서 많이 사용한다. 특히 전처리 과정에서 많이 사용하며, 특정 문자열을 제거하거나 검색 혹은 치환 등에 주로 사용한다. 정규 표현식을 작성할 때는 특별한 의미를 가진 문자나 기호를 사용하는데, 여기서는 그러한 문자나 기호를 먼저 알아본 후 라이브러리 함수에 대해 알아보겠다.

파이썬 정규 표현식

앞에서 정규 표현식을 이용하면 특정 문자열을 찾거나 제거 혹은 치환할 수 있다고 했다. 그렇다면 정규 표현식에 사용하는 특별한 문자나 기호로 어떤 것이 있는지 알아보자.

.	줄 바꿈을 제외한 모든 문자
^	문자열의 시작
$	문자열의 끝

*	앞에 있는 문자가 0회 이상 반복된 문자열
+	앞에 있는 문자가 1회 이상 반복된 문자열
{m}	앞 문자를 m회 반복하는 문자열
{m,n}	앞 문자를 m~n회 반복하는 문자열
?	앞 문자가 나오거나 나오지 않는 문자열 ({0,1}과 동일)
\d	숫자
\D	숫자가 아닌 문자
\w	문자 혹은 숫자
\W	문자 혹은 숫자가 아닌 것
(...)	괄호 안의 모든 정규 표현식을 만족하는 문자
[abc]	a, b, c 중 한 개의 문자와 일치

re 함수

이제 re 라이브러리를 통해 사용할 수 있는 함수에 대해 알아보자. 여기서는 re 라이브러리 내 모든 함수를 다루기보다는 자연어 처리에 주로 사용되는 함수 위주로 알아보겠다. 우선 예제를 실습하기 위해 정규 표현식 라이브러리를 불러오자.

```
import re
```

정상적으로 불러왔다면 함수별로 어떻게 사용하는지 알아보자.

- re.compile(pattern)

  compile 함수는 특정 기호를 정규 표현식 객체로 만들어준다. re 라이브러리를 사용하려면 정규 표현식 패턴을 매번 작성해야 하는데, 이 함수를 사용해 패턴을 컴파일하면 필요할 때마다 사용할 수 있다.

  ```
  pattern = ' \W+'
  re_pattern = re.compile(pattern)
  ```

- re.search(pattern, string)

  search 함수는 해당 문자열에서 정규 표현식에 해당하는 첫 부분을 찾는다.

  ```
  re.search( "(\w+)", "wow, it is awesome" )
  ```

```
<_sre.SRE_Match object; span=(0, 3), match='wow'>
```

위의 예제는 "wow, it is awesome"이라는 문장에서 "(\w+)"라는 패턴을 가진 부분을 찾는 과정이다. 즉 탭, 줄바꿈, 공백이 아닌 문자를 모두 찾는 과정인데, 결과를 보면 범위가 (0, 3), 찾은 문자는 'wow'로 나온다. 즉, wow 이후로는 띄어쓰기가 나와서 그 전까지의 문자인 'wow'가 결괏값으로 나온다.

- re.split(pattern, string)

split 함수는 해당 문자열에서 특정 패턴으로 문자열을 나눠서 리스트로 만든다.

```
re.split('\W', 'wow, it is world of word')
```

```
['wow', '', 'it', 'is', 'world', 'of', 'word']
```

결과를 보면 띄어쓰기를 기준으로 "wow, it is world of word" 문장을 나눈 것을 볼 수 있다. 정규 표현식 패턴으로 문자와 숫자가 아닌 것을 넣었기 때문에 공백을 기준으로 문장이 나눠진 것을 확인할 수 있다.

- re.sub(pattern, repl, string)

sub 함수는 문자열(string)에서 특정 패턴(pattern)을 만족시키는 문자를 사용자가 정의한 문자(repl)로 치환한다.

```
re.sub("\d", "number", "7 candy" )
```

```
'number candy'
```

보다시피 패턴으로는 "\d"를 넣었다. 즉 숫자를 지칭하는 패턴이다. 문자열로는 "7 candy"라는 문자를 넣었다. 즉, 이 문자열에서 숫자인 7을 우리가 지정한 "number"라는 문자로 치환하겠다는 뜻이다. 따라서 결과를 보면 "7"이 "number"로 바뀌어서 "number candy"라는 결과가 나왔다.

이 밖에도 re 라이브러리는 여러 가지 정규 표현식을 이용해 문자열을 다룰 수 있는 기능을 제공한다. 이후 실습에서 실제로 사용하면서 사용법을 다시 익혀보겠다.

Beautiful Soup

Beautiful Soup은 주로 웹 크롤링(web crawling)에 사용되는 라이브러리로서 HTML 문서 혹은 XML 문서에서 데이터를 불러오는 데 사용된다. 이 책에서는 주로 HTML 태그를 제거하기 위해 사용한다. 먼저 설치 방법부터 살펴보자.

Beautiful Soup 설치

Beautiful Soup은 아나콘다를 통해 쉽게 설치할 수 있다. 명령행에서 다음 명령을 입력하자.

```
conda install -c anaconda beautifulsoup4
```

별다른 오류가 발생하지 않으면 제대로 설치된 것이다.

Beautiful Soup 사용

Beautiful Soup을 통해 웹에 있는 HTML 문서를 가져오거나 파싱할 수 있다. 이 책에서는 웹 크롤링에 대한 내용은 다루지 않는다. 자세한 내용에 대해서는 Beautiful Soup 공식 문서[9]를 참고하자.

자연어 처리에 사용되는 데이터 중에는 웹 크롤링을 통해 모은 데이터가 많다. 예를 들면, 인터넷의 영화 리뷰나 질문 사이트의 질문 텍스트 등 웹 크롤링을 통해 모아둔 데이터들이 있다. 보통의 데이터는 어느 정도 정제돼 있기 때문에 바로 사용하면 되지만 간혹 일부 텍스트의 경우 HTML 태그가 그대로 남아있는 경우가 있다. 이때 Beautiful Soup을 이용하면 손쉽게 이러한 태그를 제거할 수 있다.

다음 예제를 통해 HTML 태그가 포함된 텍스트에서 태그를 제거하는 방법을 알아보자.

```
from bs4 import Beautiful Soup

str = '<body> 이 글은 Beautiful soup 라이브러리를 사용하는 방법에 대한 글입니다. <br> </br>
라이브러리를 사용하면 쉽게 HTML 태그를 제거할 수 있습니다.</body>'

str = Beautiful Soup(str,"html5lib").get_text() # HTML 태그를 제외한 텍스트만 가져온다

print(str) # 텍스트 확인


' 이 글은 Beautiful soup 라이브러리를 사용하는 방법에 대한 글입니다. 라이브러리를 사용하면
쉽게 HTML 태그를 제거할 수 있습니다.'
```

---

9 https://www.crummy.com/software/Beautiful Soup/bs4/doc/

결과를 보면 앞에서 정의한 문자열에서는 HTML 태그인 ⟨body⟩, ⟨br⟩ 태그를 볼 수 있는데, Beautiful Soup 라이브러리를 이용해 문자열만 추출할 경우 해당 태그가 모두 제거됐다. 위와 같은 기능을 이용하면 우리가 사용할 텍스트 데이터가 정제되지 않은 데이터일 경우 HTML 관련 부분을 간단하게 제거할 수 있다는 장점이 있다.

05 캐글 사용법

캐글은 '데이터 과학자들의 놀이터'라고도 불린다. 그만큼 많은 데이터 분석가들이 캐글의 대회에 참여해서 많은 문제를 풀고 서로 경쟁하고 문제를 해결한 방법들을 공유하며 토론한다.

캐글 대회는 주어진 대회 데이터로 각자 기획한 모델을 통해 결과 점수를 받고, 그 점수에 따라 다른 사람들과 경쟁하는 구조다. 특정 대회는 우승할 경우 수백만 원에서 수천만 원에 이르는 상금과 명예를 얻기도 한다.

데이터 과학을 공부하는 사람들에게 가장 필요한 것은 데이터다. 일반 사람이 많은 양의 데이터를 가지고 있지도 않을뿐더러 데이터를 구하기도 어렵다. 이런 상황에서 캐글은 데이터를 제공할뿐만 아니라 자신이 만든 모델을 다른 사람들의 모델과 비교하며 공부할 수 있다는 점이 매력적이다. 자연어 처리 분야 또한 마찬가지다. 캐글에 많은 자연어 처리 문제가 있으므로 캐글을 참고하며 공부하는 것을 권장한다.

이제 캐글을 사용하는 방법을 알아보자. 먼저 어떤 대회에 참여할지 정해야 하므로 캐글 홈페이지[10]에서 Competition(대회)에 들어간다.

---

10 https://www.kaggle.com

그림 2.17 캐글 홈페이지

대회에 들어왔다면 많은 문제를 확인할 수 있을 것이다. 그중에서 일단 5장에서 다뤄볼 문제인 'Bag of Words Meets Bags of Popcorn'을 검색해서 들어가보자.

대회에 참가하기 위해 가장 먼저 해야 할 일은 데이터를 받는 것이다. 데이터를 받는 방법은 데이터 탭에서 직접 내려받는 방법과 캐글 API를 사용해서 받는 두 가지 방법이 있다. 첫 번째 방법의 경우 Data(데이터) 탭에 들어가서 내려받으면 된다. Data 탭에 들어가면 데이터의 목록과 각 데이터가 어떻게 구성돼 있는지 나와있다. 그리고 우측의 Download를 누르면 직접 내려받을 수 있다.

하지만 계속해서 캐글을 사용할 예정이라면 API를 통해 받는 것이 편리할 것이다. 캐글 API 연동을 위해서는 두 가지 단계가 필요하다.

먼저 아나콘다를 활용해 캐글 API를 설치한다. 커맨드 라인에서 다음 명령을 입력한다.

```
conda install kaggle
```

API가 성공적으로 설치되면 계정을 연동해야 한다. 캐글 홈페이지에서 회원가입 후 Account 탭으로 가서 'Create API Token'을 선택한 후 kaggle.json 파일을 내려받는다. 이 파일에는 본인의 인증서가 들어 있다. 이후 내려받은 파일을 사용자 홈 디렉터리의 .kaggle 폴더에 저장한다.

윈도우, macOS, 리눅스 위치는 아래와 같다.

```
C:\Users\<사용자명>\.kaggle
$ /<사용자 홈 디렉터리>/.kaggle
```

이제 API를 활용해 데이터를 내려받을 수 있다. 데이터를 내려받는 방법은 Data(데이터) 탭의 API 명령어를 복사한 후 커맨드 라인에서 다음과 같이 실행하면 된다.

```
$ kaggle competitions download -c <competition-name>
```

데이터를 내려받는 방법에 대해서는 본인이 편리한 방법을 선택해서 사용하면 된다. 데이터를 다운로드하는 것 외에도 API를 통해 사용할 수 있는 다양한 기능들이 있다. 이 책에서는 간단히 몇 가지 기능만 소개하고 자세한 기능은 캐글 문서[11]를 참고하자.

- 데이터 목록 확인

```
$ kaggle competitions files -c <competition-name>
```

- 데이터 제출

```
$ kaggle competitions submit <competition-name> -f <file-name> -m <message>
```

- 대회 목록 확인

```
$ kaggle competitions list
```

데이터를 다운로드했다면 이제 선택한 문제를 풀어야 한다. 데이터는 캐글 폴더에 저장돼 있을 텐데, 이 책에서는 각 실습마다 새롭게 폴더를 만들어서 해당 폴더에서 구현하게 할 것이다. 따라서 각 문제에 해당하는 폴더를 만든 후 해당 데이터를 새롭게 만든 폴더 안의 './data_in/'이라는 폴더로 옮긴 후 실습을 진행할 것이다.

일부 문제는 튜토리얼 과정을 제공해서 문제에 더욱 쉽게 접근할 수 있게 하고 있으니 참고하자. 실제로 캐글 문제를 해결하는 과정은 4장과 5장에서 알아본다.

---

11 https://github.com/Kaggle/kaggle-api

06 정리

이번 장에서는 자연어 처리에 활용되는 여러 라이브러리와 도구에 대해 알아봤다. 앞으로 4, 5, 6, 7장에서 실습할 때 모두 사용할 라이브러리와 도구이므로 정확하게 사용법을 숙지한 후 실습을 진행하길 권장한다. 그리고 여기서 소개한 라이브러리들도 향후 업데이트되면서 사용법이 달라질 수 있다. 따라서 항상 사용할 라이브러리의 기능을 검색해보고 공식 문서에서 사용법을 알아보는 데 익숙해져야 한다.

여기서 소개한 라이브러리 외에도 사람들이 사용하는 파이썬 라이브러리들이 있다. 라이브러리마다 장단점이 있으므로 상황에 맞게 사용하는 것이 중요하다. 필요한 코드를 모두 직접 작성하는 것보다 라이브러리를 활용하면 생산성이 훨씬 높아지므로 라이브러리를 적재적소에 활용하는 것이 중요하다.

다음 장에서는 자연어 처리에 대한 전반적인 개념을 이해해보자. 다음 장에서 개념까지 배운 후 이어지는 4, 5, 6, 7장에서는 실제 실습을 진행할 것이다.

자연어 처리
개요

이전 장에서 자연어 처리에 사용하는 모듈에 대해 알아보고 자연어 처리를 하기 위한 준비를 마쳤다. 본격적인 자연어 처리를 하기 전에 우선 자연어 처리에 대한 전반적인 내용에 대해 먼저 알아보자. 자연어 처리의 경우 크게 어떤 문제를 해결하려고 하느냐에 따라 분류되는데, 어떤 문제가 있는지와 각 문제에 대한 자세한 내용을 먼저 알아보자.

이번 장에서는 총 4개의 문제에 대해 알아보겠다. 4개의 문제란 텍스트 분류, 텍스트 유사도, 텍스트 생성, 기계 이해로서 자연어 처리의 핵심 문제에 해당한다. 여기서는 자연어 처리를 통해 어떤 문제를 해결할 수 있고, 어떤 방식으로 해결하는지 알아보겠다.

앞의 4가지 문제에 대해 알아보기 전에 단어 표현이라는 분야에 대해 먼저 알아본다. 단어 표현은 모든 자연어 처리 문제의 기본 바탕이 되는 개념이다. 자연어를 어떻게 표현할지 정하는 것이 각 문제를 해결하기 위한 출발점이다. 따라서 먼저 단어를 표현하는 방법에 대해 배운 후 각 문제를 알아보자.

자연어 처리를 포함한 모든 데이터 과학 분야에서는 데이터를 이해하는 것이 매우 중요하다. 단순히 데이터를 사용하는 것보다 데이터가 어떤 구조이고, 어떤 특성이 있는지 파악한 후 모델을 만드는 편이 훨씬 좋은 성과를 보여주기 때문이다.

01 단어 표현

자연어 처리는 컴퓨터가 인간의 언어를 이해하고 분석 가능한 모든 분야를 말한다. 따라서 자연어 처리의 가장 기본적인 문제는 '어떻게 자연어를 컴퓨터에게 인식시킬 수 있을까?'다. 우선 컴퓨터가 텍스트를 인식하는 기본적인 방법을 알아보자. 컴퓨터는 텍스트뿐만 아니라 모든 값을 읽을 때 이진화된 값으로 받아들인다. 즉, 0, 1로만 구성된 값으로 인식할 수 있는데, 텍스트는 그중 "유니코드"라는 방법 혹은 영어의 경우 "아스키 코드"라는 방식을 통해 인식할 수 있다. 먼저 유니코드의 경우 어떻게 인식하는지 알아보자. "언어"라는 텍스트를 유니코드 방식으로 컴퓨터가 인식한다면 다음과 같은 형태로 입력된다.

- '언': 1100010110111000

- '어': 1100010110110100

두 글자를 위와 같이 이진화된 값으로 인식하는데, 자연어 처리에 이러한 방식을 그대로 사용하기에는 문제가 있다. 문자를 이진화한 값의 경우 언어적인 특성이 전혀 없이 컴퓨터가 문자를 인식하기 위해 만들어진 값이므로 자연어 처리를 위해 만드는 모델에 적용하기에는 부적합하다. 그렇다면 어떤 방식으로 텍스트를 표현해야 자연어 처리 모델에 적용할 수 있을까?

이러한 질문의 답을 찾는 것이 "단어 표현(Word Representation)" 분야다. 텍스트를 자연어 처리를 위한 모델에 적용할 수 있게 언어적인 특성을 반영해서 단어를 수치화하는 방법을 찾는 것이다. 그리고 이렇게 단어를 수치화할 때는 단어를 주로 벡터로 표현한다. 따라서 단어 표현은 "단어 임베딩(word embedding)" 또는 "단어 벡터(word vector)"로 표현하기도 한다. 단어 표현에는 다양한 방법이 있고 계속해서 연구되는 분야이기 때문에 하나의 정답이 있는 것은 아니지만 이 책에서는 많이 사용하는 방법 위주로 하나씩 알아보자.

단어를 표현하는 가장 기본적인 방법은 원-핫 인코딩(one-hot encoding) 방식이다. 단어를 하나의 벡터(vector)로 표현하는 방법인데, 각 값은 0 혹은 1만 갖는다. 즉, 각 단어는 0과 1 값만 가지는 벡터로 표현되는데, 이름에서 알 수 있는 벡터 값 가운데 하나만 1이라는 값을 가지고 나머지는 모두 0 값을 가지는 방식이다. 여기서 1이 되는 것은 각 단어가 어떤 단어인지 알려주는 인덱스가 된다.

예를 들어 보자. 6개의 단어(남자, 여자, 아빠, 엄마, 삼촌, 이모)를 알려줘야 한다고 했을 때 원-핫 인코딩 방식으로 각 단어를 표현한다고 해보자. 이때 각 단어를 표현하는 벡터의 크기는 6이 된다. 따라서 각 단어의 벡터는 총 6개의 값을 가지는데, 이 중에서 하나만 1이 된다. 이때 1이 되는 값을 통해 각 단어가 어떤 단어인지 알 수 있다. 아래의 그림과 같이 남자는 [1, 0, 0, 0, 0, 0]으로, 여자는 [0, 1, 0, 0, 0, 0]으로, 아빠는 [0, 0, 1, 0, 0, 0]으로, 엄마는 [0, 0, 0, 1, 0, 0]으로, 삼촌은 [0, 0, 0, 0, 1, 0]으로, 이모는 [0, 0, 0, 0, 0, 1]로 표현한다.

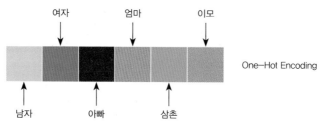

그림 3.1 원-핫 인코딩

즉, 원-핫 인코딩 방식은 각 단어의 인덱스를 정한 후 각 단어의 벡터에서 그 단어에 해당하는 인덱스의 값을 1로 표현하는 방식이다. 방법 자체가 매우 간단하고 이해하기도 쉽다는 장점이 있다. 하지만 이 방식에는 결정적인 두 가지 문제점이 있다. 위의 예시에서는 총 6개의 단어만 표현하면 되지만 실제로 자연어 처리 문제를 해결할 때는 수십만, 수백만 개가 넘는 단어를 표현해야 한다. 이 경우에는 각 단어 벡터의 크기가 너무 커지기 때문에 공간을 많이 사용하고, 큰 공간에 비해 실제 사용하는 값은 1이 되는 값 하나뿐이므로 매우 비효율적이다. 또 다른 문제점은 이러한 표현 방식은 단순히 단어가 뭔지만 알려 줄 수 있고, 벡터값 자체에는 단어의 의미나 특성 같은 것들이 전혀 표현되지 않는다는 것이다.

따라서 이러한 원-핫 인코딩 방식의 문제점인 단어 벡터의 크기가 너무 크고 값이 희소 (sparse)하다는 문제와 단어 벡터가 단어의 의미나 특성을 전혀 표현할 수 없다는 문제를 해결하기 위해 다른 인코딩 방법들이 제안됐다. 즉, 벡터의 크기가 작으면서도 벡터가 단어의 의미를 표현할 수 있는 방법들인데, 이러한 방법들은 분포 가설(Distributed hypothesis)[1]을 기반으로 한다. 분포 가설이란 "같은 문맥의 단어, 즉 비슷한 위치에 나오는 단어는 비슷한 의미를 가진다"라는 개념이다. 따라서 어떤 글에서 비슷한 위치에 존재하는 단어는 단어 간의 유사도가 높다고 판단하는 방법인데, 크게 두 가지 방법으로 나뉜다.

특정 문맥 안에서 단어들이 동시에 등장하는 횟수를 직접 세는 방법인 카운트 기반(count-base) 방법과 신경망 등을 통해 문맥 안의 단어들을 예측하는 방법인 예측(predictive) 방법

---

1   https://en.wikipedia.org/wiki/Distributional_semantics

으로 나뉜다. 이어서 이 두 가지 분류에 대해 어떤 단어 표현 방법이 있는지 알아보고, 어떤 방식으로 단어를 표현하는지 알아보자.

카운트 기반 방법

앞서 설명했듯이 카운트 기반 방법으로 단어를 표현한다는 것은 어떤 글의 문맥 안에 단어가 동시에 등장하는 횟수를 세는 방법(예: A단어, B단어 동시 등장)이다. 여기서 동시에 등장하는 횟수를 동시 출현 혹은 공기라고 부르고 영어로는 Co-occurrence라고 한다. 카운트 기반 방법은 기본적으로 동시 등장 횟수를 하나의 행렬로 나타낸 뒤 그 행렬을 수치화해서 단어 벡터로 만드는 방법을 사용하는 방식인데, 다음과 같은 방법들이 있다.

- 특잇값 분해(Singular Value Decomposition, SVD)

- 잠재의미분석(Latent Semantic Analysis, LSA)

- Hyperspace Analogue to Language(HAL)

- Hellinger PCA(Principal Component Analysis)

위의 방법은 모두 동시 출현 행렬(Co-occurrence Matrix)을 만들고 그 행렬들을 변형하는 방식인데, 이 책에서는 동시 출현 행렬까지만 만들어 보고 행렬을 통해 다시 단어 벡터로 만드는 방법에 대해서는 다루지 않는다.

우선은 다음 예시를 가지고 동시 출현 행렬을 만들어 보자.

- 성진과 창욱은 야구장에 갔다.

- 성진과 태균은 도서관에 갔다.

- 성진과 창욱은 공부를 좋아한다.

위의 문장들을 가지고 동시 출현 행렬을 만들려면 같은 문장 안에 단어가 함께 출현한 횟수를 센 후 다음과 같은 행렬을 만들면 된다.

	성진과	창욱은	태균은	야구장에	도서관에	공부를	갔다.	좋아한다.
성진과	0	2	1	0	0	0	0	0
창욱은	2	0	0	1	0	1	0	0

	성진과	창욱은	태균은	야구장에	도서관에	공부를	갔다.	좋아한다.
태균은	1	0	0	0	1	0	0	0
야구장에	0	1	0	0	0	0	1	0
도서관에	0	0	1	0	0	0	1	0
공부를	0	1	0	0	0	0	0	1
갔다.	0	0	0	1	1	0	0	0
좋아한다.	0	0	0	0	0	1	0	0

이렇게 만들어진 동시 출현 행렬을 토대로 특잇값 분해 방법 등을 사용해 단어 벡터를 만들면 된다. 이러한 카운트 기반 방법의 장점은 우선 빠르다는 점이다. 여기서 말하는 '빠르다'는 것은 우리가 만들어야 할 단어 벡터가 많아질수록 사용하는 방법에 따라 시간이 많이 소요되는데, 이러한 방식의 장점은 적은 시간으로 단어 벡터를 만들 수 있다는 것이다. 그리고 이러한 방식은 예측 방법에 비해 좀 더 이전에 만들어진 방법이지만 데이터가 많을 경우에는 단어가 잘 표현되고 효율적이어서 아직까지도 많이 사용하는 방법이다.

예측 방법

이제 예측 방법에 대해 알아보자. 예측 기반 방법이란 신경망 구조 혹은 어떠한 모델을 사용해 특정 문맥에서 어떤 단어가 나올지를 예측하면서 단어를 벡터로 만드는 방식이다. 예측 방법에는 다음과 같은 것이 있다.

- Word2vec

- NNLM(Neural Network Language Model)

- RNNLM(Recurrent Neural Network Language Model)

여러 예측 기반 방법 중에서 단어 표현 방법으로 가장 많이 사용되는 Word2vec에 대해 자세히 알아보자. Word2vec은 CBOW(Continuous Bag of Words)와 Skip-Gram이라는 두 가지 모델로 나뉜다. 두 모델은 각각 서로 반대되는 개념으로 생각하면 되는데, CBOW의 경우 어떤 단어를 문맥 안의 주변 단어들을 통해 예측하는 방법이다. 반대로 Skip-Gram의 경우에는 어떤 단어를 가지고 특정 문맥 안의 주변 단어들을 예측하는 방법이다.

예시를 들어 비교해 보자. 다음과 같은 문장이 있다고 하자.

- 창욱은 냉장고에서 음식을 꺼내서 먹었다.

이때 CBOW는 주변 단어를 통해 하나의 단어를 예측하는 모델이다. 즉, 다음 문장의 빈칸을 채우는 모델이라 생각하면 된다.

- 창욱은 냉장고에서 ＿＿＿ 꺼내서 먹었다.

반대로 Skip-Gram은 하나의 단어를 가지고 주변에 올 단어를 예측하는 모델이다. 다음 문장에서 빈칸을 채운다고 생각하면 된다.

- ＿＿ ＿＿＿ 음식을 ＿＿ ＿＿

두 모델은 위와 같이 단어들을 예측하면서 단어 벡터를 계속해서 학습한다. 모델의 전체적인 구조는 다음 그림과 같다.

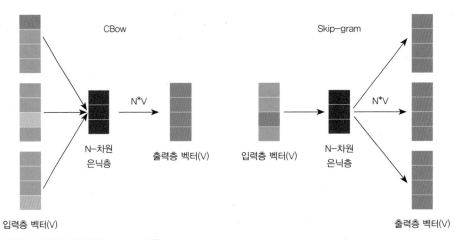

그림 3.2 CBOW 모델과 Skip-Gram 모델

각 모델의 학습 방법에 대해 설명하면 CBOW의 경우 다음과 같은 순서로 학습한다.

1. 각 주변 단어를 원-핫 벡터로 만들어 입력값으로 사용한다(입력층 벡터).
2. 가중치 행렬(weight matrix)을 각 원-핫 벡터에 곱해서 n-차원 벡터를 만든다(N-차원 은닉층).
3. 만들어진 n-차원 벡터를 모두 더한 후 개수로 나눠 평균 n-차원 벡터를 만든다(출력층 벡터).

4. n-차원 벡터에 다시 가중치 행렬을 곱해서 원-핫 벡터와 같은 차원의 벡터로 만든다.

5. 만들어진 벡터를 실제 예측하려고 하는 단어의 원- 핫 벡터와 비교해서 학습한다.

Skip-Gram의 학습 방법도 비슷한 과정으로 진행한다. 전체 과정은 다음과 같다.

1. 하나의 단어를 원-핫 벡터로 만들어서 입력값으로 사용한다(입력층 벡터).

2. 가중치 행렬을 원-핫 벡터에 곱해서 n-차원 벡터를 만든다(N-차원 은닉층).

3. n-차원 벡터에 다시 가중치 행렬을 곱해서 원-핫 벡터와 같은 차원의 벡터로 만든다(출력층 벡터).

4. 만들어진 벡터를 실제 예측하려는 주변 단어들 각각의 원-핫 벡터와 비교해서 학습한다.

두 모델의 학습 과정이 비슷해 보이지만 확실한 차이점이 있다. CBOW에서는 입력값으로 여러 개의 단어를 사용하고, 학습을 위해 하나의 단어와 비교한다. Skip-Gram에서는 입력값이 하나의 단어를 사용하고, 학습을 위해 주변의 여러 단어와 비교한다.

위의 학습 과정을 모두 끝낸 후 가중치 행렬의 각 행을 단어 벡터로 사용한다. 이처럼 Word2Vec의 두 모델은 여러 가지 장점이 있다. 기존의 카운트 기반 방법으로 만든 단어 벡터보다 단어 간의 유사도를 잘 측정한다. 또 한 가지 장점은 단어들의 복잡한 특징까지도 잘 잡아낸다는 점이다. 마지막으로 이렇게 만들어진 단어 벡터는 서로에게 유의미한 관계를 측정할 수 있다는 점인데, 예를 들어 4개의 단어(엄마, 아빠, 남자, 여자)를 word2vec 방식을 사용해 단어 벡터로 만들었다고 하자. 이때 다음 그림과 같이 '엄마'와 '아빠'라는 단어의 벡터 사이의 거리와 '여자'와 '남자'라는 단어의 벡터 사이의 거리가 같게 나온다.

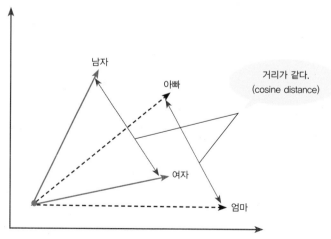

그림 3.3 벡터 오프셋 관계도

Word2vec의 CBOW와 Skip-Gram 모델 중에서는 보통 Skip-Gram이 성능이 좋아 일반적인 경우 Skip-Gram을 사용한다. 하지만 절대적으로 항상 좋은 것은 아니니 두 가지 모두 고려할 만하다.

이처럼 카운트 기반 방법과 예측 기반 방법을 통해 단어 벡터를 표현하는데, 보통의 경우 예측 기반 방법의 성능이 좋아서 주로 예측 기반 방법을 사용한다. 그리고 두 가지 방법을 모두 포함하는 "Glove"라는 단어 표현 방법 또한 자주 사용된다.

단어 표현은 모든 자연어 처리 문제를 해결하는 데 기반이 되는 가장 근본적인 내용이므로 정확하게 이해해야 한다. 그리고 항상 가장 좋은 성능을 내는 유일한 방법이 있는 것이 아니라서 각 방법 간에 어떤 차이점이 있는지 항상 염두에 두고 상황에 맞게 사용하는 것이 중요하다.

02 텍스트 분류

텍스트 분류(Text Classification)는 자연어 처리 문제 중 가장 대표적이고 많이 접하는 문제다. 자연어 처리 기술을 활용해 특정 텍스트를 사람들이 정한 몇 가지 범주(Class) 중 어느 범주에 속하는지 분류하는 문제다. 분류해야 할 범주의 수에 따라 문제를 구분하기도 하는데 보통 2가지 범주에 대해 구분하는 문제를 이진 분류(Binary classification) 문제라 한다. 그리고 3개 이상의 범주에 대해 분류하는 문제를 통틀어 다중 범주 분류(Multi class classification) 문제라 한다. 텍스트 분류 문제는 우리 주변에서 쉽게 접할 수 있다. 다음 예시들을 보며 텍스트 분류에 대해 좀 더 알아보자.

텍스트 분류의 예시

스팸 분류

누구든 메일함에 들어갈 때마다 넘치는 스팸메일(광고성 메일) 때문에 짜증났던 기억이 분명히 있을 것이다. 계속해서 들어오는 스팸 메일 때문에 정작 필요한 메일은 확인하기 어려워진다. 따라서 자동으로 스팸 메일을 걸러서 사용자에게 일반 메일만 확인할 수 있게 보여주는 것이 중요할 것이다. 이처럼 일반 메일과 스팸 메일을 분류하는 문제가 스팸 분류 문제다. 여기서 분류해야 할 범주(class)는 스팸 메일과 일반 메일로 2가지다. 이러한 스팸 분류 기술들은 이미 많은 이메일 업체에서 제공하고 있다.

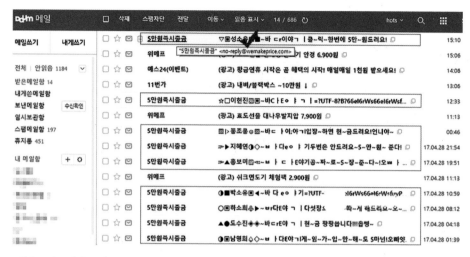

그림 3.4 광고 메일

감정 분류

감정 분류란 주어진 글에 대해 이 글이 긍정적인지 부정적인지 판단하는 문제다. 이 경우 범주는 긍정 혹은 부정이 된다. 경우에 따라 범주는 긍정 혹은 부정으로만 나뉘는 것이 아니라 중립의 범주가 추가될 수도 있고, 긍정 혹은 부정의 경우에도 정도에 따라 범주를 세분화할 수 있다. 문제에서 분류하려는 의도에 따라 범주가 정해지는 것이다. 가장 대표적인 감정 분류 문제는 영화 리뷰에 대해 각 리뷰가 긍정적인지 부정적인지 판단하는 문제인데, 이 책의 4장에서 자세히 설명하고 있으며 직접 분류를 해볼 수 있다.

번호	평점	140자평	글쓴이 날짜
14662333	★★★★★ 10	안시성 기대없이 봤는데... 주변에서 재밌다고 추천할 만하네요~조 인성씨 연기도 좋았구요~~^^ 신고	hoya**** 18.09.26
14662332	★★★★ 8	안시성 스토리는 예상대로 별 반전이 없었음.하지만 CG와 영화 스 케일은나름 볼 만한 수준의 영화임. 최소 800만 이상은 갈 거 같고 조금 욕심 부린다면 1,000만 이상도 갈 것 같음. 신고	cyon**** 18.09.26
14662331	★★★★★ 10	안시성 볼만합니다 전쟁신 최고 신고	jiyo**** 18.09.26
14662330	★★★★★ 10	안시성 전쟁씬이 매우 볼만 하고 재미있음 신고	jaco**** 18.09.26
14662329	★★★★★ 10	서치 독특한 스탈의 영화. 넘나 재밌었어요 신고	dece**** 18.09.26

그림 3.5 영화 리뷰 감정 분석

뉴스 기사 분류

인터넷에는 수많은 뉴스가 존재한다. 뉴스가 많다는 것은
장점이지만 사용자 입장에서는 어떤 뉴스를 선택해서 봐
야 할지도 어려울 것이다. 따라서 뉴스 업체는 사용자가
원하는 뉴스를 선택해서 볼 수 있게 범주를 잘 구분지어
분류해 둬야 할 것이다. 스포츠, 경제, 사회, 연예 등 다양
한 주제의 기사를 각각 주제에 맞게 분류해서 준비해둬야
한다. 자연어 처리 기술을 사용한다면 뉴스 기사를 더욱
효율적으로 분류할 수 있다.

위의 예시뿐 아니라 텍스트 분류에는 다양한 문제가 있
다. 분류하는 단위를 글 전체로 하지 않고 각 단어를 한 단
위로 분류하는 문제도 있다. 예를 들면, 품사 분류(POS
tagging) 문제는 각 단어를 기준으로 어떤 품사를 가지는
지 분류해야 하는 문제다.

그림 3.6 뉴스 분류 앱[2]

그렇다면 텍스트 분류 문제는 어떻게 해결해야 할까? 큰 기준으로 본다면 지도 학습을 통해
해결하거나 비지도 학습을 통해 해결할 수 있을 것이다.

---

2   지니뉴스: https://play.google.com/store/apps/details?id=com.saltlux.zinynews&hl=en_US

지도 학습을 통한 텍스트 분류

지도 학습을 통해 문장 분류를 하는 전체적인 방법은 다음 그림과 같다.

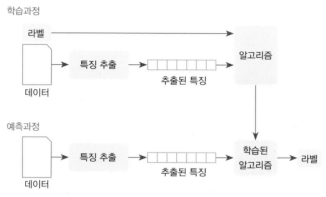

그림 3.7 문장 분류 과정

위 그림과 같이 지도 학습은 글(데이터)에 대해 각각 속한 범주에 대한 값(라벨)이 이미 주어져 있다. 따라서 주어진 범주로 글들을 모두 학습한 후 학습한 결과를 이용해 새로운 글의 범주를 예측하는 방법이다.

예를 들어, 스팸 분류 문제를 지도 학습으로 해결한다고 해보자. 이 경우 10,000개의 메일 데이터가 있고, 이 메일 중 스팸 메일은 5,000개이고, 일반 메일이 5,000개다. 각 메일에는 해당 메일이 어떤 메일인지 라벨링(Labeling)돼 있다. 이제 각 메일에서 특징을 뽑아내서 예측한 뒤 라벨과 맞는지 확인하면서 학습한다. 10,000개의 메일을 모두 사용해서 학습한 뒤 이제 새로운 메일에 대해 학습한 모델을 통해 스팸 메일인지 아닌지 예측한다.

지도 학습을 통한 문장 분류 모델에는 다양한 종류가 있다. 대표적인 지도 학습의 예는 다음과 같다.

- 나이브 베이즈 분류(Naïve Bayes Classifier)

- 서포트 벡터 머신(Support Vector Machine)

- 신경망(Neural Network)

- 선형 분류(Linear Classifier)

- 로지스틱 분류(Logistic Classifier)

- 랜덤 포레스트(Random Forest)

이 밖에도 수많은 모델이 있다. 해당 문제에 적합한 모델은 정해져 있는 것이 아니므로 항상 다양한 모델을 사용해 보는 습관을 길러야 한다.

비지도 학습을 통한 텍스트 분류

그렇다면 비지도 학습을 통한 문장 분류는 무엇일까? 지도 학습에서는 각 데이터가 어떤 범주의 데이터인지에 대한 값(라벨)을 이미 가지고 있었다. 그래서 그 값을 토대로 모델을 학습시켰지만 비지도 학습에서는 데이터만 존재하고, 각 데이터는 범주로 미리 나눠져 있지 않다. 따라서 특성을 찾아내서 적당한 범주를 만들어 각 데이터를 나누면 된다.

대표적인 비지도 학습의 예인 k-평균 군집화(k-means clustering)를 예로 들어 보자. 각 문장 데이터는 다음과 같이 벡터화한 뒤 좌표축에 표현한다.

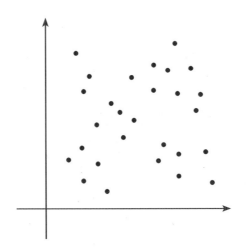

그림 3.8 벡터화된 데이터

이후 k-평균 군집화 모델을 사용해 데이터를 몇 개의 군집으로 나눈다. 여기서는 k값을 4로 지정한다. 군집화를 마친 후 각 데이터는 다음 그림과 같이 4개의 군집으로 나뉜다.

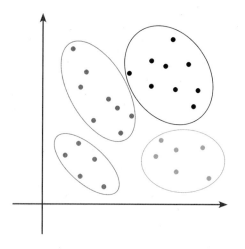

그림 3.9 k-평균 군집화

비지도 학습을 통한 분류는 어떤 특정한 분류가 있는 것이 아니라 데이터의 특성에 따라 비슷한 데이터끼리 묶어주는 개념이다. 위의 그림에서도 비슷하게 분포된 데이터끼리 총 4개의 묶음으로 나눠진 모습을 볼 수 있다. 이렇게 묶어준다면 각 묶음이 하나의 범주가 되는 것이다.

비지도 학습을 통한 텍스트 분류는 텍스트 군집화라고도 불린다. 비지도 학습 모델은 다음과 같다.

- K-평균 군집화(K-means Clustering)
- 계층적 군집화(Hierarchical Clustering)

지도 학습과 비지도 학습 중 어떤 방법을 사용할지 결정하는 데 기여하는 가장 큰 기준은 데이터에 정답 라벨이 있느냐 없느냐다. 정답 라벨이 있는 경우 지도 학습 방법으로 문제를 해결하면 되고, 정답 라벨이 없다면 비지도 학습을 사용해서 문제를 해결하면 된다. 그리고 일반적인 분류의 경우에는 지도 학습을 사용하지만 정확한 범주가 없고 단순히 군집화만 할 경우에는 비지도 학습을 통해 데이터를 군집화하면 된다.

텍스트 분류에 대해서는 4장에서 좀 더 깊게 알아보고 캐글 문제를 활용해 직접 구현하면서 문제를 해결하는 과정을 실습하겠다.

03 텍스트 유사도

요즘 많이 보편화된 인공지능 스피커에게 다음과 같은 질문을 한다고 생각해보자.

- 이 노래 누가 만들었어?

- 지금 나오는 노래의 작곡가가 누구야?

위 두 문장은 똑같은 의미이지만 인공지능 스피커에게는 단순하게 다른 문장으로 인식될 것이다. 따라서 각기 다른 대답을 만들어야 하는데, 좀 더 나은 효율성을 위해 비슷한 의미를 가진 문장에 대해서는 같은 대답을 준비할 수 있을 것이다. 이때 문장이 유사한지 측정해야 하며, 텍스트 유사도(Text Similarity) 측정 방법을 사용하면 된다.

텍스트 유사도란 말 그대로 텍스트가 얼마나 유사한지를 표현하는 방식 중 하나다. 앞에서 예로 든 두 문장의 경우 다른 구조의 문장이지만 의미는 비슷하기 때문에 두 문장의 유사도가 높다고 판단할 수 있다. 물론, 유사도를 판단하는 척도는 매우 주관적이기 때문에 데이터를 구성하기가 쉽지 않고 정량화하는 데 한계가 있다. 이를 최대한 정량화해서 모델을 만드는 것이 중요하다.

일반적으로 유사도를 측정하기 위해 정량화하는 방법에는 여러 가지가 있다. 단순히 같은 단어의 개수를 사용해서 유사도를 판단하는 방법, 형태소로 나누어 형태소를 비교하는 방법, 자소 단위로 나누어 단어를 비교하는 방법 등 다양한 방법이 있다.

이 책에서는 그중에서도 딥러닝을 기반으로 텍스트의 유사도를 측정하는 방식을 주로 다룰 것이다. 단어, 형태소, 유사도의 종류에 상관 없이, 텍스트를 벡터화한 후 벡터화된 각 문장 간의 유사도를 측정하는 방식이다. 그리고 자주 쓰이는 4개의 유사도 측정 방법에 대해 알아볼 것이다. 즉, 자카드 유사도, 유클리디언 유사도, 맨해튼 유사도, 코사인 유사도에 대해 알아보고 코드를 통해 직접 각 유사도를 측정하는 방법을 알아보겠다.

우선 각 유사도를 측정하기 전에 다음의 두 가지 예시 문장을 보자.

- 휴일인 오늘도 서쪽을 중심으로 폭염이 이어졌는데요, 내일은 반가운 비 소식이 있습니다.

- 폭염을 피해서 휴일에 놀러왔다가 갑작스런 비로 인해 망연자실하고 있습니다.

이제 이 두 문장에 대해 각 유사도 측정 방법으로 유사도를 측정해 보겠다. 우선은 유사도 측정을 하기 전에 단어를 벡터화한다. 여기서는 TF-IDF(Term Frequency - Inverse Document Frequency)를 통해 벡터화한다(TF-IDF에 대한 설명은 58쪽의 '사이킷런을 이용한 특징 추출' 참조).

```
from sklearn.feature_extraction.text import TfidfVectorizer
sent = ("휴일 인 오늘 도 서쪽 을 중심 으로 폭염 이 이어졌는데요, 내일 은 반가운 비 소식 이
있습니다.", "폭염 을 피해서 휴일 에 놀러왔다가 갑작스런 비 로 인해 망연자실 하고 있습니
다.")
tfidf_vectorizer = TfidfVectorizer()
tfidf_matrix = tfidf_vectorizer.fit_transform(sent) #문장 벡터화 진행

idf = tfidf_vectorizer.idf_
print(dict(zip(tfidf_vectorizer.get_feature_names(), idf))) #각 수치에 대한 값 시각화
```

```
{'갑작스런': 1.4054651081081644, '내일': 1.4054651081081644, '놀러왔다가':
1.4054651081081644, '망연자실': 1.4054651081081644, '반가운': 1.4054651081081644, '서쪽':
1.4054651081081644, '소식': 1.4054651081081644, '오늘': 1.4054651081081644, '으로':
1.4054651081081644, '이어졌는데요': 1.4054651081081644, '인해': 1.4054651081081644,
'있습니': 1.4054651081081644, '있습니다': 1.4054651081081644, '중심': 1.4054651081081644,
'폭염': 1.0, '피해서': 1.4054651081081644, '하고': 1.4054651081081644, '휴일': 1.0}
```

TF-IDF로 벡터화한 값은 자카드 유사도를 제외한 유사도 측정에 모두 사용할 것이다. 자카드 유사도의 경우 벡터화 없이 바로 유사도 측정이 가능하다.

자카드 유사도

자카드 유사도(Jaccard Similarity), 또는 자카드 지수는 두 문장을 각각 단어의 집합으로 만든 뒤 두 집합을 통해 유사도를 측정하는 방식 중 하나다. 유사도를 측정하는 방법은 두 집합의 교집합인 공통된 단어의 개수를 두 집합의 합집합, 즉 전체 단어의 수로 나누면 된다. 결괏값은 공통의 원소의 개수에 따라 0과 1 사이의 값이 나올 것이고, 1에 가까울수록 유사도가 높다는 의미다. 다음 수식은 자카드 유사도를 나타내는 수식인데, A와 B는 각 문장을 의미하고, token은 각 단어를 의미한다.

$$J(A, B) = \frac{|A \cap B|}{|A \cup B|} = \frac{|token\ in\ A \cap token\ in\ B|}{|token\ in\ A \cup token\ in\ B|}$$

그림 3.10 자카드 유사도 공식

앞에서 제시한 두 예시 문장을 통해 자카드 유사도를 측정해보자. 유사도를 측정할 때 단어에서 조사는 따로 구분해서 사용하므로 두 문장 A, B는 다음과 같이 정의될 것이다.

A = {휴일, 인, 오늘, 도, 서쪽, 을, 중심, 으로, 폭염, 이, 이어졌는데요, 내일, 은, 반가운, 비, 소식, 있습니다.}

B = {폭염, 을, 피해서, 휴일, 에, 놀러왔다가, 갑작스런, 비, 로, 인해, 망연자실, 하고, 있습니다.}

두 집합을 벤다이어그램으로 그리면 다음과 같다.

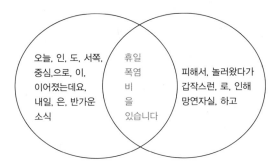

그림 3.11 예제 문장 토큰의 벤다이어그램

자카드 공식에 위의 예제를 대입해 본다면 두 문장 A, B의 교집합 개수는 6개, A와 B의 합집합 개수는 24(6+11+7)이므로 자카드 유사도는 $\frac{6}{24} \approx 0.25$다.

코사인 유사도

코사인 유사도는 두 개의 벡터값에서 코사인 각도를 구하는 방법이다. 코사인 유사도 값은 −1과 1 사이의 값을 가지고 1에 가까울수록 유사하다는 것을 의미한다. 코사인 유사도는 유사도를 계산할 때 가장 널리 쓰이는 방법 중 하나다. 다른 유사도 접근법에 비해 일반적으로 성능이 좋은데, 이는 단순히 좌표상의 거리를 구하는 다른 유사도 측정 방법에 비해 코사인 유사도는 말 그대로 두 벡터 간의 각도를 구하는 것이라서 방향성의 개념이 더해지기 때문이다. 두 문장이 유사하다면 같은 방향으로 가리킬 것이고, 유사하지 않을수록 직교로 표현될 것이다.

$$\cos(\theta) = \frac{\vec{a} \cdot \vec{b}}{\|\vec{a}\| \cdot \|\vec{b}\|}$$

그림 3.12 코사인 유사도 공식

앞서 TF-IDF로 벡터화한 문장을 사용해 코사인 유사도를 구해보자. 코사인 유사도의 경우 직접 함수를 구현할 필요 없이 사이킷런에서 유사도 측정을 위한 함수를 제공한다.

```python
from sklearn.metrics.pairwise import cosine_similarity

cosine_similarity(tfidf_matrix[0:1], tfidf_matrix[1:2]) # 첫 번째와 두 번째 문장 비교

array([[0.113]])
```

코사인 유사도에서 문장 A와 문장 B의 유사도는 0.113으로 산출된다.

유클리디언 유사도

유클리디언 유사도는 가장 기본적인 거리를 측정하는 유사도 공식이며, 공식은 다음과 같다.

$$d(x,y) = \sqrt{(x_1 - y_1)^2 + (x_2 - y_2)^2 + \ldots + (x_n - y_n)^2}$$

그림 3.13 유클리디언 유사도 공식

여기서 구하는 거리는 유클리디언 거리(Euclidean Distance) 혹은 L2 거리(L2-Distance) 라고 불리며, n차원 공간에서 두 점 사이의 최단 거리를 구하는 접근법이다. 일반적으로 중고 등학교 수학 과정에서 배우는 두 점 사이의 거리를 구하는 방식이 유클리디언 거리를 뜻한다.

유클리디언 유사도를 구해보자. 사이킷런에서 제공하는 유클리디언 거리 측정 함수를 사용하면 된다.

```python
from sklearn.metrics.pairwise import euclidean_distances

euclidean_distances(tfidf_matrix[0:1], tfidf_matrix[1:2])

array([[1.331]])
```

앞서 확인했던 유사도 방식들은 모두 0과 1 사이의 값을 가졌는데, 유클리디언 유사도는 1보다 큰 값이 나왔다. 일반적으로 유클리디언 유사도는 단순히 두 점 사이의 거리를 뜻하기 때문에 값에 제한이 없다. 따라서 크기는 계속해서 커질 수 있다.

이러한 제한이 없는 유사도 값은 사용하기 어렵기 때문에 값을 제한해야 한다. 여기서는 앞선 유사도 측정 방식과 동일하게 0과 1 사이의 값을 갖도록 만들어 줄 것이다. 방법은 간단하다. 앞서 각 문장을 벡터화했었는데, 이 벡터를 일반화(Normalize)한 후 다시 유클리디언 유사도를 측정하면 0과 1 사이의 값을 갖게 된다. 여기서는 L1 정규화 방법(L1-Normalization)을 사용하겠다. L1 정규화 방법에 대해 간단히 설명하면 각 벡터 안의 요소 값을 모두 더한 것이 크기가 1이 되도록 벡터들의 크기를 조절하는 방법이다. 즉, 벡터의 모든 값을 더한 뒤 이 값으로 각 벡터의 값을 나누면 된다. L1 정규화를 새로운 함수로 정의하고 다시 유클리디언 유사도를 측정해보자.

```
import numpy as np

def l1_normalize(v):
    norm = np.sum(v)
    return v / norm

tfidf_norm_l1 = l1_normalize(tfidf_matrix)
euclidean_distances(tfidf_norm_l1[0:1], tfidf_norm_l1[1:2])
```

```
array([[0.212]])
```

정규화한 후 유클리디언 유사도를 측정한 결과는 0.2로서 0보다 크고 1 보다 작은 값이 나왔다. 유클리디언 유사도를 측정할 때는 편의를 위해 정규화한 후 측정하는 방법도 있다는 점을 기억하자.

맨해튼 유사도

맨해튼 유사도(Manhattan Similarity)는 맨해튼 거리를 통해 유사도를 측정하는 방법이다. 맨해튼 거리란 사각형 격자로 이뤄진 지도에서 출발점에서 도착점까지를 가로지르지 않고 갈 수 있는 최단거리를 구하는 공식이다. 유클리디언 거리를 L2 거리(L2-Distance)라고 부르는 반면 맨해튼은 L1 거리(L1-Distance)라고 부른다. 다음은 맨해튼 거리를 구하는 공식이다.

$$MaDistance = \sum_{i=1}^{n} |a_i - b_i|$$

그림 3.14 맨해튼 거리를 구하는 공식

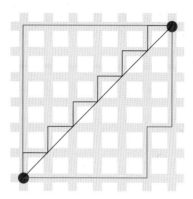

그림 3.15 사각형 격자의 거리 구하기[3]

위의 그림을 봤을 때 유클리디언 거리(L2 거리)는 검은색 선을 의미한다. 다만 검은색 선은 도로와 도로 사이에 아무런 장애물(건물 등)이 없다고 가정한 것이기 때문에 현실성이 없다. 가장 적합한 맨해튼 거리는 빨간색을 의미하며, 도로를 감안해서 가장 짧은 거리의 길이라고 생각하면 된다.

맨해튼 유사도 또한 유클리디언 유사도와 마찬가지로 거리를 통해 유사도를 측정하는 방법이라 값이 계속해서 커질 수 있다. 따라서 0과 1 사이의 값을 갖도록 L1 정규화 방법을 사용해 벡터 안의 요소 값을 정규화한 뒤 유사도를 측정한다.

```
from sklearn.metrics.pairwise import manhattan_distances

manhattan_distances(tfidf_norm_l1[0:1], tfidf_norm_l1[1:2])

array([[0.857]])
```

맨해튼 유사도로 측정했을 때 유사도가 가장 높게 나왔다. 측정 방법에 따라 크게 유사도가 달라질 수 있으므로 의도하고자 하는 방향에 맞는 유사도 측정 방법을 고르는 것이 매우 중요하다.

---

3 출처: http://en.wikipedia.org/wiki/Taxicab_geometry

참고로 맨해튼 유사도의 경우 5장에서 텍스트 유사도를 실습하는 과정에서 사용하기 때문에 정확하게 이해하고 넘어가자.

04 자연어 생성

언어 생성이란 무엇일까? 사람이 언어를 생성하는 과정을 생각해보자. 일반적으로 글을 쓰거나 말을 할 때 어떠한 주제에 대한 목적 의식을 가지고 언어에 맞는 문법과 올바른 단어를 사용해 문장을 생성한다. 신문 기사가 될 수도 있고, 상대방과의 대화, 문장 요약 등 언어를 활용해 우리는 서로 "소통(Communication)"하면서 살아간다. 그렇다면 컴퓨터가 상대방의 대화를 이해하고, 글도 쓴다면 어떨까? 로봇에게만 적용해도 우리의 삶은 현재와는 다른 세상이 될 것이다. 실제로 기술이 진보하면서 이와 관련된 사례들이 조금씩 나오고 있다.

미국 캘리포니아 LA Times에서는 "Quakebot"이 인공지능으로 지진이 난 지 3분 만에 기사를 작성했다. 아래 기사의 내용을 보면 지진이 난 경과와 날짜, 일어난 위치를 정확하게 설명하고 있고, 맨 마지막 문장은 "this post was created by an algorithm written by the author."라고 나와 있는데, 이 기사가 인공지능 알고리즘으로 작성된 기사라는 것을 의미한다. 다음은 실제 인공지능이 작성한 기사 원문이다[4].

A shallow magnitude 4.7 earthquake was reported Monday morning five miles from Westwood, California, according to the U.S. Geological Survey. The temblor occurred at 6:25 a.m. Pacific time at a depth of 5.0 miles.

According to the USGS, the epicenter was six miles from Beverly Hills, California, seven miles from Universal City, California, seven miles from Santa Monica, California and 348 miles from Sacramento, California. In the past ten days, there have been no earthquakes magnitude 3.0 and greater centered nearby.

This information comes from the USGS Earthquake Notification Service and this post was created by an algorithm written by the author.

---

4 출처: http://www.slate.com/blogs/future_tense/2014/03/17/quakebot_los_angeles_times_robot_journalist_writes_article_on_la_earthquake.html

하지만 이런 사실 기반의 기사를 제외하고 일반적으로 감정 및 논리력이 들어가는 기사를 작성하는 데는 아직까지 한계가 있어서 보조 도구로 쓰이고 있는 상태이며, 관련 영역에 해당하는 많은 데이터가 필요하다.

컴퓨터는 0과 1로 이뤄져 있다. 따라서 감정이나 논리 같은 숫자로 정량화하기 어려운 내용이 포함된 문장에 대해서는 아직까지는 컴퓨터가 작성하기 어렵지만 사실 기반의 기록에는 충분히 효과적이다. 예를 들어, 비즈니스에 관해 분석한 결과를 글로 표현하거나, 이메일이나 문자의 내용을 보고 자주 쓰는 답변으로 답하거나, 일반 가전기기가 고장 났을 때 고장 내용을 작성해주는 등 활용할 가치가 많다.

언어 생성에 대한 자세한 내용은 이 책의 후반부의 챗봇 서비스에서 다룰 것이다. 언어 생성은 사람의 대화를 최대한 많이 수집해서 대화를 배우게 하고 지속적으로 평가하는 과정을 반복해서 특정 목적에 맞는 텍스트를 생성하는 것이 주 목적이다. 이 분야는 아직 많은 연구와 개척이 필요한 분야다. 현재 언어 생성 기술을 활용해서 성공적으로 활용하는 분야 중 하나는 기계번역 분야다. 구글이나 네이버에서 끊임없이 서비스를 개선함에 따라 점점 언어의 장벽이 무너지고 있어 새로운 혁신으로 일컬어지는 분야 중 하나다.

그림 3.16 네이버에서 제공하는 기계번역 서비스인 파파고와 구글에서 제공하는 구글 번역기

05 기계 이해

기계 이해(Machine Comprehension)는 기계가 어떤 텍스트에 대한 정보를 학습하고 사용자가 질의를 던졌을 때 그에 대해 응답하는 문제다. 다시 말하자면 기계가 텍스트를 이해하고 논리적 추론을 할 수 있는지 데이터 학습을 통해 보는 것이다. 다음 예시를 보자.

텍스트

자연어 처리(自然語處理) 또는 자연 언어 처리(自然言語處理)는 인간의 언어 현상을 컴퓨터와 같은 기계를 이용해서 모사할 수 있도록 연구하고 이를 구현하는 인공지능의 주요 분야 중 하나다. 자연 언어 처리는 연구 대상이 언어이기 때문에 당연하게도 언어 자체를 연구하는 언어학과 언어 현상의 내적 기재를 탐구하는 언어 인지 과학과 연관이 깊다. 구현을 위해 수학적 통계적 도구를 많이 활용하며 특히 기계학습 도구를 많이 사용하는 대표적인 분야이다. 정보검색, QA 시스템, 문서 자동 분류, 신문기사 클러스터링, 대화형 Agent 등 다양한 응용이 이루어지고 있다.

질문

자연어 처리는 어느 분야 중 하나인가?

예를 들어, 기계한테 위와 같은 텍스트에 대한 내용을 학습시켰다고 하자. 그리고 "자연어 처리는 어느 분야 중 하나인가?"라는 텍스트와 관련이 있는 질문을 기계에게 한다. 그러면 기계는 위 텍스트의 내용을 토대로 추론해서 이에 대한 응답을 텍스트 내에서 하거나 정답 선택지를 선택하는 방식으로 답하게 된다.

이 문제는 앞서 설명한 자연어 처리에 대한 개념을 모두 활용한다고 봐도 무방하다. 우선 텍스트와 질의에 대한 정보를 알기 위해서는 각 문장의 의미 벡터를 추출할 수 있어야 한다. 이 경우에는 단어 표현 벡터를 활용해 문장의 의미를 표현하는 벡터를 추출할 수 있다.

그리고 텍스트와 질의에 대한 문장 정보 간의 관계가 어떠한지를 보기 위해 문장 유사도를 구하는 방식이 필요할 수 있다. 경우에 따라서는 반대로 질의 내용에 대한 정보를 기반으로 텍스트에 대한 언어 정보를 새롭게 생성하고자 할 수도 있는데 이 방식은 언어 생성 모델과 밀접한 관련이 있다.

또한 이런 질의 정보 데이터를 정리해서 질의한 내용에 대한 응답을 선택할 수 있게 정답에 대한 내용을 분류할 수도 있다. 이 경우 텍스트 분류 모델을 응용할 수 있다.

다음은 기계 이해 모델 중 하나인 '메모리 네트워크(Memory Network)'를 통해 앞에서 설명한 자연어 처리 기술이 기계 이해에 어떻게 활용될 수 있는지 보여준다[5].

Text 1: Mary moved to the bathroom.

Text 2: John went to the hallway.

Query: Where is Mary?　　Answer: bathroom

5　출처: https://research.fb.com/downloads/babi/

위의 내용은 BABI 데이터셋이라 불리는 기계 이해 학습을 위한 데이터셋 중 하나다. 이 데이터에는 각 문장에 대한 정보가 담겨있고, 그 정보에 관련된 질의를 던지게 된다. 이때 응답은 주어진 응답 선택지 안에서 선택할 수 있게 데이터가 구성돼 있다. 다음은 이러한 데이터를 가지고 어떻게 기계가 텍스트를 이해하고 질문의 답을 추론할 수 있는지 도식화한 메모리 네트워크[6]다.

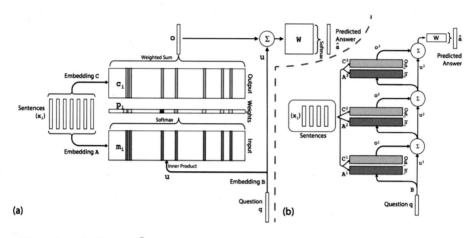

그림 3.17 메모리 네트워크 도식화[7]

그림 3.17을 통해 메모리 네트워크의 개념에 대해 간단히 알아보면 우선 해당 모델은 입력값으로 질의를 입력했을 때 텍스트 정보를 통해 어떻게 답해줄 것인지를 본다. 우선은 정보를 주기 위한 문장들이 주어지는데 이 문장들을 3.1절에서 살펴본 단어 표현과 같은 방식으로 문장 표현 벡터를 만든다. (위 그림에서 Question q와 Sentences(x)가 문장 표현 벡터들이다.) 이후에 이 문장 벡터들을 모아서 두 개의 행렬로 만드는데, 이렇게 만든 행렬을 통해 질의와의 유사도를 측정한다. 이에 대한 방식은 5장에서 더 살펴보도록 한다. 유사도를 측정한 후 유사도가 높은 정보에 대해 가중치를 줘서 출력을 만들어낸다. (Embedding c가 출력값이다.) 이러한 과정을 학습시키면서 각 질의가 정보 문장 중 어떤 문장과 관련이 높은지, 그리고 문장 안에서도 어떠한 단어가 질의에 대한 답인지를 예측할 수 있게 한다.

---

6   메모리 네트워크: https://arxiv.org/abs/1503.08895

7   출처: https://arxiv.org/abs/1503.08895

위 메모리 네트워크의 사례를 보면 알 수 있듯이 기계 이해는 자연어 처리 기술에 대한 개념이 총망라된 학습 태스크라 보면 된다. 그렇기 때문에 앞에서 알아본 다른 자연어 처리 태스크와 비교하면 어렵고, 더욱 복잡한 모델링을 필요로 한다. 기계 이해는 아직 연구 단계에 있고 QA(Question Answering) 태스크와 관련된 여러 대회를 통해 많은 모델들이 제시되고 있다. 이러한 대회 중 대표적으로 SQuAD(Stanford Question Answering Dataset)를 사례로 들 수 있다.

데이터셋

기계 이해 태스크에서는 대체로 자연 언어(Natural Language)를 이해하는 과제에서 기계가 텍스트 내용에 대해 추론을 잘 하는지 파악하는 목적에서 학습하게 된다. 그렇기 때문에 이 태스크를 QA 태스크라고 부르기도 하며 보통 Question Answering(QA) 형태의 데이터셋을 활용해 기계에게 학습하게 한다. 이러한 데이터셋은 위키피디아나 뉴스 기사를 가지고 데이터를 구성하며 대체로 텍스트와 지문, 정답 형태로 구성돼 있다. 여기서는 대표적으로 연구에서 활용하는 2개의 데이터셋을 다루겠다.

bAbI

바비(bAbI) 데이터셋은 페이스북 AI 연구팀에서 기계가 데이터를 통해 학습해서 텍스트를 이해하고 추론하는 목적에서 만들어진 데이터셋이다. 총 20가지 부류의 질문 내용으로 구성돼 있으며 질문 데이터셋 구성은 다음 그림과 같다.

Task 1: Single Supporting Fact	Task 2: Two Supporting Facts
Mary went to the bathroom. John moved to the hallway. Mary travelled to the office. Where is Mary? A:office	John is in the playground. John picked up the football. Bob went to the kitchen. Where is the football? A:playground

Task 3: Three Supporting Facts	Task 4: Two Argument Relations
John picked up the apple. John went to the office. John went to the kitchen. John dropped the apple. Where was the apple before the kitchen? A:office	The office is north of the bedroom. The bedroom is north of the bathroom. The kitchen is west of the garden. What is north of the bedroom? A: office What is the bedroom north of? A: bathroom

Task 5: Three Argument Relations	Task 6: Yes/No Questions
Mary gave the cake to Fred. Fred gave the cake to Bill. Jeff was given the milk by Bill. Who gave the cake to Fred? A: Mary Who did Fred give the cake to? A: Bill	John moved to the playground. Daniel went to the bathroom. John went back to the hallway. Is John in the playground? A:no Is Daniel in the bathroom? A:yes

Task 7: Counting	Task 8: Lists/Sets
Daniel picked up the football. Daniel dropped the football. Daniel got the milk. Daniel took the apple. How many objects is Daniel holding? A: two	Daniel picks up the football. Daniel drops the newspaper. Daniel picks up the milk. John took the apple. What is Daniel holding? milk, football

Task 9: Simple Negation	Task 10: Indefinite Knowledge
Sandra travelled to the office. Fred is no longer in the office. Is Fred in the office? A:no Is Sandra in the office? A:yes	John is either in the classroom or the playground. Sandra is in the garden. Is John in the classroom? A:maybe Is John in the office? A:no

그림 3.18 bAbI 데이터셋 예시[8]

그림 3.18과 같이 bAbI 데이터셋은 시간 순서대로 나열된 텍스트 문장 정보와 그에 대한 질문으로 구성되어 텍스트 정보에 대해 질문을 던지고 응답하는 형태다. 간단하게 한 데이터 사례를 들어 보자. 그림에서 Task 1에 해당하는 사례는 "Single Supporting Fact"라 해서 질문에 대한 답을 찾는데 한 개의 근거만 찾아 알 수 있게 하는 경우다. 여기서 질문은 "Where is Mary?"인데, 그렇다면 이와 밀접하게 관련된 문장은 첫 번째 문장인 "Mary went to the bathroom"과 "Mary travelled to the office"다. 시간 순서상 맨 마지막에 있는 "Mary travelled to the office"를 보게 될 것이고, Mary가 어디에 있는지를 물었으니 'office'라는 단어가 정답이 될 것이다. 이처럼 문장의 내용을 알 수 있어야 하고 논리적인 관계를 파악할 수 있어야 하는 데이터셋으로 20가지가 구성돼 있다.

---

8 출처: https://arxiv.org/abs/1502.05698

bAbI의 경우 기계 모델이 사람이 문제를 풀었을 때보다 더 좋은 점수를 내면서 이미 해결된 부분으로 알려져 있다.

SQuAD

SQuAD(Stanford Question Answering Dataset)는 기계 이해 태스크에서 가장 유명한 데이터셋 중 하나다. 스탠퍼드 자연어 처리 연구실에서 만들었으며 위키피디아에 있는 내용을 크라우드 소싱해서 QA 데이터셋으로 만들었다. 46개의 주제에 대해 약 10만 개의 질문 데이터셋으로 구성돼 있으며 인물, 시간, 장소, 이유 등 다양한 형태의 질문이 있다. 그뿐만 아니라 약 10만 개의 어휘와 짧은 텍스트에서부터 400단어가 넘는 긴 텍스트까지 다양한 길이의 지문을 포함하고 있어 상당히 어려운 분야로 손꼽힌다.

> In meteorology, precipitation is any product of the condensation of atmospheric water vapor that falls under gravity. The main forms of precipitation include drizzle, rain, sleet, snow, grau-pel and hail... Precipitation forms as smaller droplets coalesce via collision with other rain drops or ice crystals within a cloud. Short, intense periods of rain in scattered locations are called "showers".
>
> What causes precipitation to fall?
> gravity
>
> What is another main form of precipitation besides drizzle, rain, snow, sleet and hail?
> graupel
>
> Where do water droplets collide with ice crystals to form precipitation?
> within a cloud

그림 3.19 SQuAD 데이터[9]

그림 3.19를 보면 "precipitation"에 대한 설명을 볼 수 있다. 주어진 텍스트에 대해 "What causes precipitation to fall"과 같은 질문이 제시된다. 이 질문의 답으로 텍스트 안에 있는 단어를 선택하게 한다. 이러한 데이터 구성 덕분에 이 데이터셋에 관한 모델링에서는 정답을 선택하고자 할 때 텍스트의 토큰 위치의 시작점과 끝점을 지정하도록 학습한다. 모델 학습에

---

9 출처: https://arxiv.org/abs/1606.05250

대한 평가는 정답 위치와 완벽하게 일치하는지를 보는 EM(Exact Matching) 점수와 정답 위치와 겹치는지를 보는 F1 점수를 통해 한다.

현재 이 데이터셋은 대회로 진행됐고 많은 모델링 연구가 이뤄져 EM 점수의 경우 사람이 문제를 푼 점수보다 높게 나온다. 현재는 SQuAD 2.0으로 새롭게 데이터셋을 구성해서 대회를 진행하고 있다.

Visual Question Answering(VQA)

앞서 설명한 내용은 기계가 텍스트 정보를 이해해서 질의를 던졌을 때 응답하는 학습으로 진행됐다. 만약 기계가 텍스트가 아닌 이미지를 이해하고 질의를 던지면 어떻게 될까? Visual Question Answering(VQA)은 이미지에 대한 정보와 텍스트 질의를 통해 이미지 컨텍스트에 해당하는 응답을 알려주는 태스크다.

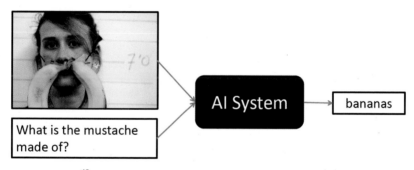

그림 3.20 VQA 진행 구조[10]

그림 3.20을 보면 바나나를 입 주변에 둔 사진이 있고 "What is the mustache made of?"라는 텍스트 질의가 나온다. VQA에서는 이 두 정보를 'AI System'을 통해 'bananas'라는 답을 얻도록 학습해야 한다. 여기서 'AI System'은 머신러닝 또는 딥러닝 모델이라 보면 된다.

구체적인 AI System에 대해 설명하기 위해 다음 그림을 보자. 다음 그림은 실제 VQA를 풀고자 제안된 모델이다. 어떻게 이러한 태스크를 AI System이라는 것을 통해 해결할 수 있는지 간단한 예를 통해 살펴보겠다.

---

10 출처: http://visualqa.org/challenge.html

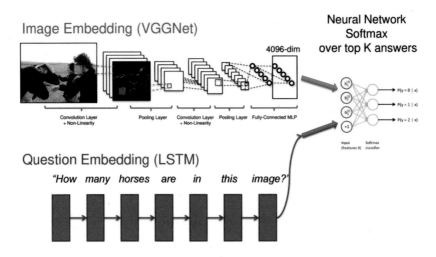

그림 3.21 VQA 모델 예시[11]

이 모델은 2개의 모델이 합쳐진 형태다. 하나는 Image Embedding이라는 모델로서 이미지에 대한 정보를 추출하는 모델이고, 아래는 Question Embedding이라는 질문 텍스트에 대한 정보를 추출하는 모델이다. 각 두 정보에 대해 모델을 통해 추출하고 난 후 두 정보를 조합해서 답을 추론하는 모델을 만들어 정답을 찾고자 한다. 이 같은 학습을 여러 데이터를 가지고 한다면 이미지 정보에 대해 질문하게 됐을 때 정답을 추론할 수 있는 인공지능 모델을 만들 수 있는 것이다.

현재 버지니아 공대와 조지아 공대에서 VQA Challenge를 통해 태스크를 모델링할 수 있게 데이터셋을 제공하고 있으며, 이 테스트 역시 연구가 진행 중이다.

06 데이터 이해하기

4장부터 본격적으로 캐글 도전 및 모델링을 진행할 것이다. 처음 캐글 문제를 풀기 시작할 때 많은 사람들은 모델을 만들고 훈련 후에 성능을 평가하고, 생각보다 성능이 안 나온다면 모델에 문제가 있다고 판단하고 다른 모델을 사용한다. 이처럼 모델에 문제가 있는 경우도 있지만 우선적으로 해당 문제를 잘 해결하기 위해서는 데이터 이해가 선행돼야 한다. 이러한 과정을

---

11 출처: Dhruv Batra Georgia Tech CS 7643: Deep Learning Slide Show

탐색적 데이터 분석(EDA; Exploratory Data Analysis)이라 한다. 이러한 과정에서 생각하지 못한 데이터의 여러 패턴이나 잠재적인 문제점 등을 발견할 수 있다.

그리고 문제를 해결하기 위한 모델에 문제가 없더라도 데이터마다 적합한 모델이 있는데 해당 모델과 데이터가 잘 맞지 않으면 좋은 결과를 얻을 수 없다. 즉, 아무리 좋은 모델이더라도 데이터와 궁합이 맞지 않는 모델이라면 여러 가지 문제에 직면하게 될 것이다.

그렇다면 탐색적 데이터 분석 과정은 어떻게 진행될까? 간단하게 얘기하면 정해진 틀 없이 데이터에 대해 최대한 많은 정보를 뽑아내면 된다. 데이터에 대한 정보란 데이터의 평균값, 중앙값, 최솟값, 최댓값, 범위, 분포, 이상치(Outlier) 등이 있다. 이러한 값들을 확인하고 히스토그램, 그래프 등의 다양한 방법으로 시각화하면서 데이터에 대한 직관을 얻어야 한다.

데이터를 분석할 때는 분석가의 선입견을 철저하게 배제하고 데이터가 보여주는 수치만으로 분석을 진행해야 한다. 그리고 이러한 데이터 분석 과정은 모델링 과정과 서로 상호 작용하면서 결과적으로 성능에 영향을 주기 때문에 매우 중요한 작업이다.

다음 그림은 탐색적 데이터 분석의 전체적인 흐름도이며, 서로의 결과에 직접적으로 영향을 줄 수 있다는 것을 확인할 수 있다.

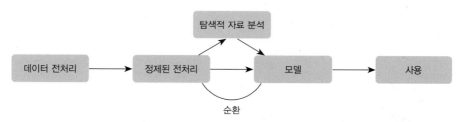

그림 3.22 탐색적 데이터 분석

간단한 실습을 통해 데이터 분석에 대해 자세히 알아보자. 실습에 사용한 데이터는 영화 리뷰 데이터로, 리뷰와 그 리뷰에 해당하는 감정(긍정, 부정) 값을 가지고 있다. 우선 실습에 사용할 라이브러리들을 불러오고 데이터를 불러오자. 데이터의 경우 라이브러리를 사용해서 설치할 수 있다.

데이터 이름	aclImdb_v1
데이터 용도	탐색적 데이터 분석에 대해 알아보기 위한 목적이다.
데이터 권한	MIT
데이터 출처	http://ai.stanford.edu/~amaas/data/sentiment/

```
import os
import re

import pandas as pd
import tensorflow as tf
from tensorflow.keras import utils

data_set = tf.keras.utils.get_file(
    fname="imdb.tar.gz",
    origin="http://ai.stanford.edu/~amaas/data/sentiment/aclImdb_v1.tar.gz",
    extract=True)
```

텐서플로 케라스 모듈의 get_file 함수를 통해 IMDB 데이터를 가져온다. 두 번째 인자인 origin에 데이터의 URL을 넣으면 해당 URL에서 데이터를 다운로드하게 된다. URL의 마지막 부분은 확장자인데 확장자가 tar.gz라는 것은 압축 파일임을 의미한다. 세 번째인 인자인 extract를 통해 다운로드한 압축 파일의 압축 해제 여부를 지정할 수 있다. 첫 번째 인자 fname은 다운로드한 파일의 이름을 재지정하는 부분이다.

판다스로 데이터를 불러오면 쉽게 데이터 분석 과정을 진행할 수 있다. 하지만 안타깝게도 판다스로 바로 가져올 수 없다. 그 이유는 압축이 풀린 데이터를 보면 알 수 있다.

```
0_9.txt          11876_10.txt    2501_8.txt      4377_10.txt    625_10.txt     8127_8.txt
10000_8.txt      11877_10.txt    2502_8.txt      4378_9.txt     6251_7.txt     8128_10.txt
10001_10.txt     11878_10.txt    2503_10.txt     4379_8.txt     6252_10.txt    8129_9.txt
10002_7.txt      11879_10.txt    2504_10.txt     437_9.txt      6253_8.txt     8130_10.txt
10003_8.txt      11880_10.txt    2505_9.txt      4380_8.txt     6254_10.txt    813_10.txt
10004_8.txt      11881_9.txt     2506_9.txt      4381_10.txt    6255_8.txt     8131_8.txt
10005_7.txt      11882_8.txt     2507_7.txt      4382_8.txt     6256_8.txt     8132_10.txt
10006_7.txt      11883_8.txt     250_7.txt       4383_9.txt     6257_10.txt    8133_7.txt
10007_7.txt      11884_8.txt     2508_10.txt     4384_10.txt    6258_8.txt     8134_10.txt
10008_7.txt      11885_7.txt     2509_9.txt      4385_9.txt     6259_8.txt     8135_10.txt
```

그림 3.23 풀린 데이터

모든 데이터가 디렉터리 안에 txt 파일 형태로 있어서 판다스의 데이터프레임을 만들기 위해서는 변환 작업을 진행해야 한다. 변환 작업에 필요한 함수 두 개를 만들어 보자. 하나는 각 파일에서 리뷰 텍스트를 불러오는 함수이며, 다른 하나는 각 리뷰에 해당하는 라벨값을 가져오는 함수다. 우선 첫 번째 함수부터 정의해보자.

```
def directory_data(directory):
    data = {}
    data["review"] = []
    for file_path in os.listdir(directory):
        with open(os.path.join(directory, file_path), "r") as file:
            data["review"].append(file.read())

    return pd.DataFrame.from_dict(data)
```

데이터를 가져올 디렉터리를 인자로 받는다. 디렉터리 안에 있는 파일들을 하나씩 가져와 그 안의 내용을 읽어서 data["sentence"] 배열에 하나씩 넣는다. 이를 다르게 말하면 딕셔너리 타입의 data에 추가하는 것이다. 그리고 나서 딕셔너리를 판다스 데이터프레임으로 만들어서 반환한다.

다음 함수는 폴더 이름을 지정하면 앞에서 설명한 directory_data 함수를 호출하는데 이때 pos 폴더에 접근할지 neg 폴더에 접근할지를 통해 각각의 데이터프레임을 반환받는다. 이 값들은 pos_df와 neg_df에 담긴다. pos 폴더와 neg 폴더의 의미는 각각 긍정 데이터와 부정 데이터를 나타내며, 특정 폴더의 값을 가져와 라벨 작업을 하고 있다. 긍정은 1, 부정은 0으로 만들고 데이터프레임을 통해 연동한다.

```
def data(directory):
    pos_df = directory_data(os.path.join(directory, "pos"))
    neg_df = directory_data(os.path.join(directory, "neg"))
    pos_df["sentiment"] = 1
    neg_df["sentiment"] = 0

    return pd.concat([pos_df, neg_df])
```

앞에서 설명한 두 함수를 호출해서 판다스 데이터프레임을 반환받는 구문을 만들어 보자 .

```
train_df = data(os.path.join(os.path.dirname(data_set), "aclImdb", "train"))
test_df = data(os.path.join(os.path.dirname(data_set), "aclImdb", "test"))
```

load_data의 인자로 디렉터리 경로를 지정하며, 이 함수를 통해 각각 훈련 데이터와 평가 데이터를 데이터프레임에 받아온다.

이렇게 만든 데이터프레임의 결과를 확인해보자.

```
train_df.head()
```

	review	sentiment
0	Bob Clampett's 'An Itch in Time' milks seven m...	1
1	I suppose the ultimate curse of attending the ...	1
2	Steven Seagal movies have never been Oscar mat...	0
3	Here we go with other slasher movie, Good look...	0

review와 sentiment가 잘 들어 있는 것을 확인했다. 판다스의 데이터프레임으로부터 리뷰 문장 리스트를 가져오는 함수를 만들어 보자.

```
reviews = list(train_df['review'])
```

reviews는 각 문장을 리스트로 담고 있다. 그럼 단어를 토크나이징하고 문장마다 토크나이징 된 단어의 수를 저장하고 그 단어들을 붙여 알파벳의 전체 개수를 저장하는 부분을 만들어 보자.

```
# 문자열 문장 리스트를 토크나이징
tokenized_reviews = [r.split() for r in reviews]

# 토크나이징된 리스트에 대한 각 길이를 저장
review_len_by_token = [len(t) for t in tokenized_reviews]

# 토크나이징된 것을 붙여서 음절의 길이를 저장
review_len_by_eumjeol = [len(s.replace(' ', '')) for s in reviews]
```

위와 같이 만드는 이유는 문장에 포함된 단어와 알파벳의 개수에 대한 데이터 분석을 수월하게 만들기 위해서다.

데이터 분석을 위한 사전 준비 작업이 완료됐으니 실제로 데이터 분석을 진행해 보자. 먼저 히스토그램으로 문장을 구성하는 단어의 개수와 알파벳 개수를 알아보자.

```
import matplotlib.pyplot as plt

# 그래프에 대한 이미지 크기 선언
# figsize: (가로, 세로) 형태의 튜플로 입력
plt.figure(figsize=(12, 5))
# 히스토그램 선언
# bins: 히스토그램 값에 대한 버킷 범위
# alpha: 그래프 색상 투명도
# color: 그래프 색상
# label: 그래프에 대한 라벨
plt.hist(review_len_by_token, bins=50, alpha=0.5, color= 'r', label='word')
plt.hist(review_len_by_eumjeol, bins=50, alpha=0.5, color='b', label='alphabet')
plt.yscale('log', nonposy='clip')
# 그래프 제목
plt.title('Review Length Histogram')
# 그래프 x 축 라벨
plt.xlabel('Review Length')
# 그래프 y 축 라벨
plt.ylabel('Number of Reviews')
```

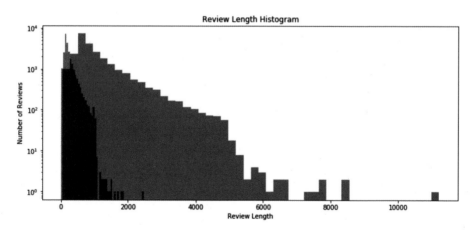

그림 3.24 데이터 길이에 대한 히스토그램

지금 데이터를 통해 보고자 하는 내용은 문장에 대한 길이 분포다. 빨간색 히스토그램은 단어 개수에 대한 히스토그램이고, 파란색은 알파벳 개수의 히스토그램이다. 단어 단위와 알파벳의 전체적인 분포를 시각적으로 볼 수 있으며 이상치(outliers) 값을 확인할 수 있다. 이상치 값을 어떻게 처리하는지는 캐글 도전 과제를 풀 때 살펴보겠다.

그다음으로 데이터 분포를 통계치로 수치화해보자.

```python
import numpy as np

print('문장 최대 길이: {}'.format(np.max(review_len_by_token)))
print('문장 최소 길이: {}'.format(np.min(review_len_by_token)))
print('문장 평균 길이: {:.2f}'.format(np.mean(review_len_by_token)))
print('문장 길이 표준편차: {:.2f}'.format(np.std(review_len_by_token)))
print('문장 중간 길이: {}'.format(np.median(review_len_by_token)))
# 사분위의 대한 경우는 0~100 스케일로 돼 있음
print('제1사분위 길이: {}'.format(np.percentile(review_len_by_token, 25)))
print('제3사분위 길이: {}'.format(np.percentile(review_len_by_token, 75)))
```

```
문장 최대 길이: 2470
문장 최소 길이: 10
문장 평균 길이: 233.79
문장 길이 표준편차: 173.73
문장 중간 길이: 174.0
제1사분위 길이: 127.0
제3사분위 길이: 284.0
```

단어 길이에 대한 통곗값은 전체적으로 8가지로 볼 수 있다. 최대 길이, 최소 길이, 평균 길이, 길이 표준편차, 중간 길이, 1, 3사분위 지점에 대한 값을 확인할 수 있다. 여기서 사분위 지점은 전체 데이터에서 ¼, ¾ 지점을 말한다. 이러한 통곗값을 통해 수치적으로 데이터 문장 길이의 분포를 확인할 수 있다.

다음으로 박스 플롯으로 데이터를 시각화해 보자. 박스 플롯은 직관적인 시각화를 제공한다. 문장 내 단어 수와 문장에 알파벳 개수를 각각 따로 박스 플롯으로 만들어 보겠다.

```python
plt.figure(figsize=(12, 5))
# 박스 플롯 생성
# 첫 번째 인자: 여러 분포에 대한 데이터 리스트를 입력
# labels: 입력한 데이터에 대한 라벨
```

```
# showmeans: 평균값을 마크함

plt.boxplot([review_len_by_token],
            labels=['token'],
            showmeans=True)
```

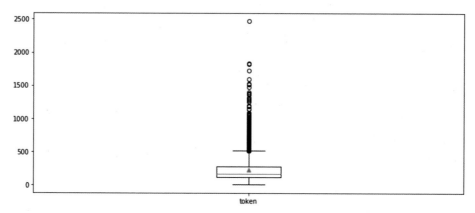

그림 3.25 문장 내 단어 수에 대한 히스토그램

박스 플롯은 다양한 값을 한눈에 직관적으로 볼 수 있다는 장점이 있다. 그림 3.25를 크게 해서 어떤 값이 있는지 보겠다.

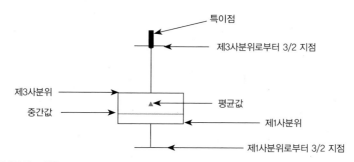

그림 3.26 확대된 박스 플롯

그림 3.26을 보면 앞에서 수치화했던 다양한 값들을 박스 플롯을 통해 볼 수 있고, 전체적인 데이터의 분포를 확인할 수 있다. 또한 박스 플롯을 통해 이상치가 심한 데이터를 확인할 수 있다.

문장의 알파벳 개수를 나타내는 박스 플롯을 만들어 보자.

```
plt.figure(figsize=(12, 5))
plt.boxplot([review_len_by_eumjeol],
            labels=['Eumjeol'],
            showmeans=True)
```

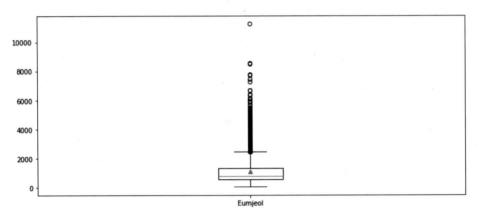

그림 3.27 문장 내 알파벳 개수에 대한 히스토그램

이 박스 플롯을 통해서도 이전과 유사하게 이상치가 심한 데이터를 확인할 수 있다. 이상치가 심하면 데이터의 범위가 너무 넓어 학습이 효율적으로 이뤄지지 않는다.

다음으로 워드클라우드로 데이터를 시각화해보자.

```
from wordcloud import WordCloud, STOPWORDS
import matplotlib.pyplot as plt
%matplotlib inline

wordcloud = WordCloud(
    stopwords=STOPWORDS, background_color="black", width=800, height=600
).generate(" ".join(train_df["review"]))

plt.figure(figsize = (15, 10))
plt.imshow(wordcloud)
plt.axis("off")
plt.show()
```

그림 3.28 워드클라우드 결과

보다시피 워드클라우드에서는 데이터에 포함된 단어의 등장 횟수에 따라 단어의 크기가 커지는데, "br"이 엄청 크게 보여진다. 이것은 데이터에 〈br〉과 같은 HTML 태그가 포함돼 있기 때문이다. 이러한 부분은 학습에 도움되지 않으므로 제거해야 하며, 이와 관련된 내용은 4장의 전처리 단계에서 다룰 것이다.

마지막으로 긍정 부정의 분포를 확인해 보자.

```python
import seaborn as sns
import matplotlib.pyplot as plt

sentiment = train_df['sentiment'].value_counts()
fig, axe = plt.subplots(ncols=1)
fig.set_size_inches(6, 3)
sns.countplot(train_df['sentiment'])
```

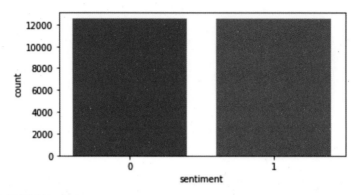

그림 3.29 긍정 부정의 분포 결과

긍정과 부정의 개수가 12,000로 같다. 이것은 데이터의 균형이 아주 좋다는 것을 나타낸다. 하지만 앞으로 만나게 될 데이터가 모두 이렇게 좋은 균형을 유지하지는 않을 것이다. 균형이 좋지 않은 데이터를 어떻게 처리하는지는 5장에서 살펴보겠다.

이로써 이후로 나올 텍스트 분류, 텍스트 유사도, 챗봇을 실습하기 위한 준비가 모두 끝났다. 4장부터는 지금까지 배운 내용을 토대로 더 깊이 있는 학습을 본격적으로 시작하겠다.

07 정리

2장과 3장을 통해 자연어 처리와 관련된 다양한 문제를 해결하기 위한 기본 지식을 습득했다. 지금까지 배운 내용을 토대로 4장에서 캐글 도전 과제를 만나보자.

텍스트 분류

텍스트 분류란 자연어 처리 기술을 활용해 글의 정보를 추출해서 문제에 맞게 사람이 정한 범주(Class)로 분류하는 문제다. 텍스트 분류의 방법과 예시 등 자세한 내용은 이미 2장에서 알아봤다. 이번 장에서는 실제로 데이터셋을 가지고 텍스트 분류를 실습해보면서 영어 텍스트 분류와 한글 텍스트 분류에 대해 알아보겠다. 한글 텍스트 분류와 영어 텍스트 분류의 경우 자연어 처리 기술을 통해 언어를 처리하는 과정이 각 언어의 특성에 따라 다르기 때문에 언어마다 각각 따로 알아볼 예정이다.

2장에서 본 것처럼 텍스트 분류에는 여러 활용 사례가 있다. 그중에서 이번 장에서는 감정 분류 문제를 다루겠다. 이를 위해 주어진 글을 분석한 후 감정을 긍정 혹은 부정으로 예측하는 모델을 만들 예정이다. 정확히 얘기하면 영화 리뷰 데이터를 여러 모델을 사용해 학습한 뒤 해당 모델을 통해 새로운 리뷰가 긍정적인 리뷰인지 부정적인 리뷰인지 예측하게 할 것이다. 여기서는 긍정 혹은 부정으로만 구분해서 분류할 예정이지만 다른 문제에서는 중립의 감정이 들어가는 경우도 있고, 긍정과 부정의 경우도 정도에 따라 더 세분화되어 나눠질 수 있다.

실습은 한글과 영어 텍스트를 나눠서 진행할 예정이다. 먼저 4.1절에서 영어로 작성된 영화 리뷰 데이터를 분류하는 방법을 먼저 알아보고, 4.2절에서 한글 리뷰 데이터를 분류하겠다. 영어 텍스트 분류를 먼저 하는 이유는 한글에 비해 영어가 데이터와 공부할 수 있는 자료가 많아서 한글로 쓰여진 문서에 비해 접근성이 좋은 편이기 때문이다. 그리고 언어의 특성상 국어는 띄어쓰기를 기준으로 모든 단어를 처리할 수 없다는 점에서 어려움이 있다. 따라서 좀 더 쉽고 데이터가 많은 영어 텍스트 분류를 먼저 해서 텍스트 분류에 대한 감각을 키운 다음 한글 텍스트 분류에 도전해보겠다.

01 영어 텍스트 분류

데이터 이름	Bag of Words Meets Bags of Popcorn
데이터 용도	텍스트 분류 학습을 목적으로 사용한다.
데이터 권한	MIT 권한을 가지고 있으나 캐글에 가입한 후 사용하길 권장한다.
데이터 출처	https://www.kaggle.com/c/word2vec-nlp-tutorial/data

이번 절에서는 영화 리뷰 데이터를 분류하겠다. 우리가 접할 수 있는 영화 리뷰 분류 문제들이 많은데, 그중에서 이 책에서는 캐글 대회(Competition)를 활용해 실습할 예정이다. 2장에서 소개한 것처럼 데이터를 활용한 여러 문제가 있고 참고할 만한 자료가 풍부해서 공부하기에 적합하다.

여기서는 'Bag of Words Meets Bag of Popcorn'(이하 '워드 팝콘')이라는 문제를 활용해 실습해 보겠다. 캐글 홈페이지에서 대회로 들어가서 검색하면 이 문제에 접근할 수 있다. 아니면 아래 URL을 직접 입력해서 들어가도 된다.

https://www.kaggle.com/c/word2vec-nlp-tutorial/

캐글 사용법에 대한 자세한 설명은 2.5절에 설명돼 있으니 참고하자. 워드 팝콘 페이지로 들어왔다면 그림 4.1과 같은 페이지가 나타날 것이다.

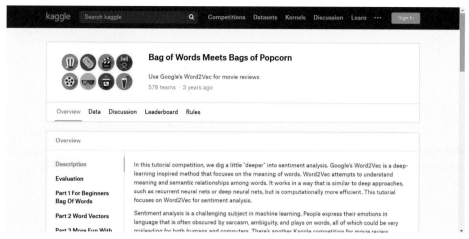

그림 4.1 캐글 워드 팝콘

이제 풀어야 할 문제에 대해 자세히 알아보자.

문제 소개

이번 절에서는 영어 텍스트 분류 문제 중 캐글의 대회인 워드 팝콘 문제를 활용할 것이다. 이 문제를 해결하면서 텍스트 분류 기술을 알아보겠다. 먼저 워드 팝콘이 어떤 문제인지 알아보자.

워드 팝콘

워드 팝콘은 인터넷 영화 데이터베이스(IMDB)에서 나온 영화 평점 데이터를 활용한 캐글 문제다. 영화 평점 데이터이므로 각 데이터는 영화 리뷰 텍스트와 평점에 따른 감정 값(긍정 혹은 부정)으로 구성돼 있다. 이 데이터는 보통 감정 분석(sentiment analysis) 문제에서 자주 활용된다. 그럼 이 데이터를 어떻게 분류할지에 대한 목표를 알아보자.

목표

여기서는 크게 3가지 과정을 거칠 것이다. 첫 번째는 데이터를 불러오는 것과 정제되지 않은 데이터를 활용하기 쉽게 전처리하는 과정이다. 그다음은 데이터를 분석하는 과정이다. 3장에서 데이터를 분석하는 과정이 다른 여타 과정보다 중요하다는 것을 확인했다. 따라서 데이터가 어떻게 구성돼 있는지 확인하고 그에 따라 어떻게 문제를 풀어가야 할지 알아보겠다. 마지막으로 실제로 문제를 해결하기 위해 알고리즘을 모델링하는 과정을 밟을 것이다. 이때 한 가지 방법으로만 하는 것이 아니라 여러 방법을 직접 구현해보고 결과를 비교하면서 어떤 방법이 좋을지에 대해서도 알아본다.

이제 직접 데이터를 확인해보고 정제되지 않은 데이터를 전처리해보자.

데이터 분석 및 전처리

이번에 사용할 영화 리뷰 데이터는 텍스트 분류에서 가장 기본적으로 사용되는 데이터로, 여기서는 이 데이터를 분류할 수 있는 모델을 학습시킬 것이다. 모델을 학습시키기 전에 데이터를 전처리하는 과정을 거쳐야 한다. 전처리는 데이터를 모델에 적용하기에 적합하도록 데이터를 정제하는 과정이다. 그전에 데이터를 불러오고 분석하는 과정을 선행할 것이다. 데이터 분석은 3장에서 알아본 탐색적 데이터 분석(EDA) 과정으로, 전처리 전에 데이터에 대해 자세하게 알아본다.

따라서 정리하자면 우선 데이터를 불러온 후 데이터 분석 과정을 거치고 나서 그 분석 결과를 바탕으로 전처리 작업을 할 것이다. 그림 4.2에 앞으로 진행할 작업들을 간단하게 도식화했다.

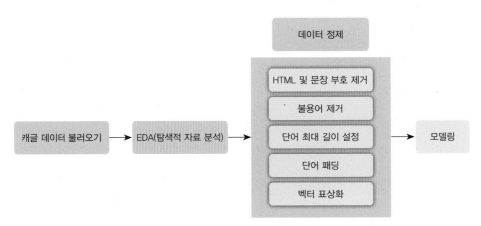

그림 4.2 워드 팝콘 데이터의 처리 과정

그림 4.2에 나온 순서대로 데이터 분석 및 전처리를 진행하겠다. 데이터를 불러온 후 데이터를 분석하고 다양한 전처리 과정을 거쳐서 모델에 적용할 것이다. 우선 데이터를 불러오자.

데이터 불러오기 및 분석

먼저 데이터를 캐글에서 가져오자. 캐글 대회 중 "Bag of Word meets bag of popcorn" 문제의 데이터를 받아오자. 데이터를 내려받는 방법은 해당 대회 사이트[1]에서 직접 내려받거나 혹은 캐글 API를 사용해 내려받을 수 있다. 직접 다운로드할 경우 해당 페이지에서 데이터 탭의 다운로드 메뉴를 통해 내려받으면 되고 API를 사용하는 경우 명령행에 다음 명령어를 입력해서 받으면 된다.

```
kaggle competitions download -c word2vec-nlp-tutorial
```

캐글에서 다운로드한 압축 파일을 풀고, 다음 4개의 파일을 data_in 폴더로 이동한다.

- labeledTrainData.tsv

- unlabeledTrainData.tsv

- testData.tsv

- sampleSubmission.csv

이제 데이터를 불러와서 분석할 모든 준비가 끝났다. 우선 데이터를 불러오고 분석에 필요한 라이브러리를 불러오자.

```
import numpy as np
import pandas as pd
import os
import matplotlib.pyplot as plt
import seaborn as sns
%matplotlib inline # 그래프를 주피터 노트북에서 바로 그리게 함
```

데이터 분석에 사용할 라이브러리로 넘파이, 판다스, 맷플롯립, 시본을 사용하고, 기본 내장 라이브러리인 os 라이브러리를 사용한다.

우선 데이터를 불러와서 데이터의 구조가 어떻게 돼 있는지 확인하자. 데이터는 판다스의 데이터프레임 형태로 불러올 것이다. 경로를 설정하고 데이터를 불러오자.

---

1 https://www.kaggle.com/c/word2vec-nlp-tutorial

```
train_data = pd.read_csv(DATA_IN_PATH+"labeledTrainData.tsv", header=0, delimiter="\t",
quoting=3)
```

보다시피 데이터를 불러올 때 판다스의 read_csv 함수를 사용했다. 함수의 인자를 알아보면 우선 데이터의 경로를 설정한다. 그리고 현재 사용할 데이터는 탭(\t)으로 구분돼 있으므로 delimiter 인자에 "\t"를 설정한다. 각 데이터에 각 항목명(Header)이 포함돼 있기 때문에 header 인자에 0을 설정한다. 그리고 쌍따옴표를 무시하기 위해 quoting 인자에 3을 설정한다.

데이터를 불러왔으니 이제 몇 개의 데이터를 샘플로 확인해 보자. head 함수를 사용하면 앞의 5개의 데이터만 확인할 수 있다.

```
train_data.head()
```

그럼 다음과 같은 결과가 나올 것이다.

	id	sentiment	review
0	"5814_8"	1	"With all this stuff going down at the moment ...
1	"2381_9"	1	"\"The Classic War of the Worlds\" by Timothy ...
2	"7759_3"	0	"The film starts with a manager (Nicholas Bell...
3	"3630_4"	0	"It must be assumed that those who praised thi...
4	"9495_8"	1	"Superbly trashy and wondrously unpretentious ...

그림 4.3 판다스로 불러온 데이터

데이터는 "id", "sentiment", "review"로 구분돼 있으며, 각 리뷰('review')에 대한 감정('sentiment')이 긍정('1') 혹은 부정('0')인지 나와 있다. 이제 본격적으로 해당 데이터를 분석해 보자. 데이터 분석은 다음과 같은 순서로 진행할 것이다.

1. 데이터 크기

2. 데이터의 개수

3. 각 리뷰의 문자 길이 분포

4. 많이 사용된 단어

5. 긍정, 부정 데이터의 분포

6. 각 리뷰의 단어 개수 분포

7. 특수문자 및 대문자, 소문자 비율

우선 데이터의 크기부터 확인해 보자. 데이터의 크기는 다음과 같이 확인한다.

```python
print("파일 크기 : ")
for file in os.listdir(DATA_IN_PATH):
    if 'tsv' in file and 'zip' not in file:
        print(file.ljust(30) + str(round(os.path.getsize(DATA_IN_PATH + file) / 1000000,
2)) + 'MB')
```

```
파일 크기 :
labeledTrainData.tsv          33.56MB
testData.tsv                  32.72MB
unlabeledTrainData.tsv        67.28MB
```

os 라이브러리를 사용해 해당 경로의 파일 목록을 가져온다. 그리고 해당 폴더에는 현재 압축 파일과 압축이 풀린 파일이 함께 있다. 따라서 tsv 파일 중에서 zip 파일이 아닌 파일들을 가져와 크기를 출력한다. 결과를 확인하면 unlabeledTrainData.tsv 파일이 가장 크고 나머지 두 파일의 크기는 비슷하다는 것을 알 수 있다. 이름 그대로 라벨이 있는 학습 데이터와 평가 데이터의 크기는 비슷하고, 라벨이 없는 학습 데이터의 크기가 가장 큰 것을 알 수 있다.

다음으로는 조금 전에 불러온 학습 데이터에 대해 개수를 확인해 보자.

```python
print('전체 학습 데이터의 개수: {}'.format(len(train_data)))
```

```
전체 학습 데이터의 개수: 25000
```

학습 데이터의 개수는 2만5천 개라는 사실을 알 수 있다.

이제 각 데이터의 문자의 길이를 알아보자. 'review' 열에 각 데이터의 리뷰가 들어가 있다. 우선 각 리뷰의 길이를 새로운 변수로 정의하고 head 함수를 사용해 몇 개의 데이터만 확인해 보자.

```
train_length = train_data['review'].apply(len)
train_length.head()
```

```
0    2304
1     948
2    2451
3    2247
4    2233
Name: review, dtype: int64
```

해당 변수에는 각 리뷰의 길이가 담겨 있다. 이 변수를 사용해 히스토그램을 그려보자. 맷플롯립을 사용해 히스토그램을 그린다.

```
# 그래프에 대한 이미지 크기 선언
# figsize: (가로, 세로) 형태의 튜플로 입력
plt.figure(figsize=(12, 5))
# 히스토그램 선언
# bins: 히스토그램 값에 대한 버킷 범위
# range: x축 값의 범위
# alpha: 그래프 색상 투명도
# color: 그래프 색상
# label: 그래프에 대한 라벨
plt.hist(train_length, bins=200, alpha=0.5, color= 'r', label='word')
plt.yscale('log', nonposy='clip')
# 그래프 제목
plt.title('Log-Histogram of length of review')
# 그래프 x 축 라벨
plt.xlabel('Length of review')
# 그래프 y 축 라벨
plt.ylabel('Number of review')
```

코드를 확인해 보자. 우선 figure 함수를 사용해서 그릴 그래프의 크기를 설정한다. 그리고 hist 함수를 사용해 히스토그램을 그리는데, 이때 몇 가지 인자를 설정한다. 그리고 y 값의 경우 log의 크기를 가지도록 설정한 후 그래프의 제목, x 축, y 축의 제목을 설정하면 된다. 그럼 다음과 같이 그려질 것이다.

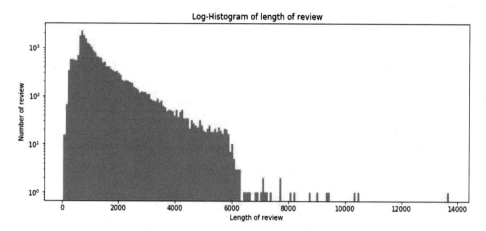

그림 4.4 리뷰 길이 히스토그램

분포를 보면 각 리뷰의 문자 길이가 대부분 6000 이하이고 대부분 2000 이하에 분포돼 있음을 알 수 있다. 그리고 일부 데이터의 경우 이상치로 10000 이상의 값을 가지고 있다. 길이에 대해 이제 몇 가지 통곗값을 확인해 보자.

```python
print('리뷰 길이 최댓값: {}'.format(np.max(train_length))
print('리뷰 길이 최솟값: {}'.format(np.min(train_length)))
print('리뷰 길이 평균값: {:.2f}'.format(np.mean(train_length)))
print('리뷰 길이 표준편차: {:.2f}'.format(np.std(train_length)))
print('리뷰 길이 중간값: {}'.format(np.median(train_length)))
# 사분위의 대한 경우는 0~100 스케일로 돼 있음
print('리뷰 길이 제1사분위: {}'.format(np.percentile(train_length, 25)))
print('리뷰 길이 제3사분위: {}'.format(np.percentile(train_length, 75)))
```

```
리뷰 길이 최댓값: 13710
리뷰 길이 최솟값: 54
리뷰 길이 평균값: 1329.71
리뷰 길이 표준편차: 1005.22
리뷰 길이 중간값: 983.0
리뷰 길이 제1사분위: 705.0
리뷰 길이 제3사분위: 1619.0
```

리뷰의 길이가 히스토그램에서 확인했던 것과 비슷하게 평균이 1300 정도이고, 최댓값이 13000이라는 것을 알 수 있다. 이제 이 값을 가지고 박스 플롯을 그려보자.

```python
plt.figure(figsize=(12, 5))
# 박스 플롯 생성
# 첫 번째 인자: 여러 분포에 대한 데이터 리스트를 입력
# labels: 입력한 데이터에 대한 라벨
# showmeans: 평균값을 마크함

plt.boxplot(train_length,
            labels=['counts'],
            showmeans=True)
```

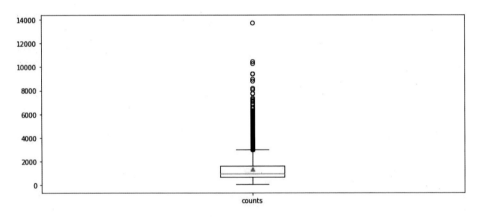

그림 4.5 리뷰 길이 박스 플롯

박스 플롯 그래프를 통해 데이터를 살펴보면 우선 데이터의 길이가 대부분 2000 이하로 평균이 1500 이하인데, 길이가 4000 이상인 이상치 데이터도 많이 분포돼 있는 것을 확인할 수 있다.

이제 리뷰에서 많이 사용된 단어로 어떤 것이 있는지 알아보자. 여기서는 워드클라우드 라이브러리를 사용한다. 라이브러리가 설치돼 있지 않다면 추가로 설치가 필요하다. 커맨드 라인에서 다음 명령을 입력해 설치한다.

```
pip install wordcloud
```

설치하고 나면 라이브러리 사용을 위해 불러온 후 워드클라우드를 그려보자.

```
from wordcloud import WordCloud
cloud = WordCloud(width=800, height=600).generate(" ".join(train_data['review']))
plt.figure(figsize=(20, 15))
plt.imshow(cloud)
plt.axis('off')
```

그림 4.6 워드클라우드

워드클라우드를 통해 그린 그림을 살펴보면 데이터에서 가장 많이 사용된 단어는 br이라는
것을 확인할 수 있다. br은 HTML 태그 중 하나로, 해당 데이터가 정제되지 않은 인터넷상의
리뷰 형태로 작성돼 있음을 알 수 있다. 이후 전처리 작업에서 이 태그들을 모두 제거하겠다.

이제 각 라벨의 분포를 확인해 본다. 해당 데이터의 경우 긍정과 부정이라는 두 가지 라벨만
가지고 있다. 분포의 경우 또 다른 시각화 도구인 시본을 사용해 시각화하겠다.

```
fig, axe = plt.subplots(ncols=1)
fig.set_size_inches(6, 3)
sns.countplot(train_data['sentiment'])
```

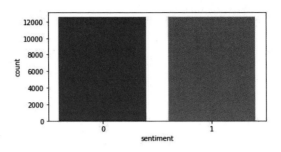

그림 4.7 각 라벨의 분포

라벨의 분포 그래프를 보면 거의 동일한 개수로 분포돼 있음을 확인할 수 있다. 각 라벨에 대해 정확한 값을 확인해 보자.

```
print("긍정 리뷰 개수: {}".format(train_data['sentiment'].value_counts()[1]))
print("부정 리뷰 개수: {}".format(train_data['sentiment'].value_counts()[0]))
```

```
긍정 리뷰 개수: 12500
부정 리뷰 개수: 12500
```

결과를 보면 정확하게 같은 값을 가진다는 것을 확인할 수 있다. 이제 각 리뷰를 단어 기준으로 나눠서 각 리뷰당 단어의 개수를 확인해 본다. 단어는 띄어쓰기 기준으로 하나의 단어라 생각하고 개수를 계산한다. 우선 각 단어의 길이를 가지는 변수를 하나 설정하자.

```
train_word_counts = train_data['review'].apply(lambda x:len(x.split(' ')))
```

이 값으로 앞서 그렸던 것과 동일하게 히스토그램을 그려보자.

```
plt.figure(figsize=(15, 10))
plt.hist(train_word_counts, bins=50, facecolor='r',label='train')
plt.title('Log-Histogram of word count in review', fontsize=15)
plt.yscale('log', nonposy='clip')
plt.legend()
plt.xlabel('Number of words', fontsize=15)
plt.ylabel('Number of reviews', fontsize=15)
```

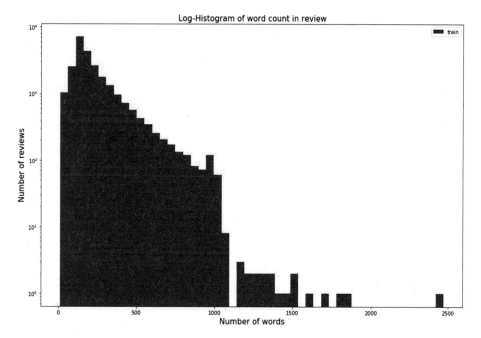

그림 4.8 리뷰당 단어 개수에 대한 히스토그램

대부분의 단어가 1000개 미만의 단어를 가지고 있고, 대부분 200개 정도의 단어를 가지고 있음을 확인할 수 있다. 앞서 했던 것과 같이 마지막으로 몇 가지 통곗값을 확인해보자.

```python
print('리뷰 단어 개수 최댓값: {}'.format(np.max(train_word_counts)))
print('리뷰 단어 개수 최솟값: {}'.format(np.min(train_word_counts)))
print('리뷰 단어 개수 평균값: {:.2f}'.format(np.mean(train_word_counts)))
print('리뷰 단어 개수 표준편차: {:.2f}'.format(np.std(train_word_counts)))
print('리뷰 단어 개수 중간값: {}'.format(np.median(train_word_counts)))
# 사분위의 대한 경우는 0~100 스케일로 돼 있음
print('리뷰 단어 개수 제1사분위: {}'.format(np.percentile(train_word_counts, 25)))
print('리뷰 단어 개수 제3사분위: {}'.format(np.percentile(train_word_counts, 75)))
```

```
리뷰 단어 개수 최댓값: 2470
리뷰 단어 개수 최솟값: 10
리뷰 단어 개수 평균값: 233.79
리뷰 단어 개수 표준편차: 173.74
리뷰 단어 개수 중간값: 174.0
```

```
리뷰 단어 개수 제1사분위: 127.0
리뷰 단어 개수 제3사분위: 284.0
```

단어 개수의 경우 평균이 233개이고, 최댓값의 경우 2,470개의 단어를 가지고 있다. 그리고 3사분위 값이 284개로 리뷰의 75%가 300개 이하의 단어를 가지고 있음을 확인할 수 있다.

마지막으로 각 리뷰에 대해 구두점과 대소문자 비율 값을 확인해 보자.

```python
qmarks = np.mean(train_data['review'].apply(lambda x: '?' in x)) # 물음표가 구두점으로 쓰임
fullstop = np.mean(train_data['review'].apply(lambda x: '.' in x)) # 마침표
capital_first = np.mean(train_data['review'].apply(lambda x: x[0].isupper())) # 첫 번째 대문자
capitals = np.mean(train_data['review'].apply(lambda x: max([y.isupper() for y in x]))) # 대문자 개수
numbers = np.mean(train_data['review'].apply(lambda x: max([y.isdigit() for y in x]))) # 숫자 개수

print('물음표가 있는 질문: {:.2f}%'.format(qmarks * 100))
print('마침표가 있는 질문: {:.2f}%'.format(fullstop * 100))
print('첫 글자가 대문자인 질문: {:.2f}%'.format(capital_first * 100))
print('대문자가 있는 질문: {:.2f}%'.format(capitals * 100))
print('숫자가 있는 질문: {:.2f}%'.format(numbers * 100))
```

```
물음표가 있는 질문: 29.55%
마침표가 있는 질문: 99.69%
첫 글자가 대문자인 질문: 0.00%
대문자가 있는 질문: 99.59%
숫자가 있는 질문: 56.66%
```

결과를 보면 대부분 마침표를 포함하고 있고, 대문자도 대부분 사용하고 있다. 따라서 전처리 과정에서 대문자의 경우 모두 소문자로 바꾸고 특수 문자의 경우 제거한다. 이 과정은 학습에 방해가 되는 요소들을 제거하기 위함이다. 이제 분석 결과를 바탕으로 전처리를 해보자.

데이터 전처리

이제 데이터를 모델에 적용할 수 있도록 데이터 전처리를 진행한다. 먼저 데이터 전처리 과정에서 사용할 라이브러리들을 불러오자. 분석 과정에서 사용했던 라이브러리도 전처리와 분석과정을 구분하기 위해 다시 불러온다.

```python
import re
import pandas
import numpy
import json
from bs4 import BeautifulSoup
from nltk.corpus import stopwords
from tensorflow.python.keras.preprocessing.sequence import pad_sequences
from tensorflow.python.keras.preprocessing.text import Tokenizer
```

먼저 사용할 라이브러리를 살펴보자. 우선 데이터를 다루기 위해 판다스를 사용하고, 데이터를 정제하기 위한 re와 Beautiful Soup을 사용한다. 그리고 불용어를 제거하기 위해 NLTK 라이브러리의 stopwords 모듈을 사용한다. 텐서플로의 전처리 모듈인 pad_sequences와 Tokenizer를 사용하고, 마지막으로 전처리된 데이터를 저장하기 위해 넘파이를 사용한다.

이제 본격적으로 전처리 과정을 진행하는데, 어떤 방향으로 전처리해야 할지 결정하기 위해데이터 하나를 자세히 확인해 보자. 우선 앞서 분석 과정에서 진행했던 것과 동일하게 학습데이터를 불러온 후 첫 번째 학습 데이터의 리뷰를 출력해보자.

```python
DATA_IN_PATH = './data_in/'
train_data = pd.read_csv( DATA_IN_PATH + 'labeledTrainData.tsv', header = 0, delimiter =
'\t', quoting = 3)
print(train_data['review'][0]) # 첫 번째 리뷰 데이터
```

```
'"With all this stuff going down at the moment with MJ i\'ve started listening to his
music, ... Some of it has subtle messages about MJ\'s feeling towards the press and also
the obvious message of drugs are bad m\'kay.<br /><br /> ....
```

리뷰 데이터를 보면 문장 사이에 '<br />'과 같은 HTML 태그와 '\', '…' 같은 특수문자가 포함된 것을 확인할 수 있다. 문장부호 및 특수문자는 일반적으로 문장의 의미에 크게 영향을 미

치지 않기 때문에 최적화된 학습을 위해 제거하자. Beautiful Soup을 이용해 HTML 태그를 제거하고 re.sub를 이용해 특수문자를 제거한다.

```
review = train_data['review'][0] # 리뷰 중 하나를 가져온다
review_text = BeautifulSoup(review,"html5lib").get_text() # HTML 태그 제거
review_text = re.sub("[^a-zA-Z]", " ", review_text ) # 영어 문자를 제외한 나머지는 모두
공백으로 바꾼다
```

Beautiful Soup 라이브러리의 get_text 함수를 사용하면 HTML 태그를 제외한 나머지 텍스트만 얻을 수 있다. 그리고 다음으로 re 라이브러리의 sub 함수를 사용해 영어 알파벳을 제외한 모든 문자, 즉 숫자 및 특수기호를 공백으로 대체한다. 이제 처리한 데이터를 확인해 보자.

```
print(review_text)
```

```
With all this stuff going down at the moment with MJ i ve started listening to his music
watching the odd documentary here and there  watched The Wiz and watched Moonwalker
again  Maybe i just want to get a certai...
```

결과를 보면 HTML 태그와 특수문자가 모두 제거된 것을 확인할 수 있다. 다음으로 진행할 과정은 불용어(stopword)를 삭제하는 것이다. 불용어란 문장에서 자주 출현하나 전체적인 의미에 큰 영향을 주지 않는 단어를 말한다. 예를 들어, 영어에서는 조사, 관사 등과 같은 어휘가 있다. 데이터에 따라 불용어를 제거하는 것은 장단점이 있다. 경우에 따라 불용어가 포함된 데이터를 모델링하는 데 있어 노이즈를 줄 수 있는 요인이 될 수 있어 불용어를 제거하는 것이 좋을 수 있다. 그렇지만 데이터가 많고 문장 구문에 대한 전체적인 패턴을 모델링하고자 한다면 이는 역효과를 줄 수도 있다. 이번 절에서는 감정 분석을 하고 있으므로 불용어가 감정 판단에 영향을 주지 않는다고 가정하고 불용어를 제거한다.

불용어를 제거하려면 따로 정의한 불용어 사전을 이용해야 한다. 사용자가 직접 정의할 수도 있지만 고려해야 하는 경우가 너무 많아서 보통 라이브러리에서 일반적으로 정의해놓은 불용어 사전을 이용한다. 여기서는 NLTK의 불용어 사전을 이용한다. 데이터에서 해당 리뷰에 포함된 단어는 모두 제거하면 된다. 그전에 NLTK에서 제공하는 불용어 사전은 전부 소문자 단어로 구성돼 있기 때문에 불용어를 제거하기 위해서는 우선 모든 단어를 소문자로 바꾼 후 불용어를 제거해야 한다.

```
stop_words = set(stopwords.words('english')) # 영어 불용어 set을 만든다

review_text = review_text.lower()
words = review_text.split() # 소문자로 변환한 후 단어마다 나눠서 단어 리스트로 만든다
words = [w for w in words if not w in stop_words] # 불용어를 제거한 리스트를 만든다
```

진행 과정을 보면 우선 리뷰를 lower 함수를 사용해 모두 소문자로 바꿨다. 이후 split 함수를 사용해 띄어쓰기를 기준으로 텍스트 리뷰를 단어 리스트로 바꾼 후 불용어에 해당하지 않는 단어만 다시 모아서 리스트로 만들었다. 중간에 속도 향상을 위해 set 데이터 타입으로 정의한 후 사용했다. 이제 결과를 출력해 보자.

```
print(words)
```

```
['stuff', 'going', 'moment', 'mj', 'started', 'listening', 'music', 'watching', 'odd', ...,
'stupid', 'guy', 'one', 'sickest', 'liars', 'hope', 'latter']
```

하나의 문자열이었던 리뷰가 단어 리스트로 바뀐 것을 확인할 수 있다. 이를 모델에 적용하기 위해서는 다시 하나의 문자열로 합쳐야 한다. 파이썬의 내장 함수인 join 함수를 사용하면 간단히 단어들을 하나로 붙여서 문자열로 만들 수 있다. 하나의 문자열로 만든 후 결과를 출력해서 확인하자.

```
clean_review = ' '.join(words) # 단어 리스트를 다시 하나의 글로 합친다
print(clean_review)
```

```
stuff going moment mj started listening music watching odd documentary watched wiz
watched moonwalker maybe want get certain insight guy thought really cool eighties maybe
make mind whether guilty innocent moonwalker part biography part feature film remember
going see cinema originally released ...
```

결과를 보면 단어 리스트가 하나의 문자열로 바뀐 것을 확인할 수 있다. 이러한 과정을 전체 데이터에 적용하면 된다. 하지만 이렇게 하나하나 진행한다면 25,000개의 데이터에 대해 모두 적용하는 것은 불가능할 것이다. 따라서 모든 전처리 과정을 하나의 함수로 정의한다. 그러고 나서 이 함수를 이용하면 간단하게 전체 데이터에 적용할 수 있다. 다음과 같이 함수를 정의하자.

```
def preprocessing( review, remove_stopwords = False ):
    # 불용어 제거는 옵션으로 선택 가능하다

    # 1. HTML 태그 제거
    review_text = BeautifulSoup(review, "html5lib").get_text()

    # 2. 영어가 아닌 특수문자를 공백(" ")으로 바꾸기
    review_text = re.sub("[^a-zA-Z]", " ", review_text)

    # 3. 대문자를 소문자로 바꾸고 공백 단위로 텍스트를 나눠서 리스트로 만든다
    words = review_text.lower().split()

    if remove_stopwords:
        # 4. 불용어 제거

        # 영어 불용어 불러오기
        stops = set(stopwords.words("english"))
        # 불용어가 아닌 단어로 이뤄진 새로운 리스트 생성
        words = [w for w in words if not w in stops]
        # 5. 단어 리스트를 공백을 넣어서 하나의 글로 합친다
        clean_review = ' '.join(words)

    else: # 불용어를 제거하지 않을 때
        clean_review = ' '.join(words)

    return clean_review
```

함수의 경우 불용어 제거는 인자값으로 받아서 선택할 수 있게 했다. 이제 정의한 함수를 사용해 전체 데이터에 대해 전처리를 진행한 후 전처리된 데이터를 하나 확인해 보자.

```
clean_train_reviews = []
for review in train_data['review']:
    clean_train_reviews.append(preprocessing(review, remove_stopwords = True))

# 전처리한 데이터의 첫 번째 데이터를 출력
clean_train_reviews[0]
```

```
'stuff going moment mj started listening music watching odd documentary watched wiz
watched moonwalker maybe want get certain insight guy thought really cool eighties maybe
make mind whether guilty innocent moonwalker part biography part feature film remember
going see cinema originally released subtle messages mj feeling ...'
```

이제 두 가지 전처리 과정이 남았다. 우선 전처리한 데이터에서 각 단어를 인덱스로 벡터화해야 한다. 그리고 모델에 따라 입력값의 길이가 동일해야 하기 때문에 일정 길이로 자르고 부족한 부분은 특정값으로 채우는 패딩 과정을 진행해야 한다. 하지만 모델에 따라 각 리뷰가 단어들의 인덱스로 구성된 벡터가 아닌 텍스트로 구성돼야 하는 경우도 있다. 따라서 지금까지 전처리한 데이터를 판다스의 데이터프레임으로 만들어 두고 이후에 전처리 과정이 모두 끝난 후 전처리한 데이터를 저장할 때 함께 저장하게 한다.

```
clean_train_df = pd.DataFrame({'review': clean_train_reviews, 'sentiment':
train_data['sentiment']})
```

이제 다시 전처리 과정으로 돌아가서 남은 전처리 과정을 진행한다. 앞서 말한 것처럼 모델에 따라 입력값이 텍스트가 아닌 각 단어의 인덱스로 돼 있어야 하고, 동일한 길이여야 하는 경우가 있기 때문에 이 과정들을 진행한다. 여기서는 텐서플로의 전처리 모듈을 사용한다. 우선 앞서 불러왔던 Tokenizer 모듈을 생성한 후 정제된 데이터에 적용하고 인덱스로 구성된 벡터로 변환한다.

```
tokenizer = Tokenizer()
tokenizer.fit_on_texts(clean_train_reviews)
text_sequences = tokenizer.texts_to_sequences(clean_train_reviews)
```

위와 같이 하면 각 리뷰가 텍스트가 아닌 인덱스의 벡터로 구성될 것이다. 해당 변수에서 첫 번째 값을 출력해서 확인해보자.

```
print(text_sequences[0])
```

```
[404, 70, 419, 8815, 506, 2456, 115, 54, 873, 516, 178, 18686, 178, 11242, 165, 78, 14,
662, 2457, 117, 92, 10, 499, 4074, 165, 22, 210, 581, 2333, 1194, 11242, 71, 4826,  ...
,438, 207, 254, 117, 3, 18688, 18689, 316, 1356]
```

결과를 보면 텍스트로 돼 있던 첫 번째 리뷰가 각 단어의 인덱스로 바뀐 것을 볼 수 있다. 이제 전체 데이터가 인덱스로 구성돼 있을 텐데 각 인덱스가 어떤 단어를 의미하는지 확인할 수 있어야 한다. 따라서 이렇게 변환한 경우 단어 사전이 필요하다. 단어 사전을 확인해 보자.

```
word_vocab = tokenizer.word_index
word_vocab["<PAD>"] = 0
print(word_vocab)
```

```
{'<PAD>': 0, 'movie': 1, 'film': 2, 'one': 3, 'like': 4, 'good': 5, 'time': 6, 'even': 7,
'would': 8, 'story': 9, 'really': 10, 'see': 11, 'well': 12, 'much': 13, 'get': 14, 'bad':
15, 'people': 16, 'also': 17, ...
```

단어 사전의 경우 앞서 정의한 tokenizer 객체에서 word_index 값을 뽑아보면 사전 형태로 구성돼 있다. 결과를 보면 'movie'라는 단어는 1이고, 'film'이라는 단어는 2로 돼 있는 것을 확인할 수 있다. word_index에는 패딩 정보값이 정의돼 있지 않기 때문에 '<PAD>'에 대한 인덱스 값을 0으로 입력한다. 그렇다면 전체 데이터에서 사용된 단어 개수는 총 몇 개인지 확인해 보자.

```
print("전체 단어 개수: ", len(word_vocab))
```

```
전체 단어 개수:  74066
```

단어는 총 74,000개 정도다. 단어 사전뿐 아니라 전체 단어 개수도 이후 모델에서 사용되기 때문에 저장해 둔다. 데이터에 대한 정보인 단어 사전과 전체 단어 개수는 새롭게 딕셔너리 값을 지정해서 저장해두자.

```
data_configs = {}

data_configs['vocab'] = word_vocab
data_configs['vocab_size'] = len(word_vocab)
```

이제 마지막 전처리 과정만 남았다. 현재 각 데이터는 서로 길이가 다른데 이 길이를 하나로 통일해야 이후 모델에 바로 적용할 수 있기 때문에 특정 길이를 최대 길이로 정하고 더 긴 데이터의 경우 뒷부분을 자르고 짧은 데이터의 경우에는 0 값으로 패딩하는 작업을 진행한다. 이 과정 역시 텐서플로의 전처리 모듈을 사용한다. 패딩 처리를 한 후 데이터의 형태를 출력해 보자.

```
MAX_SEQUENCE_LENGTH = 174 # 문장 최대 길이

train_inputs = pad_sequences(text_sequences, maxlen=MAX_SEQUENCE_LENGTH, padding='post')

print('Shape of train data: ', train_inputs.shape)


Shape of train data:  (25000, 174)
```

패딩 처리에는 앞서 불러온 pad_sequences 함수를 사용한다. 이 함수를 사용할 때는 인자로 패딩을 적용할 데이터, 최대 길이값, 0 값을 데이터 앞에 넣을지 뒤에 넣을지를 설정한다. 여기서는 최대 길이를 174로 설정했는데, 이는 앞서 데이터 분석 과정에서 단어 개수의 통계를 계산했을 때 나왔던 중간값이다. 보통 평균이 아닌 중간값을 사용하는 경우가 많은데, 일부 이상치 데이터가 길이가 지나치게 길면 평균이 급격히 올라갈 수 있기 때문에 적당한 값인 중간값을 사용하는 것이다. 이렇게 패딩 처리를 통해 데이터의 형태가 25,000개의 데이터가 174라는 길이를 동일하게 가지게 되었음을 확인할 수 있다.

이제 마지막으로 학습 시 라벨, 즉 정답을 나타내는 값을 넘파이 배열로 저장한다. 넘파이 배열로 변환하는 이유는 이후 전처리한 데이터를 저장할 때 넘파이 형태로 저장하기 때문이다.

```
train_labels = np.array(train_data['sentiment'])
print('Shape of label tensor:', train_labels.shape)


Shape of label tensor: (25000,)
```

이렇게 넘파이 배열로 만든 후 라벨의 형태를 확인해 보면 길이가 25,000인 벡터임을 확인할 수 있다. 데이터 하나당 하나의 값을 가지는 형태다. 이렇게 라벨까지 넘파이 배열로 저장하면 모든 전처리 과정이 끝난다. 이제 전처리한 데이터를 모두 저장하기만 하면 끝나는데, 그전에 단어들을 벡터화하고 패딩하는 과정을 그림을 통해 직관적으로 이해해 보자.

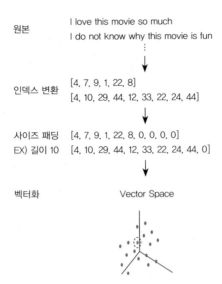

원본
I love this movie so much
I do not know why this movie is fun

인덱스 변환
[4, 7, 9, 1, 22, 8]
[4, 10, 29, 44, 12, 33, 22, 24, 44]

사이즈 패딩
EX) 길이 10
[4, 7, 9, 1, 22, 8, 0, 0, 0, 0]
[4, 10, 29, 44, 12, 33, 22, 24, 44, 0]

벡터화
Vector Space

그림 4.9 원본 데이터가 벡터화되는 과정

그림을 통해 다시 설명하면 우선 원본 텍스트 데이터를 인덱스 벡터로 변환해야 한다. 이러한 변환을 위해 인덱싱 단어 사전을 생성해서 활용한다. 그 후 고정된 길이에 대해 패딩 처리를 한다. 이렇게 되면 각 리뷰가 하나의 벡터로 변환된 것을 확인할 수 있다.

이제 전처리한 데이터를 이후 모델링 과정에서 사용하기 위해 저장하자. 여기서는 다음과 같은 총 4개의 데이터를 저장할 것이다.

- 정제된 텍스트 데이터
- 벡터화한 데이터
- 정답 라벨
- 데이터 정보(단어 사전, 전체 단어 개수)

텍스트 데이터의 경우 CSV 파일로 저장하고, 벡터화한 데이터와 정답 라벨의 경우 넘파이 파일로 저장한다. 마지막 데이터 정보의 경우 딕셔너리 형태이기 때문에 JSON 파일로 저장한다. 우선 경로와 파일명을 설정하고 os 라이브러리를 통해 폴더가 없는 경우 폴더를 생성하자.

```
DATA_IN_PATH = './data_in/'
TRAIN_INPUT_DATA = 'train_input.npy'
TRAIN_LABEL_DATA = 'train_label.npy'
TRAIN_CLEAN_DATA = 'train_clean.csv'
DATA_CONFIGS = 'data_configs.json'

import os
# 저장하는 디렉터리가 존재하지 않으면 생성
if not os.path.exists(DATA_IN_PATH):
    os.makedirs(DATA_IN_PATH)
```

해당 경로가 없었다면 이제 만들어졌을 것이다. 이제 지정한 경로에 데이터를 저장하자.

```
# 전처리된 데이터를 넘파이 형태로 저장
np.save(open(DATA_IN_PATH + TRAIN_INPUT_DATA, 'wb'), train_inputs)
np.save(open(DATA_IN_PATH + TRAIN_LABEL_DATA, 'wb'), train_labels)

# 정제된 텍스트를 CSV 형태로 저장
clean_train_df.to_csv(DATA_IN_PATH + TRAIN_CLEAN_DATA, index = False)

# 데이터 사전을 JSON 형태로 저장
json.dump(data_configs, open(DATA_IN_PATH + DATA_CONFIGS, 'w'), ensure_ascii=False)
```

각 데이터에 맞게 저장 함수를 사용해서 저장하면 해당 경로에 파일들이 저장된 것을 확인할 수 있다. 이제 전처리 과정이 모두 끝났다. 지금까지 학습 데이터에 대해서만 전처리를 했으므로 평가 데이터에 대해서도 위와 동일한 과정을 진행하면 된다. 다른 점은 평가 데이터의 경우 라벨 값이 없기 때문에 라벨은 따로 저장하지 않아도 되고 데이터 정보인 단어 사전과 단어 개수에 대한 정보도 학습 데이터의 것을 사용하므로 저장하지 않아도 된다는 것이다. 추가로 평가 데이터에 대해 저장해야 하는 값이 있는데 각 리뷰 데이터에 대해 리뷰에 대한 'id' 값을 저장해야 한다. 나머지 부분은 학습 데이터와 동일하게 전처리를 진행한다.

```
test_data = pd.read_csv(DATA_IN_PATH + "testData.tsv", header=0, delimiter="\t",
quoting=3)

clean_test_reviews = []
```

```
for review in test_data['review']:
    clean_test_reviews.append(preprocessing(review, remove_stopwords = True))
clean_test_df = pd.DataFrame({'review': clean_test_reviews, 'id': test_data['id']})
test_id = np.array(test_data['id'])

text_sequences = tokenizer.texts_to_sequences(clean_test_reviews)
test_inputs = pad_sequences(text_sequences, maxlen=MAX_SEQUENCE_LENGTH, padding='post')
```

평가 데이터를 전처리할 때 한 가지 중요한 점은 토크나이저를 통해 인덱스 벡터로 만들 때 토크나이징 객체로 새롭게 만드는 것이 아니라, 기존에 학습 데이터에 적용한 토크나이저 객체를 사용해야 한다는 것이다. 만약 새롭게 만들 경우 학습 데이터와 평가 데이터에 대한 각 단어들의 인덱스가 달려저서 모델에 정상적으로 적용할 수 없기 때문이다. 이제 평가 데이터를 전처리한 데이터도 위와 동일하게 저장하자. 경로는 이미 지정했으므로 파일명만 새롭게 정의한 후 앞선 과정과 동일하게 저장하자.

```
TEST_INPUT_DATA = 'test_input.npy'
TEST_CLEAN_DATA = 'test_clean.csv'
TEST_ID_DATA = 'test_id.npy'

np.save(open(DATA_IN_PATH + TEST_INPUT_DATA, 'wb'), test_inputs)
np.save(open(DATA_IN_PATH + TEST_ID_DATA, 'wb'), test_id)
clean_test_df.to_csv(DATA_IN_PATH + TEST_CLEAN_DATA, index = False)
```

이처럼 평가 데이터에 대해서도 전처리를 완료한 데이터를 저장하면 모든 전처리 과정이 끝난다. 이제 전처리한 데이터를 활용해 모델을 만드는 과정을 진행해 보자.

모델링 소개

이전 장에서는 데이터를 모델에 적용하기 전에 데이터에 대해 이해하는 탐색적 데이터 분석 과정과 데이터를 효과적으로 모델에 적용하기 위해 데이터를 정제하는 과정인 데이터 전처리 과정을 진행했다. 이번 장에서는 앞의 결과를 통해 나온 전처리된 데이터를 직접 모델에 적용하고 주어진 텍스트에 대해 감정이 긍정인지 부정인지 예측할 수 있는 모델을 만들 것이다. 여기서는 하나의 모델이 아닌 여러 가지 모델을 만들어 비교해볼 것이다. 우선 직접 구현할 모델에 대해 알아보자.

실습할 모델 소개

이번 장에서 다루게 될 감정 분석 모델은 기본적이고 간단한 모델이다. 우선 머신러닝 모델 중에서 선형 회귀 모델과 랜덤 포레스트 모델로 감정 분석을 하는 방법을 이야기한다. 그리고 딥러닝 모델 중에서는 합성곱 신경망(CNN) 모델과 순환 신경망(RNN) 모델에 대해 살펴보겠다.

여기서는 실습을 진행할 때 모델링을 위해 2개의 핵심 라이브러리를 사용한다. 머신러닝 모델에서는 사이킷런을 사용하고, 딥러닝 모델에서는 텐서플로를 사용한다.

회귀 모델

딥러닝 모델을 시작하기에 앞서 먼저 간단한 모델을 만들어 보자. 이번 장에서 만들 모델은 로지스틱 회귀 모델이다. 로지스틱 회귀 모델은 주로 이항 분류를 하기 위해 사용되며 분류 문제에서 사용할 수 있는 가장 간단한 모델이다. 로지스틱 회귀는 선형결합을 통해 나온 결과를 토대로 예측하게 된다. 모델을 소개하기에 앞서 선형 회귀 모델에 대해 알아보자.

선형 회귀 모델

선형 회귀 모델은 종속변수와 독립변수 간의 상관관계를 모델링하는 방법이다. 간단히 말하자면 하나의 선형 방정식으로 표현해 예측할 데이터를 분류하는 모델이라 생각하면 된다. 예를 들어, 데이터가 다음과 같이 주어졌다고 하자.

그림 4.10 데이터 분포

이 데이터를 2개의 범주로 분류해야 한다. 이때 하나의 직선으로 데이터를 구분하면 다음 그림과 같은 직선으로 표현할 수 있다.

그림 4.11 선형 회귀 모델

선형 회귀 모델을 수식으로 표현하면 다음과 같다.

$$y = w_1 x_1 + w_2 x_2 + ... + b$$

수식 4.1 선형 회귀 모델

위 수식의 w_1과 w_2, b는 학습하고자 하는 파라미터이고 x_1과 x_2는 입력값이다. 여기서 모델에 입력하는 값은 바로 x_1, x_2 변수에 넣게 된다. 변수 x_1과 x_2에는 주로 단어 또는 문장 표현 벡터를 입력하게 된다. 더불어 변수 x_1이나 x_2로 다루지 않고 벡터 x로 다루게 된다. 자세한 단어 표현 벡터에 대한 내용은 3.1절을 참고하자.

로지스틱 회귀 모델

로지스틱 모델은 선형 모델의 결괏값에 로지스틱 함수를 적용해 0 ~ 1 사이의 값을 갖게 해서 확률로 표현한다. 이렇게 나온 결과를 통해 1에 가까우면 정답이 1이라 예측하고 0에 가까울 경우 0으로 예측한다. 이제 로지스틱 모델을 가지고 텍스트 분류를 하자. 여기서는 입력값인 단어를 word2vec을 통한 단어 임베딩 벡터로 만드는 방법과 tf-idf를 통해 임베딩 벡터로 만드는 방법 두 가지를 모두 사용한다.

TF-IDF를 활용한 모델 구현

여기서는 3장에서 배운 단어 표현 방법인 TF-IDF를 활용해 문장 벡터를 만든다. 입력값에 대해 TF-IDF 값으로 벡터화를 진행하기 때문에 사이킷런의 TfidfVectorizer를 사용한다. TfidfVectorizer를 사용하기 위해서는 입력값이 텍스트로 이뤄진 데이터 형태여야 한다. 따라서 전처리한 결과 중 넘파이 배열이 아닌 정제된 텍스트 데이터를 사용한다. 우선 데이터를 불러오자.

```
DATA_IN_PATH = './data_in/'
TRAIN_CLEAN_DATA = 'train_clean.csv'

train_data = pd.read_csv(DATA_IN_PATH + TRAIN_CLEAN_DATA)

reviews = list(train_data['review'])
sentiments = list(train_data['sentiment'])
```

판다스를 이용해 전처리한 텍스트 데이터를 불러온 후 리뷰값과 라벨값을 각각 따로 리스트로 지정해 둔다. 이제 해당 데이터를 활용해 TF-IDF 벡터화를 진행하자.

TF-IDF 벡터화

이제 데이터에 대해 TF-IDF 값으로 벡터화를 진행한다. 진행 방법은 앞서 2장에서 했던 것과 동일하게 진행하면 되는데, 몇 가지 인자값을 추가로 설정한다.

```
from sklearn.feature_extraction.text import TfidfVectorizer

vectorizer = TfidfVectorizer(min_df = 0.0, analyzer="char", sublinear_tf=True,
ngram_range=(1,3), max_features=5000)

X = vectorizer.fit_transform(reviews)
```

객체를 생성할 때 몇 가지 인자값을 설정하는데 하나씩 살펴보자. 우선 min_df는 설정한 값보다 특정 토큰의 df 값이 더 작게 나오면 벡터화 과정에서 제거한다는 의미다. 그리고 analyzer는 분석하기 위한 기준 단위다. 'word'와 'char'로 2가지 옵션을 제공하는데 'word'의 경우 단어 하나를 단위로 하는 것이고, 'char'는 문자 하나를 단위로 하는 것이다. 여기서는 문자를 단위로 하기 때문에 'char'로 지정한다. sublinear_tf 인자는 문서의 단어 빈도 수(term frequency)에 대한 스무딩(smoothing) 여부를 설정하는 값이다. ngram_range는 빈도의 기본 단위를 어느 범위의 n-gram으로 설정할 것인지를 보는 인자다. 마지막으로 max_features의 경우 각 벡터의 최대 길이, 특징의 길이를 설정하는 것이다.

우선 TfIdfVectorizer를 생성한 후 fit_transform 함수를 사용해 전체 문장에 대한 특징 벡터 데이터 X를 생성한다. TF-IDF로 벡터화한 데이터가 준비되었다. 이제 해당 데이터를 학습 데이터와 검증 데이터로 분리해보자.

학습과 검증 데이터셋 분리

이제 해당 입력값을 모델에 적용하면 되는데 그전에 우선 학습 데이터의 일부를 검증 데이터로 따로 분리한다. 2장에서 사용했던 사이킷런 라이브러리에 train_test_split 함수를 활용해 학습 데이터와 검증 데이터를 나누자.

```
from sklearn.model_selection import train_test_split
import numpy as np

RANDOM_SEED = 42
TEST_SPLIT = 0.2

y = np.array(sentiments)

X_train, X_eval, y_train, y_eval = train_test_split(X, y, test_size=TEST_SPLIT,
random_state=RANDOM_SEED)
```

입력값인 X와 정답 라벨을 넘파이 배열로 만든 y에 대해 적용해서 학습 데이터와 검증 데이터로 나눴다. 비율을 기존 학습 데이터의 20퍼센트로 설정해 검증 데이터를 만들었다. 이제 학습 데이터를 모델에 적용해 보자.

모델 선언 및 학습

선형 회귀 모델을 만들기 위해 사이킷런 라이브러리에서 지원하는 LogisticRegression 클래스의 객체를 생성하고자 한다. 이후 이 객체의 fit 함수를 호출하면 데이터에 대한 모델 학습이 진행된다.

```
from sklearn.linear_model import LogisticRegression

lgs = LogisticRegression(class_weight = 'balanced')
lgs.fit(X_train, y_train)
```

2장에서 사용했던 모델과 거의 사용법이 비슷하다. 간단하게 모델을 만들고 데이터에 적용하기만 하면 된다. 특별한 점은 모델을 생성할 때 인자값을 설정했는데 class_weight를 'balanced'로 설정해서 각 라벨에 대해 균형 있게 학습할 수 있게 한 것이다. 이제 정의한 모델에 검증 데이터를 사용해 성능을 측정해 보자.

검증 데이터로 성능 평가

검증 데이터를 가지고 학습한 모델에 대해 성능을 확인해 보자. 성능 평가는 앞서 학습한 객체의 score 함수를 이용하면 간단하게 측정할 수 있다.

```
print("Accuracy: %f" % lgs.score(X_eval, y_eval)) # 검증 데이터로 성능 측정
```

```
Accuracy: 0.874400
```

성능 평가 방법으로 여기서는 정확도(Accuracy)만 측정했는데, 이 외에도 다양한 성능 평가지표가 있다. 정밀도(precision), 재현율(recall), f1-score, auc 등 다양한 지표가 있는데, 문제에 따라 성능을 가장 잘 나타내는 지표가 각기 다르므로 다양한 지표에 대해서도 알아두면 좋다. 이 책에서는 간단하게 정확도만 측정하는 것으로 성능을 평가한다.

여기서 평가 성능은 약 86%의 정확도를 보였다. 이 성능은 앞으로 모델을 어떻게 튜닝해서 성능을 높일 수 있는지 볼 수 있는 하나의 기준 지표가 될 수 있다. 성능이 생각보다 나오지 않을 때는 하이퍼파라미터를 수정하거나 다른 기법들을 추가해서 성능을 올려보자. 검증 데이터의 성능이 만족할 만큼 나온다면 평가 데이터를 적용하면 된다. 이제 평가 데이터를 적용해 캐글에 제출할 데이터를 만들어 보자.

데이터 제출하기

이제 우리가 만든 모델을 활용해 평가 데이터 결과를 예측하고 캐글에 제출할 수 있도록 파일로 저장해보자. 우선 전처리한 텍스트 형태의 평가 데이터를 불러오자.

```
TEST_CLEAN_DATA = 'test_clean.csv'

test_data = pd.read_csv(DATA_IN_PATH + TEST_CLEAN_DATA, header=0, delimiter="\t",
quoting=3)
```

학습 데이터와 마찬가지로 파일명을 설정한 후 판다스를 통해 데이터프레임 형태로 불러온다. 이제 해당 데이터를 대상으로 이전에 학습 데이터에 대해 사용했던 객체를 사용해 TF-IDF 값으로 벡터화한다.

```
testDataVecs = vectorizer.transform(test_data['review'])
```

벡터화할 때 평가 데이터에 대해서는 fit을 호출하지 않고 그대로 transform만 호출한다. fit의 경우 학습 데이터에 맞게 설정했고, 그 설정에 맞게 평가 데이터도 변환하면 된다. 이제 이 값으로 예측한 후 예측값을 하나의 변수로 할당하고 출력해서 형태를 확인해 보자.

```
test_predicted = lgs.predict(testDataVecs)
print(test_predicted)
```

```
[0 1 0 ... 0 0 1]
```

결과를 보면 각 데이터에 대해 긍정, 부정 값을 가지고 있다. 이제 이 값을 캐글에 제출하기 위해 데이터프레임 형태로 만들어 CSV 파일로 저장해야 한다. 캐글에 제출하기 위한 데이터 형식은 각 데이터의 고유한 id 값과 결괏값으로 구성돼 있어야 한다. 경로를 지정한 후 데이터프레임을 생성해서 CSV 파일로 만들자.

```
DATA_OUT_PATH = './data_out/'

if not os.path.exists(DATA_OUT_PATH):
    os.makedirs(DATA_OUT_PATH)

ids = list(test_data ['id'])
answer_dataset = pd.DataFrame({'id': ids, 'sentiment': test_predicted})
answer_dataset.to_csv(DATA_OUT_PATH + 'lgs_tfidf_answer.csv', index=False, quoting=3)
```

이렇게 각 데이터의 id 값과 결괏값을 가지는 파일을 데이터프레임으로 만든 후 해당 데이터 프레임의 to_csv 함수를 사용해 파일로 저장했다. 이제 데이터 파일을 캐글에 제출해 보면 다음과 같이 모델의 성능을 확인할 수 있을 것이다.

Name	Submitted	Wait time	Execution time	Score
lgs_tfidf_answer.csv	a minute ago	3 seconds	0 seconds	0.86272
Complete				

Jump to your position on the leaderboard ▾

그림 4.12 TF-IDF 모델 캐글 점수

점수는 약 0.86점이 나온다.

그런데 만약 word2vec을 활용한 경우에는 어떻게 나올까? 이제 word2vec 모델을 구현하면서 살펴보자.

word2vec을 활용한 모델 구현

이번에는 word2vec을 활용해 모델을 구현해 보자. 우선 각 단어에 대해 word2vec으로 벡터화해야 한다. word2vec의 경우 단어로 표현된 리스트를 입력값으로 넣어야 하기 때문에 전처리한 넘파이 배열을 사용하지 않는다. 따라서 전처리된 텍스트 데이터를 불러온 후 각 단어들의 리스트로 나눠야 한다.

```
DATA_IN_PATH='./data_in/' # 파일이 저장된 경로
TRAIN_CLEAN_DATA = 'train_clean.csv'

train_data = pd.read_csv(DATA_IN_PATH + TRAIN_CLEAN_DATA)

reviews = list(train_data['review'])
sentiments = list(train_data['sentiment'])

sentences = []
for review in reviews:
    sentences.append(review.split())
```

전처리한 데이터의 경우 각 리뷰가 하나의 문자열로 이뤄져 있다. 하지만 앞서 말했듯이 word2vec을 사용하기 위해서는 입력값을 단어로 구분된 리스트로 만들어야 한다. 따라서 위와 같이 전체 리뷰를 단어 리스트로 바꿔야 한다. 각 리뷰를 split 함수를 사용해서 띄어쓰기 기준으로 구분한 후 리스트에 하나씩 추가해서 입력값을 만든다.

word2vec 벡터화

데이터 전처리가 끝났다면 이제 word2vec 모델 학습을 진행해 보자. 우선 진행하기에 앞서 word2vec 모델의 하이퍼파라미터를 설정해야 한다.

```
# 학습 시 필요한 하이퍼파라미터
num_features = 300      # 워드 벡터 특징값 수
min_word_count = 40     # 단어에 대한 최소 빈도 수
num_workers = 4         # 프로세스 개수
context = 10            # 컨텍스트 윈도 크기
downsampling = 1e-3     # 다운 샘플링 비율
```

설정한 파라미터에 대한 자세한 내용은 다음과 같다.

- num_featrues: 각 단어에 대해 임베딩된 벡터의 차원을 정한다.

- min_word_count: 모델에 의미 있는 단어를 가지고 학습하기 위해 적은 빈도 수의 단어들은 학습하지 않는다.

- num_workers: 모델 학습 시 학습을 위한 프로세스 개수를 지정한다.

- context: word2vec을 수행하기 위한 컨텍스트 윈도 크기를 지정한다.

- downsampling: word2vec 학습을 수행할 때 빠른 학습을 위해 정답 단어 라벨에 대한 다운샘플링 비율을 지정한다. 보통 0.001이 좋은 성능을 낸다고 한다.

위 하이퍼파라미터를 가지고 word2vec을 학습해보자. 학습에는 gensim 라이브러리를 사용할 것이다. gensim 라이브러리가 설치돼 있지 않다면 커맨드 라인에 다음과 같이 입력해서 설치한 후 다음 단계를 진행하자.

```
$ pip install gensim
```

gensim 라이브러리가 설치돼 있다면 이제 gensim.models에 있는 word2vec 모듈을 불러와서 사용하면 된다.

word2vec을 본격적으로 진행하기 전에 word2vec을 학습하는 과정에서 진행 상황을 확인해 보기 위해 다음과 같이 logging을 이용할 수 있다.

```
import logging
logging.basicConfig(format='%(asctime)s : %(levelname)s : %(message)s',
    level=logging.INFO)
```

로깅을 할 때 format을 위와 같이 지정하고, 로그 수준은 INFO에 맞추면 word2vec의 학습 과정에서 로그 메시지를 양식에 맞게 INFO 수준으로 보여준다. 이제 본격적으로 학습을 실행해 보자.

word2vec 학습을 위해서는 word2vec 모듈에 있는 Word2Vec 객체를 생성해서 실행한다. 이렇게 학습하고 생성된 객체는 model 변수에 할당한다. 이때 학습을 위한 객체의 인자는 입력할 데이터와 하이퍼파라미터를 순서대로 입력해야 원하는 하이퍼파라미터를 사용해 학습할 수 있다.

```
from gensim.models import word2vec
print("Training model...")
model = word2vec.Word2Vec(sentences,
                    workers=num_workers,
                    size=num_features,
                    min_count = min_word_count,
                    window = context,
                    sample = downsampling)
```

다음과 같은 메시지는 학습이 진행되면서 나오는 로그 메시지다.

```
2018-04-18 17:11:05,747 : INFO : collecting all words and their counts
2018-04-18 17:11:05,749 : INFO : PROGRESS: at sentence #0, processed 0 words, keeping 0
word types

...................
```

```
vocabulary and 300 features, using sg=0 hs=0 sample=0.001 negative=5 window=10
2018-04-18 17:11:23,419 : INFO : EPOCH 1 - PROGRESS: at 2.34% examples, 296061 words/s,
in_qsize 7, out_qsize 0
```

이렇게 메시지가 나타나고 나면 학습이 완료된다. word2vec으로 학습시킨 모델의 경우 모델을 따로 저장해두면 이후에 다시 사용할 수 있기 때문에 저장해 두고 이후에 학습한 값이 추가로 필요할 경우 사용하면 된다.

```
# 모델의 하이퍼파라미터를 설정한 내용을 모델 이름에 담는다면 나중에 참고하기에 좋을 것이다.
# 모델을 저장하면 Word2Vec.load()를 통해 모델을 다시 사용할 수 있다.
model_name = "300features_40minwords_10context"
model.save(model_name)
```

모델을 저장하려면 앞에서 학습한 model 객체의 save 함수를 사용하면 된다. 여기서 함수의 인자는 모델 이름을 작성해서 입력한다. 저장된 모델은 이미 학습된 것이기 때문에 다른 모델을 사용할 때 불러와서 사용하면 학습 시간 없이 바로 사용할 수 있다.

이제 만들어진 word2vec 모델을 활용해 선형 회귀 모델을 학습해보자. 우선 학습을 하기 위해서는 하나의 리뷰를 같은 형태의 입력값으로 만들어야 한다. 지금은 word2vec 모델에서 각 단어가 벡터로 표현돼 있다. 그리고 리뷰마다 단어의 개수가 모두 다르기 때문에 입력값을 하나의 형태로 만들어야 한다. 가장 단순한 방법으로는 문장에 있는 모든 단어의 벡터값에 대해 평균을 내서 리뷰 하나당 하나의 벡터로 만드는 방법이 있다. 따라서 여기서는 이 방법을 통해 입력값을 만든다. 다음과 같이 하나의 리뷰에 대해 전체 단어의 평균값을 계산하는 함수를 구현한다.

```
def get_features(words, model, num_features):
    # 출력 벡터 초기화
    feature_vector = np.zeros((num_features), dtype=np.float32)

    num_words = 0
    # 어휘사전 준비
    index2word_set = set(model.wv.index2word)

    for w in words:
```

```
        if w in index2word_set:
            num_words += 1
            # 사전에 해당하는 단어에 대해 단어 벡터를 더함
            feature_vector = np.add(feature_vector, model[w])

    # 문장의 단어 수만큼 나누어 단어 벡터의 평균값을 문장 벡터로 함
    feature_vector = np.divide(feature_vector, num_words)
    return feature_vector
```

함수에 대해 좀 더 설명하자면 함수의 인자에 대한 설명은 다음과 같다.

- words: 단어의 모음인 하나의 리뷰가 들어간다.

- model: word2vec 모델을 넣는 곳이며, 우리가 학습한 word2vec 모델이 들어간다.

- num_features: word2vec으로 임베딩할 때 정했던 벡터의 차원 수를 뜻한다.

하나의 벡터를 만드는 과정에서 속도를 빠르게 하기 위해 np.zeros를 사용해 미리 모두 0의 값을 가지는 벡터를 만든다. 그리고 문장의 단어가 해당 모델 단어사전에 속하는지 보기 위해 model.wv.index2word를 set 객체로 생성해서 index2word_set 변수에 할당한다. 다음 반복문을 통해 리뷰를 구성하는 단어에 대해 임베딩된 벡터가 있는 단어 벡터의 합을 구한다. 마지막으로 사용한 단어의 전체 개수로 나눔으로써 평균 벡터의 값을 구한다.

이렇게 문장에 특징값을 만들 수 있는 함수를 구현했다면 이제 앞에서 정의한 함수를 사용해 전체 리뷰에 대해 각 리뷰의 평균 벡터를 구하는 함수를 정의한다.

```
def get_dataset(reviews, model, num_features):
    dataset = list()

    for s in reviews:
        dataset.append(get_features(s, model, num_features))

    reviewFeatureVecs = np.stack(dataset)

    return reviewFeatureVecs
```

이 함수의 인자는 세 개로 구성돼 있고, 각 인자에 대한 설명은 다음과 같다.

- reviews: 학습 데이터인 전체 리뷰 데이터를 입력하는 인자다.

- model: word2vec 모델을 입력하는 인자다. 위 함수와 같이 앞에서 학습시킨 모델을 넣는다.

- num_features: word2vec으로 임베딩할 때 정했던 벡터의 차원 수를 뜻한다.

속도 향상을 위해 전체 리뷰에 대한 평균 벡터를 담을 0으로 채워진 넘파이 배열을 미리 만든다. 배열은 2차원으로 만드는데 배열의 행에는 각 문장에 대한 길이를 입력하면 되고 열에는 평균 벡터의 차원 수, 즉 크기를 입력하면 된다. 그리고 각 리뷰에 대해 반복문을 돌면서 각 리뷰에 대해 특징 값을 만든다.

이렇게 get_dataset 함수를 구현하고 나면 이제 전체 리뷰 데이터로 위 함수를 사용해 실제 학습에 사용될 입력값을 만들자.

```
test_data_vecs = get_dataset(sentences, model, num_features)
```

학습과 검증 데이터셋 분리

만들어진 데이터를 가지고 학습 데이터와 검증 데이터를 나눠보자. 나누는 방식은 앞서 TF-IDF에서 진행했던 방식과 동일하다.

```
from sklearn.model_selection import train_test_split
import numpy as np

X = test_data_vecs
y = np.array(sentiments)

RANDOM_SEED = 42
TEST_SPLIT = 0.2

X_train, X_eval, y_train, y_eval = train_test_split(X, y, test_size=TEST_SPLIT,
random_state=RANDOM_SEED)
```

이제 학습 데이터의 일부를 검증 데이터로 분리했다. 이렇게 따로 뽑은 검증 데이터는 이후에 학습 데이터를 통해 학습시킨 모델의 성능을 검증할 때 사용하겠다. 본격적으로 모델을 학습 시켜 보자.

모델 선언 및 학습

모델의 경우 TF-IDF 벡터를 사용했을 때와 동일하게 로지스틱 모델을 사용한다. TF-IDF 모델과 비교하면 입력값을 어떤 특징으로 뽑았는지만 다르고 모두 동일하다. 이전에 했던 것 과 동일하게 모델을 만들고 학습 데이터를 적용하자.

```
from sklearn.linear_model import LogisticRegression

lgs = LogisticRegression(class_weight='balanced')
lgs.fit(X_train, y_train)
```

모델을 생성할 때 TF-IDF 모델과 동일하게 class_weight라는 인자값을 'balanced'로 설정했 다. 이는 역시 각 라벨에 대해 균형 있게 학습하기 위함이다. 이렇게 생성한 데이터에 학습 데 이터를 적용하면 이제 다른 데이터에 대해 학습을 진행할 수 있다.

검증 데이터셋을 이용한 성능 평가

학습한 모델에 검증 데이터를 적용해 성능을 평가해보자. 이전 과정과 동일하게 진행하면 된다.

```
print("Accuracy: %f" % lgs.score(X_eval, y_eval))  # 검증 데이터로 성능 측정
```

```
Accuracy: 0.863000
```

학습한 결과를 확인해 보면 TF-IDF를 사용해서 학습한 것보다 상대적으로 성능이 조금 떨 어지는 것을 볼 수 있다. 이런 결과를 보면 word2vec 모델이 생각보다 성능이 떨어지는 것 에 의아해할 수 있다. 물론 word2vec이 단어 간의 유사도를 보는 관점에서는 분명히 효과적 일 수는 있지만 word2vec을 사용하는 것이 항상 가장 좋은 성능을 보장하지는 않는다는 점 을 알 수 있다.

데이터 제출

이제 캐글에 제출할 데이터를 만들어 보자. 전처리한 평가 데이터를 불러온 후 리뷰 값을 리스트로 만든다.

```
TEST_CLEAN_DATA = 'test_clean.csv'

test_data = pd.read_csv(DATA_IN_PATH + TEST_CLEAN_DATA)

test_review = list(test_data['review'])
```

평가 데이터 역시 학습 데이터와 마찬가지로 각 리뷰가 하나의 문자열로 이뤄져 있다. 따라서 평가 데이터도 각 단어의 리스트로 만들어야 한다.

```
test_sentences = []
for review in test_review:
    test_sentences.append(review.split())
```

평가 데이터도 단어의 리스트로 만든 후 word2vec으로 임베딩된 벡터값을 갖게 해야 한다. 평가 데이터에 대해 새롭게 word2vec 모델을 학습시키는 것이 아니라 이전에 학습시킨 모델을 사용해 각 단어를 벡터로 만들어 각 리뷰에 대한 특징값을 만든다. 그러고 나서 이전에 정의했던 함수에 동일하게 적용하면 된다.

```
test_data_vecs = get_dataset(test_sentences, model, num_features)
```

이렇게 평가 데이터에 대해 각 리뷰를 특징 벡터로 만들었다면 이제 학습시킨 로지스틱 모델에 적용해 결과를 확인하면 된다. 해당 데이터의 평가 데이터는 라벨을 가지고 있지 않으므로 예측한 값을 따로 저장해서 캐글에 제출함으로써 성능을 측정해야 한다. 모델에 적용해서 결과를 받은 후 캐글에 제출할 수 있도록 형식에 맞게 CSV 파일로 만들어 저장하자.

```
DATA_OUT_PATH = './data_out/'

test_predicted = lgs.predict(test_data_vecs)
```

```
if not os.path.exists(DATA_OUT_PATH):
    os.makedirs(DATA_OUT_PATH)


ids = list(test_data['id'])
answer_dataset = pd.DataFrame({'id': ids, 'sentiment': test_predicted})
answer_dataset.to_csv(DATA_OUT_PATH + 'lgs_w2v_answer.csv', index=False, quoting=3)
```

캐글에 제출할 데이터는 앞서 제출한 방식과 동일하게 판다스 데이터프레임을 활용해 CSV 파일로 출력한다. word2vec을 활용한 로지스틱 회귀 모델의 성능을 확인하기 위해 캐글에 올리면 다음과 같은 결과를 확인할 수 있다.

Name	Submitted	Wait time	Execution time	Score
lgs_w2v_answer.csv	a few seconds ago	1 seconds	0 seconds	0.85800
Complete				

Jump to your position on the leaderboard ▾

그림 4.13 word2vec 모델 캐글 점수

결과를 확인해 보니 TF-IDF를 특징값으로 사용했을 때보다 조금 낮게 나왔다. 보통은 좀 더 좋은 결과를 보인다는 word2vec의 경우도 항상 좋은 결과를 만들지는 않는다. 만약 데이터가 더 많았다면 word2vec을 활용해 진행한 것이 더 좋은 결과를 냈을 것이다. 이제 또 다른 모델을 사용해 성능을 측정해 보자.

랜덤 포레스트 분류 모델

이전 절에서는 로지스틱 회귀 모델을 사용해 감정 분류 모델을 만들었다. 매우 간단한 모델인 데도 80퍼센트 중후반의 성능을 보였다. 따라서 이번 절에서는 조금 더 복잡한 모델을 사용해 좀 더 좋은 결과를 만들어 보자. 여러 모델이 있지만 그중에서도 자주 사용되고 간단하게 사용할 수 있는 모델인 랜덤 포레스트 모델을 사용하겠다. 우선 랜덤 포레스트가 어떤 모델인지 알아보자.

모델 소개

이번에는 머신러닝 모델 중 하나인 랜덤 포레스트를 사용해 문장 분류를 해보겠다. 랜덤 포레스트에서는 여러 개의 의사결정 트리의 결괏값을 평균낸 것을 결과로 사용한다. 랜덤 포레스트를 통해 분류 혹은 회귀를 할 수 있으며, 랜덤 포레스트에 대해 자세히 알아보기 이전에 의사결정 트리에 대해 먼저 알아보자.

의사결정 트리란 자료구조 중 하나인 트리 구조와 같은 형태로 이뤄진 알고리즘이다. 트리 구조의 형태에서 각 노드는 하나의 질문이 된다. 질문에 따라 다음 노드가 달라지며, 몇 개의 질문이 끝난 후에 결과가 나오는 형태로서 쉽게 생각하면 스무고개와 비슷하다고 생각하면 된다.

의사결정 트리의 경우 그림을 보고 이해하는 편이 훨씬 쉬우므로 도식화한 예제를 살펴보자. 몇 개의 문장이 있고, 그 문장 중에서 야구와 관련된 문장을 찾아야 한다고 하면 의사결정 트리는 다음과 같이 구성될 수 있다.

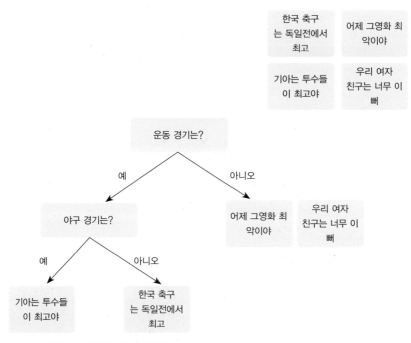

그림 4.14 야구와 관련된 문장 찾기 의사결정 트리

실제 의사결정 트리의 경우에는 훨씬 더 많은 가지가 있고 많은 질문을 통해 결과가 나온다. 그렇다면 이제 랜덤 포레스트에 대해 알아보자. 이름 그대로 위와 같은 트리 구조가 모여있는 형태라 생각하면 되는데, 각 트리에서 구한 결과를 종합해서 결과를 도출하는 것이다. 즉, 많은 트리를 함께 사용함으로써 정확도가 높아진다.

위의 4개의 문장에서 랜덤 포레스트를 통해 야구 관련 문장을 찾으려고 한다고 하자. 그렇다면 다음과 같이 2개의 트리를 만들 수 있을 것이다.

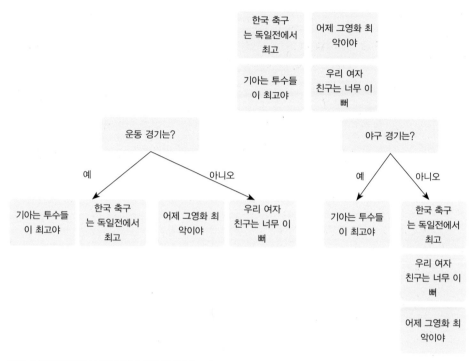

그림 4.15 랜덤 포레스트를 통한 2개의 의사결정 트리

그렇다면 두 개의 결괏값을 합쳐서 하나의 문장만이 야구와 관련된 문장이라는 것을 찾을 수 있다. 실제 랜덤 포레스트 모델에서는 위와 같이 2개의 의사결정 트리가 아닌 더 많은 의사결정 트리들이 만들어지고 각 결과들의 평균을 내서 결과를 만든다.

CountVectorizer를 활용한 벡터화

모델을 구현하기에 앞서 모델에 사용할 입력값을 정해야 한다. 이전 선형 회귀 모델에서는 TF-IDF와 word2vec을 활용해서 벡터화한 데이터를 입력값으로 사용했다. 랜덤 포레스트 모델에서는 또 다른 방법인 CountVectorizer를 사용해 모델의 입력값을 만든다. CountVectorizer에 대한 설명은 2장의 사이킷런에 대해 설명할 때 다룬 적이 있다. CountVectorizer의 경우 앞선 TF-IDF 벡터화와 동일하게 전처리한 텍스트 데이터를 입력값으로 사용해야 한다. 우선 데이터를 불러오자.

```
import pandas as pd

DATA_IN_PATH = './data_in/'
TRAIN_CLEAN_DATA = 'train_clean.csv'

train_data = pd.read_csv(DATA_IN_PATH + TRAIN_CLEAN_DATA)
reviews = list(train_data['review'])
y = np.array(train_data['sentiment'])
```

이제 불러온 텍스트 데이터를 특징 벡터로 만들어야 모델에 입력값으로 사용할 수 있다. 앞서 말했듯이 이번 절에서는 모델에 적용하기 위한 특징 추출 방법으로 CountVectorizer를 이용한 방법을 사용한다. CountVectorizer를 불러와서 객체를 생성한 후 리뷰 텍스트 데이터를 적용하자.

```
from sklearn.feature_extraction.text import CountVectorizer

vectorizer = CountVectorizer(analyzer = "word", max_features = 5000)

train_data_features = vectorizer.fit_transform(reviews)
```

그런 다음 벡터화된 값을 변수에 할당한다. 객체를 생성할 때 인자 값을 설정하는데 분석 단위를 하나의 단어로 지정하기 위해 analyzer를 word로 설정하고 각 벡터의 최대 길이를 5000으로 설정했다. 이제 이렇게 설정한 변수인 train_data_features가 어떤 형태인지 출력해 보자.

```
train_data_features
```

```
<25000x5000 sparse matrix of type '<class 'numpy.int64'>'
    with 1975048 stored elements in Compressed Sparse Row format>
```

결과를 보면 (25000, 5000) 크기의 행렬로 구성된 것을 확인할 수 있다. 이는 25000개의 데이터가 각각 5000개의 특징값을 가지는 벡터로 표현돼 있다는 것을 의미한다. 이제 이 데이터를 모델에 적용하면 된다. 그 전에 우선 학습 데이터의 일부를 검증 데이터로 만들어 모델의 성능을 측정해야 한다.

학습과 검증 데이터 분리

이전 모델에서 했던 것처럼 학습 데이터의 일부를 검증 데이터로 만든다. 이렇게 만든 검증 데이터를 활용해 학습시킨 모델의 성능을 측정하자. 이전과 동일하게 사이킷런 라이브러리를 활용해 검증 데이터를 만들자.

```
TEST_SIZE = 0.2
RANDOM_SEED = 42

train_input, eval_input, train_label, eval_label = train_test_split( train_data_features,
y, test_size=TEST_SIZE, random_state=RANDOM_SEED)
```

학습 데이터와 검증 데이터 분리도 모두 끝났다. 이제 학습 데이터를 사용해서 모델을 학습시킨 후 검증 데이터를 사용해 모델의 성능을 측정해보자.

모델 구현 및 학습

랜덤 포레스트는 사이킷런 라이브러리의 RandomForestClassifier 객체를 사용해 구현한다. 이 모델은 사이킷런 라이브러리의 ensemble 모듈 안에 있으므로 해당 모듈에서 불러오자. 그리고 모델을 생성한 후 학습 데이터를 적용해 학습시키면 된다. 사용법은 이전의 로지스틱 회귀 모델과 거의 동일하다.

```
from sklearn.ensemble import RandomForestClassifier

# 랜덤 포레스트 분류기에 100개의 의사결정 트리를 사용한다.
forest = RandomForestClassifier(n_estimators = 100)

# 단어 묶음을 벡터화한 데이터와 정답 데이터를 가지고 학습을 시작한다.
forest.fit(train_input, train_label)
```

객체를 생성할 때 인자를 설정하는데, 이는 트리의 개수를 의미한다. 여기서는 이 값을 100으로 설정했으므로 총 100개의 트리를 만들어서 그 결과를 앙상블하고 최종 결과를 만들어 낸다. 이제 이렇게 생성한 모델에 학습 데이터와 라벨을 적용해 학습시킨다.

검증 데이터셋으로 성능 평가

이제 학습시킨 모델에 따로 분리해 뒀던 검증 데이터를 사용해 성능을 평가해보자. 성능을 측정하는 방법 역시 로지스틱 회귀와 비슷하게 진행한다.

```
print("Accuracy: %f" % forest.score(eval_input, eval_label)) # 검증 함수로 정확도 측정
```

```
Accuracy: 0.845600
```

학습시킨 모델의 score 함수를 사용해 성능을 측정했다. 결과를 보면 대략 84%의 정확도를 보여준다. 앙상블 모델인데도 앞서 사용한 간단한 모델보다 좋지 않은 성능을 보여준다. 이는 모델의 문제일 수도 있고 데이터에서 특징을 추출하는 방법의 문제일 수도 있다. 즉, 모델을 바꾸지 않더라도 특징 추출 방법을 앞서 사용한 TF-IDF나 word2vec을 사용해서 입력값을 만든다면 성능이 높아질 수 있다. 우선은 해당 모델을 사용해서 평가 데이터를 예측한 결과를 제출해 최종 결과를 확인해 보자.

데이터 제출

캐글에 데이터를 제출하기 위해 전처리한 평가 데이터를 불러와 학습한 모델에 적용한 후 결과를 저장하자. 전처리한 평가 데이터를 불러오자.

```
TEST_CLEAN_DATA = 'test_clean.csv'
DATA_OUT_PATH = './data_out/'

test_data = pd.read_csv(DATA_IN_PATH + TEST_CLEAN_DATA)

test_reviews = list(test_data['review'])
ids = list(test_data['id']
```

평가 데이터의 각 리뷰를 단어들의 리스트로 만들었다. 모델에 적용하기 위해 학습 데이터에 적용한 것처럼 벡터화해야 한다. 이때 학습 과정에서 정의한 vectorizer를 사용해 벡터화하면 된다.

```
test_data_features = vectorizer.transform(test_reviews)
```

이제 벡터화된 평가 데이터를 학습시킨 랜덤 포레스트 모델에 적용하고 예측값을 판다스의 데이터프레임 형태로 만든 후 to_csv 함수를 이용해 CSV 파일로 만든다. 제출할 데이터는 각 평가 데이터의 id 값과 결괏값을 담고 있어야 한다.

```
if not os.path.exists(DATA_OUT_PATH):
    os.makedirs(DATA_OUT_PATH)


result = forest.predict(test_data_features)


output = pd.DataFrame( data={"id": ids, "sentiment": result} )


output.to_csv( DATA_OUT_PATH + "Bag_of_Words_model.csv", index=False, quoting=3 )
```

캐글에 제출할 데이터를 만들었다. 캐글에 CSV 파일을 제출해서 우리가 만든 모델의 정확도가 어느 정도 되는지 확인해 보자.

Name	Submitted	Wait time	Execution time	Score
Bag_of_Words_model.csv	just now	0 seconds	0 seconds	0.84480
Complete				

그림 4.16 랜덤 포레스트 모델 캐글 점수

도전 결과에 나온 점수로 전체 등수(Public Leaderboard)에서 얼마 정도 되는지 확인해 보자. 현재 이 점수로 확인해 볼 때 전체의 2/3 정도 수준이다. 아직은 90퍼센트를 넘지 못하는 성능을 보여준다. 이제는 머신러닝 모델이 아닌 딥러닝 기법을 사용해 좀 더 좋은 결과를 만들어 보자.

순환 신경망 분류 모델

앞서 진행한 모델들은 머신러닝을 활용한 모델이다. 이번 절부터는 딥러닝을 활용해 분류하는 모델을 살펴보고자 한다. 순환 신경망은 언어 모델에서 많이 쓰이는 딥러닝 모델 중 하나다. 주로 순서가 있는 데이터, 즉 문장 데이터를 입력해서 문장 흐름에서 패턴을 찾아 분류하게 한다. 앞선 모델들과 달리 이미 주어진 단어 특징 벡터를 활용해 모델을 학습하지 않고 텍스트 정보를 입력해서 문장에 대한 특징 정보를 추출한다.

모델 소개

순환 신경망(RNN)은 현재 정보는 이전 정보가 점층적으로 쌓이면서 정보를 표현할 수 있는
모델이다. 따라서 시간에 의존적인 또는 순차적인 데이터에 대한 문제에 활용된다. 이처럼 순
차적인 데이터에 대한 모델링이 가능하다고 하는 이유를 다음 그림을 통해 알 수 있다.

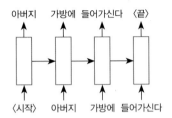

그림 4.17 RNN 모델 도식화 예시("아버지 가방에 들어가신다")

그림 4.17은 한 언어 모델을 순환 신경망의 구조로 간략히 표현한 내용이다. 이 모델은 한 단
어에 대한 정보를 입력하면 이 단어 다음에 나올 단어를 맞추는 모델이다. 모델에서 우선 '아
버지'라는 단어 정보를 입력해서 그다음에 나올 단어를 예측하고, 그다음 '가방에'라는 정보를
입력한다고 하자. 이 상황에서 현재 입력하는 단어 정보인 '가방에' 다음에 나올 단어를 예측
할 때는 단순히 '가방에'라는 단어 정보만 가지고 예측하는 것이 아니라 앞서 입력한 '아버지'
라는 정보를 입력해서 처리된 정보와 함께 활용해 다음 단어를 예측하게 된다. 여기서 현재
정보 '가방에'를 입력 상태(input state)라 부르고 이전 정보를 은닉 상태(hidden state)라 부
른다. 순환 신경망은 이 두 상태 정보를 활용해 순서가 있는 데이터에 대한 예측 모델링을 가
능하게 한다.

여기서는 이러한 방식으로 동작하는 순환 신경망을 가지고 영화 평점 예측 모델을 만들고자
한다. 만들고자 하는 모델의 형태는 다음과 같다.

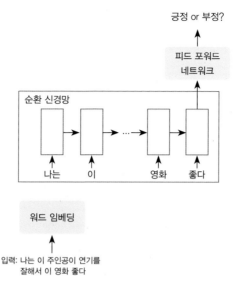

그림 4.18 영화 평점 예측을 위한 순환 신경망 모델

앞서 설명한 예시와는 달리 입력 문장을 순차적으로 입력만 하고 마지막으로 입력한 시점에 출력 정보를 뽑아 영화 평점을 예측하고자 한다. 매 시간 스텝에 따라 입력되는 입력 정보는 은닉 상태(hidden state)를 통해 정보를 다음 시간 스텝으로 전달할 수 있게 한다. 마지막 시간 스텝에 나온 은닉 상태는 문장 전체 정보가 담긴 정보로서 이 정보를 활용해 영화 평점을 예측할 수 있도록 로지스틱 회귀 또는 이진 분류를 하면 된다.

이렇게 해서 모델 소개를 마치겠다. 이제 본격적으로 모델을 구현해 보자.

랜덤 시드 고정

모델을 구현할 때 가장 중요한 것은 내가 학습한 상황을 그대로 보존하는 것이다. 아무리 모델이 좋은 성능을 내더라도 그 성능이 재현되지 않으면 모델 검증을 할 수 없다. 랜덤 시드를 고정하는 방법은 모델과 샘플링을 하는 모든 랜덤 변수의 상태를 고정하기 위한 것이다.

```
SEED_NUM = 1234
tf.random.set_seed(SEED_NUM)
```

tf.random.set_seed 함수를 이용해 랜덤 시드를 고정하면 학습을 하기 위한 랜덤 변수에 대한 초기 상태를 유지할 수 있다. 이 책에서 활용하는 모든 딥러닝 모델은 이 같은 방법으로 모델 학습에 대한 상태를 보존한다.

학습 데이터 불러오기

모델 구현을 위해 모델에 학습할 데이터를 준비해 보자. 앞서 4.2절에서 전처리해둔 데이터를 불러온다.

```
DATA_IN_PATH = './data_in/'
DATA_OUT_PATH = './data_out/'
TRAIN_INPUT_DATA = 'train_input.npy'
TRAIN_LABEL_DATA = 'train_label.npy'
DATA_CONFIGS = 'data_configs.json'

train_input = np.load(open(DATA_IN_PATH + TRAIN_INPUT_DATA, 'rb'))
train_input = pad_sequences(train_input, maxlen=train_input.shape[1])
train_label = np.load(open(DATA_IN_PATH + TRAIN_LABEL_DATA, 'rb'))
prepro_configs = json.load(open(DATA_IN_PATH + DATA_CONFIGS, 'r'))
```

데이터는 조금 전에 저장한 data_in이라는 폴더에서 불러온다. 앞서 데이터를 전처리하면서 입력 텍스트와 데이터 라벨을 numpy.Array 형식으로 저장했기 때문에 np.load로 데이터를 불러올 수 있다. 이 같은 방법으로 데이터를 불러오면 입력 텍스트 데이터는 train_input에, 데이터 라벨은 train_label에 할당한다.

여기서 입력 텍스트에 대해서는 모델을 학습할 때 텍스트 길이를 맞추기 위해 tensorflow.keras.preprocessing.sequence 모듈에 있는 pad_sequences 함수를 사용했다. 이 함수는 최대 길이를 설정해 모든 데이터에 대한 길이를 최대 길이에 맞추는 역할을 한다. 다시 말해 데이터 텍스트의 길이보다 길면 길이를 제한하고, 최대 길이보다 짧으면 패딩(padding) 토큰을 넣는다.

그리고 데이터에 대한 사전정보를 데이터 전처리를 통해 json 파일에 저장했는데, json.load 함수를 이용해 이 데이터를 불러온다. 이 사전정보는 모델에 있는 단어 임베딩 크기를 정의할 때 활용될 것이다.

모델 하이퍼파라미터 정의

모델 구현을 위해 모델 하이퍼파라미터를 정의하자.

```
model_name = 'rnn_classifier_en'
BATCH_SIZE = 128
NUM_EPOCHS = 5
VALID_SPLIT = 0.1
MAX_LEN = train_input.shape[1]

kargs = {'model_name': model_name,
         'vocab_size': prepro_configs['vocab_size'],
         'embedding_dimension': 100,
         'dropout_rate': 0.2,
         'lstm_dimension': 150,
         'dense_dimension': 150,
         'output_dimension':1}
```

모델에 대한 하이퍼파라미터는 모델 학습을 위한 설정과 모델 레이어의 차원 수 설정으로 나뉜다. 모델 학습을 위한 설정으로 배치 크기나 에폭 수, 텍스트 데이터 길이, validation 데이터셋 구성 비율 등은 상수로 정의한다. 모델 레이어의 차원 수 설정은 앞서 설명한 모델의 __init__ 함수 파라미터에 입력하기 위해 dict 객체에서 정의한다. 각 모델 레이어 차원 수나 드롭아웃 값을 정하는 하이퍼파라미터 명칭은 key에, 키에 해당하는 하이퍼파라미터 명칭에 대한 값은 value에 입력한다.

모델 구현

학습 데이터와 모델 하이퍼파라미터가 준비됐으니 모델을 구현해 보자. 모델은 tensorflow.keras 기반으로 구현하고 클래스로 모델을 정의해서 구현한다. 먼저 모델의 전체 코드를 보자.

```
class RNNClassifier(tf.keras.Model):
    def __init__(self, **kargs):
        super(RNNClassifier, self).__init__(name=kargs['model_name'])
        self.embedding = layers.Embedding(input_dim=kargs['vocab_size'],
```

```
                              output_dim=kargs['embedding_dimension'])
        self.lstm_1_layer = tf.keras.layers.LSTM(kargs['lstm_dimension'],
                                          return_sequences=True)
        self.lstm_2_layer = tf.keras.layers.LSTM(kargs['lstm_dimension'])
        self.dropout = layers.Dropout(kargs['dropout_rate'])
        self.fc1 = layers.Dense(units=kargs['dense_dimension'],
                      activation=tf.keras.activations.tanh)
        self.fc2 = layers.Dense(units=kargs['output_dimension'],
                      activation=tf.keras.activations.sigmoid)

    def call(self, x):
        x = self.embedding(x)
        x = self.dropout(x)
        x = self.lstm_1_layer(x)
        x = self.lstm_2_layer(x)
        x = self.dropout(x)
        x = self.fc1(x)
        x = self.dropout(x)
        x = self.fc2(x)

        return x
```

모델 코드에서는 __init__, call 함수가 보일 것이다. 각 함수가 어떻게 구성되고 동작하는지 살펴보자.

2장에서 소개했다시피 클래스로 모델을 구현하려면 tf.keras.Model을 상속받아야 한다. 그래서 tf.keras.Model을 상속받기 위해 'class RNNClassifier(tf.keras.Model):'로 구현을 시작한다. 가장 먼저 구현할 함수는 __init__ 함수다. 이 함수는 RNNClassifier 모델 객체를 생성할 때마다 실행된다. 이 함수에서는 매개변수로 모델 레이어의 입력 및 출력 차원 수를 정의하는 하이퍼파라미터 정보를 dict 객체로 받는다.

__init__ 함수의 구현을 시작하면 먼저 super 함수를 확인할 수 있다. tf.keras.Model 클래스를 상속받는 경우 super 함수를 통해 부모 클래스에 있는 __init__ 함수를 호출해야 한다. 그리고 tf.kearas.Model 클래스를 상속받는 경우 super 함수를 통해 부모 클래스에 __init__ 함수의 인자에 모델 이름을 전달하면 tf.keras.Model을 상속받은 모든 자식은 해당 모델의 이름

으로 공통적으로 사용된다. 그다음으로 텍스트 워드 임베딩 벡터를 위해 `layers.Embedding` 객체를 생성한다. 이때 입력 파라미터로 데이터 사전 수와 단어 임베딩 차원 수를 입력한다.

앞서 모델 소개에서 봤다시피 RNN Classification 모델은 워드 임베딩에서 RNN 레이어를 거쳐 RNN 레이어 시퀀스의 마지막 은닉 상태 벡터를 사용한다. 모델을 구현할 `RNNClassifier` 클래스에서는 RNN 계열 모델 중 하나인 LSTM을 2개의 레이어로 활용한다. LSTM을 활용하기 위해서는 `tf.keras.layers.LSTM` 객체를 생성한다. 이때 입력 파라미터로 레이어 출력 차원 수와 출력 시퀀스를 전부 출력할지 여부를 보는 `return_sequences`를 입력한다. `return_sequences`를 True로 지정할 경우 시퀀스 형태의 은닉 상태 벡터가 출력될 것이다.

두 개의 LSTM 레이어를 활용해 마지막 시퀀스의 은닉 상태 벡터를 얻기 위해서는 첫 레이어에서 시퀀스 은닉 상태 벡터를 출력해서 다음 레이어에 입력할 시퀀스 벡터를 구성하고, 마지막 레이어에서는 시퀀스의 마지막 스텝의 은닉 상태 벡터를 출력해야 할 것이다. 따라서 첫 번째 레이어인 LSTM 객체에만 return_sequences 파라미터에 True를 지정한다.

이제 RNN 레이어에서 출력한 상태 벡터가 피드 포워드 네트워크를 거치게 한다. 여기서는 `tf.keras.layers.Dense`를 통해 객체를 생성해 피드 포워드 네트워크를 구성한다. 객체를 생성할 때 입력 파라미터로 네트워크를 출력할 때 나오는 벡터 차원 수 units와 네트워크에서 사용할 활성화 함수를 지정한다. 이 피드 포워드 네트워크에서는 tanh 함수를 사용하고 `tf.keras.activations.tanh` 함수를 activation 파라미터에 입력하면 된다.

이제 피드 포워드 네트워크를 거쳐 나온 벡터를 가지고 회귀(regression)를 할 수 있도록 만들어야 한다. 앞서 사용한 Dense가 위의 네트워크를 거쳐 나온 상태 벡터에서 회귀하게 할 수 있다. 앞선 방식과 같이 Dense 객체를 생성하고 units에는 1을 입력하고 activation에는 `tf.keras.activations.sigmoid`를 지정한다. 이렇게 구현하면 Dense 레이어를 통해 예측한 값을 0~1의 값으로 표현할 수 있게 된다.

마지막으로 Dropout을 선언한다. 이 Dropout은 모델에 과적합을 방지하기 위한 레이어라고 2장에서 설명한 바 있다. 레이어를 거치면서 Dropout을 적용할 수 있도록 `tf.keras.layers.Dropout`을 활용해 생성한다. 이때 파라미터 값은 Dropout을 적용할 비율값이다.

`__init__`을 통해 생성한 레이어들은 call 함수를 통해 실행할 수 있다. call 함수를 호출하면 입력한 워드 인덱스 시퀀스를 가지고 생성한 네트워크 모듈들을 거쳐 마지막에 예측 값을 출력한다.

모델 생성

이제 모델 구현이 끝났으니 본격적으로 모델 학습을 위한 모델을 생성하자.

```
model = RNNClassifier(**kargs)
model.compile(optimizer=tf.keras.optimizers.Adam(1e-4),
              loss=tf.keras.losses.BinaryCrossentropy(),
              metrics=[tf.keras.metrics.BinaryAccuracy(name='accuracy')])
```

모델로는 앞에서 구현한 RNNClassifier 클래스를 생성한다. 그리고 model.compile을 통해 학습할 옵티마이저나 손실 함수, 평가를 위한 평가지표 등을 설정한다. 이렇게 설정하고 나면 모델 학습을 진행할 수 있다.

모델 학습

모델 그래프 구성도 마쳤으니 모델 학습을 하면 모델이 완성된다. 다음 소스코드에는 모델 학습을 위한 구성을 하고 학습을 실행하는 내용이 구현돼 있다.

```
earlystop_callback = EarlyStopping(monitor='val_accuracy', min_delta=0.0001, patience=2)

checkpoint_path = DATA_OUT_PATH + model_name + '/weights.h5'
checkpoint_dir = os.path.dirname(checkpoint_path)

if os.path.exists(checkpoint_dir):
    print("{} -- Folder already exists \n".format(checkpoint_dir))
else:
    os.makedirs(checkpoint_dir, exist_ok=True)
    print("{} -- Folder create complete \n".format(checkpoint_dir))


cp_callback = ModelCheckpoint(
    checkpoint_path, monitor='val_accuracy', verbose=1, save_best_only=True,
save_weights_only=True)

history = model.fit(train_input, train_label, batch_size=BATCH_SIZE, epochs=NUM_EPOCHS,
validation_split=VALID_SPLIT, callbacks=[earlystop_callback, cp_callback])
```

사실 model.fit 함수만 사용해도 모델 학습이 진행된다. 그런데 단순히 모델 학습만 수행해서는 원하는 모델을 얻지 못한다. 모델이 어느 시점이 되면 학습 평가 점수는 높아지는데 검증 평가 점수가 낮아지는 오버피팅 현상이 발생할 수 있고 학습 도중 특정 상태의 모델에서 하이퍼파라미터를 바꿔서 다시 학습을 진행할 수도 있다. 모델 학습 중에 발생하는 이 같은 문제를 해결하기 위해 tensorflow.keras.callback 모듈에 있는 EarlyStopping과 ModelCheckpoint라는 클래스를 활용할 수 있다.

EarlyStopping은 오버피팅 현상을 방지하기 위해 특정 에폭에서 현재 검증 평가 점수가 이전 검증 평가 점수보다 일정 수치 미만으로 낮아지면 학습을 멈추는 역할을 한다. 위 코드에서 val_accuracy는 검증 평가 점수로 활용한다. 활용한 평가 점수에 따라 현재 점수가 이전 점수에 비해 0.0001보다 낮아지면 오버피팅 현상이 발생한다고 보고 학습을 멈춘다. 또한 EarlyStopping을 보면 patience라는 파라미터도 함께 보이는데 이것은 검증 평가 점수가 이전 최고 점수보다 높아지지 않는 에폭 수가 patience에 입력한 횟수를 넘어가면 학습을 멈추게 하는 파라미터다.

```
cp_callback = ModelCheckpoint(
    checkpoint_path, monitor='val_accuracy', verbose=1, save_best_only=True,
save_weights_only=True)
```

ModelCheckpoint는 에폭마다 모델을 저장하게 한다. 여기서 모델을 어떻게 저장할지를 설정할 수 있는데 save_best_only라는 파라미터로 설정하면 가장 성능이 좋은 모델만 저장된다. 이 기준은 monitor 파라미터에서 평가지표를 정하면 되고, 여기서는 val_accuracy로 설정한다. save_weights_only는 모델 그래프를 전부 저장하는 것이 아닌 모델 가중치만 저장하는 옵션이다.

```
history = model.fit(train_input, train_label, batch_size=BATCH_SIZE, epochs=NUM_EPOCHS,
validation_split=VALID_SPLIT, callbacks=[earlystop_callback, cp_callback])
```

이렇게 EarlyStopping과 ModelCheckpoint 구성을 마치면 학습을 시작해보자. 모델 학습은 간단하게 model.fit 함수를 실행하면 된다. 여기서 필요한 파라미터는 학습 입력 데이터, 정답 라벨 데이터다. 그 밖의 배치 크기나 에폭 수, 검증 데이터셋 구성 비율은 실험자의 구성에 맞게 바꿀 수 있다. 여기서는 앞서 설정한 하이퍼파라미터를 따라 설정한다. 그리고 앞서 이야기한

EarlyStopping과 ModelCheckpoint 기능을 callbacks에 입력하면 학습 중에 과적합을 방지하고 모델 저장을 수행할 수 있다.

모델 학습이 끝나면 이제 성능에 대한 그래프를 그려보자.

model.fit 함수를 호출하면 모델에서 학습하면서 측정한 성능 결과 히스토리를 반환한다.

이 히스토리 정보를 가지고 실습파일에서 구현한 plot_graphs를 호출하여 그래프를 만들어 보도록 하자.

```
plot_graphs(history, 'loss')
```

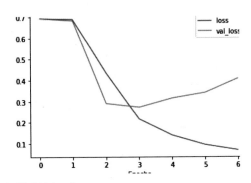

그림 4.19 RNN 분류 모델에 대한 손실값 그래프

```
plot_graphs(history, 'accuracy')
```

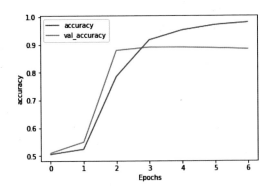

그림 4.20 RNN 분류 모델에 대한 정확도 그래프

이렇게 loss와 accuracy를 그래프로 확인해서 성능 검증을 시각적으로 확인할 수 있다. 이제 검증한 모델을 가지고 데이터를 제출해보자.

데이터 제출

모델 학습이 끝나면 실제로 성능이 어느 정도 나올 수 있는지 캐글에서 확인해 보자.

```
DATA_OUT_PATH = './data_out/'
TEST_INPUT_DATA = 'test_input.npy'
TEST_ID_DATA = 'test_id.npy'
SAVE_FILE_NM = 'weights.h5'

test_input = np.load(open(DATA_IN_PATH + TEST_INPUT_DATA, 'rb'))
test_input = pad_sequences(test_input, maxlen=test_input.shape[1])

model.load_weights(os.path.join(DATA_OUT_PATH, model_name, SAVE_FILE_NM))
```

앞서 데이터를 전처리하면서 저장한 테스트 입력 데이터를 불러온다. 데이터를 불러오는 방법은 학습 데이터를 불러올 때와 동일하다. 그리고 가장 좋은 검증 점수가 나온 모델을 model. load_weights로 불러오자.

```
predictions = model.predict(test_input, batch_size=BATCH_SIZE)
predictions = predictions.squeeze(-1)

test_id = np.load(open(DATA_IN_PATH + TEST_ID_DATA, 'rb'), allow_pickle=True)
if not os.path.exists(DATA_OUT_PATH):
    os.makedirs(DATA_OUT_PATH)

output = pd.DataFrame(data={"id": list(test_id), "sentiment":list(predictions)} )
output.to_csv(DATA_OUT_PATH + 'movie_review_result_rnn.csv', index=False, quoting=3 )
```

모델 예측의 경우 model.predict 함수를 통해 한 번에 배치 사이즈만큼 입력해서 예측할 수 있게 했다.

예측한 데이터는 pd.DataFrame을 활용해 csv 파일로 출력한다. 파일을 출력했으면 이제 캐글의 Bag of Words meets Bag of Popcorns에서 결과를 확인해보자.

Name	Submitted	Wait time	Execution time	Score
movie_review_result_rnn.csv	just now	0 seconds	0 seconds	0.94483

Complete

Jump to your position on the leaderboard ▼

그림 4.21 RNN 모델 캐글 점수

캐글에서 평가한 점수는 약 0.94점으로 나올 것이다.

합성곱 신경망 분류 모델

모델 소개

이번 절에서는 합성곱 신경망을 활용해 텍스트 분류 문제를 풀어보고자 한다. 합성곱 신경망 (CNN)이란 무엇일까? 합성곱 신경망은 딥러닝의 부흥을 이끈 핵심 알고리즘 모델 중 하나로 서 전통적인 신경망 앞에 여러 계층의 합성곱(Convolution) 계층을 쌓은 모델인데, 입력받 은 이미지에 대한 가장 좋은 특징을 만들어 내도록 학습하고, 추출된 특징을 활용해 이미지를 분류하는 방식이다.

일반적으로 이미지에서는 이미지 파일 각각 강아지, 고양이, 돼지 등과 같이 특정 라벨을 붙 여 데이터셋을 만들고, 모델이 학습을 하면서 각 특징값을 추출해서 특징을 배우고, 가장 가 까운 라벨을 예측한다.

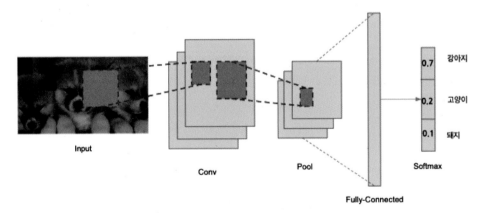

그림 4.22 합성곱 이미지 추출 과정

그렇다면 텍스트에서는 합성곱 신경망을 어떻게 활용했을까? 물론 텍스트에서도 좋은 효과를 낼 수 있다는 점을 Yoon Kim(2014) 박사가 쓴 "Convolutional Neural Network for Sentence Classification"[2]을 통해 입증했다.

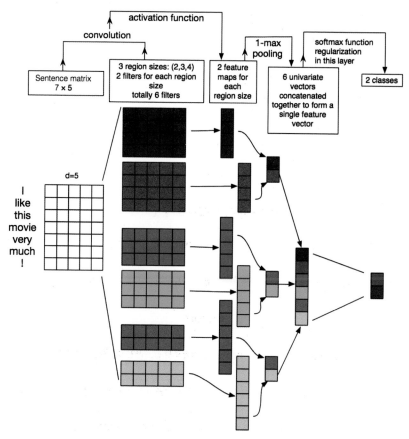

그림 4.23 CNN을 활용한 텍스트 분류 과정(https://arxiv.org/abs/1510.03820)

RNN이 단어의 입력 순서를 중요하게 반영한다면 CNN은 문장의 지역 정보를 보존하면서 각 문장 성분의 등장 정보를 학습에 반영하는 구조로 풀어가고 있다. 학습할 때 각 필터 크기를 조절하면서 언어의 특징 값을 추출하게 되는데, 기존의 n-gram(2그램, 3그램) 방식과 유사하다고 볼 수 있다.

2 http://emnlp2014.org/papers/pdf/EMNLP2014181.pdf

예를 들어, "나는 배가 고프다"라는 문장에 2그램을 사용한다면 "나 는 / 는 배 / 배 가 / 가 고프 / 고프 다/"로 각각 문장의 단어 성분을 쪼개서 활용하는 접근법, 단어의 각 벡터 값을 투영해서 컨볼루션 필터값에 적용하는 원리다. 위의 그림에서는 "I like this moive very much!"가 주어졌을 때 느낌표를 포함한 총 7개의 단어와 각 5차원(d=5)을 보유하고 있다. 이후에 위의 예제에서는 2, 3, 4개의 단어 필터를 추출해서 피처 맵을 생성하고 맥스 풀링 (max pooling)을 수행한 후 각 값이 무엇을 의미하는지 추출한다.

모델 구현

기본적인 코드의 구조는 기존에 RNN에서 설명한 구조를 기반으로 하며, 모델 쪽 코드만 변경하면 손쉽게 CNN을 적용할 수 있다. 기본적인 전처리 및 데이터를 불러오는 구조는 같으며, 모델 부분에서는 이전 모델과 달라진 부분에 대해 중심적으로 설명한다.

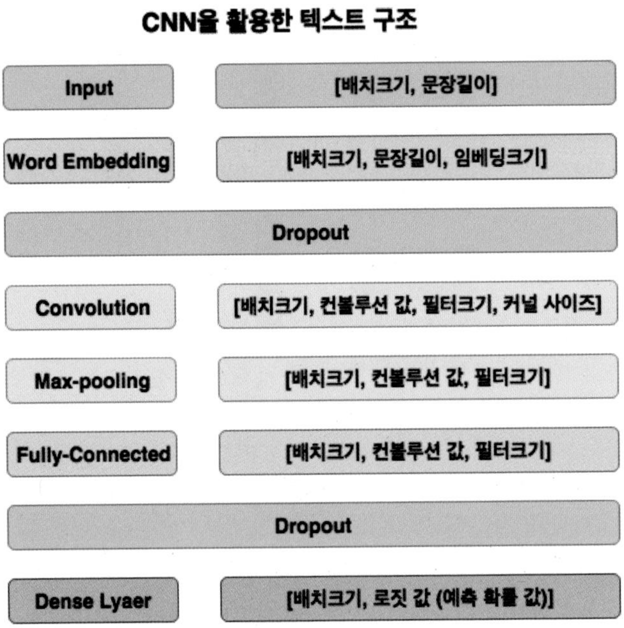

CNN을 활용한 텍스트 구조

Input	[배치크기, 문장길이]
Word Embedding	[배치크기, 문장길이, 임베딩크기]
Dropout	
Convolution	[배치크기, 컨볼루션 값, 필터크기, 커널 사이즈]
Max-pooling	[배치크기, 컨볼루션 값, 필터크기]
Fully-Connected	[배치크기, 컨볼루션 값, 필터크기]
Dropout	
Dense Lyaer	[배치크기, 로짓 값 (예측 확률 값)]

그림 4.24 모델 구현을 위한 컨볼루션 층 구조의 도식화

모델에 필요한 하이퍼파라미터를 정의해보자. RNN에서 설명한 바와 같이 모델 학습 설정, 모델 레이어 차원 수 등으로 나누고, 학습을 위한 배치 크기 등은 변수로 지정하고 모델에 필요한 내용은 모델의 _init_ 함수 파라미터에 입력하기 위해 dict 객체로 정의한다.

```
model_name = 'cnn_classifier_en'
BATCH_SIZE = 512
NUM_EPOCHS = 2
VALID_SPLIT = 0.1
MAX_LEN = train_input.shape[1]

kargs = {'model_name': model_name,
        'vocab_size': prepro_configs['vocab_size'],
        'embedding_size': 128,
        'num_filters': 100,
        'dropout_rate': 0.5,
        'hidden_dimension': 250,
        'output_dimension':1}
```

모델은 텐서플로의 케라스 기반으로 구현하고 클래스 형식으로 모델을 정의해 구현한다. 먼저 모델 코드 전체를 훑어보자.

```
class CNNClassifier(tf.keras.Model):

    def __init__(self, **kargs):
        super(CNNClassifier, self).__init__(name=kargs['model_name'])
        self.embedding = layers.Embedding(input_dim=kargs['vocab_size'],
                                output_dim=kargs['embedding_size'])

        self.conv_list = [layers.Conv1D(filters=kargs['num_filters'],
                                kernel_size=kernel_size,
                                padding='valid',
                                activation=tf.keras.activations.relu,
kernel_constraint=tf.keras.constraints.MaxNorm(max_value=3.))
                        for kernel_size in [3,4,5]]

        self.pooling = layers.GlobalMaxPooling1D()
        self.dropout = layers.Dropout(kargs['dropout_rate'])
        self.fc1 = layers.Dense(units=kargs['hidden_dimension'],
                            activation=tf.keras.activations.relu,
                            kernel_constraint=tf.keras.constraints.MaxNorm(max_value=3.))
        self.fc2 = layers.Dense(units=kargs['output_dimension'],
```

```
                    activation=tf.keras.activations.sigmoid,
                    kernel_constraint=tf.keras.constraints.MaxNorm(max_value=3.))

    def call(self, x):
        x = self.embedding(x)
        x = self.dropout(x)
        x = tf.concat([self.pooling(conv(x)) for conv in self.conv_list], axis=-1)
        x = self.fc1(x)
        x = self.fc2(x)

        return x
```

모델 코드를 살펴봤다면 __init__, call 함수가 눈에 보였을 것이다. 각 함수가 어떻게 구성되고 동작하는지 살펴보도록 하자.

이번 장의 CNN 부분에서 설명했던 Yoon Kim의 CNN과 유사하게 구현했다. 임베딩 벡터를 생성한 후, 케라스의 Conv1D를 활용해 총 3개의 합성곱 레이어를 사용하고 각각 필터의 크기를 다르게 해서 값을 추출해 낸다. self.conv_list로 관련 함수를 저장하며 kernel_size의 입력에 리스트 컴프리헨션 형태로 구현하면 kernel_size가 3, 4, 5인 Conv1D 객체 리스트로 구현된다.

그리고 추가로 각 합성곱 신경망 이후에 맥스 풀링 레이어를 적용한다. 즉, 해당 모델은 총 3개의 합성곱 + 맥스 풀링 레이어를 사용하는 구조다. 마지막에는 과적합을 방지하기 위한 Dropout과 완전 연결 계층(fully-connected) 2개 층을 쌓아 최종 출력 차원인 kargs['output_dimension']과 출력을 맞춰 모델을 구성한다.

__init__을 통해 생성한 레이어들을 call 함수를 통해 실행할 수 있다. 여기서 이전에 구성한 리스트 컴프리헨션 형태의 Conv1D 리스트 값을 각가 다른 필터의 값이 Conv1D를 통해 문장의 각기 다른 표현값들을 추출해서 concat을 통해 출력값들을 합친다. 이후 완전 연결 계층(fc)을 통해 분류 모델을 만들기 위한 학습 모델 구조를 완성한다. 이전 RNN 모델에서 확인했듯이 __init__을 통해 생성한 레이어들을 call 함수를 통해 실행할 수 있고, 최종적으로 모든 레이어를 통과한 후에 마지막에 예측 값을 출력하는 구조다.

모델 생성

이제 모델 구현이 끝났으니 본격적으로 모델 학습을 위한 모델을 생성하자.

```python
model = CNNClassifier(**kargs)
model.compile(optimizer=tf.keras.optimizers.Adam(1e-4),
              loss=tf.keras.losses.BinaryCrossentropy(),
              metrics=[tf.keras.metrics.BinaryAccuracy(name='accuracy')])
```

모델은 앞에서 구현한 CNNClassifier 클래스를 생성한다. 그리고 model.compile을 통해 학습할 옵티마이저나 손실 함수 및 평가를 위한 평가지표 등을 설정한다. 이렇게 설정하고 나면 모델 학습을 진행할 수 있다.

모델 학습

모델 그래프 구성을 마치고, RNN에서 구성했던 모델 저장 및 Earlystopping 기능을 통해 학습을 진행한다.

```python
earlystop_callback = EarlyStopping(monitor='val_accuracy', min_delta=0.0001, patience=2)

checkpoint_path = DATA_OUT_PATH + model_name + '/weights.h5'
checkpoint_dir = os.path.dirname(checkpoint_path)

if os.path.exists(checkpoint_dir):
    print("{} -- Folder already exists \n".format(checkpoint_dir))
else:
    os.makedirs(checkpoint_dir, exist_ok=True)
    print("{} -- Folder create complete \n".format(checkpoint_dir))

cp_callback = ModelCheckpoint(
    checkpoint_path, monitor='val_accuracy', verbose=1, save_best_only=True,
save_weights_only=True)

history = model.fit(train_input, train_label, batch_size=BATCH_SIZE, epochs=NUM_EPOCHS,
validation_split=VALID_SPLIT, callbacks=[earlystop_callback, cp_callback])
```

모델 학습 후에 평가 그래프를 출력해 보도록 하자.

```
plot_graphs(history, 'loss')
```

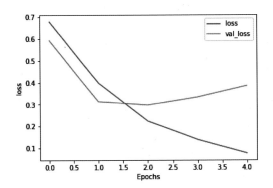

그림 4.25 CNN 분류기의 loss 그래프

```
plot_graphs(history, 'accuracy')
```

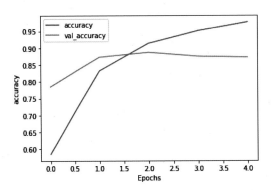

그림 4.26 CNN 분류기의 accuracy 그래프

이렇게 평가 그래프로 성능을 확인했다면 이제 데이터를 제출해보자.

데이터 제출

모델 학습을 모두 마치면 실제로 성능이 어느 정도인지 캐글에서 확인해 보자.

```python
DATA_OUT_PATH = './data_out/'
TEST_INPUT_DATA = 'test_input.npy'
TEST_ID_DATA = 'test_id.npy'

test_input = np.load(open(DATA_IN_PATH + TEST_INPUT_DATA, 'rb'))
test_input = pad_sequences(test_input, maxlen=test_input.shape[1])

SAVE_FILE_NM = 'weights.h5'

model.load_weights(os.path.join(DATA_OUT_PATH, model_name, SAVE_FILE_NM))
```

앞서 데이터를 전처리하면서 저장한 테스트 입력 데이터를 불러온다. 데이터를 불러오는 방식은 학습 데이터를 불러올 때와 동일하다. 그리고 가장 좋은 검증 점수가 나온 모델을 model.load_weights로 불러오자.

```python
predictions = model.predict(test_input, batch_size=BATCH_SIZE)
predictions = predictions.squeeze(-1)

test_id = np.load(open(DATA_IN_PATH + TEST_ID_DATA, 'rb'), allow_pickle=True)

if not os.path.exists(DATA_OUT_PATH):
    os.makedirs(DATA_OUT_PATH)

output = pd.DataFrame(data={"id": list(test_id), "sentiment": list(predictions)} )
output.to_csv(DATA_OUT_PATH + 'movie_review_result_cnn.csv', index=False, quoting=3)
```

모델 예측은 간단하게 model 객체 자체를 호출하면 예측 결과를 확인할 수 있다. 예측한 데이터는 pd.DataFrame을 활용해 csv 파일로 출력한다. 파일을 출력했으면 이제 캐글의 Bag of Words meets Bag of Popcorns에서 결과를 확인해 보자.

이렇게 저장된 CSV 파일을 캐글에 제출하면 점수가 나온다. 최종 점수는 다음과 같이 약 0.936점 정도다.

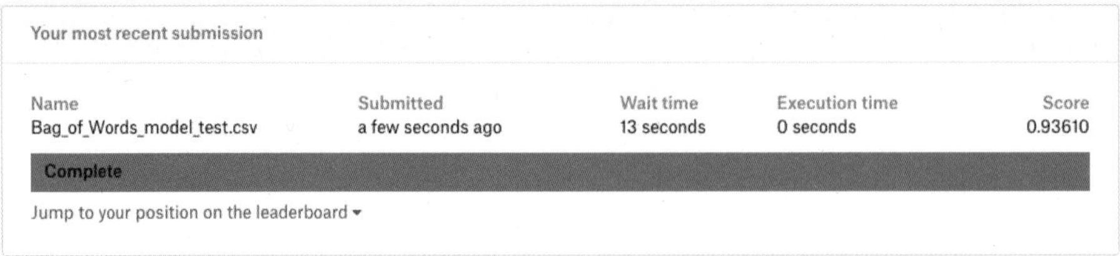

그림 4.27 CNN 모델 캐글 점수

마무리

지금까지 영어 텍스트에 대해 감정 분류를 하기 위해 총 4개의 모델을 만들었다. 2개의 머신 러닝 모델과 2개의 딥러닝 모델을 사용해서 성능을 측정했는데, 결과는 다음과 같다.

모델	캐글 점수
로지스틱 회귀 모델	0.87400
랜덤 포레스트	0.84544
순환 신경망(RNN)	0.93818
합성곱 신경망(CNN)	0.93610

결과를 보면 우선 앞선 머신러닝 모델보다 마지막 두 모델인 순환 신경망(RNN)과 합성곱 신경망(CNN)의 성능이 월등히 높은 것을 확인할 수 있다. 학습 시간이 매우 길고 구현이 어렵다는 점이 머신러닝 모델과 비교해서 단점이지만 성능 자체만 볼 때는 매우 우수한 모델임을 알 수 있다. 하지만 항상 이렇게 딥러닝 모델이 좋은 성과를 내는 것은 아니다. 기본적으로 데이터의 수가 일정 이상 되는 경우에 보통 딥러닝 모델의 성과가 좋다고 알려져 있다.

이번 절에서 다룬 모델 사용법은 매우 기본적인 사용법에 불과하며, 좀 더 심화된 방법이나 여러 기법들을 섞어서 사용한다면 지금 나온 결과보다 더 높은 성능을 기대할 수 있으므로 다양한 시도를 통해 캐글 점수를 올려보면 매우 큰 도움이 될 것이다.

02 한글 텍스트 분류

4.1절에서는 영어 데이터를 활용해 텍스트 분류 문제를 해결했다. 이번 절에서는 한글 데이터를 활용해 텍스트 분류 문제를 살펴보겠다. 한글과 영어는 각기 언어적인 특성이 매우 달라서 언어를 처리하는 과정이 다르다. 이번 절을 통해 한글 텍스트를 다루는 방법을 알아보고 텍스트를 분류하는 방법을 알아보겠다.

본격적인 한글 텍스트 분류에 앞서 라이브러리를 하나 소개한다. 이전에 사용했던 자연어 처리를 도와주는 라이브러리(NLTK)는 한글 텍스트를 지원하지 않는다. 하지만 2장에서 살펴본 것처럼 한글 자연어 처리를 도와주는 파이썬 라이브러리인 KoNLPy가 있다. 따라서 이번 절에서는 KoNLPy를 사용해서 한글 텍스트 분류를 해보자.

데이터 이름	Naver sentiment movie corpus v1.0
데이터 용도	텍스트 분류 학습을 목적으로 사용한다.
데이터 권한	CC0 1.0
데이터 출처	https://github.com/e9t/nsmc

문제 소개

영어는 데이터가 많고 참고 자료도 풍부하고 쉽게 찾아볼 수 있다. 하지만 한글은 데이터도 많지 않고 한글 자연어 처리와 관련된 참고 자료 또한 많지 않아서 공부하는 데 어려움이 있다. 다행히도 몇 가지 데이터가 공개돼 있는데 그중 하나가 바로 네이버 영화 리뷰 데이터인 "Naver sentiment movie corpus v1.0"이다.

네이버 영화 리뷰 감정 분석

이 데이터는 네이버 영화의 사용자 리뷰를 각 영화당 100개씩 모아서 만들어진 데이터다. 이전 장에서 살펴본 영화 리뷰 데이터와 같은 구조로 돼 있으며, 감정의 경우에는 긍정 혹은 부정의 값을 가진다. 따라서 이번에 해결할 문제도 이전 장에서 해결한 문제와 같다. 하지만 언어 특성과 데이터의 구조적 특성 때문에 데이터를 전처리하는 과정이 다를 것이다. 따라서 이번 문제를 통해 한글 데이터를 전처리하고 분석하는 과정을 알아보고, 이후에 전처리한 데이터를 활용해 리뷰가 긍정적인지 부정적인지 판단하는 문제를 해결하기 위해 모델링해볼 것이다. 우선 데이터를 살펴보고 이 데이터를 분석하고 전처리해 보자.

데이터 전처리 및 분석

데이터를 다운로드하자. 데이터는 다음 URL에서 다운로드하면 된다.

https://github.com/e9t/nsmc

데이터 파일은 총 3개로 구성돼 있다.

ratings.txt

전체 리뷰를 모아둔 데이터. 전체 20만 개의 데이터로 구성돼 있다.

ratings_train.txt

학습 데이터. 총 15만 개의 데이터로 구성돼 있다.

ratings_test.txt

평가 데이터. 총 5만 개의 데이터로 구성돼 있다.

데이터는 총 3개의 파일로 구성되며, 여기서는 train, test 데이터로 나뉜 파일 2개를 사용할 것이다. 만약 두 데이터의 비율을 다르게 하고 싶다면 전체 데이터를 모아둔 파일을 이용해 직접 분리해서 사용하면 된다.

데이터 불러오기 및 분석하기

데이터를 내려받았다면 데이터를 불러와 분석해보자. 영어 데이터를 대상으로 진행했던 것과 마찬가지로 데이터를 불러와서 분석한 후 그 결과를 토대로 데이터 전처리를 진행한다. 우선 데이터를 불러오고 분석하기 위한 라이브러리를 불러온다.

```
import numpy as np
import pandas as pd
import os
import matplotlib.pyplot as plt
```

```
import seaborn as sns
from wordcloud import WordCloud
%matplotlib inline
```

앞서 데이터 분석에 사용했던 라이브러리와 동일하다. 데이터를 불러오기 전에 각 데이터의 크기부터 확인하자.

```
DATA_IN_PATH = './data_in/'
print("파일 크기 : ")
for file in os.listdir(DATA_IN_PATH):
    if 'txt' in file :
        print(file.ljust(30) + str(round(os.path.getsize(PATH + file) / 1000000, 2)) + 'MB')
```

```
파일 크기 :
ratings.txt                   19.52MB
ratings_test.txt              4.89MB
ratings_train.txt             14.63MB
```

모든 데이터가 포함된 'ratings.txt' 파일의 크기가 가장 크고 각각 15만 개, 5만 개로 나눠진 학습 데이터와 평가 데이터가 비율만큼 크기를 차지한다. 이제 판다스를 이용해 학습 데이터를 불러온 후 데이터를 확인해 보자.

```
train_data = pd.read_csv(DATA_IN_PATH + 'ratings_train.txt', header = 0, delimiter = '\t',
quoting = 3)
train_data.head()
```

	id	document	label
0	9976970	아 더빙.. 진짜 짜증나네요 목소리	0
1	3819312	흠...포스터보고 초딩영화줄....오버연기조차 가볍지 않구나	1
2	10265843	너무재밓었다그래서보는것을추천한다	0
3	9045019	교도소 이야기구먼 ..솔직히 재미는 없다..평점 조정	0
4	6483659	사이몬페그의 익살스런 연기가 돋보였던 영화!스파이더맨에서 늘 어벙이기만 했던 커스틴 ...	1

그림 4.28 판다스로 불러온 데이터

한글 영화 리뷰 데이터의 경우 3개의 열(column)로 이뤄져 있고 각각 데이터의 인덱스, 리뷰 텍스트를 담은 document, 긍정/부정을 나타내는 라벨값을 가지고 있다. 이제 해당 데이터를 사용해 학습 데이터를 분석해 보자. 한글 영화 리뷰 데이터 역시 영어 데이터와 비슷한 구조이기 때문에 동일한 순서로 분석을 진행한다. 먼저 데이터를 받을 때 확인했지만 데이터 개수를 다시 한번 확인해보자.

```
print('전체 학습 데이터의 개수: {}'.format(len(train_data)))
```

```
전체 학습 데이터의 개수: 150000
```

보다시피 학습 데이터는 총 15만 개의 데이터로 구성돼 있다. 이제 각 데이터에 대해 리뷰 길이를 확인해 보자. 데이터프레임의 apply 함수를 사용해 길이 값을 추출하자.

```
train_length = train_data['document'].astype(str).apply(len)
train_length.head()
```

```
0    19
1    33
2    17
3    29
4    61
Name: document, dtype: int64
```

길이를 보면 19, 33, 17로 각 데이터의 길이 값을 가지고 있다. 이제 이 변수를 사용해 전체 데이터에 대해 길이에 대한 히스토그램을 그린다.

```
# 그래프에 대한 이미지 크기 선언
# figsize: (가로, 세로) 형태의 튜플로 입력
plt.figure(figsize=(12, 5))
# 히스토그램 선언
# bins: 히스토그램 값에 대한 버킷 범위
# range: x축 값의 범위
# alpha: 그래프 색상 투명도
# color: 그래프 색상
```

```
# label: 그래프에 대한 라벨
plt.hist(train_length, bins=200, alpha=0.5, color= 'r', label='word')
plt.yscale('log', nonposy='clip')
# 그래프 제목
plt.title('Log-Histogram of length of review')
# 그래프 x 축 라벨
plt.xlabel('Length of review')
# 그래프 y 축 라벨
plt.ylabel('Number of review')
```

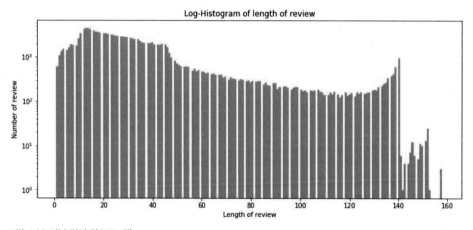

그림 4.29 리뷰 길이 히스토그램

길이를 보면 매우 짧은 길이부터 140자까지 고르게 분포돼 있다. 조금 특이한 부분은 보통 20자 이하에 많이 분포돼 있다가 길이가 길어질수록 점점 수가 적어지는데, 140자 부근에서 데이터의 수가 갑자기 많아지는 모습을 보여준다. 해당 데이터의 경우 140자 제한(한글 기준)이 있는 데이터이기 때문에 최대 글자수에 조금 모여있는 형태다. 이제 그래프가 아닌 실제로 여러 가지 통곗값을 계산해 보자.

```
print('리뷰 길이 최댓값: {}'.format(np.max(train_length)))
print('리뷰 길이 최솟값: {}'.format(np.min(train_length)))
print('리뷰 길이 평균값: {:.2f}'.format(np.mean(train_length)))
print('리뷰 길이 표준편차: {:.2f}'.format(np.std(train_length)))
print('리뷰 길이 중간값: {}'.format(np.median(train_length)))
# 사분위의 대한 경우는 0~100 스케일로 돼 있음
```

```
print('리뷰 길이 제1사분위: {}'.format(np.percentile(train_length, 25)))
print('리뷰 길이 제3사분위: {}'.format(np.percentile(train_length, 75)))
```

```
리뷰 길이 최댓값: 158
리뷰 길이 최솟값: 1
리뷰 길이 평균값: 35.24
리뷰 길이 표준편차: 29.58
리뷰 길이 중간값: 27.0
리뷰 길이 제1사분위: 16.0
리뷰 길이 제3사분위: 42.0
```

길이의 최대값은 158이다. 최대 글자 수가 140이지만 특수 문자 등으로 인해 좀 더 긴 데이터도 포함돼 있다. 최솟값은 1이고 평균의 경우 35자 정도 된다. 중간값은 27자로 평균보다 좀 더 작은 값을 가진다. 이제 이 값에 대해 박스 플롯을 그려보자.

```
plt.figure(figsize=(12, 5))
# 박스 플롯 생성
# 첫 번째 파라미터: 여러 분포에 대한 데이터 리스트를 입력
# labels: 입력한 데이터에 대한 라벨
# showmeans: 평균값을 마크함

plt.boxplot(train_length,
            labels=['counts'],
            showmeans=True)
```

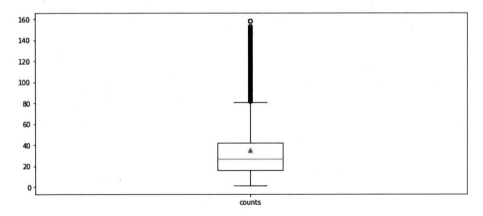

그림 4.30 리뷰 길이 박스 플롯

그림을 보면 일부 길이가 긴 데이터가 꽤 있다는 것을 확인할 수 있다. 중간값과 평균값은 전체 데이터로 보면 아래쪽에 위치한다.

이제 데이터에서 자주 사용된 어휘를 알아보기 위해 어휘 빈도 분석을 해보자. 이전 영어 데이터를 분석했을 때와 마찬가지로 워드클라우드를 사용한다. 우선 데이터 안에 들어 있는 문자열이 아닌 데이터는 모두 제거한다. 어휘 빈도 분석은 문자열에 대해서만 진행할 수 있기 때문에 다른 형식이 있다면 오류가 발생할 수 있다.

```
train_review = [review for review in train_data['document'] if type(review) is str]
```

문자열만 남은 리뷰 데이터를 워드클라우드에 적용하면 된다. 하지만 문제가 하나 있는데, 워드클라우드는 기본적으로 영어 텍스트를 지원하는 라이브러리이기 때문에 한글 데이터를 넣으면 글자가 깨진 형태로 나온다는 것이다. 따라서 한글을 볼 수 있도록 한글 폰트를 설정해야 한다. 무료로 공개된 한글 폰트[3] 중 아무거나 다운로드해서 './data_in' 폴더로 옮겨놓자.

설치한 폰트는 워드클라우드를 생성할 때 설정하면 된다. 워드클라우드를 생성하고 데이터를 적용해 그래프를 그려보자.

```
wordcloud = WordCloud(font_path= DATA_IN_PATH + 'NanumGothic.ttf').generate(' '
.join(train_review))

plt.imshow(wordcloud, interpolation='bilinear')
plt.axis('off')
plt.show()
```

그림 4.31 한글 데이터에 대한 워드클라우드

---

3   https://software.naver.com/search.nhn?query=한글폰트

워드클라우드를 보면 '영화', '너무', '진짜' 등의 어휘가 가장 많이 사용된 것을 확인할 수 있다. 한글 데이터는 영어 데이터와는 달리 HTML 태그나 특수 문자가 많이 사용되지 않은 것을 확인할 수 있다. 이제 데이터의 긍정, 부정을 나타내는 라벨값의 비율을 확인해 보자.

```
fig, axe = plt.subplots(ncols=1)
fig.set_size_inches(6, 3)
sns.countplot(train_data['label'])
```

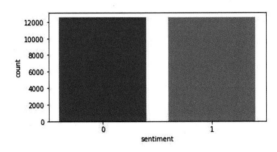

그림 4.32 각 라벨의 분포

라벨값은 긍정과 부정이 거의 반반씩 잘 분포된 모습을 보여준다. 실제 값을 뽑아서 확인하자.

```
print("긍정 리뷰 개수: {}".format(train_data['label'].value_counts()[1]))
print("부정 리뷰 개수: {}".format(train_data['label'].value_counts()[0]))
```

```
긍정 리뷰 개수: 74827
부정 리뷰 개수: 75173
```

긍정과 부정의 개수가 약 300 정도 차이가 나지만 거의 비슷하게 분포를 보이고 있어 데이터를 그대로 사용해도 무방하다. 이제 라벨값도 확인했으니 각 리뷰의 단어 수를 확인해 보자. 우선 각 데이터를 띄어쓰기 기준으로 나눠서 그 개수를 하나의 변수로 할당하고, 그 값을 사용해 히스토그램을 그리자.

```
train_word_counts = train_data['document'].astype(str).apply(lambda x:len(x.split(' ')))
```

```
plt.figure(figsize=(15, 10))
plt.hist(train_word_counts, bins=50, facecolor='r',label='train')
plt.title('Log-Histogram of word count in review', fontsize=15)
plt.yscale('log', nonposy='clip')
plt.legend()
plt.xlabel('Number of words', fontsize=15)
plt.ylabel('Number of reviews', fontsize=15)
```

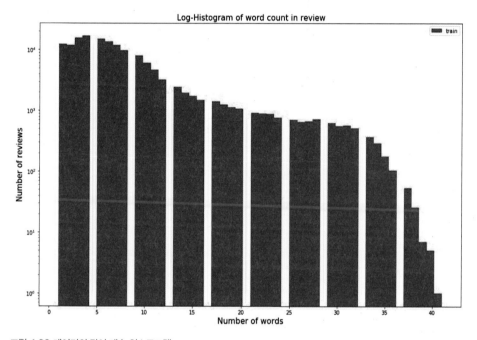

그림 4.33 데이터의 단어 개수 히스토그램

길이의 경우 대부분 5개 정도에 분포돼 있다. 그리고 이후로는 거의 고르게 분포되고 30개 이상의 데이터부터는 수가 급격히 줄어든다. 실제 값을 뽑아서 확인해 보자.

```
print('리뷰 단어 개수 최댓값: {}'.format(np.max(train_word_counts)))
print('리뷰 단어 개수 최솟값: {}'.format(np.min(train_word_counts)))
print('리뷰 단어 개수 평균값: {:.2f}'.format(np.mean(train_word_counts)))
print('리뷰 단어 개수 표준편차: {:.2f}'.format(np.std(train_word_counts)))
print('리뷰 단어 개수 중간값: {}'.format(np.median(train_word_counts)))
# 사분위의 대한 경우는 0~100 스케일로 돼 있음
```

```
print('리뷰 단어 개수 제1사분위: {}'.format(np.percentile(train_word_counts, 25)))
print('리뷰 단어 개수 제3사분위: {}'.format(np.percentile(train_word_counts, 75)))
```

```
리뷰 단어 개수 최댓값: 41
리뷰 단어 개수 최솟값: 1
리뷰 단어 개수 평균값: 7.58
리뷰 단어 개수 표준편차: 6.51
리뷰 단어 개수 중간값: 6.0
리뷰 단어 개수 제1사분위: 3.0
리뷰 단어 개수 제3사분위: 9.0
```

결과를 보면 평균 7~8개 정도의 단어 개수를 가지고 있고 중간값의 경우 6개 정도의 단어를 가지고 있다. 글자 수 제한이 있어서 영어 데이터에 비해 길이가 짧은 편이다. 이 경우 모델에 적용할 최대 단어 개수를 6개가 아닌 7개로 설정해도 크게 무리는 없을 것이다.

마지막으로 각 데이터에 대해 특수문자 유무를 확인하자. 리뷰에 자주 사용되는 특별한 특수문자는 없으므로 일반적인 마침표와 물음표만 확인하자.

```
qmarks = np.mean(train_data['document'].astype(str).apply(lambda x: '?' in x)) # 물음표가
구두점으로 쓰임
fullstop = np.mean(train_data['document'].astype(str).apply(lambda x: '.' in x)) # 마침표

print('물음표가 있는 질문: {:.2f}%'.format(qmarks * 100))
print('마침표가 있는 질문: {:.2f}%'.format(fullstop * 100))
```

```
물음표가 있는 질문: 8.25%
마침표가 있는 질문: 51.76%
```

영화 리뷰 데이터이기 때문에 물음표는 거의 포함돼 있지 않지만 마침표의 경우 절반 정도의 데이터가 가지고 있음을 확인했다. 이제 모든 데이터 분석 과정이 끝났다. 이렇게 분석한 결과를 활용해 데이터를 전처리하자.

데이터 전처리

앞서 데이터를 분석한 결과를 바탕으로 데이터 전처리 과정을 진행해 보자. 먼저 전처리 과정에서 사용할 라이브러리를 불러온 후 판다스의 데이터프레임 형태로 불러오자.

```
import numpy as np
import pandas as pd
import re
import json
from konlpy.tag import Okt
from tensorflow.python.keras.preprocessing.sequence import pad_sequences
from tensorflow.python.keras.preprocessing.text import Tokenizer

DATA_IN_PATH ='./data_in/'

train_data = pd.read_csv(DATA_IN_PATH + 'ratings_train.txt', header=0, delimiter='\t',
quoting=3 )
```

불러온 라이브러리를 살펴보면 대부분 영어 데이터를 전처리할 때와 같다. 다른 점은 한글 토크나이징 도구인 KoNLPy를 사용했다는 점이다. 불러온 데이터의 일부를 확인해 보자.

```
train_data['document'][:5]
```

```
0                              아 더빙.. 진짜 짜증나네요 목소리
1                흠...포스터보고 초딩영화줄....오버연기조차 가볍지 않구나
2                              너무재밓었다그래서보는것을추천한다
3                교도소 이야기구먼 ..솔직히 재미는 없다..평점 조정
4    사이몬페그의 익살스런 연기가 돋보였던 영화!스파이더맨에서 늙어보이기만 했던 커스틴 ...
```

데이터를 보면 영어 리뷰와 달리 리뷰 중간에 HTML 태그가 보이지 않는다. 따라서 한글을 전처리하는 과정에서는 Beautiful Soup 라이브러리를 이용한 태그 제거는 따로 하지 않는다. 그러나 특수문자 혹은 숫자 등은 종종 보인다. 먼저 첫 번째 리뷰에 대해 간단하게 전처리를 진행해보자. 다음과 같이 정규표현식을 활용해 한글 문자가 아닌 것들을 모두 제거하자.

```
review_text = re.sub("[^가-힣ㄱ-ㅎㅏ-ㅣ\\s]", "", train['document'][0])
print(review_text)
```

```
아 더빙 진짜 짜증나네요 목소리
```

보다시피 특수문자가 모두 제거됐다. 이제 불용어를 제거하기 위해 문장을 단어로 나눠야 한다. 앞서 2장에서 배운 KoNLPy 라이브러리의 okt 객체를 사용한다. 그리고 형태소 분석기를 사용할 때 어간 추출을 사용해 어간이 추출된 단어로 나눈다.

```
okt=Okt()
review_text = okt.morphs(review_text, stem=True)
print(review_text)
```

```
['아', '더빙', '진짜', '짜증나다', '목소리']
```

결과를 보면 형태소 분석기를 사용해서 문장이 각 단어로 나눠져 있는 것을 확인할 수 있다. 이제 불용어를 제거해야 하는데 한글 불용어가 따로 정의돼 있는 파이썬 라이브러리가 없기 때문에 직접 불용어 사전을 만든 뒤 그 사전을 통해 제거해야 한다. 다음 코드에서 불용어 사전은 예시이며, 본인의 선택에 따라 지정하면 된다. 데이터에 따라 불용어를 제거하지 않고 넘어가도 괜찮을 수 있다.

```
stop_words = set(['은', '는', '이', '가', '하', '아', '것', '들','의', '있', '되', '수', '보',
'주', '등', '한'])
clean_review = [token for w in review if not token in stop_words]
clean_review
```

```
['더빙', '진짜', '짜증나다', '목소리']
```

불용어까지 제거했다면 어느 정도 데이터가 정제됐다고 볼 수 있다. 이제 전체 데이터에 적용하고 재사용하기 쉽게 전처리 과정을 하나의 함수로 만들자.

```
def preprocessing(review, okt, remove_stopwords = False, stop_words = []):
    # 함수의 인자는 다음과 같다.
    # review: 전처리할 텍스트
    # okt: okt 객체를 반복적으로 생성하지 않고 미리 생성한 후 인자로 받는다.
    # remove_stopword: 불용어를 제거할지 여부 선택. 기본값은 False
    # stop_word: 불용어 사전은 사용자가 직접 입력해야 함. 기본값은 빈 리스트
```

```python
# 1. 한글 및 공백을 제외한 문자를 모두 제거
review_text = re.sub("[^가-힣ㄱ-ㅎㅏ-ㅣ \\s]", "", review)

# 2. okt 객체를 활용해 형태소 단위로 나눈다
word_review = okt.morphs(review_text, stem=True)

if remove_stopwords:
    # 불용어 제거(선택적)
    word_review = [token for token in word_review if not token in stop_words]

return word_review
```

한글을 제외한 모든 문자 제거, 형태소 토크나이징, 불용어 제거 순으로 진행되도록 함수를 정의했다. 전처리 과정을 함수로 정의했으니 학습 데이터에 대해 전처리를 진행해 보자. okt 객체를 생성하고 불용어 사전을 정의한 후 함수를 실행하면 된다.

```python
stop_words = [ '은', '는', '이', '가', '하', '아', '것', '들','의', '있', '되', '수', '보',
'주', '등', '한']
okt = Okt()
clean_train_review = []

for review in train_data ['document']:
    # 비어있는 데이터에서 멈추지 않도록 문자열인 경우에만 진행
    if type(review) == str:
        clean_train_review.append(preprocessing(review, okt, remove_stopwords = True,
stop_words=stop_words))
    else:
        clean_train_review.append([])  # string이 아니면 비어있는 값 추가

clean_train_review[:4] # 앞의 4개의 데이터 확인
```

```
[['더빙', '진짜', '짜증나다', '목소리'],
 ['흠', '포스터', '보고', '초딩', '영화', '줄', '오버', '연기', '조차', '가볍다', '않다'],
 ['너', '무재', '밓었', '나그', '래서', '보다', '추천', '디'],
 ['교도소', '이야기', '구먼', '솔직하다', '재미', '없다', '평점', '조정']]
```

오타가 있는 것이 보이지만 전체 데이터에 대해 모두 수정할 수 없으니 어쩔 수 없는 부분으로 생각하고 넘어간다. 이제 해당 리뷰를 인덱스 벡터로 변환하면 되는데, 평가 데이터도 동일하게 진행하기 때문에 평가 데이터에 대해서도 앞선 과정을 똑같이 수행한다. 평가 데이터를 불러온 후 위와 같이 진행하면 된다.

```python
test_data = pd.read_csv(DATA_IN_PATH + 'ratings_test.txt', header=0, delimiter='\t',
quoting=3 )

clean_test_review = []

for review in test_data['document']:
    # 빈 데이터에서 멈추지 않도록 문자열인 경우에만 진행
    if type(review) == str:
        clean_test_review.append(preprocessing(review, okt, remove_stopwords = True,
stop_words=stop_words))
    else:
        clean_test_review.append([])  # string이 아니면 비어있는 값 추가
```

이제 학습 데이터와 평가 데이터에 대해 인덱스 벡터로 바꾼 후 패딩 처리만 하면 모든 전처리 과정이 끝난다. 텐서플로의 전처리 모듈을 사용하는데 토크나이징 객체를 만든 후 학습 데이터에 대해서만 적용하고 해당 객체를 사용해 두 데이터를 인덱스 벡터로 만들자. 그다음 마지막으로 해당 데이터들을 패딩 처리하면 된다.

```python
tokenizer = Tokenizer()
tokenizer.fit_on_texts(clean_train_review)
train_sequences = tokenizer.texts_to_sequences(clean_train_review)
test_sequences = tokenizer.texts_to_sequences(clean_test_review)

word_vocab = tokenizer.word_index # 단어 사전 형태

MAX_SEQUENCE_LENGTH = 8 # 문장 최대 길이

train_inputs = pad_sequences(train_sequences, maxlen=MAX_SEQUENCE_LENGTH, padding='post')
# 학습 데이터를 벡터화
train_labels = np.array(train_data['label']) # 학습 데이터의 라벨
```

```
test_inputs = pad_sequences(test_sequences, maxlen=MAX_SEQUENCE_LENGTH, padding='post') #
평가 데이터를 벡터화
test_labels = np.array(test_data['label']) # 평가 데이터의 라벨
```

패딩 처리를 할 때 최대 길이를 8로 정했는데 이는 이전에 데이터 분석 과정에서 단어의 평균
개수가 대략 8개 정도였기 때문이다. 이처럼 학습 데이터와 평가 데이터에 대해 입력값과 라
벨값을 만들었다면 해당 데이터들을 모델링 과정에서 사용할 수 있게 저장해두자.

```
DATA_IN_PATH = './data_in/'
TRAIN_INPUT_DATA = 'nsmc_train_input.npy'
TRAIN_LABEL_DATA = 'nsmc_train_label.npy'
TEST_INPUT_DATA = 'nsmc_test_input.npy'
TEST_LABEL_DATA = 'nsmc_test_label.npy'
DATA_CONFIGS = 'data_configs.json'

data_configs = {}

data_configs['vocab'] = word_vocab
data_configs['vocab_size'] = len(word_vocab)+1 # vocab size 추가

import os
# 저장하는 디렉터리가 존재하지 않으면 생성
if not os.path.exists(DEFAULT_PATH + DATA_IN_PATH):
    os.makedirs(DEFAULT_PATH + DATA_IN_PATH)

# 전처리된 학습 데이터를 넘파이 형태로 저장
np.save(open(DEFAULT_PATH + DATA_IN_PATH + TRAIN_INPUT_DATA, 'wb'), train_inputs)
np.save(open(DEFAULT_PATH + DATA_IN_PATH + TRAIN_LABEL_DATA, 'wb'), train_labels)
# 전처리된 평가 데이터를 넘파이 형태로 저장
np.save(open(DEFAULT_PATH + DATA_IN_PATH + TEST_INPUT_DATA, 'wb'), test_inputs)
np.save(open(DEFAULT_PATH + DATA_IN_PATH + TEST_LABEL_DATA, 'wb'), test_labels)

# 데이터 사전을 json 형태로 저장
json.dump(data_configs, open(DEFAULT_PATH + DATA_IN_PATH + DATA_CONFIGS, 'w'),
ensure_ascii=False)
```

이제 전처리 과정이 모두 끝났다. 넘파이 배열은 지정한 경로에 nsmc_train_input.npy와 nsmc_train_label.npy로 각각 저장된다. 이제 전처리한 데이터를 활용해 감정 분석을 할 수 있는 모델을 만들어 보자.

모델링

이제 앞에서 전처리한 한글 데이터 파일을 활용해 감정 분석을 위한 모델링을 해보자. 모델링에 앞서 잠시 전처리한 결과를 생각해보자. 한글 데이터를 정제하고, 각 단어를 벡터화한 후 넘파이 파일로 저장했다. 벡터화된 데이터는 글자들이 숫자로 이미 표현됐기 때문에 영어와 한글에 큰 차이가 없을 것이다. 따라서 모델링 과정도 앞에서 살펴본 영어 텍스트 분류의 모델링과 비슷하다. 이제 문제를 해결하기 위한 모델에 대해 알아보자.

실습할 모델 소개

이번 절에서는 여러 모델을 사용하지 않고 이전 장에서 사용한 모델 중에서 하나의 모델만 이용해 문장 분류를 하겠다. 딥러닝 방식의 모델 중 합성곱 신경망(CNN)을 활용해 모델링하는 것만 소개할 것이다. 이전 장의 내용을 참고하면 다른 모델로도 한글 문장 분류를 위한 모델링을 충분히 할 수 있을 것이다.

여기서 살펴볼 합성곱 신경망은 이전 장의 합성곱 신경망 모델과 같은 구조로 만들어서 학습하고 예측할 것이다. 그리고 입력값으로는 앞에서 전처리한 한글 넘파이 데이터를 활용한다. 이제 본격적으로 합성곱 신경망으로 모델링해보자.

학습 데이터 불러오기

데이터를 불러오기 전에 모델링 과정에서 사용할 라이브러리를 모두 임포트하자.

```
import tensorflow as tf
from tensorflow.keras.preprocessing.sequence import pad_sequences
from tensorflow.keras.callbacks import EarlyStopping, ModelCheckpoint
from tensorflow.keras import layers

import numpy as np
import pandas as pd
```

```
import matplotlib.pyplot as plt
import os
import json

from tqdm import tqdm
```

그리고 전처리한 데이터를 불러오자.

```
DATA_IN_PATH = './data_in/'
DATA_OUT_PATH = './data_out/'
INPUT_TRAIN_DATA = 'nsmc_train_input.npy'
LABEL_TRAIN_DATA = 'nsmc_train_label.npy'
DATA_CONFIGS = 'data_configs.json'

train_input = np.load(open(DATA_IN_PATH + INPUT_TRAIN_DATA, 'rb'))
train_input = pad_sequences(train_input, maxlen=train_input.shape[1])
train_label = np.load(open(DATA_IN_PATH + LABEL_TRAIN_DATA, 'rb'))
prepro_configs = json.load(open(DATA_IN_PATH + DATA_CONFIGS, 'r'))
```

이제 불러온 데이터를 모델에 적용한다. 그전에 우선 학습 데이터의 일부를 검증 데이터로 분리해서 모델의 성능을 측정해야 한다.

파라미터 정의

모델에 필요한 하이퍼파라미터를 정의해보자. 모델 학습 설정, 모델 레이어 차원 수 등으로 나누고, 학습을 위한 배치 크기 등은 변수로 지정한 후, 모델에 필요한 내용은 모델 _init_ 함수의 파라미터에 입력하기 위해 dict 객체로 정의한다.

```
model_name = 'cnn_classifier_kr'
BATCH_SIZE = 512
NUM_EPOCHS = 2
VALID_SPLIT = 0.1
MAX_LEN = train_input.shape[1]

kargs = {'model_name': model_name
        'vocab_size': prepro_configs['vocab_size'],
```

```
    'embedding_size': 128,
    'num_filters': 100,
    'dropout_rate': 0.5,
    'hidden_dimension': 250,
    'output_dimension':1}
```

모델에 필요한 하이퍼파라미터 값으로 에폭 수, 배치 크기, 단어 사전의 크기, 임베딩 크기를 지정한다. 에폭 수는 10으로 설정해서 전체 데이터를 총 2번 돌면 학습이 끝나게 한다. 그리고 단어 사전의 크기는 데이터 정보를 담은 딕셔너리에서 받아오고, 임베딩 크기는 128로 설정했다.

이제 모델을 제외한 모든 준비가 끝났으므로 모델을 구현해 보자.

모델 함수

이제 모델 함수를 구현하자. 이전에 영어 텍스트 분류에서 사용했던 모델 중 합성곱 신경망 모델을 사용한다. 대부분의 구조는 기존에 사용했던 것과 동일하다. 한 가지 다른 점은 여기서는 모델을 깊게 구축하지 않는다는 것이다. 빠른 학습을 위한 목적도 있고, 캐글 모델과 달리 성능 향상이 목적이 아닌 한글 데이터를 다뤄보는 것이 목적이기 때문에 간단하게 구현한다. 만약 성능을 높이고 싶다면 좀 더 깊은 모델을 만들어 보자.

```python
class CNNClassifier(tf.keras.Model):

    def __init__(self, **kargs):
        super(CNNClassifier, self).__init__(name=kargs['model_name'])
        self.embedding = layers.Embedding(input_dim=kargs['vocab_size'],
                                  output_dim=kargs['embedding_size'])
        self.conv_list = [
            layers.Conv1D(
                filters=kargs["num_filters"],
                kernel_size=kernel_size,
                padding="valid",
                activation=tf.keras.activations.relu,
                kernel_constraint=tf.keras.constraints.MaxNorm(max_value=3.),
                )
```

```
        for kernel_size in [3, 4, 5]
    ]

    self.pooling = layers.GlobalMaxPooling1D()
    self.dropout = layers.Dropout(kargs['dropout_rate'])
    self.fc1 = layers.Dense(units=kargs['hidden_dimension'],
                    activation=tf.keras.activations.relu,
                    kernel_constraint=tf.keras.constraints.MaxNorm(max_value=3.))
    self.fc2 = layers.Dense(units=kargs['output_dimension'],
                    activation=tf.keras.activations.sigmoid,
                    kernel_constraint=tf.keras.constraints.MaxNorm(max_value=3.))

def call(self, x):
    x = self.embedding(x)
    x = self.dropout(x)
    x = tf.concat([self.pooling(conv(x)) for conv in self.conv_list], axis=-1)
    x = self.fc1(x)
    x = self.fc2(x)

    return x
```

모델 학습

이번 장의 초반부에서 설명한 합성곱 신경망을 선언하는 부분과 같은 방식으로 진행한다.

```
model = CNNClassifier(**kargs)

model.compile(optimizer=tf.keras.optimizers.Adam(),
            loss=tf.keras.losses.BinaryCrossentropy(),
            metrics=[tf.keras.metrics.BinaryAccuracy(name='accuracy')])
```

검증 정확도를 통한 EarlyStopping 기능과 모델 저장 방식을 지정하고, 모델을 검증하기 위한
검증 데이터도 model.fit 안에 있는 validation_split로 지정한 다음 학습을 시작한다.

```
earlystop_callback = EarlyStopping(monitor='val_accuracy', min_delta=0.0001,patience=2)

checkpoint_path = DATA_OUT_PATH + model_name + '/weights.h5'
checkpoint_dir = os.path.dirname(checkpoint_path)

# Create path if exists
if os.path.exists(checkpoint_dir):
    print("{} — Folder already exists \n".format(checkpoint_dir))
else:
    os.makedirs(checkpoint_dir, exist_ok=True)
    print("{} — Folder create complete \n".format(checkpoint_dir))

cp_callback = ModelCheckpoint(
    checkpoint_path, monitor='val_accuracy', verbose=1, save_best_only=True,
save_weights_only=True)

history = model.fit(train_input, train_label, batch_size=BATCH_SIZE, epochs=NUM_EPOCHS,
validation_split=VALID_SPLIT, callbacks=[earlystop_callback, cp_callback])
```

학습 결과를 통해 학습 및 검증 정확도와 손실값을 확인할 수 있다. 이전과 같이 성능 그래프
를 출력한다.

```
plot_graphs(history, 'loss')
```

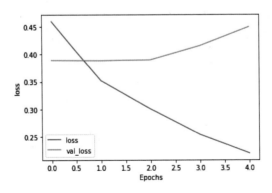

그림 4.34 한국어 CNN 분류기의 loss 그래프

```
plot_graphs(history, 'accuracy')
```

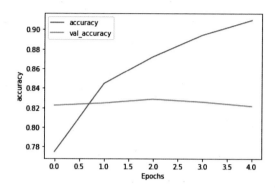

그림 4.25 한국어 CNN 분류기의 accuracy 그래프

이제 학습된 모델을 활용해 검증 작업을 시작하자.

모델 테스트

테스트 과정은 앞의 영어 모델과는 다르다. 영어 모델의 경우 테스트 데이터에는 감정에 대한 라벨 값이 없었기 때문에 예측값만 만든 후 캐글에 제출해서 정확도를 확인해야 했지만 한글 데이터의 경우 라벨 값이 있기 때문에 검증 과정처럼 바로 결과를 확인할 수 있다.

우선 테스트 데이터를 불러오자. 학습 데이터를 전처리하는 과정과 동일하게 진행한 후 넘파이 파일로 저장한 데이터를 불러오면 된다.

```
DATA_OUT_PATH = './data_out/'
INPUT_TEST_DATA = 'nsmc_test_input.npy'
LABEL_TEST_DATA = 'nsmc_test_label.npy'
SAVE_FILE_NM = 'weights.h5'

test_input = np.load(open(DATA_IN_PATH + INPUT_TEST_DATA, 'rb'))
test_input = pad_sequences(test_input, maxlen=test_input.shape[1])
test_label_data = np.load(open(DATA_IN_PATH + LABEL_TEST_DATA, 'rb'))
```

이전에는 테스트 과정에서 예측 메서드를 활용해서 출력값만을 뽑았지만 여기서는 테스트 데이터가 라벨을 가지고 있으므로 검증 함수를 이용해 확인할 수 있다. 가중치를 불러오고, 테스트 데이터, 라벨을 넣고 평가를 시작해 보자.

```
model.load_weights(os.path.join(DATA_OUT_PATH, model_name, SAVE_FILE_NM))
model.evaluate(test_input, test_label_data)
```

결과는 다음과 같이 나올 것이다.

```
17s 341us/sample - loss: 0.3991 - accuracy: 0.8274
```

82.74%의 정확도가 나왔다. 높은 수치는 아니지만 영어 리뷰의 경우 대부분이 긴 리뷰였던 것에 비해 한글은 단어가 평균 10개의 적은 문장인데도 준수한 정확도가 나왔다. 이제 점수를 높이기 위해 앞에서 배운 모델링을 사용해 점수를 직접 높여보자.

03 정리

지금까지 한글 데이터를 분석하는 것부터 시작해서 전처리, 모델링까지 진행하면서 한글 데이터 분류에 대해 알아봤다. 모델을 하나만 사용해서 결과를 확인했지만 앞서 영어 텍스트 분류와 마찬가지로 다른 모델들도 적용해서 비교, 분석해 보면 좀 더 텍스트 분류에 능숙해질 것이다.

다음 장에서는 텍스트 분류가 아닌 또 다른 문제에 도전해 보자. 5장에서는 텍스트 유사도 문제에 대해 알아보고 6장에서는 텍스트 생성 문제를 다뤄본다. 각 문제마다 해결 방법이 크게 다르므로 각 장의 문제가 무엇인지 항상 유념하면서 남은 실습 문제를 확인해 보자.

텍스트 유사도

이전 장에서는 텍스트 분류 문제 중에서 감정 분석 문제를 해결하기 위해 데이터를 전처리하고 여러 가지 모델링을 통해 성능을 측정했다. 그뿐만 아니라 한글과 영어 텍스트를 자연어 처리할 때 어떤 부분이 서로 다른지 알아보기 위해 영어 텍스트 분류와 한글 텍스트 분류로 두 가지로 나눠서 알아봤다.

이번 장에서는 자연어 처리의 또 다른 문제인 텍스트 유사도 문제를 해결해 보겠다. 텍스트 유사도 문제란 두 문장(글)이 있을 때 두 문장 간의 유사도를 측정할 수 있는 모델을 만드는 것이다. 텍스트 유사도에 대해서는 3장에 자세히 나와 있으므로 참고하길 바란다.

이번 장에서도 캐글의 대회 중 하나를 해결해 보려고 한다. "Quora Questions Pairs"라는 문제가 이번 장에서 해결할 문제인데, 쿼라(Quora)는 질문을 하고 다른 사용자들로부터 답변을 받을 수 있는 서비스로서 이 서비스에 올라온 여러 질문들 중에서 어떤 질문이 서로 유사한지 판단하는 모델을 만드는 것이 이번 장의 목표다.

이번에는 영어 텍스트와 한글 텍스트를 모두 다루지는 않을 것이다. 쿼라 영어 데이터를 가지고 모델링하고, 한글 데이터를 통해 텍스트 유사도를 측정하는 실습은 진행하지 않는다. 4 장에서 진행했던 한글 데이터 처리를 생각해 보면 한글 데이터에 대해서도 텍스트 유사도를 측정하는 것이 어렵지 않을 것이다.

먼저 이번 장에서 다룰 문제와 해당 데이터에 대해 자세히 알아보자.

01 문제 소개

데이터 이름	Quora Question Pairs
데이터 용도	텍스트 유사도 학습을 목적으로 사용한다.
데이터 권한	쿼라 권한을 가지고 있으며 캐글 가입 후 데이터를 내려받으면 문제없다.
데이터 출처	https://www.kaggle.com/c/quora-question-pairs/data

쿼라(Quora)[1]는 앞서 설명했듯이 질문과 답변을 할 수 있는 사이트다. 실제로 딥러닝에 대해 공부할 때도 쿼라의 질문들을 참고하면서 많은 공부를 할 수 있다. 쿼라의 월 사용자는 대략 1억 명 정도 된다. 매일 수많은 질문들이 사이트에 올라올 텐데 이 많은 질문 중에는 분명히 중복된 것들이 포함될 것이다. 따라서 쿼라 입장에서는 중복된 질문들을 잘 찾기만 한다면 이미 잘 작성된 답변들을 사용자들이 참고하게 할 수 있고, 더 좋은 서비스를 제공할 수 있게 된다.

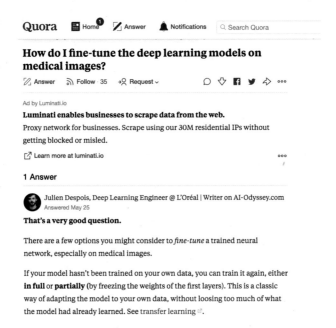

그림 5.1 쿼라 질문과 답변

---

1 https://www.quora.com/

참고로 현재 쿼라에서는 이미 중복에 대한 검사를 하고 있다. 앞서 배운 랜덤 포레스트 모델을 통해 중복 질문들을 찾고 있다.

이번 장의 내용은 이전 장과 비슷하게 진행된다. 우선 데이터에 대해 간단히 알아본 후 데이터를 자세히 분석하고 그 결과를 토대로 데이터 전처리를 할 것이다. 이후에는 전처리된 데이터를 활용해 여러 가지 모델링을 진행하고 모델들을 비교하면서 이번 장을 마무리할 것이다. 먼저 데이터에 대해 알아보자.

02 데이터 분석과 전처리

데이터를 가지고 모델링하기 위해서는 데이터에 대한 분석과 전처리를 진행해야 한다. 데이터 분석을 통해 데이터의 특징을 파악하고 이를 바탕으로 데이터 전처리 작업을 진행한다. 여기서는 주로 문장의 길이와 어휘 빈도 분석을 해서 그 결과를 전처리에 적용하고자 한다. 데이터를 내려받는 것부터 시작해서 데이터를 분석한 후 전처리하는 순서로 진행할 것이다. 4장에서 다룬 내용과 유사하므로 큰 어려움 없이 진행할 수 있을 것이다.

데이터 불러오기와 분석하기

이번에 다룰 문제는 앞서 소개한 것처럼 캐글의 대회 중 하나인 "Quora Question Pairs"다. 먼저 해당 데이터를 내려받는 것부터 시작한다. 캐글 문제의 데이터를 내려받으려면 앞서 2장에서 설명했던 것처럼 직접 대회 페이지[2]에서 다운로드하거나 캐글 API를 사용해서 다운로드할 수 있다. 직접 다운로드하는 경우 캐글에 로그인해 "Quora Question Pairs" 대회에 들어가 대회 규정에 동의한 후 데이터 탭에서 다운로드하면 되고, API를 통해 다운로드하는 경우 명령행을 열고 다음 명령을 입력해서 내려받으면 된다.

```
kaggle competitions download -c quora-question-pairs
```

---

2 https://www.kaggle.com/c/quora-question-pairs/data

캐글에서 다운로드한 파일의 압축을 풀고, 아래 3개의 파일을 data_in 폴더로 이동한다.

- sample_submission.csv.zip

- test.csv.zip

- train.csv.zip

위 3개의 파일을 data_in 폴더로 이동시켰다면, 이제 데이터 분석을 시작하도록 하자. 우선 데이터를 분석하기 위한 패키지를 모두 불러온다.

```python
import numpy as np
import pandas as pd
import os
import matplotlib.pyplot as plt
import seaborn as sns
from pathlib import Path
%matplotlib inline
```

보다시피 넘파이, 판다스, 시각화를 위한 라이브러리인 맷플롯립과 시본을 비롯해 기본 내장 패키지인 os를 불러왔다. 모두 4장에서 사용했던 라이브러리이며, 자세한 설명은 2장에 나와 있다.

학습 데이터를 불러와서 어떤 형태로 데이터가 구성돼 있는지 확인해 보자. 판다스의 데이터 프레임 형태로 불러온다.

```python
train_data = pd.read_csv(DATA_IN_PATH + 'train.csv')
train_data.head()
```

	id	qid1	qid2	question1	question2	is_duplicate
0	0	1	2	What is the step by step guide to invest in sh...	What is the step by step guide to invest in sh...	0
1	1	3	4	What is the story of Kohinoor (Koh-i-Noor) Dia...	What would happen if the Indian government sto...	0
2	2	5	6	How can I increase the speed of my internet co...	How can Internet speed be increased by hacking...	0
3	3	7	8	Why am I mentally very lonely? How can I solve...	Find the remainder when [math]23^{24}[/math] i...	0
4	4	9	10	Which one dissolve in water quikly sugar, salt...	Which fish would survive in salt water?	0

그림 5.2 쿼라 훈련 데이터 구조

데이터는 'id', 'qid1', 'qid2', 'question1', 'question2', 'is_duplicate' 열로 구성돼 있고 'id'
는 각 행 데이터의 고유한 인덱스 값이다. 'qid1'과 'qid2'는 각 질문의 고유한 인덱스 값이고,
'question1'과 'question2'는 각 질문의 내용을 담고 있다. 'is_duplicate'는 0 또는 1을 값으
로 가지는데, 0이면 두 개의 질문이 중복이 아니고 1이면 두 개의 질문이 중복이라는 것을 의
미한다. 데이터를 좀 더 자세히 확인하고 분석해 보자.

이번에 사용할 데이터가 어떤 데이터이고, 크기는 어느 정도 되는지 알아보기 위해 데이터 파
일의 이름과 크기를 각각 출력해서 확인해 보자.

```
print("파일 크기: ")
for file in os.listdir(DATA_IN_PATH):
    if 'csv' in file and 'zip' not in file:
        print(file.ljust(30) + str(round(os.path.getsize(DATA_IN_PATH + file) / 1000000,
2)) + 'MB')
```

```
파일 크기:
train.csv                     63.4MB
sample_submission.csv         22.35MB
test.csv                      477.59MB
```

파일 크기를 불러올 때도 4장과 마찬가지로 해당 경로에서 각 파일을 확인한 후 파일명에
'csv'가 들어가고 'zip'이 들어가지 않는 파일들만 가져와 해당 파일의 크기를 보여준다.

파일 크기를 보면 일반적인 데이터의 크기와는 다른 양상을 보여준다. 대부분 훈련 데이터가 평가 데이터보다 크기가 큰데, 이번에 사용할 데이터는 평가 데이터(test.csv)가 훈련 데이터 (train.csv)보다 5배 정도 더 큰 것을 알 수 있다. 평가 데이터가 큰 이유는 쿼라의 경우 질문에 대해 데이터의 수가 적다면 각각을 검색을 통해 중복을 찾아내는 편법을 사용할 수 있는데, 이러한 편법을 방지하기 위해 쿼라에서 직접 컴퓨터가 만든 질문 쌍을 평가 데이터에 임의적으로 추가했기 때문이다. 따라서 평가 데이터가 크지만 실제 질문 데이터는 얼마 되지 않는다. 그리고 캐글의 경우 예측 결과를 제출하면 점수를 받을 수 있는데, 컴퓨터가 만든 질문 쌍에 대한 예측은 점수에 포함되지 않는다.

먼저 학습 데이터의 개수를 알아보자. 앞서 불러온 데이터의 길이를 출력하자.

```
print('전체 학습 데이터의 개수: {}'.format(len(train_data)))
```

```
전체 학습 데이터의 개수: 404290
```

결과를 보면 전체 질문 쌍의 개수는 40만 개다. 판다스는 데이터프레임과 시리즈라는 자료구조를 가지고 있다. 데이터프레임이 행렬 구조라면 시리즈는 인덱스를 가지고 있는 배열이다. 지금 하나의 데이터에 두 개의 질문이 있는 구조인데, 전체 질문(두 개의 질문)을 한번에 분석하기 위해 판다스의 시리즈를 통해 두 개의 질문을 하나로 합친다.

참고로 앞으로 진행할 분석 순서는 질문 중복 분석, 라벨 빈도 분석, 문자 분석, 단어 분석이다. 그럼 첫 번째 질문 중복 분석부터 시작한다.

```
train_set = pd.Series(train_data['question1'].tolist() +
train_data['question2'].tolist()).astype(str)
train_set.head()
```

```
0    What is the step by step guide to invest in sh...
1    What is the story of Kohinoor (Koh-i-Noor) Dia...
2    How can I increase the speed of my internet co...
3    Why am I mentally very lonely? How can I solve...
4    Which one dissolve in water quikly sugar, salt...
dtype: object
```

각 질문을 리스트로 만든 뒤 하나의 시리즈 데이터 타입으로 만든다. 결과를 보면 위와 같은 구조로 합쳐졌다. 기존 데이터에서 질문 쌍의 수가 40만 개 정도이고 각각 질문이 두 개이므로 대략 80만 개 정도의 질문이 있다.

이제 질문들의 중복 여부를 확인해 보자. 넘파이를 이용해 중복을 제거한 총 질문의 수와 반복해서 나오는 질문의 수를 확인한다.

```
print('교육 데이터의 총 질문 수: {}'.format(len(np.unique(train_set))))
print('반복해서 나타나는 질문의 수: {}'.format(np.sum(train_set.value_counts() > 1)))
```

```
교육 데이터의 총 질문 수: 537361
반복해서 나타나는 질문의 수: 111873
```

중복을 제거한 유일한 질문값만 확인하기 위해 넘파이의 unique 함수를 사용했고, 중복되는 질문의 정확한 개수를 확인하기 위해 2개 이상의 값을 가지는 질문인 value_counts가 2 이상인 값의 개수를 모두 더했다. 결과를 보면 80만 개의 데이터에서 53만 개가 유니크 데이터이므로 27만 개가 중복돼 있음을 알 수 있고, 27만 개의 데이터는 11만 개 데이터의 고유한 질문으로 이뤄져 있음을 알 수 있다.

이를 맷플롯립을 통해 시각화해 보자. 그래프의 크기는 너비가 12인치이고, 길이가 5인치이며 히스토그램은 'question' 값들의 개수를 보여주며 y축의 크기 범위를 줄이기 위해 log 값으로 크기를 줄인다. x 값은 중복 개수이며 y 값은 동일한 중복 횟수를 가진 질문의 개수를 의미한다.

```
# 그래프에 대한 이미지 사이즈 선언
# figsize: (가로, 세로) 형태의 튜플로 입력
plt.figure(figsize=(12, 5))
# 히스토그램 선언
# bins: 히스토그램 값들에 대한 버킷 범위
# range: x축 값의 범위
# alpha: 그래프 색상 투명도
# color: 그래프 색상
# label: 그래프에 대한 라벨
plt.hist(train_set.value_counts(), bins=50, alpha=0.5, color= 'r', label='word')
plt.yscale('log', nonposy='clip')
```

```
# 그래프 제목
plt.title('Log-Histogram of question appearance counts')
# 그래프 x 축 라벨
plt.xlabel('Number of occurrences of question')
# 그래프 y 축 라벨
plt.ylabel('Number of questions')
```

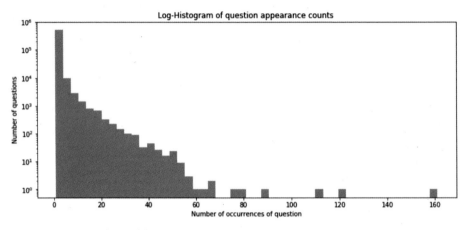

그림 5.3 질문 중복 발생 횟수에 대한 로그 스케일 히스토그램

히스토그램을 살펴보면 우선 중복 횟수가 1인 질문들, 즉 유일한 질문이 가장 많고 대부분의 질문이 중복 횟수가 50번 이하다. 그리고 매우 큰 빈도를 가진 질문은 이상치가 될 것이다.

질문의 중복 분포를 통계치로 수치화해서 다른 방향으로 확인해 보자.

```
print('중복 최대 개수: {}'.format(np.max(train_set.value_counts())))
print('중복 최소 개수: {}'.format(np.min(train_set.value_counts())))
print('중복 평균 개수: {:.2f}'.format(np.mean(train_set.value_counts())))
print('중복 표준편차: {:.2f}'.format(np.std(train_set.value_counts())))
print('중복 중간길이: {}'.format(np.median(train_set.value_counts())))
print('제1사분위 중복: {}'.format(np.percentile(train_set.value_counts(), 25)))
print('제3사분위 중복: {}'.format(np.percentile(train_set.value_counts(), 75)))
```

중복 최대 개수: 161
중복 최소 개수: 1
중복 평균 개수: 1.50
중복 표준편차: 1.91
중복 중간길이: 1.0
제1사분위 중복: 1.0
제3사분위 중복: 1.0

중복이 최대로 발생한 개수는 161번이고, 평균으로 보면 문장당 1.5개의 중복을 가지며, 표준편차는 1.9다. 중복이 발생하는 횟수의 평균이 1.5라는 것은 많은 데이터가 최소 1개 이상 중복돼 있음을 의미한다. 즉, 중복이 많다는 뜻이다. 이제 박스 플롯을 통해 중복 횟수와 관련해서 데이터를 직관적으로 이해해 보자.

```python
plt.figure(figsize=(12, 5))
# 박스 플롯 생성
# 첫 번째 파라미터: 여러 분포에 대한 데이터 리스트를 입력
# labels: 입력한 데이터에 대한 라벨
# showmeans: 평균값을 마크함

plt.boxplot([train_set.value_counts()],
            labels=['counts'],
            showmeans=True)
```

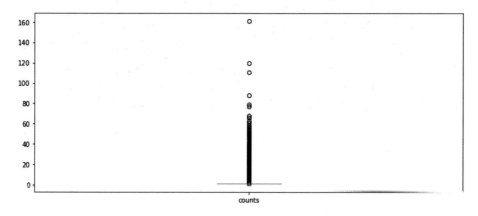

그림 5.4 질문 중복 발생 횟수에 대한 박스 플롯

위 분포는 어떠한가? 중복 횟수의 이상치(outliers)가 너무 넓고 많이 분포해서 박스 플롯의 다른 값을 확인하기조차 어려운 데이터다. 앞서 확인한 데이터의 평균과 최대, 최소 등을 계산한 값과 박스 플롯의 그림을 비교해보자.

위에서는 중복 횟수와 관련해서 데이터를 살펴봤다면 이제는 데이터에 어떤 단어가 포함됐는지 살펴보자. 어떤 단어가 많이 나오는지 확인하기 위해 워드클라우드를 사용한다. 이를 위해 train_set 데이터를 사용한다.

```python
from wordcloud import WordCloud
cloud = WordCloud(width=800, height=600).generate(" ".join(train_set.astype(str)))
plt.figure(figsize=(15, 10))
plt.imshow(cloud)
plt.axis('off')
```

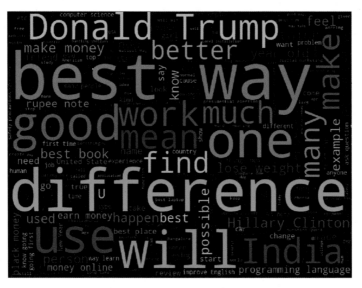

그림 5.5 데이터에 대한 워드클라우드

워드클라우드로 그려진 결과를 확인해 보면 best, way, good, difference 등의 단어들이 질문을 할 때 일반적으로 가장 많이 사용된다는 것을 알 수 있다. 특이한 점은 해당 결과에서 'Donald Trump'가 존재하는 것이다. 'Donald Trump'가 존재하는 이유는 선거 기간 중 학습 데이터를 만들었기 때문이라고 많은 캐글러들은 말하고 있다.

이제 질문 텍스트가 아닌 데이터의 라벨인 'is_duplicate'에 대해 알아보자. 라벨의 경우 질문이 중복인 경우인 1 값과 중복이 아닌 0 값이 존재했다. 라벨들의 횟수에 대해 그래프를 그려보자.

```
fig, axe = plt.subplots(ncols=1)
fig.set_size_inches(6, 3)
sns.countplot(train_data['is_duplicate'])
```

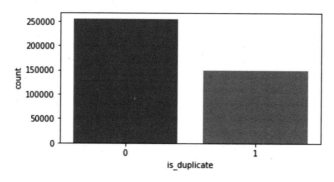

그림 5.6 라벨에 따른 데이터 개수 분포

라벨값의 개수를 확인해 보면 총 40만 개의 데이터에서 중복이 아닌 데이터가 25만 개이고, 중복된 데이터가 15만 개다. 이 상태로 학습한다면 중복이 아닌 데이터 25만 개에 의존도가 높아지면서 데이터가 한쪽 라벨로 편향된다. 이러한 경우 학습이 원활하게 되지 않을 수도 있으므로 최대한 라벨의 개수를 균형 있게 맞춰준 후 진행하는 것이 좋다. 많은 수의 데이터를 줄인 후 학습할 수도 있고, 적은 수의 데이터를 늘린 후 학습할 수도 있다.

다음으로 텍스트 데이터의 길이를 분석해보자. 이전 장에서 진행한 것과 동일하게 문자 (characters) 단위로 먼저 길이를 분석한 후 단어 단위로 길이를 분석하겠다. 우선 문자 단위로 분석하기 위해 각 데이터의 길이를 담은 변수를 생성한다.

```
train_length = train_set.apply(len)
```

각 데이터의 길이값을 담은 변수를 사용해 히스토그램을 그려보자.

```
plt.figure(figsize=(15, 10))
plt.hist(train_length, bins=200, range=[0,200], facecolor='r', normed=True, label='train')
plt.title("Normalised histogram of character count in questions", fontsize=15)
plt.legend()
plt.xlabel('Number of characters', fontsize=15)
plt.ylabel('Probability', fontsize=15)
```

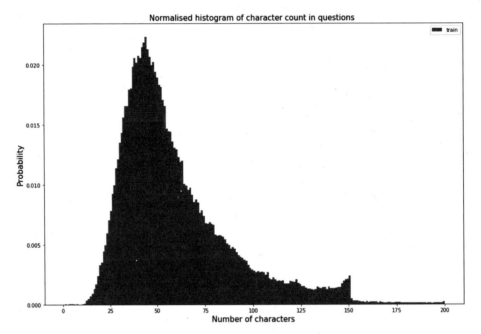

그림 5.7 데이터 길이에 따른 질의 확률 분포(문자 단위)

데이터의 각 질문의 길이 분포는 15~150에 대부분 모여 있으며 길이가 150에서 급격하게 줄어드는 것을 볼 때 쿼라의 질문 길이 제한이 150 정도라는 것을 추정해 볼 수 있다. 길이가 150 이상인 데이터는 거의 없기 때문에 해당 데이터 때문에 문제가 되지는 않을 것이다.

이제 이 길이값을 사용해 여러 가지 통곗값을 확인해 보자.

```
print('질문 길이 최댓값: {}'.format(np.max(train_length)))
print('질문 길이 평균값: {:.2f}'.format(np.mean(train_length)))
print('질문 길이 표준편차: {:.2f}'.format(np.std(train_length)))
print('질문 길이 중간값: {}'.format(np.median(train_length)))
```

텐서플로 2와 머신러닝으로 시작하는 자연어 처리: 로지스틱 회귀부터 BERT와 GPT3까지

```
print('질문 길이 제1사분위: {}'.format(np.percentile(train_length, 25)))
print('질문 길이 제3사분위: {}'.format(np.percentile(train_length, 75)))
```

```
질문 길이 최댓값: 1169.00
질문 길이 평균값: 59.82
질문 길이 표준편차: 31.96
질문 길이 중간값: 51.00
질문 길이 제1사분위: 39.0
질문 길이 제3사분위: 72.0
```

통곗값을 확인해 보면 우선 평균적으로 길이가 60 정도라는 것을 확인할 수 있다. 그리고 중간값의 경우 51 정도다. 하지만 최댓값을 확인해 보면 1169로서 평균, 중간값에 비해 매우 큰 차이를 보인다. 이런 데이터는 제외하고 학습하는 것이 좋을 것이다.

이제 데이터의 질문 길이값에 대해서도 박스 플롯 그래프를 그려서 확인해 보자.

```
plt.figure(figsize=(12, 5))

plt.boxplot(train_length,
            labels=['char counts'],
showmeans=True
)
```

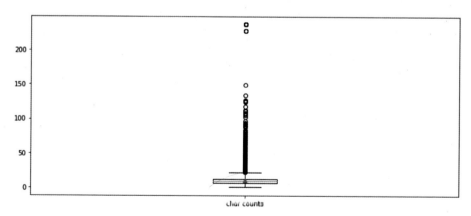

그림 5.8 데이터 길이를 나타내는 박스 플롯(문자 단위)

분포를 보면 문자 수의 이상치 데이터가 너무 많이 분포해서 박스 플롯의 다른 값을 확인하기조차 어려운 상태다. 앞서 확인한 데이터의 최대, 평균, 중간 등을 계산한 값과 박스 플롯을 비교해 보자.

이제 문자를 한 단위로 하는 것이 아니라 각 데이터의 단어 개수를 하나의 단위로 사용해 길이값을 분석해 보자. 하나의 단어로 나누는 기준은 단순히 띄어쓰기로 정의한다. 우선 각 데이터에 대해 단어의 개수를 담은 변수를 정의하자.

```
train_word_counts = train_set.apply(lambda x:len(x.split(' ')))
```

띄어쓰기를 기준으로 나눈 단어의 개수를 담은 변수를 정의했다. 이제 이 값을 사용해 앞에서 했던 것과 동일하게 히스토그램을 그려보자.

```
plt.figure(figsize=(15, 10))
plt.hist(train_word_counts, bins=50, range=[0, 50], facecolor='r', normed=True,
label='train')
plt.title('Normalised histogram of word count in questions', fontsize=15)
plt.legend()
plt.xlabel('Number of words', fontsize=15)
plt.ylabel('Prabability', fontsize=15)
```

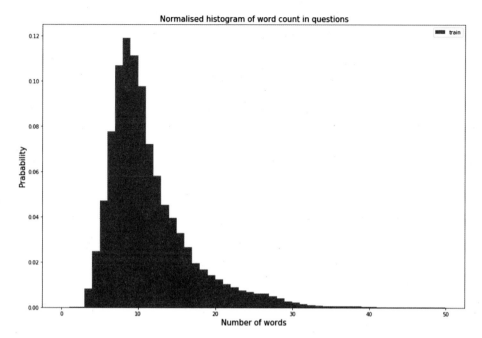

그림 5.9 데이터 길이에 따른 질의 확률 분포(단어 단위)

히스토그램을 보면 대부분 10개 정도의 단어로 구성된 데이터가 가장 많다는 것을 볼 수 있다. 20개 이상의 단어로 구성된 데이터는 매우 적다는 것을 확인할 수 있다. 데이터의 단어 개수에 대해서도 각 통곗값을 확인해 보자.

```python
print('질문 단어 개수 최댓값: {}'.format(np.max(train_word_counts)))
print('질문 단어 개수 평균값: {:.2f}'.format(np.mean(train_word_counts)))
print('질문 단어 개수 표준편차: {:.2f}'.format(np.std(train_word_counts)))
print('질문 단어 개수 중간값: {}'.format(np.median(train_word_counts)))
print('질문 단어 개수 제1사분위: {}'.format(np.percentile(train_word_counts, 25)))
print('질문 단어 개수 제3사분위: {}'.format(np.percentile(train_word_counts, 75)))
print('질문 단어 개수 99퍼센트: {}'.format(np.percentile(train_word_counts, 99)))
```

```
질문 단어 개수 최댓값: 237
질문 단어 개수 평균값: 11.06
질문 단어 개수 표준편차: 5.89
질문 단어 개수 중간값: 10.0
질문 단어 개수 제1사분위: 7.0
```

데이터의 문자 단위 길이를 확인했을 때와 비슷한 양상을 보인다. 우선 평균 개수의 경우 히스토그램에서도 확인했던 것처럼 11개가 단어 개수의 평균이다. 그리고 중간값의 경우 평균보다 1개 적은 10개를 가진다. 문자 길이의 최댓값인 경우 1100 정도의 값을 보인다. 단어 길이는 최대 237개다. 해당 데이터의 경우 지나치게 긴 문자 길이와 단어 개수를 보여준다. 박스 플롯을 통해 데이터 분포를 다시 한번 확인하자.

```
plt.figure(figsize=(12, 5))

plt.boxplot(train_word_counts,
            labels=['word counts'],
            showmeans=True)
```

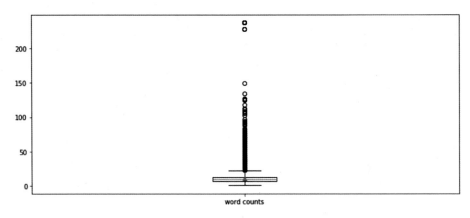

그림 5.10 데이터 길이를 나타내는 박스 플롯(단어 단위)

문자 길이에 대한 박스 플롯과 비슷한 모양의 그래프를 보여준다. 쿼라 데이터의 경우 이상치가 넓고 많이 분포돼 있음을 알수 있다.

이제 대부분의 분석이 끝났다. 마지막으로 몇 가지 특정 경우에 대한 비율을 확인해 보자. 특수 문자 중 구두점, 물음표, 마침표가 사용된 비율과 수학 기호가 사용된 비율, 대/소문자의 비율을 확인해 본다.

```python
qmarks = np.mean(train_set.apply(lambda x: '?' in x)) # 물음표가 구두점으로 쓰임
math = np.mean(train_set.apply(lambda x: '[math]' in x)) # []
fullstop = np.mean(train_set.apply(lambda x: '.' in x)) # 마침표
capital_first = np.mean(train_set.apply(lambda x: x[0].isupper())) # 첫 번째 대문자
capitals = np.mean(train_set.apply(lambda x: max([y.isupper() for y in x]))) # 대문자가 몇 개
numbers = np.mean(train_set.apply(lambda x: max([y.isdigit() for y in x]))) # 숫자가 몇 개

print('물음표가 있는 질문: {:.2f}%'.format(qmarks * 100))
print('수학 태그가 있는 질문: {:.2f}%'.format(math * 100))
print('질문이 가득 찼을 때: {:.2f}%'.format(fullstop * 100))
print('첫 글자가 대문자인 질문: {:.2f}%'.format(capital_first * 100))
print('대문자가 있는 질문: {:.2f}%'.format(capitals * 100))
print('숫자가 있는 질문: {:.2f}%'.format(numbers * 100))
```

```
물음표가 있는 질문: 99.87%
수학 태그가 있는 질문: 0.12%
질문이 가득 찼을 때: 6.31%
첫 글자가 대문자인 질문: 99.81%
대문자가 있는 질문: 99.95%
숫자가 있는 질문: 11.83%
```

대문자가 첫 글자인 질문과 물음표를 동반하는 질문이 99% 이상을 차지한다. 전체적으로 질문들이 물음표와 대문자로 된 첫 문자를 가지고 있음을 알 수 있다. 그럼 여기서 생각해볼 부분이 있다. 즉, 모든 질문이 보편적으로 가지고 있는 이 특징의 유지 여부에 대해서인데, 모두가 가지고 있는 보편적인 특징은 여기서는 제거한다.

지금까지 데이터 분석을 통해 데이터의 구조와 분포를 확인했다. 질문 데이터의 중복 여부 분포, 즉 라벨의 분포가 크게 차이나서 학습에 편향을 제공하므로 좋지 않은 영향을 줄 수 있다. 따라서 전처리 과정에서 분포를 맞추는 것이 좋다. 그리고 대부분의 질문에 포함된 첫 번째 대문자는 소문자로 통일한다. 물음표 같은 구두점은 삭제하는 식으로 보편적인 특성은 제거함으로써 필요한 부분만 학습하게 하는 이점을 얻을 수 있다.

데이터 전처리

앞서 데이터를 분석한 결과를 바탕으로 데이터를 전처리해 보자. 먼저 전처리 과정에서 사용할 라이브러리를 불러온다.

```
import pandas as pd
import numpy as np
import re
import json

from tensorflow.python.keras.preprocessing.text import Tokenizer
from tensorflow.python.keras.preprocessing.sequence import pad_sequences
```

판다스와 넘파이, re, 텐서플로의 케라스 라이브러리를 사용한다. 데이터를 분석할 때와 마찬가지로 경로를 설정하고 학습 데이터를 불러오자.

```
DATA_IN_PATH = './data_in/'
train_data = pd.read_csv(DATA_IN + 'train.csv', encoding='utf-8')
```

맨 먼저 진행할 전처리 과정은 앞서 분석 과정에서 확인했던 내용 중 하나인 라벨 개수의 균형을 맞추는 것이다. 앞서 분석 과정에서 확인했듯이 중복이 아닌 데이터의 개수가 더욱 많기 때문에 이 경우에 해당하는 데이터의 개수를 줄인 후 분석을 진행하겠다. 먼저 중복인 경우와 아닌 경우로 데이터를 나눈 후 중복이 아닌 개수가 비슷하도록 데이터의 일부를 다시 뽑는다.

```
train_pos_data = train_data.loc[train_data['is_duplicate'] == 1]
train_neg_data = train_data.loc[train_data['is_duplicate'] == 0]

class_difference = len(train_neg_data) - len(train_pos_data)
sample_frac = 1 - (class_difference / len(train_neg_data))

train_neg_data = train_neg_data.sample(frac = sample_frac)
```

먼저 라벨에 따라 질문이 유사한 경우와 아닌 경우에 대한 데이터셋으로 구분한다. 데이터프레임 객체의 loc라는 기능을 활용해 데이터를 추출한다. 이 기능을 사용해 라벨이 1인 경우와

0인 경우를 분리해서 변수를 생성한다. 이제 두 변수의 길이를 맞춰야 한다. 우선 두 변수의 길이의 차이를 계산하고 샘플링하기 위해 적은 데이터(중복 질문)의 개수가 많은 데이터(중복이 아닌 질문)에 대한 비율을 계산한다. 그리고 개수가 많은 데이터에 대해 방금 구한 비율만큼 샘플링하면 두 데이터 간의 개수가 거의 비슷해진다. 샘플링한 이후 각 데이터의 개수를 확인해 보자.

```
print("중복 질문 개수: {}".format(len(train_pos_data)))
print("중복이 아닌 질문 개수: {}".format(len(train_neg_data)))
```

```
중복 질문 개수: 149263
중복이 아닌 질문 개수: 149263
```

샘플링한 후 데이터의 개수가 동일해졌다. 이제 해당 데이터를 사용하면 균형 있게 학습할 수 있을 것이다. 우선 라벨에 따라 나눠진 데이터를 다시 하나로 합치자.

```
train_data = pd.concat([train_neg_data, train_pos_data])
```

이렇게 비율을 맞춘 데이터를 활용해 데이터 전처리를 진행하자. 앞서 전처리에서 분석한 대로 문장 문자열에 대한 전처리를 먼저 진행한다. 우선 학습 데이터의 질문 쌍을 하나의 질문 리스트로 만들고, 정규 표현식을 사용해 물음표와 마침표 같은 구두점 및 기호를 제거하고 모든 문자를 소문자로 바꾸는 처리를 한다.

각 데이터에 있는 두 개의 질문을 각각 리스트 형태로 만든 후 각 리스트에 대해 전처리를 진행해서 두 개의 전처리된 리스트를 만들자.

```
change_filter = re.compile(FILTERS)

questions1 = [str(s) for s in train_data['question1']]
questions2 = [str(s) for s in train_data['question2']]

filtered_questions1 = list()
filtered_questions2 = list()
```

```
for q in questions1:
    filtered_questions1.append(re.sub(change_filter, "", q).lower())

for q in questions2:
    filtered_questions2.append(re.sub(change_filter, "", q).lower())
```

물음표와 마침표 같은 기호에 대해 정규 표현식으로 전처리하기 위해 re 라이브러리를 활용한다. 먼저 정규 표현식을 사용할 패턴 객체를 만들어야 한다. re.compile 함수를 사용해 패턴 객체를 만든다. 이때 함수 인자에는 내가 찾고자 하는 문자열 패턴에 대한 내용을 입력한다. FILTERS 변수는 물음표와 마침표를 포함해서 제거하고자 하는 기호의 집합을 정규 표현식으로 나타낸 문자열이다. 이렇게 정의한 패턴은 정규 표현식의 컴파일 함수를 사용해 컴파일해 둔다.

그리고 데이터의 두 질문을 각 리스트로 만든 후, 각 리스트에 대해 전처리를 진행한다. 앞서 정의한 필터에 해당하는 문자열을 제거하고 모든 알파벳 문자를 소문자로 바꾼다. 이렇게 각 질문 리스트에 대해 전처리를 진행한 결과를 두 개의 변수에 저장한다.

이렇게 텍스트를 정제하는 작업을 끝냈다. 이제 남은 과정은 정제된 텍스트 데이터를 토크나이징하고 각 단어를 인덱스로 바꾼 후, 전체 데이터의 길이를 맞추기 위해 정의한 최대 길이보다 긴 문장은 자르고 짧은 문장은 패딩 처리를 하는 것이다.

문자열 토크나이징은 앞서와 동일한 방법으로 텐서플로 케라스에서 제공하는 자연어 전처리 모듈을 활용한다. 이때 4장과 다른 점은 토크나이징 객체를 만들 때는 두 질문 텍스트를 합친 리스트에 대해 적용하고, 토크나이징은 해당 객체를 활용해 각 질문에 대해 따로 진행한다는 것이다. 이러한 방법을 사용하는 이유는 두 질문에 대해 토크나이징 방식을 동일하게 진행하고, 두 질문을 합쳐 전체 단어 사전을 만들기 위해서다. 토크나이징 이후에는 패딩 처리를 한 벡터화를 진행할 것이다.

```
tokenizer = Tokenizer()
tokenizer.fit_on_texts(filtered_questions1 + filtered_questions2)
```

이렇게 생성한 토크나이징 객체를 두 질문 리스트에 적용해 각 질문을 토크나이징하고 단어들을 각 단어의 인덱스로 변환하자.

```
questions1_sequence = tokenizer.texts_to_sequences(filtered_questions1)
questions2_sequence = tokenizer.texts_to_sequences(filtered_questions2)
```

단어 인덱스로 이뤄진 벡터로 바꾼 값을 확인해 보면 어떤 구조로 바뀌었는지 확인할 수 있을 것이다. 이제 모델에 적용하기 위해 특정 길이로 동일하게 맞춰야 한다. 따라서 최대 길이를 정한 후 그 길이보다 긴 질문은 자르고, 짧은 질문은 부족한 부분을 0으로 채우는 패딩 과정을 진행하자.

```
MAX_SEQUENCE_LENGTH = 31

q1_data = pad_sequences(questions1_sequence, maxlen=MAX_SEQUENCE_LENGTH, padding='post')
q2_data = pad_sequences(questions2_sequence, maxlen=MAX_SEQUENCE_LENGTH, padding='post')
```

최대 길이의 경우 앞서 데이터 분석에서 확인했던 단어 개수의 99퍼센트인 31로 설정했다. 이렇게 설정한 이유는 이상치를 뺀 나머지를 포함하기 위해서다(다양한 값으로 실험했을 때 이 값이 가장 좋은 값이었다). 전처리 모듈의 패딩 함수를 사용해 최대 길이로 자르고 짧은 데이터에 대해서는 데이터 뒤에 패딩값을 채워넣었다.

전처리가 끝난 데이터를 저장한다. 저장하기 전에 라벨값과 단어 사전을 저장하기 위해 값을 저장한 후 각 데이터의 크기를 확인해 보자.

```
word_vocab = {}
word_vocab = tokenizer.word_index
word_vocab["<PAD>"] = 0

labels = np.array(train_data['is_duplicate'], dtype=int)

print('Shape of question1 data: {}'.format(q1_data.shape))
print('Shape of question2 data:{}'.format(q2_data.shape))
print('Shape of label: {}'.format(labels.shape))
print('Words in index: {}'.format(len(word_vocab)))
```

```
Shape of question1 data: (298526, 31)
Shape of question2 data:(298526, 31)
Shape of label: (298526,)
Words in index: 76605
```

두 개의 질문 문장의 경우 각각 길이를 31로 설정했고, 단어 사전의 길이인 전체 단어 개수
는 76,605개로 돼 있다. 그리고 단어 사전과 전체 단어의 개수는 딕셔너리 형태로 저장해
두자.

```
data_configs = {}
data_configs['vocab'] = word_vocab
data_configs['vocab_size'] = len(word_vocab)
```

이제 각 데이터를 모델링 과정에서 사용할 수 있게 저장하면 된다. 저장할 파일명을 지정한
후 각 데이터의 형태에 맞는 형식으로 저장하자.

```
TRAIN_Q1_DATA = 'q1_train.npy'
TRAIN_Q2_DATA = 'q2_train.npy'
TRAIN_LABEL_DATA = 'label_train.npy'
DATA_CONFIGS = 'data_configs.npy'

np.save(open(DATA_IN_PATH + TRAIN_Q1_DATA, 'wb'), q1_data)
np.save(open(DATA_IN_PATH + TRAIN_Q2_DATA , 'wb'), q2_data)
np.save(open(DATA_IN_PATH + TRAIN_LABEL_DATA , 'wb'), labels)

json.dump(data_configs, open(DATA_IN_PATH + DATA_CONFIGS, 'w'))
```

넘파이의 save 함수를 활용해 각 질문과 라벨 데이터를 저장한다. 딕셔너리 형태의 데이터 정
보는 json 파일로 저장했다. 이렇게 하면 학습할 모델에 대한 데이터 전처리가 완료된다. 전
처리한 데이터는 뒤에 모델 학습을 하는 과정에서 손쉽게 활용될 것이다. 이제 평가 데이터에
대해서도 앞의 전처리 과정을 동일하게 진행한 후 전처리한 데이터를 저장하자. 우선 전처리
할 평가 데이터를 불러오자.

```
test_data = pd.read_csv(DATA_IN_PATH + 'test.csv', encoding='utf-8')
valid_ids = [type(x) ==int for x in test_data.test_id]
test_data = test_data[valid_ids].drop_duplicates()
```

우선 평가 데이터에 대해 텍스트를 정제하자. 평가 데이터 역시 두 개의 질문이 존재한다. 따라서 각 질문을 따로 리스트로 만든 후 전처리할 것이다. 앞서 확인했듯이 평가 데이터의 길이가 학습 데이터와 비교했을 때 매우 길었다. 따라서 학습 데이터 때와 달리 시간이 많이 소요될 것이다.

```
test_questions1 = [str(s) for s in test_data['question1']]
test_questions2 = [str(s) for s in test_data['question2']]

filtered_test_questions1 = list()
filtered_test_questions2 = list()

for q in test_questions1:
    filtered_test_questions1.append(re.sub(change_filter, "", q).lower())

for q in test_questions2:
    filtered_test_questions2.append(re.sub(change_filter, "", q).lower())
```

정제한 평가 데이터를 인덱스 벡터로 만든 후 동일하게 패딩 처리를 하면 된다. 이때 사용하는 토크나이징 객체는 이전에 학습 데이터에서 사용했던 객체를 사용해야 동일한 인덱스를 가진다.

```
test_questions1_sequence = tokenizer.texts_to_sequences(filtered_test_questions1)
test_questions2_sequence = tokenizer.texts_to_sequences(filtered_test_questions2)

test_q1_data = pad_sequences(test_questions1_sequence, maxlen=MAX_SEQUENCE_LENGTH,
padding='post')
test_q2_data = pad_sequences(test_questions2_sequence, maxlen=MAX_SEQUENCE_LENGTH,
padding='post')
```

평가 데이터의 경우 라벨이 존재하지 않으므로 라벨은 저장할 필요가 없다. 그리고 평가 데이터에 대한 단어 사전 정보도 이미 학습 데이터 전처리 과정에서 저장했기 때문에 추가로 저장할 필요가 없다. 하지만 평가 데이터에 대한 결과를 캐글에 제출할 때를 생각해보면 평가 데이터의 id 값이 필요하다. 따라서 평가 데이터의 id 값을 넘파이 배열로 만들자. 그리고 평가 데이터를 전처리한 값들의 크기를 출력해보자.

```python
test_id = np.array(test_data['test_id'])

print('Shape of question1 data: {}'.format(test_q1_data.shape))
print('Shape of question2 data:{}'.format(test_q2_data.shape))
print('Shape of ids: {}'.format(test_id.shape))
```

```
Shape of question1 data: (3563475, 11)
Shape of question2 data:(3563475, 11)
Shape of ids: (3563475,)
```

평가 데이터도 마찬가지로 전체 문장 길이를 11로 맞춰서 전처리를 마무리했다. 이제 전처리한 평가 데이터를 파일로 저장하자. 두 개의 질문 데이터와 평가 id 값을 각각 넘파이 파일로 저장하자.

```python
TEST_Q1_DATA = 'test_q1.npy'
TEST_Q2_DATA = 'test_q2.npy'
TEST_ID_DATA = 'test_id.npy'

np.save(open(DATA_IN_PATH + TEST_Q1_DATA, 'wb'), test_q1_data)
np.save(open(DATA_IN_PATH + TEST_Q2_DATA , 'wb'), test_q2_data)
np.save(open(DATA_IN_PATH + TEST_ID_DATA , 'wb'), test_id)
```

이제 모든 전처리 과정이 끝났다. 본격적으로 질문 간의 유사도를 측정하기 위한 모델을 만들어 보자. 모델은 총 세 가지 종류를 만들어 보겠다. 먼저 XG 부스트 모델을 만들어 텍스트 유사도 문제를 해결해 보자.

03 모델링

앞서 전처리한 데이터를 사용해 본격적으로 텍스트 유사도를 측정하기 위한 모델을 만들자. 여기서는 앞서 언급한 대로 총 세 개의 모델을 직접 구현하고 성능을 측정해서 모델 간의 성능을 비교해볼 것이다. 맨 먼저 구현할 모델은 XG 부스트 모델이며, 나머지 두 개의 모델은 딥러닝 기반의 모델로서 하나는 합성곱 신경망을 활용한 모델이고 다른 하나는 맨해튼 거리를 활용하는 LSTM 모델인 MaLSTM 모델이다.

XG 부스트 텍스트 유사도 분석 모델

맨 먼저 사용할 모델은 앙상블 모델 중 하나인 XG 부스트 모델이다. 해당 모델을 사용해서 데이터의 주어진 두 질문 문장 사이의 유사도를 측정해서 두 질문이 중복인지 아닌지를 판단할 수 있게 만들 것이다. 우선 XG 부스트 모델이 어떤 모델인지 먼저 알아보자.

모델 소개

XG 부스트란 'eXtream Gradient Boosting'의 약자로 최근 캐글 사용자에게 큰 인기를 얻고 있는 모델 중 하나다. XG 부스트는 앙상블의 한 방법인 부스팅(Boosting) 기법을 사용하는 방법이라서 XG 부스트에 대해 알아보기 전에 부스팅 기법에 대해 먼저 알아보자.

머신러닝 혹은 통계학에서 앙상블 기법이란 여러 개의 학습 알고리즘을 사용해 더 좋은 성능을 얻는 방법을 뜻한다. 앙상블 기법에는 배깅과 부스팅이라는 방법이 있다. 배깅에 대해 먼저 설명하면 배깅이란 여러 개의 학습 알고리즘, 모델을 통해 각각 결과를 예측하고 모든 결과를 동등하게 보고 취합해서 결과를 얻는 방식이다. 예를 들면 4장에서 사용했던 랜덤 포레스트의 경우 여러 개의 의사결정 트리 결괏값의 평균을 통해 결과를 얻는 배깅(Bagging)이라는 방법을 사용했다.

다음으로 부스팅에 대해 알아보자. 배깅의 경우 여러 알고리즘, 모델의 결과를 다 동일하게 취합한다고 했다. 이와 다르게 부스팅은 각 결과를 순차적으로 취합하는데, 단순히 하나씩 취합하는 방법이 아니라 이전 알고리즘, 모델이 학습 후 잘못 예측한 부분에 가중치를 줘서 다시 모델로 가서 학습하는 방식이다. 다음 그림을 보면 배깅과 부스팅에 대해 좀 더 직관적으로 이해할 수 있을 것이다.

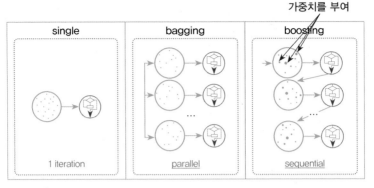

그림 5.10 앙상블 기법[3]

그림에서 싱글이라고 나와 있는 부분은 앙상블 기법이 아니라 단순히 하나의 모델만으로 결과를 내는 방법이다. 앞에서 사용했던 CNN, RNN 등이 싱글에 해당한다.

이렇게 해서 부스팅이 어떤 모델을 뜻하는지 알아봤다. XG 부스트는 부스팅 기법 중 트리 부스팅(Tree Boosting) 기법을 활용한 모델이다. 여기서 말하는 트리 부스팅이 무엇인지 알아보기 위해 4장에서 알아본 랜덤 포레스트를 생각해보자. 랜덤 포레스트 모델이란 여러 개의 의사결정 트리를 사용해 결과를 평균 내는 방법이라 배웠다. 따라서 랜덤 포레스트는 배깅에 해당하는 기법이었는데, 트리 부스팅은 동일한 원리에 부스팅 방식을 적용했다고 생각하면 된다. 즉, 트리 부스팅 기법이란 여러 개의 의사결정 트리를 사용하지만 단순히 결과를 평균 내는 것이 아니라 결과를 보고 오답에 대해 가중치를 부여한다. 그리고 가중치가 적용된 오답에 대해서는 관심을 가지고 정답이 될 수 있도록 결과를 만들고 해당 결과에 대한 다른 오답을 찾아 다시 똑같은 작업을 반복적으로 진행하는 것이다.

최종적으로 XG 부스트란 이러한 트리 부스팅 방식에 경사 하강법을 통해 최적화하는 방법이다. 그리고 연산량을 줄이기 위해 의사결정 트리를 구성할 때 병렬 처리를 사용해 빠른 시간에 학습이 가능하다.

모델에 대한 설명을 들었을 때는 복잡해 보이고 사용하기 어려워 보일 수 있지만 이미 XG 부스트를 구현해둔 라이브러리를 사용하면 매우 쉽게 사용할 수 있다. 이제 모델을 사용하는 방법을 알아보자.

---

3 https://quantdare.com/what-is-the-difference-between-bagging-and-boosting/

모델 구현

이제 본격적으로 XG 부스트 모델을 직접 구현해 보자. 여기서는 사이킷런이나 텐서플로 라이브러리가 아닌 XG 부스트 모델만을 위한 라이브러리를 사용해서 구현하겠다. 우선 전처리한 데이터를 불러오자.

```python
import numpy as np

DATA_IN_PATH = './data_in/'

TRAIN_Q1_DATA_FILE = 'train_q1.npy'
TRAIN_Q2_DATA_FILE = 'train_q2.npy'
TRAIN_LABEL_DATA_FILE = 'train_label.npy'


# 훈련 데이터를 가져온다
train_q1_data = np.load(open(DATA_IN_PATH + TRAIN_Q1_DATA_FILE, 'rb'))
train_q2_data = np.load(open(DATA_IN_PATH + TRAIN_Q2_DATA_FILE, 'rb'))
train_labels = np.load(open(DATA_IN_PATH + TRAIN_LABEL_DATA_FILE, 'rb'))
```

넘파이 파일로 저장한 전처리 데이터를 불러왔다. 데이터의 경우 각 데이터에 대해 두 개의 질문이 주어져 있는 형태다. 현재는 두 질문이 따로 구성돼 있는데 이를 하나씩 묶어 하나의 질문 쌍으로 만들어야 한다.

```python
train_input = np.stack((train_q1_data, train_q2_data), axis=1)
```

넘파이의 stack 함수를 사용해 두 질문을 하나의 쌍으로 만들었다. 예를 들어, 질문 [A]와 질문 [B]가 있을 때 이 질문을 하나로 묶어 [[A], [B]] 형태로 만들었다. 이렇게 하나로 묶은 데이터 형태를 출력해 보자.

```python
print(train_input.shape)
```

```
(298526, 2, 31)
```

전체 29만 개 정도의 데이터에 대해 두 질문이 각각 31개의 질문 길이를 가지고 있음을 확인할 수 있다. 두 질문 쌍이 하나로 묶여 있는 것도 확인할 수 있다. 이제 학습 데이터의 일부를 모델 검증을 위한 검증 데이터로 만들어 두자.

```
from sklearn.model_selection  import train_test_split

train_input, eval_input, train_label, eval_label = train_test_split(train_input,
train_labels, test_size=0.2, random_state=4242)
```

전체 데이터의 20%를 검증 데이터로 만들어 뒀다. 이제 학습 데이터를 활용해 XG 부스트 모델을 학습시키고 검증 데이터를 활용해 모델의 성능을 측정해 보자. 모델을 구현하기 위해 'xgboost'라는 라이브러리를 활용할 것이다. 우선 해당 라이브러리가 설치돼 있지 않다면 설치하자. XG 부스트의 경우 공식 페이지의 설치 가이드[4]를 참조해서 설치하면 된다.

XG 부스트를 설치한 후 라이브러리를 불러와서 모델을 구현해 보자. 모델에 적용하기 위해 입력값을 형식에 맞게 만들자.

```
import xgboost as xgb

train_data = xgb.DMatrix(train_input.sum(axis=1), label=train_label)
eval_data = xgb.DMatrix(eval_input.sum(axis=1), label=eval_label)

data_list = [(train_data, 'train'), (eval_data, 'valid')]
```

XG 부스트 모델을 사용하려면 입력값을 xgb 라이브러리의 데이터 형식인 DMatrix 형태로 만들어야 한다. 학습 데이터와 검증 데이터 모두 적용해서 해당 데이터 형식으로 만든다. 적용 과정에서 각 데이터에 대해 sum 함수를 사용하는데 이는 각 데이터의 두 질문을 하나의 값으로 만들어 주기 위해서다. 그리고 두 개의 데이터를 묶어서 하나의 리스트로 만든다. 이때 학습 데이터와 검증 데이터는 각 상태의 문자열과 함께 튜플 형태로 구성한다.

이제 모델을 생성하고 학습하는 과정을 진행해 보자.

---

4   https://xgboost.readthedocs.io/en/latest/

```
params = {}
params['objective'] = 'binary:logistic'
params['eval_metric'] = 'rmse'

bst = xgb.train(params, train_data, num_boost_round = 1000, evals = data_list,
early_stopping_rounds=10)
```

우선 모델을 만들고 학습하기 위해 몇 가지 선택해야 하는 옵션은 딕셔너리를 만들어 넣으면 된다. 이때 이 딕셔너리에는 모델의 목적함수와 평가 지표를 정해서 넣어야 하는데 여기서는 우선 목적함수의 경우 이진 로지스틱 함수를 사용한다. 평가 지표의 경우 rmse(Root mean squared error)를 사용한다. 이렇게 만든 인자와 학습 데이터, 데이터를 반복하는 횟수인 num_boost_round, 모델 검증 시 사용할 전체 데이터 쌍, 그리고 조기 멈춤(early stopping)을 위한 횟수를 지정한다.

데이터를 반복하는 횟수, 즉 에폭을 의미하는 값으로는 1000을 설정했다. 전체 데이터를 만 번 반복해야 끝나도록 설정한 것이다. 그리고 조기 멈춤을 위한 횟수값으로 10을 설정했는데 이는 만약 10에폭 동안 에러값이 별로 줄어들지 않았을 경우에는 학습을 조기에 멈추게 하는 것이다. 이렇게 설정하고 함수를 실행하면 다음과 같이 학습이 진행되고 여러 값을 확인할 수 있을 것이다.

```
[0]  train-rmse:0.481806   valid-rmse:0.482044
Multiple eval metrics have been passed: 'valid-rmse' will be used for early stopping.

Will train until valid-rmse hasn't improved in 10 rounds.
[1]  train-rmse:0.471209   valid-rmse:0.471745
[2]  train-rmse:0.464538   valid-rmse:0.46544
...............................................
[886]   train-rmse:0.35256 valid-rmse:0.406854
[887]   train-rmse:0.352527        valid-rmse:0.406858
Stopping. Best iteration:
[877]   train-rmse:0.352677        valid-rmse:0.406845
```

각 스텝마다 학습 에러와 검증 에러를 계속해서 보여주고 있으며, 877스텝에서 학습이 끝났다. 이는 더 이상 에러가 떨어지지 않아서 학습이 조기 멈춤한 것이다. 이렇게 학습한 모델을 사용해 평가 데이터를 예측하고 예측 결과를 캐글에 제출할 수 있게 파일로 만들어보자. 우선 전처리한 평가 데이터를 불러오자.

```python
TEST_Q1_DATA_FILE = 'test_q1.npy'
TEST_Q2_DATA_FILE = 'test_q2.npy'
TEST_ID_DATA_FILE = 'test_id.npy'

test_q1_data = np.load(open(DATA_IN_PATH + TEST_Q1_DATA_FILE, 'rb'))
test_q2_data = np.load(open(DATA_IN_PATH + TEST_Q2_DATA_FILE, 'rb'))
test_id_data = np.load(open(DATA_IN_PATH + TEST_ID_DATA_FILE, 'rb'))
```

불러온 평가 데이터를 앞의 학습 데이터와 마찬가지로 XG 부스트 모델에 적용할 수 있게 형식에 맞춰 만든 후 모델의 predict 함수에 적용한다.

```python
test_input = np.stack((test_q1_data, test_q2_data), axis=1)
test_data = xgb.DMatrix(test_input.sum(axis=1))
test_predict = bst.predict(test_data)
```

이렇게 예측한 결괏값을 형식에 맞게 파일로 만들어야 한다. 평가 데이터의 id 값과 예측값을 하나의 데이터프레임으로 만든 후 CSV 파일로 저장하자.

```python
DATA_OUT_PATH = './data_out/'

if not os.path.exists(DATA_OUT_PATH):
    os.makedirs(DATA_OUT_PATH)

output = pd.DataFrame('test_id': test_id_data, 'is_duplicate': test_predict)
output.to_csv(DATA_OUT_PATH + 'simple_xgb.csv', index=False)
```

지정한 경로에 CSV 파일이 만들어졌을 것이다. 이제 해당 파일을 캐글에 제출해서 점수를 확인해 보자.

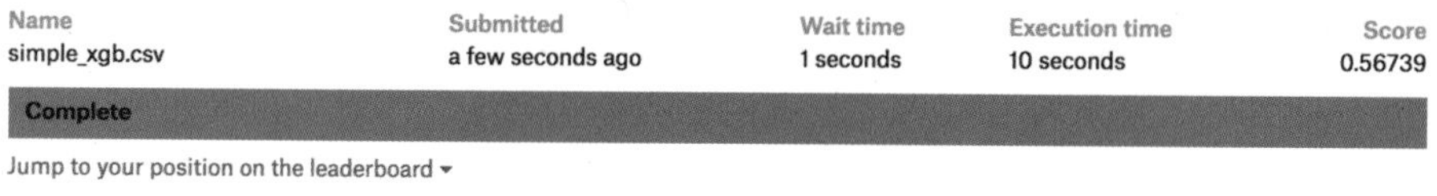

그림 5.11 XG 부스트 모델 결과

XG 부스트를 통해 점수를 받아봤다. 순위를 확인해 보면 중간 정도의 순위다. 간단하게 구현했지만 성능을 더 올리고 싶다면 TF-IDF나 word2vec으로 데이터의 입력값의 형태를 바꾼후 모델에 적용하는 방법을 추천한다. 이제 딥러닝 모델을 통해 텍스트 유사도 문제를 해결해보자.

CNN 텍스트 유사도 분석 모델

앞에서는 머신러닝 모델 중 하나인 XG 부스트를 이용해 텍스트 유사도를 측정했다. 이번에는 딥러닝 모델을 만들어 보겠다. 그중에서 4장에서도 사용했던 합성곱 신경망 구조를 활용해 텍스트 유사도를 측정하는 모델을 만들어 보겠다. 기본적인 구조는 이전 장의 합성곱 모델과 유사하지만 이번 경우에는 각 데이터가 두 개의 텍스트 문장으로 돼 있기 때문에 병렬적인구조를 가진 모델을 만들어야 한다. 본격적으로 모델이 어떻게 구성되고 어떻게 구현하는지알아보자.

모델 소개

CNN 텍스트 유사도 분석 모델은 문장에 대한 의미 벡터를 합성곱 신경망을 통해 추출해서그 벡터에 대한 유사도를 측정한다.

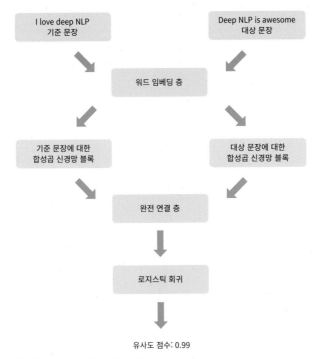

그림 5.12 합성곱 신경망 텍스트 유사도 분석 모델 구조

그림 5.12는 구현하고자 하는 CNN 유사도 분석 모델의 전체적인 구조다. 모델에 입력하고자 하는 데이터는 문장 2개다. 문장에 대한 유사도를 보기 위해서는 기준이 되는 문장이 필요하다. 이를 '기준 문장'이라 정의한다. 그리고 '기준 문장'에 대해 비교해야 하는 문장이 있는데 이를 '대상 문장'이라 한다. 만약 모델에 입력하고자 하는 기준 문장이 'I love deep NLP'이고 이를 비교할 대상 문장이 'Deep NLP is awesome'이라 하자. 이 두 문장은 의미가 상당히 유사하다. 만약 학습이 진행된 후에 두 문장에 대한 유사도를 측정하고자 한다면 아마도 높은 문장 유사도 점수를 보일 것이다. 이처럼 문장이 의미적으로 가까우면 유사도 점수는 높게 표현될 것이고 그렇지 않을 경우에는 낮게 표현될 것이다.

이제 전반적인 유사도 분석 모델 구조에 대한 흐름을 보자. 모델에 데이터를 입력하기 전에 기준 문장과 대상 문장에 대해서 인덱싱을 거쳐 문자열 형태의 문장을 인덱스 벡터 형태로 구성한다. 인덱스 벡터로 구성된 문장 정보는 임베딩 과정을 통해 각 단어가 임베딩 벡터로 바뀐 행렬로 구성될 것이다.

임베딩 과정을 통해 나온 문장 행렬은 기준 문장과 대상 문장 각각에 해당하는 CNN 블록을 거치게 한다. CNN 블록은 합성곱 층과 맥스 풀링(Max Pooling) 층을 합친 하나의 신경망을 말한다. 두 블록을 거쳐 나온 벡터는 문장에 대한 의미 벡터가 된다. 두 문장에 대한 의미 벡터를 가지고 여러 방식으로 유사도를 구할 수 있다. 이 책에서는 완전연결 층을 거친 후 최종적으로 로지스틱 회귀 방법을 통해 문장 유사도 점수를 측정할 것이다. 이렇게 측정한 점수에 따라 두 문장이 유사한지 유사하지 않은지 판단할 것이다. 이제 본격적으로 해당 모델을 구현해 보자.

학습 데이터 불러오기

이제 모델을 구현하자. 앞서 4장과 동일하게 전처리한 데이터셋을 불러오자.

```
DATA_IN_PATH = './data_in/'
DATA_OUT_PATH = './data_out/'
TRAIN_Q1_DATA_FILE = 'train_q1.npy'
TRAIN_Q2_DATA_FILE = 'train_q2.npy'
TRAIN_LABEL_DATA_FILE = 'train_label.npy'
DATA_CONFIGS = 'data_configs.json'


q1_data = np.load(open(DATA_IN_PATH + TRAIN_Q1_DATA_FILE, 'rb'))
q2_data = np.load(open(DATA_IN_PATH + TRAIN_Q2_DATA_FILE, 'rb'))
labels = np.load(open(DATA_IN_PATH + TRAIN_LABEL_DATA_FILE, 'rb'))
prepro_configs = json.load(open(DATA_IN_PATH + DATA_CONFIGS, 'r'))
```

모델 구현

앞서 전처리했다시피 입력 데이터는 인덱스로 변환된 두 개의 문장 데이터와 라벨 데이터다. 각 문장 데이터는 q1_data, q2_data에 할당하고 라벨 데이터는 labels에 할당한다. 4장에서처럼 사전정보는 prepro_configs에 할당한다. 사전정보는 워드 임베딩을 적용할 때 활용한다.

우선 모델을 구현하기 전에 먼저 SentenceEmbedding 모듈을 정의한다. 이 모듈을 통해 문장에 대한 정보를 히나의 벡터로 만든다. 이 과정에서 합성곱 레이어와 맥스 풀링 레이어가 활용된다. 이 모듈을 먼저 구현해보자.

```
class SentenceEmbedding(layers.Layer):
    def __init__(self, **kargs):
        super(SentenceEmbedding, self).__init__()

        self.conv = layers.Conv1D(kargs['conv_num_filters'], kargs['conv_window_size'],
                                  activation=tf.keras.activations.relu,
                                  padding='same')
        self.max_pool = layers.MaxPool1D(kargs['max_pool_seq_len'], 1)
        self.dense = layers.Dense(kargs['sent_embedding_dimension'],
                                  activation=tf.keras.activations.relu)

    def call(self, x):
        x = self.conv(x)
        x = self.max_pool(x)
        x = self.dense(x)

        return tf.squeeze(x, 1)
```

모듈의 구조를 보면 앞서 모델을 구현했던 것과 거의 유사한 형태로 구현돼 있다. 하지만 모델이 아닌 모듈을 구현하는 것이기 때문에 tf.keras.Model을 상속받는 것이 아니라 tf.keras.layers.Layers 클래스를 상속받는다. 상속받는 클래스만 제외하면 모델을 구현할 때와 동일한 구조로 구현하면 된다.

이제 모듈을 구현한 내용을 자세히 살펴보자. 이 모듈은 문장에 대한 입력값에서 특징을 뽑아 하나의 벡터를 추출하는 역할을 한다고 앞에서 설명했다. 이때 특징값을 뽑기 위해 합성곱 레이어와 맥스풀 레이어를 활용한다. 그리고 뽑은 특징값의 차원 수를 조절하기 위한 Dense 레이어를 활용한다.

모듈을 구현할 때 활용되는 모든 하이퍼파라미터는 모델 클래스의 인자와 동일하게 dict 객체를 통해 받는다. 각 레이어를 생성할 때 사용된 하이퍼파라미터들을 살펴보자. 먼저 합성곱 레이어의 경우 합성곱을 적용할 필터의 개수와 필터의 크기, 활성화 함수, 패딩 방법까지 인자로 받는다. 활성화 함수로는 relu 함수를 사용한다. 패딩 방법으로는 입력값과 출력에 대한 크기를 동일하게 하기 위해 'same'이라는 값으로 설정한다. 맥스 풀링 레이어의 경우 전체 시퀀스에서 가장 특징이 되는 높은 피처값만 선택해 문장 벡터를 구성하게 한다. 그렇기 때문에 시퀀스 전체가 하나의 맥스 풀링을 하는 영역이 돼야 한다. 풀링 영역에 대한 크기는 max_ pool_seq_len을 통해 정의하고 두 번째 파라미터인 pool_size에 1을 입력한다. Dense 레이어에는 문장 임베딩 벡터로 출력할 차원 수를 정의한다.

이렇게 정의한 모듈들을 call 함수에서 호출해 모듈 연산 과정을 정의한다. 연산의 전체적인 흐름은 각 단어의 입력값에 대해 합성곱 연산을 적용한 후 전체 문장의 특징값에 대해 맥스 풀링을 통해 하나의 벡터로 만든다. 이후 차원을 변경하기 위해 Dense 레이어를 적용한 후 최종 벡터를 반환하면 된다. 참고로 마지막에 불필요한 차원을 제거하기 위해 squeeze 함수를 적용한다.

이제 문장 임베딩 모듈을 모델에 적용해 모델을 만들어 보자. 먼저 모델을 구현한 코드를 보자.

```python
class SentenceSimilarityModel(tf.keras.Model):
    def __init__(self, **kargs):
        super(SentenceSimilarityModel, self).__init__(name=kargs['model_name'])

        self.word_embedding = layers.Embedding(kargs['vocab_size'],
kargs['word_embedding_dimension'])
        self.base_encoder = SentenceEmbedding(**kargs)
        self.hypo_encoder = SentenceEmbedding(**kargs)
        self.dense = layers.Dense(kargs['hidden_dimension'],
                                        activation=tf.keras.activations.relu)
        self.logit = layers.Dense(1, activation=tf.keras.activations.sigmoid)
        self.dropout = layers.Dropout(kargs['dropout_rate'])

    def call(self, x):
        x1, x2 = x
        b_x = self.word_embedding(x1)
        h_x = self.word_embedding(x2)
        b_x = self.dropout(b_x)
        h_x = self.dropout(h_x)

        b_x = self.base_encoder(b_x)
        h_x = self.hypo_encoder(h_x)

        e_x = tf.concat([b_x, h_x], -1)
```

```
        e_x = self.dense(e_x)
        e_x = self.dropout(e_x)

        return self.logit(e_x)
```

모델 구현 시 사용되는 레이어는 크게 3가지 모듈을 사용한다. 첫 번째는 단어 임베딩 레이어, 그다음으로는 앞서 정의한 문장 임베딩 레이어, 마지막 하나는 차원 변환을 위한 Dense 레이어를 사용한다.

단어 임베딩 레이어를 생성할 때 단어 사전에 대한 크기와 임베딩 벡터의 차원 크기를 인자로 전달한다. 문장 임베딩의 경우 __init__ 함수에서 전달된 dict 객체인 kargs를 그대로 전달한다. Dense 레이어는 두 base와 hypothesis 문장에 대한 유사도를 계산하기 위해 만들어진 레이어다. 이 레이어에서는 두 문장 간의 관계를 표현할 수 있는 벡터를 출력하기 때문에 hidden_dimension으로 출력하는 벡터의 크기를 정의한다.

마지막으로 다시 Dense 레이어를 통해 두 문장 간의 유사성이 있는지 하나의 값으로 표현할 수 있게 하고 출력값의 범위를 0~1로 표현하기 위해 sigmoid 함수를 활성화 함수로 지정한다. 추가로 모델에서 활용할 드롭아웃 레이어를 생성한다. 드롭아웃 레이어를 생성할 때는 dropout_rate를 통해 모델에 드롭아웃할 정도를 정의한다.

모델 하이퍼파라미터 정의

이렇게 구현했다면 이제 본격적으로 모델 객체를 생성해 보자. 우선 모델 객체를 생성하기 위해 모델 하이퍼파라미터를 구성해 보자. 앞서 모델 구현에서 미리 살펴본 하이퍼파라미터들도 있지만 다시 한번 보자.

```
model_name = 'cnn_similarity'
BATCH_SIZE = 1024
NUM_EPOCHS = 100
VALID_SPLIT = 0.1
MAX_LEN = 31

kargs = {'model_name': model_name,
        'vocab_size': prepro_configs['vocab_size'],
        'word_embedding_dimension': 100,
```

```
    'conv_num_filters': 300,
    'conv_window_size': 3,
    'max_pool_seq_len': MAX_LEN,
    'sent_embedding_dimension': 128,
    'dropout_rate': 0.2,
    'hidden_dimension': 200,
    'output_dimension':1}
```

vocab_size와 word_embedding_dimension은 단어 임베딩을 위한 차원 값이다. 이 두 설정값은 워드 임베딩에서 활용한다. conv_num_filters와 conv_window_size는 합성곱 레이어를 위한 차원값과 윈도우 크기이고, max_pool_seq_len은 맥스 풀링을 위한 고정 길이다. 이 세 설정값은 합성곱 레이어에서 활용한다. 그리고 sent_embedding_dimension은 문장 임베딩에 대한 차원값이고 hidden_dimension은 마지막 Dense 레이어에 대한 차원 값이다.

모델 생성

하이퍼파라미터가 구성됐으면 이제 모델을 생성해 보자.

```
Model = SentenceSimilarityModel(**kargs)

model.compile(optimizer=tf.keras.optimizers.Adam(1e-3),
              loss=tf.keras.losses.BinaryCrossentropy(),
              metrics=[tf.keras.metrics.BinaryAccuracy(name='accuracy')])
```

앞서 구현한 모델 객체를 생성한 후 손실 함수와 옵티마이저, 평가지표까지 정의한 후 모델을 컴파일하자. 손실 함수는 이진 교차 엔트로피(binary cross entropy) 함수를 사용하고, 옵티마이저의 경우 앞장과 동일하게 아담을 사용한다. 평가의 경우 중복을 예측한 것에 대한 정확도를 측정한다.

모델 학습

모델을 생성했으니 모델 학습을 시도해 보자.

```python
# 오버피팅을 막기 위한 ealrystop 추가
earlystop_callback = EarlyStopping(monitor='val_accuracy', min_delta=0.0001, patience=1)
# min_delta: the threshold that triggers the termination (acc should at least improve
0.0001)
# patience: no improvment epochs (patience = 1, 1번 이상 상승이 없으면 종료)\

checkpoint_path = DATA_OUT_PATH + model_name + '/weights.h5'
checkpoint_dir = os.path.dirname(checkpoint_path)

# Create path if exists
if os.path.exists(checkpoint_dir):
    print("{} — Folder already exists \n".format(checkpoint_dir))
else:
    os.makedirs(checkpoint_dir, exist_ok=True)
    print("{} — Folder create complete \n".format(checkpoint_dir))


cp_callback = ModelCheckpoint(
    checkpoint_path, monitor='val_accuracy', verbose=1, save_best_only=True,
save_weights_only=True)
```

모델 학습은 앞서 4장에서 진행한 모델 학습 방식과 동일하게 진행한다. 단, model.fit 함수에 입력하는 값이 다르기 때문에 이 점만 유의하면 된다.

```python
history = model.fit((q1_data, q2_data), labels, batch_size=BATCH_SIZE, epochs=NUM_EPOCHS,
                validation_split=VALID_SPLIT, callbacks=[earlystop_callback,
    cp_callback])
```

모델을 학습할 때 model.fit 함수 호출은 4장에서 학습한 방법과 같이 동일하게 학습할 수 있도록 구현한다. 여기서 다른 점은 두 개의 문장 벡터를 입력하는 것이기 때문에 모델에 입력 값이 두 개라는 점이다. 모델에 입력하는 값은 튜플로 구성해서 입력한다.

이제 정의한 에폭만큼 데이터를 대상으로 모델을 학습 및 검증할 것이다. 학습이 모두 끝나면 학습 그래프를 그려보자.

```
plot_graphs(history, 'loss')
```

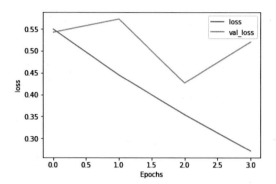

그림 5.13 CNN 모델 학습에 대한 손실값 그래프

```
plot_graphs(history, 'accuracy')
```

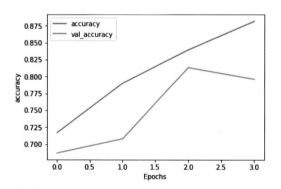

그림 5.14 CNN모델 학습에 대한 정확도 그래프

검증 데이터의 결과를 보면 3에폭에서 가장 좋은 성능을 보이는 것을 알 수 있다. 이제 가장 좋은 성능을 보이는 파라미터를 불러와서 테스트 데이터에 대해 예측한 후 캐글에 제출한 데이터를 만들어 보자.

데이터 제출하기

학습한 모델을 가지고 이제 평가를 해보자. 우선 전처리한 테스트 데이터를 불러오고, 학습 중 가장 성능이 높았던 에폭의 가중치를 불러오자. 불러온 가중치를 활용해 테스트 데이터의 예측 결과를 뽑은 후 캐글에 제출할 형식에 맞춰 csv 파일을 만든다.

```python
TEST_Q1_DATA_FILE = 'test_q1.npy'
TEST_Q2_DATA_FILE = 'test_q2.npy'
TEST_ID_DATA_FILE = 'test_id.npy'

test_q1_data = np.load(open(DATA_IN_PATH + TEST_Q1_DATA_FILE, 'rb'))
test_q2_data = np.load(open(DATA_IN_PATH + TEST_Q2_DATA_FILE, 'rb'))
test_id_data = np.load(open(DATA_IN_PATH + TEST_ID_DATA_FILE, 'rb'), allow_pickle=True)

SAVE_FILE_NM = 'weights.h5'
model.load_weights(os.path.join(DATA_OUT_PATH, model_name, SAVE_FILE_NM))

predictions = model.predict((test_q1_data, test_q2_data), batch_size=BATCH_SIZE)
predictions = predictions.squeeze(-1)

output = pd.DataFrame( data={"test_id":test_id_data, "is_duplicate": list(predictions)} )
output.to_csv("cnn_predict.csv", index=False, quoting=3)
```

저장된 예측 결과 파일을 캐글에 제출한 후 결과를 확인해보자. CNN 모델의 테스트 성능은 다음과 같다.

그림 5.15 CNN 모델에 대한 텍스트 유사도 점수

XG 부스트 모델을 사용한 것보다는 약간 낮은 성능을 보인다. 하지만 이 모델은 합성곱 신경 망을 아주 간단한 형태로만 구현한 모델이다. 만약 합성곱 층을 더 깊게 하거나 부가적인 기

법을 사용한다면 순위가 조금 더 올라갈 것이다. 이제 마지막으로 순환 신경망 계열의 모델인 MaLSTM 모델을 사용해 성능을 측정해 보자.

MaLSTM

마지막으로 텍스트 유사도 측정을 위해 사용할 모델은 MaLSTM 모델이다. 이전에 구현해본 모델에서는 합성곱 기반의 모델을 만들어서 성능을 측정했다. 이번에는 순서가 있는 입력 데이터에 적합하다는 평을 받는 순환 신경망 기반의 모델을 통해 텍스트 유사도를 측정한다. 핵심 모델 부분을 제외하고는 대부분 이전 절의 내용과 크게 다르지 않으므로 어렵지 않게 구현해볼 수 있을 것이다. 우선 MaLSTM이 어떤 모델인지 알아보자.

모델 소개

이번 절에서는 LSTM 계열을 활용해 문장의 유사도를 구할 것이다. 앞에서 언급했듯이 순환 신경망 계열의 모델은 문장의 시퀀스(Sequence) 형태로 학습시키고 기존 순환 신경망보다 장기적인 학습에 효과적인 성능을 보여줬다. 그중에서 유사도를 구하기 위해 활용하는 대표적인 모델인 MaLSTM 모델은 2016년 MIT에서 조나스 뮐러(Jonas Mueller)가 쓴 "Siamese Recurrent Architectures for Learning Sentence Similarity[5]"라는 논문에서 처음 소개됐다. MaLSTM이란 맨해튼 거리(Manhattan Distance) + LSTM의 줄임말로써, 일반적으로 문장의 유사도를 계산할 때 코사인 유사도를 사용하는 대신 맨해튼 거리를 사용하는 모델이다. 맨해튼 거리에 대한 내용은 3장의 관련 내용을 참고하자. 우선 모델 구조를 한번 살펴보자.

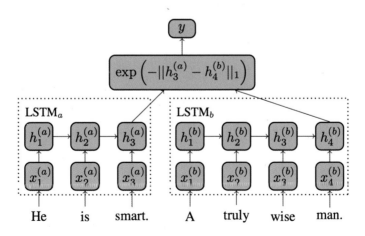

그림 5.16 MaLSTM의 모델 구조

---

5 "Siamese Recurrent Architectures for Learning Sentence Similarity": http://www.mit.edu/~jonasm/info/MuellerThyagarajan_AAAI16.pdf

모델에 대해 알아보면 앞서 구현했던 합성곱 신경망 모델과 거의 유사한 구조다. 이전의 합성곱 신경망 모델을 생각해 보면 두 개의 문장 입력값에 대해 각각 합성곱 층을 적용한 후 최종적으로 각 문장에 대해 의미 벡터를 각각 뽑아내서 이 둘의 값을 맨해튼 거리로 비교하는 형태의 모델이었다. MaLSTM 역시 이와 거의 비슷한 구조로 돼 있는데, 여기서는 합성곱 레이어를 적용해 보는 것이 아니라 순환 신경망 기반의 LSTM 층을 적용해 각 문장의 의미 벡터를 뽑는다. 해당 모델에서의 의미 벡터는 각 LSTM의 마지막 스텝인 $LSTM_a$의 $h_3^{(a)}$ 값과 $LSTM_b$의 $h_3^{(b)}$ 값이 은닉 상태 벡터로 사용된다. 이 값은 문장의 모든 단어에 대한 정보가 반영된 값으로 전체 문장을 대표하는 벡터가 된다. 이렇게 뽑은 두 벡터에 대해 맨해튼 거리를 계산해서 두 문장 사이의 유사도를 측정한다. 그리고 이렇게 계산한 유사도를 실제 라벨과 비교해서 학습하는 방식이다.

모델 구현

이번 절에서는 최대한 간단한 형태로 모델을 만들어 보겠다. 순환 신경망 계열 모델의 경우 층을 깊게 하지 않을 경우 성능이 쉽게 높아지지 않는데, 여기서는 최대한 쉽게 배울 수 있게 단층의 얕은 모델을 만들어서 유사도를 측정한다.

이제 해당 모델을 구현해보자. 해당 모델의 경우 데이터를 불러오고 해당 데이터의 학습, 평가 데이터를 구성하는 부분까지는 앞서 합성곱 모델을 만들 때와 동일하다. 따라서 이전 모델과 다른 부분인 모델 구현과 모델 클래스 부분만 알아보자.

```
class Model(tf.keras.Model):

    def __init__(self, **kargs):
        super(Model, self).__init__(name=model_name)
        self.embedding = layers.Embedding(input_dim=kargs['vocab_size'],
                                output_dim=kargs['embedding_dimension'])
        self.lstm = layers.LSTM(units=kargs['lstm_dimension'])

    def call(self, x):
        x1, x2 = x
        x1 = self.embedding(x1)
        x2 = self.embedding(x2)
        x1 = self.lstm(x1)
```

```
        x2 = self.lstm(x2)
        x = tf.exp(-tf.reduce_sum(tf.abs(x1 - x2), axis=1))

        return x
```

간단한 모델 구조로 위와 같이 간단하게 구현할 수 있다. 각 문장을 각 네트워크(임베딩 +
LSTM)에 통과시킨 후 최종 출력 벡터 사이의 맨해튼 거리를 측정해 최종 출력값으로 뽑는 구
조다. 구현 방식을 자세히 알아보기 위해 각 부분으로 나눠서 코드를 분석해 보자.

우선 모델에서 사용하는 층들을 생성하는 부분을 보자. 전체적으로 사용되는 층은 임베딩 층,
LSTM 층 두 가지를 사용한다.

```
def __init__(self, **kargs):
    super(Model, self).__init__(name=model_name)
    self.embedding = layers.Embedding(input_dim=kargs['vocab_size'],
                                      output_dim=kargs['embedding_dimension'])
    self.lstm = layers.LSTM(units=kargs['lstm_dimension'])
```

각 층은 입력값으로 들어오는 문장 쌍에 대해 각각 적용된다. 물론 각 문장에 적용되는 임베
딩 층과 LSTM 층을 각각 정의해도 된다. 논문에서는 각 문장에 대한 층을 하나만 정의하는
방법과 각각 따로 정의하는 방법 두 가지를 모두 제시하고 있다. 그중 여기서는 좀 더 간단하
고 쉬운 방법인 하나의 층만 정의하는 방법으로 구현한다.

이제 정의한 층들을 활용해 입력값에 대해 연산을 진행하는 call 메서드에 대해 알아보자. 우
선 입력값은 두 개의 문장 쌍이 튜플 형태로 모델에 들어오게 된다. 따라서 튜플 형식의 두 문
장을 각각 다른 변수에 할당한다.

```
x1, x2 = x
```

이렇게 할당된 각 문장은 각각 임베딩 층과 LSTM 층에 적용해 각 문장에 대해 단어들의 정보
를 반영한 은닉 상태 벡터를 뽑는다.

```
x1 = self.embedding(x1)
x2 = self.embedding(x2)
```

```
x1 = self.lstm(x1)
x2 = self.lstm(x2)
```

각 문장에 대한 은닉 상태 벡터는 x1과 x2 변수에 할당해뒀다. 이제 이 두 벡터 간의 맨해튼 거리를 계산하면 된다. 이렇게 정의한 맨해튼 거리는 0보다 큰 어떤 값을 가질 텐데, 우리에게 필요한 최종 출력값은 두 문장 사이의 유사도 값이므로 벡터 사이의 거리를 벡터 사이의 유사도로 바꿔야 한다. 거리가 멀수록 유사도 값은 작아지고 거리가 가까울수록 유사도는 1에 가까워지게 해야 하는데, 이를 위해 벡터 사이의 거리를 대상으로 y축에 대칭이 된 지수함수인 exp(-x) 함수를 적용한다.

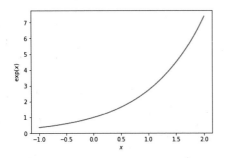
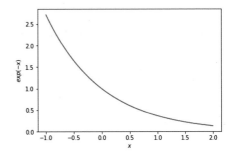

그림 5.17 exponential 함수

해당 함수를 적용하면 벡터 사이의 거리가 0인 경우 유사도 값은 1이 되고 벡터 사이의 거리가 멀어질수록 0에 가까워지게 된다.

```
x = tf.exp(-tf.reduce_sum(tf.abs(x1 - x2), axis=1))
```

위 코드를 보면 맨해튼 거리를 계산하기 위해 두 벡터의 차이를 계산한 후 절댓값 함수인 tf.abs를 적용한다. 그리고 벡터의 각 원소 간의 차이를 하나의 합으로 만들기 위해 tf.reduce_sum 함수를 사용해 벡터의 각 원소 간의 차이에 대한 절댓값 합을 계산한다. 이렇게 계산한 맨해튼 거리를 음수값으로 바꾼 후 tf.exp 함수에 적용한다. 이렇게 뽑은 최종 벡터 간의 유사도를 call 함수의 반환값으로 전달한다.

이제 구현한 모델을 사용해 학습을 진행해보자. 모델 학습을 위해 몇 가지 하이퍼파라미터를 정의한 후 모델 객체를 생성 및 컴파일하자.

```
model_name = 'malstm_similarity'
BATCH_SIZE = 128
NUM_EPOCHS = 5
VALID_SPLIT = 0.1

kargs = {
    'vocab_size': prepro_configs['vocab_size'],
    'embedding_dimension': 100,
    'lstm_dimension': 150,
}

model = Model(**kargs)

model.compile(optimizer=tf.keras.optimizers.Adam(1e-3),
              loss=tf.keras.losses.BinaryCrossentropy(),
              metrics=[tf.keras.metrics.BinaryAccuracy(name='accuracy')])
```

모델의 옵티마이저로는 아담 옵티마이저를 사용하고, 손실 함수는 유사도를 구하는 문제이므로 평균 제곱 오차 손실 함수를 사용한다. 평가 지표로는 정확도를 사용할 것이다. 이제 모델을 학습할 준비가 모두 끝났으므로 데이터를 fit 메서드에 넣어서 모델 학습을 진행하자. 이 모델 역시 마찬가지로 학습 시 각 에폭마다 검증 데이터에 대한 성능을 보기 위해 검증 데이터 또한 함께 넣어준다. 그리고 학습 시 각 에폭에 대한 가중치를 저장하기 위한 체크포인트 콜백 객체를 얼리스탑 콜백과 함께 fit 메서드에 지정한다.

```
earlystop_callback = EarlyStopping(monitor='val_accuracy', min_delta=0.0001, patience=1)

checkpoint_path = DATA_OUT_PATH + model_name + '/weights.h5'
checkpoint_dir = os.path.dirname(checkpoint_path)

if os.path.exists(checkpoint_dir):
    print("{} — Folder already exists \n".format(checkpoint_dir))
else:
    os.makedirs(checkpoint_dir, exist_ok=True)
    print("{} — Folder create complete \n".format(checkpoint_dir))
```

```
cp_callback = ModelCheckpoint(
    checkpoint_path, monitor='val_accuracy', verbose=1, save_best_only=True,
save_weights_only=True)

history = model.fit((q1_data, q2_data), labels, batch_size=BATCH_SIZE, epochs=NUM_EPOCHS,
                validation_split=VALID_SPLIT, callbacks=[earlystop_callback,
cp_callback])
```

이제 지정한 에폭만큼 데이터를 대상으로 모델을 학습 및 검증할 것이다. 학습이 모두 끝나면
학습 그래프를 그려보자.

```
plot_graphs(history, 'loss')
```

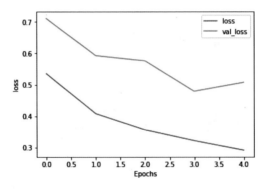

그림 5.18 MaLSTM 모델의 손실 함수 그래프

```
plot_graphs(history, 'accuracy')
```

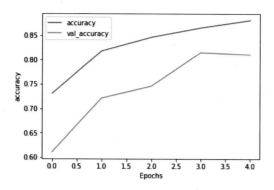

그림 5.19 MaLSTM 모델의 정확도 함수 그래프

검증 데이터의 결과를 보면 4에폭에서 가장 좋은 성능을 보이는 것을 알 수 있다. 이제 가장 좋은 성능을 보이는 파라미터를 불러와서 테스트 데이터에 대해 예측한 후 캐글에 제출할 데이터를 만들어 보자.

데이터 제출

캐글에 데이터를 제출하는 부분 역시 앞서 합성곱 신경망 부분과 거의 동일하다. 평가 데이터를 전처리한 값을 모두 불러온 후 모델 객체에 적용해 예측값을 뽑고 해당값을 CSV 파일로 만들자.

```python
TEST_Q1_DATA_FILE = 'test_q1.npy'
TEST_Q2_DATA_FILE = 'test_q2.npy'
TEST_ID_DATA_FILE = 'test_id.npy'

test_q1_data = np.load(open(DATA_IN_PATH + TEST_Q1_DATA_FILE, 'rb'))
test_q2_data = np.load(open(DATA_IN_PATH + TEST_Q2_DATA_FILE, 'rb'))
test_id_data = np.load(open(DATA_IN_PATH + TEST_ID_DATA_FILE, 'rb'), allow_pickle=True)

SAVE_FILE_NM = 'weights.h5'
model.load_weights(os.path.join(DATA_OUT_PATH, model_name, SAVE_FILE_NM))

predictions = model.predict((test_q1_data, test_q2_data), batch_size=BATCH_SIZE)
predictions = predictions.squeeze(-1)
```

```
output = pd.DataFrame( data={"test_id":test_id_data, "is_duplicate": list(predictions)} )
output.to_csv(DATA_OUT_PATH+"rnn_predict.csv", index=False, quoting=3)
```

학습으로 저장된 모델을 활용해 실제 캐글에 제출하기 위한 코드다. 먼저 평가에 필요한 데이터를 불러온 후 가장 성능이 좋았던 파라미터들을 불러와 테스트 데이터를 활용해 예측을 진행하자. 테스트 데이터를 모델의 predict 함수에 인자로 전달해준 후 반환값을 predictions 변수에 할당한다. 이 값과 테스트 데이터에 대한 색인(index) 값을 하나의 데이터 프레임 형태로 만든 후 to_csv 함수를 활용해 csv 파일로 만들었다. 이제 이 값을 캐글에 제출해서 성능을 확인해 보자.

그림 5.20 MaLSTM에 대한 텍스트 유사도 점수

결과를 확인해 보면 0.54의 로그 손실값(log loss) 점수가 나온다. 여기서 구현한 모델은 MaLSTM의 기본 모델이다. 그렇기 때문에 높은 성능을 기대하기는 어려울 것이다. 성능을 높이기 위해서는 하이퍼파라미터 값을 튜닝하거나 모델을 더 깊게 만들어 보자.

04 정리

이번 장에서는 두 문장이 유사한지를 예측하는 모델을 구현했다. 첫 번째 모델로는 XG 부스트 모델을 활용해 머신러닝 방식으로 두 문장에 대한 유사도를 예측했다. 두 번째와 세 번째 모델로는 CNN과 MaLSTM 모델을 활용해 딥러닝 방식으로 유사도를 계산했다.

캐글 성능을 확인했다시피 성능을 향상시킬 수 있는 가능성이 더 있다. 이번 장에서 설명하는 내용은 가장 기본적인 모델에 대해 설명한 내용이니 직접 개선해볼 것을 권한다.

이렇게 해서 분류 모델과 유사도 모델을 배웠다. 다음 장에서는 채팅 모델을 만들어보고자 한다. 앞서 구현한 내용에 비해 도전적인 구현이 되겠지만 앞의 내용을 잘 숙지했다면 이해하는데 어려움이 없을 것이다.

챗봇 만들기

지금까지 두 가지 문제에 대해 실습을 진행했다. 4장에서는 텍스트를 분석해서 각 텍스트를 분류하는 문제를 실습했고, 5장에서는 두 개의 텍스트가 있을 때 각 텍스트끼리의 유사도를 판단하는 문제를 실습했다. 이번 장에서는 텍스트를 단순히 분석해서 분류나 유사도를 측정하는 것이 아닌 직접 문장을 생성할 수 있는 텍스트 생성(text generation) 문제를 실습해 보겠다. 텍스트 생성에도 많은 문제가 있지만 '자연어의 꽃'이라고 불리는 '챗봇'을 제작해 본다.

일반적으로 챗봇을 제작하는 방법은 매우 다양하다. 단순하게 규칙 기반으로 제작할 수도 있고, 머신러닝을 활용한 유사도 기반, 규칙과 머신러닝을 섞은 하이브리드 기반, 특정 시나리오에서 동작이 가능해지는 시나리오 기반까지 정의하는 사람에 따라 제작 방법이 매우 다양하다. 이 책에서는 이러한 제작 방법 중에서 딥러닝 모델을 통한 챗봇을 만들어 보겠다. 또한 챗봇을 만들기 위한 딥러닝 모델에도 여러 가지가 있지만 그중에서 번역 문제에서 이미 성능이 입증된 시퀀스 투 시퀀스(Sequence to sequence) 모델을 활용해 챗봇을 제작하는 법을 알아보고자 한다.

하지만 모든 딥러닝 모델이 그렇듯 데이터가 있어야 모델을 학습할 수 있다. 따라서 한글로 챗봇을 만들기 위한 데이터에 대해 먼저 알아보자.

01 데이터 소개

데이터 이름	Chatbot data
데이터 용도	한국어 챗봇 학습을 목적으로 사용한다.
데이터 권한	MIT 라이선스
데이터 출처	https://github.com/songys/Chatbot_data

일반적으로 공개된 챗봇을 위한 한글 데이터는 거의 없다고 봐도 무방하다. 심지어 한글보다 많은 데이터가 공개돼 있는 영어에도 'Ubuntu Dialogue Corpus' 데이터를 제외하면 공개된 데이터가 없다고 볼 수 있다. 다행히 한글로도 챗봇을 만들어 볼 수 있게 데이터를 제작해서 공개해주신 분들이 있다. 여기서 사용할 데이터는 송영숙 님이 번역 및 제공해 주신 'Chatbot_data_for_Korean v1.0' 데이터셋이다.

이 데이터는 총 11,876개의 데이터로 구성돼 있고, 각 데이터는 질문과 그에 대한 대답, 그리고 주제에 대한 라벨값을 가지고 있다. 이 라벨값은 3가지로 구성돼 있는데 0은 일상 대화를 나타내고, 1은 부정, 2는 긍정의 주제를 의미한다. 앞서 다뤘던 데이터에 비하면 적은 수의 데이터이지만 10,000개가 넘는 데이터이기 때문에 연구 및 공부하기에는 충분한 양이다. 따라서 이 데이터를 사용해 텍스트 생성 문제, 그중에서도 챗봇을 직접 만들어 보자.

ChatbotData

Q	A	label
12시 땡!	하루가 또 가네요.	0
1지망 학교 떨어졌어	위로해 드립니다.	0
3박4일 놀러가고 싶다	여행은 언제나 좋죠.	0
3박4일 정도 놀러가고 싶다	여행은 언제나 좋죠.	0
PPL 심하네	눈살이 찌푸려지죠.	0
SD카드 망가졌어	다시 새로 사는 게 마음 편해요.	0
SD카드 안돼	다시 새로 사는 게 마음 편해요.	0

그림 6.1 한글 챗봇 데이터 샘플

02 데이터 분석

이번 절에서는 실습을 진행하는 구성이 다른 장과 조금 다르다. 이전 장까지는 데이터에 대한 분석과 전처리를 진행한 후 전처리한 데이터를 가지고 여러 가지 모델링을 해봤다면 이번 장에서는 데이터 분석을 우선적으로 진행한 후 데이터 전처리와 모델을 한 번에 만들 것이다. 데이터 분석을 통해 나온 결과를 활용해 전처리 모듈을 만들어 보겠다.

우선 챗봇 데이터를 분석해서 데이터의 고유한 특징들을 파악한 후 모델링 과정에서 고려해야 할 사항을 확인해보자. 전체적인 데이터 분석 과정은 이전에 진행했던 것과 유사하게 진행한다. 추가로 특정 질문을 했을 때 어떤 응답이 나올 수 있는지도 유추해 보자.

먼저 데이터 분석을 위해 데이터를 불러온다. 판다스 라이브러리를 사용해 데이터프레임 형태로 데이터를 불러오자.

```
import pandas as pd

DATA_IN_PATH = './data_in/'

data = pd.read_csv(DATA_IN_PATH + './data/ChatBotData.csv', encoding='utf-8')
```

데이터를 불러오는 방법은 이전 방법과 동일하다. 데이터의 구조를 확인해 보기 위해 head 함수를 사용해 데이터의 일부만 출력해 보자.

```
print(data.head())
```

	Q	A	label
0	12시 땡!	하루가 또 가네요.	0
1	1지망 학교 떨어졌어	위로해 드립니다.	0
2	3박4일 놀러가고 싶다	여행은 언제나 좋죠.	0
3	3박4일 정도 놀러가고 싶다	여행은 언제나 좋죠.	0
4	PPL 심하네	눈살이 찌푸려지죠.	0

데이터는 앞서 말했던 것과 동일한 구조로 돼 있다. 각 데이터는 Q, A 값인 질문과 대답 텍스트를 가지고 있고 그에 대한 라벨값을 가지고 있다. 해당 데이터에서 라벨값은 0, 1, 2로 구성돼 있다. 이제 데이터를 좀 더 깊이 있게 분석해 보자.

문장 전체에 대한 분석

먼저 데이터의 길이를 분석한다. 질문과 답변 모두에 대해 길이를 분석하기 위해 두 데이터를 하나의 리스트로 만들자.

```
sentences = list(data['Q']) + list(data['A'])
```

질문과 답변 문장을 위와 같이 하나의 리스트로 만들었다면 이제 길이를 분석한다. 이전 장까지의 2개의 기준으로 분석을 진행했다. 문자 단위의 길이 분석과 단어 단위의 길이 분석을 진행했었는데, 이번 장에서는 하나의 기준을 추가해서 세 가지 기준으로 분석을 진행한다. 분석 기준은 다음과 같다.

- 문자 단위의 길이 분석(음절)
- 단어 단위의 길이 분석(어절)
- 형태소 단위의 길이 분석

음절의 경우 문자 하나하나를 생각하면 된다. 어절의 경우 간단하게 띄어쓰기 단위로 생각하면 된다. 마지막으로 형태소 단위의 경우, 어절과 음절 사이라고 생각하면 된다. 여기서 형태소란 의미를 가지는 최소 단위를 의미한다. 예를 들어 이해해 보자. 다음과 같은 문장이 있다고 하자.

" 자연어 처리 공부는 매우 어렵다 "

이 문장을 각각 음절, 어절, 형태소 단위로 나눈 결과와 각 길이는 다음과 같다.

- 음절: "자", "연", "어", "처", "리", "공", "부", "는", "매", "우", "어", "렵", "다"(길이: 13)
- 어절: "자연어", "처리", "공부는", "매우", "어렵다"(길이: 5)
- 형태소: "자연어", "처리", "공부", "는", "매우", "어렵", "다"(길이: 7)

이처럼 형태소로 나눴을 때가 단순히 띄어쓰기로 구분해서 나눴을 때보다 좀 더 의미를 잘 표현한다고 볼 수 있다. 이처럼 세 가지 기준으로 나눈 후 각 길이를 측정하겠다.

먼저 각 기준에 따라 토크나이징해 보자. 형태소의 경우 토크나이징을 위해 2장에서 알아본 KoNLPy를 사용한다.

```
tokenized_sentences = [s.split() for s in sentences]
sent_len_by_token = [len(t) for t in tokenized_sentences]
sent_len_by_eumjeol = [len(s.replace(' ', '')) for s in sentences]

from konlpy.tag import Twitter

okt = Okt()

morph_tokenized_sentences = [okt.morphs(s.replace(' ', '')) for s in sentences]
sent_len_by_morph = [len(t) for t in morph_tokenized_sentences]
```

우선 띄어쓰기 기준으로 문장을 나눈다. 이 값의 길이를 측정해서 어절의 길이를 측정하고 이 값을 다시 붙여서 길이를 측정해서 음절의 길이로 사용한다. 마지막으로 형태소로 나누기 위해 KoNLPy에 Okt 형태소 분석기를 사용해서 나눈 후 길이를 측정한다.

이렇게 각 기준으로 나눈 후 길이를 측정한 값을 각각 변수로 설정해두면 이 값을 사용해 그래프를 그리거나 각종 통곗값을 측정할 수 있다. 맷플롯립을 활용해 각각에 대한 그래프를 그려보자.

```
import matplotlib.pyplot as plt

plt.figure(figsize=(12, 5))
plt.hist(sent_len_by_token, bins=50, range=[0,50], alpha=0.5, color= 'r', label='eojeol')
plt.hist(sent_len_by_morph, bins=50, range=[0,50], alpha=0.5, color='g', label='morph')
plt.hist(sent_len_by_eumjeol, bins=50, range=[0,50], alpha=0.5, color='b',
label='eumjeol')
plt.title('Sentence Length Histogram')
plt.xlabel('Sentence Length')
plt.ylabel('Number of Sentences')
```

그래프의 경우 세 가지 기준으로 구한 각 길이를 한번에 그려본다. 맷플롯립을 사용해 각 히스토그램을 정의한다. 이때 구분을 위해 각 색을 구분지어서 설정하자. 그리고 이 그래프의 제목과 x축, y축 이름을 설정한 후 그래프를 그려보면 다음과 같이 나올 것이다.

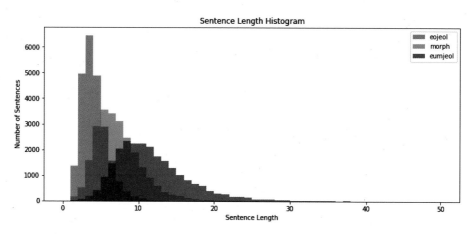

그림 6.2 데이터 길이에 대한 히스토그램

그래프를 보면 빨간색 히스토그램은 어절 단위에 대한 히스토그램이고, 형태소의 경우는 초록색이고, 음절의 경우는 파란색이다. 그래프 결과를 보면 어절이 가장 길이가 낮은 분포를 보이고, 그다음으로는 형태소, 가장 긴 길이를 가지고 있는 것이 음절 단위다. 하지만 이러한 분석은 어떤 텍스트 데이터를 사용하더라도 당연한 결과다. 그리고 히스토그램을 통해 각 길이가 어느 쪽으로 치우쳐 있는지 혹은 각 데이터에 이상치는 없는지 등도 확인할 수 있는데 이 히스토그램을 통해서는 직관적으로 확인하기 어렵다. 이는 각 히스토그램의 y값 분포가 매우 다르기 때문인데, y값의 크기를 조정함으로써 이를 해결할 수 있다. 위의 히스토그램 코드를 다음과 같이 수정한 후 결과를 확인해 보자.

```
plt.figure(figsize=(12, 5))
plt.hist(sent_len_by_token, bins=50, range=[0,50], alpha=0.5, color= 'r', label='eojeol')
plt.hist(sent_len_by_morph, bins=50, range=[0,50], alpha=0.5, color='g', label='morph')
plt.hist(sent_len_by_eumjeol, bins=50, range=[0,50], alpha=0.5, color='b',
label='eumjeol')
plt.yscale('log')
plt.title('Sentence Length Histogram')
```

```
plt.xlabel('Sentence Length')
plt.ylabel('Number of Sentences')
```

이전 코드와 달라진 점은 중간에 yscale 함수를 사용했다는 점이다. 함수의 인자로 사용된 'log'는 각 그래프가 가지는 y값의 스케일을 조정함으로써 차이가 큰 데이터에 대해서도 함께 비교할 수 있게 한다. 그래프는 다음과 같이 그려질 것이다.

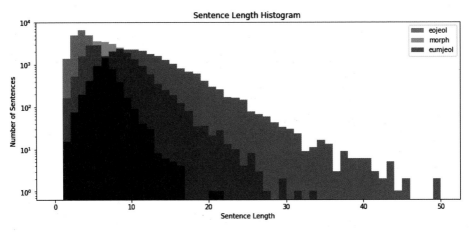

그림 6.3 데이터 길이에 대한 로그 스케일 히스토그램

히스토그램의 y 값의 스케일을 조정한 그래프를 보면 이전에는 보이지 않았던 분포의 꼬리 부분이 어떻게 분포돼 있었는지 보기 쉽게 나온다. 어절의 경우 길이가 20인 경우가 이상치 데이터로 존재하고 형태소나 음절의 경우 각각 30, 45 정도 길이에서 이상치가 존재한다. 이러한 길이 분포에 대한 분석 내용을 바탕으로 입력 문장의 길이를 어떻게 설정할지 정의하면 된다.

이제 각 길이값을 히스토그램이 아닌 정확한 수치를 확인하기 위해 각 기준별 길이에 대한 여러 가지 통곗값을 확인해 보자. 우선 어절에 대해 각 통곗값을 출력해 보자.

```
import numpy as np

print('어절 최대 길이: {}'.format(np.max(sent_len_by_token)))
print('어절 최소 길이: {}'.format(np.min(sent_len_by_token)))
print('어절 평균 길이: {:.2f}'.format(np.mean(sent_len_by_token)))
```

```
print('어절 길이 표준편차: {:.2f}'.format(np.std(sent_len_by_token)))
print('어절 중간 길이: {}'.format(np.median(sent_len_by_token)))
print('제1사분위 길이: {}'.format(np.percentile(sent_len_by_token, 25)))
print('제3사분위 길이: {}'.format(np.percentile(sent_len_by_token, 75)))


어절 최대 길이: 21
어절 최소 길이: 1
어절 평균 길이: 3.64
어절 길이 표준편차: 1.74
어절 중간 길이: 3.0
제1사분위 길이: 2.0
제3사분위 길이: 5.0
```

어절로 나눈 길이의 통곗값은 위와 같이 확인할 수 있다. 해당 통곗값은 앞서 진행한 데이터 분석과 동일하다. 이제 이 통곗값들을 어절뿐만 아니라 음절, 형태소 단위로 나눈 길이값에 대해서도 확인해 보자.

	최대	최소	평균	표준편차	중간값	제1사분위	제3사분위
어절	21	1	3.64	1.74	3	2	5
형태소	33	1	6.88	3.08	6	5	8
음절	57	1	11.31	4.98	10	8	14

각 길이에 대해 확인한 결과를 정리하면 위와 같은 결과가 나올 것이다. 평균값을 확인해 보면 우선 전체 문자 수는 11개 정도의 평균값을 가지고 있고, 띄어쓰기로 구분한 어절의 경우 각 문장당 3~4 정도의 평균값을 보인다. 형태소로 분석한 경우 이보다 조금 더 큰 6~7 정도의 평균값을 가지고 있다.

이제는 전체 데이터를 한번에 보기 쉽게 박스 플롯으로 그려보자. 박스 플롯에서도 3개의 기준을 모두 한 번에 확인한다.

```
plt.figure(figsize=(12, 5))
plt.boxplot([sent_len_by_token, sent_len_by_morph, sent_len_by_eumjeol],
            labels=['Eojeol', 'Morph', 'Eumjeol'],
            showmeans=True)
```

여러 가지 값에 대해 한 번에 박스 플롯을 그리려면 인자로 각 값들을 리스트를 만들어 넣으면 된다. 각 박스 플롯의 제목 역시 마찬가지로 리스트로 제목을 넣으면 된다. 이제 그려진 박스 플롯을 확인해 보자.

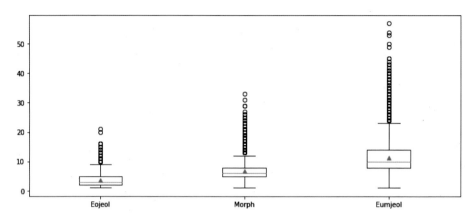

그림 6.4 데이터 길이에 대한 박스 플롯

데이터 분포를 나타낸 박스 플롯을 보면 꼬리가 긴 형태로 분포돼 있음을 확인할 수 있다. 대체로 문장의 길이는 5~15의 길이를 중심으로 분포를 이루고 있고 음절의 경우 길이 분포가 어절과 형태소에 비해 훨씬 더 크다는 점을 알 수 있다.

지금은 질문과 답변을 모두 합쳐서 데이터 전체 문장의 길이 분포를 확인했다. 그런데 앞으로 만들 모델의 경우 질문이 입력으로 들어가는 부분과 답변이 입력으로 들어가는 부분이 따로 구성돼 있다. 따라서 이번에는 질문과 답변을 구분해서 분석해 보자.

질문, 답변 각각에 대한 문장 길이 분포 분석

이제 전체 데이터가 아닌 질문과 응답으로 구성된 각 문장에 대한 길이 분포를 따로 알아보자. 앞서 길이를 분석할 때는 음절, 어절, 형태소 단위로 구분해서 분석했다. 여기서는 그중에서 형태소 기준으로만 길이를 분석해 본다.

```
query_sentences = list(data['Q'])
answer_sentences = list(data['A'])

query_morph_tokenized_sentences = [okt.morphs(s.replace(' ', '')) for s in
```

```
query_sentences]
query_sent_len_by_morph = [len(t) for t in query_morph_tokenized_sentences]

answer_morph_tokenized_sentences = [okt.morphs(s.replace(' ', '')) for s in
answer_sentences]
answer_sent_len_by_morph = [len(t) for t in answer_morph_tokenized_sentences]
```

우선은 데이터프레임의 질문 열과 답변 열을 각각 리스트로 정의한 후 앞서 진행한 것과 동일
하게 KoNLPy의 Okt 형태소 분석기를 사용해 토크나이징한 후 구분된 데이터의 길이를 하나
의 변수로 만든다. 이 과정을 질문과 답변에 대해 모두 진행했다. 이제 이렇게 형태소로 나눈 길
이를 히스토그램으로 그려보자. 질문과 답변에 대한 길이를 한 번에 히스토그램으로 그린다.

```
plt.figure(figsize=(12, 5))
plt.hist(query_sent_len_by_morph, bins=50, range=[0,50], color='g', label='Query')
plt.hist(answer_sent_len_by_morph, bins=50, range=[0,50], color='r', alpha=0.5,
label='Answer')
plt.legend()
plt.title('Query Length Histogram by Morph Token')
plt.xlabel('Query Length')
plt.ylabel('Number of Queries')
```

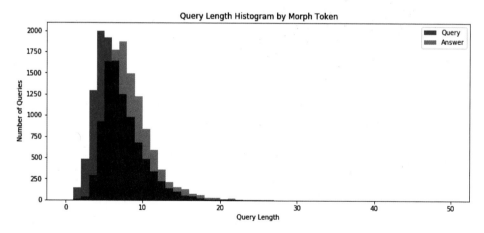

그림 6.5 질문 응답 데이터 길이에 대한 히스토그램

히스토그램을 살펴보면 전체적으로 질문 문장 길이가 응답 문장 길이보다 상대적으로 짧다는 것을 확인할 수 있다. 앞서 했던 것과 동일하게 해당 길이에 대해서도 이상치를 잘 확인할 수 있게 y값의 크기를 조정해서 다시 히스토그램을 그려보자.

```
plt.figure(figsize=(12, 5))
plt.hist(query_sent_len_by_morph, bins=50, range=[0,50], color='g', label='Query')
plt.hist(answer_sent_len_by_morph, bins=50, range=[0,50], color='r', alpha=0.5,
label='Answer')
plt.legend()
plt.yscale('log', nonposy='clip')
plt.title('Query Length Log Histogram by Morph Token')
plt.xlabel('Query Length')
plt.ylabel('Number of Queries')
```

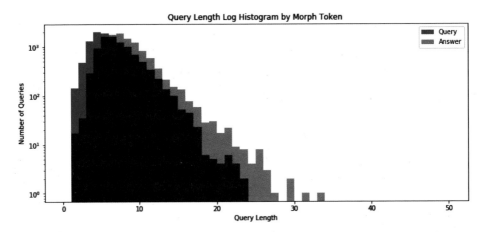

그림 6.6 질문 응답 데이터 길이에 대한 로그 스케일 히스토그램

답변 데이터가 질문 데이터보다 좀 더 이상치 값이 많은 것을 확인할 수 있다. 상대적으로 질문의 경우 평균 주변에 잘 분포돼 있음을 확인할 수 있다. 이 두 데이터에 대해 정확한 평균값을 확인하면 다음과 같은 결과가 나올 것이다.

	최대	최소	평균	표준편차	중간값	제1사분위	제3사분위
질문 데이터	23	1	6.09	2.88	6.0	4	8
답변 데이터	33	1	7.67	3.08	7	6	9

통곗값을 확인해 보면 최댓값의 경우 답변 데이터가 훨씬 크다는 것을 확인할 수 있다. 그리고 평균의 경우에도 앞서 확인한 것과 같이 질문 데이터가 좀 더 작은 값을 보인다. 이제 두 데이터를 박스 플롯으로 그려보자.

```python
plt.figure(figsize=(12, 5))
plt.boxplot([query_sent_len_by_morph, answer_sent_len_by_morph],
            labels=['Query', 'Answer'])
```

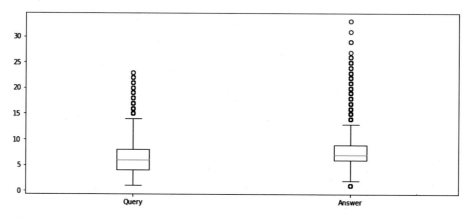

그림 6.7 질문 응답 데이터 길이에 대한 박스 플롯

박스 플롯을 보면 질문 데이터와 응답 데이터에 대한 분포가 앞서 그렸던 히스토그램과 통곗값에서 본 것과 조금은 다른 모습을 확인할 수 있다. 통곗값에서는 답변 데이터에 대한 평균 길이가 질문 데이터보다 길었는데, 박스 플롯에 그려진 박스의 경우 질문 데이터가 더 큰 것을 확인할 수 있다. 즉, 답변 데이터의 경우 길이가 긴 이상치 데이터가 많아 평균값이 더욱 크게 측정됐다는 것을 확인할 수 있다. 이는 두 데이터가 전체적으로 차이가 난다고 하기보다는 답변 데이터에 이상치 데이터가 많아서 이렇게 측정된 것으로 해석할 수 있다.

이제 이 길이값을 통해 모델에 적용될 문장의 최대 길이를 결정해야 한다. 위에 나온 문장 길이에 대한 통계를 보고 중간값이나 제3사분위에 값을 적용할 수도 있다. 하지만 실제로 통계를 반영한 길이를 그대로 넣었을 때 만족할 만한 성능을 얻기는 쉽지 않았다. 디코더의 경우 문장 뒷부분이 일부 잘려서 생성하고자 하는 문장이 완전한 문장이 아닌 문제가 있다는 것을 확인했다. 모델 학습 시도를 여러 번 한 끝에 이 책에서는 경험적으로 좋은 성능이 나올 수 있는 문장 길이를 25로 설정했다. 이 길이는 문장 길이 3사분위값 주변을 탐색하면서 가장 문장 생성을 잘 할 수 있는 길이를 찾아본 결과다.

데이터 어휘 빈도 분석

이때까지는 데이터의 길이 부분에 대해 분석을 진행했다. 이제는 데이터에서 사용되는 단어에 대해 분석해 보자. 어떤 단어가 사용되는지, 자주 사용되는 단어는 어떤 것들이 있는지 알아보겠다.

이제 형태소 단위로 토크나이징한 데이터를 사용해서 자주 사용하는 단어를 알아보자. 단순히 토크나이징한 데이터에서 자주 사용되는 단어를 분석하면 결과는 '이', '가', '를' 등의 조사가 가장 큰 빈도수를 차지할 것이다. 이는 어떤 데이터이든 당연한 결과이므로 분석하는 데 크게 의미가 없다. 따라서 의미상 중요한 명사, 형용사, 동사만 따로 모은 후 빈도수 분석을 진행한다.

먼저 품사에 따라 구분해야 명사, 형용사, 동사를 따로 모을 수 있는데, 품사를 확인하는 방법은 KoNLPy의 품사 분류(POS-tagging) 모듈을 사용하면 된다. 앞서 사용한 Okt 형태소 분석기의 품사 분류 기능을 사용하면 다음과 같이 결과가 나온다.

```
okt.pos('오늘밤은유난히덥구나')
```

```
[('오늘밤', 'Noun'), ('은', 'Josa'), ('유난히', 'Adverb'), ('덥구나', 'Adjective')]
```

예시 문장인 '오늘밤은유난히덥구나'를 Okt 형태소 분석기를 사용해서 품사를 확인해 보면 위와 같이 결과가 나온다. 보다시피 각 형태소와 그에 해당하는 품사가 나오는데, 여기서는 명사, 형용사, 동사만 사용한다고 했으므로 Noun, Adjective, Verb만 사용하면 된다. 이제 각 문장에서 명사, 형용사, 동사를 제외한 단어를 모두 제거한 문자열을 만들어보자.

```
query_NVA_token_sentences = list()
answer_NVA_token_sentences = list()

for s in query_sentences:
    for token, tag in okt.pos(s.replace(' ', '')):
        if tag == 'Noun' or tag == 'Verb' or tag == 'Adjective':
```

```
                query_NVA_token_sentences.append(token)

    for s in answer_sentences:
        temp_token_bucket = list()
        for token, tag in okt.pos(s.replace(' ', '')):
            if tag == 'Noun' or tag == 'Verb' or tag == 'Adjective':
                answer_NVA_token_sentences.append(token)

    query_NVA_token_sentences = ' '.join(query_NVA_token_sentences)
    answer_NVA_token_sentences = ' '.join(answer_NVA_token_sentences)
```

이처럼 간단히 전처리하고 나면 동사, 명사, 형용사를 제외한 나머지 문자는 모두 제거된 상태의 문자열이 만들어질 것이다. 이 문자열을 사용해서 어휘 빈도 분석을 진행한다. 앞서 4, 5장에서 사용했던 워드클라우드를 사용해 데이터의 어휘 빈도를 분석할 것이다. 한글 데이터를 워드클라우드로 그리기 위해서는 추가로 한글 폰트를 설정해야 한다.

```
query_wordcloud = WordCloud(font_path= DATA_IN +
'NanumGothic.ttf').generate(query_NVA_token_sentences)

plt.imshow(query_wordcloud, interpolation='bilinear')
plt.axis('off')
plt.show()
```

그림 6.8 질문 어휘 빈도에 대한 워드클라우드

답변 데이터에 대해서도 동일하게 워드클라우드를 그려서 살펴보자.

```
answer_wordcloud = WordCloud(font_path= DATA_IN +
'NanumGothic.ttf').generate(answer_NVA_token_sentences)
```

```
plt.imshow(answer_wordcloud, interpolation='bilinear')
plt.axis('off')
plt.show()
```

그림 6.9 답변 어휘 빈도에 대한 워드클라우드

결과를 보면 응답 데이터에 대한 워드클라우드도 마찬가지로 비슷하게 연애에 관한 단어가 나온다. 질문 데이터와 다른 점은 '시간'과 '마음', '생각'과 같은 단어들이 더 많이 나온다는 것이다. 그리고 답변의 경우 대부분 권유의 문자열을 담고 있음을 유추할 수 있다.

이제 모든 데이터 분석 과정이 끝났다. 분석한 결과를 토대로 데이터를 전처리하고 모델을 만들 차례다. 좀 더 상세한 데이터 분석이 필요하다면 데이터를 직접 하나씩 무작위로 확인하는 것도 도움이 될 수 있다.

03 시퀀스 투 시퀀스 모델

이제 본격적으로 모델을 만들어 보겠다. 코드의 구성이 이전 장에서 진행했던 실습과 조금 다른데, 전처리 과정을 모듈화해서 파이썬 파일로 만들어 사용할 것이다. 따라서 훨씬 어렵게 느껴질 수 있는데, 객체지향적으로 코드를 구성한다면 이후 수정이나 모델의 재사용이 용이하므로 이와 같이 만드는 것이 향후 모델을 만드는 데 크게 도움이 될 것이다. 그렇다면 이번 장에서 사용할 모델에 대해 알아보자.

모델 소개

챗봇(대화 모델)을 만들기 위해 사용할 모델은 시퀀스 투 시퀀스(Sequence to Sequence) 모델이다. 이 모델은 이름 그대로 시퀀스 형태의 입력값을 시퀀스 형태의 출력으로 만들 수 있게 하는 모델이다. 즉, 하나의 텍스트 문장이 입력으로 들어오면 하나의 텍스트 문장을 출력하는 구조다. 이 모델이 가장 많이 활용되는 분야는 기계 번역(Machine translation) 분야지만 텍스트 요약(Text summarization), 이미지 설명(Image captioning), 대화 모델(Conversation model) 등 다양한 분야에서 활용되고 있다.

우선 이 모델은 순환 신경망(Recurrent Neural Networks, RNN) 모델을 기반으로 하며, 모델은 크게 인코더(Encoder) 부분과 디코더(Decoder) 부분으로 나뉜다. 우선 인코더 부분에서 입력값을 받아 입력값의 정보를 담은 벡터를 만들어낸다. 이후 디코더에서는 이 벡터를 활용해 재귀적으로 출력값을 만들어내는 구조다.

오른쪽 그림은 "Learning Phrase Representations using RNN Encoder-Decoder for Statistical Machine Translation"[1] 논문에 나온 전체적인 모델에 대한 그림이다.

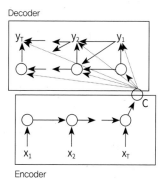

그림 6.10 시퀀스 투 시퀀스 모델 구조

그림을 보면 전체적인 구조를 직관적으로 이해할 수 있는데, 우선 아래쪽에 나와있는 박스가 인코더다. 각 순환 신경망의 스텝마다 입력값이 들어가고 있다. 이때 입력값은 하나의 단어가 된다. 그리고 인코더 부분의 전체 순환 신경망의 마지막 부분에서 'c'로 표현된 하나의 벡터값이 나온다. 이 벡터가 인코더 부분의 정보를 요약해 담고 있는 벡터이고, 정확하게는 순환 신경망의 마지막 은닉 상태 벡터값을 사용한다.

이제 디코더 부분으로 들어가면 이 벡터를 사용해 새롭게 순환 신경망을 시작한다. 그리고 이 신경망의 각 스텝마다 하나씩 출력값이 나온다. 이때의 출력 역시 하나의 단어가 될 것이다. 그리고 디코더 부분의 그림을 자세히 보면 각 스텝에서의 출력값이 다시 다음 스텝으로 들어가는 구조인데, 정확하게 말하면 각 스텝의 출력값이 다음 스텝의 입력값으로 사용된다.

---

1 https://arxiv.org/pdf/1406.1078.pdf

이제 실제 예시에 맞게 구성한 그림을 보며 해당 모델을 좀 더 정확하게 이해해 보자. 다음 그림을 보면 한글 입력인 '안녕 오랜만이야'라는 입력값을 사용해 '그래 오랜만이야'라는 출력을 뽑는 과정이 나온다. 이를 통해 실제로 만들 모델을 알아보자.

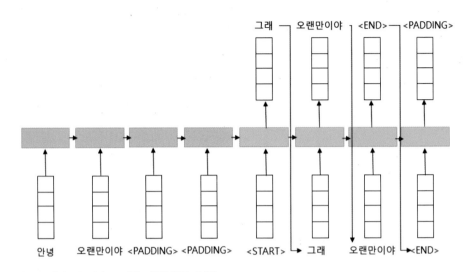

그림 6.11 시퀀스 투 시퀀스 모델을 이용한 한글 시각화

우선 왼쪽에 파란색으로 돼 있는 부분이 인코더이고 오른쪽에 초록색으로 표시돼 있는 부분이 디코더다. 인코더 부분을 보면 우선 각 신경망의 각 스텝마다 단어가 하나씩 들어가고 있다. 각 단어는 임베딩된 벡터로 바꾼 후 입력값으로 사용된다. 순환 신경망의 경우 구현 시 고정된 문장 길이를 정해야 하는데, 이 그림에서는 인코더와 디코더 모두 4로 지정했다. 하지만 입력값을 생각해보면 '안녕'과 '오랜만이야'라는 두 단어만 존재하기 때문에 나머지 빈 2단어를 패딩으로 채워넣었다.

디코더 부분을 살펴보면 우선 최초 입력값은 〈START〉라는 특정 토큰을 사용한다. 이는 문장의 시작을 나타내는 토큰이다. 디코더 역시 해당 단어가 임베딩된 벡터 형태로 입력값으로 들어가고 각 스텝마다 출력이 나온다. 이렇게 나온 출력 단어가 다음 스텝의 입력값으로 사용되는 구조다. 이렇게 반복된 후 최종적으로 〈END〉라는 토큰이 나오면 문장의 끝으로 보는 형태로 학습을 진행한다.

예시를 보면 알 수 있듯이 데이터 전처리 과정에서 특정 문장 길이로 자른 후 패딩 처리 및 〈START〉와 〈END〉 등의 각종 토큰을 넣어야 한다. 따라서 전처리 및 모델 구현 부분을 전체적으로 이해하는 것이 중요하다. 이제 모델을 구현해 보자.

모델 구현

이번 절에서는 모델을 파이썬 파일(preprocess.py)과 주피터 노트북 파일(Preprocess.ipynb, seq2seq.ipynb)로 구현하겠다. 각 파일을 하나씩 보면 preprocess.py에는 데이터를 불러오고 가공하는 다양한 기능이 들어 있고, Preprocess.ipynb는 사전 구성과 학습에 사용될 데이터로 구성돼 있다. seq2seq.ipynb는 모델 구성과 학습, 평가, 실행 등을 할 수 있는 파일이다.

이제 각 파일을 하나씩 살펴보면서 어떤 식으로 구성돼 있는지 확인해 보자. 먼저 설정값을 지정해 둔 preprocess.py 파일부터 살펴보자.

preprocess.py

preprocess.py 파일의 내용은 다음과 같다. 우선 모듈을 불러온다.

```
import os
import re
import json

import numpy as np
import pandas as pd
from tqdm import tqdm

from konlpy.tag import Okt
```

데이터 처리를 위해 활용하는 모듈들이다. 보다시피 한글 형태소를 활용하기 위한 konlpy, 데이터를 불러오기 위한 pandas, 운영체제의 기능을 사용하기 위한 os, 정규표현식을 사용하기 위한 re를 불러온다.

불러올 패키지를 정의했으니 이제 학습에 사용할 데이터를 위한 데이터 처리와 관련해서 몇 가지 설정값을 지정한다.

```
FILTERS = "([~.,!?\"':;)(])"
PAD = "<PAD>"
STD = "<SOS>"
END = "<END>"
UNK = "<UNK>"
```

```
PAD_INDEX = 0
STD_INDEX = 1
END_INDEX = 2
UNK_INDEX = 3


MARKER = [PAD, STD, END, UNK]
CHANGE_FILTER = re.compile(FILTERS)


MAX_SEQUENCE = 25
```

정규 표현식에서 사용할 필터와 특별한 토큰인 PAD, SOS, END, UNK와 해당 토큰들의 인 덱스 값을 지정했다.

특별한 토큰의 의미는 아래와 같다.

1. PAD: 어떤 의미도 없는 패딩 토큰이다.

2. SOS: 시작 토큰을 의미한다.

3. END: 종료 토큰을 의미한다.

4. UNK: 사전에 없는 단어를 의미한다.

그리고 필터의 경우 정규 표현식 모듈을 사용해 컴파일한다. 이를 미리 컴파일해두면 패턴을 사용할 때 반복적으로 컴파일하는 데 드는 시간을 줄일 수 있다.

다음으로 load_data 함수는 데이터를 판다스를 통해 불러오는 함수다.

```
def load_data(path):
    data_df = pd.read_csv(path, header=0)
    question, answer = list(data_df['Q']), list(data_df['A'])


    return question, answer
```

판다스를 통해 데이터를 가져와 데이터프레임 형태로 만든 후 question과 answer를 돌려준다. inputs, outputs에는 question과 answer가 존재한다.

다음으로 단어 사전을 만들기 위해서는 데이터를 전처리한 후 단어 리스트로 먼저 만들어야
하는데 이 기능을 수행하는 data_tokenizer 함수를 먼저 정의한다.

```python
def data_tokenizer(data):
    words = []
    for sentence in data:
        sentence = re.sub(CHANGE_FILTER, "", sentence)
        for word in sentence.split():
            words.append(word)
    return [word for word in words if word]
```

정규 표현식을 사용해 특수 기호를 모두 제거하고 공백 문자를 기준으로 단어들을 나눠서 전
체 데이터의 모든 단어를 포함하는 단어 리스트로 만든다.

다음으로 prepro_like_morphlized 함수는 한글 텍스트를 토크나이징하기 위해 형태소로 분리
하는 함수다. KoNLPy에서 제공하는 Okt 형태소 분리기를 사용해 형태소 기준으로 텍스트
데이터를 토크나이징한다. 이 함수에서는 환경설정 파일을 통해 사용할지 사용하지 않을지
선택할 수 있다.

```python
def prepro_like_morphlized(data):
    morph_analyzer = Okt()
    result_data = list()
    for seq in tqdm(data):
        morphlized_seq = " ".join(morph_analyzer.morphs(seq.replace(' ', '')))
        result_data.append(morphlized_seq)

    return result_data
```

보다시피 형태소로 분류한 데이터를 받아 morphs 함수를 통해 토크나이징된 리스트 객체를 받
고 이를 공백 문자를 기준으로 문자열로 재구성해서 반환한다.

이제 단어 사전을 만드는 함수를 정의하자.

```python
def load_vocabulary(path, vocab_path, tokenize_as_morph=False):
    vocabulary_list = []
```

```
  if not os.path.exists(vocab_path):
    if (os.path.exists(path)):
      data_df = pd.read_csv(path, encoding='utf-8')
      question, answer = list(data_df['Q']), list(data_df['A'])
      if tokenize_as_morph:
        question = prepro_like_morphlized(question)
        answer = prepro_like_morphlized(answer)

      data = []
      data.extend(question)
      data.extend(answer)
      words = data_tokenizer(data)
      words = list(set(words))
      words[:0] = MARKER

    with open(vocab_path, 'w', encoding='utf-8') as vocabulary_file:
      for word in words:
        vocabulary_file.write(word + '\n')

  with open(vocab_path, 'r', encoding='utf-8') as vocabulary_file:
    for line in vocabulary_file:
      vocabulary_list.append(line.strip())
  word2idx, idx2word = make_vocabulary(vocabulary_list)

  return word2idx, idx2word, len(word2idx)
```

단어 사전의 경우 우선적으로 경로에 단어 사전 파일이 있다면 불러와서 사용한다. 만약 없다면 새로 만드는 구조인데, 단어 사전 파일이 없다면 데이터를 불러와서 앞서 정의한 함수를 이용해 데이터를 토크나이징해서 단어 리스트로 만든다. 그 후 파이썬 집합(set) 데이터 타입을 사용해 중복을 제거한 후 단어 리스트로 만든다. 또한 MARKER로 사전에 정의한 특정 토큰들을 단어 리스트 앞에 추가한 후 마지막으로 이 리스트를 지정한 경로에 저장한다.

이후에 지정한 경로에 파일이 존재하며, 만약 다시 load_vocabulary를 호출한다면 지정한 경로에서 단어 리스트를 불러온 후 make_vocabulary 함수에 적용한다. make_vocabulary 함수의 결과로 word2idx, idx2word라는 두 개의 값을 얻는데, 각각 단어에 대한 인덱스와 인덱스에 대한 단어를 가진 딕셔너리 데이터에 해당한다. 이 두 값과 단어의 개수를 최종적으로 리턴하면 함수가 끝난다.

그럼 이번에는 make_vocabulary 함수를 살펴보자.

```
def make_vocabulary(vocabulary_list):
    # 리스트를 키가 단어이고 값이 인덱스인
    # 딕셔너리를 만든다.
    word2idx = {word: idx for idx, word in enumerate(vocabulary_list)}
    # 리스트를 키가 인덱스이고 값이 단어인
    # 딕셔너리를 만든다.
    idx2word = {idx: word for idx, word in enumerate(vocabulary_list)}
    # 두 개의 딕셔너리를 넘겨 준다.
    return word2idx, idx2word

word2idx, idx2word, vocab_size = load_vocabulary(PATH, VOCAB_PATH)
```

함수를 보면 단어 리스트를 인자로 받는데 이 리스트를 사용해 두 개의 딕셔너리를 만든다. 하나는 단어에 대한 인덱스를 나타내고, 나머지는 인덱스에 대한 단어를 나타내도록 만든 후 이 두 값을 리턴한다.

마지막 줄의 사전 불러오기 함수를 호출하면 각각의 word2idx, idx2word, vocab_size에 앞에서 설명한 값이 들어가고 필요할 때마다 사용한다.

이해를 돕기 위해 예제를 통해 vocabulary_list가 어떻게 변하는지 설명하겠다. 만약 vocabulary_list에 [안녕, 너는, 누구야]가 들어있다고 해보자. word2idx에서는 key가 '안녕', '너는', '누구야'가 되고 value가 0, 1, 2가 되어 {'안녕': 0, '너는': 1, '누구야': 2}가 된다. 반대로 idx2word는 key가 0, 1, 2가 되고 value는 '안녕', '너는', '누구야'가 되어 {0: '안녕', 1: '너는', 2: '누구야'}가 된다.

이제 불러온 데이터를 대상으로 인코더 부분과 디코더 부분에 대해 각각 전처리해야 한다. 우선 인코더에 적용될 입력값을 만드는 전처리 함수를 확인해 보자.

```
def enc_processing(value, dictionary, tokenize_as_morph=False):
    sequences_input_index = []
    sequences_length = []

    if tokenize_as_morph:
        value = prepro_like_morphlized(value)
```

```
    for sequence in value:
        sequence = re.sub(CHANGE_FILTER, """", sequence)
        sequence_index = []
        for word in sequence.split():
            if dictionary.get(word) is not None:
                sequence_index.extend([dictionary[word]])
            else:
                sequence_index.extend([dictionary[UNK]])

        if len(sequence_index) > MAX_SEQUENCE:
            sequence_index = sequence_index[:MAX_SEQUENCE]

        sequences_length.append(len(sequence_index))
        sequence_index += (MAX_SEQUENCE - len(sequence_index)) * [dictionary[PAD]]

        sequences_input_index.append(sequence_index)

    return np.asarray(sequences_input_index), sequences_length
```

함수를 보면 우선 2개의 인자를 받는데, 하나는 전처리할 데이터이고, 나머지 하나는 단어 사전이다. 이렇게 받은 입력 데이터를 대상으로 전처리를 진행하는데, 단순히 띄어쓰기를 기준으로 토크나이징한다.

전체적인 전처리 과정을 설명하면 우선 정규 표현식 라이브러리를 이용해 특수문자를 모두 제거한다. 다음으로 각 단어를 단어 사전을 이용해 단어 인덱스로 바꾸는데, 만약 어떤 단어가 단어 사전에 포함돼 있지 않다면 UNK 토큰을 넣는다(참고로 앞에서 UNK 토큰의 인덱스 값은 3으로 설정했다). 이렇게 모든 단어를 인덱스로 바꾸고 나면 모델에 적용할 최대 길이보다 긴 문장의 경우 잘라야 한다. 만약 최대 길이보다 짧은 문장인 경우에는 문장의 뒷부분에 패딩 값을 넣는다. 최대 길이가 5라고 가정하고 다음 예시를 참조하자.

- 인코더 최대 길이보다 긴 경우: "안녕 우리 너무 오랜만에 만난거 같다."

- 인코더 최대 길이보다 긴 경우 입력값: "안녕, 우리, 너무, 오랜만에, 만난거"

위와 같이 최대 길이보다 긴 경우 마지막 단어인 "같다."가 생략된 입력값이 만들어진다.

- 인코더 최대 길이보다 짧은 경우: "안녕"

- 인코더 최대 길이 보다 짧은 경우 입력값: "안녕, ⟨PAD⟩, ⟨PAD⟩,⟨PAD⟩,⟨PAD⟩"

위와 같이 최대 길이보다 짧은 단어는 최대 길이만큼 모두 패드로 채워진다.

함수의 리턴값을 보면 2개의 값이 반환되는 것을 확인할 수 있는데, 하나는 앞서 전처리한 데이터이고 나머지 하나는 패딩 처리하기 전의 각 문장의 실제 길이를 담고 있는 리스트다. 이렇게 두 개의 값을 리턴하면서 함수가 끝난다.

이제 디코더 부분에 필요한 전처리 함수를 만들면 된다. 인코더 부분과는 다르게 디코더에는 두 가지 전처리 함수가 사용된다. 디코더의 입력으로 사용될 입력값을 만드는 전처리 함수와 디코더의 결과로 학습을 위해 필요한 라벨인 타깃값을 만드는 전처리 함수다. 예를 들면, "그래 오랜만이야"라는 문장을 전처리하면 다음과 같이 두 개의 값을 만들어야 한다.

- 디코더 입력값: "⟨SOS⟩, 그래, 오랜만이야, ⟨PAD⟩"

- 디코더 타깃값: "그래, 오랜만이야, ⟨END⟩, ⟨PAD⟩"

위와 같이 입력값으로 시작 토큰이 앞에 들어가 있고 타깃값은 문장 끝에 종료 토큰이 들어가 있어야 한다. 그리고 예시의 단어는 실제로는 각 단어의 인덱스 값으로 만든다.

디코더의 입력값을 만드는 함수를 살펴보자.

```python
def dec_output_processing(value, dictionary, tokenize_as_morph=False):
    sequences_output_index = []
    sequences_length = []

    if tokenize_as_morph:
        value = prepro_like_morphlized(value)

    for sequence in value:
        sequence = re.sub(CHANGE_FILTER, "", sequence)
        sequence_index = []
        sequence_index = [dictionary[STD]] + [dictionary[word] if word in dictionary else
dictionary[UNK] for word in sequence.split()]

        if len(sequence_index) > MAX_SEQUENCE:
            sequence_index = sequence_index[:MAX_SEQUENCE]
        sequences_length.append(len(sequence_index))
        sequence_index += (MAX_SEQUENCE - len(sequence_index)) * [dictionary[PAD]]

        sequences_output_index.append(sequence_index)
    return np.asarray(sequences_output_index), sequences_length
```

함수의 구조는 전체적으로 인코더의 입력값을 만드는 전처리 함수와 동일하다. 한 가지 다른 점은 각 문장의 처음에 시작 토큰을 넣어준다는 점이다. 디코더 역시 데이터와 단어 사전을 인자로 받고 전처리한 데이터와 각 데이터 문장의 실제 길이의 리스트를 리턴한다.

디코더의 타깃값을 만드는 전처리 함수도 이와 거의 유사하다.

```
def dec_target_processing(value, dictionary, tokenize_as_morph=False):
    sequences_target_index = []
    if tokenize_as_morph:
        value = prepro_like_morphlized(value)
    for sequence in value:
        sequence = re.sub(CHANGE_FILTER, """, sequence)
        sequence_index = [dictionary[word] if word in dictionary else dictionary[UNK] for
word in sequence.split()]
        if len(sequence_index) >= MAX_SEQUENCE:
            sequence_index = sequence_index[:MAX_SEQUENCE - 1] + [dictionary[END]]
        else:
            sequence_index += [dictionary[END]]

        sequence_index += (MAX_SEQUENCE - len(sequence_index)) * [dictionary[PAD]]
        sequences_target_index.append(sequence_index)

    return np.asarray(sequences_target_index)
```

위의 디코더의 입력값을 만드는 함수와의 차이점은 문장이 시작하는 부분에 시작 토큰을 넣지 않고 마지막에 종료 토큰을 넣는다는 점이다. 그리고 리턴값이 하나만 있는데, 실제 길이를 담고 있는 리스트의 경우 여기서는 따로 만들지 않았다.

Preprocess.ipynb

Preprocess.ipynb 파일의 내용은 다음과 같다. 이 파일에서는 앞서 구현한 preprocess.py의 함수를 이용해 학습 데이터를 준비한다.

```
from preprocess import *

PATH = 'data_in/ChatBotData.csv_short'
VOCAB_PATH = 'data_in/vocabulary.txt'
```

먼저 preprocess 모듈에서 모든 함수를 불러오고, 학습할 데이터 경로와 저장할 단어사전 경로를 선언한다.

```
inputs, outputs = load_data(PATH)
char2idx, idx2char, vocab_size = load_vocabulary(PATH, VOCAB_PATH,
tokenize_as_morph=False)
```

앞서 구현한 load_data 함수로 학습할 데이터를 불러온다. 그리고 load_vocabulary 함수로 단어 사전을 char2idx, idx2char로 만든다. tokenize_as_morph 파라미터를 통해 문장 토크나이즈를 띄어쓰기 단위로 할지 형태소 단위로 할지 결정한다. tokenize_as_morph를 False로 설정하면 띄어쓰기 단위로 토크나이즈한다.

```
index_inputs, input_seq_len = enc_processing(inputs, char2idx, tokenize_as_morph=False)
index_outputs, output_seq_len = dec_output_processing(outputs, char2idx,
tokenize_as_morph=False)
index_targets = dec_target_processing(outputs, char2idx, tokenize_as_morph=False)
```

이렇게 단어 사전까지 만들면 enc_processing과 dec_output_processing, dec_target_processing 함수를 통해 모델에 학습할 인덱스 데이터를 구성한다.

```
data_configs = {}
data_configs['char2idx'] = char2idx
data_configs['idx2char'] = idx2char
data_configs['vocab_size'] = vocab_size
data_configs['pad_symbol'] = PAD
data_configs['std_symbol'] = STD
data_configs['end_symbol'] = END
data_configs['unk_symbol'] = UNK
```

인덱스 데이터를 모두 구성하고 나면 모델 학습할 때와 모델 추론에 활용하기 위해 단어 사전을 저장할 수 있도록 구성한다. 여기서는 단어 사전과 특별한 토큰들을 각각 정의해서 딕셔너리 객체에 저장한다.

```
DATA_IN_PATH = './data_in/'
TRAIN_INPUTS = 'train_inputs.npy'
TRAIN_OUTPUTS = 'train_outputs.npy'
TRAIN_TARGETS = 'train_targets.npy'
DATA_CONFIGS = 'data_configs.json'

np.save(open(DATA_IN_PATH + TRAIN_INPUTS, 'wb'), index_inputs)
np.save(open(DATA_IN_PATH + TRAIN_OUTPUTS , 'wb'), index_outputs)
np.save(open(DATA_IN_PATH + TRAIN_TARGETS , 'wb'), index_targets)

json.dump(data_configs, open(DATA_IN_PATH + DATA_CONFIGS, 'w'))
```

각 인덱스 데이터와 단어사전을 구성한 딕셔너리 객체를 numpy와 json 형식으로 저장한다. 이렇게 하면 모델을 학습할 준비를 마치게 된다. 이제 본격적으로 seq2seq 모델을 학습해 보자.

seq2seq.ipynb

그럼 모델에 대해 알아보자. 우선 모델을 구현하기 위한 모듈을 불러오자.

```
import tensorflow as tf
import numpy as np
import os

from tensorflow.keras.callbacks import EarlyStopping, ModelCheckpoint
import matplotlib.pyplot as plt

from preprocess import *
```

모델 구현을 진행하는 데는 텐서플로와 넘파이를 주로 활용한다. 운영체제의 기능을 사용하기 위한 os, 빠른 학습 중지와 모델 체크포인트를 위한 케라스 API를 사용하기 위해 불러오고 있다.

학습 시각화를 위한 시각화 함수를 만들어 보자.

```
def plot_graphs(history, string):
    plt.plot(history.history[string])
    plt.plot(history.history['val_'+string], '')
    plt.xlabel("Epochs")
    plt.ylabel(string)
    plt.legend([string, 'val_'+string])
    plt.show()
```

에폭당 정확도와 손실 값을 matplotlib을 통해 시각화하는 함수를 만들었다. 이 함수를 통해 직관적으로 학습 상태를 파악할 수 있다.

학습 데이터 경로를 정의하고 코드 작성의 효율성을 높여보자.

```
DATA_IN_PATH = './data_in/'
DATA_OUT_PATH = './data_out/'
TRAIN_INPUTS = 'train_inputs.npy'
TRAIN_OUTPUTS = 'train_outputs.npy'
TRAIN_TARGETS = 'train_targets.npy'
DATA_CONFIGS = 'data_configs.json'
```

Preprocess.ipynb에서 만든 npy 데이터와 입력에 필요한 파일이 존재하는 data_in, 모델 결과를 저장하는 data_out을 선언했다.

다음으로 책 전체에서 사용되는 랜덤 시드값을 선언한다.

```
SEED_NUM = 1234
tf.random.set_seed(SEED_NUM)
```

미리 전처리된 학습에 필요한 데이터와 설정값을 불러오자.

```
index_inputs = np.load(open(DATA_IN_PATH + TRAIN_INPUTS, 'rb'))
index_outputs = np.load(open(DATA_IN_PATH + TRAIN_OUTPUTS , 'rb'))
index_targets = np.load(open(DATA_IN_PATH + TRAIN_TARGETS , 'rb'))
prepro_configs = json.load(open(DATA_IN_PATH + DATA_CONFIGS, 'r'))
```

인코더의 입력, 디코더의 입력, 디코더의 타깃값을 얻기 위해 앞서 전처리 작업을 하고 저장한 numpy와 json 파일을 np.load와 json.load를 통해 불러왔다.

앞에서도 설명했지만 인코더의 입력, 디코더의 입력, 디코더의 타깃값을 가져왔으므로 인코더는 최대 길이만큼 <PAD>가 붙고, 디코더 입력의 앞에는 <SOS>가, 디코더 타깃값 끝에는 <END>가 붙은 형태로 만들어졌다는 점을 한번 생각하고 다음으로 진행하자.

함수를 통과한 값들이 예상한 크기와 같은지 확인해 보자.

```
print(len(index_inputs),  len(index_outputs), len(index_targets))
```

```
20 20 20
```

배열의 크기를 확인하는 함수를 통해 배열의 크기를 확인했다. 만약 앞에서 만들어 둔 enc_processing, dec_output_processing, dec_target_processing 함수를 통해 데이터의 내용을 확인하고 싶다면 index_inputs, index_outputs, index_targets를 출력해 보자.

모델을 구성하는 데 필요한 값을 선언해 보자.

```
MODEL_NAME = 'seq2seq_kor'
BATCH_SIZE = 2
MAX_SEQUENCE = 25
EPOCH = 50
UNITS = 1024
EMBEDDING_DIM = 256
VALIDATION_SPLIT = 0.1

char2idx = prepro_configs['char2idx']
idx2char = prepro_configs['idx2char']
std_index = prepro_configs['std_symbol']
end_index = prepro_configs['end_symbol']
vocab_size = prepro_configs['vocab_size']
```

배치 크기(BATCH_SIZE), 에폭 횟수(EPOCH), 순환 신경망의 결과 차원(UNITS), 임베딩 차원(EMBEDDING_DIM)과 전체 데이터셋 크기에서 평가셋의 크기 비율(VALIDATION_SPLIT) 등을 선언

하고 사용할 것이다. 에폭 횟수(EPOCH)는 전체 학습 데이터를 전체 순회하는 것이 한 번, 즉 1
회다. 전체 데이터셋 크기에서 평가셋의 크기 비율(VALIDATION_SPLIT)은 데이터의 전체 크기
대비 평가셋의 비율을 의미한다. 예를 들어, 전체 데이터셋이 100개의 셋으로 구성돼 있다고
했을 때 0.1은 10개를 의미한다. 이어서 Preprocess.ipynb에서 만들어 둔, 토큰을 인덱스로
만드는 함수와 인덱스를 토큰으로 변환하는 함수, 특수 토큰인 시작 토큰과 끝 토큰 값, 사전
의 크기를 차례로 불러왔다. Preprocess.ipynb에서 만들어 둔 값들은 모델을 만들 때 유용하게
쓰이는 값이다. 이 뒤에 모델 구현을 진행하면서 미리 만들어 둔 값들이 어디에 쓰이는지 확
인하는 것도 공부에 도움이 될 것이다.

앞에서 설명했듯이 모델은 시퀀스 투 시퀀스 모델을 기반으로 만들 것이다. 해당 모델의 중
간에 사용되는 신경망으로는 순환 신경망을 사용하는데, 다양한 종류의 순환 신경망 중에서
여기서는 조경현 교수님이 2014년에 발표한 GRU(Gated Recurrent Unit) 모델을 사용하
겠다.[2]

시퀀스 투 시퀀스 모델의 인코더부터 살펴보자.

```
class Encoder(tf.keras.layers.Layer):
    def __init__(self, vocab_size, embedding_dim, enc_units, batch_sz):
        super(Encoder, self).__init__()
        self.batch_sz = batch_sz
        self.enc_units = enc_units
        self.vocab_size = vocab_size
        self.embedding_dim = embedding_dim

        self.embedding = tf.keras.layers.Embedding(self.vocab_size, self.embedding_dim)
        self.gru = tf.keras.layers.GRU(self.enc_units,
                                return_sequences=True,
                                return_state=True,
                        recurrent_initializer='glorot_uniform')

    def call(self, x, hidden):
        x = self.embedding(x)
        output, state = self.gru(x, initial_state = hidden)
```

2   GRU: Learning Phrase Representations using RNN Encoder–Decoder for Statistical Machine Translation, https://arxiv.org/pdf/1406.1078v3.pdf

```
        return output, state

    def initialize_hidden_state(self, inp):
        return tf.zeros((tf.shape(inp)[0], self.enc_units))
```

Encoder 클래스는 Layer를 상속받고 있으며, __init__ 함수부터 설명하겠다. 임베딩 룩업 테이블과 GRU를 구성하기 위한 인자를 입력으로 받는다. 인자는 배치 크기(batch_sz), 순환 신경망의 결과 차원(enc_units), 사전 크기(vocab_size), 임베딩 차원(embedding_dim)이다. 함수로는 tf.keras.layers.Embedding과 tf.keras.layers.GRU가 있다. tf.keras.layers.Embedding 함수는 사전에 포함된 각 단어를 self.embedding_dim 차원의 임베딩 벡터로 만든다. tf.keras.layers.GRU 함수는 GRU 신경망을 만드는 부분이다. 인자로 전달되는 self.enc_units는 GRU의 결과 차원의 크기라고 이야기했다. return_sequences는 각 시퀀스마다 출력을 반환할지 여부를 결정하는 값이며, 해당 모델에서는 각각의 시퀀스마다 출력을 반환한다. return_state는 마지막 상태 값의 반환 여부이며, 해당 모델은 상태값을 반환한다. 마지막 recurrent_initializer에는 초깃값을 무엇으로 할 것인지 선언할 수 있으며, 'glorot_uniform'은 Glorot 초기화 또는 Xavier 초기화라고도 불리는 초기화 방법으로, 이전 노드와 다음 노드의 개수에 의존하는 방법이다. Uniform 분포를 따르는 방법과 Normal 분포를 따르는 두 가지 방법이 사용되는데, 여기서는 Glorot Uniform 방법을 이용한 초기화 방법을 선택했다.[3]

call 함수는 입력값 x와 은닉 상태 hidden을 받는다. __init__ 함수에서 만들어 놓은 embedding 함수를 통해 x 값을 임베딩 벡터로 만든다. 그리고 gru 함수에 임베딩 벡터와 순환 신경망의 초기화 상태로 인자로 받은 은닉 상태를 전달하고, 결괏값으로 시퀀스의 출력값과 마지막 상태값을 리턴한다. tf.keras.layers의 함수들은 고수준 API라서 이처럼 사용하기가 간편하다.

마지막으로 initialize_hidden_state 함수는 배치 크기를 받아 순환 신경망에 초기에 사용될 크기의 은닉 상태를 만드는 역할을 한다.

시퀀스 투 시퀀스 모델링에서 설명한 인코더 디코더 구조는 시퀀스 투 시퀀스의 문제점을 보완하기 위해 나온 개념이며, 기존의 시퀀스 투 시퀀스는 문장이 길어질수록 더 많은 정보를 고정된 길이에 담아야 하므로 정보의 손실이 있다는 점이 큰 문제로 지적됐다. 추가로 순환

---

3   Glorot Uniform: Understanding the difficulty of training deep feedforward neural networks, http://proceedings.mlr.press/v9/glorot10a/glorot10a.pdf

신경망 특유의 문제인 장기 의존성 문제가 발생할 수 있는 부분 또한 문제점으로 지적됐다. 이러한 기존의 문제를 어텐션 방법을 통해 보완했다.

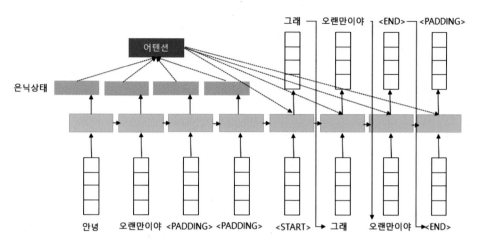

그림 6.12 시퀀스 투 시퀀스 모델에 어텐션 방법을 이용한 한글 시각화

기존의 시퀀스 투 시퀀스는 인코더의 고정된 문맥 벡터가 디코더로 전달된다면 어텐션이 추가된 방법은 은닉 상태의 값을 통해 어텐션을 계산하고 디코더의 각 시퀀스 스텝마다 계산된 어텐션을 입력으로 넣는다. 즉, 어텐션도 함께 학습을 진행하게 되며 학습을 통해 디코더의 각 시퀀스 스텝마다 어텐션의 가중치는 다르게 적용된다.[4]

그럼 어텐션 소스코드를 살펴보자.

```
class BahdanauAttention(tf.keras.layers.Layer):
    def __init__(self, units):
        super(BahdanauAttention, self).__init__()
        self.W1 = tf.keras.layers.Dense(units)
        self.W2 = tf.keras.layers.Dense(units)
        self.V = tf.keras.layers.Dense(1)

    def call(self, query, values):
        hidden_with_time_axis = tf.expand_dims(query, 1)
```

4   Neural Machine Translation by Jointly Learning to Align and Translate, https://arxiv.org/pdf/1409.0473.pdf

```
            score = self.V(tf.nn.tanh(
                self.W1(values) + self.W2(hidden_with_time_axis)))

            attention_weights = tf.nn.softmax(score, axis=1)

            context_vector = attention_weights * values
            context_vector = tf.reduce_sum(context_vector, axis=1)

            return context_vector, attention_weights
```

BahdanauAttention 클래스의 __init__ 함수는 출력 벡터의 크기를 인자로 받는다. tf.keras. layers.Dense 함수를 통해 출력 크기가 units 크기인 W1과 W2, 출력 크기가 1인 V의 완전 연결 계층을 만든다.

call 함수의 인자인 query는 인코더 순환 신경망의 은닉층의 상태 값이고, values는 인코더 순환 신경망의 결괏값이다. 첫 번째 줄에서 query를 W2에 행렬곱을 할 수 있는 형태(shape)를 만든다. 두 번째 줄에서 W1과 W2의 결괏값의 요소를 각각 더하고 하이퍼볼릭 탄젠트 활성함수를 통과한 값을 V에 행렬곱하면 1차원의 벡터값이 나온다. 모델 훈련 중 W1, W2, V 가중치들은 학습된다. 소프트맥스 함수를 통과시켜 어텐션 가중치를 얻는데, attention_weights 값은 모델이 중요하다고 판단하는 값은 1에 가까워지고, 영향도가 떨어질수록 0에 가까운 값이 된다. attention_weights 값을 value, 즉 순환신경망 결괏값에 행렬 곱을 하게 되면 1에 가까운 값에 위치한 value 값은 커지고 0에 가까운 값에 위치한 value 값은 작아진다.

결과적으로 인코더 순환 신경망의 결괏값을 어텐션 방법을 적용해 가중치를 계산해서 가중치가 적용된 새로운 인코더 순환 신경망의 결괏값을 만들어내서 디코더에 전달하게 되며, 이때 만들어진 Attention 클래스에 포함된 W1, W2, V는 학습을 통해 값들이 최적화되며 기존 시퀀스 투 시퀀스의 문제를 해결하는 방법론이 적용된다.

디코더 소스코드를 살펴보자.

```
class Decoder(tf.keras.layers.Layer):
    def __init__(self, vocab_size, embedding_dim, dec_units, batch_sz):
        super(Decoder, self).__init__()

        self.batch_sz = batch_sz
```

```python
        self.dec_units = dec_units
        self.vocab_size = vocab_size
        self.embedding_dim = embedding_dim

        self.embedding = tf.keras.layers.Embedding(self.vocab_size, self.embedding_dim)
        self.gru = tf.keras.layers.GRU(self.dec_units,
                                       return_sequences=True,
                                       return_state=True,
                                       recurrent_initializer='glorot_uniform')
        self.fc = tf.keras.layers.Dense(self.vocab_size)

        self.attention = BahdanauAttention(self.dec_units)

    def call(self, x, hidden, enc_output):
        context_vector, attention_weights = self.attention(hidden, enc_output)

        x = self.embedding(x)

        x = tf.concat([tf.expand_dims(context_vector, 1), x], axis=-1)

        output, state = self.gru(x)
        output = tf.reshape(output, (-1, output.shape[2]))

        x = self.fc(output)

        return x, state, attention_weights
```

Decoder 클래스의 __init__ 함수는 Encoder 클래스의 __init__ 함수와 유사하며, 다른 부분만 설명하겠다. 출력 값이 사전 크기인 완전 연결 계층 fc를 만들고 BahdanauAttention 클래스를 생성한다.

call 함수는 디코더의 입력값 x와 인코더의 은닉 상태 값 hidden, 인코더의 결괏값을 인자로 받는다.

self.attention 함수를 호출하면 BahdanauAttention 클래스의 call 함수가 호출되고 앞에서 설명한 값에 따라 어텐션이 계산된 문맥 벡터(context_vector)를 돌려받는다. 디코더의 입력값을 self.embedding 함수를 통해 임베딩 벡터를 받고 문맥 벡터와 임베딩 벡터를 결합해 x를 구성하고 디코더 순환 신경망을 통과해서 순환 신경망의 결괏값(output)을 얻게 되고 이 값을 완전 연결 계층(fully-connected layer)을 통과해서 사전 크기의 벡터 x를 만든다. 각각의 독립적인 클래스 인코더, 디코더, 어텐션을 살펴봤다.

이어서 손실 함수와 정확도 측정 함수를 살펴보자.

```python
optimizer = tf.keras.optimizers.Adam()

loss_object = tf.keras.losses.SparseCategoricalCrossentropy(from_logits=True,
reduction='none')

train_accuracy = tf.keras.metrics.SparseCategoricalAccuracy(name='accuracy')

def loss(real, pred):
    mask = tf.math.logical_not(tf.math.equal(real, 0))
    loss_ = loss_object(real, pred)
    mask = tf.cast(mask, dtype=loss_.dtype)
    loss_ *= mask
    return tf.reduce_mean(loss_)

def accuracy(real, pred):
    mask = tf.math.logical_not(tf.math.equal(real, 0))
    mask = tf.expand_dims(tf.cast(mask, dtype=pred.dtype), axis=-1)
    pred *= mask
    acc = train_accuracy(real, pred)

    return tf.reduce_mean(acc)
```

여기서는 세 가지를 미리 생성하는데, 최적화로 아담을 사용하기 위한 객체(optimizer), 크로스 엔트로피로 손실 값을 측정하기 위한 객체(loss_object), 정확도 측정을 위한 객체(train_accuracy)를 생성한다.

loss 함수는 인자로 정답과 예측한 값을 받아서 두 개의 값을 비교해서 손실을 계산하며, real 값 중 0인 값 <PAD>는 손실 계산에서 빼기 위한 함수다.

accuracy 함수는 loss 함수와 비슷하며, 다른 점은 train_accuracy 함수를 통해 정확도를 체크한다는 것이다.

loss 함수와 accuracy 함수에 동일하게 등장하는 mask를 한번 보자.

첫 번째 줄에 등장하는 tf.mat.logical_not(tf.math.equal(real, 0))은 정답 real에 포함되는 값 중 0인 것은 〈PAD〉를 의미하는 값이며, 해당 값들은 True(1)가 되고 〈PAD〉를 제외한 나머지 값들은 False(0)가 된다. 치환된 요소들의 값에 logical_not 함수를 적용하면 각 요소들의 값은 0에서 1로, 1에서 0으로 변경된다. 이렇게 변경된 값을 loss_ *= mask에 요소 간에 곱을 해주면 〈PAD〉 부분들은 loss_ 계산에서 빠진다. 또한 pred *= mask를 수행하면 정확도 측정에서 빠진다.

이제 살펴볼 seq2seq 클래스는 각각 분리돼 있는 각 클래스를 이어주는 메인 클래스로 볼 수 있다.

```python
class seq2seq(tf.keras.Model):
    def __init__(self, vocab_size, embedding_dim, enc_units, dec_units, batch_sz,
end_token_idx=2):
        super(seq2seq, self).__init__()
        self.end_token_idx = end_token_idx
        self.encoder = Encoder(vocab_size, embedding_dim, enc_units, batch_sz)
        self.decoder = Decoder(vocab_size, embedding_dim, dec_units, batch_sz)

    def call(self, x):
        inp, tar = x

        enc_hidden = self.encoder.initialize_hidden_state(inp)
        enc_output, enc_hidden = self.encoder(inp, enc_hidden)

        dec_hidden = enc_hidden

        predict_tokens = list()
        for t in range(0, tar.shape[1]):
            dec_input = tf.dtypes.cast(tf.expand_dims(tar[:, t], 1), tf.float32)
            predictions, dec_hidden, _ = self.decoder(dec_input, dec_hidden, enc_output)
            predict_tokens.append(tf.dtypes.cast(predictions, tf.float32))
```

```
        return tf.stack(predict_tokens, axis=1)

    def inference(self, x):
        inp = x

        enc_hidden = self.encoder.initialize_hidden_state(inp)
        enc_output, enc_hidden = self.encoder(inp, enc_hidden)

        dec_hidden = enc_hidden

        dec_input = tf.expand_dims([char2idx[std_index]], 1)

        predict_tokens = list()
        for t in range(0, MAX_SEQUENCE):
            predictions, dec_hidden, _ = self.decoder(dec_input, dec_hidden, enc_output)
            predict_token = tf.argmax(predictions[0])

            if predict_token == self.end_token_idx:
                break

            predict_tokens.append(predict_token)
            dec_input = tf.dtypes.cast(tf.expand_dims([predict_token], 0), tf.float32)

        return tf.stack(predict_tokens, axis=0).numpy()
```

seq2seq 클래스의 _init_ 함수는 Encoder 클래스를 생성할 때 필요한 값과 Decoder 클래스를 생성할 때 필요한 인자값을 받는다.

call 함수는 인코더의 입력값과 디코더의 입력값을 x를 통해 받는다. self.encoder를 통해 인코더 결괏값과 인코더 은닉 상태값을 만든다. 디코더는 시퀀스 최대 길이만큼 반복하면서 디코더의 출력값을 만들어낸다.

시퀀스마다 나온 결괏값을 리스트(predict_tokens)에 넣어 손실 계산 또는 정확도를 계산하는 용도로 사용된다.

inference 함수는 사용자의 입력에 대한 모델의 결괏값을 확인하기 위해 테스트 목적으로 만들어진 함수이며, 하나의 배치만 동작하도록 돼 있으며, <END> 토큰을 만나면 반복문을 멈춘다. 전체적인 함수 구조는 call 함수와 유사하다.

seq2seq를 만들어 보자.

```
model = seq2seq(vocab_size, EMBEDDING_DIM, UNITS, UNITS, BATCH_SIZE, char2idx[end_index])
model.compile(loss=loss, optimizer=tf.keras.optimizers.Adam(1e-3), metrics=[accuracy])
```

seq2seq 객체를 생성한다. 그리고 compile 함수를 통해 학습 방식을 설정을 한다. 설정은 손실 함수, 최적화 함수, 성능 측정 함수를 설정한다.

학습을 진행해 보자.

```
PATH = DATA_OUT_PATH + MODEL_NAME
if not(os.path.isdir(PATH)):
        os.makedirs(os.path.join(PATH))

checkpoint_path = DATA_OUT_PATH + MODEL_NAME + '/weights.h5'

cp_callback = ModelCheckpoint(
    checkpoint_path, monitor='val_accuracy', verbose=1, save_best_only=True,
save_weights_only=True)

earlystop_callback = EarlyStopping(monitor='val_accuracy', min_delta=0.0001, patience=10)

history = model.fit([index_inputs, index_outputs], index_targets,
                batch_size=BATCH_SIZE, epochs=EPOCH,
                validation_split=VALIDATION_SPLIT, callbacks=[earlystop_callback,
cp_callback])
```

체크포인트가 저장될 폴더를 만든다. 그리고 두 개의 함수를 정의한다. 첫째, 모델 체크포인트를 어떻게 저장할지에 대한 정책을 정의한 ModelCheckpoint 함수와 학습을 조기 종료할 정책을 정의한 EarlyStopping을 선언한다. 그리고 model.fit을 통해 학습을 진행한다. fit 함수의 첫 번째 배열에 들어가는 것은 인코더의 입력과 디코더의 입력이며, 두 번째 인자인 index_ targets는 정답이다. 여기에 정의된 두 함수인 `ModelCheckpoint`와 `EarlyStopping`을 `callbacks` 인자에 넣으면 정책에 따라 자동으로 구동된다.

학습과 평가 정확도를 시각화한 그래프를 확인하자.

```
plot_graphs(history, 'accuracy')
```

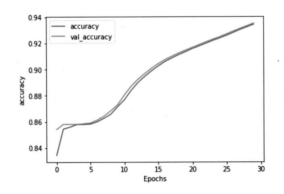

데이터가 적어서 스코어가 상당히 높은 것을 볼 수 있다. 더 큰 데이터로 학습을 진행해도 이렇게 나오는지 테스트해 보길 권장한다.

학습과 평가 손실값을 시각화한 그래프를 확인하자.

```
plot_graphs(history, 'loss')
```

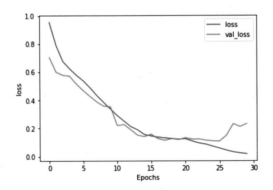

20부터 조금씩 올라가는 것을 볼 수 있는데 EarlyStopping의 patience=10 값을 높이고 낮추면서 시각화 그래프가 어떻게 변화하는지 확인하자. 이를 확인하는 이유는 patience의 값이 오버피팅에 어떠한 영향을 미치는지 경험적으로 이해하기 위해서다.

저장된 모델을 로드하는 방법을 보자.

```
SAVE_FILE_NM = "weights.h5"
model.load_weights(os.path.join(DATA_OUT_PATH, MODEL_NAME, SAVE_FILE_NM))
```

방금 학습을 진행한 가중치를 불러올 수도 있고 다른 곳에서 학습한 가중치를 불러와 사용할 수도 있다. 물론 순차적으로 진행했다면 해당 소스가 없어도 최신에 학습 가중치를 불러올 수 있지만 저장해둔 값을 불러와 사용하고 싶다면 이 부분을 적용하면 된다. 그리고 SAVE_FILE_NM은 저장된 값을 확인해 적용해야 한다(이 부분은 조심하자).

학습이 잘 됐는지 확인해 보자.

```
query = "남자친구 승진 선물로 뭐가 좋을까?"

test_index_inputs, _ = enc_processing([query], word2idx)
predict_tokens = model.inference(test_index_inputs)

print(' '.join([idx2word[t] for t in predict_tokens]))

['남자친구 승진 선물로 뭐가 좋을까?']
평소에 필요했던 게 좋을 것 같아요
```

seq2seq 모델 안에 있는 inference 함수를 통해 결과를 확인했다.

이렇게 해서 시퀀스 투 시퀀스 기본 모델에 어텐션(Attention) 기법을 추가한 모델을 만들어서 챗봇 기능을 구현해 봤다.

데이터가 전체적으로 연애에 관련된 데이터이므로 다양한 답변을 요구하거나 더 높은 정확도의 답변을 원한다면 충분한 양의 데이터와 다양한 데이터로 학습을 진행해서 결과를 보면 좋을 듯하다.

다음으로는 자연어 처리의 다양한 곳에서 활용되고 텍스트 생성 및 대화 모델 등에서 좋은 성능을 보이고 있는 모델인 구글의 트랜스포머 모델을 사용해 챗봇을 만들어 보겠다. 여기서 구현했던 시퀀스 투 시퀀스 모델과 비교하면서 구현 방법이나 모델의 차이점에 대해서도 생각해 보자.

04 트랜스포머 모델

앞서 다룬 챗봇은 순환 신경망을 기반으로 한 시퀀스 투 시퀀스 모델을 사용해서 만들었다. 이번 절에서는 시퀀스 투 시퀀스 계열 모델 중에서 많은 사람들이 사용하고 성능이 좋은 최신 모델인 트랜스포머(Transformer) 모델을 만들어 보겠다.

트랜스포머란 구글이 2017년에 소개한 논문인 "Attention is all you need"[5]에 나온 모델로서 기존의 시퀀스 투 시퀀스의 인코더 디코더 구조를 가지고 있지만 합성곱 신경망(CNN), 순환 신경망(RNN)을 기반으로 구성된 기존 모델과 다르게 단순히 어텐션 구조만으로 전체 모델을 만들어 어텐션 기법의 중요성을 강조했다.

이 모델 역시 기존의 시퀀스 투 시퀀스와 비슷하게 기계 번역, 문장 생성 등 다양한 분야에 사용되고, 대부분 좋은 성능을 보여준다. 따라서 이번 절에서는 이 모델을 이용해 챗봇을 만들어 보겠다. 먼저 모델에 대해 좀 더 알아보자.

모델 소개

앞에서 다룬 순환 신경망 모델은 시퀀스 순서에 따른 패턴을 보는 것이 중요했다. 예를 들어, '나는 어제 기분이 좋았어'라는 문장을 시퀀스 투 시퀀스를 거쳐 '기분이 좋다니 저도 좋아요'라고 문장을 생성한다고 해보자. 순환 신경망의 경우 인코더에서 각 스텝을 거쳐 마지막 스텝의 은닉 상태 벡터에 '기분이 좋다'는 문장의 맥락 정보가 반영되어 디코더에서 응답 문장을 생성할 수 있다.

이러한 순환 신경망 구조를 통해 맥락 정보를 추출하는 것은 보통의 경우에는 좋은 성능을 보여왔다. 하지만 단순히 하나의 벡터에 인코더 부분에 해당하는 문장에 대한 모든 정보를 담고

---

5 Attention is all you need https://arxiv.org/abs/1706.03762

있어 문장 안의 개별 단어와의 관계를 확인하기는 어렵다. 또한 문장 길이가 길수록 모든 정보를 하나의 벡터에 포함하기에는 부족하다는 단점이 있다. 예를 들어, 다음과 같은 문장이 인코더에 입력으로 들어간다고 생각해 보자.

> 이러저러한 이유로 엄마가 산타에게 키스하는 그런 장면을 목격했던 것도 아니었지만 어린 나이에 크리스마스에만 일하는 그 영감의 존재를 이상하게 생각했던 매우 똑똑한 아이였던 내가, 어쩐 일인지 우주인이니, 미래에서 온 사람이니, 유령이니, 요괴니, 초능력이니, 악의 조직이니 하는 것들과 싸우는 애니메이션, 특촬물, 만화의 히어로들이 이 세상에 존재하지 않는다는 사실을 깨달은 것은 상당히 시간이 지난 뒤의 일이었다.
>
> - 〈스즈미야 하루히의 우울〉 쿈의 독백 중에서

위의 문장을 순환 신경망 계열 시퀀스 투 시퀀스 모델에 입력한다면 스텝마다 각 단어가 입력되고 은닉 상태 벡터에 반영될 것이다. 앞부분에서 나온 '엄마가'라는 정보 역시 은닉 상태 스테이트에 반영된다. 그 이후 계속해서 나오는 단어들이 입력되면서 은닉 상태 벡터값에 누적될 텐데 문장의 마지막 부분인 '히어로들이'라는 문장이 나올 때면 앞서 반영된 '엄마가'라는 정보는 많이 손실된 상태일 것이다. 따라서 이렇게 문장이 긴 경우에는 모든 단어의 정보가 잘 반영된다고 보기는 어렵다. 그뿐만 아니라 각 단어 간의 유의미한 관계를 잡아내는 것 또한 어려울 것이다. 이러한 순환 신경망 기반의 시퀀스 투 시퀀스 모델의 한계를 지적하고 극복한 모델이 트랜스포머다.

기본적으로 트랜스포머 모델은 앞서 순환 신경망 시퀀스 투 시퀀스 모델과 같이 인코더와 디코더로 구성되며 인코더에서 입력한 문장에 대한 정보와 디코더에 입력한 문장 정보를 조합해서 디코더 문장 다음에 나올 단어에 대해 생성하는 방법이다. 시퀀스 투 시퀀스와 다른 점은 순환 신경망을 활용하지 않고 셀프 어텐션 기법을 사용해 문장에 대한 정보를 추출한다는 점이다.

전체 구조를 이해하기 위해서는 먼저 모델에 사용되는 셀프 어텐션을 이해해야 한다. 먼저 셀프 어텐션이라는 정보가 어떻게 생성되고 모델이 어떠한 방식으로 추론하는지 자세히 알아보자.

셀프 어텐션

셀프 어텐션(Self-Attention)이란 문장에서 각 단어끼리 얼마나 관계가 있는지를 계산해서 반영하는 방법이다. 즉, 셀프 어텐션을 이용하면 문장 안에서 단어들 간의 관계를 측정할 수 있다. 이때 각 단어를 기준으로 다른 단어들과의 관계 값을 계산한다. 이 값을 어텐션 스코어 (attention score)라 부른다. 관계도가 큰 단어 간의 어텐션 점수는 높게 나올 것이다. 예를 들어, 다음과 같이 "딥러닝 자연어 처리 아주 좋아요"라는 문장이 주어졌다고 하자.

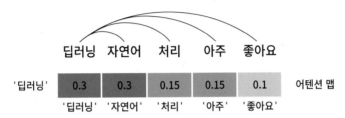

그림 6.14 단어 간의 어텐션 점수와 어텐션 맵

위와 같이 문장이 주어졌을 때 우선 '딥러닝'이라는 단어를 기반으로 나머지 단어와의 관계를 측정한다. 그림을 보면 '자연어'라는 단어가 가장 점수가 높게 나왔으며 '좋아요'라는 단어의 경우 연관도가 가장 낮아 점수가 가장 작게 나왔다. 이렇게 '딥러닝'이라는 단어에 대한 각 단어의 어텐션 스코어를 구했다면 이제 다음 단어인 '자연어'라는 단어에 대해서도 스코어를 구하고, 나머지 모든 단어에 대해 각각 구해야 한다. 이때 각 단어 간의 관계를 측정한 값을 어텐션 스코어라 하고, 이 어텐션 스코어 값을 하나의 테이블로 만든 것을 어텐션 맵이라 부른다. 이제 이 어텐션 맵을 활용해 문장을 서로의 관계를 반영한 값으로 바꿔야 한다.

여기까지가 셀프 어텐션에 대한 대략적인 설명이고, 이제 구체적으로 위의 예시 문장을 통해 셀프 어텐션에 대해 알아보자. 우선 위의 문장이 모델에 적용될 때는 각 단어가 임베딩된 벡터 형태로 입력될 것이다. 즉, 다음 그림과 같이 문장이 각 단어 벡터의 모임으로 구성될 것이다.

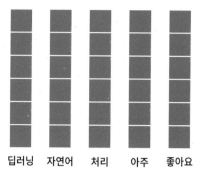

딥러닝　자연어　처리　아주　좋아요

그림 6.15 예시 문장에 대한 단어 벡터

이처럼 문장에 대한 정보가 단어 벡터로 구성돼 있다고 하면 이제 각 단어 간의 관계를 나타
내는 어텐션 스코어를 구해야 한다. 어텐션 스코어를 구하는 방법은 앞서 5장에서 다룬 텍스
트 유사도를 구하는 방식과 유사하다. 텍스트의 의미 정보를 벡터로 표현해서 유사도 점수를
계산한다. 앞서 유사도를 구한 방법은 벡터에 대한 맨해튼 거리와 같은 유사도 공식을 활용해
구하는 방법과 Dense 층을 거쳐 나온 값을 활용하는 방법이 있었다. 트랜스포머 모델에서는
단어 벡터끼리 내적 연산을 함으로써 어텐션 스코어를 구한다.

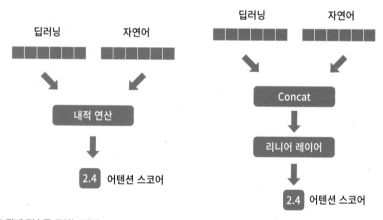

그림 6.16 관계 점수를 구하는 방법

특정 단어에 대해 다른 단어들과의 어텐션 스코어를 구한 후, 어텐션 스코어가 모여 있는 어
텐션 맵에 소프트맥스 함수를 적용한다. 이렇게 하면 이제 어텐션 맵이 특정 단어에 대한 다
른 단어와의 연관도 값의 확률로 나타난다. 이제 이 값을 해당 단어에 반영해야 한다. 스코어
가 큰 경우 해당 단어와 관련이 높은 단어이므로 큰 값을 가져야 한다. 따라서 이 확률값과 기

존의 각 단어 벡터를 가중합한다. 가중합이란 각 확률값과 각 단어 벡터를 곱한 후 더하는 연산이다. 이렇게 구한 값을 해당 단어에 대한 벡터값으로 사용하게 된다. 다음 그림은 위의 과정을 도식화한 것이다.

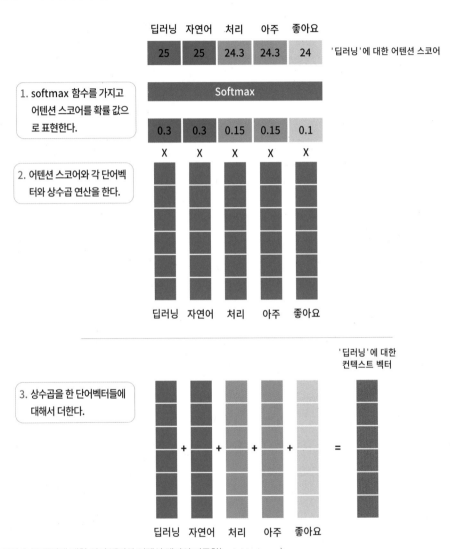

그림 6.17 문장에 대한 단어 벡터와 어텐션 맵과의 가중합(weighted sum)

그림 6.17은 '딥러닝'이라는 단어에 대해 셀프 어텐션을 하기 위해 가중합을 구하는 과정을 보여준다. 우선 '딥러닝'이라는 단어를 기준으로 '자연어', 처리', '아주', '좋아요'라는 단어에 대한

어텐션 스코어를 구한다. 그리고 이렇게 구한 어텐션 스코어에 대해 소프트맥스를 적용한 후 각 벡터와 곱한 후 전체 벡터를 더해서 '딥러닝'에 대한 문맥 벡터를 구한다. 이러한 방식으로 나머지 단어에 대해서도 동일하게 진행하면 해당 문장에 대한 셀프 어텐션이 끝난다.

셀프 어텐션 방식은 트랜스포머 네트워크 핵심이며, 이 방식을 통해 어텐션 기법이 적용된 문 맥 벡터가 생성된다. 이제 트랜스포머 네트워크 모델의 핵심을 이해했다면 본격적으로 챗봇 모델 구현에 대해 알아보자.

모델 구현

트랜스포머 모델 구현의 경우 큰 틀은 앞서 구현한 순환 신경망 기반 시퀀스 투 시퀀스 모델 과 거의 유사하다. 데이터를 불러오는 부분 등 부가적인 부분은 동일하고 모델 부분만 다르게 구성돼 있다. 모델의 경우 큰 틀은 인코더와 디코더로 구성돼 있다. 따라서 입력이 인코더에 들어가면 셀프 어텐션 기법을 활용해 해당 문장의 정보를 추출하고 이 값을 토대로 디코더에 서 출력 문장을 만들어낸다. 다음 그림을 보자.

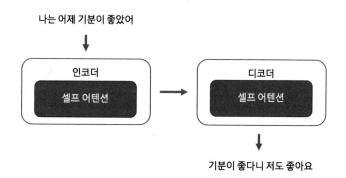

그림 6.18 트랜스포머 네트워크 시퀀스 투 시퀀스

이제 챗봇 프로젝트를 본격적으로 구현해 보자. 프로젝트는 앞에서 살펴본 순환 신경망 기반 시퀀스 투 시퀀스 소스코드와 동일하게 구성한다. 기본적으로 이전 장과 동일한 부분에 대해 서는 설명을 생략하고 바뀐 부분 위주로 설명하겠다.

데이터 전처리

데이터 구성은 앞서 Preprocess.ipynb를 통해 준비하면 된다. 이번에는 띄어쓰기가 아닌 형태소 단위로 토크나이즈하는 방식으로 전처리한다.

```
os.remove(VOCAB_PATH)
```

전처리 방식을 다르게 할 때는 data_in 폴더에 vocabulary.txt 파일이 존재하는지 확인하고, 파일이 존재하면 rm 명령어를 활용해 삭제하고 전처리를 진행한다.

```
index_inputs, input_seq_len = enc_processing(inputs, char2idx, tokenize_as_morph=True)
index_outputs, output_seq_len = dec_output_processing(outputs, char2idx,
tokenize_as_morph=True)
index_targets = dec_target_processing(outputs, char2idx, tokenize_as_morph=True)
```

앞서 seq2seq 모델에서 수행한 전처리와 다른 점은 enc_processing, dec_output_processing, dec_target_ processing 함수의 tokenize_as_morph 파라미터를 True로 지정한다는 점이다.

모델 구현

앞의 챗봇 프로젝트와 마찬가지로 모델은 transformer.ipynb에 구현돼 있다. 이제 모델의 각 부분을 하나씩 구현해 보겠다. 우선 앞에서 모델을 나타낸 그림을 통해 구현해야 하는 모듈로 어떤 것이 있는지 확인해 보자.

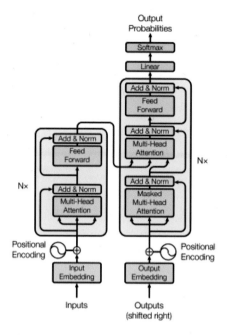

그림 6.19 트랜스포머 네트워크의 전체 구조

그림에 나온 각 모듈을 정리하면 구현해야 하는 모듈의 목록은 다음과 같다.

- 멀티 헤드 어텐션(Multi-head attention)

- 서브시퀀트 마스크 어텐션(Subsequent masked attention)

- 포지션-와이즈 피드 포워드 네트워크(Position-wise feed forward network)

- 리지듀얼 커넥션(Residual connection)

위와 같은 총 4가지 모듈을 직접 만들고 구현해야 한다. 이러한 모듈을 정의한 후 각 모듈을
사용해 인코더와 디코더 모듈을 만들어 보겠다. 우선 멀티 헤드 어텐션에 대해 알아보자.

멀티 헤드 어텐션

앞에서 설명한 셀프 어텐션 방식은 기반으로 구성된 멀티 헤드 어텐션(Multi-head
attention)을 알아보자. 멀티 헤드 어텐션이란 간단하게 내적 어텐션 구조가 중첩된 형태다.

이 모듈은 앞서 설명한 기본적인 내적 어텐션, 순방향 어텐션 마스크, 멀티 헤드 어텐션의 세 개의 부분으로 나눠서 구현하겠다. 우선 내적 어텐션을 알아보자.

1) 스케일 내적 어텐션

앞에서 개념적으로 설명했던 셀프 어텐션을 구체적으로 구현하겠다. 기본적인 내적 어텐션의 입력은 세 가지로 구성되며, query(질의), key(키), value(값)로 들어온다. query, key, value는 주로 사전에서 많이 쓰이는 형태다. 즉, 찾고자 하는 단어가 있고 영어사전을 통해 의미를 찾을 때, 찾고자 하는 단어는 query가 되고 사전에 등록된 단어는 key가 될 것이다. 그리고 key에 해당하는 단어의 의미는 value로 볼 수 있다. 이 같은 구성으로 어떻게 셀프 어텐션을 구현하는지 보자.

앞에서 다룬 '딥러닝 자연어 처리 아주 좋아요'라는 문장을 다시 예로 들어보자.

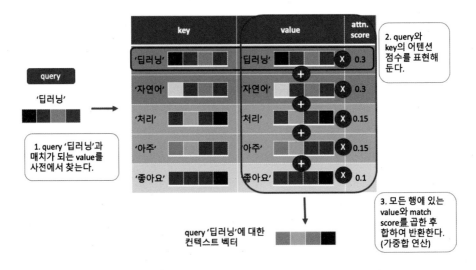

그림 6.20 key, query, value로 표현한 셀프 어텐션

앞에서 알아본 어텐션 구조와 동일한 형태다. 특정 단어에 대해 다른 단어와의 관계를 알아보는 것이 어텐션 구조라고 했는데, 이때 특정 단어가 query가 되는 것이다. 그리고 이 단어와 다른 단어들과의 관계를 알아봐야 하는데, 이때 다른 단어가 key, value가 된다. 연산 과정을 다시 생각해보자. 우선 특정 단어에 대해 다른 모든 단어와 내적해서 어텐션 스코어값을 구했

다. 따라서 query에 대해 다른 모든 key와 내적해서 어텐션 스코어를 구하는 것이다. 이렇게 구한 스코어에 소프트맥스 함수를 적용해 확률값으로 만든 후 다시 다른 모든 단어들, 즉 value에 각각 곱해서 query와의 관계가 적용된 value 값으로 만든다. 이제 이 값을 모두 더하면 query에 대한 문맥 벡터가 되는 것이다.

좀 더 자세한 예시를 들어보자. 위 그림의 예시 문장인 '딥러닝 자연어 처리 아주 좋아요'에서 '딥러닝'이라는 단어에 대해 컨텍스트 벡터를 구한다고 하자. 여기서 query는 '딥러닝'이라는 단어가 될 것이다. 이제 이 query를 이용해 문장의 나머지 단어들과의 관계를 통해 컨텍스트 벡터를 구해야 한다. 이때 나머지 단어들이 key와 value가 될 것이다. 이제 query와 key와의 어텐션 스코어를 구한다. 즉 '딥러닝'과 다른 단어들 모두와의 어텐션 스코어를 구하는 것이다. 이렇게 구한 어텐션 스코어를 소프트맥스 함수를 통해 확률값으로 만든 후 value와 곱해서 가중합을 취하면 컨텍스트 벡터를 구하게 된다.

여기까지는 앞서 알아본 셀프 어텐션의 구조와 동일하다. 하지만 어텐션의 이름이 내적 어텐션(dot product attention)이 아니라 스케일 내적 어텐션(scaled dot product attention)이다. 이는 중간에 크기를 조정하는 과정(scaling)이 추가된 것이다. 해당 모델을 제시한 논문에서 부가적으로 추가한 기법으로 query와 value를 이용해 내적한 값이 벡터의 차원이 커지면 학습이 잘 안 될 수 있기 때문에 벡터 크기에 반비례하도록 크기를 조정하는 것이다. 즉, 다음 수식과 같이 어텐션을 적용하게 된다.

$$\text{Attention}(Q, K, V) = softmax\left(\frac{QK^T}{\sqrt{d_k}}\right)V$$

위 수식처럼 query와 key를 내적한 값에 key 벡터의 차원 수를 제곱근한 값으로 나눈 후 소프트맥스 함수를 적용한다. 여기서 d_k는 key 벡터의 차원 수를 의미한다. 전체적인 스케일 내적 어텐션을 그림으로 확인해 보자.

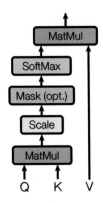

그림 6.21 내적 연산 어텐션 그래프

그림을 보면 먼저 query 벡터와 key 벡터에 대해 어텐션 스코어 맵을 만들고 크기를 조정한다. 그리고 선택적으로 마스크(mask)를 적용한다(이는 바로 다음에 나오는 함수에서 설명하겠다). 그리고 이 값에 소프트맥스 함수를 적용한 후 마지막으로 value에 대해 가중합을 적용한다.

그림을 보면 query와 value의 내적 부분과 마지막 value와의 가중합 부분이 MatMul이라는 행렬곱으로 나와 있는데, 이 부분은 코드를 먼저 본 후 어떤 내용인지 알아보자.

```python
def scaled_dot_product_attention(q, k, v, mask):
    matmul_qk = tf.matmul(q, k, transpose_b=True)

    dk = tf.cast(tf.shape(k)[-1], tf.float32)
    scaled_attention_logits = matmul_qk / tf.math.sqrt(dk)

    attention_weights = tf.nn.softmax(scaled_attention_logits, axis=-1)
    output = tf.matmul(attention_weights, v)

    return output, attention_weights
```

먼저 k(key), q(query), v(value)에 대한 입력값을 모두 함수의 인자를 통해 받는다. 각 인자값은 모두 문장인데, 각 단어가 벡터로 돼 있고, 이것들이 모여서 행렬로 돼 있는 구조다. 개념적인 어텐션과 실제로 구현된 어텐션의 경우 각 단어의 벡터끼리 연산을 해서 계산하는 구조였다. 하지만 실제 코드와 위의 그림의 경우 행렬로 연산이 이뤄지고 있어서 혼동될 수

텐서플로 2와 머신러닝으로 시작하는 자연어 처리: 로지스틱 회귀부터 BERT와 GPT3까지

있지만 자세히 알아보면 결국은 둘 다 똑같은 내용임을 알 수 있다. query, key, value 값이 행렬로 들어오면 어떻게 계산되는지 알아보자.

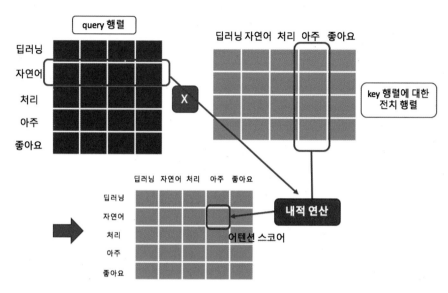

그림 6.22 query, key에 대한 어텐션 스코어 연산 방법

위 그림에서 보면 query 행렬이 있고 key에 대한 행렬이 있다. 각 행렬을 봤을 때 각 단어 벡터에 대한 내적만 연산하고자 한다면 key 행렬을 전치 행렬(Transpose matrix)로 만들어 행렬곱 연산을 하면 된다. 행렬곱 연산을 할 때는 query 행렬의 행벡터와 전치된 key 행렬의 열벡터와 내적 연산을 통해 어텐션 점수를 만들어 낼 수 있다. 예를 들어, query '자연어'에서 key '아주' 간의 어텐션 점수를 보고자 한다면 query 행렬의 열벡터 중 '자연어' 단어의 벡터와 key 행렬의 열벡터 중 '아주'라는 단어의 벡터와 내적 연산을 해서 만들어 낼 수 있다. 이처럼 query 행렬과 key에 대한 전치 행렬과 행렬곱 연산을 수행한다면 어텐션 맵으로 만들 수 있다. 이 같은 연산 방법을 선형대수학에서는 외적 연산(outer product)이라 한다.

$$\mathbf{u} \otimes \mathbf{v} = \mathbf{u}\mathbf{v}^T = \begin{bmatrix} u_1 \\ u_2 \\ u_3 \\ u_4 \end{bmatrix} \begin{bmatrix} v_1 & v_2 & v_3 \end{bmatrix} = \begin{bmatrix} u_1 v_1 & u_1 v_2 & u_1 v_3 \\ u_2 v_1 & u_2 v_2 & u_2 v_3 \\ u_3 v_1 & u_3 v_2 & u_3 v_3 \\ u_4 v_1 & u_4 v_2 & u_4 v_3 \end{bmatrix}$$

그림 6.23 외적 공식

위 외적 공식은 행렬 u, v에 대한 연산을 풀어 놓은 것이다. 앞서 본 예시에서 query 행렬을 행렬 u로, key 행렬을 행렬 v로 본다면 u에 있는 각 행벡터와 전치된 v 행렬의 열벡터와 행렬곱을 통해 각 벡터 간의 내적 연산을 할 수 있음을 알 수 있다.

변수 key와 query를 tf.matmul을 이용해 어텐션 맵을 만들고 outputs 변수에 할당하게 된다. 이때 변수 key는 전치(transpose)된 상태로 연산돼야 하기 때문에 matmul 파라미터인 transpose_b에 True를 입력한다. matmul_qk 변수에 어텐션 점수를 할당하기 전에 점수에 대한 스케일링을 위해 key 벡터의 차원 수에 대해 루트를 취한 값을 나눈다. 차원 수는 key 행렬의 마지막 차원의 값을 받아오면 된다.

이제 각 query와 key 간의 어텐션 스코어가 있는 어텐션 맵을 구했다. 이 값들을 확률 값으로 만들어야 한다. 따라서 소프트맥스 함수를 적용해 최종 어텐션 맵을 구한다. query와 value 사이의 관계가 확률값으로 표현됐다. 이제 이 확률값을 각 value와 곱해서 가중합을 구하면 된다. 이 역시 행렬로 이뤄져 있기 때문에 간단하게 행렬곱을 통해 구할 수 있다.

최종적으로 query, key, value의 관계를 통해 구한 문맥 벡터를 리턴하면 함수가 끝난다. 여기서 한 가지 설명하지 않고 넘어간 것이 있다. 바로 함수의 파라미터인 mask인데, 이 내용은 앞서 언급한 마스크 기능에 대한 내용이다. 마스크 기능을 활용하기 위해서는 순방향 마스크 어텐션을 이해할 필요가 있다. 다음 절에서는 순방향 마스크 어텐션을 이해하면서 구현해 보자.

2) 순방향 마스크 어텐션(Subsequent Masked Attention)

이전에 구현했던 순환 신경망 기반의 시퀀스 투 시퀀스와의 차이를 다시 생각해보자. 순환 신경망의 경우 스텝이 존재해서 각 스텝마다 단어가 입력으로 들어가는 형태였다. 하지만 그에 반해 트랜스포머 모델의 경우 전체 문장이 한번에 행렬 형태로 입력되는 구조다. 이러한 차이점 때문에 생기는 문제점이 있다. 예를 들어, 문장을 예측하는 과정에서 디코더 부분에 입력이 들어갈 텐데 순환 신경망 구조의 경우 자신보다 앞에 있는 단어만 참고해서 단어를 예측한다. 하지만 트랜스포머의 경우 전체 문장이 들어가기 때문에 위치와 상관없이 모든 단어를 참고해서 예측할 것이다. 이는 직관적으로도 틀린 상황이다. 자기 자신도 아직 예측을 하지 않았는데 뒤에 있는 단어를 예측한다는 것은 말이 되지 않는다. 따라서 이러한 문제를 해결하기 위해 자신보다 뒤에 있는 단어를 참고하지 않게 하는 기법이 마스크 기법이다.

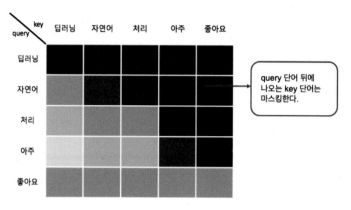

그림 6.24 순방향 마스크가 된 어텐션 맵

예를 들어 '딥러닝 자연어 처리 아주 좋아요'라는 문장이 있고 현재 디코더에는 '딥러닝 자연어 처리' 뒤에 나오는 단어를 예측해야 하는 상황이라 가정하자. 이 상황에서 '처리'라는 단어는 앞서 나온 '딥러닝'과 '자연어' 단어에 관한 관곗값은 나타낼 수 있지만 뒤에 나올 '아주'와 '좋아요'에 대한 정보는 나타나면 안 된다. 따라서 어텐션 맵에 대해 이처럼 '처리'라는 단어 뒤에 나오는 단어에 대한 관계 정보를 보이지 않게 만들 필요가 있다.

이를 위해 어텐션 맵에서 위쪽 삼각형 영역에 마스킹을 씌우는 방법을 취한다. 이 방법을 사용하면 query 입장에서 현재 위치 이전의 key 정보에 대해서는 관계 정보를 확인할 수 있지만 이후에 나오는 다른 단어 key 정보에 대해서는 관계 정보를 보지 못하게 된다.

이제 순방향으로 어텐션 맵을 마스킹하는 방법을 코드를 통해 알아보자.

```
def create_look_ahead_mask(size):
    mask = 1 - tf.linalg.band_part(tf.ones((size, size)), -1, 0)
    return mask
```

어텐션 맵을 만드는 방법은 간단하게 앞에서 본 매트릭스 그림과 같이 삼각형 형태의 행렬을 만들고 마스킹할 영역의 값은 1, 아닌 영역은 0으로 만들면 된다. 여기서는 행렬의 아래쪽 삼각형 영역이 0이 되는 하삼각행렬을 만들 텐데, 이를 만드는 방법은 tf.linalg.bandpart(입력 행렬, -1, 0)을 실행하면 된다. 이 함수에 입력하는 행렬로는 모든 값이 1인 행렬을 만들면 되며, 이 행렬은 tf.ones 함수를 통해 만들 수 있다. 이렇게 하삼각행렬을 만들면 마스킹하고자 하는 영역에 1 값을 주기 위해 상수 1로부터 만들어진 하삼각행렬을 뺀다. 상수 1을 빼는 연산은 행렬에 대해 전체 행렬에 연산이 적용되는 브로드캐스팅 연산이라 보면 된다.

다시 앞에서 본 스케일 내적 어텐션으로 돌아가보자. 앞에서는 마스크가 적용되는 코드 라인을 생략했다. 이제 마스크를 생성할 준비가 끝났으니 잠깐 코드를 보자.

```
if mask is not None:
    scaled_attention_logits += (mask * -1e9)
```

마스크의 목적을 다시 생각해보자. 자신보다 뒤에 나오는 단어를 참조하지 못하도록 행렬의 아래쪽 삼각형 부분을 제외한 값에 마스킹 처리를 해주는 것이었다. 이를 구현하려면 아래쪽 삼각형 부분을 제외한 값에 매우 작은 값을 넣으면 된다. 여기서는 그 값으로 −10의 9승인 '-1e9' 값을 넣는다. 이것은 특별히 의미가 있는 값이 아니라 매우 작은 어떤 값을 넣어주려는 것이다. 이제 앞에서 만든 mask를 이용해 padding이라는 변수를 만든다. 이 값은 mask와 동일한 형태이면서 모든 값이 앞에서 말한 매우 작은 음수값을 가지는 행렬이다.

이렇게 처리하면 어텐션 맵의 아래쪽 삼각형 부분을 제외한 곳은 모두 매우 작은 음수값을 가지고 있을 것이다. 매우 작은 음수값을 넣은 이유는 어텐션 맵을 구한 다음 연산을 생각해보면 된다. 어텐션 맵의 다음 연산은 소프트맥스 함수를 적용하는 것이다. 소프트맥스 함수에 매우 작은 음수값을 넣을 경우 거의 0 값에 수렴하는 값을 갖게 된다. 결국 마스킹 처리된 부분을 참고할 수 없게 되는 것이다.

마스크 어텐션의 경우 내적 함수와 별도로 새로운 함수로 정의하는 것이 아니라 내적 함수 중간에 조건식에 따라 선택적으로 사용할 수 있게 넣어야 한다. 따라서 앞서 설명한 스케일 내적 어텐션 함수를 가지고 마스크 기법을 추가한 내적 함수는 최종적으로 다음과 같이 구성될 것이다.

```
def scaled_dot_product_attention(q, k, v, mask):
    matmul_qk = tf.matmul(q, k, transpose_b=True)

    dk = tf.cast(tf.shape(k)[-1], tf.float32)
    scaled_attention_logits = matmul_qk / tf.math.sqrt(dk)

    if mask is not None:
```

```
        scaled_attention_logits += (mask * -1e9)

    attention_weights = tf.nn.softmax(scaled_attention_logits, axis=-1)
    output = tf.matmul(attention_weights, v)

    return output, attention_weights
```

이제 이렇게 해서 내적 어텐션 함수를 완전히 구현했다. 마지막으로 멀티 헤드 어텐션의 개념
을 알아본 후 코드로 구현한 내용을 알아보자.

3) 멀티 헤드 어텐션

셀프 어텐션에 대한 정보를 하나만 생성해서 모델에서 추론할 수도 있다. 하지만 어텐션이 하
나가 아닌 여럿에 대한 정보를 줄 수 있다면 어떨까? 멀티 헤드 어텐션은 어텐션 맵을 여럿
만들어 다양한 특징에 대한 어텐션을 볼 수 있게 한 방법이다.

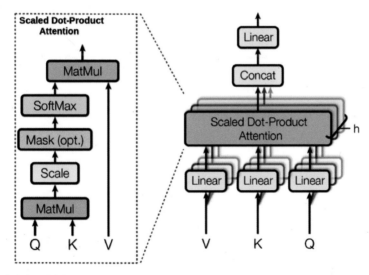

그림 6.25 멀티 헤드 어텐션

앞서 내적 셀프 어텐션에서 본 query, key, value에 대한 특징값을 헤드 수만큼 나눠서 리니
어(Linear) 레이어를 거쳐 내적 어텐션(Scaled Dot-Product)을 구해서 나시 합치는 과정을
거친다. 이 과정을 거치고 최종적으로 리니어 레이어를 거쳐 나오면 멀티 헤드 어텐션에 대한
과정을 마치게 된다.

멀티 헤드 어텐션의 구현은 다음과 같다.

```python
class MultiHeadAttention(tf.keras.layers.Layer):
    def __init__(self, **kargs):
        super(MultiHeadAttention, self).__init__()
        self.num_heads = kargs['num_heads']
        self.d_model = kargs['d_model']

        assert self.d_model % self.num_heads == 0

        self.depth = self.d_model // self.num_heads

        self.wq = tf.keras.layers.Dense(kargs['d_model'])
        self.wk = tf.keras.layers.Dense(kargs['d_model'])
        self.wv = tf.keras.layers.Dense(kargs['d_model'])

        self.dense = tf.keras.layers.Dense(kargs['d_model'])

    def split_heads(self, x, batch_size):
        x = tf.reshape(x, (batch_size, -1, self.num_heads, self.depth))
        return tf.transpose(x, perm=[0, 2, 1, 3])

    def call(self, v, k, q, mask):
        batch_size = tf.shape(q)[0]

        q = self.wq(q)  # (batch_size, seq_len, d_model)
        k = self.wk(k)  # (batch_size, seq_len, d_model)
        v = self.wv(v)  # (batch_size, seq_len, d_model)

        q = self.split_heads(q, batch_size)
        k = self.split_heads(k, batch_size)
        v = self.split_heads(v, batch_size)

        scaled_attention, attention_weights = scaled_dot_product_attention(
            q, k, v, mask)

        scaled_attention = tf.transpose(scaled_attention, perm=[0, 2, 1, 3])
        concat_attention = tf.reshape(scaled_attention,
```

```
                    (batch_size, -1, self.d_model))

        output = self.dense(concat_attention)

        return output, attention_weights
```

멀티 헤드 어텐션은 기본적으로 앞에서 구현한 내적 어텐션을 기반으로 구현돼 있다. 클래스 구현을 세부적으로 알아보자. 먼저 __init__ 함수부터 살펴보자.

__init__ 함수에서는 입력 파라미터로 **kargs를 받으며, 이 안에 d_model과 num_heads가 있다. 여기서 d_model은 어텐션을 연산할 때 key, query, value에 대한 차원을 정의하기 위한 파라미터고 num_heads는 어텐션 헤드 수를 정의하기 위한 파라미터다. 각 파라미터는 self.d_model, self.num_heads에 각각 할당한다.

항상 d_model의 차원 수는 헤드 개수만큼 나눠져야 하기 때문에 d_model 값과 num_heads를 나눴을 때 나머지가 발생하면 안 된다. 이러한 문제를 방지하기 위해 assert 구문을 활용해 두 변수를 대상으로 나눗셈했을 때 나머지가 발생하면 에러가 발생하도록 구현했다. d_model을 num_heads로 나눴을 때 나머지가 0이라면 d_model의 차원 값을 어텐션 헤드 수만큼 나눈 값을 self.depth에 할당해 각 헤드에 입력될 벡터의 차원 수를 정하게 한다. self.depth는 뒤에 나올 split_heads 함수에서 다룰 예정이다.

self.wq, self.wk, self.wv는 앞에서 언급한 스케일 내적 연산 이전에 입력한 key, query, value에 대한 차원 수를 맞추기 위한 레이어다. 이를 위해 tf.keras.layers.Dense를 생성해 각 변수에 할당한다. 마지막으로 self.dense는 셀프 어텐션 레이어를 출력하기 위한 레이어다. 앞의 레이어와 마찬가지로 Dense를 생성하고 할당하게 한다. 멀티헤드 어텐션에 대한 설정을 __init__ 함수에서 정의했다면 입력한 이번에는 각 벡터를 헤드 수만큼 나눌 수 있게 하는 split_heads 함수를 먼저 살펴보자.

split_heads는 key, query, value에 대한 벡터를 헤드 수만큼 분리할 수 있게 하는 함수다. 이 함수는 [배치 차원×시퀀스 차원×피처 차원]으로 구성된 벡터를 [배치 차원×헤드 차원×시퀀스 차원×피처 차원]으로 변환하는 역할을 한다.

먼저 각 피처 차원을 헤드 수만큼 분리해야 한다. tf.reshape를 활용하면 피처 차원을 헤드 수만큼 분리할 수 있다. reshape에 벡터 x를 입력하고 변경할 행렬의 차원값을 (batch_size, -1, self.num_heads, self.depth)로 입력한다. 여기서 배치 크기를 나타내는 batch_size를 왜 함수의 입력 파라미터로 전달하는지 궁금해할 수 있다. reshape할 때는 한 개의 차원에 대해서만 값을 알지 않아도 재구성이 가능하다. num_heads와 depth의 경우는 이미 하이퍼파라미터에 의해 정해져 있지만 배치 크기나 시퀀스 크기에 대해서는 그렇지 못하다. 모델을 학습하는 도중 입력 배치 데이터의 시퀀스 길이가 매번 바뀌는 경우가 있을 수 있기 때문이다. 따라서 정해진 시퀀스가 매번 바뀔 수 있기 때문에 batch_size 값을 정의하게 한 것이다.

tf.reshape만 하게 되면 [배치 차원×시퀀스 차원×헤드 차원×피처 차원]으로 구성된다. 원하는 출력 차원으로 바꾸기 위해 tf.transpose 연산을 통해 시퀀스, 헤드 차원만 바꿀 수 있게 한다.

```python
def call(self, v, k, q, mask):
    batch_size = tf.shape(q)[0]

    q = self.wq(q)  # (batch_size, seq_len, d_model)
    k = self.wk(k)  # (batch_size, seq_len, d_model)
    v = self.wv(v)  # (batch_size, seq_len, d_model)

    q = self.split_heads(q, batch_size)
    k = self.split_heads(k, batch_size)
    v = self.split_heads(v, batch_size)

    scaled_attention, attention_weights = scaled_dot_product_attention(
        q, k, v, mask)

    scaled_attention = tf.transpose(scaled_attention, perm=[0, 2, 1, 3])
    concat_attention = tf.reshape(scaled_attention,
                                  (batch_size, -1, self.d_model))
    output = self.dense(concat_attention)

    return output, attention_weights
```

이제 본격적으로 멀티헤드 어텐션이 동작하는 call 함수를 구현하자. 앞에서 만든 스케일 내적 어텐션 연산과 __init__, split_heads 함수를 활용해 어텐션 레이어 연산을 구성한다. 입력 파라미터는 입력 벡터 key, query, value, 순방향 마스크를 입력할 mask다. 먼저 입력한 key, query, value 값을 self.wq, self.wk, self.wv 레이어를 통해 내적 연산할 준비를 한다. 그리고 self.split_heads 함수로 헤드 수에 맞게 피처를 분리하고 scaled_dot_product_attention으로 내적 어텐션을 수행한다. 이렇게 하면 여러 개의 헤드 피처에 대해 어텐션이 적용된 벡터를 얻을 수 있다. 어텐션이 적용된 벡터는 scaled_attention을 통해 얻을 수 있다. 그 밖에 attention_weight는 시퀀스의 요소별로 서로 어텐션이 얼마나 적용돼 있는지 볼 수 있다. 출력된 scaled_attention은 다시 [배치 차원, 시퀀스 차원, 피처 차원]으로 맞춰 출력해야 하기 때문에 tf.transpose와 tf.reshape을 다시 활용한다. 여기서 두 함수를 구현하는 방식은 앞서 split_heads에서 구현한 내용을 반대로 만든다고 생각하면 쉬울 것이다. 그리고 마지막으로 self.dense를 통해 출력할 멀티 헤드 어텐션 벡터를 구성한다.

포지션-와이즈 피드 포워드 네트워크

트랜스포머 네트워크에서는 셀프 어텐션 레이어를 거친 다음 피드 포워드 네트워크를 거치게 돼 있다. 이 네트워크는 한 문장에 있는 단어 토큰 벡터 각각에 대해 연산하는 네트워크로서 논문에서는 포지션-와이즈 피드 포워드 네트워크(Position-wise Feedforward Network)라 표현한다.

$$FFN(x) = \max(0, xW_1 + b_1)W_2 + b_2$$

수식 6.1 피드 포워드 네트워크 수식

위 수식과 같이 네트워크를 구성하는 데 두 개의 리니어 레이어를 거치고 그 사이 활성화 함수로 Relu 함수를 활용한다. 이 네트워크의 구현은 다음과 같다.

```
def point_wise_feed_forward_network(**kargs):
    return tf.keras.Sequential([
      tf.keras.layers.Dense(kargs['dff'], activation='relu'),
      tf.keras.layers.Dense(kargs['d_model'])
    ])
```

여기서는 피드 포워드 네트워크의 연산을 하나로 묶어 주기 위해 tf.keras.Sequential을 활용했다. Sequential 안의 연산은 리스트에 선언한 순서대로 진행한다고 생각하면 된다. 먼저 입력 시퀀스 벡터를 받아 첫 리니어 레이어를 Dense를 통해 거치게 한다. 이 레이어에 대해서

만 활성화 함수 'relu'를 정의하고 레이어 차원에 대한 설정을 인자로 지정한다. 첫 레이어를 거치고 다시 Dense를 거치면 피드 포워드에 대한 네트워크 연산은 마치게 된다. 이 연산은 Encoder, Decoder에서 구현되는 것을 다시 확인할 수 있다.

리지듀얼 커넥션

리지듀얼 커넥션(Residual Connection)은 간단하게 다음 그림에 나오는 방법으로 연산을 수행한다.

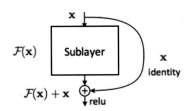

그림 6.26 리지듀얼 커넥션

위 그림과 같이 입력 정보 x가 있고 네트워크 레이어를 거쳐 나온 정보 F(x)가 있다고 하면 이 두 정보를 더해 앞에 있던 정보 x를 보존하게 된다. 특별히 트랜스포머 네트워크에서는 리지듀얼 커넥션을 한 다음, 레이어에 대한 값을 노멀라이즈하는 레이어 노멀라이제이션을 수행한다.

이 같은 방식으로 다음과 같이 구현할 수 있다.

```
self.ffn = point_wise_feed_forward_network(**kargs)
self.layernorm2 = tf.keras.layers.LayerNormalization(epsilon=1e-6)

ffn_output = self.ffn(out1)
ffn_output = self.dropout2(ffn_output)
out2 = self.layernorm2(out1 + ffn_output)
```

위 코드는 인코더 레이어에서 리지듀얼 커넥션을 수행하는 부분을 보여준다. 먼저 연산할 레이어 피드 포워드 네트워크와 레이어 노멀라이즈를 각각 생성한다. 여기서 레이어 노멀라이즈는 각 레이어별 뉴런을 노멀라이즈하는 역할이라고 이해하면 된다. 피드 포워드 네트워크를 만들기 위해서는 앞서 구현한 point_wise_feed_forward_network를 통해 네트워크를 생성한다. 그리고 레이어 노멀라이즈를 위해 tf.keras.layers.LayerNormalization을 생성한다. 이렇게 생성한 레이어들을 self.ffn, self.layernorm2에 할당한다. 여기서 self.ffn이 앞서 설명한 F(x)에 해당한다.

할당한 각 레이어를 가지고 리지듀얼 커넥션 연산을 수행하는 방법을 보자. 입력 벡터 out1을 먼저 self.ffn을 통해 피드 포워드 연산을 하게 해서 ffn_output으로 할당한다. 그다음 입력 벡터 out1과 피드 포워드 네트워크를 거쳐 나온 ffn_output을 더해 리지듀얼 커넥션을 수행한다. 이어서 리지듀얼 커넥션을 한 값을 self.layernorm2에 입력해 레이어 노멀라이즈 연산을 수행해 out2에 할당한다.

이렇게 레이어 노멀라이제이션 함수까지 정의했다면 하나의 모듈인 리지듀얼 커넥션과 레이어 노멀라이제이션을 사용할 수 있게 된다. 이 함수는 앞에서 모델을 나타낸 그림 6.19 '트랜스포머 네트워크의 전체 구조'에서 'Add & Norm'에 해당하는 부분으로 자주 사용된다.

포지션 인코딩

앞의 순환 신경망과 달리 트랜스포머 모델은 입력을 단어 하나하나 순차적으로 넣지 않고 한 번에 넣게 된다. 따라서 입력 시퀀스 정보에 대한 순서 정보를 부가적으로 주입할 필요가 있다. 포지션 인코딩(Positional Encoding)은 트랜스포머 모델에 순서 정보가 반영되지 않는 문제를 해결하기 위해 사용한 기법이다.

순서 정보를 주입하는 방법으로 여러 가지 방법이 있지만 논문에서 선택한 방법은 아래의 함수값을 입력값에 추가로 넣는 방법이다.

$$PE_{(pos,2i)} = sin(pos/10000^{2i/d_{model}})$$
$$PE_{(pos,2i+1)} = cos(pos/10000^{2i/d_{model}})$$

그림 6.27 포지션 인코딩 수식

포지션 인코딩에 대한 수식은 크게 2개로 나뉜다. 첫 번째 수식은 피처 차원에서 인덱스가 짝수인 경우에 대해 사인 함수값을 할당하는 것이고, 두 번째 수식은 인덱스가 홀수인 경우에 대해 코사인 함수값을 할당하는 것이다. 사인 함수와 코사인 함수 안에 있는 식은 각 시퀀스 위치에 따라 피처 차원 인덱스에 각자 위치 정보를 달리 주고자 하는 의도를 가지고 있다. 포지션 인코딩을 코드로 구현하면 다음과 같다.

```
def get_angles(pos, i, d_model):
    angle_rates = 1 / np.power(10000, (2 * i) / np.float32(d_model))
    return pos * angle_rates
```

포지션 임베딩을 만들 행렬을 구성하기 위해 get_angles 함수를 선언한다. 이 함수는 앞에서 본 수식 중 pos/100002i/dim 값을 만드는 함수다. 각 입력 파라미터는 pos, i, d_model로 돼 있다. pos에는 포지션에 대한 인덱스 위치 리스트를 입력하고, i에는 차원에 대한 리스트를 입력한다. 이렇게 하면 각 순서에 따른 각도값을 얻을 수 있다. 이제 get_angles를 가지고 포지션 임베딩을 만들어본다.

```
def positional_encoding(position, d_model):
    angle_rads = get_angles(np.arange(position)[:, np.newaxis],
                            np.arange(d_model)[np.newaxis, :],
                            d_model)

    angle_rads[:, 0::2] = np.sin(angle_rads[:, 0::2])
    angle_rads[:, 1::2] = np.cos(angle_rads[:, 1::2])

    pos_encoding = angle_rads[np.newaxis, ...]

    return tf.cast(pos_encoding, dtype=tf.float32)
```

get_angles 함수의 결괏값을 출력하면 포지션과 차원별로 각기 다른 값이 순차적으로 할당돼 있을 것이다. 이제 이 값들을 짝수 차원에는 사인 함수를, 홀수 차원에는 코사인 함수를 적용해 보자. 짝수 차원과 홀수 차원에 적용하려면 배열의 인덱스에 [0::2], [1::2]와 같은 방식으로 입력하면 된다. 이렇게 하면 [0::2]는 0에서부터 2씩 증가하는 인덱스의 배열 값만 출력되고 [1::2]는 1에서부터 2씩 증가하는 인덱스의 배열 값만 출력된다. 이렇게 사인, 코사인 함수를 적용한 값은 배열 angle_rads에 할당된다. 마지막으로 나중에 인코더 디코더 레이어에서 바로 활용할 수 있도록 배치 차원을 만들기 위해 다음과 같이 한다.

np.newaxis는 새로운 차원을 만드는 역할을 한다. 이렇게 newaxis를 인덱스 칸에 추가하면 새로운 차원을 만들게 된다. 새로운 차원을 만들면 만들어진 포지션 임베딩 행렬의 차원은 [배치 차원×시퀀스 차원×피처 차원]으로 구성된다.

이렇게 구성을 마친 배열은 tf.cast를 통해 상수가 되어 모델 그래프에 활용할 수 있게 된다. 이렇게 만들어진 포지션 임베딩은 워드 임베딩과 더해져 각 워드 정보에 순서가 들어갈 수 있도록 활용된다.

이제 포지션 임코딩 기법까지 모든 모듈에 대한 정의가 끝났다. 이렇게 정의한 모듈을 이용해 인코더, 디코더 모듈을 정의해보자.

인코더

인코더는 앞서 순환신경망 기반 시퀀스 투 시퀀스와 같이 모델의 입력값에 대한 정보를 추출하는 모듈이다.

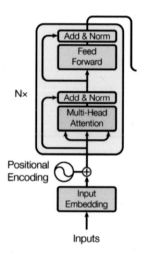

그림 6.28 인코더 레이어 구성

인코더 모듈은 멀티 헤드 어텐션 레이어와 피드 포워드 네트워크로 한 레이어를 구성하고, 각 레이어에는 리지듀얼 커넥션이 함께 적용돼 있다. 앞서 구현한 모듈을 통해 인코더 모듈을 구현해 보자.

```
class EncoderLayer(tf.keras.layers.Layer):
    def __init__(self, **kargs):
        super(EncoderLayer, self).__init__()

        self.mha = MultiHeadAttention(**kargs)
```

```
        self.ffn = point_wise_feed_forward_network(**kargs)

        self.layernorm1 = tf.keras.layers.LayerNormalization(epsilon=1e-6)
        self.layernorm2 = tf.keras.layers.LayerNormalization(epsilon=1e-6)

        self.dropout1 = tf.keras.layers.Dropout(kargs['rate'])
        self.dropout2 = tf.keras.layers.Dropout(kargs['rate'])

    def call(self, x, mask):
        attn_output, _ = self.mha(x, x, x, mask)
        attn_output = self.dropout1(attn_output)
        out1 = self.layernorm1(x + attn_output)

        ffn_output = self.ffn(out1)
        ffn_output = self.dropout2(ffn_output)
        out2 = self.layernorm2(out1 + ffn_output)

        return out2
```

인코더 레이어는 크게 4가지 레이어로 구성한다.

- 멀티 헤드 어텐션

- 포지션 와이즈 피드 포워드 네트워크

- 레이어 노멀라이제이션

- 드롭아웃

각 레이어에 대해서는 이미 앞에서 다뤘다. 이제 앞에서 배운 모듈들을 인코더 레이어에서 활용하게 해보자.

init 함수부터 살펴보자. 먼저 kargs 파라미터를 살펴보면 멀티 헤드 어텐션에 적용될 출력 차원 수 d_model과 헤드 수 num_heads를 적용한다. 그리고 포지션 와이즈 피드 포워드 네트워크의 차원 수 dff를 적용한다. 이 세 파라미터로 필요한 레이어의 출력 차원 수를 정의한다. 이 함수에서는 앞에서 언급한 4가지에 대한 레이어를 생성하는 역할을 하게 될 것이다. MultiHeadAttention 클래스를 활용해 멀티 헤드 어텐션 레이어를 생성하고, point_wise_feed_ forward_network를 활용해 포지션 와이즈 피드 포워드 네트워크를 생성한다. 그리고 나머지 tf.keras.layers.LayerNormalization과 tf.keras.layers.Dropout을 이용해 레이어 노멀라이제이션과 드롭아웃 레이어를 생성한다. 이렇게 생성한 레이어들을 call 함수에서 구체적으로 연산할 수 있도록 구현해보자.

call 함수에서는 크게 입력 벡터인 x와 패딩 마스크 mask를 입력 파라미터로 정의한다. 입력한 파라미터는 먼저 멀티 헤드 어텐션 레이어인 self.mha를 거친다. 여기서는 셀프 어텐션을 하기 때문에 멀티 헤드 어텐션에 들어가는 모든 key, query, value는 동일하다. 그리고 리지듀얼 커넥션을 하기 위해 멀티 헤드 어텐션에서 나온 출력값 attn_output과 입력값 x를 더하고 self.layernorm1을 통해 레이어 노멀라이제이션을 수행한다. 노멀라이제이션까지 연산을 마친 결괏값은 out1에 할당한다.

멀티 헤드 어텐션을 하고 나면 포지션 와이즈 피드 포워드 네트워크를 연산한다. 앞서 연산한 방식과 똑같이 앞에서 연산을 수행한 변수 out1을 입력으로, self.ffn을 거쳐 ffn_output으로 출력하게 한다. 그런 다음 out1과 ffn_output을 더해 리지듀얼 커넥션을 하고 다시 레이어 노멀라이제이션을 한다. 이렇게 노멀라이제이션한 값은 out2에 할당하고 인코더 레이어에 출력하게 된다.

추가로 위의 전체 과정에서 dropout은 멀티 헤드 어텐션과 포지션 와이즈 피드 포워드 네트워크 연산을 할 때 한 번씩 적용해 모델에 제너럴라이제이션을 할 수 있게 한다.

이렇게 인코더를 구현하면 여러 개의 인코더 레이어를 쌓을 수 있게 준비된 것이다. 이제 Encoder라는 클래스로 인코더 레이어를 쌓고, 워드 임베딩과 포지션 임베딩 정보를 받아 텍스트에 대한 컨텍스트 정보를 만들어 보자.

```python
class Encoder(tf.keras.layers.Layer):
    def __init__(self, **kargs):
        super(Encoder, self).__init__()

        self.d_model = kargs['d_model']
        self.num_layers = kargs['num_layers']

        self.embedding = tf.keras.layers.Embedding(kargs['input_vocab_size'],
self.d_model)
        self.pos_encoding = positional_encoding(kargs['maximum_position_encoding'],
```

```
                                   self.d_model)

        self.enc_layers = [EncoderLayer(**kargs)
                           for _ in range(self.num_layers)]

        self.dropout = tf.keras.layers.Dropout(kargs['rate'])

    def call(self, x, mask):
        seq_len = tf.shape(x)[1]

        x = self.embedding(x)
        x *= tf.math.sqrt(tf.cast(self.d_model, tf.float32))
        x += self.pos_encoding[:, :seq_len, :]

        x = self.dropout(x)

        for i in range(self.num_layers):
            x = self.enc_layers[i](x, mask)

        return x
```

전체적으로 Encoder 클래스에서는 인코더 레이어, 워드 임베딩, 포지션 인코더 등으로 구성되어 연산을 수행한다. 여기서 인코더 레이어는 여러 개의 레이어로 구성할 수 있다.

__init__ 함수부터 살펴보자. 입력 파라미터부터 살펴보면 인코더와 관련된 파라미터인 kargs가 먼저 있다. kargs를 살펴보면 인코더 레이어 수인 num_layers와 워드 임베딩과 포지션 임베딩 차원 수를 결정하는 d_model이 있다. 그리고 워드 임베딩의 사전 수를 입력하는 input_vocab_size, 포지션 인코더의 최대 시퀀스 길이를 지정하는 maximum_position_encoding이 있다.

이 파라미터로 인코더를 구성하면 된다. 먼저 워드 임베딩부터 살펴보면 tf.keras.layers.Embedding으로 워드 임베딩 레이어를 생성해 self.embedding에 할당한다. 그리고 positional_encoding 함수를 통해 포지션 임베딩을 self.pos_encoding에 할당한다. 가장 중요한 인코더 레이어는 레이어 개수만큼 인코더 레이어를 생성해 self.enc_layer에 할당한다. 마지막으로 드롭아웃 레이어를 생성한다.

__init__ 함수에서 생성한 각 레이어를 가지고 call 함수에서 인코더 연산을 구현해 보자. 먼저 입력한 벡터에 대한 시퀀스 길이를 받는다. 이 변수는 포지션 임베딩을 위해 만든 것이다. 포지션 임베딩의 경우 행렬의 크기가 고정돼 있고, 워드 임베딩의 경우 입력 길이에 따라 가변적이다. 따라서 포지션 임베딩의 경우 워드 임베딩과 더할 경우 워드 임베딩의 길이에 맞게 행렬 크기를 조절해야 한다. 이때 시퀀스 길이를 활용하게 된다.

그다음 self.embedding을 통해 워드 임베딩을 할당받는다. 임베딩이 할당된 후에 임베딩 차원 수의 제곱근만큼에 대한 가중치를 곱한다. 이 연산 과정은 각 워드 임베딩에 대해 스케일을 맞추기 위한 것으로 보면 된다. 가중치 값이 적용된 워드 임베딩은 self.pos_encoding을 통해 포지션 임베딩 정보를 더하게 된다.

워드 임베딩에 포지션 임베딩을 더했다면 이제 인코더 레이어로 입력한다. 입력하기 전에 self.dropout을 통해 먼저 드롭아웃을 적용하고, 인코더 레이어에 순차적으로 연산을 진행한다. 앞서 인코더 레이어를 배열에 생성해 뒀기 때문에 반복문을 통해 레이어 연산을 거치게 한다.

이제 인코더 부분의 구현이 모두 끝났다. 이제 디코더 모듈을 정의해 보자.

디코더

디코더의 경우 인코더와는 조금 다르게 하나의 레이어가 더 추가된 형태다. 우선 인코더 부분과 어떻게 다른지 모델을 나타낸 그림을 통해 알아보자.

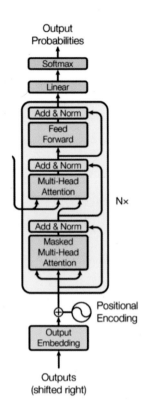

그림 6.29 디코더 레이어 구성

보다시피 디코더 부분 역시 전체적인 구조는 인코더와 거의 비슷하게 구성돼 있다. 다른 점은 인코더의 경우 하나의 블록이 2개의 레이어로 구성돼 있는데 디코더의 경우 총 3개의 레이어로 구성돼 있다는 점이다. 즉, 두 개의 어텐션과 하나의 피드 포워드 레이어로 구성돼 있다. 먼저 각 어텐션의 역할을 간략하게 설명하면 첫 번째 어텐션의 경우 디코더의 입력 사이의 관계를 계산하는 셀프 어텐션 구조다. 그리고 다음으로 나오는 어텐션의 경우 그림을 보면 입력이 해당 블록이 아닌 외부에서 들어오는 것을 볼 수 있다. 이 값에는 인코더의 결괏값이 들어오게 된다. 즉, 인코더와 디코더의 관계를 확인하는 어텐션 구조다.

그리고 추가로 첫 번째 셀프 어텐션의 경우 그림을 보면 마스크 어텐션이라고 돼 있는 것을 확인할 수 있다. 즉, 예측을 해야 하는 디코더에서는 특정 단어 이후의 단어를 참고하지 않도록 앞에서 말한 마스크 기법을 사용하는 것이다. 이렇게 두 개의 어텐션을 적용한 이후 마지막으로 인코더 부분과 동일하게 피드 포워드 레이어를 적용하면 하나의 디코더 블록이 완성된다. 위의 구조를 코드로 구현해 보자.

```python
class DecoderLayer(tf.keras.layers.Layer):
    def __init__(self, **kargs):
        super(DecoderLayer, self).__init__()

        self.mha1 = MultiHeadAttention(**kargs)
        self.mha2 = MultiHeadAttention(**kargs)

        self.ffn = point_wise_feed_forward_network(**kargs)

        self.layernorm1 = tf.keras.layers.LayerNormalization(epsilon=1e-6)
        self.layernorm2 = tf.keras.layers.LayerNormalization(epsilon=1e-6)
        self.layernorm3 = tf.keras.layers.LayerNormalization(epsilon=1e-6)

        self.dropout1 = tf.keras.layers.Dropout(kargs['rate'])
        self.dropout2 = tf.keras.layers.Dropout(kargs['rate'])
        self.dropout3 = tf.keras.layers.Dropout(kargs['rate'])


    def call(self, x, enc_output, look_ahead_mask, padding_mask):
        attn1, attn_weights_block1 = self.mha1(x, x, x, look_ahead_mask)
        attn1 = self.dropout1(attn1)
        out1 = self.layernorm1(attn1 + x)

        attn2, attn_weights_block2 = self.mha2(
            enc_output, enc_output, out1, padding_mask)
        attn2 = self.dropout2(attn2)
        out2 = self.layernorm2(attn2 + out1)

        ffn_output = self.ffn(out2)
        ffn_output = self.dropout3(ffn_output)
        out3 = self.layernorm3(ffn_output + out2)

        return out3, attn_weights_block1, attn_weights_block2
```

앞서 구현한 인코더 레이어와 구조는 대략 비슷하다. 차이점은 디코더 셀프 어텐션 연산에 순
방향 마스크가 입력값으로 추가됐고 어텐션 연산 시 인코더 정보 벡터가 입력으로 들어와 디
코더의 정보 벡터와 어텐션 연산을 하는 부분이 추가됐다는 것이다.

__init__ 함수의 구현부터 보면 앞에서 구현한 인코더 레이어와 같은 모듈을 생성한다. 여기서 encoder 정보와 어텐션 연산을 해야 하기 때문에 멀티 헤드 어텐션과 레이어 노멀라이제이션, 드롭아웃이 하나씩 더 추가됐다. 디코더의 call 함수는 __init__ 함수와 같이 인코더 레이어와 비슷하게 구현한다. 다른 점은 인코더 정보 벡터가 추가로 입력되고, 순방향 어텐션 마스크가 입력으로 들어온다는 점이다. call 함수의 파라미터를 살펴보면 디코더 입력 벡터 x와 인코더 정보 벡터 enc_output, 순방향 어텐션 마스크인 look_ahead_mask, 패딩 마스크인 padding_mask가 있다.

첫 어텐션 연산은 디코더 벡터를 가지고 셀프 어텐션 연산을 하는 부분이다. 인코더 연산과 같이 멀티 헤드 어텐션을 거쳐 리지듀얼 커넥션을 하고 레이어 노멀라이즈를 하는 과정을 거친다.

다음 연산 과정은 인코더 정보와 디코더 정보를 가지고 어텐션을 적용하는 과정이다. 여기서는 셀프 어텐션이 아닌 인코더의 결괏값과의 관계를 확인하는 어텐션 구조다.

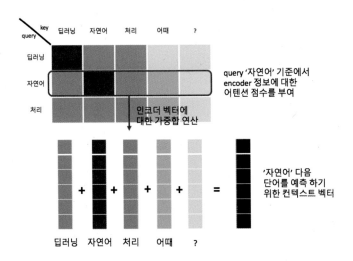

그림 6.30 인코더/디코더 정보에 대한 어텐션 레이어 과정

구체적으로 셀프 어텐션 연산과의 다른 점을 확인해보면 함수의 query의 경우 디코더의 셀프 어텐션 레이어의 결괏값이 들어가게 되는데 key와 value의 경우 인코더의 결괏값이 들어간다는 것이다. 이렇게 연산하게 되면 디코더 값에 대해 인코더의 결괏값과의 관계를 확인하는 것이다. 위 그림을 살펴보면 디코더에서 들어온 '딥러닝', '자연어', '처리'라는 query 정보

와 인코더에서 들어온 '딥러닝', '자연어', '처리', '어때', '?'라는 key 정보가 있으면 이 둘 간의 어텐션 정보를 만든다. 그리고 이 정보를 인코더에서 들어온 정보를 value로 해서 가중합을 구하게 한다. 이렇게 하면 '자연어' 다음 단어를 예측할 때 활용할 수 있는 인코더 정보가 되는 것이다. 여기서는 순방향 어텐션을 하지 않기 때문에 패딩 마스크만 적용한다.

인코더 정보와 어텐션 연산을 거치게 되면 다시 리지듀얼 커넥션을 하고 인코더와 같은 방식의 피드 포워드 네트워크 연산을 거치게 된다.

이렇게 연산을 구현함으로써 디코더 레이어에 대해서도 구현을 마쳤다. 이제 디코더 모듈을 구현해 보자.

```python
class Decoder(tf.keras.layers.Layer):
    def __init__(self, **kargs):
        super(Decoder, self).__init__()

        self.d_model = kargs['d_model']
        self.num_layers = kargs['num_layers']

        self.embedding = tf.keras.layers.Embedding(kargs['target_vocab_size'],
self.d_model)
        self.pos_encoding = positional_encoding(kargs['maximum_position_encoding'],
self.d_model)

        self.dec_layers = [DecoderLayer(**kargs)
                           for _ in range(self.num_layers)]
        self.dropout = tf.keras.layers.Dropout(kargs['rate'])

    def call(self, x, enc_output, look_ahead_mask, padding_mask):
        seq_len = tf.shape(x)[1]
        attention_weights = {}

        x = self.embedding(x)
        x *= tf.math.sqrt(tf.cast(self.d_model, tf.float32))
        x += self.pos_encoding[:, :seq_len, :]

        x = self.dropout(x)
```

```
        for i in range(self.num_layers):
            x, block1, block2 = self.dec_layers[i](x, enc_output, look_ahead_mask,
padding_mask)

            attention_weights['decoder_layer{}_block1'.format(i+1)] = block1
            attention_weights['decoder_layer{}_block2'.format(i+1)] = block2

        return x, attention_weights
```

디코더 구현은 앞서 인코더 구현과 동일하다. 차이가 있다면 인코더 정보 벡터와 순방향 어텐션 마스크를 추가로 입력받는다는 것이다. 이렇게 하면 트랜스포머 네트워크를 위한 인코더 디코더 모듈이 완성된다.

트랜스포머 모델 클래스 구현

이제 트랜스포머 모델에 대한 인코더와 디코더 모듈의 구현이 끝났다. 마지막으로 이 두 모듈을 이어서 시퀀스 투 시퀀스 모델 형태로 구현하면 된다. 전체 코드 구현은 다음과 같다.

```
class Transformer(tf.keras.Model):
    def __init__(self, **kargs):
        super(Transformer, self).__init__()
        self.end_token_idx = kargs['end_token_idx']

        self.encoder = Encoder(**kargs)
        self.decoder = Decoder(**kargs)

        self.final_layer = tf.keras.layers.Dense(kargs['target_vocab_size'])

    def call(self, x):
        inp, tar = x

        enc_padding_mask, look_ahead_mask, dec_padding_mask = create_masks(inp, tar)
        enc_output = self.encoder(inp, enc_padding_mask)
        dec_output, _ = self.decoder(
            tar, enc_output, look_ahead_mask, dec_padding_mask)
```

```python
        final_output = self.final_layer(dec_output)
        return final_output

    def inference(self, x):
        inp = x
        tar = tf.expand_dims([STD_INDEX], 0)

        enc_padding_mask, look_ahead_mask, dec_padding_mask = create_masks(inp, tar)
        enc_output = self.encoder(inp, enc_padding_mask)

        predict_tokens = list()
        for t in range(0, MAX_SEQUENCE):
            dec_output, _ = self.decoder(tar, enc_output, look_ahead_mask,
dec_padding_mask)
            final_output = self.final_layer(dec_output)
            outputs = tf.argmax(final_output, -1).numpy()
            pred_token = outputs[0][-1]
            if pred_token == self.end_token_idx:
                break
            predict_tokens.append(pred_token)
            tar = tf.expand_dims([STD_INDEX] + predict_tokens, 0)
            _, look_ahead_mask, dec_padding_mask = create_masks(inp, tar)

        return predict_tokens
```

앞서 Seq2Seq 모델에서 구현한 모습과 크게 다르지 않지만 여기서는 트랜스포머 네트워크로 구성돼 있다. 레이어는 크게 Encoder, Decoder, 단어 인덱스를 출력할 피드 포워드 네트워크로 구성돼 있다. 이 모델에서는 크게 call 함수와 inference 함수를 선언한다. call 함수의 경우 학습할 때를 위해 활용되는 함수이고 inference 함수는 입력 텍스트에 대한 모델 추론을 위한 함수다. 먼저 _init_ 함수부터 차근차근 함수의 구현 내용을 살펴보자.

트랜스포머 모델 클래스에서는 앞서 언급한 3개의 레이어를 생성한다. 따라서 인코더, 디코더, 마지막 출력 피드 포워드 레이어를 선언한다. 여기서 피드 포워드 레이어의 경우 출력 차원이 단어 사전이 토큰 수만큼 돼야 한다. 그리고 클래스의 멤버 변수로 self.end_token_idx를 선언한다. 이 변수는 마지막 end_token에 대한 인덱스 값을 저장하는 변수로서 inference 함수에서 end_token 이후로는 더 이상 모델 추론을 하지 않게 하는 역할을 한다.

call 함수에서는 인코더에 입력될 값과 디코더에 입력될 값이 함께 입력 파라미터 x에 들어간다. 인코더와 디코더에 들어갈 값은 각각 inp, tar 변수에 할당한다. 이렇게 할당한 값을 가지고 먼저 패딩 마스크와 디코더에서 사용할 순방향 마스크를 create_mask를 통해 받는다. 마스크 값이 준비되면 이제 입력값이 인코더, 디코더, 피드 포워드 네트워크를 거쳐 출력될 수 있게 구현한다. 이렇게 하면 출력에서는 입력에 대한 디코더 출력값을 받을 수 있게 된다. 그리고 이 출력 값을 정답 데이터와 비교해서 손실값을 구하게 될 것이다.

inference 함수는 call 함수와 비슷하지만 다른 점이 하나 있다. call 함수의 경우 디코더에 입력할 시퀀스가 주어지지만 inference 함수에서는 디코더에 입력할 시퀀스를 매번 생성해야 한다. 그렇기 때문에 inference 시작 당시에 시작 토큰만 가지고 디코더에서 다음 토큰을 생성할 수 있게 한다. 이 생성 과정을 계속 반복할 수 있도록 for 문을 뒀고, 만약 end_token이 나온다면 생성을 멈추게 했다. 이렇게 해서 디코더에서 생성된 토큰들을 출력하게 했다.

이제 이렇게 모델을 구현했다면 실제 모델 객체를 생성할 차례다.

```python
word2idx = prepro_configs['word2idx']
end_index = prepro_configs['end_symbol']
model_name = 'transformer'
vocab_size = prepro_configs['vocab_size']
BATCH_SIZE = 2
MAX_SEQUENCE = 25
EPOCHS = 50
VALID_SPLIT = 0.1

kargs = {'model_name': model_name,
        'num_layers': 2,
        'd_model': 512,
        'num_heads': 8,
        'dff': 2048,
        'input_vocab_size': vocab_size,
        'target_vocab_size': vocab_size,
        'maximum_position_encoding': MAX_SEQUENCE,
        'end_token_idx': word2idx[end_index],
        'rate': 0.1
        }


model = Transformer(**kargs)
```

모델의 각 하이퍼파라미터는 kargs 변수에 dict 객체로 저장해 모델에 입력하도록 구성했다. 이렇게 해서 간단히 모델을 생성할 수 있다.

이제 모델 객체를 생성할 수 있다. 이 모델 객체를 가지고 모델 학습을 진행해 보자. 모델 학습을 위한 손실 함수 구현 및 모델 컴파일 등의 구현은 앞선 Seq2Seq 모델과 동일하다.

```python
loss_object = tf.keras.losses.SparseCategoricalCrossentropy(from_logits=True,
reduction='none')

train_accuracy = tf.keras.metrics.SparseCategoricalAccuracy(name='accuracy')

def loss(real, pred):
    mask = tf.math.logical_not(tf.math.equal(real, 0))
    loss_ = loss_object(real, pred)

    mask = tf.cast(mask, dtype=loss_.dtype)
    loss_ *= mask

    return tf.reduce_mean(loss_)
def accuracy(real, pred):
    mask = tf.math.logical_not(tf.math.equal(real, 0))
    mask = tf.expand_dims(tf.cast(mask, dtype=pred.dtype), axis=-1)
    pred *= mask
    acc = train_accuracy(real, pred)

    return tf.reduce_mean(acc)

model = Transformer(**kargs)
model.compile(optimizer=tf.keras.optimizers.Adam(1e-4), loss=loss, metrics=[accuracy])
```

loss 함수와 accuracy 함수를 구현하고 model.compile에 등록한다. 이전 방식과 동일하게 패딩 영역에 대한 정보를 제외하고 loss와 accuracy를 반영할 수 있게 구현했다.

```python
earlystop callback = EarlyStopping(monitor='val_accuracy', min_delta=0.0001, patience=10)

checkpoint_path = DATA_OUT_PATH + model_name + '/weights.h5' checkpoint_dir =
os.path.dirname(checkpoint_path)
```

```
if os.path.exists(checkpoint_dir):
    print(""{} -- Folder already exists \n"".format(checkpoint_dir))
else:
    os.makedirs(checkpoint_dir, exist_ok=True)
    print(""{} -- Folder create complete \n"".format(checkpoint_dir))


cp_callback = ModelCheckpoint(
checkpoint_path, monitor='val_accuracy', verbose=1, save_best_only=False,
save_weights_only=True)
history = model.fit([index_inputs, index_outputs], index_targets, batch_size=BATCH_SIZE,
epochs=EPOCHS, validation_split=VALID_SPLIT, callbacks=[earlystop_callback,
cp_callback])
```

model.compile을 실행하고 나면 EarlyStopping과 Checkpoint 콜백 모듈을 선언하고 model.fit 을 통해 모델 학습을 진행하면 된다.

모델 학습을 마치면 성능 그래프를 출력하자.

```
plot_graphs(history, 'loss')
```

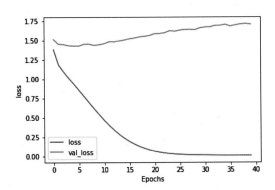

그림 6.31 트랜스포머의 loss 그래프

```
plot_graphs(history, 'accuracy')
```

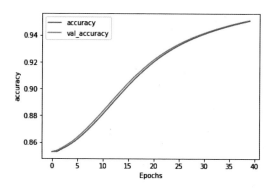

그림 6.32 트랜스포머의 accuracy 그래프

이전 모델 학습 성능 그래프와 비교하면 다른 점이 하나 있다. 검증 accuracy의 경우 계속해서 올라가는 수치를 보여 좋아 보이지만 검증 loss는 오히려 높아져서 오버피팅으로 보인다.

모델 학습이 끝났다면 이제 모델 추론을 해보자.

```
text = "남자친구 승진 선물로 뭐가 좋을까?"
test_index_inputs, _ = enc_processing([text], word2idx)
outputs = model.inference(test_index_inputs)
print(' '.join([idx2word[str(o)] for o in outputs]))
#'평소에 필요했던 게 좋을 것 같아요'
```

모델 추론 방법은 간단하다. 텍스트를 enc_processing 함수를 통해 인덱스로 변환하고 model. inference를 통해 생성된 토큰 인덱스를 받는다. 그리고 idx2word를 통해 인덱스를 텍스트 토큰으로 변환한다. 이렇게 하면 입력 문장을 통해 생성된 문장을 확인할 수 있을 것이다.

이렇게 해서 두 가지 타입의 Seq2Seq 모델들을 살펴봤다. 이 모델들은 단순히 한글 대화 데이터셋만 학습할 수 있는 모델은 아니다. 어떤 입력 텍스트를 넣었을 때 어떤 텍스트를 기대할 수 있는지 상상할 수 있는 데이터셋이 있다면 시도해보길 바란다.

05 정리

6장에서는 4~5장에서 살펴본 모델보다 더욱 어렵다고 평가되는 텍스트 생성 문제를 다뤘다. 기본적인 텍스트 분류 문제에 비하면 모델도 복잡하고 만족할 만한 성능을 얻기도 힘든 분야라서 쉽지 않은 문제임은 틀림없다. 하지만 시퀀스 투 시퀀스, 트랜스포머, 어텐션의 개념들을 이해하고 구현해 봤다면 더 나아가 다른 모델도 쉽게 다룰 수 있을 것이다.

이번 장에서 만든 모델은 꼭 챗봇에만 국한해서 사용할 수 있는 것이 아니라 입력 문장을 통해 출력 문장을 생성하는 구조의 문제라면 어떤 문제에도 적용할 수 있을 것이다. 예를 들면, 기계 번역 모델을 만들거나 노래 가사를 생성하는 모델을 만들 때 데이터만 주어진다면 해당 모델을 사용해서 적용하면 원하는 결과물을 확인할 수 있을 것이다.

사전 학습 모델

이번 장에서는 사전 학습(pre-training) 모델에 대해 알아보자. 사전 학습 모델이란 기존에 자비어(Xavier) 등 임의의 값으로 초기화하던 모델의 가중치들을 다른 문제(task)에 학습시킨 가중치들로 초기화하는 방법이다. 예를 들어, 텍스트 유사도 예측 모델을 만들기 전 감정 분석 문제를 학습한 모델의 가중치를 활용해 텍스트 유사도 모델의 가중치로 활용하는 방법이다. 즉, 감정 분석 문제를 학습하면서 얻은 언어에 대한 이해를 학습한 후 그 정보를 유사도 문제를 학습하는 데 활용하는 방식이다. 이때 사전 학습한 가중치를 활용해 학습하고자 하는 본 문제를 하위 문제(downstream task)라 한다. 앞서 든 예시에서는 사전 학습한 모델인 감정 분석 문제가 사전 학습 문제(pre-train task)가 되고, 사전 학습된 가중치를 활용해 본격적으로 학습하고자 하는 문제인 텍스트 유사도 문제가 하위 문제가 된다.

사전 학습과 하위 문제에 대한 대략적인 개념을 알아봤는데, 좀 더 구체적으로 알아보면서 정확히 각 개념을 이해해보자. 이번에도 앞에서 든 예시와 동일한 예시를 사용하겠다. 이번에 만들어야 할 모델은 텍스트 유사도를 측정하는 모델이다. 데이터로는 5장에서 사용한 "QQP(Quora Questions Pairs)"를 사용하겠다. 그런데 여기서 제약이 생겼다고 가정해 보자. 우리가 사용하려던 QQP 데이터의 대부분이 잘못된 데이터였다는 사실을 알게 된 것이다. 잘못된 데이터를 사용해 학습하는 것은 모델이 성능을 오히려 떨어뜨리기 때문에 잘못된 데이터를 모두 제거한 후 남은 데이터만 사용하려고 한다. 잘못된 데이터의 비율이 95%로서 40만 개의 데이터 중 38만 개의 데이터를 사용하지 못하는 상황이다. 결과적으로 2만 개의 학습 데이터만 사용해 학습을 진행해야 하는데, 기존 데이터에 비하면 턱없이 부족하다. 따라서 이처럼 데이터가 부족한 상황에서 유용하게 활용할 수 있는 사전 학습 기법을 적용하기로 했다.

우선 사전 학습을 하지 않고 학습했던 과정을 생각해보자. 데이터셋을 EDA 과정을 통해 분석하고, 전처리했다. 그 후 모델을 구현해 최초로 모델을 생성한다. 이때 생성된 모델 안의 가중치들은 모두 임의의 값으로 초기화돼 있을 것이다. 임의로 초기화된 가중치들을 가지고 있는 모델을 유사도 데이터를 활용해 학습시켰다. 사전 학습이란 이 과정 중 최초로 생성된 모델의 가중치를 임의의 값으로 초기화하는 것이 아니라 사전에 학습된 가중치를 활용하는 방식이다.

앞에서 언급한 바와 같이 여기서는 부족한 데이터 수를 보완하기 위해 사전 학습 기법을 적용하기로 했고, 사전 학습에는 앞서 4장에서 사용한 감정 분석 데이터인 "Bag of Words Meets Bags of Popcorn" 데이터셋을 활용하기로 결정했다. 사전 학습을 진행하는 방법은 일반적인 학습 방법과 다를 바 없기 때문에 유사도 문제에서 사용할 모델과 동일한 모델을 만들고 감정 분석 데이터셋에 학습시켰다. 이제 여기서 사전 학습한 가중치를 유사도 문제를 해결하기 위한 모델의 초깃값으로 활용하면 된다. 여기서 유의해야 할 점은 모델의 모든 가중치를 사용하는 것이 아니라는 점이다. 대부분의 가중치를 활용할 수 있지만 모델의 최종 출력값을 뽑는 가중치 층을 제외하고 사용해야 한다. 그 이유는 최종 출력값의 경우 각 문제마다 형태가 모두 다르기 때문이다.

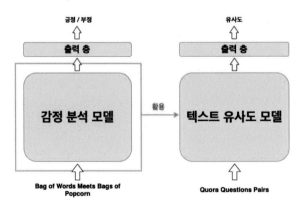

그림 7.1 사전 학습된 가중치의 활용

위 그림과 같이 사전 학습한 모델의 최종 출력 층을 제외한 층들의 가중치를 텍스트 유사도 모델의 첫 가중치로 초기화한 뒤 텍스트 유사도 모델을 학습하면 사전 학습을 활용한 모델 학습이 된다.

두 개의 지도 학습 문제를 활용해 사전 학습 방법을 적용하는 예시를 알아봤다. 최근 대부분의 자연어 처리 연구에서 사전 학습을 활용하고 있는데, 대부분의 방법은 앞서 알아본 두 개의 지도 학습 문제를 활용해 사전 학습하기보다는 언어 모델을 사전 학습의 핵심 문제로 활용한다. 이번 장에서 알아볼 버트(BERT)와 GPT를 포함해 대부분의 자연어 처리 모델이 언어 모델을 사전 학습한 모델을 활용한다. 언어 모델에 대해서는 이후 버트를 소개할 때 자세히 알아보겠지만 먼저 개념을 간단하게 설명하자면 특정 단어가 주어졌을 때 다음(혹은 특정 위치의) 단어가 어떤 단어인지를 예측하는 것을 해결하는 문제다. 예를 들어, "오늘 아침 반찬 간이 조금 싱거워"라는 문장이 있을 때, "오늘 아침 반찬 간이"라는 단어들을 통해 "싱거워"라는 단어를 모델이 예측하며 학습하게 된다. 이러한 학습을 통해 모델은 언어에 대한 전반적인 이해(Natural Language Understanding, NLU)를 하게 되고 이렇게 사전 학습된 지식을 기반으로 하위 문제에 대한 성능을 향상시킨다.

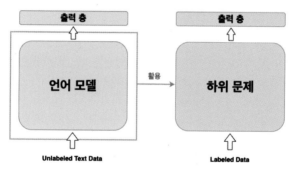

그림 7.2 언어 모델을 사전 학습한 모델

추가로 앞서 예시에 나온 것처럼 감정 분석 등 어떤 문제든 사전 학습 문제가 될 수 있다. 하지만 성능 및 데이터의 수 등 여러 측면에서 언어 모델을 사전 학습의 문제로 선택하고 있다. 감정 분석 등 지도 학습 문제를 사전 학습할 경우 라벨이 달려있는 데이터가 사전 학습을 위해 존재해야 한뿐더러 실제 하위 문제와 다른 주제에 대한 학습을 하기 때문에 실제 지도 학습을 사전 학습할 경우 하위 문제 모델의 성능을 오히려 떨어뜨리는 경우도 있다. 그에 반해 언어 모델의 경우 라벨이 필요 없는 대표적인 비지도 학습 문제 중 하나이기 때문에 데이터의 제약이 없고 언어에 대한 전반적인 이해를 사전 학습하는 것이기 때문에 하위 문제 모델의 성능도 대부분 향상시킨다. 언어 모델을 사전 학습하는 것에 대한 자세한 내용은 다음 절에서 자세히 알아보기로 하자.

앞에서 사전 학습의 개념을 알아봤다. 그렇다면 사전 학습한 가중치를 활용해 하위 문제를 학습하는 방법은 무엇일까? 우선 사전 학습한 가중치를 활용하는 방법은 크게 두 가지로 나뉜다. 첫 번째는 특징 기반(feature-based) 방법이다. 특징 기반 방법이란 사전 학습된 특징을 하위 문제의 모델에 부가적인 특징으로 활용하는 방법이다. 여기서 특징이란 모델 중간에 나오는 특징값이라 생각하면 된다. 예를 들면, 단어에 대한 임베딩 벡터가 단어에 대한 특징값, 즉 특징이 된다. 특징 기반의 사전 학습 활용 방법의 대표적인 예는 word2vec으로, 학습한 임베딩 특징을 우리가 학습하고자 하는 모델의 임베딩 특징으로 활용하는 방법이다.

사전 학습한 가중치를 활용하는 또 다른 방법은 미세 조정(fine-tuning)이다. 미세 조정이란 사전 학습한 모든 가중치와 더불어 하위 문제를 위한 최소한의 가중치를 추가해서 모델을 추가로 학습(미세 조정)하는 방법이다. 앞서 예시를 통해 알아본 사전 학습 방법인 감정 분석 문제에 사전 학습시킨 가중치와 더불어 텍스트 유사도를 위한 부가적인 가중치를 추가해 텍스트 유사도 문제를 학습하는 것이 미세 조정 방법이다.

앞서 6장에서 알아본 트랜스포머 모델 이후로 대부분의 자연어 처리 연구에서는 트랜스포머 모델을 활용한 비지도 사전 학습을 통해 학습한 많은 가중치들을 활용해 다양한 자연어 처리 모델을 미세 조정하는 방법이 각광받고 있다. 따라서 이번 장에서는 트랜스포머 모델을 활용한 사전 학습 방법을 알아보겠다.

01 버트

버트(BERT)는 2018년 구글에서 공개한 논문인 《BERT: Pre-training of Deep Bidirectional Transformers for Language Understanding》[1]에서 제안된 모델로서 비지도 사전 학습을 한 모델에 추가로 하나의 완전 연결 계층만 추가한 후 미세 조정을 통해 총 11개의 자연어 처리 문제에서 최고(state-of-the-art)의 성능을 보여줬다. 기존의 사전 학습 모

---

[1] https://arxiv.org/abs/1810.04805

델인 GPT, ELMo 등의 모델과 비교해서 높은 성능을 보여주는데, 버트의 경우 사전 학습하는 모델이 양방향성(bidirectional)을 띤다는 점이 앞서 나온 두 모델과의 차이점이다.

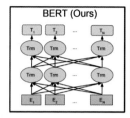 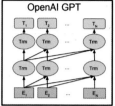 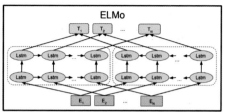

그림 7.3 모델의 방향성 시각화[2]

위 그림은 각각 버트, GPT, ELMo 모델을 비교한 그림이다. 보다시피 GPT의 경우 모델이 왼쪽에서 오른쪽으로 향하는 단방향성만 가지고 있음을 알 수 있다. 그리고 ELMo의 경우 양방향 모델을 가지고 있지만 단방향성을 가진 두 개의 모델을 합친 것이므로 양방향성을 완전히 가지고 있다고 할 수 없다. 그에 반해 버트는 하나의 모델로도 양방향성을 학습한다. 이처럼 버트만 양방향성을 가지고 학습하는 이유는 버트의 사전 학습 문제 중 하나인 마스크 언어 모델(Masked language modeling)을 학습하기 때문이다. 마스크 언어 모델에 대해서는 이후 나올 버트의 사전 학습 모델 부분에서 자세히 알아보기로 하자.

버트의 사전 학습 문제

버트의 사전 학습 문제에 대해 본격적으로 알아보기 전에 언어 모델(Language modeling)에 대해 알아보자. 언어 모델이란 단어들의 시퀀스에 대한 확률 분포다. 간단히 말하면 단어들의 모음이 있을 때 해당 단어의 모음이 어떤 확률로 등장할지를 나타내는 값이라 생각하면 된다. 자연어 처리 분야에는 이러한 언어 모델 문제를 해결하기 위한 다양한 접근법이 있다. 앞서 3장의 단어 표현에서 배운 word2vec을 생각해보자. Word2vec 모델, 구체적으로 CBOW 모델은 특정 위치 주변에 있는 단어가 주어졌을 때 특정 위치에 나올 단어를 예측하는 모델이다. 즉, 이는 주변 단어들을 포함한 단어들의 수열의 확률을 예측하는 모델인 것이다.

---

2 모델의 방향성 시각화(https://arxiv.org/pdf/1810.04805.pdf)

좀 더 구체적으로 언어 모델이 학습하고자 하는 목적 함수를 살펴보자. 우선 Word2vec 모델 중 CBOW 모델의 목적 함수를 생각해보자. 주변 단어들을 통한 중앙 단어 예측이 학습의 목적이기 때문에 목적 함수는 다음 수식과 같이 구성될 것이다.

$$\log p(w_t | w_{t-c}, w_{t-c+1}, \ldots, w_{t-1}, w_{t+1}, \ldots, w_{t+c-1}, w_{t+c})$$

이 확률을 최대화하는 것이 CBOW 모델이 구축한 언어 모델이다. 수식을 보며 다시 한번 모델이 학습한 바를 생각해보자. t번째 단어를 예측하기 위해 해당 단어의 앞 c개의 단어와 뒤 c개의 단어를 사용한다. 즉, 앞뒤로 총 $2c$개의 단어 모음이 있을 때 t번째 위치에 올 단어에 대한 확률 분포를 찾는 언어 모델이다. 이처럼 단어들의 모음에 대한 확률 분포를 찾는 것을 언어 모델이라고 한다. 가장 고전적인 언어 모델은 t번째 위치에 올 단어들의 확률분포를 앞선 $t-1$개의 단어들을 통해 찾는다.

$$\log p(w_t | w_{t-1}, w_{t-2}, \ldots, w_2, w_1)$$

즉, 앞서 나온 단어들을 통해 바로 직후의 단어가 어떤 단어가 될지를 예측하는 모델이 고전적인 언어 모델이라 볼 수 있다.

언어 모델은 자연어 처리 분야에서 사전 학습 문제로 활발히 사용돼 왔다. 그 이유를 생각해보면, 우선 언어 모델을 예측하기 위한 데이터는 라벨이 필요 없기 때문이다. 텍스트 데이터 자체가 입력값이 되고 라벨, 즉 정답이 되기 때문이다. 그래서 언어 모델을 학습하는 것을 비지도 학습이라 부르는 것이다. 언어 모델은 텍스트 데이터를 통해 인간의 의미적, 문법적 정보를 배운다고 볼 수 있으며 텍스트 데이터의 크기가 커질수록 다양한 정보를 배울 수 있다. 버트에서는 이러한 언어 모델을 사전 학습 문제 중 하나로 선택해서 모델을 학습한다. 따라서 버트는 사전 학습 과정을 통해 텍스트에 대한 전반적인 정보 등을 학습하게 된다.

그럼 버트의 사전 학습 과정에 대해 자세히 알아보자. 버트는 2개의 문제를 사전 학습한다. 첫 번째는 마스크 언어 모델이고, 두 번째는 다음 문장 예측(next sentence prediction)이다.

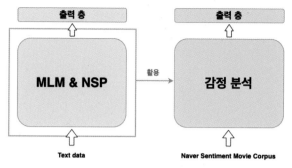

그림 7.4 버트 사전 학습의 예

마스크 언어 모델이란 양방향성을 가지고 언어 모델을 학습하기 위한 방법으로, 입력 문장이 주어진 경우 일부 단어들을 마스킹해서 해당 단어를 모델이 알지 못하도록 가린다. 그 후 모델을 통해 마스킹된 단어가 무엇인지 예측하게 한다. 즉, 입력값으로 들어간 문장 안의 다른 단어들을 통해 마스킹된 단어를 예측하도록 학습하는 것이다. 이때 양방향성이 생긴다는 것은 기존 언어 모델과의 차이에서 발생하는 현상이다. 기존의 대부분의 언어 모델을 학습한다는 것은 앞의 단어들을 사용해 다음 단어를 예측하는 방식으로 이뤄지는데, 버트의 경우 특정 단어를 가리고 앞뒤 상관없이 문장 안의 단어들을 모두 사용해서 가려진 단어들을 예측하게 함으로써 양방향의 단어들을 모두 사용하게 된다.

	입력값
입력값	딥러닝 자연어 처리 공부는 매우 재있고 유익하다
마스킹 후보	딥러닝 자연어 **처리** 공부는 **매우** 재있고 **유익하다**
마스킹 후 입력값	딥러닝 자연어 [MASK] 공부는 내일 재있고 유익하다

버트에서 사용한 마스크 언어 모델을 자세히 살펴보면, 우선 버트에서는 입력값의 단어 중 15%의 단어들을 마스킹한다. 예를 들어, 총 100개의 단어가 모델의 입력값으로 들어가게 되면 확률적으로 15개의 단어를 가리고 입력값으로 넣는다. 그리고 이렇게 가린 15%의 단어들을 모델이 예측하게 하는 것이다. 하지만 버트에서는 단어를 마스킹하는 방법에 대해 모든 단어를 [MASK]라는 스페셜 토큰으로 대체하는 것보다 좀 더 성능 향상을 위해 추가적인 조건을 사용한다. 마스킹되는 단어들의 80%는 [MASK]라는 스페셜 토큰을 사용하고, 10%는 임의의 다른 단어로 대체하고, 마지막으로 나머지 10%의 경우 마스킹하지 않고 단어 그대로 모델로 넣는다.

마스크 언어 모델과 더불어 버트에서 사용하는 사전 학습 문제인 다음 문장 예측은 입력으로 주어진 두 문장이 이어진 문장인지 아닌지를 예측하는 것을 학습한다. 즉, 데이터셋을 구성할 때 한 문장에 대해 50%의 확률로 다음 문장을 이어서 전체 텍스트를 모델의 입력값으로 넣고, 나머지 50%의 확률로는 임의의 다른 문서의 문장을 기존 문장과 함께 모델의 입력값으로 넣는다.

다음 문장 예측을 문제를 학습하기 위해 추가적인 입력값이 두 문장과 함께 들어가게 되는데, 다음 문장인지 여부에 대한 이진 분류 예측을 위해 [CLS]라는 스페셜 토큰을 모든 입력값 앞에 함께 넣는다. 추가로 두 개의 문장을 함께 입력으로 넣기 때문에 모델이 각 문장을 구분할 수 있도록 [SEP]라는 스페셜 토큰 또한 각 문장이 끝나는 지점에 함께 넣어준다. 이 같은 문제를 버트가 사전 학습하는 이유는 버트의 하위 문제 중 두 문장 간의 관계를 예측하는 문제에 도움을 주기 위해서다. 다음 문제 예측 문제를 사전 학습함으로써 문장 간의 관계를 모델이 학습하게 되는 것이다.

버트는 위 두 가지 문제(마스크 언어 모델, 다음 문장 예측)를 동시에 사전 학습한다. 이때 최종적인 모델의 입력값은 다음과 같이 구성된다.

[CLS] 딥러닝 자연어 [MASK] 공부는 [MASK] 재밌고 유익하다 [SEP] 내일 날씨는 [MASK] 예정입니다 [SEP]

이렇게 구성된 입력값에 대해 모델은 마스킹된 '처리', '매우', '맑을' 단어들을 예측하고, 위 두 문장이 이어진 문장인지 판단해 두 문장이 이어지지 않았다는 것을 예측한다.

버트의 모델

버트의 모델은 앞서 6장에서 배운 트랜스포머 모델 구조를 활용한다. 트랜스포머 모델의 전체를 사용하는 것이 아니라 인코더 부분만 사용해 모델을 학습한다. 따라서 버트의 모델 구조는 트랜스포머를 잘 이해했다면 어려울 것이 없다. 추가로 트랜스포머와 다른 부분은 기존 트랜스포머의 포지션-와이즈 피드포워드 네트워크에서 사용됐던 ReLU 함수 대신 GELU 함수를 사용한다는 점이다.

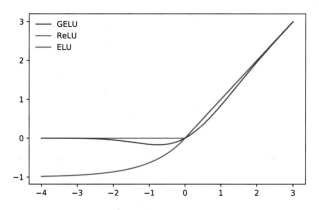

그림 7.5 GELU(Gaussian Error Linear Units) 활성 함수[3]

정규 분포의 누적분포함수(cumulative distribution functions)인 GELU는 ReLU보다 0 주위에서 부드럽게 변화해 학습 성능을 높인다.

추가로 버트에서는 트랜스포머의 모델 크기에 따라 두 개의 하이퍼파라미터 설정을 사용했다. 더 작은 크기의 모델을 버트 베이스(BERT BASE)라 부르고, 크기가 큰 모델을 버트 라지(BERT LARGE)라 부른다. 세부적인 하이퍼파라미터 설정은 다음과 같다.

	L	H	A	전체 파라미터 수
버트 베이스	12	768	12	110M
버트 라지	24	1024	16	340M

두 모델 크기에 대해 전체 파라미터 수는 크게 3배 가까이 차이가 난다. 각 설정에 대해 하나씩 알아보자. L은 트랜스포머 층(블록)의 개수를 의미한다. 어텐션 층, 피드 포워드 층을 포함하는 블록이 총 몇 번 반복됐는지를 나타낸다. 그다음으로 H는 모델의 전체적인 차원 수를 의미한다. 트랜스포머 모델에서는 전체 층의 출력값의 차원 수가 동일해야 하는데, 그 차원 수를 표의 값으로 설정한 것이다. 마지막으로 A는 멀티 헤드 어텐션에서의 헤드의 개수를 나타낸다. 버트의 경우 사전 학습했던 가중치를 그대로 사용하기 때문에 미세 조정 후의 모델도 동일한 모델 크기를 사용해야 한다. 따라서 큰 모델 사이즈로 사전 학습한 모델의 경우 미세 소성 또한 학습에 많은 리소스를 필요로 한다.

---

3 GELU(Gaussian Error Linear Units) 활성 함수: https://arxiv.org/pdf/1606.08415.pdf

버트의 미세 조정

사전 학습된 가중치를 가지고 있는 버트는 여러 하위 문제에 미세 조정(fine-tuning)될 수 있다. 다음 그림은 사전 학습한 버트 모델을 MNLI, NER, SQuAD라는 다양한 자연어 처리 하위 문제에 미세 조정하는 것을 의미한다.

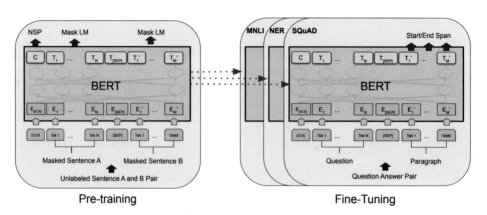

그림 7.6 사전 학습과 미세 조정[4]

이처럼 사전 학습한 버트 모델을 하위 문제에 미세 조정함으로써 사전 학습 없이 학습한 모델보다 더욱 높은 성능을 얻을 수 있다. 이후 실습에서는 앞서 4장에서 진행했던 영화 리뷰 데이터 감정 분석 문제에 사전 학습한 버트 모델을 활용해 미세 조정하는 과정을 배워보겠다.

분야	예시
언어적 용인 가능성 (Linguistic Acceptability)	입력: 그는 한 번도 고향에 갔다. 답: 가능 / **불가능**
자연어 추론 (Natural Language Inference)	전제: 버트를 이용한 자연어 처리를 수행하는 연구자가 사무실에 있다. 가설: 연구자는 딥러닝을 알지 못 한다. 답: 수반, **모순**, 중립
유사도 예측 (Similarity Prediction)	입력: 문장1: 버트와 트랜스포머 중에 무엇을 먼저 알아야 할까요? 문장2: BERT와 Transformer 중에서 무엇부터 시작해야 하나요? 답: **유사** / 비유사
감정 분석 (Sentiment Analysis)	입력: 나는 이 영화를 용서한다. 답: 긍정 / **부정**

---

4   사전 학습과 미세 조정(https://arxiv.org/pdf/1810.04805.pdf)

분야	예시
개체명 인식 (Named Entity Recognition)	입력: 단백질은 단 한 가지 아미노산이라도 부족하면 합성되지 않는다. 답: "BIO" 　　　　　 "BIO"
기계독해 (Reading Comprehension)	지문: 1545년 4월 28일 한성 건천동에서 이정(李貞)과 초계 변씨(草溪 卞氏)의 셋째 아들로 태어났다. 어린 시절의 대부분을 건천동에서 보냈고, 외가인 **아산**에서 소년기를 보냈다. 이정은 자신의 네 아들에게 고대 중국의 성인으로 알려진 복희, 요 임금, 순 임금, 우 임금의 이름자를 붙여 주었고, 셋째 아들이었던 그에게는 순신(舜臣)이라는 이름이 붙었다. 증조부. 이거는 정언, 이조좌랑, 통덕랑 수(守)사헌부장령. 1494년 연산군이 세자시절 세자시강원보덕 등을 지내고, 연산군 즉위 초에는 통훈대부(정3품 당하관)로 승진. 장악원정, 한학교수를 지냈으며, 연산군 초에 춘추관편수관으로 《성종실록》의 편찬에 참여하고, 순천도호부사, 행호군을 거쳐 최종 병조참의에 이르렀다. 질문: 이순신의 외가는? 답: 아산

앞서 설명한 것처럼 버트는 사전 학습을 통해 매우 많은 자연어 처리 문제에서 가장 높은 성능을 보여줬다. 그뿐만 아니라 버트 이후의 대부분의 자연어 처리 모델들은 이러한 사전 학습 모델들이 주류를 이루고 있다.

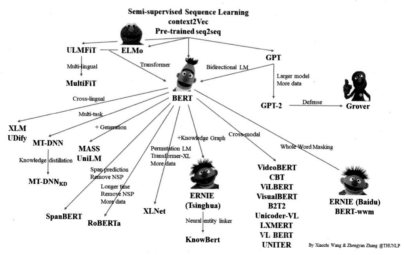

그림 7.7 버트를 중심으로 한 사전 학습 모델 관계도[5]

---

5 https://github.com/thunlp/PLMpapers

그림 7.7은 버트를 중심으로 영향을 받거나 영향을 준 여러 모델들을 관련성을 기준으로 표현한 관계도. 버트를 중심으로 아래의 많은 모델들은 버트에 강력한 영향을 받아 탄생했으며, 각 모델은 크게 세 가지 특징을 기준으로 분류된다.

첫째, 버트를 개선하려고 노력한 모델로, 여기서 개선이란 성능 향상, 속도 개선, 메모리 최적화를 들 수 있다(예: SpanBERT, RoBERTa, ERNIE 등). 둘째, 버트의 알고리즘 문제를 실험적으로 증명하며 개선하려는 모델도 있다. 대표적으로 XLNet이 있는데, 이후에 설명할 마스크 언어 모델에 대한 문제를 제기하며 전통적인 언어 모델 형태에 순열을 조합한 구조를 만들어 낸다. 셋째, 버트를 자연어 처리 분야가 아닌 다른 영역에서 활용하는 모델이다. 예를 들어, 동영상 분야에 버트를 적용한 VideoBert와 VisualBERT 등 시각적 분야에서도 사용하는 노력들이 지속적으로 이뤄지고 있다.

02 | 버트를 활용한 미세 조정 학습

이제 버트를 실제 문제에 적용해 보자. 기존에 진행했던 데이터와 다양한 한글 텍스트 데이터를 활용해 버트를 활용해 문장 분류, 자연어 추론, 개체명 인식, 텍스트 유사도, 기계 독해 문장 문제를 해결해볼 예정이다. 본 예제에서는 트랜스포머 계열에서 공신력 있는 오픈소스 중 사용성이 편리한 허깅페이스(Huggingface)의 transformers 라이브러리(https://github.com/huggingface/transformers)를 사용한다. 이 라이브러리는 사전 학습된 상태에서 시작해야 하는 주제의 연구를 다룰 때 유용하고, 새로운 모델 연구의 베이스라인 성능 측정을 할 때 많이 활용된다. 이 라이브러리는 pip을 통해 쉽게 설치할 수 있다.

```
pip install transformers==3.0.2
```

버트 파일 불러오기

실제로 버트 모델을 훈련하기 위해서는 많은 데이터와 GPU, 시간이 필요하다. 하지만 기존에 공개된 구글의 버트 모델을 활용하면 손쉽게 한글 데이터를 분석할 수 있다. 구글에서 공개한 버트 모델은 학습한 데이터에 따라 여러 형태로 공개돼 있는데, 대부분 영어를 위한 모델들이다. 이 책에서는 한글 데이터를 활용한 문제에 버트를 활용할 것이기 때문에 다국어 지원을 위한 버트 모델을 활용한다.

버트를 활용하기 위해서는 기본적으로 두 가지 모듈을 불러와야 한다. 하나는 데이터를 전처리하는 토크나이저이고, 나머지 하나는 모델 가중치들을 가지고 있는 모델이다. 전처리의 경우 모델을 사전 학습시킬 때와 동일한 규칙을 사용해야 하기 때문에 모델을 학습할 때 사용했던 것을 사용해야 한다. 모델 가중치들을 불러오기 위한 구성은 버트 분류기를 만들 때 설명할 예정이며, 우선 다국어 토크나이저를 불러와 처리하는 작업을 진행해 보자.

먼저 버트의 다국어(102개 언어) 토크나이저를 한글에 적용해 보자. 다음 코드를 처음으로 실행하면 해당 토크나이저를 자동으로 다운로드할 것이다.

```
from transformers import *

tokenizer = BertTokenizer.from_pretrained('bert-base-multilingual-cased')
```

버트 문장 전처리 진행하기

문장을 버트의 입력값으로 활용하기 위해서는 특정 분야(분류, 유사도, 추론 등)에 맞게 다양한 입력값으로 치환해야 한다. 버트 모델은 일반적으로 3가지 입력값을 받게 되는데, 요약하면 다음과 같다. 이후에 실제로 전처리를 진행할 때, 예제와 함께 확인해 보게 될 것이다.

버트에 필요한 입력값 요약

입력값	역할
input_ids	문장을 토크나이즈해서 인덱스 값으로 변환한다. 일반적으로 버트에서는 단어를 서브 워드의 단위로 변환시키는 워드 피스 토크나이저를 활용한다.
attention_mask	어텐션 마스크는 패딩된 부분에 대해 학습에 영향을 받지 않기 위해 처리해주는 입력값이다. 버트 토크나이저에서 1은 어텐션에 영향을 받는 토큰을, 0은 영향을 받지 않는 토큰을 나타낸다.
token_type_ids	두 개의 시퀀스를 입력으로 활용할 때 0과 1로 문장의 토큰 값을 분리한다. 아래의 예에서 [CLS]는 문장의 시작을 의미하며, [SEP]은 문장이 분리되는 부분을 의미하는 토큰이다. 예 1) [CLS] SEQ_A [SEP] [0, 0, 0, 0, …] 예 2) [CLS] SEQ_A [SEP] SEQ_B [SEP] [0, 0, 0, 0, ... , 1, 1, 1, ….]

버트 토크나이저에서는 문장의 시작이나 끝, 모델별 목적에 맞게 스페셜 토큰을 활용한다. 다음은 자주 사용되는 스페셜 토큰들을 요약한 표다.

버트의 각 스페셜 토큰의 역할

스페셜 토큰	역할
[UNK]	모르는 단어에 대한 토큰
[MASK]	마스크 토큰. 사전 학습에서 활용
[PAD]	최대 길이를 맞추는 용도
[SEP]	문장의 종결을 알림
[CLS]	문장의 시작을 알림

버트에 필요한 입력값의 형태로 데이터를 변환하는 구조를 직접 구현할 수도 있지만 허깅페이스의 Tokenizer(https://github.com/huggingface/tokenizers) 라이브러리를 활용한다면 조금 더 손쉽고 빠르게 버트의 입력값을 구현할 수 있다. 이 기능은 CPU에 최적화돼 있으며 20초 내에 GB 단위의 문장을 토크나이징할 수 있다고 한다. 이 책에서는 이 라이브러리 중에서 버트 토크나이저 작업에 필요한 구조를 만들어 주는 encode_plus 기능을 활용할 예정이다. 이 기능은 특정 문장을 버트에 필요한 입력 형태로 변환하는 것뿐만 아니라 문장을 최대 길이에 맞게 패딩까지 해주며, 결괏값은 딕셔너리로 출력된다. 변환되는 순서는 다음과 같다.

```
def bert_tokenizer(sent, MAX_LEN):

    encoded_dict = tokenizer.encode_plus(
        text = sent1,
        text_pair = sent2,
        add_special_tokens = True, # Add '[CLS]' and '[SEP]'
        max_length = MAX_LEN,           # Pad & truncate all sentences.
        pad_to_max_length = True,
        return_attention_mask = True,   # Construct attn. masks.
        truncation=True
    )

    input_id = encoded_dict['input_ids']
    attention_mask = encoded_dict['attention_mask'] # And its attention mask (simply
```

```
differentiates padding from non-padding).
    token_type_id = encoded_dict['token_type_ids'] # differentiate two sentences

    return input_id, attention_mask, token_type_id
```

encode_plus의 변환 순서는 다음과 같다.

1. 문장을 토크나이징한다.

2. add_special_tokens를 True로 지정하면 토큰의 시작점에 '[CLS]' 토큰, 토큰의 마지막에 '[SEP]' 토큰을 붙인다.

3. 각 토큰을 인덱스로 변환한다.

4. max_length에 MAX_LEN 최대 길이에 따라 문장의 길이를 맞추는 작업을 진행하고, pad_to_max_length 기능을 통해 MAX_LEN의 길이에 미치지 못하는 문장에 패딩을 적용한다.

5. return_attention_mask 기능을 통해 어텐션 마스크를 생성한다.

6. 토큰 타입은 문장이 1개일 경우 0으로, 문장이 2개일 경우 0과 1로 구분해서 생성한다.

버트를 활용한 한국어 텍스트 분류 모델

버트의 미세 조정을 활용하기 위해 텍스트 분류 분야에 해당하는 감정 분석 문제에 적용해 보자. 네이버 영화 리뷰 데이터를 버트 토크나이저로 전처리하고 사전 학습된 모델을 불러와 활용한다.

네이버 영화 리뷰 데이터 전처리

4장에서의 한글 데이터 텍스트 분류에서는 형태소 분석기를 사용해 한글 데이터를 전처리했었지만 여기서는 버트 사전 학습 모델을 학습시킬 때와 동일한 규칙으로 한글 데이터를 전처리해야 한다. 우선 간단한 예시를 통해 토크나이저가 잘 동작하는지 확인해 보자.

```
# Special Tokens
print(tokenizer.all_special_tokens, "\n", tokenizer.all_special_ids)
# ['[UNK]', '[MASK]', '[PAD]', '[SEP]', '[CLS]'] , [100, 103, 0, 102, 101]
# Test Tokenizers
kor_encode = tokenizer.encode("안녕하세요, 반갑습니다")
```

```
eng_encode = tokenizer.encode("Hello world")
kor_decode = tokenizer.decode(kor_encode)
eng_decode = tokenizer.decode(eng_encode)

print(kor_encode)
# [101, 9521, 118741, 35506, 24982, 48549, 117, 9321, 118610, 119081, 48345, 102]
print(eng_encode)
# [101, 31178, 11356, 102]
print(kor_decode)
# [CLS] 안녕하세요, 반갑습니다 [SEP]
print(eng_decode)
# [CLS] hello world [SEP]
```

다국어 토크나이저는 다국어를 학습시킨 토크나이저이기 때문에 한국어 및 영어에 대한 인코딩과 디코딩이 정상적으로 이뤄지는 것을 확인할 수 있다. 해당 다국어 토크나이저와 encode_plus 기능을 활용해 영화 리뷰 데이터를 전처리해 보자.

```
input_ids = []
attention_masks = []
token_type_ids = []
train_data_labels = []

def clean_text(sent):
    sent_clean = re.sub("[^가-힣ㄱ-ㅎㅏ-ㅣ\\s]", " ", sent)
    return sent_clean

for train_sent, train_label in zip(train_data["document"], train_data["label"]):
    try:
        input_id, attention_mask, token_type_id = bert_tokenizer(clean_text(train_
sent), MAX_LEN)

        input_ids.append(input_id)
        attention_masks.append(attention_mask)
        token_type_ids.append(token_type_id)
        train_data_labels.append(train_label)

    except Exception as e:
```

텐서플로 2와 머신러닝으로 시작하는 자연어 처리: 로지스틱 회귀부터 BERT와 GPT3까지

```
        print(e)
        print(train_sent)
        pass


train_movie_input_ids = np.array(input_ids, dtype=int)
train_movie_attention_masks = np.array(attention_masks, dtype=int)
train_movie_type_ids = np.array(token_type_ids, dtype=int)
train_movie_inputs = (train_movie_input_ids, train_movie_attention_masks, train_movie_
type_ids)

train_data_labels = np.asarray(train_data_labels, dtype=np.int32) #정답 토크나이징 리스
트

print("# sents: {}, # labels: {}".format(len(train_movie_input_ids), len(train_data_
labels)))
```

전처리 과정은 다음과 같다. 우선 영화 리뷰에서 한글 외의 텍스트를 제거하기 위한 clean_
text 함수를 적용하고, 버트 토크나이저를 활용한 인코딩을 진행한다. 최종 출력값은 넘파이
로 변환한 후 train_movie_inputs에 튜플 형태로 묶어서 저장하는 형태로 구성한다.

한글 영화 데이터를 활용했을 때 버트 토크나이저를 통해 실제 어떤 결과가 나오는지 간단한
예를 확인해 보자. 이전 절(4.2)의 한글 영화 리뷰 데이터(NSMC)를 분석할 때는 버트 토크
나이저 워드 피스 모델(word piece model)을 통해 토큰 길이 분포를 확인하지 않았다. 그
래서 따로 여기서 분석한 토큰 길이의 분포 중 제3사분위의 값인 39를 최대 길이로 정한다.
전체 문장 중 하나를 추출해 출력해 보자.

```
# Max length 39
input_id = train_movie_input_ids[1]
attention_mask = train_movie_attention_masks[1]
token_type_id = train_movie_type_ids[1]

print(input_id)
print(attention_mask)
print(token_type_id)
print(tokenizer.decode(input_id))
```

```
# input_ids

[   101   1181 49904 13503   1180 29347 63227 27884 12300   1177 29347 47087
 13045 30666 18539 18702 12397   1174 29347 40523 25763 13130 20766 23724
 20966 97076 46069 17360 12799   1174 25539 97096 16336 16801    102      0
     0     0     0]
[1 1 1 1 1 1 1 1 1 1 1 1 1 1 1 1 1 1 1 1 1 1 1 1 1 1 1 1 1 1 1 1 1 1 1 0 0 0]
[0 0 0 0 0 0 0 0 0 0 0 0 0 0 0 0 0 0 0 0 0 0 0 0 0 0 0 0 0 0 0 0 0 0 0 0 0 0]
[CLS] 흠 포스터보고 초딩영화줄 오버연기조차 가볍지 않구나 [SEP] [PAD] [PAD] [PAD] [PAD]
```

결괏값을 보면 예제 문장 중 하나인 "흠… 포스터보고 초딩영화줄…. 오버연기조차 가볍지 않구나" 문장을 토크나이징한 input_ids에서는 각 문장이 단어의 부분 단위로 쪼개서 각 숫자에 인덱스 처리된 것을 볼 수 있으며, 해당 문장은 전처리를 진행할 때 최대 길이보다 작기 때문에 뒤에 0으로 패딩된 것을 알 수 있다. 어텐션 마스크를 확인해 보면 뒤에 0으로 패딩된 부분을 제외하면 모두 1로 입력돼 있으며, 마지막으로 토큰 타입은 1개 문장에 대한 감정 분류 분야이므로 0으로 돼 있다. 마지막으로 인덱스된 데이터(input_ids)에서 다시 문장으로 변환하고 싶으면 tokenizer.decode를 통해 변환할 수 있다.

네이버 영화 리뷰 모델 학습

버트 토크나이저로 인코딩된 데이터를 활용해 이제 본격적으로 학습을 진행해 보자. 학습을 준비하기 위해 버트 분류 클래스를 구성하고, 최적화, 손실값 및 정확도를 선언하고 학습을 진행하기 위한 compile을 진행한다.

```python
class TFBertClassifier(tf.keras.Model):
    def __init__(self, model_name, dir_path, num_class):
        super(TFBertClassifier, self).__init__()

        self.bert = TFBertModel.from_pretrained(model_name, cache_dir=dir_path)
        self.dropout = tf.keras.layers.Dropout(self.bert.config.hidden_dropout_prob)
        self.classifier = tf.keras.layers.Dense(
            num_class,
            kernel_initializer=tf.keras.initializers.TruncatedNormal(
                self.bert.config.initializer_range
            ),
```

```
            name="classifier",
        )


    def call(self, inputs, attention_mask=None, token_type_ids=None, training=False):

        #outputs 값: # sequence_output, pooled_output, (hidden_states), (attentions)
        outputs = self.bert(
            inputs, attention_mask=attention_mask, token_type_ids=token_type_ids
        )
        pooled_output = outputs[1]
        pooled_output = self.dropout(pooled_output, training=training)
        logits = self.classifier(pooled_output)

        return logits

cls_model = TFBertClassifier(model_name='bert-base-multilingual-cased',
                             dir_path='bert_ckpt',
                             num_class=2)
```

분류 문제를 위해 TFBertClassifier 클래스를 구현했다. 이 클래스는 사전 학습된 버트 모델을 불러와 그 위에 완전연결층 1층을 쌓는 구조로 돼 있다. 우선 __init__ 부분을 살펴보자. model_name, dir_path, num_class를 인자로 받아 활용할 모델 이름, 모델이 저장된 위치, 클래스의 수를 모델에 지정한다. self.bert 부분을 보면 TFBertModel.from_pretrained를 통해 기존에 사전 학습했던 부분이 로드된다. TFBertModel의 결괏값은 sequence_output, pooled_output, hidden_states, attentions로 구성된다. 마지막으로 num_class에 원하는 분류 값을 추가해서 정답의 개수를 정할 수 있다. 감정 분석 데이터에서는 정답의 수는 2개(긍정, 부정)로 나뉜다.

__init__에서 선언한 내용을 실제 입력을 받고 실행하는 call 메서드를 확인해 보자. 영화 리뷰 문장 텍스트를 inputs를 통해 받은 다음, 버트에서 outputs로 결괏값을 추출한 다음, self.classifier를 통해 완전 연결층을 활용해 최종적으로 self.num_labels 개수에 맞는 예측값을 출력하는 구조다. 이 구조에서 핵심은 버트의 사전 학습된 부분을 불러와서 그 이후에 다양한 종류의 자연어 문제에 적용하는 것이다. 이 예제에서는 분류 예제에 활용하기 위해 마지막 출력에 완전연결층 1층을 적용했다.

다음은 앞에서 구성한 TFBertClassifier를 활용해 최적화, 손실 값 및 평가 기준을 설정하는 과정이다.

```
optimizer = tf.keras.optimizers.Adam()
loss = tf.keras.losses.SparseCategoricalCrossentropy(from_logits=True)
metric = tf.keras.metrics.SparseCategoricalAccuracy('accuracy')

cls_model.compile(optimizer=optimizer,
                  loss=loss,
                  metrics=[metric])
```

최적화 방법으로는 이 책에서 전반적으로 활용한 아담 최적화를 사용하고, 크로스엔트로피 손실 값을 측정하기 위해 SparseCategoricalCrossentropy를 사용한다. 여기서 정답은 정수 형태여야 한다(원-핫 정답은 CategoricalCrossentropy를 활용). 마지막으로 모델의 정확도를 측정하는 SparseCategoricalAccuracy를 정의한 후 모델의 compile 함수에 넣어 모델을 학습할 준비를 모두 마친다.

이제 학습을 시작해 보자. 학습 방법은 이전과 설명한 방법과 유사하다. 다만 6장과 마찬가지로 워낙 큰 파라미터를 사용하기 때문에 CPU에서의 학습은 거의 불가능해서 GPU를 활용해야 한다는 점이 이전과는 다른 점이다.

```
earlystop_callback = EarlyStopping(monitor='val_accuracy', min_delta=0.0001,patience=2)

checkpoint_path = os.path.join(DATA_OUT_PATH, model_name, 'weights.h5')
checkpoint_dir = os.path.dirname(checkpoint_path)

if os.path.exists(checkpoint_dir):
    print("{} -- Folder already exists \n".format(checkpoint_dir))
else:
    os.makedirs(checkpoint_dir, exist_ok=True)
    print("{} -- Folder create complete \n".format(checkpoint_dir))

cp_callback = ModelCheckpoint(
    checkpoint_path, monitor='val_accuracy', verbose=1, save_best_only=True, save_
weights_only=True)
```

```
history = model.fit(train_data_sent_pads,
                    train_data_labels,
                    epochs=NUM_EPOCHS,
                    batch_size=BATCH_SIZE,
                    validation_split=VALID_SPLIT,
                    callbacks=[earlystop_callback, cp_callback])
```

모델 학습 구조는 4장에서 진행한 분류 태스크와 동일하다. 검증 정확도를 기반으로 조기 멈춤을 통해 학습을 진행하면서 가장 성능이 높은 에폭에서 모델의 가중치를 저장한다. 손실값과 정확도를 그래프로 출력해 보자.

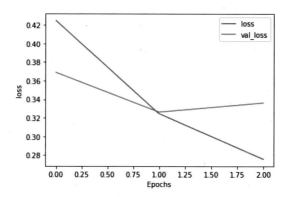

그림 7.8 버트 분류기의 손실값 그래프

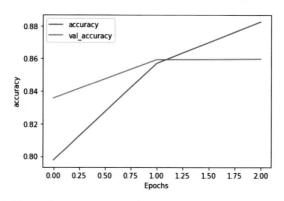

그림 7.9 버트 분류기의 정확도 그래프

검증 데이터를 기반으로 해당 데이터는 약 3에폭 학습했을 때 좋은 성능을 내는 것을 확인할 수 있다. 이제 관련 모델을 활용해 테스트 데이터에 적용해 보자.

네이버 영화 리뷰 모델 테스트

위의 학습 데이터 전처리를 진행했던 방법과 마찬가지로 영화 리뷰 테스트 데이터를 버트 토크나이저와 encode_plus를 사용해 전처리를 진행한다. 최종적으로 evaluate 기능을 통해 결괏값을 출력한다.

```python
test_data = pd.read_csv(DATA_TEST_PATH, header = 0, delimiter = '\t', quoting = 3)
test_data = test_data.dropna()
test_data.head()
input_ids = []
attention_masks = []
token_type_ids = []
test_data_labels = []

for test_sent, test_label in zip(test_data["document"], test_data["label"]):
    try:
        input_id, attention_mask, token_type_id = bert_tokenizer(clean_text(test_sent),
MAX_LEN)

        input_ids.append(input_id)
        attention_masks.append(attention_mask)
        token_type_ids.append(token_type_id)
        test_data_labels.append(test_label)
    except Exception as e:
        print(e)
        print(test_sent)
        pass

test_movie_input_ids = np.array(input_ids, dtype=int)
test_movie_attention_masks = np.array(attention_masks, dtype=int)
test_movie_type_ids = np.array(token_type_ids, dtype=int)
test_movie_inputs = (test_movie_input_ids, test_movie_attention_masks, test_movie_type_
ids)
```

```
test_data_labels = np.asarray(test_data_labels, dtype=np.int32) #정답 토크나이징 리스트

print(
    "num sents, labels {}, {}".format(len(test_movie_input_ids), len(test_data_labels))
)
results = cls_model.evaluate(test_movie_inputs, test_data_labels, batch_size=512)
print("test loss, test acc: ", results)
```

4장에서는 이미 데이터를 활용해 결과를 추출해 봤다. 다국어 사전 학습 모델임에도 불구하고 버트의 성능이 훨씬 앞서는 것을 확인할 수 있다.

네이버 영화 리뷰 데이터셋의 결과 비교

	CNN Classifier	BERT Classifier
Score	82.63%	85.52%

이번 절에서는 트랜스포머의 인코더 부분으로 버트를 활용해 봤다. 많은 데이터를 사전 학습함으로써 모델이 언어에 대한 정보를 학습하게 되고, 그 지식을 기반으로 다양한 문제에서 기존보다 높은 점수를 낼 수 있었다. 추가로 성능을 올리기 위한 방법으로 전처리 및 다양한 변수를 변형해 가며 변화시키는 방법, 다국어가 아닌 한국어로 사전 학습한 모델을 활용해 미세 조정하는 방법 등이 있다. 다음은 버트 모델을 활용해 한국어 자연어 추론을 진행하겠다.

버트를 활용한 한국어 자연어 추론 모델

지금까지 버트를 활용해 감정 분류에 대한 미세 조정을 진행했다면 이번에는 2개의 문장을 입력으로 하는 자연어 추론 문제를 풀어보겠다. 7.2절에서 언급했던, 카카오에서 공개한 KorNLI 데이터를 활용해 전처리를 수행하고 모델을 구성해 보자. 우선 데이터를 탐색하며, 모델에 어떻게 활용해야 할지 분석해 보자.

KorNLI 데이터 분석

카카오 브레인에서 공개한 새로운 한국어 벤치마크 셋인 KorNLI 데이터를 분석해 보겠다. 먼저 다음 깃허브 저장소를 통해 데이터를 받아온다.

■ KorNLI 깃허브 저장소: https://github.com/kakaobrain/KorNLUDatasets

이 책에서는 KorNLUDatasets 아래의 KorNLI 아래의 multinli.train.ko.tsv, snli_1.0_train.kor.tsv 파일을 데이터로 사용하겠다.

이 파일로 데이터 분석도 하고 학습도 진행할 예정이다. 이 책에서 데이터는 항상 data_in 폴더 아래에 존재하며, 각 장에 여러 데이터가 존재하면 폴더마다 이름을 정하고 넣었다. NLI 데이터는 './data_in/KOR/KorNLI/'에 있고, multinli.train.ko.tsv, snli_1.0_train.kor.tsv 파일을 data_in 아래에 두자.

데이터 분석을 위한 모든 준비가 끝났으므로 데이터를 한번 살펴보자.

```
import numpy as np
import pandas as pd
import os
import matplotlib.pyplot as plt
import seaborn as sns
from transformers import BertTokenizer
```

위 코드에서는 데이터 분석에 필요한 패키지를 불러오며, 버트 토크나이저를 통해 토큰 길이를 측정하기 위해 BertTokenizer 패키지를 불러오는 부분으로서 이전의 모든 장과 다르다.

데이터가 저장된 폴더의 경로를 미리 정의한다.

```
DATA_IN_PATH = './data_in/KOR'
```

학습에 필요한 데이터를 불러오기 위한 상위 폴더를 선언한다. 그리고 판다스를 통해 파일을 불러와 보자.

```
TRAIN_XNLI_DF = os.path.join(DATA_IN_PATH, 'KorNLI', 'multinli.train.ko.tsv')

multinli_data = pd.read_csv(TRAIN_XNLI_DF, sep='\t', error_bad_lines=False)
multinli_data.head(10)
```

```
b'Skipping line 24426: expected 3 fields, saw 4\nSkipping line 156343: expected 3 fields, saw
4\nSkipping line 218766: expected 3 fields, saw 4\nSkipping line 232318: expected 3 fields, s
aw 4\nSkipping line 253493: expected 3 fields, saw 4\n'
b'Skipping line 265734: expected 3 fields, saw 4\nSkipping line 282588: expected 3 fields, sa
w 4\nSkipping line 350969: expected 3 fields, saw 4\n'
```

	sentence1	sentence2	gold_label
0	개념적으로 크림 스키밍은 제품과 지리라는 두 가지 기본 차원을 가지고 있다.	제품과 지리학은 크림 스키밍을 작동시키는 것이다.	neutral
1	시즌 중에 알고 있는 거 알아? 네 레벨에서 다음 레벨로 잃어버리는 거야 브레이브스...	사람들이 기억하면 다음 수준으로 물건을 잃는다.	entailment
2	우리 번호 중 하나가 당신의 지시를 세밀하게 수행할 것이다.	우리 팀의 일원이 당신의 명령을 엄청나게 정확하게 실행할 것이다.	entailment
3	어떻게 아세요? 이 모든 것이 다시 그들의 정보다.	이 정보는 그들의 것이다.	entailment
4	그래, 만약 네가 테니스화 몇 개를 사러 간다면, 나는 왜 그들이 100달러대에서 ...	테니스화의 가격은 다양하다.	neutral
5	내 워커가 고장나서 지금 화가 났어. 스테레오를 정말 크게 틀어야 해.	나는 내 워크맨이 고장나서 화가 나서 이제 스테레오를 정말 크게 틀어야 한다.	entailment
6	그러나 apse 위에서 살아남은 기독교 모자이크 몇 개는 아기 예수와 함께 성모인데...	기독교 모자이크의 대부분은 이슬람교도들에 의해 파괴되었다.	neutral
7	(슬레이트에 대한 읽기는 잭슨의 결과를 받아들인다.)	슬레이트는 잭슨의 발견에 대해 의견을 가지고 있었다.	entailment
8	게이들과 레즈비언들.	이성애자	contradiction
9	Rue des Francs-Bourgeois의 끝에는 많은 사람들이 돌과 붉은 벽돌...	Place des Vosges는 전적으로 회색 대리석으로 만들어졌다.	contradiction

그림 7.10 multinli.train.ko.tsv 데이터의 구조

pd.read_csv 함수를 이용해 엑셀 파일을 불러온다. 파일 이름의 확장자(.tsv)에서 알 수 있듯이 이 파일은 탭으로 데이터의 각 항목이 분리돼 있다. 그리고 결과에서 빨간색 부분들이 에러를 건너뛴 부분을 보여주는데, 판다스가 데이터를 토큰화하는 데 문제가 되는 3개의 행으로 인해 에러가 발생함으로써 전체 데이터를 읽지 못하는 문제를 해결하기 위해 error_bad_lines=False를 설정한다. 이 옵션을 지정하지 않으면 에러를 무시하지 못하고 다음 단계를 진행할 수 없다.

데이터프레임의 head(10)을 보면 두 개의 값 sentence1과 sentence2는 각각 첫 번째 문장과 두 번째 문장을 의미하며, gold_label은 해당 문장의 정답을 의미한다. 정답은 수반(entailment), 모순(contradiction), 중립(neutral)의 세 가지 값을 갖는다.

```
print('전체 multinli_data 개수: {}'.format(len(multinli_data)))
```

```
전체 multinli_data 개수: 385494
```

전체 multinli_data 데이터는 40만 개 정도의 레코드로 구성된 적지 않은 데이터다.

snli 데이터도 불러와서 확인하자.

```
TRAIN_SNLI_DF = os.path.join(DATA_IN_PATH, 'KorNLI', 'snli_1.0_train.kor.tsv')

snli_data = pd.read_csv(TRAIN_SNLI_DF, sep='\t', error_bad_lines=False)
snli_data.head(10)
```

	sentence1	sentence2	gold_label
0	말을 탄 사람이 고장난 비행기 위로 뛰어오른다.	한 사람이 경쟁을 위해 말을 훈련시키고 있다.	neutral
1	말을 탄 사람이 고장난 비행기 위로 뛰어오른다.	한 사람이 식당에서 오믈렛을 주문하고 있다.	contradiction
2	말을 탄 사람이 고장난 비행기 위로 뛰어오른다.	사람은 야외에서 말을 타고 있다.	entailment
3	카메라에 웃고 손을 흔드는 아이들	그들은 부모님을 보고 웃고 있다	neutral
4	카메라에 웃고 손을 흔드는 아이들	아이들이 있다	entailment
5	카메라에 웃고 손을 흔드는 아이들	아이들이 얼굴을 찌푸리고 있다	contradiction
6	한 소년이 빨간 다리 한가운데 스케이트보드에 뛰어오르고 있다.	소년은 인도를 따라 스케이트를 탄다.	contradiction
7	한 소년이 빨간 다리 한가운데 스케이트보드에 뛰어오르고 있다.	그 소년은 스케이트보드를 타는 묘기를 부린다.	entailment
8	한 소년이 빨간 다리 한가운데 스케이트보드에 뛰어오르고 있다.	소년이 안전 장비를 착용하고 있다.	neutral
9	나이 든 남자가 커피숍의 작은 테이블에 오렌지 주스를 들고 앉아 있고 밝은 색 셔츠...	나이 든 남자가 딸이 퇴근하기를 기다리면서 주스를 마신다.	neutral

그림 7.11 snli_1.0_train.kor.tsv의 데이터 구조

```
print('전체 snli 개수: {}'.format(len(snli_data)))

전체 snli_data 개수: 550152
```

전체 snli_data 데이터는 55만 개 정도의 레코드로 구성돼 있으며, multinli_data보다 데이터가 많다.

그럼 두 파일의 데이터를 하나로 합쳐보자.

```
train_data = pd.concat([multinli_data, snli_data], axis=0)
train_data.head(10)
```

	sentence1	sentence2	gold_label
0	개념적으로 크림 스키밍은 제품과 지리라는 두 가지 기본 차원을 가지고 있다.	제품과 지리학은 크림 스키밍을 작동시키는 것이다.	neutral
1	시즌 중에 알고 있는 거 알아? 네 레벨에서 다음 레벨로 잃어버리는 거야 브레이브스...	사람들이 기억하면 다음 수준으로 물건을 잃는다.	entailment
2	우리 번호 중 하나가 당신의 지시를 세밀하게 수행할 것이다.	우리 팀의 일원이 당신의 명령을 엄청나게 정확하게 실행할 것이다.	entailment
3	어떻게 아세요? 이 모든 것이 다시 그들의 정보다.	이 정보는 그들의 것이다.	entailment
4	그래, 만약 네가 테니스화 몇 개를 사러 간다면, 나는 왜 그들이 100달러대에서 ...	테니스화의 가격은 다양하다.	neutral
5	내 워커가 고장나서 지금 화가 났어. 스테레오를 정말 크게 틀어야 해.	나는 내 워크맨이 고장나서 화가 나서 이제 스테레오를 정말 크게 틀어야 한다.	entailment
6	그러나 apse 위에서 살아남은 기독교 모자이크 몇 개는 아기 예수와 함께 성모인데...	기독교 모자이크의 대부분은 이슬람교도들에 의해 파괴되었다.	neutral
7	(슬레이트에 대한 읽기는 잭슨의 연구 결과를 받아들인다.)	슬레이트는 잭슨의 발견에 대해 의견을 가지고 있었다.	entailment
8	게이들과 레즈비언들.	이성애자.	contradiction
9	Rue des Francs-Bourgeois의 끝에는 많은 사람들이 돌과 붉은 벽돌...	Place des Vosges는 전적으로 회색 대리석으로 만들어졌다.	contradiction

그림 7.12 전체 데이터 구조

multinli_data, snli_data에 담긴 데이터를 하나로 합쳤다. 두 개의 데이터 형식이 비슷해서 판다스의 concat 함수를 이용해 두 데이터를 합쳐서 하나로 만들었다. 데이터 분석에서는 이 두 파일을 모두 활용해서 진행하며 이후 학습도 이 파일들을 이용해 진행한다.

두 데이터를 합쳤을 때 데이터의 개수가 몇 개인지 확인하자.

```
print('전체 train_data 개수: {}'.format(len(train_data)))
```

```
전체 train_data 개수: 935646
```

mulitinli_data(385494)와 snli_data(550152)를 합쳐 100만 개에 가까운 데이터가 되면서 지금까지 학습한 데이터 중에서 가장 큰 데이터가 만들어졌다. 이것은 두 가지를 이야기한다. 첫째, 지금보다는 더 좋은 장비가 필요하다는 것, 둘째, 분석이나 학습 시 시간이 많이 필요하다는 것이다. 만약 장비와 시간이 부족하다면 이 책에서처럼 전체 데이터를 사용하지 말고 적은 데이터를 사용하길 권장한다.

데이터 분석은 문장 분석부터 진행하겠다. 문장 1, 문장 2를 합쳐보자.

```
train_set = pd.Series(train_data['sentence1'].tolist() + train_data['sentence2'].tolist()).astype(str)
train_set.head()
```

```
0        개념적으로 크림 스키밍은 제품과 지리라는 두 가지 기본 차원을 가지고 있다.
1    시즌 중에 알고 있는 거 알아? 네 레벨에서 다음 레벨로 잃어버리는 거야 브레이브스...
2             우리 번호 중 하나가 당신의 지시를 세밀하게 수행할 것이다.
3                       어떻게 아세요? 이 모든 것이 다시 그들의 정보다.
4    그래, 만약 네가 테니스화 몇 개를 사러 간다면, 나는 왜 그들이 100달러대에서 ...
dtype: object
```

문장의 음절 단위, 띄어쓰기 단위, 버트 토크나이저 단위로 데이터를 분석하기 위해 두 개로 나눠져 있는 각 문장을 하나로 합친다.

합친 문장의 데이터 개수를 출력해 보자.

```
print('전체 문장 데이터의 개수: {}'.format(len(train_set)))
```

```
전체 문장 데이터의 개수: 1871292
```

전체 문장 데이터의 개수를 출력한 결과, 180만 개의 문장 데이터를 분석할 수 있도록 구성됐음을 알 수 있다.

쿼라 데이터셋에서 중복된 문장들이 많이 합쳐진 것을 데이터 분석을 통해 알아봤다. 그럼 이번 데이터에도 중복된 문장이 있는지 확인해 보자.

```
print('유일한 총 문장 수: {}'.format(len(np.unique(train_set))))
print('반복해서 나타나는 문장의 수: {}'.format(np.sum(train_set.value_counts() > 1)))
```

```
유일한 총 문장 수 : 1105355
반복해서 나타나는 문장의 수: 308368
```

공개한 데이터에도 중복된 문장이 있다. 기존에 공개된 NLI 영어 데이터를 한국어로 기계 번역을 하면서 발생했을 수도 있고 기존 영어 데이터에 중복된 문장이 많아서 발생한 것일 수도 있다.

맷플롯립을 통해 시각화해 보자. x 값은 중복 문장의 개수이며, y 값은 중복 횟수가 동일한 문장의 개수를 의미한다.

```
# 그래프에 대한 이미지 크기 선언
# figsize: (가로, 세로) 형태의 튜플로 입력
plt.figure(figsize=(12, 5))
# 히스토그램 선언
# bins: 히스토그램 값들에 대한 버킷 범위
# range: x축 값의 범위
# alpha: 그래프 색상 투명도
# color: 그래프 색상
# label: 그래프에 대한 라벨
plt.hist(train_set.value_counts(), bins=50, alpha=0.5, color= 'r', label='word')
plt.yscale('log', nonposy='clip')
# 그래프 제목
plt.title('Log-Histogram of sentence appearance counts')
# 그래프 x 축 라벨
plt.xlabel('Number of occurrences of sentence')
# 그래프 y 축 라벨
plt.ylabel('Number of sentence')
```

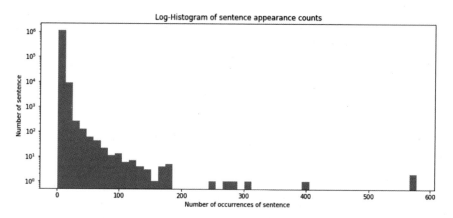

그림 7.13 문장 중복 발생 횟수에 대한 로그 스케일 히스토그램

중복 횟수가 1인 질문들, 즉 유일한 질문이 가장 많고 쿼라 데이터와 비슷한 유형을 보인다. 원본 영어 데이터의 문장은 미묘하게 다르나 번역기를 통과했을 때 똑같이 번역된 한국어 문장이 있는 것을 몇 문장을 테스트해 봤을 때 확인했다. 가장 많이 중복된 횟수로 500번이 넘는 질문도 있다. 두 개의 데이터를 붙이고 100만 개의 데이터가 들어가다 보니 이상치 값이 다수 존재한다.

문장의 중복 분포를 통계치로 수치화하고 박스플롯을 실행한 결괏값을 보자. 먼저 중복 분포를 통계치로 수치화하자.

```python
print('중복 최대 개수: {}'.format(np.max(train_set.value_counts())))
print('중복 최소 개수: {}'.format(np.min(train_set.value_counts())))
print('중복 평균 개수: {:.2f}'.format(np.mean(train_set.value_counts())))
print('중복 표준편차: {:.2f}'.format(np.std(train_set.value_counts())))
print('중복 중간 길이: {}'.format(np.median(train_set.value_counts())))

print('제1사분위 중복: {}'.format(np.percentile(train_set.value_counts(), 25)))
print('제3사분위 중복: {}'.format(np.percentile(train_set.value_counts(), 75)))
```

```
중복 최대 개수: 578
중복 최소 개수: 1
중복 평균 개수: 1.69
중복 표준편차: 2.23
중복 중간 길이: 1.0
제1사분위 중복: 1.0
제3사분위 중복: 3.0
```

중복 평균이 1.69라는 것은 많은 데이터가 최소 1개 이상 중복돼 있음을 의미하며, 이것은 중복이 많다는 것이다.

박스 플롯으로 중복 횟수를 시각화하자.

```python
plt.figure(figsize=(12, 5))
# 박스 플롯 생성
# 첫 번째 파라미터: 여러 분포에 대한 데이터 리스트를 입력
# labels: 입력한 데이터에 대한 라벨
# showmeans: 평균값을 마크함

plt.boxplot([train_set.value_counts()],
            labels=['counts'],
            showmeans=True)
```

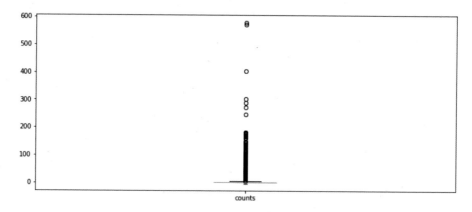

그림 7.14 질문 중복 발생 횟수에 대한 박스 플롯

쿼라 데이터보다는 중복 횟수의 이상치가 넓고 많이 분포돼 있으며, NLI 데이터와 쿼라 데이터셋의 데이터 양에 비례했을 때 중복치는 비슷해 보인다.

실제 깃허브 소스에서는 띄어쓰기 단위, 음절 단위, 버트 토큰 단위로 데이터를 분석했지만 이책에서는 실제 학습에 사용될 버트 토크나이저로 토크나이징한 결과에 대해서만 작성했다.

```
tokenizer = BertTokenizer.from_pretrained(
    "bert-base-multilingual-cased", cache_dir="bert_ckpt", do_lower_case=False
)
```

버트 토크나이저를 사용하기 위해 버트 토크나이저를 호출한다.

```
train_bert_token_counts = train_set.apply(lambda x:len(tokenizer.tokenize(x)))
```

각 문장을 버트 토크나이저를 통해 하위 토큰으로 분류한 개수 값을 train_bert_token_counts에 넣고 해당 값을 분석해 보겠다.

```
plt.figure(figsize=(15, 10))
plt.hist(train_bert_token_counts, bins=200, range=[0,200], facecolor='r', density=True,
label='train')
plt.title("Distribution of tokens count in sentence", fontsize=15)
plt.legend()
plt.xlabel('Number of characters', fontsize=15)
plt.ylabel('Probability', fontsize=15)
```

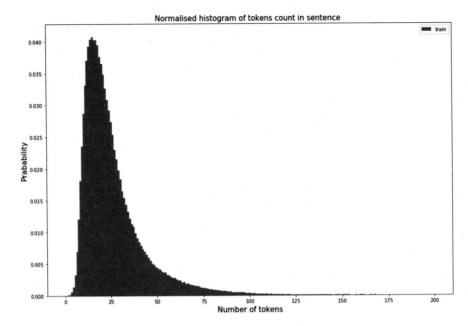

그림 7.15 데이터 길이에 따른 문장 확률 분포(토큰 단위)

데이터에 들어 있는 문장의 길이 분포는 3~125까지이며, 그 이후에는 빈도수가 거의 없어 보인다.

이제 이 길이값을 사용해 여러 가지 통곗값을 확인해 보자.

```
print('문장 tokens 개수 최댓값: {}'.format(np.max(train_bert_token_counts)))
print('문장 tokens 개수 평균값: {:.2f}'.format(np.mean(train_bert_token_counts)))
print('문장 tokens 개수 표준편차: {:.2f}'.format(np.std(train_bert_token_counts)))
print('문장 tokens 개수 중간값: {}'.format(np.median(train_bert_token_counts)))
print('문장 tokens 개수 제1사분위: {}'.format(np.percentile(train_bert_token_counts,
25)))
print('문장 tokens 개수 제3사분위: {}'.format(np.percentile(train_bert_token_counts,
75)))
print('문장 tokens 개수 99퍼센트: {}'.format(np.percentile(train_bert_token_counts,
99)))
```

```
문장 tokens 개수 최댓값: 9006
문장 tokens 개수 평균값: 20.24
```

```
문장 tokens 개수 표준편차: 26.77
문장 tokens 개수 중간값: 16.0
문장 tokens 개수 제1사분위:: 11.0
문장 tokens 개수 제3사분위: 24.0
문장 tokens 개수 99퍼센트: 72.0
```

통곗값을 확인해 보면 우선 평균적으로 길이가 26 정도라는 것을 확인할 수 있다. 그리고 중간값은 16 정도다. 하지만 최댓값을 확인해 보면 9006이다. 모델의 크기와 속도를 생각해서 적당한 최대 길이까지만 수용하게 해야 한다. 이 모델에서는 최대 길이를 제3사분위 값인 24에 맞춘다. 각자 다른 값을 설정해서 모델의 학습 속도와 정확도가 어떻게 변하는지 확인해 보자.

이번에는 박스 플롯 그래프를 그려서 확인해 보겠다.

```
plt.figure(figsize=(12, 5))

plt.boxplot(train_bert_token_counts,
            labels=['counts'],
            showmeans=True)
```

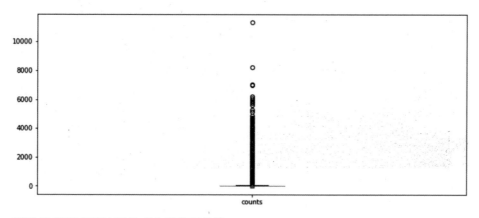

그림 7.16 데이터 길이를 나타내는 박스 플롯(토큰 단위)

분포를 보면 문자 수의 이상치 데이터가 너무 많이 분포해서 박스 플롯의 다른 값을 확인하기 조차 어려운 상태다. 지금까지 데이터 분석을 하면서 느끼는 바지만 모델의 성능과 속도는 한쪽이 좋아지면 한쪽이 안 좋아지는 교환 관계를 띤다.

워드 클라우드를 통해 어떤 단어가 많이 나오는지 확인하자.

```
from wordcloud import WordCloud
font_path = os.path.join(DATA_IN_PATH, 'NanumGothic.ttf')
cloud = WordCloud(font_path=font_path, width=800, height=600).generate(
    " ".join(train_set.astype(str))
)
plt.figure(figsize=(15, 10))
plt.imshow(cloud)
plt.axis('off')
```

그림 7.17 데이터에 대한 워드 클라우드

"남자가", "여자가"와 같이 상반되는 성별 표현과 "하고 있다." "있다"와 같은 상태에 대한 유사한 표현으로 이뤄져 있는 것을 확인할 수 있다. 그 밖의 다른 특이한 점은 찾아보기 힘들다.

"gold_label"에 포함된 수반, 모순, 중립의 세 가지 값의 분포를 확인해 보자.

수반은 전제와 가설이 참일 때, 모순은 전제와 가설이 거짓일 때, 중립은 관계가 없는 전제와 가설을 의미한다.

```
fig, axe = plt.subplots(ncols=1)
fig.set_size_inches(10, 3)
sns.countplot(train_data['gold_label'])
```

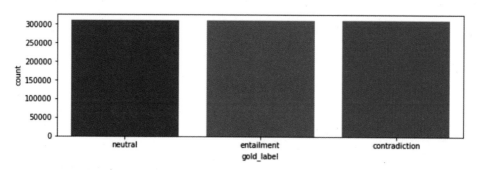

그림 7.18 라벨에 따른 데이터 개수 분포

30만 개 이상의 세 가지 값의 분포가 동일한 학습 데이터다. 이러한 균등한 학습 데이터는 모델을 학습할 때 좋은 데이터셋이다.

KorNLI 데이터 전처리

데이터를 전처리하기 위한 기본적인 내용은 앞의 영화 감정 분류에서 설명했던 방식과 크게 다르지 않다. 차이점은 버트의 토크나이저가 문장을 2개로 받는 형태로 추가하고, encode_plus에 text_pair 옵션을 지정해 형식에 맞게 기능을 추가한다는 것이다. 우선 학습에 필요한 초기 기본 파라미터를 불러오자.

```
tf.random.set_seed(1234)
np.random.seed(1234)

BATCH_SIZE = 128
NUM_EPOCHS = 3
MAX_LEN = 24 * 2
```

```
DATA_IN_PATH = 'data_in/KOR'
DATA_OUT_PATH = "data_out/KOR"
```

학습의 결괏값들을 최대한 유사하게 설정하기 위해 텐서플로와 넘파이의 랜덤 시드를 고정해서 결괏값을 고정하고, 배치, 에폭값 그리고 EDA에서 분석해서 도출했던 최대 길이 24에, 해당 모델은 문장을 2개 사용하기 때문에 2배인 48로 설정한다.

KorNLI 데이터셋은 학습 데이터에 SNLI와 XNLI, 검증 데이터에 DEV_XNLI 데이터셋이 있으므로 학습과 검증에 필요한 학습 데이터셋 3개를 불러온다.

```
# 학습 데이터 불러오기

TRAIN_SNLI_DF = os.path.join(DATA_IN_PATH, 'KorNLI', 'snli_1.0_train.kor')
TRAIN_XNLI_DF = os.path.join(DATA_IN_PATH, 'KorNLI', 'multinli.train.ko.tsv')
DEV_XNLI_DF = os.path.join(DATA_IN_PATH, 'KorNLI', 'xnli.dev.ko.tsv')

train_data_snli = pd.read_csv(TRAIN_SNLI_DF, header=0, delimiter = '\t', quoting = 3)
train_data_xnli = pd.read_csv(TRAIN_XNLI_DF, header=0, delimiter = '\t', quoting = 3)
dev_data_xnli = pd.read_csv(DEV_XNLI_DF, header=0, delimiter = '\t', quoting = 3)

train_data_snli_xnli = train_data_snli.append(train_data_xnli)
train_data_snli_xnli = train_data_snli_xnli.dropna()
train_data_snli_xnli = train_data_snli_xnli.reset_index()

dev_data_xnli = dev_data_xnli.dropna()

print("Total # dataset: train - {}, dev - {}".format(len(train_data_snli_xnli),
len(dev_data_xnli)))
```

데이터 탐색에서 분석했듯이 데이터의 소수 부분은 학습에 사용할 수 없으므로 이와 관련된 결측 데이터에 대해서는 판다스의 dropna() 기능을 통해 제외하고 진행한다. 다음은 이전에 감정 분류에서 활용했던 버트 토크나이저에 자연어 추론 구조에 맞게 수정한 코드와 전처리 과정을 적용한 것이다.

```
# Bert Tokenizer V2

def bert_tokenizer_v2(sent1, sent2, MAX_LEN):

    # For Two sentences input

    encoded_dict = tokenizer.encode_plus( text = sent1,
        text_pair = sent2,
        add_special_tokens = True, # Add '[CLS]' and '[SEP]'
        max_length = MAX_LEN, # Pad & truncate all sentences. pad_to_max_length = True,
        return_attention_mask = True, # Construct attn. masks.
        truncation=True
    )

    input_id = encoded_dict['input_ids']
    attention_mask = encoded_dict[
        "attention_mask"
    ]  # And its attention mask (simply differentiates padding from non-padding).
    token_type_id = encoded_dict["token_type_ids"]  # differentiate two sentences

    return input_id, attention_mask, token_type_id
```

```
input_ids = []
attention_masks = []
token_type_ids = []

for sent1, sent2 in zip(train_data_xnli['sentence1'], train_data_xnli['sentence2']):
    try:
        input_id, attention_mask, token_type_id = bert_tokenizer_v2(sent1, sent2, MAX_
LEN)

        input_ids.append(input_id)
        attention_masks.append(attention_mask)
        token_type_ids.append(token_type_id)
    except Exception as e:
        print(e)
        print(sent1, sent2)
        pass
```

```
train_xnli_input_ids = np.array(input_ids, dtype=int)
train_xnli_attention_masks = np.array(attention_masks, dtype=int)
train_xnli_type_ids = np.array(token_type_ids, dtype=int)
train_xnli_inputs = (train_xnli_input_ids, train_xnli_attention_masks, train_xnli_type_
ids)
```

감정 분류에서 사용한 버트 토크나이저와 문장의 토크나이저, 어텐션, 토큰 값을 출력하고, 문장을 튜플 형식으로 묶는 방법은 같지만 2개의 문장을 합치는 과정을 진행해야 한다. bert_tokenizer_v2는 2개의 문장을 활용해 학습 데이터를 만드는 과정으로 bert_tokenizer와 차이를 두어 명시한다. encode_plus 기능에 text_pair를 추가하면 2개의 문장을 받아 버트의 입력에 맞게 만들어 준다.

```
input_id = train_xnli_input_ids[2]
attention_mask = train_xnli_attention_masks[2]
token_type_id = train_xnli_type_ids[2]

print(input_id)
[  101 58380  1174 97090 97084 33645 11376 47468 14509 16801 12516  1175
 32035 39504  1181 97089 11376  1165 25539 97104 13413  1172 49904 97085
 40389 53890 27901 11643 81463 84766 60543  1179 63277 13413 21831 46957
   102 95064 58380  1174 97090 22323 94083 51970 47468 14509 16801 12516
  1181 97089 11376  1165 25539 12516 12398 20723  1172 49904 97085 40389
 53890 27901 11643 81463 84766 60543  1179 63277 13413 21831 16530   102
     0     0     0     0     0     0     0     0]
print(attention_mask)

[1 1 1 1 1 1 1 1 1 1 1 1 1 1 1 1 1 1 1 1 1 1 1 1 1 1 1 1 1 1 1 1 1 1 1 1
 1 1 1 1 1 1 1 1 1 1 1 1 1 1 1 1 1 1 1 1 1 1 1 1 1 1 1 1 1 1 1 1 1 1 1 0 0
 0 0 0 0 0 0]
print(token_type_id)
[0 0 0 0 0 0 0 0 0 0 0 0 0 0 0 0 0 0 0 0 0 0 0 0 0 0 0 0 0 0 0 0 0 0 0 0
 1 1 1 1 1 1 1 1 1 1 1 1 1 1 1 1 1 1 1 1 1 1 1 1 1 1 1 1 1 1 1 1 1 1 1 0 0
 0 0 0 0 0 0]
print(tokenizer.decode(input_id))
```

예제 문장은 "내 워크가 고장나서 지금 화가 났어 스테레오를 정말 크게 틀어야 해"와 "나는 내 워크맨이 고장나서 화가 나서 이제 스테리오를 정말 크게 틀어야 한다"다. 결괏값을 보면 문장을 토크나이저 처리한 input_ids에서는 각 문장이 단어 단위로 쪼개져서 각 숫자에 인덱스 처리된 것을 볼 수 있으며, 두 문장은 서로 스페셜 토큰인 [SEP]을 통해 분류된다. 또한 어텐션 마스크를 확인해 보면 뒤에 0으로 패딩된 부분을 제외하면 모두 1로 입력돼 있는데, 학습을 진행할 때 해당 부분은 패딩이기 때문에 연산에서 제외된다. 마지막으로 토큰 타입은 2개 문장에 대한 자연어 추론이므로 첫 번째 문장은 0, 두 번째 문장은 1로 지정돼 있고, 추가로 뒤에 문장 뒷부분의 패딩 부분에 대해서는 다시 0으로 치환되어 입력돼 있다. 이 부분은 최대 길이를 맞추기 위해 추가된 값이라서 input_ids 및 attention_mask에도 모두 0으로 돼 있기 때문에 계산할 때 학습에 영향을 미치지 않는다.

토크나이저의 decode 기능을 사용하면 토큰 인덱스를 다시 한글로 치환하는데, 문장이 어떻게 분리되고 시작됐는지를 더욱 손쉽게 확인할 수 있다. 다음 예제의 출력된 문장에서 [SEP] 다음에 [PAD]가 나오는 부분은 0으로 변환돼 있다. 토크나이즈 작업 이후에는 라벨 데이터셋에도 간단한 전처리 작업이 필요하다. 데이터셋의 라벨은 3개의 텍스트로 구성돼 있어 인덱스 형태로 변환할 필요가 있다.

```
# 라벨을 Neutral, Contradiction, Entailment에서 숫자형으로 변경한다.
label_dict = {"entailment": 0, "contradiction": 1, "neutral": 2}
def convert_int(label):
    num_label = label_dict[label]
    return num_label


train_data_xnli["gold_label_int"] = train_data_xnli["gold_label"].apply(convert_int)
train_xnli_labels = np.array(train_data_xnli['gold_label_int'], dtype=int)
dev_data_xnli["gold_label_int"] = dev_data_xnli["gold_label"].apply(convert_int)
dev_data_labels = np.array(dev_data_xnli['gold_label_int'], dtype=int)

print("# sents: {}, # labels: {}".format(len(train_xnli_input_ids), len(train_xnli_la-
bels)))
```

각 라벨의 인덱스를 지정하고, 텍스트 정답을 영문으로 치환하는 과정이다. 데이터프레임에서 열 이름을 새롭게 gold_label_int로 지정하고, convert_int 함수를 통해 실행하면 다음과 같이 새로운 열이 생기면서 변환된다.

sentence1	sentence2	gold_label	gold_label_init
개념적으로 크림 스키밍은 제품과 지리라는 두 가지 기본 차원을 가지고 있다	제품과 지리학은 크림 스키밍을 작동시키는 것이다	neutral	2
우리 번호 중 하나가 당신의 지시를 세밀하게 수행할 것이다.	우리 팀의 일원이 당신의 명령을 엄청나게 정확하게 실행할 것이다.	entailment	0
어떻게 아세요? 이 모든 것이 다시 그들의 정보다.	이 정보는 그들의 것이다.	entailment	0

인덱스를 치환한 이후, gold_label_int 값을 학습에 활용하기 위해 넘파이 배열 형태로 저장한다.

KorNLI 모델 학습

이제 버트 토크나이저로 인코딩된 데이터를 활용해 본격적으로 학습을 진행해 보자. 학습을 준비하기 위해 버트 분류 클래스를 구성하고, 최적화, 손실값 및 정확도를 선언하고 학습을 진행하기 위해 컴파일하는 과정은 위의 분류와 같다. 다만 현재 값은 이진 분류가 아닌 다중 분류(라벨이 3개)이기 때문에 TFBertClassifier에서 num_labels 값을 라벨의 수만큼 변환한다는 차이점이 있다.

```
class TFBertClassifier(tf.keras.Model):
    def __init__(self, model_name, dir_path, num_class):
        super(TFBertClassifier, self).__init__()

        self.bert = TFBertModel.from_pretrained(model_name, cache_dir=dir_path)
        self.dropout = tf.keras.layers.Dropout(self.bert.config.hidden_dropout_prob)
        self.classifier = tf.keras.layers.Dense(
            num_class,
            kernel_initializer=tf.keras.initializers.TruncatedNormal(
                self.bert.config.initializer_range
            ),
            name="classifier",
        )
```

```
    def call(self, inputs, attention_mask=None, token_type_ids=None, training=False):

        #outputs 값: # sequence_output, pooled_output, (hidden_states), (attentions)
        outputs = self.bert(inputs, attention_mask=attention_mask, token_type_ids=to-
ken_type_ids)

        pooled_output = outputs[1]
        pooled_output = self.dropout(pooled_output, training=training)
        logits = self.classifier(pooled_output)

        return logits

cls_model = TFBertClassifier(model_name='bert-base-multilingual-cased',
                             dir_path='bert_ckpt',
                             num_class=3)
```

감정 분류 데이터셋과 다른 점은 클래스 개수가 2개에서 3개가 된 것 외에는 없다. 학습을 위해 cls_model을 선언할 때 TFBertClassifier 모델을 선언하고, 사전 학습된 가중치 값을 불러오기 위해 from_pretrained("bert-base-multilingual-cased")를 실행한다. 그 이후에 loss 함수와 accuracy 함수를 구현하고, model.compile에 등록해서 학습을 준비한다.

모델 학습은 지금까지 해온 학습과 같다. model.compile을 진행한 후 EarlyStopping과 체크포인트 콜백 모듈을 선언하고 cls_model.fit으로 학습을 진행한다. 한 가지 차이점은 KorNLI에서는 테스트 데이터셋 말고도 검증 데이터셋(DEV)을 제공한다는 점이다. 따라서 validation_split으로 학습 데이터에서 일정한 비율로 무작위로 나누던 기존 방식과는 다르게 validation_data 기능을 통해 검증 데이터를 추가한다. fit 기능에서 검증 데이터를 활용할 때 유용한 기능이다.

```
# 학습 진행하기
model_name = "tf2_KorNLI"

# overfitting을 막기 위한 earlystop 추가
earlystop_callback = EarlyStopping(monitor='val_accuracy', min_delta=0.0001,patience=2)
# min_delta: the threshold that triggers the termination (acc should at least improve
0.0001)
# patience: no improvment epochs (patience = 1, 1번 이상 상승이 없으면 종료)\
```

```
checkpoint_path = os.path.join(DATA_OUT_PATH, model_name, 'weights.h5')
checkpoint_dir = os.path.dirname(checkpoint_path)

# Create path if exists
if os.path.exists(checkpoint_dir):
    print("{} -- Folder already exists \n".format(checkpoint_dir))
else:
    os.makedirs(checkpoint_dir, exist_ok=True)
    print("{} -- Folder create complete \n".format(checkpoint_dir))

cp_callback = ModelCheckpoint(
    checkpoint_path, monitor='val_accuracy', verbose=1, save_best_only=True, save_
weights_only=True)

# 학습과 eval 시작
history = cls_model.fit(train_snli_xnli_inputs, train_data_labels, epochs=NUM_EPOCHS,
            validation_data = (dev_xnli_inputs, dev_data_labels),
            batch_size=BATCH_SIZE, callbacks=[earlystop_callback, cp_callback])

#steps_for_epoch
print(history.history)
plot_graphs(history, 'accuracy')
plot_graphs(history, 'loss')
```

추가로 학습을 종료한 후 이전과 같이 각 손실 값과 정확도 값의 그래프를 출력해 보자.

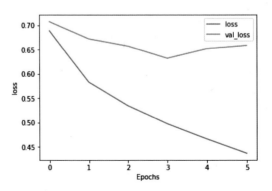

그림 7.19 KorNLI 분야의 loss 그래프

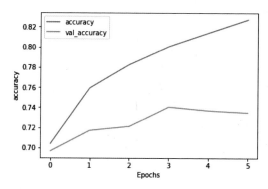

그림 7.20 KorNLI 분야의 acc 그래프

검증 loss와 accuracy 값을 확인했을 때 약 3에폭 정도 학습하면 최적의 값을 추출하는 것을 볼 수 있다.

KorNLI 모델 테스트

학습된 모델을 활용해 테스트를 진행해 보자. 데이터를 불러오는 방법 및 전처리하는 과정은 학습 데이터에서 처리하는 방식과 같다. 데이터를 판다스를 활용해 불러온 후, 토크나이즈하고 라벨도 텍스트에서 정수형 타입으로 치환한 이후에 평가를 진행한다.

```
# KorNLI 테스트 진행 및 결과
# Load Test dataset
TEST_XNLI_DF = os.path.join(DATA_IN_PATH, 'KorNLI', 'xnli.test.ko.tsv')

test_data_xnli = pd.read_csv(TEST_XNLI_DF, header=0, delimiter = '\t', quoting = 3)
test_data_xnli = test_data_xnli.dropna()
test_data_xnli.head()
# Test set도 똑같은 방법으로 구성한다.

input_ids = []
attention_masks = []
token_type_ids = []

for sent1, sent2 in zip(test_data_xnli['sentence1'], test_data_xnli['sentence2']):

    try:
```

```
        input_id, attention_mask, token_type_id = bert_tokenizer_v2(clean_text(sent1),
clean_text(sent2), MAX_LEN)

        input_ids.append(input_id)
        attention_masks.append(attention_mask)
        token_type_ids.append(token_type_id)
    except Exception as e:
        print(e)
        print(sent1, sent2)
        pass


test_xnli_input_ids = np.array(input_ids, dtype=int)
test_xnli_attention_masks = np.array(attention_masks, dtype=int)
test_xnli_type_ids = np.array(token_type_ids, dtype=int)
test_xnli_inputs = (test_xnli_input_ids, test_xnli_attention_masks, test_xnli_type_ids)
test_data_xnli["gold_label_int"] = test_data_xnli["gold_label"].apply(convert_int)
test_data_xnli_labels = np.array(test_data_xnli['gold_label_int'], dtype=int)

print("# sents: {}, # labels: {}".format(len(test_xnli_input_ids), len(test_data_xnli_
labels)))
results = cls_model.evaluate(
    test_xnli_inputs, test_data_xnli_labels, batch_size=512
)
print("test loss, test acc: ", results)
```

KorNLI 테스트 결과

	BERT Classifier
Score	73.05%

문장의 추론을 확인하는 KorNLI 태스크의 결괏값까지 추출해 봤다. 앞에서 설명한 버트 분류 테스트에서 설명한 바와 같이 추가 성능 향상을 위해서는 전처리 및 다양한 변수 값을 변형해 가며 변화시키는 방법, 다국어가 아닌 한국어로 사전 학습한 모델을 활용해 미세 조정하는 방법 등이 있다. 실제로 이후 모델에서는 한국어로 학습된 사전 학습 모델을 활용할 예정이다.

버트를 활용한 한국어 개체명 인식 모델

이번에는 버트를 활용한 개체명 인식을 진행해 보자. 개체명 인식(Named Entity Recognition, NER)은 문맥을 파악해서 인명, 기관명, 지명 등과 같은 문장 또는 문서에서 특정한 의미를 가지고 있는 단어 또는 어구를 인식하는 과정을 의미한다. 개체명 인식은 버트를 활용한 감정 분류 및 유사도 분류와 맥락은 거의 비슷하나 이번 장의 이전에 다룬 접근법들은 마지막 히든 벡터값을 사용하는 접근법이었다면 개체명 인식은 문장의 모든 입력 값을 개체명으로 예측해야 하기 때문에 모든 은닉 벡터 값을 활용한다는 차이가 있다. 간단한 데이터 분석을 진행한 후에 실제 모델을 구성하며 차이점을 확인해 보자.

NER 데이터 분석

데이터는 Naver NLP Challenge 2018의 개체명 인식 데이터를 활용해보자. 해당 데이터의 테스트 데이터는 존재하지 않아 학습 데이터를 학습 데이터 81,000개, 테스트 데이터 9,000개로 나눴고 라벨은 총 30개로 구성돼 있다. 개체명 인식 데이터들은 모두 './data_in/KOR/NER' 아래에 위치해 있다. 데이터 분석을 통해 문장의 특성을 파악해서 모델 학습에 활용해 보자.

데이터 불러오기

이제 데이터를 불러와 분석할 준비를 해보자. 개체명 인식 데이터는 학습 데이터, 테스트 데이터, 정답 데이터로 3가지 데이터로 구성돼 있다.

```
DATA_IN_PATH = './data_in/KOR'
DATA_TRAIN_PATH = os.path.join(DATA_IN_PATH, "NER", "train.tsv")
DATA_TEST_PATH = os.path.join(DATA_IN_PATH, "NER", "test.tsv")
DATA_LABEL_PATH = os.path.join(DATA_IN_PATH, "NER", "label.txt")
```

문장 분석을 위해 데이터의 위치를 지정한 후, 학습 데이터와 테스트 데이터를 각각 리스트 형태로 저장하고 두 데이터를 합치는 과정을 진행한다.

```
def read_file(input_path):
    """Read tsv file, and return words and label as list"""
    with open(input_path, "r", encoding="utf-8") as f:
```

```
        sentences = []
        labels = []
        for line in f:
            split_line = line.strip().split("\t")
            sentences.append(split_line[0])
            labels.append(split_line[1])
        return sentences, labels

train_sentences, train_labels = read_file(DATA_TRAIN_PATH)
test_sentences, test_labels = read_file(DATA_TEST_PATH)
ner_sentences = train_sentences + test_sentences
ner_labels = train_labels + test_labels

ner_dict = {"sentence": ner_sentences, "label": ner_labels}
ner_df = pd.DataFrame(ner_dict)
```

이번에는 다른 장에서 사용했던 방식과 달리 처음 데이터를 불러오는 과정에서 판다스를 사용하는 대신 일반적인 파이썬의 데이터를 불러오는 방식을 활용한 뒤에 판다스 데이터 프레임 형태로 변환했다. 현재 한국어 개체명 인식 데이터를 판다스로 불러오면 따옴표 등의 이슈로 인해 전체 데이터 81,000개에서 약 74,000개 정도로 감소하기 때문이다. 현재 한국어 개체명 데이터는 탭으로 나눠져 있기 때문에 반복문을 사용해 매 라인을 불러오면서 각 문장은 sentences에, 라벨은 labels에 저장하도록 구성했다. 학습 데이터와 테스트 데이터를 ner_sentences, ner_lables로 각각 합친 이후 판다스의 데이터프레임 구조로 변환하기 위해 ner_dict 구조로 각각 변형한다. 마지막으로 pd.DataFrame을 활용해 분석하기 쉬운 구조로 변형한다.

해당 샘플 데이터를 확인해 보자.

```
print('전체 ner_train_data 개수: {}'.format(len(ner_df)))
ner_df.head(5)
```

	sentence	label
0	금석객잔 여러분, 감사드립니다 .	ORG-B O O O
1	이기범 한두 쪽을 먹고 10분 후쯤 화제인을 먹는 것이 좋다고 한다 .	PER-B O O O TIM-B TIM-I CVL-B O O O O O
2	7-8위 결정전에서 김중배 무스파타(샌안토니오)가 참은 법국을 누르고 유럽축구선수권...	EVT-B EVT-I PER-B PER-I O LOC-B O EVT-B CVL-B O O
3	스코틀랜드의 한 마을에서 보통하게 살고 있다는 이 기혼 남성의 시조가 유튜브 등에서...	LOC-B NUM-B NUM-I O O O O O O O O O O O O O O CV...
4	보니까 저 옆에 사조가 있어요 .	O O O O O O
5	24회 최경운호의 좌익선상 28루타로 포문을 연 한화는 후속 서동원이 적시타를 날려...	NUM-B PER-B O NUM-B O O ORG-B O PER-B O O O O O

그림 7.21 전체 데이터 구조

앞에서 언급했듯이 개체명 인식 전체 데이터의 개수는 9만 개이며, 각 문장과 해당 정답셋으로 구성돼 있다. 정답 라벨은 크게 총 14가지로 구분돼 있으며, 각 문장의 띄어쓰기 단위로 라벨이 지정돼 있다.

개체명 인식 데이터 라벨 설명

개체명 범주	태그	정의
PERSON	PER	실존, 가상 등 인물명에 해당하는 것
FIELD	FLD	학문 분야 및 이론, 법칙, 기술 등
ARTIFACTS_WORKS	AFW	인공물로 사람에 의해 창조된 대상물
ORGANIZATION	ORG	기관 및 단체와 회의/회담을 모두 포함
LOCATION	LOC	지역 명칭과 행정구역 명칭 등
CIVILIZATION	CVL	문명 및 문화에 관련된 용어
DATE	DAT	날짜
TIME	TIM	시간
NUMBER	NUM	숫자
EVENT	EVT	특정 사건 및 사고 명칭과 행사 등
ANIMAL	ANM	동물
PLANT	PLT	식물
MATERIAL	MAT	금속, 암석, 화학물질 등
TERM	TRM	의학 용어, IT관련 용어 등 일반 용어를 총칭

개체명 인식에서는 기존의 분류 문제와 다른 BIO 태깅이라는 것을 활용한다. B(Begin)는 개체명의 시작, I(Inside)는 개체명의 내부, O(Outside)는 개체명이 아닌 부분을 의미한다. 각 태깅은 모델이 학습할 때 문장에서 개체명으로서 의미 있는 토큰들의 위치를 인식할 수 있게

도와준다. 앞의 학습 데이터셋의 두 번째 문장인 "이기범 한두 쪽을 먹고 10분 후쯤 화재인을 먹는 것이 좋다고 한다." 문장의 정답 라벨을 확인하면 "PER-B O O O TIM-B TIM-I CVL-B O O O O O"으로 구성돼 있다. 여기서 PER는 인물명, TIM은 시간, CVL은 문명 및 문화에 관련된 용어다. 해당 문장에 대한 각 라벨은 띄어쓰기 기준으로 나눠져 있다. 아래 표를 보면 "이기범"은 인물명이기 때문에 PER로 분류되고, 개체명과 상관없는 단어는 모두 O로 라벨이 지정된 것을 볼 수 있다.

개체명 인식의 예

이기범	PER-B
한두	○
쪽을	○
먹고	○
10분	TIM-B
후쯤	TIM-I
화재인을	CLV-B
먹는	○
것이	○
좋다고	○
한다	○
.	○

한국어 개체명 텍스트 분석

개체명 텍스트 분석을 위해 문장의 길이와 어휘를 분석하고자 한다. 기존에 라벨이 지정된 띄어쓰기 단위에 따른 길이 분석과 버트 토크나이저를 통한 문장 토큰화 이후 길이 분석을 통해 모델에 필요한 정보를 탐색해 보자. 또한 텍스트 어휘 분석을 통해 주로 출몰하는 단어가 무엇인지 확인해 보자. 우선 띄어쓰기 단위 길이에 대해 분석해 보자.

```
train_word_counts = train_set.apply(lambda x:len(x.split(' ')))

print('문장 단어 개수 최대 값: {}'.format(np.max(train_word_counts)))
print('문장 단어 개수 평균 값: {:.2f}'.format(np.mean(train_word_counts)))
print('문장 단어 개수 표준편차: {:.2f}'.format(np.std(train_word_counts)))
```

```
print('문장 단어 개수 중간 값: {}'.format(np.median(train_word_counts)))
print('문장 단어 개수 제1사분위: {}'.format(np.percentile(train_word_counts, 25)))
print('문장 단어 개수 제3사분위: {}'.format(np.percentile(train_word_counts, 75)))
print('문장 단어 개수 99 퍼센트: {}'.format(np.percentile(train_word_counts, 99)))


# 문장 단어 개수 최대 값: 175
# 문장 단어 개수 평균 값: 11.81
# 문장 단어 개수 표준편차: 7.03
# 문장 단어 개수 중간 값: 10.0
# 문장 단어 개수 제1사분위: 7.0
# 문장 단어 개수 제3사분위: 15.0
# 문장 단어 개수 99 퍼센트: 35.0
```

분석한 지문의 문자 길이를 살펴보면 평균 11.81 띄어쓰기 토큰 길이를 가지고 표준편차는
7.03 정도를 보인다. 제3사분위 단어의 길이는 15.0인 데 비해 최댓값이 175로 매우 긴 편이
다. 개체명 인식은 띄어쓰기별로 라벨을 달아야 하므로 다른 데이터셋에 비해 라벨 작업 난이
도가 상대적으로 높은 편이기 때문에 이를 고려해서 작업하는 것이 좋다. 문장 길이의 시각화
를 통해 고르게 분포돼 있는지 확인해 보자.

```
plt.figure(figsize=(15, 10))
plt.hist(train_word_counts, bins=50, range=[0, 50], facecolor='r', density=True, la-
bel='train')
plt.title('Distribution of word count in sentence', fontsize=15)
plt.legend()
plt.xlabel('Number of words', fontsize=15)
plt.ylabel('Probability', fontsize=15)
```

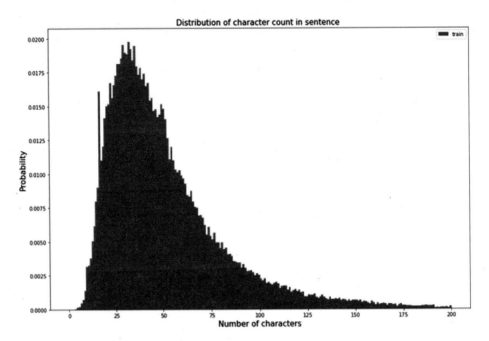

그림 7.22 NER 문장별 단어 단위 히스토그램 분포

그래프를 보면 데이터가 오른쪽으로 치우친 것을 확인할 수 있다. 오른쪽으로 꼬리가 긴 데이터는 평균값 11.82가 중앙 값 10.0보다 큰 것을 볼 수 있다. 이번에는 박스 플롯을 통해 이상치가 있는 데이터들을 확인해보자.

```
plt.figure(figsize=(12, 5))

plt.boxplot(train_word_counts,
            labels=['word counts'],
            showmeans=True)
```

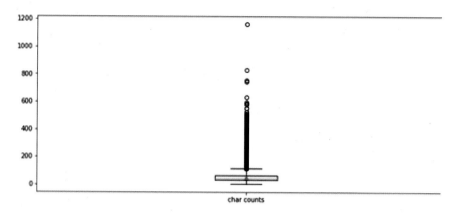

그림 7.23 NER 단어 단위 박스플롯

그래프는 plt.boxplot을 사용해 생성했다. 이전에 문장 길이 최댓값인 1162 값이 이상치로 있는 것을 확인할 수 있고, 그 외에도 길이가 600 이상인 데이터가 있음을 확인할 수 있다. 이제 실제로 버트 토크나이저를 활용해 문장을 분석해서 데이터의 특징과 모델에 필요한 값을 추출해 보자.

```python
plt.figure(figsize=(15, 10))
plt.hist(
    train_length,
    bins=200,
    range=[0, 200],
    facecolor="r",
    density=True,
    label="train",
)
plt.title('Distribution of Bert Tokenizer token count in sentence', fontsize=15)
plt.legend()
plt.xlabel('Number of tokens', fontsize=15)
plt.ylabel('Probability', fontsize=15)
```

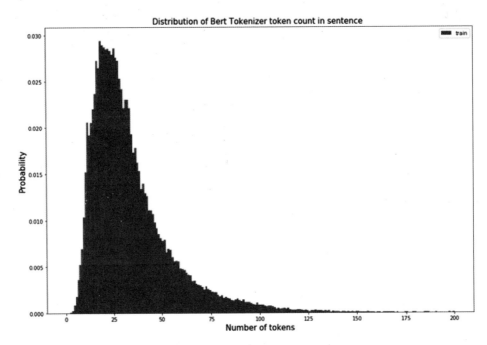

그림 7.24 NER 문장별 버트 토큰 개수 분포

문장의 길이 단위로 구성된 그래프 분포 형태가 왼쪽으로 치우친 것처럼 토큰 단위의 길이도 똑같이 왼쪽으로 치우친 것을 알 수 있다. 문장의 각 통곗값을 추출해서 데이터에 대한 이해도를 높인 후 모델에 필요한 최대 길이 값을 선정한다. 다음과 같이 실제로 모델에서 활용할 버트 토크나이저 작업을 통해 문장 길이 통곗값이 어떻게 변하는지 확인해보자.

```
tokenizer = BertTokenizer.from_pretrained(
    "bert-base-multilingual-cased", cache_dir="bert_ckpt", do_lower_case=False
)
train_bert_token_counts = train_set.apply(lambda x:len(tokenizer.tokenize(x)))
print('문장 tokens 개수 최대 값: {}'.format(np.max(train_bert_token_counts)))
print('문장 tokens 개수 평균 값: {:.2f}'.format(np.mean(train_bert_token_counts)))
print('문장 tokens 개수 표준편차: {:.2f}'.format(np.std(train_bert_token_counts)))
print('문장 tokens 개수 중간 값: {}'.format(np.median(train_bert_token_counts)))
print('문장 tokens 개수 제1사분위: {}'.format(np.percentile(train_bert_token_counts,
25)))
print('문장 tokens 개수 제3사분위: {}'.format(np.percentile(train_bert_token_counts,
75)))
```

텐서플로 2와 머신러닝으로 시작하는 자연어 처리: 로지스틱 회귀부터 BERT와 GPT3까지

```
print('문장 tokens 개수 99 퍼센트: {}'.format(np.percentile(train_bert_token_counts,
99)))

문장 tokens 개수 최대 값: 850
문장 tokens 개수 평균 값: 33.62
문장 tokens 개수 표준편차: 22.76
문장 tokens 개수 중앙 값: 28.0
문장 tokens 개수 제1사분위: 19.0
문장 tokens 개수 제3사분위: 41.0
문장 tokens 개수 99 퍼센트: 111.0
```

버트 토크나이저를 활용해 문장을 분석한 결과, 문장의 최댓값은 850이며, 평균과 중앙값은
각각 33.62, 28.0임을 알 수 있다. 우리가 활용하는 버트 모델은 사이즈가 큰 모델이므로 컴
퓨터가 활용 가능한 범위 내에서 길이를 선정하는 것이 좋다. 박스 플롯을 활용해 이상치들이
어느 정도로 구성돼 있는지 확인해 보자.

```
plt.figure(figsize=(12, 5))
plt.boxplot(train_bert_token_counts,
            labels=['counts'],
            showmeans=True)
```

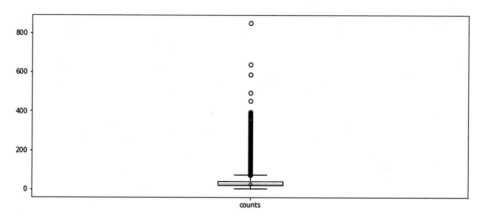

그림 7.25 NER 버트 토큰 단위 박스플롯

버트 토크나이저로 문장을 분리한 뒤 박스 플롯으로 확인해 보면 문장 길이에서 출력된 것과 같은 경향을 볼 수 있다. 모든 데이터를 활용하기 위해 최대 길이인 850을 포함하는 것은 학습 및 메모리 사이즈로 인해 현실적이지 않다. 단어 하나하나에 큰 의미가 담겨있는 개체명 데이터의 특성상 최대 길이를 활용하는 것이 성능 향상에 도움이 되므로 메모리가 허용하는 한 길이를 최대 사이즈로 사용할 것이다. 여기서는 최종적으로 문장 토큰 길이 전체 값의 99% 백분위수인 111을 최대 길이로 선정했다.

NER 데이터 전처리

한국어 개체명 인식 데이터를 버트로 학습하려면 데이터 구조를 변경할 필요가 있다. 기존 학습 데이터 구조의 라벨은 문장의 띄어쓰기 단위로 나눠져 있다. 따라서 버트 토크나이저를 활용하는 경우 기존 데이터 구조와 달라지기 때문에 토큰에 맞게 재배치해야 한다.

기존 라벨과 버트 토크나이저를 통한 변화의 예

- 문장: 금석객잔 여러분 감사드립니다.
- 띄어쓰기 단위 분해: ['금석객잔', '여러분,', '감사드립니다', '.']
- 띄어쓰기 단위 라벨: ['ORG-B', 'O', 'O', 'O']
- 버트 토크나이저 단위 분해: ['금', '##석', '##객', '##잔', '여러', '##분', '감', '##사', '##드', '##립', '##니다', '.']

예를 들어, "금석객잔 여러분 감사드립니다."를 띄어쓰기 단위로 분해하면 길이가 4로 나눠지고, 라벨 데이터는 현재 띄어쓰기 단위 분해에 맞게 구성돼 있다. 하지만 버트 토크나이저를 사용해 문장을 분해하면 길이가 12인 토큰으로 분해된다. 따라서 다른 태스크와 다르게 해당 분류에 맞게 각 라벨 데이터를 수정하는 추가 작업이 필요하다. 이러한 작업에 앞서 개체명 데이터와 학습에 필요한 기본 값들을 선언하자.

```
# random seed 고정
SEED_NUM = 1234
tf.random.set_seed(SEED_NUM)
np.random.seed(SEED_NUM)

BATCH_SIZE = 32
NUM_EPOCHS = 3
```

```
MAX_LEN = 111 # EDA에서 추출된 Max Length
DATA_IN_PATH = 'data_in/KOR'
DATA_OUT_PATH = "data_out/KOR"
```

학습할 때 최대한 일관된 결괏값을 출력하기 위해 텐서플로의 tf.random.set_seed와 넘파이의 np.random.seed를 고정하고 디렉터리 위치 및 EDA에서 선정한 최대 길이 값인 111 등을 선 언하자. 배치 사이즈는 GPU 메모리 크기에 따라 달라질 수 있다.

이제 데이터를 읽어보자. 앞에서 진행한 데이터 탐색과 같은 방식으로 학습 및 테스트 데이터 를 불러온다.

```
# 데이터 전처리 준비
DATA_TRAIN_PATH = os.path.join(DATA_IN_PATH, "NER", "train.tsv")
DATA_LABEL_PATH = os.path.join(DATA_IN_PATH, "NER", "label.txt")
DATA_TEST_PATH = os.path.join(DATA_IN_PATH, "NER", "test.tsv")

def read_file(input_path):
    """Read tsv file, and return words and label as list"""
    with open(input_path, "r", encoding="utf-8") as f:
        sentences = []
        labels = []
        for line in f:
            split_line = line.strip().split("\t")
            sentences.append(split_line[0])
            labels.append(split_line[1])
        return sentences, labels

train_sentences, train_labels = read_file(DATA_TRAIN_PATH)

train_ner_dict = {"sentence": train_sentences, "label": train_labels}
train_ner_df = pd.DataFrame(train_ner_dict)

test_sentences, test_labels = read_file(DATA_TEST_PATH)
test_ner_dict = {"sentence": test_sentences, "label": test_labels}
test_ner_df = pd.DataFrame(test_ner_dict)

print("개체명 인식 학습 데이터 개수: {}".format(len(train_ner_df)))
```

```
print("개체명 인식 테스트 데이터 개수: {}".format(len(test_ner_df)))

# 개체명 인식 학습 데이터 개수: 81000
# 개체명 인식 테스트 데이터 개수: 9000
```

EDA에서 설명했듯이 데이터 개수를 최대한 보존하기 위해 open을 사용해 데이터를 읽고, 판다스의 데이터프레임 형태로 변형한다. 불러온 학습 데이터는 총 81,000건, 테스트 데이터는 9,000건이며, 각 라인은 문장과 라벨로 구분돼 있다.

다음은 개체명의 라벨을 불러오는 과정이다. 데이터를 탐색할 때 살펴본 개체명 인식 라벨을 불러오는 과정이다.

```
# Label 불러오기

def get_labels(label_path):
    return [
        label.strip()
        for label in open(os.path.join(label_path), "r", encoding="utf-8")
    ]

ner_labels = get_labels(DATA_LABEL_PATH)

print("개체명 인식 라벨 개수: {}".format(len(ner_labels)))
# 개체명 인식 라벨 개수: 30
```

데이터 탐색 표에서 라벨의 종류를 확인했듯이 개체명 인식에서는 BIO 태깅을 사용하고 각 태깅에 대한 라벨이 존재한다. 여기서 'O' 라벨은 개체명이 아닌 부분을 이야기하며, 각각 개체명의 시작인 'B'와 개체명의 내부인 'I'로 구성돼 있다. 예를 들어, 인물을 나타내는 'PER-B'와 'PER-I' 라벨은 각각 인물의 개체명의 시작과 개체명의 내부를 의미한다. 개체명별로 시작을 의미하는 B와 내부를 의미하는 I로 구성되어 라벨은 총 30개로 구성돼 있다. 현재 라벨 구조를 버트 토크나이저에 맞게 변환해 보자.

UNK, O, PER-B, PER-I, FLD-B, FLD-I, AFW-B, AFW-I, ORG-B, ORG-I, LOC-B, LOC-I, CVL-B, CVL-I, DAT-B, DAT-I, TIM-B, TIM-I, NUM-B, NUM-I, EVT-B, EVT-I, ANM-B, ANM-I, PLT-B, PLT-I, MAT-B, MAT-I, TRM-B, TRM-I

그림 7.26 개체명 인식 라벨 요소

다음은 버트 토크나이저를 설정하고 버트에 필요한 각 토큰 값을 설정하는 과정이다.

```
# 버트 토크나이저 설정

tokenizer = BertTokenizer.from_pretrained(
    "bert-base-multilingual-cased", cache_dir="bert_ckpt"
)


pad_token_id = tokenizer.pad_token_id
pad_token_label_id = 0
cls_token_label_id = 0
sep_token_label_id = 0
```

토크나이저는 버트 토크나이저를 불러온 후, bert_ckpt에 저장 위치를 지정해 둔다. 우선 pad_token_id와 pad_token_label_id를 각각 0으로 지정한다. pad_token_id는 라벨이 시퀀스 길이에 맞춰져 있기 때문에 주어진 입력의 길이 기반으로 패딩하기 위해 필요한 값이고, pad_token_label_id는 학습 시 라벨된 값 외에 학습에 영향을 미치지 않기 위해 설정되는 값이다. 추가로 cls와 sep도 pad와 같은 특정 값인 0으로 지정돼 있는데, 이는 향후 손실 값을 구성할 때 시퀀스가 모두 영향을 미치는 개체명 분야의 특성 때문에 인식에 필요한 값 외에는 모두 0으로 라벨을 지정해 학습에 영향을 미치지 않도록 제외해야 하기 때문이다.

버트 토크나이저를 통한 학습 데이터를 손쉽게 학습할 수 있도록 bert_tokenizer 함수를 생성한다.

```
def bert_tokenizer(sent, MAX_LEN):

    encoded_dict = tokenizer.encode_plus( text = sent1,
        text_pair = sent2,
        add_special_tokens = True, # Add '[CLS]' and '[SEP]'
        max_length = MAX_LEN, # Pad & truncate all sentences. pad_to_max_length = True,
        return_attention_mask = True, # Construct attn. masks.
        truncation=True
    )

    input_id = encoded_dict['input_ids']
    attention_mask = encoded_dict['attention_mask']
```

```
    token_type_id = encoded_dict['token_type_ids']

    return input_id, attention_mask, token_type_id
```

입력은 기존 버트 감정분석에서 활용했던 방법과 같다. 버트 토크나이저를 불러오고 encode_plus 기능을 통해 input_id, attention_mask, token_type_id를 생성한다.

이제 띄어쓰기 단위에 맞게 구성돼 있는 라벨을 버트 토크나이저에 맞는 형태로 변형해 보자. 라벨의 길이를 맞추는 방식은 다양하다. 여기서는 그중에서 버트 토크나이저로 분해된 개체명의 첫 버트 토큰 부분을 시작을 상징하는 B(Begin) 라벨로 지정하고, 나머지 부분은 내부를 상징하는 I(Inside)로 지정하는 방식을 사용할 예정이다.

띄어쓰기 단위의 라벨을 토큰 단위로 변환하는 함수를 구성해 보자.

```
def convert_label(words, labels_idx, ner_begin_label, max_seq_len):

    tokens = []
    label_ids = []

    for word, slot_label in zip(words, labels_idx):

        word_tokens = tokenizer.tokenize(word)
        if not word_tokens:
            word_tokens = [unk_token]
        tokens.extend(word_tokens)

        # 슬롯 라벨 값이 Begin이면 I로 추가
        if int(slot_label) in ner_begin_label:
            label_ids.extend(
                [int(slot_label)]
                + [int(slot_label) + 1] * (len(word_tokens) - 1)
            )
        else:
            label_ids.extend([int(slot_label)] * len(word_tokens))

    # [CLS] and [SEP] 설정
    special_tokens_count = 2
```

```
    if len(label_ids) > max_seq_len - special_tokens_count:
        label_ids = label_ids[: (max_seq_len - special_tokens_count)]

    # [SEP] 토큰 추가
    label_ids += [sep_token_label_id]

    # [CLS] 토큰 추가
    label_ids = [cls_token_label_id] + label_ids

    padding_length = max_seq_len - len(label_ids)
    label_ids = label_ids + ([pad_token_label_id] * padding_length)

    return label_ids
```

이 함수를 요약하면 다음과 같이 정리할 수 있다. 버트 토크나이저를 통해 띄어쓰기 단위에서 문장이 버트 토큰 단위로 변환되면서 단어들이 분리되므로 정답 라벨의 치환이 필요하다. 이후에는 [CLS]와 [SEP]에 대응하는 토큰을 추가하고 최대 길이에 맞게 패딩 작업을 진행한다.

함수의 내용을 자세히 보기 위해 입력 부분과 라벨이 치환되는 부분을 분할해서 살펴보자.

```
def convert_label(words, labels_idx, ner_begin_label, max_seq_len):

    tokens = []
    label_ids = []

    for word, slot_label in zip(words, labels_idx):

        word_tokens = tokenizer.tokenize(word)
        if not word_tokens:
            word_tokens = [unk_token]
        tokens.extend(word_tokens)

        # 슬롯 라벨 값이 Begin이면 I로 추가
        if int(slot_label) in ner_begin_label:
            label_ids.extend(
                [int(slot_label)]
                + [int(slot_label) + 1] * (len(word_tokens) - 1)
            )
```

```
        else:
            label_ids.extend([int(slot_label)] * len(word_tokens))
```

우선 띄어쓰기로 나눠진 단어와 라벨 값을 받은 후, 단어를 버트 토크나이저로 분해한 후에 분해된 길이에 맞게 라벨을 조정하는 과정이다. 여기서 ner_begin_label 값은 PER-B와 같은 Begin(B)으로 시작되는 라벨 값의 집합들을 의미한다. 가장 먼저 나오는 for 문을 확인해 보자. 입력받은 단어들의 리스트인 words에서 단어 리스트를 순차적으로 가져오는 word에는 버트 토크나이저가 적용된다. word_tokens에 토크나이징된 결과가 할당되어 단어가 분절되는데, 분절된 부분에 대한 새로운 개체명 라벨을 붙여야 한다.

라벨을 붙이는 과정은 아래쪽 if 문의 if int(slot_label) in ner_begin_label에서 진행되는데, 아래의 표처럼 현재 라벨의 값이 B로 시작하면 첫 번째는 B로 라벨을 지정하고, 나머지는 내부를 의미하는 I의 값으로 치환하고, I로 시작하는 값이라면 토큰 개수에 맞게 I로 전부 치환한다. 이 부분을 "이순신 장군"의 예를 들어 설명하자면 "이순신"이라는 단어는 토크나이저에 의해 "이 ##순 ##신"으로 분리되고 해당 라벨은 인물 개체명의 시작을 의미하는 PER-B, "장군"은 인물 개체명의 안쪽 부분을 의미하는 PER-I로 구성돼 있다. "이순신" 개체명은 B를 포함하는 개체명의 리스트인 ner_begin_label 안에 포함되므로 label_ids에 extend할 때 "이 ##순 ##신"에 대한 첫 부분은 PER-B의 인덱스 값인 2, 나머지 부분은 int(slot_label)에 +1이 적용된 값, 즉 PER-I의 인덱스 값인 3으로 구성되어 최종적으로 [2, 3, 3]으로 변환된다. "장군"의 경우는 else 절에서 처리되는데, B 라벨과 관련 없는 PER-I로 라벨링돼 있어서 extend할 때 자기 자신을 토큰 수만큼 리스트화하면 되므로 "장, ##군"에 대한 PER-I인 인덱스 값이 적용되어 [3, 3]으로 변환된다. 아래의 표로 확인하면 좀 더 이해하기가 쉬울 것이다.

다음은 "이순신 장군"에 대한 개체명 라벨의 변화 과정을 보여준다. 토큰의 첫 부분을 제외하고는 모두 I 라벨로 치환된 것을 볼 수 있다.

띄어쓰기단위 개체명 라벨에 대한 버트 토큰 단위 개체명 라벨 변화

이순신	장군			
PER-B	PER-I			

이	##순	##신	장	##군
PER-B	PER-I	PER-I	PER-I	PER-I

이후는 최대 길이에 따라 라벨 값을 맞춰주는 과정이다.

```
special_tokens_count = 2
if len(label_ids) > max_seq_len - special_tokens_count:
    label_ids = label_ids[: (max_seq_len - special_tokens_count)]

label_ids += [sep_token_label_id]

label_ids = [cls_token_label_id] + label_ids

padding_length = max_seq_len - len(label_ids)
label_ids = label_ids + ([pad_token_label_id] * padding_length)

return label_ids
```

그다음은 버트 토크나이저 이후에 전체 라벨 길이를 맞춰주기 위한 과정이다. 아래 그림을 보자.

그림 7.27 버트 학습을 위한 라벨 변화 시각화

주어진 최대 길이인 max_seq_len에서 special_tokens_count인 버트의 스페셜 문자로 추가되는 [SEP], [CLS] 두 개를 넣기 위해 2로 설정한다. label_ids에서는 최대 길이에서 2를 뺀 길이만큼 라벨을 설정하고, 라벨에서(위 그림의 2) sep_token_label_id를 추가하고(위 그림의 3), cls_token_label_id를 추가한다(위 그림의 1). 마지막으로 배치 단위로 학습하기 위해 현재 구성된 라벨의 길이가 max_seq_len보다 작을 때는 패딩 값을 추가해서 최대 길이에 맞춘다(위 그림의 4).

지금까지 문장을 버트 토크나이저로 토큰화하는 과정과 띄어쓰기 단위로 매칭된 라벨을 버트 토크나이저로 변환하는 함수까지 살펴봤다. 이제 각 구성요소를 활용해 학습 데이터를 제작하는 함수를 구성해 보자.

```
ner_begin_label = [ner_labels.index(begin_label) for begin_label in ner_labels if "B"
in begin_label]
```

```python
def create_inputs_targets(df):
    input_ids = []
    attention_masks = []
    token_type_ids = []
    label_list = []

    for i, data in enumerate(df[['sentence', 'label']].values):
        sentence, labels = data
        words = sentence.split()
        labels = labels.split()
        labels_idx = []

        for label in labels:
            labels_idx.append(
                ner_labels.index(label)
                if label in ner_labels
                else ner_labels.index("UNK")
            )
        assert len(words) == len(labels_idx)

        input_id, attention_mask, token_type_id = bert_tokenizer(sentence, MAX_LEN)

        convert_label_id = convert_label(words, labels_idx, ner_begin_label, MAX_LEN)

        input_ids.append(input_id)
        attention_masks.append(attention_mask)
        token_type_ids.append(token_type_id)
        label_list.append(convert_label_id)

    input_ids = np.array(input_ids, dtype=int)
    attention_masks = np.array(attention_masks, dtype=int)
    token_type_ids = np.array(token_type_ids, dtype=int)
    label_list = np.asarray(label_list, dtype=int) #라벨 토크나이징 리스트
    inputs = (input_ids, attention_masks, token_type_ids)

    return inputs, label_list

train_inputs, train_labels = create_inputs_targets(train_ner_df)
test_inputs, test_labels = create_inputs_targets(test_ner_df)
```

첫 번째로 ner_begin_label을 선언한다. 이 변수는 개체명 라벨에서 시작을 뜻하는 B(Begin)가 포함된 라벨에 대해 저장한다. 예를 들어, "PER-B"는 ner_labels 중에서 "B"가 있기 때문에 해당 리스트에 포함된다. 향후 버트 토크나이즈로 라벨을 새로 생성할 때 시작 (B) 라벨과 내부 (I) 라벨을 구분하는 데 사용될 것이다.

```
ner_begin_label 인덱스 값:

[2, 4, 6, 8, 10, 12, 14, 16, 18, 20, 22, 24, 26, 28]

ner_begin_label 인덱스 치환 값:
['PER-B','FLD-B', 'AFW-B', 'ORG-B', 'LOC-B', 'CVL-B', 'DAT-B', 'TIM-B',
'NUM-B', 'EVT-B', 'ANM-B', 'PLT-B', 'MAT-B', 'TRM-B']
```

그림 7.28 ner_begin_label에 대한 인덱스 및 해당 텍스트 값

기존에 데이터프레임화한 학습 및 테스트 데이터를 create_input_targets의 입력으로 넣은 후 실행하면 버트의 학습에 필요한 입력과 라벨을 반환한다.

내부 함수가 데이터를 처리하는 과정은 다음과 같다. 버트 토크나이저로 처리하는 부분은 기존의 버트를 활용한 미세 조정과 같고, 라벨을 띄어쓰기 단위에서 버트 토크나이저를 적용하면서 변하는 부분에 주의해서 확인해보자.

1. 각 데이터프레임에 있는 문장과 라벨을 띄어쓰기 단위로 만들어 각각 words와 labels 변수에 저장한다.

```
for i, data in enumerate(df[['sentence', 'label']].values):
    sentence, labels = data
    words = sentence.split()
    labels = labels.split()
```

2. label_idx에 labels의 값들을 인덱스로 변환한다. ner_labels에 없는 값이라면 이전에 그림 7.26 "개체명 인식 라벨 요소"에서 설명했던 첫 번째 라벨인 UNK를 사용한다. 예를 들면, 사람의 개체명을 의미하는 "PER-B"에 대해서는 인덱스 2로 치환되지만 라벨 데이터에 오류가 있다서 (PER-O, PR-B 등) 해당 라벨이 개체명 인식 라벨에 포함돼 있지 않는 경우는 "UNK"의 값인 0으로 치환한다.

```
for label in labels:
    labels_idx.append(
        ner_labels.index(label)
        if label in ner_labels
        else ner_labels.index("UNK")
    )
```

3. 이후 문장은 기존 encode_plus를 사용해 bert_tokenizer에서 버트에 필요한 input_id, attention_mask, token_type_id를 생성하는 과정과 같다. convert_label 함수의 기능은 "이순신 장군"의 예를 들어 설명했듯이 기존의 띄어쓰기 라벨에서 버트 토크나이저 라벨 단위로 변형하는 기능을 의미한다.

```
input_id, attention_mask, token_type_id = bert_tokenizer(sentence, MAX_LEN)
```

4. 앞에서 설명한 띄어쓰기 단위의 라벨을 토큰 단위로 변환하는 함수를 호출해서 라벨 토큰 단위로 변환한다.

```
convert_label_id = convert_label(words, labels_idx, ner_begin_label, MAX_LEN)
```

5. 마지막으로 넘파이 형태로 치환해서 각 형태에 맞게 반환한다.

```
train_inputs, train_labels = create_inputs_targets(train_ner_df)
test_inputs, test_labels = create_inputs_targets(test_ner_df)
```

이를 통해 최종적으로 train_inputs, train_labels와 test_inputs, test_labels로 학습셋과 테스트셋 두 가지가 만들어졌다.

NER 모델 학습 및 테스트

이제 본격적으로 개체명 인식 학습을 위한 모델을 구성해보자.

```
class TFBertNERClassifier(tf.keras.Model):
    def __init__(self, model_name, dir_path, num_class):
        super(TFBertNERClassifier, self).__init__()

        self.bert = TFBertModel.from_pretrained(model_name, cache_dir=dir_path)
        self.num_class = num_class
```

```python
        self.dropout = tf.keras.layers.Dropout(self.bert.config.hidden_dropout_prob)
        self.classifier = tf.keras.layers.Dense(
            num_class,
            kernel_initializer=tf.keras.initializers.TruncatedNormal(
                self.bert.config.initializer_range
            ),
            name="ner_classifier",
        )

    def call(self, inputs, attention_mask=None, token_type_ids=None, training=False):

        #outputs 값: # sequence_output, pooled_output, (hidden_states), (attentions)
        outputs = self.bert(
            inputs, attention_mask=attention_mask, token_type_ids=token_type_ids
        )
        sequence_output = outputs[0]
        sequence_output = self.dropout(sequence_output, training=training)
        logits = self.classifier(sequence_output)

        return logits

ner_model = TFBertNERClassifier(model_name='bert-base-multilingual-cased',
                                dir_path='bert_ckpt',
                                num_class=len(ner_labels))
```

전체적으로 이전에 구현했던 NLI 모델과 유사하다. 기존에는 문장에 대한 감정이 긍정인지, 부정인지 또는 2개의 문장이 유사한지 유사하지 않은지에 대한 이진분류였다. 즉, 문장 하나에 대해 1개의 분류만 하는 과정이었다면 현재 개체명 인식 모델은 문장을 토큰화해서 각각 한 개의 토큰에 대한 라벨이 있어 각각을 전부 분류해야 하는 시퀀스 라벨 문제다.

구현된 모델을 살펴보자. TFBertNERClassifier에서도 이전의 버트 태스크와 같이 _init_ 메서드에 모델 이름, 모델이 저장된 위치, 클래스 개수를 받아오도록 구성돼 있다. 모델을 구현하고 사전 학습된 가중치를 불러온 후 classifier로 정의된 선형층을 사용해 원하는 출력값의 클래스를 정의한다. call 메서드의 현재 sequence_output은 시퀀스 길이의 출력을 모두 입력으로 받게 된다. self.bert의 output의 첫 번째 항목인 output[0]은 sequence_output에 할당하는데, 이때 해당 벡터의 차원은 '임베딩 크기 * 최대 문장 길이(768 * 111)'다. 이는 앞에서 처음 지정한 최대 길이 시퀀스의 개수인 111개 출력에 대한 각 값의 개체명을 분류하기 위함이다. 최종적으로 self.classifier를 통해 각 시퀀스 입력 111개를 해당 개체명 라벨의 개수(ner_labels, 30개)로 분류한다. 아래 그림을 보면 최종적으로 각 시퀀스의 임베딩 값이 30개의 확률 값으로 변환되며, 30개의 확률 중에서 가장 높은 값을 뽑으면 특정 개체명으로 예측되는 것을 볼 수 있다.

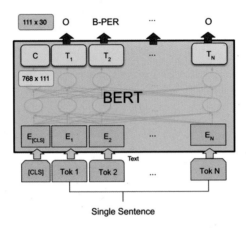

그림 7.29 개체명 인식의 출력 과정

이번에는 손실 값을 확인해 보자. 개체명 분류는 시퀀스 분류이기 때문에 기존과 다르게 직접 손실 값 함수를 구현해야 한다.

```
def compute_loss(labels, logits):
    loss_fn = tf.keras.losses.SparseCategoricalCrossentropy(
        from_logits=True, reduction=tf.keras.losses.Reduction.NONE
    )

    active_loss = tf.reshape(labels, (-1,)) != 0
    reduced_logits = tf.boolean_mask(tf.reshape(logits, (-1, shape_list(logits)[2])),
active_loss)
    labels = tf.boolean_mask(tf.reshape(labels, (-1,)), active_loss)

    return loss_fn(labels, reduced_logits)
```

직접 구현한 손실 값에서 가장 중요한 부분은 라벨로 0으로 지정한 cls, sep, pad다. 이 값들은 손실에 영향을 미치지 않도록 제외하는 부분이다. tf.boolean_mask를 사용해 마스킹된 0번 값을 제거하기 위해 데이터를 준비하는 함수를 살펴보자. compute_loss는 입력 값으로 정답 인덱스인 labels와 예측값인 logits를 입력으로 받는다. active loss를 적용한 labels 값의 변화는 배치값이 2인 다음 그림 7.30 "active_loss 입력 값의 변화 과정"의 예를 확인해 보자. 입력이 들어온 labels를 향후 마스킹 처리를 손쉽게 하기 위해 reshape를 통해 배치 labels 값을 1차원 값으로 치환한다. 그 이후, 치환된 값에 != 0 조건을 통해 0이 아닌 모든 값들은 True가 되고 0인 값은 False가 되어 active_loss 값은 그림에 표현된 active loss 값 형태의 True/False로 구성된다. 이렇게 하는 이유는 학습 시 향후 0의 값이 손실 값에 영향을 미치지 않게 하기 위해서다.

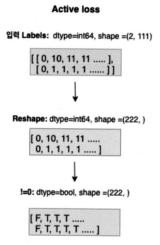

그림 7.30 active_loss 입력 값의 변화 과정

다음은 active_loss 값을 활용해 아래쪽 reduced_logits와 labels에 마스킹을 적용하는 부분이다. 우선 tf.boolean_mask를 확인해 보자. 이 기능은 불리언 값으로 마스킹 처리된 값 중에서 True로 설정된 부분 외에는 전부 제거하는 역할을 수행한다.

```
tensor = [0, 1, 2, 3]

mask = np.array([True, False, True, False])

boolean_mask(tensor, mask) # 출력 값: [0, 2]
```

그림 7.31 tf.boolean_mask의 예

tf.boolean_mask가 적용된 reduced_logits와 labels가 최종적으로 손실 값에 들어가기 전에 어떤 변화가 있는지 다음 그림 7.32 "reduced_logits vs. labels의 변화 과정"과 함께 살펴보자. 역시 이번 예제에서도 배치 사이즈 2, 최대 길이 111이라고 가정하겠다. active_loss를 활용해 마스킹 작업을 좀 더 쉽게 하기 위해 reduced_logits 값을 reshape를 통해 logits의 마지막 차원이자 개체명 라벨의 개수인 30을 설정하고 (shape_list(logits)[2])를 적용한다. 그러면 현재 logits의 차원인 (2, 111, 30)이 (222, 30)으로 변환되며, 앞에서 미리 구성해 둔 active_loss의 (222,) 차원과 매칭된다. 마지막으로 tf.boolean_mask를 통해 active_loss에서 구해둔 False 값을 적용해서 제거하면 최종 reduced_logits 차원은 (53, 30) 차원이 된다. 이는 222개의 값 중에 53개만이 active_loss에서 True 값이었다는 것을 의미한다.

라벨의 변화 과정은 조금 더 직관적이다. 입력 레이블인 (2, 111) 차원에서 reshape을 통해 (222,)로 변화되고 reduced_logits에서 사용됐던 같은 active_loss를 적용하면 역시 최종적으로 active_loss가 True 값 외에는 모두 제거되어 labels의 차원수는 (53,)이 된다. 이를 통해 reduced_logits와 labels의 첫 번째 차원이 53으로 변환되어 tf.boolean_mask의 기능이 정상적으로 동작하고 손실 함수에 적용할 준비가 된 것을 확인할 수 있다. 최종적으로는 해당 값을 손실 함수인 loss_fn에 적용해 개체명의 손실 값을 계산한다.

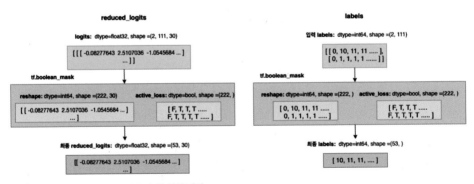

그림 7.32 reduced_logits vs. labels의 변화 과정

이번 NER 모델 학습에서는 다른 학습 모델과 다르게 데이터 라벨의 분포가 불균형하다. 특히 라벨 'O'에 대한 비중이 크고 그 외에 개체명 라벨들이 적기 때문에 정확도(Accuracy)로 평가한다면 개체명 라벨들에 대한 예측이 잘 되지 않아도 정확도가 높게 보일 수 있다. 이러한 문제가 있기 때문에 좀 더 객관적으로 표현할 수 있는 지표가 필요하다. 여기서는 이와 관련한 지표로 F1 Score를 소개하고자 한다. 소개에 앞서 F1 Score를 이해하는 데 도움이 될 혼

동 행렬(Confusion Matrix)을 먼저 소개한다. 그리고 이를 활용해 F1 Score를 구성하는 재현율(Recall)과 정밀도(Precision)를 살펴보고자 한다.

		예측값(Predicted)	
		양성(Positive)	음성(Negative)
정답값(Observed)	양성(Positive)	True Positive(TP)	False Negative(FN)
	음성(Negative)	False Positive(FP)	True Negative(TN)

그림 7.33 혼동 행렬(Confusion Matrix) 표

혼동 행렬을 설명하기 위해 잠시 '음성'과 '양성'을 구분하는 이진 분류 기준에서 이야기하고자 한다. 혼동 행렬은 예측한 값(Predicted)과 정답값(Observed)을 가지고 양성(Positive)인 경우와 음성(Negative)인 경우를 구분해서 각각에 맞는 지표를 표현하는 방식이다. 여기서 는 True Positive(TP), False Positive(FP), True Negative(TN), False Negative(FN) 등이 있으며, 각각에 대한 설명은 다음과 같다.

- True Positive: 정답이 양성인데 예측한 값이 양성인 경우
- False Positive: 정답이 양성인데 예측한 값이 양성이 아닌 경우
- True Negative: 정답이 음성인데 예측한 값이 음성인 경우
- False Negative: 정답이 음성인데 예측한 값이 음성이 아닌 경우

이 네 가지 지표값을 활용해 여러 스코어를 살펴볼 수 있다. 예를 들어, 정확도는 다음과 같이 표현할 수 있다.

$$Accuracy = \frac{TP + TN}{TP + TN + FP + FN}$$

정확도는 전체 데이터 케이스 중 정답 데이터와 동일하게 예측한 경우를 측정한다. 따라서 분모는 전체 데이터 케이스를 합한 값이고 분자는 True Positive와 True Negative를 합한 값이다. 다시 NER 모델 평가로 돌아와서 정확도 수식을 봐도 전체 데이터에서 정답을 잘 맞추는지를 보는 것이지, 정답값 입장에서 봤을 때 각 분류 케이스에서 얼마나 잘 예측할 수 있는지 보기가 어렵다. 이를 보기 위해 재현율(Recall)이라는 지표를 활용한다.

$$Recall = \frac{TP}{TP + FN}$$

재현율은 정답값 데이터의 입장에서 양성으로 얼마나 잘 예측했는지를 보는 지표다. 따라서 정답값 데이터에서 양성인 케이스를 True Positive와 False Negative를 합쳐서 분모에 적용하고 정답 데이터를 잘 예측한 True Positive 값을 분자에 적용해 계산한다. 재현율은 단순히 정답 데이터에 대한 재현이 얼마나 잘 되는지를 보는 지표다. 그렇다 보니 정답 데이터 입장에서 얼마나 잘 맞췄는지를 표현하게 된다. 그렇다면 예측 데이터 입장에서도 잘 예측하는지 함께 살펴보게 된다면 NER 모델을 평가하는 데 있어 균형 잡힌 평가가 이뤄질 것이다. 이러한 지표는 정밀도(Precision)를 통해 볼 수 있다.

$$Precision = \frac{TP}{TP + FP}$$

정밀도는 양성이라 예측한 데이터 기준에서 양성으로 맞게 예측한 수를 보는 지표다. 양성으로 예측한 모든 케이스인 True Positive와 False Positive를 분모로 두고 분자에는 양성으로 맞게 예측한 True Positive를 둔다. 이렇게 하면 재현율과 정밀도 값을 통해 NER 모델에 대한 성능을 좀 더 객관적으로 볼 수 있게 될 것이다. 하지만 조금 더 단순하게 하나의 값으로 점수를 표현할 수 없을까? 이 두 지표를 하나의 지표값으로 표현하는 것이 바로 F1 Score다.

$$F1\ score = 2 \times \frac{Precision \times Recall}{Precision + Recall}$$

F1 Score는 정밀도와 재현율을 조화평균한 값이다. 이렇게 지표를 정하고 나면 불균형한 라벨을 가진 데이터셋에서 정확도보다 객관적으로 점수를 표현할 수 있을 것이다. 이제 평가지표로 사용할 F1 Score를 구현해 보자.

```
class F1Metrics(tf.keras.callbacks.Callback):
    def __init__(self, x_eval, y_eval):
        self.x_eval = x_eval
        self.y_eval = y_eval

    def compute_f1_pre_rec(self, labels, preds):
        assert len(preds) == len(labels)
```

```python
        return {
            "precision": precision_score(labels, preds, suffix=True),
            "recall": recall_score(labels, preds, suffix=True),
            "f1": f1_score(labels, preds, suffix=True)
        }


    def show_report(self, labels, preds):
        return classification_report(labels, preds, suffix=True)


    def on_epoch_end(self, epoch, logs=None):

        results = {}

        pred = self.model.predict(self.x_eval)
        label = self.y_eval
        pred_argmax = np.argmax(pred, axis = 2)

        slot_label_map = {i: label for i, label in enumerate(ner_labels)}

        out_label_list = [[] for _ in range(label.shape[0])]
        preds_list = [[] for _ in range(label.shape[0])]

        for i in range(label.shape[0]):
            for j in range(label.shape[1]):
                if label[i, j] != 0:
                    out_label_list[i].append(slot_label_map[label[i][j]])
                    preds_list[i].append(slot_label_map[pred_argmax[i][j]])

                    print(slot_label_map[label[i][j]])
                    print(slot_label_map[pred_argmax[i][j]])

        result = self.compute_f1_pre_rec(out_label_list, preds_list)
        results.update(result)

    print("********")
    print("F1 Score")
    for key in sorted(results.keys()):
```

```
        print("{}, {:.4f}".format(key, results[key]))
    print("\n" + self.show_report(out_label_list, preds_list))
    print("********")


f1_score_callback = F1Metrics(test_inputs, test_labels)
```

현재 구조에서는 텐서플로에서 지원하는 시퀀스에 대한 F1 Score를 지원하는 평가 메트릭이 없기 때문에 콜백도 직접 구성한다. 따라서 새로운 콜백을 정의하는 데 필요한 추상 기본 클래스인 tf.keras.callbacks.Callback을 활용한다. __init__ 메서드에서는 테스트 데이터 입력 값인 x_eval과 라벨 값인 y_eval을 받고, on_epoch_end를 통해 평가를 진행한다. 평가를 진행할 때는 시퀀스의 F1 Score의 구현 편의성을 위해 개체명 인식으로 특화되어 출시된 seq_eval 패키지의 precision_score, recall_score, f1_score, classification_report를 활용해 필요한 F1 Score, 정밀도, 재현율 및 요약 리포트까지 출력한다. 이 기능을 활용해 on_epoch_end를 구현해 보자.

```
    def on_epoch_end(self, epoch, ner_labels, logs=None):

        results = {}

        pred = self.model.predict(self.x_eval)
        label = self.y_eval
        pred_argmax = np.argmax(pred, axis = 2)

        slot_label_map = {i: label for i, label in enumerate(ner_labels)}

        out_label_list = [[] for _ in range(label.shape[0])]
        preds_list = [[] for _ in range(label.shape[0])]

        for i in range(label.shape[0]):
            for j in range(label.shape[1]):
                if label[i, j] != 0:
                    out_label_list[i].append(slot_label_map[label[i][j]])
                    preds_list[i].append(slot_label_map[pred_argmax[i][j]])

        result = self.compute_f1_pre_rec(out_label_list, preds_list)
        results.update(result)
```

```
        print("********")
        print("F1 Score")
        for key in sorted(results.keys()):
            print("{}, {:.4f}".format(key, results[key]))
        print("\n" + self.show_report(out_label_list, preds_list))
        print("********")

f1_score_callback = F1Metrics(test_inputs, test_labels)
```

테스트 데이터의 결괏값을 저장하기 위해 results로 딕셔너리를 초기화한다. 그 이후에 현재
문장의 입력을 모델에 통과시켜 pred를 출력한 이후 argmax 기능을 활용해 시퀀스 각각의 가
장 높은 라벨 예측값들을 출력한다.

그다음 F1 Score 계산에 필요한 값을 구하기 위해 현재 인덱스로 치환돼 있는 예측값과 정답
값들을 다시 텍스트 형태로 만들어야 한다. 라벨로 치환하기 위해 기존에 개체명 라벨을 저
장했던 ner_labels를 활용해 각 개체명 라벨을 딕셔너리 형태로 slot_label_map에 생성한다.
out_label_list와 preds_list는 F1 Score의 평가를 위한 리스트를 만들어 주는 리스트 형태
이며, 빈 리스트를 평가 데이터 개수만큼 생성(여기서는 평가 데이터 9,000개)한다. 그 이후,
예측한 인덱스 값인 pred_argmax를 개체명으로 치환해서 preds_list에 담는다. 테스트 데이터
는 현재 매트릭스 형태로 돼 있기 때문에 해당 크기에 맞춰 미리 out_label_list와 pred_list
리스트를 생성한다.

두 리스트를 생성한 후 이중 for 문의 처리 과정을 확인해 보자. 첫 번째 for 문의 label.
shape[0]은 평가 데이터 정답 인스턴스의 수를 의미하고(총 테스트 데이터 9,000개) 두 번째
for 문의 label.shape[1]은 각 라벨의 길이를 의미하는데, 여기서는 위에서 정한 최대 길이
는 111을 의미한다. 역시 모델의 라벨에서 제외해야 했던 0 값을 손실 값에서 제외했던 것처
럼 현재 평가에서도 0을 제외(if label[i, j] != 0)하고 라벨 인덱스를 텍스트 인덱스로 변환
한다. out_label_list는 정답 라벨 인덱스 값으로, slot_label_map을 통해 label에 있는 인덱
스 값을 텍스트로 변환한다. 예를 들어, 현재 라벨 인덱스 값이 2이면 "PER-B"로 변환한다.
preds_list의 경우도 유사한 흐름이지만 예측값의 pred_argmax 값을 통해 최대 인덱스 값을
뽑아낸 뒤에 preds_list 구조로 넣는 형식이다. 이해를 돕기 위해 다차원 구조보다 아래의 평
가를 위한 변환 과정을 활용해 1차원 시각화를 했으니 참고하기 바란다.

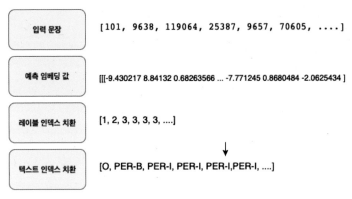

입력 문장 [101, 9638, 119064, 25387, 9657, 70605, ...]

예측 임베딩 값 [[[-9.430217 8.84132 0.68263566 ... -7.771245 0.8680484 -2.0625434]

레이블 인덱스 치환 [1, 2, 3, 3, 3, 3, ...]

텍스트 인덱스 치환 [O, PER-B, PER-I, PER-I, PER-I,PER-I, ...]

그림 7.34 평가를 위한 변환 과정 시각화

이후는 compute_f1_pre_rec 함수를 통해 텍스트 레이블로 치환된 예측값과 정답 레이블 값을 계산하고, 딕셔너리 값인 results에 점수를 업데이트해서 F1 Score, 정밀도 및 재현율을 계산한다. 그리고 results.update(result)의 update()는 딕셔너리 안의 여러 데이터를 한꺼번에 갱신하는 데 유용한 메서드다. 마지막으로 show_report를 통해 classification_report 기능을 사용해 각 개체명별 최종 결괏값을 출력한다. 관련된 최종 결괏값은 이번 장의 마지막에 첨부했다.

이후는 직접 제작한 손실값 함수와 옵티마이저 및 학습 메트릭을 설정한 후 컴파일을 진행한다.

```
optimizer = tf.keras.optimizers.Adam(3e-5)
ner_model.compile(optimizer=optimizer, loss=compute_loss)
```

버트에서 미세 조정을 진행할 때 사용한 learning_rate 3e-5를 사용하고, 직접 구성한 손실 값을 활용해 개체명 인식 모델을 컴파일한다.

컴파일 이후에 모델 저장 부분을 설정하고 학습 데이터와 테스트 데이터를 활용해 학습 및 검증을 시작한다.

```
model_name = "tf2_bert_ner"

checkpoint_path = os.path.join(DATA_OUT_PATH, model_name, 'weights.h5')
checkpoint_dir = os.path.dirname(checkpoint_path)
```

```
# Create path if exists
if os.path.exists(checkpoint_dir):
    print("{} -- Folder already exists \n".format(checkpoint_dir))
else:
    os.makedirs(checkpoint_dir, exist_ok=True)
    print("{} -- Folder create complete \n".format(checkpoint_dir))


cp_callback = ModelCheckpoint(
    checkpoint_path, verbose=1, save_best_only=True, save_weights_only=True)

history = ner_model.fit(
    train_inputs,
    train_labels,
    batch_size=BATCH_SIZE,
    epochs=NUM_EPOCHS,
    callbacks=[cp_callback, f1_score_callback],
)
```

모델명을 선언하고 체크포인트가 저장될 부분을 저장한다. 모델 체크포인트(ModelCheckpoint)를 통해 모델의 가장 성능이 높은 부분과 가중치 위주로 저장해 모델을 가볍게 관리하자. 마지막으로 학습을 시작하기 위해 fit을 통해 모델의 학습 데이터를 추가하고, callbacks에 앞에서 구성했던 f1_score_callback을 추가해서 테스트 데이터의 F1 Score 값을 출력한다.

최종적으로 학습을 완료한 후 에폭마다 학습 데이터의 손실 값을 구한 결과는 다음과 같다.

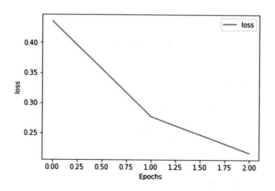

그림 7.35 NER 분야의 loss 그래프

학습 데이터의 손실 값이 정상적으로 줄어드는 것을 확인한 후 이상이 없으면 테스트 데이터의 개체명 인식 결과를 확인하자.

```
*******
F1 Score
f1, 0.7904
precision, 0.7618
recall, 0.8213

              precision    recall  f1-score   support

         PER       0.81      0.83      0.82      4412
         DAT       0.89      0.91      0.90      2510
         EVT       0.68      0.75      0.71      1093
         CVL       0.71      0.80      0.75      5735
         ORG       0.77      0.81      0.79      4055
         LOC       0.75      0.81      0.78      2124
         FLD       0.56      0.55      0.55       228
         AFW       0.48      0.50      0.49       393
         NUM       0.86      0.91      0.89      5544
         TRM       0.60      0.69      0.64      1950
         TIM       0.82      0.89      0.86       314
         ANM       0.56      0.79      0.65       699
         PLT       0.23      0.18      0.20        34
         MAT       0.22      0.17      0.19        12

   micro avg       0.76      0.82      0.79     29103
   macro avg       0.77      0.82      0.79     29103
```

그림 7.36 개체명 인식 결괏값(classification_report)

NER 테스트 결과

	BERT NER Classifier
F1 Score	79.04

문장에서 개체명을 분류하는 NER(한국 개체명 인식) 테스트의 결괏값을 확인했다. seql_eval 함수의 classification_report를 활용하면 F1 Score 값을 확인 할 수 있고 각 객체명별 결괏값에 대한 점수 지표들을 볼 수 있다.

또한 각각의 개체명에 대한 개수도 F1 Score가 가장 높은 개체명은 사람을 지칭하는 PER이며, 테스트 데이터에서 총 13,412개의 개체명을 가지고 있다. 개체명 인식 분야도 추가로 성능을 향상시키기 위해서는 다양한 변수값의 변화(문장 길이 등)와 한국어로 사전 학습된 모델을 활용하는 것이 도움이 될 것이다. 다음으로 버트를 활용한 텍스트 유사도 분야의 미세 조정에 대해 알아보자.

버트를 활용한 한국어 텍스트 유사도 모델

한국어 자연어 처리 데이터를 활용해 또 한 가지 텍스트 유사도 문제를 해결해 보자. 이번에
사용할 데이터는 앞서 5장(텍스트 유사도)에서 사용한 데이터셋인 Quora Question Pair가
아닌 한글 텍스트 유사도 데이터셋이다. 이번 데이터셋은 직전에 사용한 한글 자연어 추론 데
이터와 함께 배포된 KorSTS 데이터셋이다. KorSTS 데이터셋은 STS 문제를 해결하기 위한
데이터셋이며, 여기서 STS란 Semantic Textual Similarity의 약자로 한 쌍의 텍스트에 대해
두 텍스트가 얼마나 유사한지 예측하는 문제다. 우선 데이터셋을 분석해 보면서 데이터 구조
와 문제를 파악해 보자.

STS 데이터 분석

카카오 브레인에서 공개한 한국어 자연어 이해(NLU) 데이터셋 중 하나인 KorSTS 데이터셋
을 분석해 보자. 우선 데이터셋 공개 저장소에서 해당 데이터셋을 받아오자.[6] 깃허브 저장소
에서 받은 데이터셋 중 KorSTS 데이터 폴더를 data_in/KOR/ 아래로 옮겨서 저장하자.

우선 데이터 분석을 위한 라이브러리를 불러오자.

```
import numpy as np
import pandas as pd
import os
import matplotlib.pyplot as plt
import seaborn as sns
from transformers import BertTokenizer
from gluonnlp.data import SentencepieceTokenizer
```

데이터 처리 라이브러리와 시각화 라이브러리, 토크나이징 라이브러리를 모두 불러왔다. 이
제 경로를 정의한 후 판다스의 데이터프레임 형태로 데이터를 불러와 보자.

```
DATA_IN_PATH = './data_in/KOR'
TRAIN_STS_DF = os.path.join(DATA_IN_PATH, 'KorSTS', 'sts-train.tsv')
train_data = pd.read_csv(TRAIN_STS_DF, sep='\t', quoting = 3)
train_data.head(10)
```

---

6   KorNLU 깃허브 저장소: https://github.com/kakaobrain/KorNLUDatasets

	genre	filename	year	id	score	sentence1	sentence2
0	main-captions	MSRvid	2012test	1	5.00	비행기가 이륙하고 있다.	비행기가 이륙하고 있다.
1	main-captions	MSRvid	2012test	4	3.80	한 남자가 큰 플루트를 연주하고 있다.	남자가 플루트를 연주하고 있다.
2	main-captions	MSRvid	2012test	5	3.80	한 남자가 피자에 치즈를 뿌려놓고 있다.	한 남자가 구운 피자에 치즈 조각을 뿌려놓고 있다.
3	main-captions	MSRvid	2012test	6	2.60	세 남자가 체스를 하고 있다.	두 남자가 체스를 하고 있다.
4	main-captions	MSRvid	2012test	9	4.25	한 남자가 첼로를 연주하고 있다.	자리에 앉은 남자가 첼로를 연주하고 있다.
5	main-captions	MSRvid	2012test	11	4.25	몇몇 남자들이 싸우고 있다.	두 남자가 싸우고 있다.
6	main-captions	MSRvid	2012test	12	0.50	남자가 담배를 피우고 있다.	남자가 스케이트를 타고 있다.
7	main-captions	MSRvid	2012test	13	1.60	남자가 피아노를 치고 있다.	남자가 기타를 연주하고 있다.
8	main-captions	MSRvid	2012test	14	2.20	한 남자가 기타를 치고 노래를 부르고 있다.	한 여성이 어쿠스틱 기타를 연주하고 노래를 부르고 있다.
9	main-captions	MSRvid	2012test	16	5.00	사람이 고양이를 천장에 던지고 있다.	사람이 고양이를 천장에 던진다.

그림 7.37 전체 데이터 구조

데이터셋을 확인해 보면 우선 각 데이터는 두 개의 문장을 포함하고 있다. 그리고 추가로 장르에 대한 정보, 파일 이름, 연도, 인덱스, 마지막으로 두 문장의 유사한 정도를 나타내는 점수값을 가지고 있음을 알 수 있다. 앞에서 다룬 텍스트 유사도 데이터인 Quora Question Pairs 데이터셋과 다른 점을 확인할 수 있는데, 쿼라 데이터에서는 두 문장의 유사도(정답 라벨)가 0 혹은 1로 돼 있었다. 해당 값을 통해 두 문장이 중복(유사)인지 여부를 판단할 수 있었는데, STS 데이터에서는 점수가 실수값으로 표현돼 있고, 1을 넘는 값도 있음을 알 수 있다. 이후 점수의 분포를 직접 확인해볼 테지만 미리 얘기하자면 점수는 0에서 5 사이의 실수값을 가진다. 이 값은 두 문장이 얼마나 유사한지 정도를 나타내는 값으로 숫자가 클수록 두 문장이 유사하다.

예를 들어, 첫 번째 행을 보면 두 문장이 완벽히 동일한 것을 볼 수 있다. 이 경우에는 점수가 5.0으로 가장 높은 값을 가진다. 추가로 바로 아래 두 번째 행의 데이터의 경우에는 완전히 동일하진 않지만 비슷한 의미를 담고 있다. 이 경우에는 5.0보다는 작지만 큰 값인 3.8의 점수를 가진다. 반대로 7번째 행의 데이터를 보면 두 문장이 '남자가 담배를 피우고 있다.'와 '남자가 스케이트를 타고 있다.'로 전혀 다른 의미를 담고 있는 것을 볼 수 있는데, 이때의 점수를 보면 0.5로 매우 작은 값을 가진다. 이처럼 두 문장의 의미적 유사도(Semantic Similarity)에 따라 점수가 부여돼 있다.

따라서 STS 문제의 경우 앞서 5장에서 살펴본 쿼라의 문제와는 다르다는 것을 확인할 수 있는데, 이전에는 두 문장이 중복인지 아닌지를 분류하는 이진 분류 문제였는데 STS의 경우에는 두 문장이 얼마나 비슷한지를 회귀(Regression)하는 문제다.

이제 전체 학습 데이터셋 개수를 확인해 보자.

```
print('전체 train_data 개수: {}'.format(len(train_data)))
```

```
전체 train_data 개수: 5749
```

학습 데이터셋의 개수는 5,700개로 많지 않은 개수다. KorNLU 데이터셋 공식 저장소를 보면 학습, 검증, 평가 데이터셋에 대한 개수 등 여러 통곗값이 있는데 이를 확인해 보면 다음과 같다.

KorSTS	Total	Train	Dev	Test
Source	–	STS–B	STS–B	STS–B
Translated by	–	Machine	Human	Human
# Examples	8,628	5,749	1,500	1,379

보다시피 전체 데이터셋 개수는 8,628개이고 그중 5,749개가 학습 데이터셋이다. 그리고 나머지 데이터 중 1,500/1,379개의 데이터가 각각 검증/평가 데이터셋으로 할당돼 있음을 알수 있다. 참고로 데이터셋 개수 외에 행이 두 개가 더 있는데, 먼저 Source가 모두 동일하게 STS–B임을 알 수 있다. 이는 한글 데이터셋인 KorSTS의 원 출처를 의미하는데, 영어 데이터셋인 STS–B 데이터셋을 번역해서 만든 데이터셋이 KorSTS임을 의미한다. 추가로 번역을 어떠한 방식으로 했는지가 바로 아래 줄에 나와 있는데 학습 데이터의 경우에는 기계 번역(Machine)을 통해 데이터셋을 구축했고, 나머지 평가 및 검증 데이터셋은 사람이 직접 번역(Human)해서 나온 데이터임을 알 수 있다.

이제 데이터셋 중 문장들에 대해 분석해 보자. 우선 문장만 모아서 하나의 판다스 시리즈 데이터로 만들어 개수 및 몇 가지 통곗값을 확인해보자.

```
train_set = pd.Series(train_data['sentence1'].tolist() + train_data['sentence2'].tolist()).astype(str)
print('전체 문장 데이터의 개수: {}'.format(len(train_set)))
print('유일한 총 문장 수 : {}'.format(len(np.unique(train_set))))
print('반복해서 나타나는 문장의 수: {}'.format(np.sum(train_set.value_counts() > 1)))
```

```
전체 문장 데이터의 개수: 11498
유일한 총 문장 수 : 10383
반복해서 나타나는 문장의 수: 716
```

우선 학습 데이터의 전체 문장의 개수는 11,498개로 5,749개의 데이터가 각각 한 쌍의 문장을 가지고 있음을 알 수 있다. 그리고 추가로 중복되지 않은 유일한 문장의 개수, 중복되는 문장의 수를 보면 각각 10,383개/716개임을 알 수 있다. 문장 중복 개수에 대한 분포를 히스토그램 및 통곗값으로 확인해 보자.

```python
plt.figure(figsize=(12, 5))
plt.hist(train_set.value_counts(), bins=50, alpha=0.5, color= 'r', label='word')
plt.yscale('log', nonposy='clip')
plt.title('Log-Histogram of sentence appearance counts')
plt.xlabel('Number of occurrences of sentence')
plt.ylabel('Number of sentence')
```

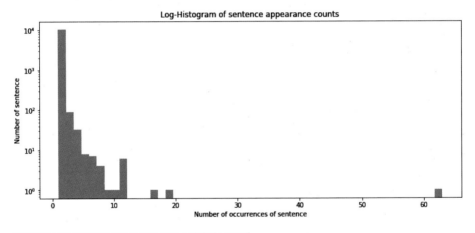

그림 7.38 문장 중복 발생 횟수에 대한 로그 스케일 히스토그램

```python
print('중복 최대 개수: {}'.format(np.max(train_set.value_counts())))
print('중복 최소 개수: {}'.format(np.min(train_set.value_counts())))
print('중복 평균 개수: {:.2f}'.format(np.mean(train_set.value_counts())))
print('중복 표준편차: {:.2f}'.format(np.std(train_set.value_counts())))
print('중복 중간길이: {}'.format(np.median(train_set.value_counts())))
```

```
print('제1사분위 중복: {}'.format(np.percentile(train_set.value_counts(), 25)))
print('제3사분위 중복: {}'.format(np.percentile(train_set.value_counts(), 75)))
```

```
중복 최대 개수: 63
중복 최소 개수: 1
중복 평균 개수: 1.11
중복 표준편차: 0.81
중복 중간길이: 1.0
제1사분위 중복: 1.0
제3사분위 중복: 1.0
```

가장 많이 중복된 문장은 63번 중복됐음을 알 수 있다. 추가로 평균 중복 개수는 1.11개로 거의 대부분의 문장이 고유하다는 것을 알 수 있다. 해당 분포에 대해 박스 플롯을 통해 좀 더 자세히 살펴보자.

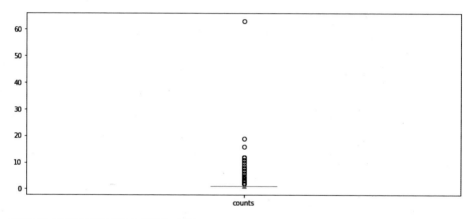

그림 7.39 문장 중복 발생 횟수에 대한 박스 플롯

앞서 본 통곗값과 유사하다는 사실을 알 수 있다. 최대 중복 횟수를 가진 문장을 제외하고는 대부분 낮은 중복 횟수를 보이고 있으며, 대부분의 문장이 고유하다는 것을 확인할 수 있다.

이제 문장 길이를 알아보자. KorNLI 데이터 분석과 마찬가지로 소스코드에는 음절 단위, 띄어쓰기 단위 등 분석 결과가 있고 여기서는 버트 토크나이저를 사용해 길이 분석을 진행할 것이나.

```
tokenizer = BertTokenizer.from_pretrained('bert-base-multilingual-cased', do_lower_
case=False)
train_bert_token_cased_counts = train_set.apply(lambda x:len(tokenizer.tokenize(x)))
```

버트 토크나이저를 정의한 후 토크나이징한 결과의 길이를 담은 변수를 정의한다. 이 값을 통
해 토크나이징된 결과를 확인해 보자.

```
plt.figure(figsize=(15, 10))
plt.hist(train_bert_token_cased_counts, bins=100, range=[0, 100], facecolor='r', densi-
ty=True, label='train')
plt.title('Normalised histogram of tokens count in sentence', fontsize=15)
plt.legend()
plt.xlabel('Number of tokens', fontsize=15)
plt.ylabel('Prabability', fontsize=15)
```

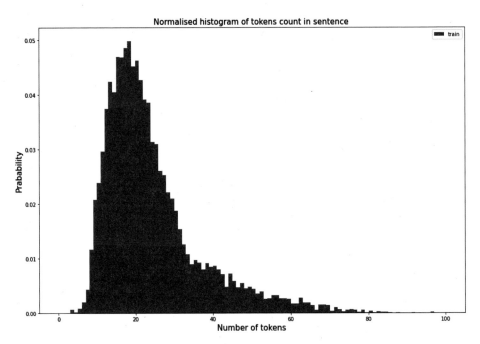

그림 7.40 데이터 길이에 따른 문장 확률 분포(토큰 단위)

분포를 보면 대부분의 길이가 25 이하인 것을 확인할 수 있다. 비슷한 길이에 대부분의 문장들이 모여있는 형태다. 이제 통곗값을 확인해 보자.

```python
print('문장 tokens 개수 최대 값: {}'.format(np.max(train_bert_token_cased_counts)))
print('문장 tokens 개수 평균 값: {:.2f}'.format(np.mean(train_bert_token_cased_counts)))
print('문장 tokens 개수 표준편차: {:.2f}'.format(np.std(train_bert_token_cased_counts)))
print('문장 tokens 개수 중간 값: {}'.format(np.median(train_bert_token_cased_counts)))
print('문장 tokens 개수 제1사분위: {}'.format(np.percentile(train_bert_token_cased_counts, 25)))
print('문장 tokens 개수 제3사분위: {}'.format(np.percentile(train_bert_token_cased_counts, 75)))
print('문장 tokens 개수 99 퍼센트: {}'.format(np.percentile(train_bert_token_cased_counts, 99)))
```

```
문장 tokens 개수 최대 값: 102
문장 tokens 개수 평균 값: 18.74
문장 tokens 개수 표준편차: 10.12
문장 tokens 개수 중간 값: 16.0
문장 tokens 개수 제1사분위: 12.0
문장 tokens 개수 제3사분위: 22.0
문장 tokens 개수 99 퍼센트: 53.0
```

통계를 확인해 보면 최대 길이의 경우 102인 것을 확인할 수 있다. 추가로 평균 길이는 16 정도이고 대부분의 길이를 포함하는 99퍼센트 분위값은 53인 것을 알 수 있다. 이제 이 길이 분포에 대한 박스 플롯을 확인해 보자.

```python
plt.figure(figsize=(12, 5))

plt.boxplot(train_bert_token_cased_counts,
            labels=['counts'],
            showmeans=True)
```

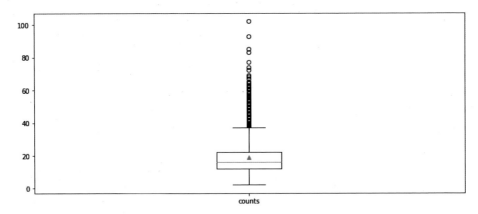

그림 7.41 데이터 길이를 나타내는 박스 플롯(토큰 단위)

앞에서 확인한 것과 유사하게 문장의 길이가 대부분 20 이하에 분포된 것을 볼 수 있고, 40 이후의 일부 이상치 데이터가 있는 것을 확인할 수 있다.

이제 워드 클라우드를 통해 어떤 단어들이 주로 사용됐는지 확인해 보자.

```
from wordcloud import WordCloud
font_path = os.path.join(DATA_IN_PATH, 'NanumGothic.ttf')
cloud = WordCloud(font_path = font_path, width=800, height=600).generate(" .join(train_
set.astype(str)))
plt.figure(figsize=(15, 10))
plt.imshow(cloud)
plt.axis('off')
```

그림 7.42 데이터에 대한 워드 클라우드

워드 클라우드를 통해 높은 빈도수를 가진 단어를 확인할 수 있다. '남자가', '여성이', '미국', '말했다'라는 단어가 주로 사용된 것을 확인할 수 있다.

각 데이터의 텍스트 정보에 대해 여러 분석 결과를 확인했다. 이제 그 밖의 값들에 대해 알아보자. 처음에 데이터 구조를 확인했을 때 각 데이터가 장르에 대한 정보와 파일 이름, 그리고 연도에 대한 정보를 가지고 있다는 것을 확인했다. 우선 두 값들의 분포를 확인해 보자.

```
train_data.genre.value_counts().plot(kind='bar')
```

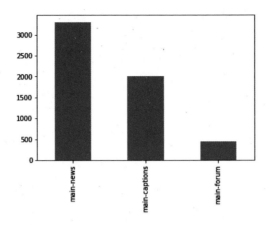

그림 7.43 장르에 대한 분포

```
train_data.filename.value_counts().plot(kind='bar')
```

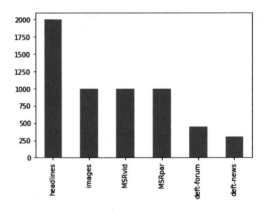

그림 7.44 파일 이름에 대한 분포

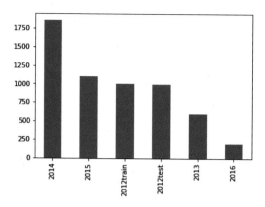

그림 7.45 연도에 대한 분포

장르와 파일 이름, 그리고 연도에 대한 분포를 살펴보자. 우선 장르의 경우에는 news, caption, forum으로 총 3개의 값을 가지고 있다. 해당 값은 두 문장이 어떤 장르의 텍스트인지 나타내는 값이다. 그리고 연도와 파일의 분포를 보면 headline 파일에서 가장 많은 데이터를 포함하고 있고, 2014년 데이터가 가장 많은 것을 알 수 있다. 연도와 파일의 경우 해당데이터의 출처에 대한 부가적인 정보를 제공하고 있다.

이제 데이터의 텍스트 분석과 더불어 중요한 분석 정보인 정답, 즉 점수(score) 값에 대한 분석을 진행해보자.

```
train_data.score.hist()
```

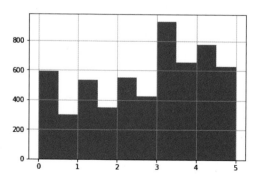

그림 7.46 점수(라벨)에 대한 분포

정답값인 점수 분포를 살펴보자. 우선 점수는 앞서 얘기했듯이 0에서 5 사이의 값을 가지고 있다. 3점 이상의 점수대에 많은 데이터가 분포돼 있다. 즉, 유사한 문장이 많이 분포돼 있다는 것을 의미한다. 이러한 데이터의 경우 어느 정도 불균형한 데이터라고 볼 수 있다. 불균형 정도가 심할 경우 모델이 한쪽 결과로 치우쳐 학습될 우려가 있어 샘플링 혹은 손실 함수에 추가적인 가중치를 주는 방법 등 부가적인 기법을 통해 치우치지 않게 해야 한다. 하지만 현재 데이터는 불균형한 정도가 심하지 않다고 볼 수 있다. 이제 분석한 결과를 바탕으로 데이터를 전처리하고 모델링해보자.

KorSTS 데이터 전처리

데이터 전처리 과정은 앞서 NLI 데이터셋 전처리와 거의 비슷하게 진행된다. 우선 학습 데이터와 검증 데이터를 불러오자.

```
TRAIN_STS_DF = os.path.join(DATA_IN_PATH, 'KorSTS', 'sts-train.tsv')
DEV_STS_DF = os.path.join(DATA_IN_PATH, 'KorSTS', 'sts-dev.tsv')

train_data = pd.read_csv(TRAIN_STS_DF, header=0, delimiter = '\t', quoting = 3)
dev_data = pd.read_csv(DEV_STS_DF, header=0, delimiter = '\t', quoting = 3)

print("Total # dataset: train - {}, dev - {}".format(len(train_data), len(dev_data)))
```

우선 tsv 파일을 불러오기 위해 delimiter를 '\t'로 설정한 후 판다스 데이터프레임 형태로 불러온다. 그런 다음 전체 데이터 크기를 보면 학습 데이터와 검증 데이터가 많지 않다. 불러온 데이터를 전처리하기 위해 토크나이저를 정의한 후 전처리를 진행해 보자.

불러온 데이터를 앞서 NLI 데이터셋 전처리한 것과 동일하게 전처리하자. 다른 점이 있다면 라벨값을 실수값 그대로 넣어주면 된다는 것이다.

```
def bert_tokenizer_v2(sent1, sent2, MAX_LEN):

    encoded_dict = tokenizer.encode_plus( text = sent1,
        text_pair = sent2,
        add_special_tokens = True, # Add '[CLS]' and '[SEP]'
        max_length = MAX_LEN, # Pad & truncate all sentences. pad_to_max_length = True,
```

```
        return_attention_mask = True, # Construct attn. masks.
        truncation=True
    )

    input_id = encoded_dict['input_ids']
    attention_mask = encoded_dict['attention_mask']
    token_type_id = encoded_dict['token_type_ids']

    return input_id, attention_mask, token_type_id

def clean_text(sent):
    sent_clean = re.sub("[^a-zA-Z0-9ㄱ-ㅣ가-힣\\s]", " ", sent)
    return sent_clean
```

우선 전처리를 위한 두 가지 함수를 정의하자. 앞에서 사용한 bert_tokenizer_v2 함수와 특수 문자 등을 제거하는 clean_text 함수를 정의한다. 이렇게 정의한 두 함수를 사용해 데이터를 전처리하자.

```
input_ids = []
attention_masks = []
token_type_ids = []
data_labels = []


for sent1, sent2, score in train_data[['sentence1', 'sentence2', 'score']].values:
    try:
        input_id, attention_mask, token_type_id = bert_tokenizer_v2(clean_text(sent1),
clean_text(sent2), MAX_LEN)
        input_ids.append(input_id)
        attention_masks.append(attention_mask)
        token_type_ids.append(token_type_id)
        data_labels.append(score)
    except Exception as e:
        print(e)
        print(sent1, sent2)
        pass
```

```
train_input_ids = np.array(input_ids, dtype=int)
train_attention_masks = np.array(attention_masks, dtype=int)
train_type_ids = np.array(token_type_ids, dtype=int)
train_inputs = (train_input_ids, train_attention_masks, train_type_ids)
train_data_labels = np.array(data_labels)
```

기존의 NLI 데이터셋을 전처리할 때와 거의 동일하다. input_id와 attention_id, token_type_id, data_label을 담을 수 있는 변수를 리스트로 선언한 후 각 데이터를 앞에서 정의한 bert_tokenizer_v2 함수와 clean_text 함수를 통해 전처리한다. 전처리된 input_id와 attention_id, token_type_id를 각 리스트에 추가하고, 라벨인 점수 데이터를 실수값 그대로 data_label 변수에 추가한다. 데이터를 모두 순회하면서 전처리하고 나면 리스트 변수를 정수형의 넘파이 배열로 만든다. 마지막으로 input_ids와 attention_masks, type_ids 넘파이 변수를 튜플 형식으로 만들어 변수에 할당하면 모든 전처리 과정이 끝난다. 전처리가 끝난 후 각 데이터의 개수를 확인해 보면 기존의 EDA 과정에서 확인했던 데이터 개수와 동일하게 모두 전처리된다. 이제 전처리한 데이터를 활용해 학습을 진행해 보자.

KorSTS 모델 학습

이제 본격적으로 유사도 측정을 위한 회귀 모델을 구현해 보자. 전체적인 구현은 앞서 NLI 모델과 동일하다. 추가로 해당 모델의 경우 분류가 아닌 회귀를 목적으로 하기 때문에 Classifier가 아닌 Regressor라는 이름을 사용한다.

```python
class TFBertRegressor(tf.keras.Model):
    def __init__(self, model_name, dir_path, num_class):
        super(TFBertRegressor, self).__init__()

        self.bert = TFBertModel.from_pretrained(model_name, cache_dir=dir_path)
        self.num_class = num_class
        self.dropout = tf.keras.layers.Dropout(self.bert.config.hidden_dropout_prob)
        self.regressor = tf.keras.layers.Dense(
            self.num_class,
            kernel_initializer=tf.keras.initializers.TruncatedNormal(
                self.bert.config.initializer_range
            ),
```

```
            name="regressor",
        )

    def call(self, inputs, attention_mask=None, token_type_ids=None, training=False):

        outputs = self.bert(
            inputs, attention_mask=attention_mask, token_type_ids=token_type_ids
        )
        pooled_output = outputs[1]
        pooled_output = self.dropout(pooled_output, training=training)
        logits = self.regressor(pooled_output)

        return logits
```

전체적인 구조는 동일하다. TFBertModel 모듈의 from_pretrained 메서드를 통해 사전 학습된 모델을 불러온 후 드롭아웃과 선형층을 더해 전체 모델을 만든다. 기존에 classifier로 정의된 선형층을 여기서는 회귀 모델이므로 regressor로 정의한다. 층 모듈의 인자에 전달하는 이름 또한 regressor로 지정한다. 추가로 call 메서드에서는 사전 학습된 self.bert에 입력값을 통과시킨 후 나온 출력값 중 pooled_output 값을 드롭아웃과 선형층을 통과시켜 최종 문장 유사도값인 logits를 뽑는다.

이제 정의한 모델을 선언하자.

```
regression_model = TFBertRegressor(model_name='bert-base-multilingual-cased',
                                   dir_path='bert_ckpt',
                                   num_class=1)
```

모델을 선언할 때 필요한 인자를 보자. 우선 모델 이름으로 앞에서 사용한 것과 동일한 bert-base-multilingual-cased를 입력한다. 추가로 다운로드한 사전 학습 가중치들을 저장한 경로를 정의한다. 마지막으로 모델의 최종 출력값의 차원 수가 되는 num_class의 경우 1로 지정한다. 앞서 분류기에서는 분류할 클래스 개수로 정의했다면 여기서는 두 문장의 유사한 정도를 회귀하는 모델이기 때문에 1로 지정하면 된다.

이제 모델을 컴파일하기만 하면 모든 학습 준비가 끝난다. 컴파일할 때 사용하는 옵티마이저의 경우 앞에서 사용한 것과 동일하게 아담을 사용하고, 손실 함수와 평가 함수가 앞에서 사용한 것과 다른 새로운 방식을 사용해야 하는데, 우선 손실 함수의 경우 회귀 문제에 주로 사용하는 평균 제곱 오차(Mean Squared Error) 손실 함수를 사용한다. 그리고 평가 함수로는 STS 문제에 주로 적용하는 피어슨 상관계수(Pearson Correlation)를 사용한다. 평균 제곱 오차 손실 함수의 경우 텐서플로에 이미 정의된 모듈이 있어 해당 모듈을 사용하지만 피어슨 상관계수는 새롭게 정의해야 한다. 이전 장에서는 새로운 평가 지표를 콜백 모듈로 정의했지만, 이 장에서는 다른 방법인 텐서플로의 사용자 지정 평가 지표(Custom Metric) 모듈을 구현하는 방법을 따라 피어슨 상관계수 모듈을 정의할 것이다. 우선 피어슨 상관계수에 대해 간단하게 알아보자.

상관계수란 상관 분석에서 두 변수 간의 관련성을 알아보기 위해 사용하는 값으로 피어슨 상관계수, 스피어만 상관계수(Spearman Correlation) 등 여러 방법으로 상관계수를 정의할 수 있다. 그중 여기서 사용할 상관계수인 피어슨 상관계수는 상관계수를 측정하기 위해 보편적으로 많이 사용되는 방법으로, 두 변수의 공분산을 표준편차의 곱으로 나눈 값이다.

$$r_{XY} = \frac{\mathrm{cov}(X, Y)}{\sigma_X \sigma_Y}$$

위 식에서 공분산과 표준편차를 풀어서 보면 다음 수식과 같이 계산할 수 있다.

$$r_{XY} = \frac{\sum_{i=1}^{n}(x_i - \overline{x})(y_i - \overline{y})}{\sqrt{\sum_{i=1}^{n}(x_i - \overline{x})^2 \sum_{i=1}^{n}(y_i - \overline{y})^2}}$$

$\overline{x}$: 표본 집단 X의 평균

$\overline{y}$: 표본 집단 Y의 평균

풀어쓴 수식을 살펴보면 먼저 분자의 경우에는 두 분포의 공분산을 구하기 위해 각 분포의 값에서 평균($\overline{x}$, $\overline{y}$)을 뺌으로써 편차를 구한 후 각 편차를 곱한 후 더한 값을 통해 공분산을 구한다. 분모의 경우에는 각 분포의 값에서 평균을 뺀 값을 각각 따로 제곱해서 더한 값을 통해 표준편차를 계산한다. 좀 더 정확하게는 분모, 분자에 표본 집단의 개수를 나눠줘야 하지만 분모, 분자 공통으로 나눠주는 값이기 때문에 약분해서 제거한다. 이렇게 정의된 피어슨 상관계수는 두 분포가 비슷한 분포를 그릴 때 1에 가까운 값이 나오게 되고, 반대되는 분포를 그릴수록 −1에 가까운 값이 나오게 된다. 이제 위 수식과 같이 정답 분포와 예측값 분포 사이의 피어슨 상관계수를 측정하는 사용자 지정 평가 지표 모듈을 구현해 보자.

```python
class PearsonCorrelationMetric(tf.keras.metrics.Metric):
    def __init__(self, name="pearson_correlation", **kwargs):
        super(PearsonCorrelationMetric, self).__init__(name=name, **kwargs)
        self.y_true_list = []
        self.y_pred_list = []


    def update_state(self, y_true, y_pred, sample_weight=None):
        y_true = tf.reshape(y_true, shape=[-1])
        y_pred = tf.reshape(y_pred, shape=[-1])
        self.y_true_list.append(y_true)
        self.y_pred_list.append(y_pred)


    def result(self):
        y_true = tf.concat(self.y_true_list, -1)
        y_pred = tf.concat(self.y_pred_list, -1)
        pearson_correlation = self.pearson(y_true, y_pred)

        return pearson_correlation


    def reset_states(self):
        self.y_true_list = []
        self.y_pred_list = []



    def pearson(self, true, pred):
        m_true = tf.reduce_mean(true)
        m_pred = tf.reduce_mean(pred)
        m_true, m_pred = true-m_true, pred-m_pred
        num = tf.reduce_sum(tf.multiply(m_true, m_pred))
        den = tf.sqrt(tf.multiply(tf.reduce_sum(tf.square(m_true)), tf.reduce_sum(tf.
square(m_pred)))) + 1e-12
        return num / den
```

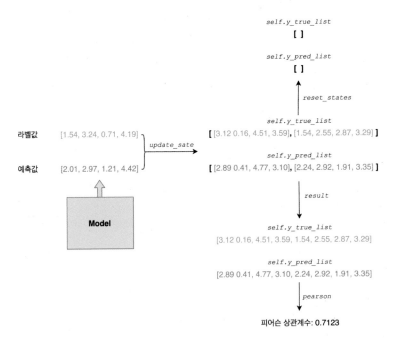

그림 7.47 사용자 지정 피어슨 상관계수 평가 지표

커스텀 메트릭 모듈을 구현하려면 우선 tf.keras.metrics.Metric 모듈을 상속받아야 한다. 그리고 3개의 메서드(update_state, result, reset_states)를 필수로 구현해야 한다. 우선 update_state 메서드는 배치마다 나오는 결괏값들을 평가 함수에 적용하는 메서드다. 피어슨 상관계수의 경우 계산식을 보면 나오는 평균, 표준편차 값으로 해당 배치의 평균, 표준편차를 사용하는 것이 아니라 현재 에폭에 사용된 전체 데이터의 예측값 분포, 실제값 분포에 대한 평균, 표준편차를 사용해야 하기 때문에 배치마다 나오는 예측, 라벨 값을 리스트에 추가한다.

result 메서드에서는 두 분포를 사용해 실제 평가값인 피어슨 상관계수를 만든다. 따라서 리스트에 추가돼 있는 분포들을 tf.concat 함수를 통해 하나의 벡터로 각각 만든 후 피어슨 상관계수를 계산하는 함수인 pearson 메서드에 전달한다. 여기서 피어슨 상관계수를 계산하는 함수의 경우 앞의 수식에 맞게 메서드로 정의해서 사용한다.

마지막으로 reset_states 메서드의 경우 각 에폭이 끝난 후 다음 에폭에서의 평가값을 뽑기 위해서는 새롭게 평가를 해야 하므로 이전 에폭에서 리스트에 추가했던 분포들을 초기화해야 한다. 즉 예측, 라벨 분포를 담는 리스트를 빈 리스트로 초기화한다.

이렇게 세 가지 메서드를 정의하면 학습, 평가 과정에서 자동으로 호출돼서 평가값을 계산한다. 추가로 모듈을 생성할 때 초기화된 빈 리스트를 만들기 위해 __init__ 메서드에서 빈 리스트를 초기화하고, 누적된 두 분포인 두 리스트 값에서 피어슨 상관계수를 구하는 로직을 메서드로 분리해서 pearson이라는 메서드에 정의한다.

마지막으로 pearson 메서드를 좀 더 살펴보자. 앞에서 본 수식의 마지막 항과 비교하며 보자. 입력값으로는 두 개의 분포 true와 pred가 들어오게 된다. 이렇게 들어온 두 분포의 평균을 tf.reduce_mean 함수를 이용해 구한 후 true와 pred에서 각각 빼주자. 이렇게 해서 $x_i - \bar{x}$, $y_i - \bar{y}$를 구했다. 이제 이 값들을 모두 tf.multiply 함수를 이용해 원소별로 곱한 후 tf.reduce_sum 함수를 사용해 모든 원소의 값을 더하자. 이렇게 해서 우선 분자의 값 계산이 모두 끝났다. 이제 이 값을 num이라는 변수에 할당한다. 그리고 분모의 경우 각 원소를 평균에 빼준 값들을 제곱한 후 원소별로 더해야 한다. 따라서 tf.square 함수를 사용해 각 원소를 제곱한 후 tf.reduce_sum 함수를 사용해 원소들을 모두 더한다. 이후 두 분포에 대해 구한 값들을 tf.multiply 함수를 사용해서 곱한 후 제곱근을 적용하기 위해 tf.sqrt 함수를 적용하면 분모 계산 또한 모두 끝난다. 이제 이 값을 분모를 의미하는 den 변수에 할당하면 되는데, 그전에 매우 작은 값을 의미하는 1e-12를 더한다. 수식에 없는 값을 더하는 이유는 경우에 따라 분모 값이 0이 되는 경우가 있을 수 있는데 이 경우에는 에러가 발생할 수 있으므로 매우 작은 값을 더해줌으로써 에러가 발생하지 않게 해주기 때문이다. 마지막으로 분자에 분모를 나눠준 값을 반환하면 메서드 정의가 모두 끝난다.

이제 이렇게 정의한 평가 지표 모듈을 사용해 모델을 컴파일하자.

```
optimizer = tf.keras.optimizers.Adam(3e-5)
loss = tf.keras.losses.MeanSquaredError()
metric = PearsonCorrelationMetric()
regression_model.compile(optimizer=optimizer, loss=loss, metrics=[metric],
run_eagerly=True)
```

앞에서 언급했듯이 옵티마이저의 경우에는 앞에서 사용한 것과 동일한 아담을 사용하고, 손실 함수의 경우에는 회귀 문제에서 사용되는 평균 제곱 오차 손실 함수를 사용한다, 앞에서 정의한 사용자 지정 평가 지표 모듈인 피어슨 상관계수 모듈까지 모델의 compile 메서드의 인자로 지정하고, run_eagerly 인자를 True로 지정해 사용자 평가 지표 모듈을 사용할 때 에러가 발생하지 않게 한다. 컴파일하면 학습할 모든 준비가 끝난다. 이제 컴파일된 모델을 사용해 학습을 진행하자.

```python
model_name = "tf2_BERT_KorSTS"

earlystop_callback = EarlyStopping(
    monitor="val_pearson_correlation", min_delta=0.0001, patience=2, mode="max"
)

checkpoint_path = os.path.join(DATA_OUT_PATH, model_name, 'weights.h5', mode='max')
checkpoint_dir = os.path.dirname(checkpoint_path)

if os.path.exists(checkpoint_dir):
    print("{} -- Folder already exists \n".format(checkpoint_dir))
else:
    os.makedirs(checkpoint_dir, exist_ok=True)
    print("{} -- Folder create complete \n".format(checkpoint_dir))

cp_callback = ModelCheckpoint(
    checkpoint_path, monitor='val_pearson_correlation', verbose=1, save_best_only=True,
save_weights_only=True, mode='max')

history = regression_model.fit(train_inputs, train_data_labels, epochs=NUM_EPOCHS,
            validation_data = (dev_inputs, dev_data_labels),
            batch_size=BATCH_SIZE, callbacks=[earlystop_callback, cp_callback])

print(history.history)
```

앞에서 사용하던 두 개의 콜백 모듈을 먼저 정의한다. 이때 앞에서 정의했던 것과 다른 부분은 학습의 조기 멈춤을 수행하는 모듈인 EarlyStopping과 가중치를 저장하게 하는 모듈인 ModelCheckpoint가 모니터하는 평가 지표를 피어슨 상관계수 모듈의 이름으로 바꿔줘야 한다는 것이다. 그리고 두 콜백 모듈에 각각 mode 라는 새로운 인자가 들어갔는데, 이 값은 사용자 지정 평가 지표를 사용할 경우에 해당 지표가 높은 게 좋은 건지 낮은 게 좋은 건지 기준을 제시하는 용도로 사용되는 인자다. 앞에서 사용해온, 텐서플로에 이미 정의돼 있는 평가 지표의 경우 이러한 기준들이 자동으로 설정되기 때문에 이 인자를 넣지 않아도 문제없었지만 사용자 지정 평가 지표의 경우 자동으로 설정되지 않기 때문에 직접 설정해야 한다. 피어슨 상관계수의 경우에는 클수록 좋은 값이기 때문에 이 값을 'max'로 설정한다. 이렇게 정의한 두 개의 콜백 모듈과 학습 데이터, 평가 데이터, 전체 에폭 수까지 지정한 후 fit 메서드를 통해 학습을 진행하자. 학습이 끝난 후 손실 함수와 평가 지표 그래프를 확인해 보자.

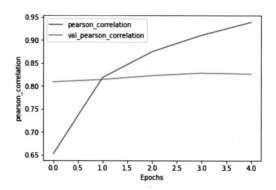

그림 7.48 KorSTS 모델의 피어슨 상관계수 그래프

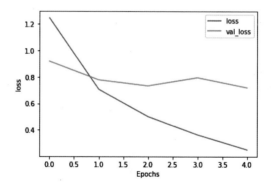

그림 7.49 KorSTS 모델의 손실 함수 그래프

학습 결과를 보면 검증 데이터의 피어슨 상관계수의 경우 두 번째 에폭에서 가장 높은 성능을 보여준다. 데이터 수도 많지 않기 때문에 빠르게 수렴하는 모습을 확인할 수 있다. 이제 가장 높은 검증 데이터 성능을 보인 가중치를 가지고 테스트를 진행해 보자.

KorSTS 모델 테스트

학습한 모델을 활용해 테스트 데이터에 적용해서 모델 성능을 측정해 보자.

```python
TEST_STS_DF = os.path.join(DATA_IN_PATH, 'KorSTS', 'sts-test.tsv')

test_data = pd.read_csv(TEST_STS_DF, header=0, delimiter = '\t', quoting = 3)
test_data.head()

input_ids = []
attention_masks = []
token_type_ids = []
data_labels = []

for sent1, sent2, score in test_data[['sentence1', 'sentence2', 'score']].values:
    try:
        input_id, attention_mask, token_type_id = bert_tokenizer_v2(clean_text(sent1),
clean_text(sent2), MAX_LEN)
        input_ids.append(input_id)
        attention_masks.append(attention_mask)
        token_type_ids.append(token_type_id)
        data_labels.append(score)
    except Exception as e:
        print(e)
        print(sent1, sent2)
        pass

test_input_ids = np.array(input_ids, dtype=int)
test_attention_masks = np.array(attention_masks, dtype=int)
test_type_ids = np.array(token_type_ids, dtype=int)
test_inputs = (test_input_ids, test_attention_masks, test_type_ids)
test_data_labels = np.array(data_labels)
```

우선 테스트를 위해 판다스의 데이터프레임 형태로 테스트 데이터를 불러오자. 불러온 데이터를 앞서 전처리 과정에서 사용한 두 함수인 bert_tokenizer_v2, clean_text를 사용해 테스트데이터를 전처리하자. 전처리된 input_id, attention_mask, type_id를 튜플 형식으로 정의하자.이제 전처리한 테스트 데이터를 활용해 모델의 성능을 측정해 보자.

```
regression_model.load_weights(checkpoint_path)

results = regression_model.evaluate(test_inputs, test_data_labels, batch_size=512)
print("test loss, test pearson correlation: ", results)
```

전처리한 데이터를 테스트하기 위해 모델의 가중치 파일을 load_weights 메서드를 통해 불러
온 후 모델의 evaluate 메서드를 통해 모델의 성능을 측정해 보자. 성능은 다음과 같이 나올
것이다.

KorSTS 테스트 결과

	BERT Regressor (Cased)
Score	0.7731

위와 같이 STS 데이터셋을 활용해 한국어 텍스트 유사도 문제를 해결해 봤다. 이번에는 버트
를 활용해 진행했는데, 이후에는 GPT 모델을 활용해 STS를 다뤄볼 것이다. 마지막으로 버트
를 활용한 한국어 기계독해를 진행해보자.

버트를 활용한 한국어 기계 독해 모델

기계독해(Machine Reading Comprehension, MRC)란 AI 알고리즘이 스스로 문서를 분
석하고 질문에 대한 최상의 답을 찾아내는 것을 말한다. 기계가 텍스트를 읽고 이해한 후 특
정 질문에 대한 정확한 해답을 제시하는 것이 독해능력이며, 한국어 기계독해 데이터셋은 한
국어 본문을 읽고 시험 문제를 푸는 데 있어 문제의 정답이 포함된 책을 주고 책을 활용할 수
있게 하는 시험 방식(open book)이다. 데이터는 LG CNS에서 공개한 한국어 기계독해 데이
터셋 KorQuAD 1.0[7]을 활용하고 이전처럼 언어 모델은 버트를 사용한다.

이번 실습에서는 먼저 KorQuAD 1.0 데이터셋에 대한 데이터 분석을 하고 학습 데이터를 준
비한 뒤 모델 학습을 진행할 예정이다. 먼저 데이터 분석으로 넘어가 보자.

---

7   LG CNS 한국어 기계독해 데이터셋: https://korquad.github.io/category/1.0_KOR.html

KorQuAD 1.0 데이터 분석

기계독해 학습에 활용할 데이터인 KorQuAD 버전 1.0을 분석해 보자. 앞선 모델 학습 실습과 같이 토크나이저를 준비해 보자. 이번 장에서는 텍스트 길이 분포 분석과 토큰에 대한 빈도 분석을 한다. 토큰 분석은 특히 명사 토큰에 대한 빈도 분석을 하는데 기계독해 모델이 정답을 맞출 대상이 대부분 지문에 나온 명사일 것이기 때문이다.

```python
import os
import pprint

from konlpy.tag import Okt
from tensorflow import keras
import numpy as np
import matplotlib.pyplot as plt
import json
from wordcloud import WordCloud
from random import sample, seed
from transformers import BertTokenizer
from tokenizers import BertWordPieceTokenizer
from nltk.tokenize import sent_tokenize
phoneme_tokenizer = Okt()

bert_tokenizer = BertTokenizer.from_pretrained("bert-base-multilingual-cased")
DATA_IN_PATH = './data_in/KOR'
save_path = "./bert_ckpt"
if not os.path.exists(save_path):
    os.makedirs(save_path)
bert_tokenizer.save_pretrained(save_path)
tokenizer = BertWordPieceTokenizer("bert_ckpt/vocab.txt", lowercase=False)
```

지문과 질문 텍스트에 대한 길이 분포와 어휘 빈도 분석을 하기 위한 토크나이저는 앞서 6장의 챗봇 모델에서도 활용한 형태소 분석기와 BertTokenizer다. 여기서 형태소 분석기가 필요한 이유는 문장에서 명사 추출을 하기 위해서다. 각 형태소 분석기와 토크나이저에 대해 생성하고 phoneme_tokenizer와 bert_tokenizer에 할당하도록 한다. 여기서 BertTokenizer는 cased 모델을 활용하고 lowercase 파라미터는 False로 설정해둔다. 토크나이저들이 생성되면 이제 데이터를 불러오자. 먼저 KorQuAD 버전 1.0 데이터셋을 다운로드한다.

```
train_data_url = "https://korquad.github.io/dataset/KorQuAD_v1.0_train.json"
train_path = keras.utils.get_file("train.json", train_data_url)

train_data = json.load(open(train_path))
```

학습 데이터를 내려받을 링크를 train_data_url에 할당해 keras.utils.get_file 함수를 통해
저장한다(wget을 이용하는 등의 다른 방식으로 데이터 파일을 내려받을 수 있지만 tensorflow
라이브러리를 통해서도 간단하게 데이터를 받을 수 있는 방법을 보이고자 다음과 같이 구현
했다). 학습 데이터는 json 형식으로 구성돼 있다. 따라서 파일을 불러올 때 json.load 함수를
활용해 데이터를 train_data에 할당한다.

```
pprint.pprint(train_data['data'][0])
```

학습 데이터를 받았다면 어떤 식으로 구성돼 있는지 한 번 살펴볼 필요가 있다. pprint 함수를
활용한다면 더욱 쉽게 데이터를 볼 수 있다. 출력된 내용을 재구성하면 다음과 같은 데이터
구성을 확인할 수 있다.

```
{
  "title": "파우스트_서곡",
  "paragraphs": [
    {
      "context": "1839년 바그너는 괴테의 파우스트을 처음 읽고 그 내용에 마음이 끌려 이
를 소재로 해서 하나의 교향곡을 쓰려는 뜻을 갖는다. 이 시기 바그너는 1838년에 빛 독촉으
로 산전수전을 다 겪은 상황이라 좌절과 실망에 가득했으며 메피스토펠레스를 만나는 파우스
트의 ....... 의견도 있다.",
      "qas": [
        {
          "answers": [
            {
              "answer_start": 54,
              "text": "교향곡"
            }
          ],
          "id": "6566495-0-0",
          "question": "바그너는 괴테의 파우스트를 읽고 무엇을 쓰고자 했는가?"
```

```
        },
        ......
        {
          "answers": [
            {
              "answer_start": 534,
              "text": "드레스덴"
            }
          ],
          "id": "5917067-0-2",
          "question": "바그너의 1악장의 초연은 어디서 연주되었는가?"
        }
      ]
      ......
    }
  ]
}
```

KorQuAD 버전 1.0은 지식 텍스트를 기반으로 지문과 질문 응답으로 구성된 데이터다. 데이터는 크게 주제별로 구분돼 있고 주제 안에 지문 데이터들이 들어 있다. 그리고 지문 데이터는 지문 텍스트와 질문 응답 텍스트들로 구성돼 있다.

KorQuAD 데이터는 json 형식으로 구성돼 있어 파이썬의 딕셔너리 객체와 같이 키/값(key/value) 형태를 띤다. pprint로 출력한 KorQuAD 데이터를 살펴보면 'data'라는 키의 값으로 저장돼 있고 각 항목은 배열 구조로 돼 있다. 'data'에 저장된 배열 데이터의 각 원소는 'title'과 'paragraphs'라는 키로 구성돼 있다. 'title'의 값은 지문 텍스트들에 대한 주제가 무엇인지를 가리킨다. 위의 데이터를 보면 '파우스트의 서곡'이라 돼 있는데 이 원소의 'paragraphs'는 '파우스트의 서곡'에 관한 지문 데이터로 구성돼 있을 것이다. 'paragraphs'의 값을 보면 지문 텍스트에 대한 데이터가 배열 형태로 구성돼 있다. 'paragraphs' 배열의 원소는 'context'와 'qas'라는 키로 구성돼 있다. 'context'는 지문 텍스트이고 'qas'는 지문 텍스트에 대한 질문과 응답 데이터가 배열 형태로 돼 있다. 'qas'에 배열 데이터는 다시 'question'와 'id', 'answers'라는 키로 구성돼 있다. 'question' 키에 대한 값은 지문 텍스트에 대한 질문으로 돼 있고 해당 질문을 식별하기 위해 'id'를 뒀다. 'answers'는 질문 텍스트 'question'에 해당하는 정답 데이터를 값으로 가진다. 이때 정답은 지문 내에 여러 개일 수 있기 때문에 배열로 구성돼 있다. 'answers'에 있는 배열 데이터의 원소는 'answer_start'와 'text'로 구성돼 있다. 'text'는 정답 텍스트가 값으로 지정돼 있고, 'answer_start'는 지문 텍스트에 있는 문자열 위치를 나타낸다.

여기서 설명한 데이터 구성은 앞으로 학습 데이터 분석과 전처리를 하는 데 필요한 내용이다. 데이터 구성이 어떤지 숙지해 두면 앞으로 설명할 실습 내용을 이해하는 데 도움이 될 것이다. 이렇게 구성된 데이터를 가지고 지문 데이터 'context'와 질문 데이터 'question'을 활용해 데이터를 분석하고자 한다.

본격적으로 KorQuAD 데이터셋을 분석해 보자. 먼저 지문 텍스트를 분석하겠다. 그러자면 지문 텍스트만 추출하는 작업을 거쳐야 한다.

```
documents = []
for d in train_data['data']:
    documents += [p['context'] for p in d['paragraphs']]
print('전체 텍스트 수: {}'.format(len(documents)))
```

앞서 데이터 구성에서 설명했다시피 지문 텍스트는 'paragraphs' 배열을 구성하는 각 원소의 'context'에 있다. 이를 활용해 for 구문을 통해 지문 텍스트를 추출할 수 있다. 추출한 지문 텍스트의 총 개수를 확인해 보면 다음과 같다.

```
전체 텍스트 수: 9681
```

총 지문 텍스트의 수는 9,700개 정도로 상당히 많은 지문이 들어 있음을 확인할 수 있다. 이제 이 데이터를 가지고 지문 텍스트에 대한 길이를 분석하자.

지문 텍스트 길이 분석은 띄어쓰기 단위 및 버트 토크나이저로 처리한 토큰 단위라는 두 방식으로 진행할 예정이다. 먼저 띄어쓰기 단위에 대한 길이 분석을 살펴보자.

```
len_docs = []
for d in documents:
    len_docs.append(len(d.split()))

print('텍스트 최대 길이: {}'.format(np.max(len_docs)))
print('텍스트 최소 길이: {}'.format(np.min(len_docs)))
```

```
print('텍스트 평균 길이: {:.2f}'.format(np.mean(len_docs)))
print('텍스트 길이 표준편차: {:.2f}'.format(np.std(len_docs)))
print('텍스트 중간 길이: {}'.format(np.median(len_docs)))
# 사분위의 대한 경우는 0~100 스케일로 되어있음
print('제1사분위 텍스트 길이: {}'.format(np.percentile(len_docs, 25)))
print('제3사분위 텍스트 길이: {}'.format(np.percentile(len_docs, 75)))
```

띄어쓰기 단위 토크나이징은 텍스트를 스페이스 단위로 구분하면 되기 때문에 split 함수를
활용해 띄어쓰기 토큰으로 만든다. 띄어쓰기 단위로 토큰이 구성되면 각 지문 텍스트에 대한
길이를 구하고 각 텍스트 길이에 대한 분포를 살펴본다.

```
텍스트 최대 길이: 2244
텍스트 최소 길이: 7
텍스트 평균 길이: 114.87
텍스트 길이 표준편차: 47.57
텍스트 중간 길이: 102.0
제1사분위 텍스트 길이: 88.0
제3사분위 텍스트 길이: 127.0
```

분석한 지문 텍스트 길이를 살펴보면 평균 115의 띄어쓰기 토큰의 길이를 가지고 표준편차는
48 정도를 보인다. 그리고 제3사분위 텍스트 길이는 127인데 그에 비해 최대 길이가 2000이
넘는 수가 나왔다. 이 부분은 박스 플롯을 통해 원인을 알아보자.

```
plt.figure(figsize=(12, 5))

plt.boxplot([len_docs],
            labels=['counts'],
            showmeans=True)
```

박스 플롯은 다음과 같이 plt.boxplot을 통해 구현하고, 앞서 지문 텍스트 길이에 대한 데이터
len_docs를 가지고 플롯을 만들어 본다.

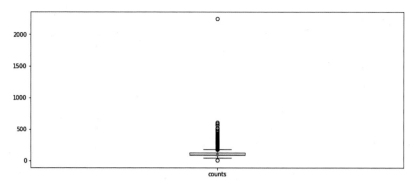

그림 7.50 지문 텍스트의 띄어쓰기 토큰 길이를 나타낸 박스 플롯

보다시피 텍스트 길이 분포는 약 10에서 300 사이에 분포한다. 텍스트의 길이가 2000이 넘는 케이스는 1개 또는 소수의 케이스로 이상치로 봐야 할 것으로 보인다.

```
filtered_len_bert_tokenized_docs = [l for l in len_bert_tokenized_docs if l < 2000]

plt.figure(figsize=(12, 5))

plt.boxplot(filtered_len_bert_tokenized_docs,
            labels=['counts'],
            showmeans=True)
```

여기서 소수의 이상치 때문에 박스 플롯에 대한 분포를 제대로 보기가 쉽지 않다. 길이가 2000 이상인 케이스를 제외한 나머지 길이 분포를 살펴보자. 토큰 길이가 2000 미만인 길이 데이터를 받고자 리스트에 대해 if 구문으로 필터링하고 filtered_len_bert_tokenized_docs 변수에 할당한 후 그래프를 생성하자.

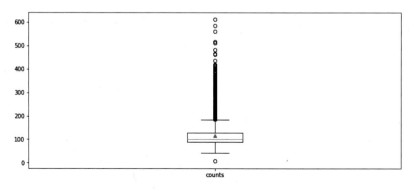

그림 7.51 아웃라이어를 제외한 지문 텍스트의 띄어쓰기 토큰 길이를 나타내는 박스 플롯

이렇게 박스 플롯을 살펴보면 분포를 좀 더 잘 살펴볼 수 있다. 전체적인 분포 형태를 봐서는 길이가 짧은 쪽에 분포가 치우쳐 있고 길이가 긴 쪽으로 데이터가 적은 수로 퍼져 있는 긴 꼬리 분포를 볼 수 있다. 이제 박스 플롯으로 봤다면 실제로 분포가 왼쪽으로 치우쳐져 있는지 그래프로 확인하자.

```python
plt.figure(figsize=(15, 10))
plt.hist(len_docs, bins=150, range=[0,800], facecolor='r', density=True, label='train')
plt.title("Distribution of word count in paragraph", fontsize=15)
plt.legend()
plt.xlabel('Number of words', fontsize=15)
plt.ylabel('Probability', fontsize=15)
```

그래프는 plt.hist를 통해 생성한다. 박스 플롯과 마찬가지로 텍스트 길이 데이터는 len_docs를 활용한다.

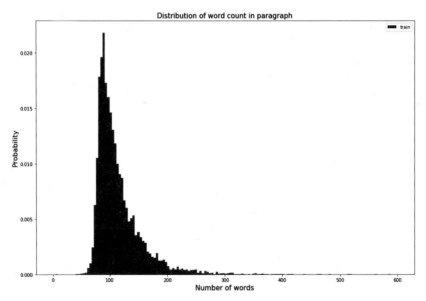

그림 7.52 지문 텍스트의 띄어쓰기 토큰 길이 분포

분포를 살펴보면 앞서 통계에서 예상했던 것과 같이 왼쪽으로 치우친 분포를 확인할 수 있다. 그리고 길이가 150을 지나는 지점부터는 많은 비중을 차지하지 않는 것으로 보인다. 지금까지 띄어쓰기 단위로 텍스트 길이가 어떻게 되는지 살펴봤다. 사실 여기서 분석한 내용을 활용

해 모델의 입력 텍스트 길이를 결정하기에는 어려움이 있다. 실제로 모델에 입력하는 텍스트는 버트 토크나이저를 활용해 처리된 토큰들이기 때문이다. 다음은 버트 토크나이저로 토큰 처리를 한 지문 텍스트에 대해 길이 분석을 해보자.

이제 지문 텍스트에 대해 버트 토크나이저로 처리한 토큰 길이를 분석해 보자. 앞서 띄어쓰기 토큰 길이 분석과 동일하게 토크나이징해서 통계를 확인한다. 여기서 다른 점은 bert_tokenizer를 통해 토크나이징한다는 점이다.

```python
len_bert_tokenized_docs = []
for d in documents:
    len_bert_tokenized_docs.append(
        len(bert_tokenizer.encode(d, add_special_tokens=False).tokens)
    )

print('텍스트 최대 길이: {}'.format(np.max(len_bert_tokenized_docs)))
print('텍스트 최소 길이: {}'.format(np.min(len_bert_tokenized_docs)))
print('텍스트 평균 길이: {:.2f}'.format(np.mean(len_bert_tokenized_docs)))
print('텍스트 길이 표준편차: {:.2f}'.format(np.std(len_bert_tokenized_docs)))
print('텍스트 중간 길이: {}'.format(np.median(len_bert_tokenized_docs)))
# 사분위의 대한 경우는 0~100 스케일로 되어있음
print('제1사분위 텍스트 길이: {}'.format(np.percentile(len_bert_tokenized_docs, 25)))
print('제3사분위 텍스트 길이: {}'.format(np.percentile(len_bert_tokenized_docs, 75)))
```

앞서 띄어쓰기 토큰 길이 분석과 동일하게 통계를 구한다. 여기서 다른 점은 텍스트에 대해 split 함수를 사용하는 것이 아닌 bert_tokenizer의 encode 함수를 활용해 토큰을 출력한다는 것이다. 토큰 길이 데이터는 len_bert_tokenized_docs에 저장한다.

```
텍스트 최대 길이: 3153
텍스트 최소 길이: 73
텍스트 평균 길이: 144.36
텍스트 길이 표준편차: 62.47
텍스트 중간 길이: 129.0
제1사분위 텍스트 길이: 109.0
제3사분위 텍스트 길이: 161.0
```

버트 토크나이저로 분리된 토큰 길이에 대해 통계 수치로 보면 앞서 띄어쓰기 단위 토큰 길이보다 약간씩 늘어난 것을 확인할 수 있다. 평균 길이는 약 145 정도이고 중간 길이도 129 정도다. 표준편차도 62 정도로 커졌다. 띄어쓰기 토큰 길이 분포에 비하면 조금씩 넓어진 것으로 볼 수 있다. 버트 토크나이저로 토큰을 나누면 한 띄어쓰기 토큰에 대해 다시 분리되기 때문에 이러한 수치를 보이는 듯하다. 이제 통계를 확인했다면 박스 플롯으로 살펴보자.

```python
filtered_len_bert_tokenized_docs = [l for l in len_bert_tokenized_docs if l < 3000]

plt.figure(figsize=(12, 5))

plt.boxplot(filtered_len_bert_tokenized_docs,
            labels=['counts'],
            showmeans=True)
```

앞서 띄어쓰기 토큰에서 살펴본 바로는 아웃라이어가 2000에 소수의 데이터 케이스가 아웃라이어인 것으로 확인됐다. 여기서도 아웃라이어 데이터를 포함시키지 않기 위해 3000 미만인 길이 데이터만 활용해 박스 플롯을 그려보자. 여기서는 3000 미만의 길이 데이터를 filtered_len_bert_tokenized_docs에 할당한다. 앞서 생성한 박스 플롯과 마찬가지로 plt.boxplot으로 그래프를 생성하고 filtered_len_bert_tokenized_docs를 이 박스플롯 함수에 입력한다.

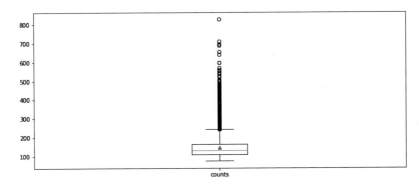

그림 7.53 지문 텍스트의 버트 토크나이저 토큰 길이를 나타내는 박스 플롯

박스 플롯을 살펴보면 y축 스케일이 앞서 본 띄어쓰기 길이에서 분석한 박스 플롯보다 더 넓은 스케일로 구성된 것을 확인할 수 있다. 주로 분포된 영역은 토큰 길이 100에서 300 사이지만 500 이상인 경우도 어느 정도 있는 것으로 보인다. 이제 박스 플롯을 살펴봤다면 분포 그래프를 살펴보자.

```python
plt.figure(figsize=(15, 10))
plt.hist(filtered_len_bert_tokenized_docs, bins=150, range=[0,1000], facecolor='r',
density=True, label='train')
plt.title("Distribution of Bert Tokenizer token count in paragraph", fontsize=15)
plt.legend()
plt.xlabel('Number of words', fontsize=15)
plt.ylabel('Probability', fontsize=15)
```

분포 그래프도 앞선 구현과 동일하고 filtered_len_bert_tokenized_docs에 토큰 길이 데이터로 입력한다. 길이 분포가 길기 때문에 range 파라미터의 값을 1000으로 지정했다.

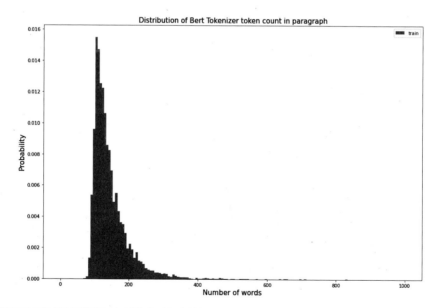

그림 7.54 지문 텍스트의 버트 토크나이저 토큰 길이 분포

지문 텍스트에 대한 버트 토크나이저 토큰 길이 데이터 분석을 보면 그래프 분포 모양은 비슷하지만 약간씩 길이가 긴 것을 확인할 수 있다. 이처럼 데이터 분포를 살피면서 실제로 학습할 데이터에 대한 지문 텍스트 최대 길이를 정할 수 있다.

이제 지문 텍스트 길이 분포를 살펴봤으니 어휘 빈도에 대해 분석해 보자. 지문에 대한 어휘 빈도 분석은 기계독해 모델이 어떤 지식을 학습했는지 살펴보고 어떤 질문에 대해서 잘 응답할 수 있는지를 유추해 볼 수 있는 방법이다.

```python
sentences = []
for d in documents:
    sentences += sent_tokenize(d)

print('전체 문장 수: {}'.format(len(sentences)))
sampled_docs = sample(sentences, 20000)
```

어휘 빈도 분석은 앞선 데이터 분석 방식과 마찬가지로 워드 클라우드를 활용해 분석한다. 분석에 앞서 먼저 지문 텍스트에 대해 샘플링할 필요가 있다. 왜냐하면 텍스트 데이터가 상당히 많아서 워드 클라우드를 통해 분석하는 데 시간이 오래 걸리기 때문이다. 샘플링은 여러 가지 방식으로 할 수 있지만 여기서는 각 지문에 있는 문장 텍스트 20000개를 샘플링했다. 이 데이터는 전체 문장 텍스트의 약 3분의 1을 차지하는 양이다. 지문 텍스트를 문장으로 구분하고자 nltk의 sent_tokenize라는 함수를 활용했다.

```python
font_path = os.path.join(DATA_IN_PATH, 'NanumGothic.ttf')

cloud = WordCloud(font_path=font_path, width=800, height=600).generate(
    " ".join(sampled_docs)
)

plt.figure(figsize=(15, 10))
plt.imshow(cloud)
plt.axis('off')
```

다음은 샘플링한 지문 텍스트를 워드 클라우드로 분석한 결과다.

그림 7.55 지문 텍스트에 나온 띄어쓰기 빈도를 표현한 워드 클라우드

분석 결과를 보면 '있다', '했다', '이후'와 같은 상태와 시간과 관련된 단어가 가장 많이 나왔다. KorQuAD 데이터셋이 위키피디아 데이터와 같은 지식 데이터를 기반으로 하다 보니 이 같은 띄어쓰기 토큰이 많이 나온 것으로 보인다. 그 밖에 '결국', '때문에', '또한'과 같은 인과와 나열에 대한 토큰 정보도 상당수 존재하고 '1월', '11월'과 같은 시간에 대한 토큰도 많은 것으로 보인다. 아마도 기계독해 모델은 질문 정보가 입력됐을 때 지문 정보에서 이러한 토큰 정보를 활용해 정답의 위치를 찾아야 할 것이다.

그런데 지금 분석은 띄어쓰기 토큰에 대한 분석이다. 이 분석에서는 지식 데이터가 어느 정보를 많이 가지고 있는지 확인하기 쉽지 않아 보인다. 명사로 분석하면 좀 더 명확하게 지식 데이터에 어떤 정보가 있는지 알 수 있을 것이다.

```
noun_extracted_docs = list()
for d in sampled_docs:
    noun_extracted_docs += phoneme_tokenizer.nouns(d)
```

```
cloud = WordCloud(font_path=font_path, width=800, height=600).generate(
    " ".join(noun_extracted_docs)
)
plt.figure(figsize=(15, 10))
plt.imshow(cloud)
plt.axis('off')
```

여기서는 phoneme_tokenizer.nouns 함수를 활용해 형태소 분석으로 구한 명사에 대한 어휘 분석을 하고자 한다.

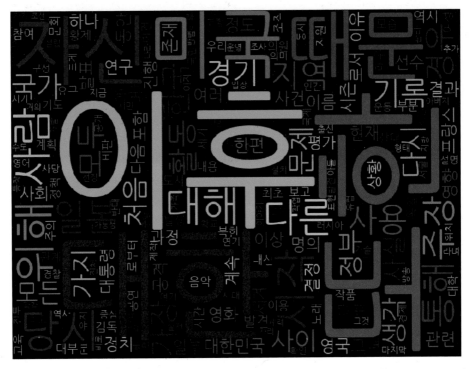

그림 7.56 지문 텍스트에 나온 명사 빈도를 표현한 워드 클라우드

명사 분석을 하기 위해 워드 클라우드를 실행하면 먼저 보이는 단어는 '이후', '또한', '때문'일 것이다. 이 단어를 제외하고 본다면 '미국', '한국'과 같은 국적에 대한 단어가 보이고 '정부', '정치', '전쟁', '문화', '사람', '이름'과 같은 큰 주제 또는 주제에 속하는 명사 단어가 다수 보인다. 여기서 확인할 수 있는 지식 정보는 정치나 문화, 인물과 같은 분야에 관한 내용이 많다는 것이다. 다음으로 질문 텍스트 분석을 하게 되는데 질문 텍스트에서 분석한 어휘 분석

텐서플로 2와 머신러닝으로 시작하는 자연어 처리: 로지스틱 회귀부터 BERT와 GPT3까지

과 연결 지어 생각해 보면 모델이 대략 어떤 정답을 찾을 수 있게 될지 예상해 볼 수 있을 것이다.

지금까지 지문 텍스트에 대해 분석해봤다. 기계독해는 지문 텍스트 정보도 중요하지만 정답을 찾게 해줄 질문 텍스트 역시 중요하다. 지금부터는 질문 텍스트에 대해 분석해 보자. 질문 데이터 분석은 지문 데이터 분석과 동일하게 토큰 길이를 분석하고 어휘 빈도에 대해 살펴보고자 한다. 질문 데이터도 지문 데이터와 마찬가지로 데이터를 추출하는 과정부터 보자.

```
questions = []
for d in train_data['data']:
    qas = [p['qas'] for p in d['paragraphs']]
    for c in qas:
        questions += [q['question'] for q in c]

print('전체 질문 수: {}'.format(len(questions)))
```

지문 텍스트와는 다르게 KorQuAD 데이터셋에 'question'에 저장된 텍스트를 추출해야 한다. 그러자면 'paragraphs' 안에 있는 'qas'의 배열 데이터에 접근해야 한다. 그래서 'qas' 정보를 먼저 추출하고 'qas'의 배열 정보에서 'question' 텍스트 데이터만 저장할 수 있게 한다.

```
전체 질문 수: 60407
```

이렇게 질문 텍스트를 모으고 나면 전체 질문 수를 확인할 수 있는데, 약 6만 개의 질문 텍스트가 있는 것을 확인할 수 있다. 총 질문 텍스트 수를 확인해 보면 지문 텍스트 수를 고려할 때 지문당 약 6개의 질문이 있으리라 예상할 수 있다. 이제 질문 텍스트 띄어쓰기 토큰 길이에 대한 분석을 진행하자.

```
len_qs = []
for q in questions:
    len_qs.append(len(q.split()))

print('텍스트 최대 길이: {}'.format(np.max(len_qs)))
print('텍스트 최소 길이: {}'.format(np.min(len_qs)))
print('텍스트 평균 길이: {:.2f}'.format(np.mean(len_qs)))
```

```python
print('텍스트 길이 표준편차: {:.2f}'.format(np.std(len_qs)))
print('텍스트 중간 길이: {}'.format(np.median(len_qs)))
# 사분위의 대한 경우는 0~100 스케일로 되어있음
print('제1사분위 텍스트 길이: {}'.format(np.percentile(len_qs, 25)))
print('제3사분위 텍스트 길이: {}'.format(np.percentile(len_qs, 75)))
```

질문 텍스트에 대해 split 함수로 텍스트를 토큰으로 분리해서 길이를 구한 다음 len_qs에 저장한다. 그다음으로 통곗값을 구하는 과정을 거친다.

```
텍스트 최대 길이: 35
텍스트 최소 길이: 1
텍스트 평균 길이: 7.85
텍스트 길이 표준편차: 3.09
텍스트 중간 길이: 7.0
제1사분위 텍스트 길이: 6.0
제3사분위 텍스트 길이: 10.0
```

통계 결과를 확인하면 띄어쓰기 토큰 길이로는 평균 8 정도의 길이를 보여주고 중간 길이가 7 정도다. 그리고 제3사분위의 띄어쓰기 토큰 길이가 10이고 최대 길이는 35다. 전반적인 통계로 보면 지문 텍스트보다 텍스트 길이 분포가 균등한 편이다. 왜냐하면 질문 데이터의 텍스트 길이가 짧고 대부분 질문의 패턴이 비슷하기 때문이라 본다. 이제 박스 플롯을 통해 분포를 살펴보자.

```python
plt.figure(figsize=(12, 5))

plt.boxplot([len_qs],
            labels=['counts'],
            showmeans=True)
```

박스 플롯도 마찬가지로 len_qs 변수를 활용해 plt.boxplot을 호출해서 생성한다.

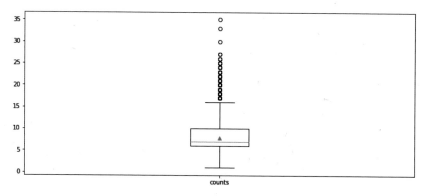

그림 7.57 질문 텍스트의 띄어쓰기 토큰 길이 박스 플롯

박스 플롯을 살펴보면 예상대로 띄어쓰기 토큰 길이 3에서 16 사이에 주로 데이터가 분포하는 것을 볼 수 있다. 이제 분포 그래프를 살펴보자.

```
plt.figure(figsize=(15, 10))
plt.hist(len_qs, bins=50, range=[0,50], facecolor='r', density=True, label='train')
plt.title("Distribution of word count in sentence", fontsize=15)
plt.legend()
plt.xlabel('Number of words', fontsize=15)
plt.ylabel('Probability', fontsize=15)
```

분포 그래프도 앞의 방식과 마찬가지로 plt.hist를 통해 만든다. 여기서는 range 파라미터를 길이에 맞춰 0에서 50 범위로 맞춰준다.

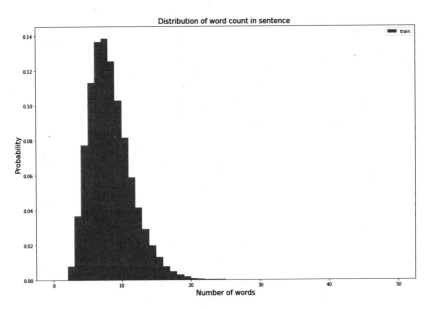

분포를 살펴보면 대략 띄어쓰기 길이 16 위치까지 많은 질의 텍스트 데이터가 분포하는 것을 확인할 수 있다. 앞서 지문 텍스트와 마찬가지로 토큰 길이를 분석해 보자.

```
len_bert_tokenized_q = []
for q in questions:
    len_bert_tokenized_q.append(len(bert_tokenizer.encode(q, add_special_tokens=False).
tokens))

print('텍스트 최대 길이: {}'.format(np.max(len_bert_tokenized_q)))
print('텍스트 최소 길이: {}'.format(np.min(len_bert_tokenized_q)))
print('텍스트 평균 길이: {:.2f}'.format(np.mean(len_bert_tokenized_q)))
print('텍스트 길이 표준편차: {:.2f}'.format(np.std(len_bert_tokenized_q)))
print('텍스트 중간 길이: {}'.format(np.median(len_bert_tokenized_q)))
# 사분위의 대한 경우는 0~100 스케일로 되어있음
print('제1사분위 텍스트 길이: {}'.format(np.percentile(len_bert_tokenized_q, 25)))
print('제3사분위 텍스트 길이: {}'.format(np.percentile(len_bert_tokenized_q, 75)))
```

앞선 지문 텍스트 버트 토크나이저 토큰 길이 분석과 마찬가지로 bert_tokenizer 변수를 활용한다.

```
텍스트 최대 길이: 38
텍스트 최소 길이: 2
텍스트 평균 길이: 9.07
텍스트 길이 표준편차: 3.33
텍스트 중간 길이: 9.0
제1사분위 텍스트 길이: 7.0
제3사분위 텍스트 길이: 11.0
```

질문 텍스트에 대한 버트 토크나이저 토큰 길이는 평균 9 정도이고 제3사분위가 11 정도 된다. 앞서 띄어쓰기 길이 분포와 비슷하게 비교적 균등한 분포를 보인다. 이제 박스 플롯을 살펴보자.

```python
plt.figure(figsize=(12, 5))

plt.boxplot([len_bert_tokenized_q],
            labels=['counts'],
            showmeans=True)
```

마찬가지로 토큰 길이 데이터를 저장한 len_bert_tokenized_q 변수를 활용해 plt.boxplot을 호출한다.

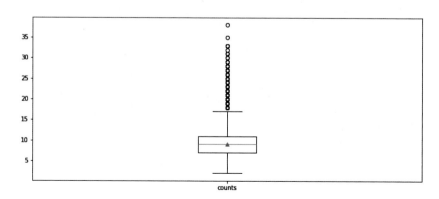

그림 7.59 질문 텍스트의 버트 토크나이저 토큰 길이 박스 플롯

박스 플롯 결과는 앞서 지문 텍스트 길이 분포와 마찬가지로 띄어쓰기 토큰 길이 분포와 비슷하지만 약간씩 늘어난 모습을 확인할 수 있다. 제한할 수 있는 토큰 길이는 대략 20 주변의 값으로 정할 수 있다고 본다. 마지막으로 토큰 길이에 대한 분포 그래프를 살펴보자.

```python
plt.figure(figsize=(15, 10))
plt.hist(
    len_bert_tokenized_q,
    bins=50,
    range=[0, 50],
    facecolor="r",
    density=True,
    label="train",
)
plt.title("Distribution of Bert Tokenizer token count in sentence", fontsize=15)
plt.legend()
plt.xlabel('Number of words', fontsize=15)
plt.ylabel('Probability', fontsize=15)
```

len_bert_tokenized_q 변수를 plt.hist에 입력해서 그래프를 생성한다.

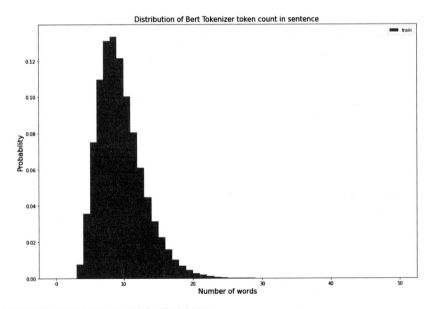

그림 7.60 질문 텍스트의 버트 토크나이저 토큰 길이 분포

다시 분포 그래프로 봐도 질문 텍스트에 대한 버트 토크나이저 토큰 길이 분포는 띄어쓰기 길이 분포와 비슷한 모양을 갖춘 텍스트로 본다. 질문 텍스트 길이 분포를 살펴봤다면 이제 질문 텍스트에 대한 어휘 빈도 분석을 살펴보자. 앞서 살펴본 지문 텍스트 길이 분포와 질문 텍스트 길이 분포를 통해 모델에 입력할 최대 길이를 정해야 한다. 기계독해 모델의 경우 정답의 시작 지점과 끝 지점 모두 예측해야 하기 때문에 앞선 분류 모델과 다르게 지문 텍스트 정보를 모두 가지고 있어야 한다. 지문 텍스트 길이는 약 350, 질문 텍스트 길이는 약 30 정도로 고려했을 때 전체 최대 길이는 384 정도가 적당하다고 볼 수 있다. 이 길이는 모델 학습 데이터를 전처리할 때 활용할 것이다. 이제 질문 데이터의 어휘 빈도 분석을 해보자.

```
sampled_questions = sample(questions, 20000)
```

질문 텍스트 역시 데이터 수가 많기 때문에 지문 데이터를 분석할 때와 마찬가지로 전체 데이터의 3분의 1을 샘플링한다. 약 6만 개의 질문 텍스트 데이터 중 2만 개의 데이터만 샘플링하게 된다.

```
cloud = WordCloud(font_path=font_path, width=800, height=600).generate(
    " ".join(sampled_questions)
)
plt.figure(figsize=(15, 10))
plt.imshow(cloud)
plt.axis('off')
```

워드 클라우드를 활용해 질문 텍스트에 대한 띄어쓰기 빈도 분석 결과를 보자.

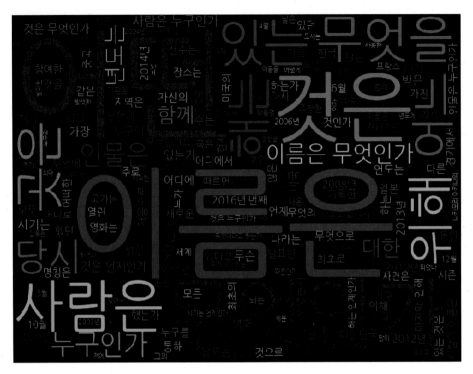

그림 7.61 질문 텍스트에 나온 띄어쓰기 빈도를 표현한 워드 클라우드

결과를 살펴보면 대부분 이름과 장소, 시간, 사물에 대한 질문이 많은 것을 볼 수 있다. 띄어 쓰기 빈도 분석에서는 이름에 관한 토큰이 가장 많아 보이는데 띄어쓰기 토큰만으로 살펴보 기에는 충분하지 않을 수 있다. 명사 빈도 분석을 통해 좀 더 자세하게 살펴보자.

```
noun_extracted_qs = list()
for q in sampled_questions:
    noun_extracted_qs += phoneme_tokenizer.nouns(q)

cloud = WordCloud(font_path=font_path, width=800, height=600).generate(
    " ".join(noun_extracted_qs)
)
plt.figure(figsize=(15, 10))
plt.imshow(cloud)
plt.axis('off')
```

phoneme_tokenizer.nouns를 통해 명사 토큰 데이터를 가지고 워드 클라우드로 명사에 대한 빈도를 본다.

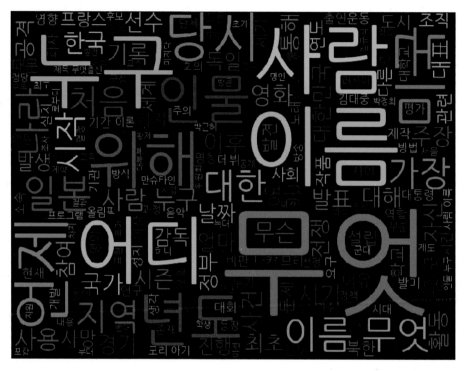

그림 7.62 질문 텍스트에 나온 명사 빈도를 표현한 워드 클라우드

띄어쓰기 토큰 빈도 결과와 비슷하게 사람에 대한 질문이 가장 많아 보이고 사물에 대한 질문도 많아 보인다. 그 밖에 시간 위치에 대한 질문이 많다는 점도 알 수 있다. 이렇게 해서 텍스트 길이 분포와 어휘 빈도로 살펴봤을 때 질문에 대한 유형이 정해져 있고 주로 이름, 사물, 시간, 위치에 대한 질문이 많은 것으로 보인다. 아마도 KorQuAD 데이터는 주어진 지문 텍스트에 대해 육하원칙과 관련된 질문을 많이 하는 것으로 보인다.

이렇게 텍스트 데이터를 분석한 결과를 토대로 학습한 모델이 어떤 지문에 대해 정답을 맞추는지 예측해 볼 수 있다. 이제 분석한 내용을 보고 데이터셋에 대한 모델 학습을 진행하자.

KorQuAD 1.0 데이터 전처리

여기서는 한국어 기계독해 모델을 실습해 보자. 앞선 실습과 마찬가지로 학습 데이터를 먼저 구성하고 모델을 생성해서 학습한다.

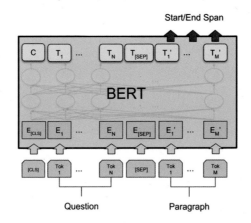

그림 7.63 기계독해 모델

위 그림은 버트에서 기계독해 문제를 해결하는 전체적인 구조다. 입력 형태는 "[CLS] 질문 [SEP] 본문 [SEP]"이며, 사전 학습된 버트를 기반으로 시작 토큰(Start)과 끝 토큰(End)까지 (Span)를 답으로 추론하고 추론한 값과 정답을 손실 함수를 통해 손실 값을 구하고 손실 값이 최소화되도록 학습을 진행한다. 그럼 모델 학습을 진행해보자.

우선 모듈을 불러오자.

```
import os
import re
import json
import string
import numpy as np
import tensorflow as tf
from tensorflow import keras
from tensorflow.keras import layers
from tokenizers import BertWordPieceTokenizer
from transformers import BertTokenizer, TFBertModel
```

```
from tensorflow.keras.callbacks import EarlyStopping, ModelCheckpoint
import matplotlib.pyplot as plt
import urllib
import wget


MAX_LEN = 384
EPOCHS = 3
VERBOSE = 2
BATCH_SIZE = 16
```

위 모듈은 이전 모델이나 전처리에서 사용했으며 새롭게 추가된 모듈은 없다. 최대 시퀀스 길이는 앞서 살펴본 EDA에서 구한 384로 지정한다. 하지만 시스템에 탑재된 GPU의 메모리가 최대 길이를 수용할 수 없다면 이를 변경해야 할 것이다. 참고로 실습에 사용된 시스템에 탑재된 GPU의 메모리는 16GB다.

그리고 데이터를 불러오고 모델을 저장할 기본 디렉터리를 정의한다.

```
DATA_OUT_PATH = './data_out/KOR'
```

이전 모델과 같이 입력에 관련된 디렉터리와 출력에 필요한 디렉터리를 정의했다. 이제 학습 시각화를 위한 시각화 함수를 만들어 보자.

```
def plot_graphs(history, string, string_1, string_2):
    plt.plot(history.history[string])
    plt.plot(history.history[string_1])
    plt.plot(history.history[string_2])
    plt.xlabel("Epochs")
    plt.ylabel(string)
    plt.legend([string, string_1, string_2])
    plt.show()
```

history에는 세 가지 값이 있다. 첫째, 전체 손실 값(history[string]), 둘째, 시작점 손실 값(history[string_1]), 셋째, 끝점 손실값(history[string 2])이다. 에폭당 손실 값을 맷플롯립을 통해 시각화하는 함수를 만들었는데, 이 함수를 통해 직관적으로 학습 상태를 파악할 수 있다.

버트 사전 학습 모델을 저장하고 버트 토크나이저를 불러오자.

```
slow_tokenizer = BertTokenizer.from_pretrained(
    "bert-base-multilingual-cased", lowercase=False
)
save_path = "bert-base-multilingual-cased/"
if not os.path.exists(save_path):
    os.makedirs(save_path)
slow_tokenizer.save_pretrained(save_path)

tokenizer = BertWordPieceTokenizer(
    "bert-base-multilingual-cased/vocab.txt", lowercase=False
)
```

이전의 버트를 활용하는 방법과 다른 점은 버트 토크나이저를 불러와서 저장하고 저장된 토크나이저를 활용해 데이터 전처리와 입력 데이터에 사용한다는 점이다. 현재 정확히 이해되지 않더라도 입력 데이터를 만들기 위해 데이터 전처리 부분을 보면 한층 더 자세히 이해할 수 있을 것이다.

slow_tokenizer에는 기존과 같은 방식으로 버트 토크나이저를 불러와서 넣어주고 디렉터리를 하나 만들어서 slow_tokenizer에 담긴 버트 토크나이저의 내용을 생성된 디렉터리에 저장하는데, 이때 토크나이저 어휘를 디렉터리에 저장하고 허깅페이스에서 자동으로 추가하는 토큰 및 특수 토큰은 저장하지 않는다. 허깅페이스에서 제공하는, 속도 향상과 다양한 기능을 지원하는 BertWordPieceTokenizer 토크나이저를 통해 진행하도록 한다. 허깅페이스에서 만든 토크나이저를 활용하면 데이터 전처리에서 토크나이즈된 각 토큰의 위치 정보(offset)를 가져올 수 있는데 이 부분에 대해서는 데이터 전처리 부분에서 설명하겠다[8]. 이제 전처리에 앞서 훈련과 평가를 위한 데이터셋을 다운로드하자.

```
train_data_url = "https://korquad.github.io/dataset/KorQuAD_v1.0_train.json"
train_path = keras.utils.get_file("train.json", train_data_url)
eval_data_url = "https://korquad.github.io/dataset/KorQuAD_v1.0_dev.json"
eval_path = keras.utils.get_file("eval.json", eval_data_url)
```

---

8 허깅페이스 토즈나이저 깃허브 저장소: https://github.com/huggingface/tokenizers

앞서 데이터 분석을 진행한 방식과 동일하게 데이터셋을 받아온다.

그다음으로 버트 모델과 환경 파일을 불러온다. 기존 모델들은 허깅페이스에서 지원하는 고수준 API를 통해 데이터 처리 및 모델 학습이 가능했으나 한국어 기계독해는 모델과 토크나이저 원형 정보를 저장하고 저장된 정보를 가지고 저수준 API를 만들어 사용하기 위해 각 파일들을 내려받아 사용하고 있다.

```
wget.download('https://s3.amazonaws.com/models.huggingface.co/bert/bert-base-
multilingual-cased-config.json', out='./bert-base-multilingual-cased/')
os.rename('./bert-base-multilingual-cased/bert-base-multilingual-cased-config.json',
'./bert-base-multilingual-cased/config.json')
wget.download('https://s3.amazonaws.com/models.huggingface.co/bert/bert-base-
multilingual-cased-tf_model.h5', out='./bert-base-multilingual-cased/')
os.rename('./bert-base-multilingual-cased/bert-base-multilingual-cased-tf_model.h5',
'./bert-base-multilingual-cased/tf_model.h5')
```

보다시피 리눅스 명령어가 동작하도록 명령어 앞에 '!'를 넣었다. 버트 모델과 환경 파일을 다운로드해서 config.json과 tf_model.h5로 변경해서 넣고, 아래 소스코드에서 디렉터리에 저장된 파일들을 사용하게 된다.

모델에 들어갈 훈련과 평가를 위한 입력 형태로 데이터를 변경하자. 소스코드 설명은 함수 호출 순서를 따라가며 설명하겠다.

```
with open(train_path) as f:
    raw_train_data = json.load(f)

with open(eval_path) as f:
    raw_eval_data = json.load(f)

train_squad_examples = create_squad_examples(raw_train_data)
x_train, y_train = create_inputs_targets(train_squad_examples)
print(f"{len(train_squad_examples)} training points created.")

eval_squad_examples = create_squad_examples(raw_eval_data)
x_eval, y_eval = create_inputs_targets(eval_squad_examples)
print(f"{len(eval_squad_examples)} evaluation points created.")
```

데이터 분석에서도 잠시 살펴봤지만 데이터는 주제별로 문단들이 저장돼 있고, 각 문단은 여러 개의 질문과 답으로 구성돼 있음을 확인할 수 있었다. 여기서는 질문을 기준으로 데이터 인스턴스를 구성하는 과정을 거친다. create_squad_examples 함수에 json 파일을 넣어서 train_squad_examples를 만든다.

```
train_squad_examples = create_squad_examples(raw_train_data)
eval_squad_examples = create_squad_examples(raw_eval_data)
```

create_squad_examples 함수가 어떤 부분을 처리하는지 알아보자.

```
def create_squad_examples(raw_data):
    squad_examples = []
    for item in raw_data["data"]:
        for para in item["paragraphs"]:
            context = para["context"]
            for qa in para["qas"]:
                question = qa["question"]
                answer_text = qa["answers"][0]["text"]
                start_char_idx = qa["answers"][0]["answer_start"]
                squad_eg = SquadExample(
                    question, context, start_char_idx, answer_text
                )
                squad_eg.preprocess()
                squad_examples.append(squad_eg)
    return squad_examples
```

create_squad_examples 함수는 json 데이터 구조에서 모델 입력에 필요한 질문, 본문, 정답을 가져오기 위한 함수다. json에서 para["context"]에는 본문이 있으며, qa["question"]은 질문이며, qa["answers"][0]["text"]는 정답이며, qa["answers"][0]["answer_start"]는 본문에서 정답의 위치 포지션을 나타낸다.

예) 질문 : 철수는 어디에 갔는가?
    본문 : 철수는 오늘 집에서 나와서 학교에 갔다.
    답   : 학교
    위치 포지션 : 16

이렇게 추출한 데이터는 SquadExample 클래스를 이용해 모델에 입력 가능한 학습 데이터로 변경한다. SquadExample의 결괏값은 정제되지 않은 데이터를 학습할 때 모델에 입력할 수 있게 하는 클래스다. 이 SquadExample을 생성하면 클래스 메서드 __init__가 호출되고 squad_eg에 할당한다. 할당한 이후에는 squad_eg.preprocess를 호출하는데 이 함수는 SquadExample 클래스의 preprocess 함수를 호출한다. 이렇게 처리된 각 SquadExample 객체는 squad_examples 배열에 쌓이게 된다. 이제 데이터를 전처리 로직에서 활용한 SquadExample 클래스를 살펴보자.

```python
class SquadExample:
    def __init__(self, question, context, start_char_idx, answer_text):
        self.question = question
        self.context = context
        self.start_char_idx = start_char_idx
        self.answer_text = answer_text
        self.skip = False

    def preprocess(self):
        context = self.context
        question = self.question
        answer_text = self.answer_text
        start_char_idx = self.start_char_idx

        context = " ".join(str(context).split())
        question = " ".join(str(question).split())
        answer = " ".join(str(answer_text).split())

        end_char_idx = start_char_idx + len(answer)
        if end_char_idx >= len(context):
            self.skip = True
            return

        is_char_in_ans = [0] * len(context)
        for idx in range(start_char_idx, end_char_idx):
            is_char_in_ans[idx] = 1

        tokenized_context = tokenizer.encode(context)
        ans_token_idx = []
```

```
for idx, (start, end) in enumerate(tokenized_context.offsets):
    if sum(is_char_in_ans[start:end]) > 0:
        ans_token_idx.append(idx)

if len(ans_token_idx) == 0:
    self.skip = True
    return

start_token_idx = ans_token_idx[0]
end_token_idx = ans_token_idx[-1]

tokenized_question = tokenizer.encode(question)

input_ids = tokenized_context.ids + tokenized_question.ids[1:]
token_type_ids = [0] * len(tokenized_context.ids) + [1] * len(
    tokenized_question.ids[1:]
)
attention_mask = [1] * len(input_ids)

padding_length = MAX_LEN - len(input_ids)
if padding_length > 0:  # pad
    input_ids = input_ids + ([0] * padding_length)
    attention_mask = attention_mask + ([0] * padding_length)
    token_type_ids = token_type_ids + ([0] * padding_length)
elif padding_length < 0:
    self.skip = True
    return

self.input_ids = input_ids
self.token_type_ids = token_type_ids
self.attention_mask = attention_mask
self.start_token_idx = start_token_idx
self.end_token_idx = end_token_idx
self.context_token_to_char = tokenized_context.offsets
```

SquadExample 클래스의 소스코드가 길어 한번에 설명하기보다 클래스의 함수별로 설명하겠다. 먼저 _init_ 함수를 보자.

```
def __init__(self, question, context, start_char_idx, answer_text):
    self.question = question
    self.context = context
    self.start_char_idx = start_char_idx
    self.answer_text = answer_text
    self.skip = False
```

json 파일에서 create_squad_examples를 통해 데이터를 1차 가공한 값들은 __init__ 함수를 실행해 클래스가 해당 값들을 가지고 있다. 새롭게 등장한 변수는 self.skip이며, 해당 변수는 데이터를 사용할지 사용하지 않을지를 결정하는 변수값이다. 이 값이 False인 경우 학습이나 평가 데이터로 사용하며, True인 경우에는 사용하지 않도록 한다. self.skip의 초깃값이 False에서 True로 변경되는 부분은 뒤에서 해당 변수에 True 값이 설정되는 부분에서 다시 보기로 하자. question은 질문에 대한 값, context는 질문에 답이 존재하는 본문, start_chat_idx는 본문에서의 시작 위치를 가리키며, answer_text는 정답을 나타낸다.

이어서 SquadExample 클래스의 preprocess(self) 함수를 설명하겠다.

```
def preprocess(self):
    context = self.context
    question = self.question
    answer_text = self.answer_text
    start_char_idx = self.start_char_idx

    context = " ".join(str(context).split())
    question = " ".join(str(question).split())
    answer = " ".join(str(answer_text).split())

    # Find end character index of answer in context
    end_char_idx = start_char_idx + len(answer)
    if end_char_idx >= len(context):
        self.skip = True
        return
```

preprocess 함수 안에 json 처리 부분은 본문(context), 답변(answer), 질문(question)에 대해 문자열 입력에 문제가 없도록 변경하기 위한 작업이다. 입력되는 다양한 데이터는 유니코드 형태로서 문제를 일으킬 수 있는 다양한 요소가 존재한다. 이러한 다양한 문자 형식을 입력이나 출력에 문제가 되지 않는 형태로 만들기 위해서 세 가지 작업을 진행한다. 첫째, 문자열로 만들고, 둘째, 스페이스 단위로 나누고, 셋째, 나눈 값들을 다시 스페이스 단위로 바꿔서 해당 입력에 문제가 일어날 요소를 사전에 정리한다. 다음은 나중에 설명하기로 한 self.skip에 True 값이 설정되는 부분이며, True 값이 설정됐다는 것은 "답이 본문(context) 범위에 존재하지 않는다"는 것을 의미한다. self.skip이 True가 되는 조건은 end_char_idx가 본문(context) 길이를 벗어난 위치인 경우다. end_char_idx 값은 start_char_idx 위치에서 정답 길이를 더한 값이 end_char_idx다. end_char_idx의 값이 본문(context)을 넘어간다는 것은 답이 본문에 존재하지 않기 때문이며, 이러한 데이터는 사용할 수 없다. 따라서 이러한 데이터는 사용하지 않도록 예외 처리를 하기 위해 self.skip을 True로 설정한다.

아래 소스코드는 tokenizer.encoder 함수를 통해 토큰화되고 인덱스로 변경되면서 시작 토큰의 위치와 끝 토큰을 다시 계산하는 코드다.

```python
is_char_in_ans = [0] * len(context)
for idx in range(start_char_idx, end_char_idx):
    is_char_in_ans[idx] = 1

tokenized_context = tokenizer.encode(context)
ans_token_idx = []
for idx, (start, end) in enumerate(tokenized_context.offsets):
    if sum(is_char_in_ans[start:end]) > 0:
        ans_token_idx.append(idx)

if len(ans_token_idx) == 0:
    self.skip = True
    return

start_token_idx = ans_token_idx[0]
end_token_idx = ans_token_idx[-1]
```

먼저 context의 길이만큼 is_char_in_ans의 값을 모두 0으로 만든다. 그리고 답이 존재하는 부분을 인덱스에 1로 채운다. 즉, 답이 존재하는 모든 인덱스 start_char_idx부터 end_char_idx까지를 1로 모두 채운다. 이렇게 만들면 본문 중 정답이 존재하는 부분은 1, 정답이 존재하지 않는 부분은 0으로 만들게 되고 본문(context)을 tokenizer.encode를 통해 사전의 인덱스 값으로 변환한 값인 tokenized_context를 만든다. 위 소스의 두 번째 for 문에서 enumerate 인자로 지정한 tokenized_context.offsets의 offsets에 대해 아래 예를 통해 이해해 보자.

예)
tokenizer.encode("나는 학교에 간다")
결괏값: 나는, 학, ##교, ##에, 간, ##다
offsets: [(0, 0), (0, 2), (3, 4), (4, 5), (5, 6), (7, 8), (8, 9), (0, 0)]

offsets(시작 위치로부터 각 음절의 위치를 표현한 값)에는 encode 함수에 들어간 값이 어떻게 분리됐는지 offset 값을 다 담고 있다. 그럼 왜 이런 형태를 만들까? 이유는 간단하다. 우리는 json에서 받은 데이터에서 본문에서 값이 어디에 위치하는지 start_char_idx와 end_char_idx 값을 구했다. 하지만 tokenizer.encode에 본문을 넣게 되면 토크나이저에 의해 각 띄어쓰기된 토큰 정보가 분리되기 때문에 시작과 끝에 대한 인덱스 값이 변한다. 그렇기 때문에 변경된 위치 정보에 맞춰 정답에 위치를 재설정해야 한다. 그럼 왜 바뀌는지 아래 예를 보고 이해해 보자.

예)
질문: 그는 어디에 갔는가?
본문: 나는 오늘 학교에 간다
토크나이저 이후 본문: 나,##는, 오늘, 학교, 에, 간, 다,

본문	나	는		오	늘		학	교	에		간	다
위치	1	2	3	4	5	6	7	8	9	10	11	12

본문	나	##는	오늘	학교	##에	간	##다
위치	1	2	3	4	5	6	7

그림 7.64 본문 위치가 변경되는 과정

질문은 "그는 어디에 갔는가?"다. 답은 "학교"다. 본문에서 학교의 위치는 시작 위치가 7이고 끝 위치가 8이다. 하지만 토크나이저 이후에는 시작 위치와 끝 위치가 같은 4다. 그래서 정답에 맞춰 위치를 재설정해야 하며, 그래서 if sum (is_char_in_ans[start:end]) > 0을 만족할 경우 정답의 위치로 인식해서 ans_token_idx에 담는다.

그리고 ans_token_idx == 0이면 답이 존재하지 않으므로 self.skip을 True로 설정하고 아래 부분을 실행하지 않는다. 답이 존재한다면 ans_token_idx[0]은 정답이 시작하는 토큰의 인덱스가 되고 ans_token_idx[-1]은 정답이 끝나는 인덱스가 된다.

아래 구문은 본문과 질문을 연결하는 부분이다.

```python
tokenized_question = tokenizer.encode(question)
input_ids = tokenized_context.ids + tokenized_question.ids[1:]
```

질문을 인덱스화해서 본문 뒤에 붙여 input_ids를 만든다.

버트의 입력 형태인 토큰 타입으로 만드는데 문맥(context)은 0으로 질문(question)으로 만들고 어텐션 마스크 범위를 설정한다.

```python
token_type_ids = [0] * len(tokenized_context.ids) + [1] * len(
    tokenized_question.ids[1:]
)
attention_mask = [1] * len(input_ids)

padding_length = MAX_LEN - len(input_ids)
if padding_length > 0:  # pad
    input_ids = input_ids + ([0] * padding_length)
    attention_mask = attention_mask + ([0] * padding_length)
    token_type_ids = token_type_ids + ([0] * padding_length)
elif padding_length < 0:  # skip
    self.skip = True
    return
```

최대 길이만큼 패드 설정을 하고, 예외 처리로 전체 길이가 0 이하이면 self.skip에 True를 지정해 해당 데이터를 사용하지 않게 한다.

지금까지 처리된 값으로 create_inputs_targets()를 통해 훈련과 평가에 사용될 입력과 정답을 만들자.

```
x_train, y_train = create_inputs_targets(train_squad_examples)
x_eval, y_eval = create_inputs_targets(eval_squad_examples)
```

train_squad_examples에는 input_ids, token_type_ids, attention_mask, start_token_idx, end_token_idx, tokenized_context.offsets가 세트로 존재한다. 해당 값을 가지고 create_inputs_targets에서 어떠한 처리를 하는지 확인하자.

```python
def create_inputs_targets(squad_examples):
    dataset_dict = {
        "input_ids": [],
        "token_type_ids": [],
        "attention_mask": [],
        "start_token_idx": [],
        "end_token_idx": [],
    }
    for item in squad_examples:
        if item.skip == False:
            for key in dataset_dict:
                dataset_dict[key].append(getattr(item, key))
    for key in dataset_dict:
        dataset_dict[key] = np.array(dataset_dict[key])

    x = [
        dataset_dict["input_ids"],
        dataset_dict["token_type_ids"],
        dataset_dict["attention_mask"],
    ]
    y = [dataset_dict["start_token_idx"], dataset_dict["end_token_idx"]]
    return x, y
```

dataset_dict 딕셔너리를 만들고 squad_examples의 각 인스턴스를 가져와 item에 넣고 getattr 함수를 통해 item 내의 객체 속성값을 가져온다(다음 쪽 2번 항목 참조). dataset_dict의 딕셔너리 속성값과 item 인스턴스의 속성 값, 즉 키 값이 일치해서 모두 dataset_dict에 저장된다.

1. squad_examples의 전체 세트에서 각 인스턴스를 item에 넣는다.

2. 미리 만들어 놓은 dataset_dict 키 값을 통해 item에 들어 있는 각각의 똑같은 키 값을 getattr
   (item, key)로 가져온다.

예)
input_ids :
[101, 9798, 118768, 80174, 17196, 12605, 113, 9798, 118768, 80174, 41521, 12605, 117,
9826, 118768, 80174, 17196, 12605, 117, 21910, 131, 34387, 37158, 11945, 10251, 114,
9043, 9645, ·········.
 0, 0, 0, 0, 0, 0, 0, 0, 0, 0, 0, 0, 0, 0, 0, 0, 0, 0, 0, 0, 0, 0, 0, 0, 0, 0, 0, 0, 0, 0, 0, 0,
0, 0, 0]

token_type_ids:
[0, 0, 0, 0, 0, 0, 0, 0, 0, 0, 0, 0, 0, 0, 0, 0, 0, 0, 0, 0, 0, 0, 0, 0, 0, 0, 0, 0, 0, 0, 0, 0,
0, 0, 0, 0, 0, 0, 0, 0, 0, ·········.
 1, 1, 1, 1, 1, 1, 1, 1, 1, 1, 1, 1, 1, 1, 1, 1, 1, 1, 1, 1, 0, 0, 0, 0, 0, 0, 0, 0, 0, 0,
0, 0, 0, 0, 0, 0, 0, 0, 0, 0, 0, 0, 0, 0, 0, 0, 0, 0, 0, 0, 0, 0, 0, 0, 0, 0, 0, 0, 0, 0, 0, 0,
0, 0, 0, 0, 0, 0, 0, 0, 0, 0, 0, 0, 0, 0, 0, 0, 0, 0, 0, 0]

attention_mask:
[1, 1, 1, 1, 1, 1, 1, 1, 1, 1, 1, 1, 1, 1, 1, 1, 1, 1, 1, 1, 1, 1, 1, 1, 1, 1, 1, 1, 1, 1,
1, 1, 1, 1, 1, 1, 1, 1, 1, ··..
0, 0, 0, 0, 0, 0, 0, 0, 0, 0, 0, 0, 0, 0, 0, 0, 0, 0, 0, 0, 0, 0, 0, 0, 0, 0, 0, 0, 0, 0, 0, 0,
0, 0, 0, 0, 0, 0, 0, 0, 0, 0, 0, 0, 0, 0, 0, 0, 0, 0, 0, 0, 0, 0, 0, 0, 0, 0, 0, 0, 0, 0, 0, 0,
0, 0, 0, 0, 0, 0, 0, 0, 0, 0, 0, 0, 0, 0, 0, 0, 0, 0, 0, 0, 0, 0, 0, 0]

start_token_idx: 50
end_token_idx: 53

3. 위에서 예시로 표시된 값들을 dataset_dict에 키에 따라 각각 넣는다.

딕셔너리를 만들어서 들어온 값들을 배열에 넣어서 입력셋과 정답셋을 만들며, skip 값이
True인 것은 제외하는 것을 볼 수 있다. dataset_dict의 값 중에서 입력셋에 필요한 값들은 x
에, 정답값에 필요한 값은 y에 넣는다. 이렇게 모델의 학습과 평가를 위해 데이터셋을 만들었
으며, 이제 모델을 학습하기 위한 부분으로 넘어간다.

KorQuAD 1.0 학습 및 테스트

이제 모델 클래스를 통해 버트 모델을 활용한 한국어 기계독해 모델을 정의하자.

```python
class TFBERTQuestionAnswering(tf.keras.Model):
    def __init__(self, model_name, dir_path, num_class):
        super(TFBERTQuestionAnswering, self).__init__()
        self.encoder = TFBertModel.from_pretrained(
            model_name, cache_dir=dir_path
        )
        self.start_logit = tf.keras.layers.Dense(
            num_class, name="start_logit", use_bias=False
        )
        self.end_logit = tf.keras.layers.Dense(
            num_class, name="end_logit", use_bias=False
        )
        self.flatten = tf.keras.layers.Flatten()
        self.softmax = tf.keras.layers.Activation(tf.keras.activations.softmax)

    def call(self, inputs):
        input_ids, token_type_ids, attention_mask = inputs
        embedding = self.encoder(
            input_ids,
            token_type_ids=token_type_ids,
            attention_mask=attention_mask,
        )[0]
        start_logits = self.start_logit(embedding)
        start_logits = self.flatten(start_logits)

        end_logits = self.end_logit(embedding)
        end_logits = self.flatten(end_logits)

        start_probs = self.softmax(start_logits)
        end_probs = self.softmax(end_logits)

        return start_probs, end_probs
```

TFBERTQuestionAnswering 클래스는 tf.keras.Model을 상속받고 두 개의 함수 __init__과 call
을 선언한다. 먼저 __init__ 함수에서는 이전에 설명한 모델들의 통일된 인자 입력 구조인
model_name, dir_path, num_class를 받고 self.encoder는 from_pretrained 함수를 통해 './bert-

base-multilinugual-cased/'에 저장해 둔 모델을 불러온다. 저장해 놓은 모델을 불러오는 방법은 기존과 다른 방식이며, 이와 같이 진행하는 이유는 데이터 전처리와 학습 후 평가에 있어 기존 방법에서는 지원하지 않는 함수를 사용하기 위해서다. 그다음으로 start_logit과 end_logit을 맞출 수 있도록 두 개의 Dense 층을 선언한다. 기계독해는 정답이 되는 토큰의 시작 위치와 끝 위치를 맞춰야 한다. 그리고 Flatten 클래스는 로짓 값을 평평하게 펴주는 역할로서 다차원을 1차원으로 변환하는 것을 말한다. Flatten을 적용하면 어떤 식으로 변형되는지 잠깐 살펴보고 가자.

```
flatten before: Tensor("tfbert_korquad_1/start_logit/Tensordot:0", shape=(None, 256, 1), dtype=float32)

flatten after: Tensor("tfbert_korquad_1/flatten_1/Reshape:0", shape=(None, 256), dtype=float32)
```

Flatten 함수의 예는 위와 같다. 만약 위쪽의 형태(shape)를 Flatten 함수에 통과시키면 아래쪽 형태(shape)로 변경된다. Flatten을 적용했다면 마지막으로 소프트맥스를 선언한다. 이렇게 하면 __init__ 함수에서 모델에 활용할 레이어들을 모두 선언한 것이다. 이제 call 함수를 통해 레이어가 어떻게 활용되는지 보자.

두 번째 함수인 call 함수는 inputs를 받아들인다. inputs에는 self.encoder에 들어갈 형태, 즉 버트 모델에 들어갈 입력 인덱스 값, token_type_ids인 세그먼트 임베딩 값, 그리고 PAD 값이 들어 있는 attention_mask가 담겨 있다. self.encoder 함수에 inputs의 값을 입력한다. embedding 값을 가져와 정답의 시작점 위치를 구하기 위해 self.start_logit에, 끝점 위치를 구하기 위해 self.end_logit에 넣는다. 그 후 self.flatten 함수를 통과하고 마지막으로 softmax를 통해 시작 토큰의 확률과 끝 토큰의 확률 값을 구한다. 끝나는 토큰의 확률 값도 시작 토큰의 확률 값을 구하는 것과 같다.

한국어 기계독해 모델을 생성하고 최적화 함수와 손실 함수를 선언한다.

```
korquad_model = TFBERTQuestionAnswering(
    model_name="./bert-base-multilingual-cased/", dir_path="bert_ckpt", num_class=1
)
optimizer = tf.keras.optimizers.Adam(learning_rate=5e-5)
loss = keras.losses.SparseCategoricalCrossentropy(from_logits=False)
```

앞선 모델과 동일하게 아담 옵티마이저를 활용하고 learning_rate 인자는 버트 논문의 기계독해 학습률 5e-5를 따른다. 그리고 SparseCategoricalCrossentropy를 통해 손실 값을 구한다. 여기서는 모델에서 이미 소프트맥스를 통과한 확률 값을 활용하기 때문에 from_logits 인자를 False로 지정한다. 추가로 모델의 결과를 정답과 비교하기 위해 후처리가 필요한데 그 방법을 정의한 함수를 살펴보자.

```python
def normalized_answer(s):
    def remove_(text):
        text = re.sub("'", " ", text)
        text = re.sub('"', " ", text)
        text = re.sub('《', " ", text)
        text = re.sub('》', " ", text)
        text = re.sub('<', " ", text)
        text = re.sub('>', " ", text)
        text = re.sub('〈', " ", text)
        text = re.sub('〉', " ", text)
        text = re.sub("\(", " ", text)
        text = re.sub("\)", " ", text)
        text = re.sub("'", " ", text)
        text = re.sub("'", " ", text)
        return text

    def white_space_fix(text):
        return ' '.join(text.split())

    def remove_punc(text):
        exclude = set(string.punctuation)
        return ''.join(ch for ch in text if ch not in exclude)

    def lower(text):
        return text.lower()

    return white_space_fix(remove_punc(lower(remove_(s))))
```

후처리를 위해 이 실습에서는 normalized_answer 함수를 선언한다. 이 함수를 선언한 이유는 한국어 외에 다른 특수기호가 포함될 수 있기 때문이다. 특수기호들은 평가에 있어 평가 점수에 영향을 줄 수 있는 요인이다. 그렇기 때문에 위와 같은 후처리 함수를 통해 한국어 텍스트 만 유지하게 한다.

normalized_answer(s) 함수는 진행 순서에 따라 네 가지 처리를 수행한다. 첫째, remove(text) 함수는 입력된 텍스트 내에 re.sub 표현식에 기술된 모든 기호를 공백으로 변환한다. 즉, 불필요한 기호들을 삭제한다. 둘째, lower(text) 함수로 대소문자를 소문자로 통일한다. 셋째, remove_punc(text) 함수는 문자열 양쪽의 모든 구두점을 삭제한다(구두점: '!"#$%&\'()*+,-./:;<=>?@[\\]^_`{|}~'). 마지막으로 white_space_fix(text)는 입력 텍스트를 스페이스, 탭, 엔터 등을 기준으로 문자로 나누고 나뉜 문자를 공백으로 연결해서 마지막 결괏값으로 넘겨 준다. 이렇게 후처리 함수를 거치면 정답에 대한 점수를 주는데 여기서는 정확 매칭(Exact Matching)이라는 방법을 활용한다. 이 방법에 대해 살펴보자.

정확 매칭은 정확한 답을 요구하는 평가 지표이며, 매칭됐을 때만 정답으로 인정한다. 아래 "자연어 처리"라는 정답과 모델에서 예측한 3개의 후보 문자열을 예로 보자.

예측	정답	정확 매칭
자연어 처	자연어 처리	매칭 안됨
자연어 처리의	자연어 처리	매칭 안됨
자연어 처리	자연어 처리	매칭됨

첫 번째, 두 번째 예측 후보 문자열에 대해서는 정답인 "자연어 처리"라는 단어와 완전히 맞지 않아 매칭되지 않고 정확 매칭 점수에 해당되지 않는다. 반면 세 번째 예측 후보는 정답 문자 열과 완전히 매칭되기 때문에 정확 매칭에 해당된다. 여기서는 이 같은 방식으로 점수를 주고 자 한다. 이제 평가 지표로 사용할 정확 매칭을 구현하자.

```python
class ExactMatch(keras.callbacks.Callback):
    def __init__(self, x_eval, y_eval):
        self.x_eval = x_eval
        self.y_eval = y_eval

    def on_epoch_end(self, epoch, logs=None):
        pred_start, pred_end = self.model.predict(self.x_eval)
        count = 0
        eval_examples_no_skip = [_ for _ in eval_squad_examples if _.skip == False]
```

```python
    for idx, (start, end) in enumerate(zip(pred_start, pred_end)):
        squad_eg = eval_examples_no_skip[idx]
        offsets = squad_eg.context_token_to_char
        start = np.argmax(start)
        end = np.argmax(end)
        if start >= len(offsets):
            continue
        pred_char_start = offsets[start][0]
        if end < len(offsets):
            pred_char_end = offsets[end][1]
            pred_ans = squad_eg.context[pred_char_start:pred_char_end]
        else:
            pred_ans = squad_eg.context[pred_char_start:]

        normalized_pred_ans = normalized_answer(pred_ans)
        normalized_true_ans = normalized_answer(squad_eg.answer_text)
        if normalized_pred_ans in normalized_true_ans:
            count += 1
    acc = count / len(self.y_eval[0])
    print(f"\nepoch={epoch+1}, exact match score={acc:.2f}")
```

ExactMatch 클래스는 새로운 콜백을 만드는 데 사용되는 추상 기본 클래스(keras.callbacks.Callback)를 받는다. 그리고 두 개의 클래스 함수가 정의돼 있다. _init_ 함수는 평가에 사용될 평가 데이터를 받는다. x_eval은 본문과 질문이 결합된 데이터이며, y_eval은 정답을 가지고 있는 데이터다. on_epoch_end는 예측한 값과 정답값을 비교하는 함수이며, 인자로는 에폭 값을 받는다. self.model.predict 함수에 self.x_eval 값을 받아서 예측된 시작점과 끝점을 받는다.

평가 데이터셋 중에서 skip == False인 것은 정답이 본문에 포함돼 있음을 의미하며, 전처리에서 eval_squad_examples를 만들 때 skip에 False가 들어가는 경우를 이해했다면 해당 구문은 이해하기 어렵지 않을 것이다. eval_examples_no_skip에는 본문에 정답이 존재하는 값들만 모았다. 그리고 for 문에서는 본문에 정답이 존재하는 값들이 모인 eval_examples_no_skip에서 값을 하나씩 불러오고 해당 값은 squad_eg에 들어가게 된다. 여기서 squad_eg.context_token_to_char의 값은 정답이 시작하는 본문의 위치 정보(offset)이며, 해당 값은 offsets에 넣는다. np.argmax는 소프트맥스를 통해 나온 확률값 중 가장 높은 토큰의 확률 값을 가져와 정답 시작점의 토큰 위치와 정답 끝점의 위치를 찾는다. 여기까지 설명할 내용을 그림으로 정리하면 다음과 같다.

1. 첫 번째 단계(np.argmax를 통해 시작과 끝의 확률값이 가장 높은 값을 가져온다)

시작 토큰 예측	첫번째 토큰	두번째 토큰	세번째 토큰	네번째 토큰	다섯번째 토큰	중간 생략	마지막(-2) 토큰	마지막(-1) 토큰	마지막 토큰
시작 토큰 확률값	1.02	2.20	3.30	4.40	2.39	…	0.21	0.11	0.10

끝 토큰 예측	첫번째 토큰	두번째 토큰	세번째 토큰	네번째 토큰	다섯번째 토큰	중간 생략	마지막(-2) 토큰	마지막(-1) 토큰	마지막 토큰
끝 토큰 확률값	3.01	1.98	4.40	1.23	5.19	…	0.12	0.22	1.01

전체 길이(max_len)

그림 7.65 시작과 끝의 높은 확률값 찾기

2. 두 번째 단계(확률 값이 가장 높은 시작과 끝을 구했다면 오프셋에 담긴 값을 통해 한글로 변환한다)

오프셋(offset) 인덱스	오프셋(offset) 내용
1	그는
2	조선을
3	구한
4	이순신
5	장군
중간 생략	………..

그림 7.66 정답값을 찾는 과정

정답 시작점의 토큰 위치와 정답 끝점의 토큰 위치가 답변을 찾는 본문의 오프셋(offsets)을 넘으면 정답을 본문(sequad_eg.context)에서 찾지 못한 것이므로 정답이 존재하는 해당 데이터셋에서는 이 같은 상황에 따른 예외 처리를 수행한다. 본문에 답이 존재한다면 squad_eg.context를 통해 시작 토큰 위치부터 끝 토큰 위치까지 모두(span) 가져온다. 가져온 pred_ans 값을 normalized_answer 함수에 전달하고 모델의 결과를 정답과 비교하기 위해 후처리 작업을 진행한다. 후처리 작업으로 무엇을 하는지는 위의 normalized_answer 함수의 설명을 확인하자. 예측한 값과 정답값이 정확하게 일치하면 count 값이 하나 더해지며, 백분율로 표현한 것이 acc다.

평가 방법 함수를 생성하고 최적화 함수와 손실 함수를 등록하자.

```
exact_match_callback = ExactMatch(x_eval, y_eval)
korquad_model.compile(optimizer=optimizer, loss=[loss, loss])
```

compile 함수를 통해 학습 방식에 대한 환경 설정을 한다. loss는 두 개를 설정하는데, 이것은 시작 토큰에 대한 손실과 마지막 토큰에 대한 손실 값을 최소화해야 하기 때문이다.

모델 저장과 관련된 설정 및 함수 등록을 하자.

```
model_name = "tf2_bert_korquad"

checkpoint_path = os.path.join(DATA_OUT_PATH, model_name, 'weights.h5')
checkpoint_dir = os.path.dirname(checkpoint_path)

if os.path.exists(checkpoint_dir):
    print("{} -- Folder already exists \n".format(checkpoint_dir))
else:
    os.makedirs(checkpoint_dir, exist_ok=True)
    print("{} -- Folder create complete \n".format(checkpoint_dir))

cp_callback = ModelCheckpoint(
    checkpoint_path, verbose=1, save_best_only=True, save_weights_only=True)
```

저장할 모델명을 정의하고, 정의된 모델명이 저장될 경로의 모델 디렉터리를 정의한다. 만약 모델의 경로가 생성돼 있지 않다면 생성한다. ModelCheckpoint의 인자 중 save_best_only가 True인 경우 관찰하는 수량을 기준으로 가장 최신의 최고 모델은 덮어씌우지 않으며 save_weights_only가 True인 경우 모델의 가중치만 저장되고, False인 경우 전체 모델이 저장된다.

이제 한국어 기계독해를 학습해보자.

```
history = korquad_model.fit(
    x_train,
    y_train,
    epochs=EPOCHS,
```

```
    verbose=VERBOSE,
    batch_size=BATCH_SIZE,
    callbacks=[exact_match_callback, cp_callback]
)
```

배치 사이즈는 시스템에 탑재된 GPU의 크기에 따라 정의하자. 이 책의 실습 환경에서는 GPU 메모리로 16GB를 사용했다. callbacks에 평가 함수와 모델 저장 관련 함수를 등록했다.

시각화를 통해 전체 손실 값, 시작 토큰의 손실 값, 마지막 토큰의 손실 값을 확인하자.

```
plot_graphs(history, 'loss', 'output_1_loss', 'output_2_loss')
```

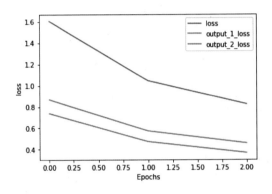

그림 7.67 손실 값 그래프

각 손실이 에폭이 증가함에 따라 감소하며, 그에 따라 전체 손실도 감소한다. 이를 통해 학습이 올바른 방향으로 진행되고 있음을 알 수 있다. 현재 사용된 사전 학습은 구글의 다국어 모델이며, 이번 실습에서는 정확한 매칭(EM)으로 73%가 나왔다.

EM	BERT KorQuad 1.0
Score	73%

지금까지 한국어 기계독해를 다뤄 보면서 다양한 기술을 소스코드와 책을 보면서 익히고 이해도를 높였을 것이다. 만약 더 높은 성능을 원한다면 다양한 기술을 접목한 한국어에 특화된 모델을 만들어 보길 바란다.

이번 절에서는 트랜스포머의 인코더와 사전 학습을 활용한 버트를 다양한 태스크에 적용해 봤다. 다음으로 트랜스포머의 디코더와 사전 학습을 활용한 언어모델인 GPT를 활용해 다양한 분야에 적용해 보자.

03 GPT

이번 절에서는 앞에서 알아본 버트에 이어 OpenAI에서 제안한 모델인 GPT(Generative Pre-training)-2 모델을 알아보자. GPT2는 2018년 발표한 GPT1 모델을 여러 방법을 통해 성능을 향상시킨 모델로서 텍스트 생성에서 특히 좋은 성능을 보여주는 모델이다.

기존의 GPT1 모델은 《Improving Language Understanding by Generative Pre-Training》논문[9]에서 소개됐는데, 버트보다 앞서 사전 학습 기법을 활용해 여러 문제에서 당시의 기존 모델들보다 높은 성능을 보여준 바 있다. GPT2 모델은 GPT1 모델을 기반으로 하며, 약간의 변화를 보였다. 여기서는 GPT1 모델에 대해 먼저 알아본 후 GPT2를 알아보자.

GPT1

GPT1은 버트와 마찬가지로 매우 큰 자연어 처리 데이터를 활용해 비지도 학습으로 사전 학습한 후 학습된 가중치를 활용해 우리가 풀고자 하는 문제에 미세 조정하는 방법론의 모델이다. 모델의 구조는 버트와 마찬가지로 트랜스포머 구조를 띤다. 대부분의 특징이나 구조가 버트와 비슷하기 때문에 다른 점에 대해서만 하나씩 알아보자.

모델 구조

GPT1에서 사용한 모델 구조는 버트와 마찬가지로 트랜스포머 모델이다. 두 모델의 차이가 있다면 버트에서는 트랜스포머의 인코더 구조만 사용한 반면 GPT1에서는 트랜스 포머의 디코더 구조만 사용했다는 것이다. 좀 더 세부적으로 본다면 버트에서 인코더를 사용했던 것과 달리 디코더를 사용했다는 것은 순방향 마스크 어텐션을 사용했다는 것으로 볼 수 있다.

---

9   https://cdn.openai.com/research-covers/language-unsupervised/language_understanding_paper.pdf

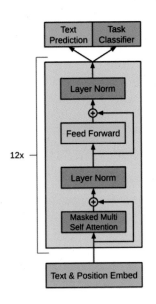

그림 7.68 GPT1 모델 구조

사전 학습

버트에서 진행한 사전 학습 방식은 두 가지로 구성돼 있었다. 즉, 마스크 언어 모델과 다음 문장 예측 학습 방식을 사용했다. 버트와는 달리 GPT1에서는 하나의 사전 학습 방식, 즉 전통적인 언어 모델 방식을 사용했다. 전통적인 언어 모델이란 앞의 단어들을 활용해 해당 단어를 예측하는 방식이다.

예를 들면, '나는 학교에 간다'라는 문장을 활용해 총 3번 학습을 진행한다.

input	label
"〈START〉"	"나는"
"〈START〉", "나는"	"학교에"
"〈START〉", "나는", "학교에"	"간다"

위와 같은 방식으로 문장에서 앞의 단어들을 활용해 다음 단어를 예측하는 방식으로 사전 학습을 진행한다. 라벨이 별도로 존재하지 않는 데이터라도 학습을 진행할 수 있기 때문에 비지도 학습으로 분류되고, 버트와 마찬가지로 많은 데이터를 통해 모델의 가중치를 사전 학습할 수 있다.

추가로 GPT1에서는 버트와 달리 실제 문제를 대상으로 학습을 진행할 때도 언어 모델을 함께 학습한다. 버트에서는 사전 학습에서만 언어 모델의 손실 값(loss)을 사용해 학습하는데 GPT1에서는 본 학습 시에도 실제로 학습해야 하는 문제의 손실 값과 더불어 언어 모델의 손실 값 또한 학습한다.

이처럼 GPT1은 버트와 크게 두 가지 측면에서 다르다는 것을 알 수 있다. 이 밖에도 세부적으로 다른 점이 있다. 예를 들면, GPT1에서는 본 학습 문제에 특화된 입력값을 사용했다는 것과 다른 사전 학습 데이터셋 등의 차이점이 있다.

GPT2

이제 GPT1에 대해 어느 정도 알아봤으니 본격적으로 이번 장의 주제인 GPT2에 대해 알아보자. GPT2는 GPT1의 성능을 향상시킨 모델로서 GPT1과 달라진 점 위주로 알아보자.

모델 구조

GPT2의 모델 구조는 GPT1과 대부분 동일하다. 트랜스포머의 디코더를 기반으로 하며, GPT1과 조금 달라진 부분은 기존의 디코더에서 각 레이어 직후 레지듀얼 커넥션과 함께 적용되던 레이어 노멀라이제이션이 각 부분 블록의 입력 쪽으로 위치가 이동했다는 것이다. 추가로 마지막 셀프 어텐션 레이어 이후에 레이어 노멀라이제이션이 적용된다. 그 밖에 모델 구조에서 기존과 바뀐 점은 없다.

학습 데이터 및 모델 크기

기존의 다양한 사전 학습 방법론에서 사용한 사전 학습 데이터는 한 영역(domain)의 텍스트를 사용했다. 예를 들면, 뉴스 기사 텍스트만 사용하거나 위키피디아 텍스트만 사용하는 등한 영역의 텍스트만 사용했는데, GPT2는 다양한 영역의 텍스트를 활용해 사전 학습을 진행한다. 이를 통해 모델이 좀 더 다양한 문맥과 영역의 글을 이해할 수 있게 한다.

이처럼 다양한 영역의 데이터를 사용하는 것과 더불어 GPT2는 GPT1과 비슷한 모델이지만 크기 측면에서 훨씬 향상된 모델을 사용한다. 기존의 GPT1 모델은 12개의 레이어로 총 117만 개의 가중치를 가진 모델을 사전 학습시켜 사용한 반면 GPT2는 48개의 레이어로 구성된 모델을 사용했다. GPT2 모델의 가중치 개수는 1,542만 개로, GPT1의 가중치 개수보다 10배 많다는 것을 알 수 있다.

모델 입력

GPT2는 GPT1과 비교해 더 큰 모델 크기, 약간의 모델 구조 변경 및 학습 데이터 구성 등에서 차이가 있다는 것을 알아봤다. 마지막으로 GPT1과의 다른 점은 모델의 입력값이 다르다는 점이다. 일반적으로 텍스트를 입력받는 모델에서는 텍스트를 특정 단위로 나눠서 모델의 입력으로 넣어야 한다. 예를 들면, 문자 단위 혹은 단어 단위로 텍스트를 나눠 입력으로 넣는다. GPT2에서는 BPE(Byte Pair Encoding)라는 방식을 사용해 텍스트를 나눠서 입력값으로 넣어줬다. 이는 글자와 문자 사이의 적절한 단위를 찾아 나누는 방식으로 높은 성능을 보여준다.

이렇게 해서 GPT2와 버트와의 차이점, 그리고 직전 모델인 GPT1과의 차이점을 알아봤다. 모델 구조는 버트와 마찬가지로 6장에서 살펴본 트랜스포머 구조를 기반으로 하기 때문에 추가적인 모델 구현을 필요로 하지는 않는다. 이제 이 내용을 기반으로 GPT2를 활용하는 방법을 알아보자.

04 GPT2를 활용한 미세 조정 학습

이번에는 GPT2 모델을 미세 조정해서 한국어로 내가 원하는 주제에 맞게 문장을 생성하는 문제를 해결해 보자. GPT2 모델은 언어를 생성하는 문제를 가지고 학습한다. 즉, 언어 모델을 사전 학습 문제로 학습하는 것이다.

그림 7.69 GPT2 모델의 언어 생성 예

위 그림과 같이 GPT2는 언어 모델을 학습하는데, "〈START〉 나는 학교에"라는 텍스트가 모델의 입력으로 들어간다. 모델은 이 입력값을 통해 "나는 학교에 간다"를 출력해서 "학교에" 단어 뒤에 "간다"라는 단어를 생성할 수 있게 학습한다.

이 책에서는 이미 학습된 사전 학습 한국어 GPT2 모델을 활용해 4가지 모델을 미세 조정하는 방식으로 실습해 보고자 한다. 첫 번째는 GPT2 모델로서 언어 생성이 어떻게 이뤄지는지 살피면서 소설 '운수 좋은 날'을 활용해 언어 생성 모델을 미세 조정을 통해 만들어 본다. 다음으로 네이버 영화 데이터셋을 활용해 텍스트 분류 모델을 미세 조정으로 학습하고 KoNLI와 KoSTS 데이터셋을 활용해 자연어 추론과 텍스트 유사도 모델을 실습하고자 한다.

GPT2를 활용한 한국어 언어 생성 모델

이번 절에서는 먼저 사전 학습된 한국어 GPT2 모델이 어떻게 동작하는지 살펴보고 사전 학습 모델을 활용해 미세 조정을 하고자 한다. 미세 조정 방법 또한 기존 GPT2 모델을 학습하는 방법과 같다. 즉, 학습할 텍스트 데이터를 언어 생성을 위한 문제 방식으로 학습하면 된다.

사전 학습 모델과 미세 조정한 모델의 차이점은 무엇일까? 사전 학습 모델은 아주 큰 데이터셋으로 학습해서 가장 일반화된 언어 생성 모델을 만드는 것이 목적이다. 반면 미세 조정 모델은 생성하고자 하는 목적을 가진 데이터셋으로 학습해서 특정한 결과를 얻을 수 있는 언어가 생성될 수 있게 하는 것이 목표다.

실제로 한국어 GPT2를 미세 조정해 보자. 본 예제 코드는 앞서 버트에서도 사용한 허깅페이스의 transformers 라이브러리와 SKT KoGPT2 모델 리소스를 기반으로 작성했다. 먼저 모델을 학습하기에 앞서 GPT2 언어 모델의 소스코드를 살펴보자.

문장 생성을 위해 TFGPT2LMHeadModel을 사용하겠다. 이 모델은 GPT2 언어 모델을 만들기 위해서도 사용한다.

```
import gluonnlp as nlp
from gluonnlp.data import SentencepieceTokenizer
from transformers import TFGPT2LMHeadModel
```

모델을 학습하기 위해서는 3개의 모듈이 필요하다. 먼저 transformers 모듈 중에서 GPT2 모델 클래스인 TFGPT2LMHeadModel을 사용하고, 추가로 gluonnlp의 SentencepieceTokenizer와 nlp 모듈을 사용한다. 앞서 버트의 미세 조정 코드를 생각해보자. transformers에서 모델 클래스와 토크나이저 클래스의 두 가지를 모두 함께 불러와서 사용했다. 그러나 GPT2에서는 transformers에 있는 토크나이저를 사용하지 않고 gluonnlp의 모듈을 사용한다. 그 이유는 해당 모델의 경우 허깅페이스에서 학습한 모델이 아니라 SKT에서 학습한 모델을 사용하기 때문에 SKT가 GPT2 모델을 학습할 때 사용했던 토크나이저인 gluonnlp의 SentencepieceTokenizer를 사용하는 것이다. 우선 불러온 모델을 활용해 여기서 사용할 모델 클래스를 구현해보자.

```
class GPT2Model(tf.keras.Model):
    def __init__(self, dir_path):
        super(GPT2Model, self).__init__()
        self.gpt2 = TFGPT2LMHeadModel.from_pretrained(dir_path)

    def call(self, inputs):
        return self.gpt2(inputs)[0]
```

GPT2 모델 클래스는 __init__ 함수에서 TFGPT2LMHeadModel을 생성해서 실행할 수 있게 구현한다. TFGPT2LMHeadModel을 생성할 때는 transformers 모델을 생성하는 방식에 따라 모델 리소스가 저장된 디렉터리 경로를 입력한다. 이 경로는 __init__ 함수에서 입력 파라미터로 받는다. 모델을 호출할 때 GPT2 모델에서 출력하는 값은 튜플 형태로, last_hidden_states, past, hidden_states, attentions 순서로 나타낸다.

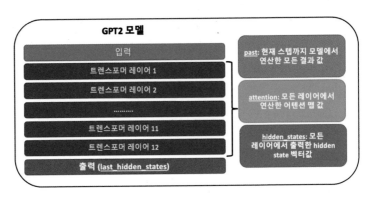

그림 7.70 GPT2 모델의 출력값

보다시피 last_hidden_states는 모델의 마지막 레이어에서 출력한 값을 받고, past는 모델에 각 레이어에서 연산한 결괏값을 출력한다. 출력값 past를 활용하면 모델을 가지고 다음 토큰을 예측할 때 연산 속도를 빠르게 해주는 효과가 있다. 왜냐하면 입력한 시퀀스의 결괏값이 이미 있어 이전 토큰 시퀀스에 대한 연산을 할 필요가 없기 때문이다. 출력값 hidden_states는 전체 레이어에 대한 은닉 상태 벡터를 모두 출력한 값이다. 마지막 출력값 attention에서는 모든 레이어에 연산한 어텐션 맵 값을 확인할 수 있다. 이 출력값을 토대로 레이어마다 토큰 간에 어떤 관계를 갖는지 유추할 수 있어 모델을 학습한 후에 모델을 분석하는 데 유용할 수 있다.

생성 모델을 활용하기 위해서는 vocabulary에 대한 logit 값만 활용하도록 첫 번째 값인 last_hidden_states를 출력한다. 그러기 위해 self.gpt2(inputs)[0]으로 구현한다.

이제 이렇게 구현한 모델 클래스에 학습된 파라미터들을 불러와보자. 우선 그 전에 학습된 파라미터를 받아와야 한다. 앞서 버트에서는 transformers에서 학습된 파라미터를 자동으로 받아올 수 있었는데, 한국어 GPT2의 경우 huggingface에 모델로 등록돼 있지 않아 파라미터를 다운로드해야 한다.

```
import wget
import zipfile

wget.download('https://github.com/NLP-kr/tensorflow-ml-nlp-tf2/releases/download/v1.0/
gpt_ckpt.zip')
with zipfile.ZipFile('gpt_ckpt.zip') as z:
    z.extractall()
```

학습된 파라미터를 내려받아 준비했다면 다음과 같은 경로로 파라미터를 이동시킨 후 모델을 선언하자. 경로에는 반드시 config.json과 tf_model.h5 파일이 있어야 한다.

```
BASE_MODEL_PATH = './data_in/gpt_ckpt'
gpt_model = GPT2Model(BASE_MODEL_PATH)
```

위와 같이 모델 리소스 경로를 객체를 생성할 때 인자로 전달하면 학습된 파라미터를 가지는 GPT2 모델이 선언된다. 이제 이 모델 객체를 활용해 보자.

사전 학습 모델 문장 생성

사전 학습된 GPT2는 언어 모델을 통해 학습했다. 그렇기 때문에 GPT2는 언어 모델이며 텍스트 생성이 가능하다. 우선 사전 학습된 모델을 활용해 언어 생성 결과를 확인해서 성능이 어떤지 보자. 생성에 앞서 먼저 텍스트를 모델에 입력할 수 있도록 토크나이저를 생성한다. 여기서 활용하는 토크나이저는 앞서 버트에서 활용한 토크나이저 방식과 다르다는 점을 염두에 두자.

```
TOKENIZER_PATH = './gpt_ckpt/gpt2_kor_tokenizer.spiece'
tokenizer = SentencepieceTokenizer(TOKENIZER_PATH)
vocab = nlp.vocab.BERTVocab.from_sentencepiece(TOKENIZER_PATH,
                                               mask_token=None,
                                               sep_token=None,
                                               cls_token=None,
                                               unknown_token='<unk>',
                                               padding_token='<pad>',
                                               bos_token='<s>',
                                               eos_token='</s>')
```

앞서 불러온 SentencepieceTokenizer와 nlp 모듈의 vocab을 활용해 단어 사전과 토크나이저를 정의한다. 단어 사전에서 사용할 스페셜 토큰은 다음과 같다.

GPT2의 각 스페셜 토큰의 역할

스페셜 토큰	역할
<unk>	모르는 단어에 대한 토큰
<pad>	배치 데이터 길이 맞추는 용도
<s>	문장의 시작을 알림
</s>	문장의 종결을 알림

이제 생성한 토크나이저 객체와 사전 학습된 GPT2 모델을 활용해 문장 생성 결과를 확인해 보자.

```
def generate_sent(seed_word, model, max_step=100, greedy=False, top_k=0, top_p=0.):
    sent = seed_word
```

```
    toked = tokenizer(sent)

    for _ in range(max_step):
        input_ids = tf.constant([vocab[vocab.bos_token],] + vocab[toked])[None, :]
        outputs = model(input_ids)[:, -1, :]
        if greedy:
            gen = vocab.to_tokens(tf.argmax(outputs, axis=-1).numpy().tolist()[0])
        else:
            output_logit = tf_top_k_top_p_filtering(outputs[0], top_k=top_k, top_p=top_p)
            gen = vocab.to_tokens(tf.random.categorical(output_logit, 1).numpy().
tolist()[0])[0]
        if gen == '</s>':
            break
        sent += gen.replace('▁', ' ')
        toked = tokenizer(sent)

    return sent
```

문장 생성은 단어 하나가 주어지면 문장을 만들어주는 방식으로 구현했다. 먼저 함수 파라미터를 살펴보면 문장 생성의 시작 단어가 될 seed_word와 문장 생성을 수행할 모델인 model, 생성 횟수를 제한하는 max_step이 기본적으로 구성돼 있다. 추가로 모델 출력 결과에 대해 유연하게 문장 생성을 해줄 수 있는지 선택할 수 있도록 greedy라는 방법을 사용한다. greedy의 입력값이 True인 경우 문장 출력 결과에 대해 가장 확률이 높은 단어만 선택한다. greedy 값이 False인 경우 출력한 단어 가운데 확률 또는 순위가 높은 단어만 선택해 무작위로 생성한다. top_k와 top_p는 greedy가 False인 경우에 활용하는 파라미터다. top_k는 확률이 높은 순서대로 k번째까지 높은 단어에 대해 필터링하는 값이고 top_p는 일정 확률값 이상인 단어에 대해 필터링하는 값이다. 만약 top_k와 top_p의 값이 모두 0이면 필터링하지 않는다.

이처럼 top_k와 top_p 파라미터를 둔 이유는 확률이 가장 높은 단어를 선택하는 greedy 방식이 아닌 순위 또는 확률이 높은 여러 개의 단어를 두고 이를 샘플링해서 선택하는 방식이기 때문이다. 여기서는 두 가지 샘플링 방식으로 설정해서 문장을 생성해 볼 수 있다.

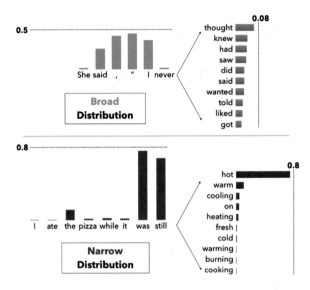

그림 7.71 단어 예측 분포가 고르게 나온 상황(Broad Distribution)과 한 단어에 편중된 상황(Narrow Distribution)

첫 번째 방식은 top_k 값만 활용하는 top-k 샘플링 방식이다. top-k 샘플링은 top_k 값 순위 안에 해당하는 어휘만 샘플링해서 어휘를 예측하는 방식이다. 이 방식은 top_k 값이 높을수록 무작위 샘플 방식에 가까워지고 낮을수록 탐욕 방식에 가까워진다. top-k 샘플링은 각 단어의 확률값을 고려하지 않고 순위만 고려하는 방식이다. 그렇다 보니 모델에서 예측한 단어의 확률이 한 단어에 크게 몰려 있다면(Narrow Distribution) 확률이 낮은 단어가 선택될 수 있어 생성 결과가 일관되게 좋은 문장을 생성하지 못할 수 있다. 따라서 예측한 단어의 분포가 소수의 단어에만 높은 확률값으로 구성돼 있다면 자연스러운 문장을 생성하기가 어려워진다.

두 번째 방식은 top_p의 값만 조절하는 방식인데, 이를 뉴클러스 샘플링(Nucleus Sampling)이라 한다. 이 방식에서는 확률 값의 경계를 top_p로 정하면 확률이 가장 높은 순으로 후보 단어들의 확률을 더했을 때 top_p가 되는 단어 집합에 대해 샘플링한다. 일정 확률 값의 경계를 설정하고 문장을 생성한다면 top-k 샘플링보다 안정적으로 사람이 쓴 것과 같이 개연성 있게 만들어지는 문장을 확인할 수 있다.

GPT2 같은 생성 모델은 주어진 문장을 전제로 최대우도추정(Maximum Likelihood Estimation)을 활용해 단어 예측 분포에서 가장 확률이 높은 단어를 선택하는 탐욕 검색 (Greedy Search)으로 새로운 단어를 예측할 수 있다. 탐욕 검색으로 문장을 생성하는 과정에서 다음 단어를 예측할 때 잘못된 단어를 예측하게 되면 학습 상황과 같이 다음 단어를 예측할 때 올바른 단어를 출력할 수 있도록 조정해주지 않는다. 이러한 문제로 확률이 높은 단어만 선택하다 보니 생성된 문장에 어색한 문구가 나오거나 반복되는 단어가 발생하는 문제가 생기기도 한다. 그에 비해 예측 확률이 높은 단어들을 후보로 추출하고 이를 샘플링하면 잘못된 단어를 예측했더라도 다음 단어를 생성할 때 다시 잘못된 단어를 선택할 가능성을 줄일 수 있을 것이다. 이러한 이유로 두 샘플링 방식이 가장 확률이 높은 단어만 선택하는 최대우도추정 방식에 비해 나은 결과를 보일 수 있다. 위 두 방법은 《The Curious Case of Neural Text Degeneration》(Ari Holtzman et al.) 논문[10]을 살펴보면 더 자세히 알 수 있다. 실습에서 문장 생성에 관한 샘플링 구현은 tf_top_k_top_p_filtering 함수에서 확인할 수 있다.

이렇게 입력 파라미터를 정의했다면 생성 코드를 살펴보자.

```
sent = seed_word
toked = tokenizer(sent)
```

먼저 인자로 들어온 문장 생성을 시작할 단어를 문장을 의미하는 변수에 할당하고 토크나이즈한다.

```
for _ in range(max_step):
    input_ids = tf.constant([vocab[vocab.bos_token],] + vocab[toked])[None, :]
    outputs = model(input_ids)[:, -1, :]
```

그 후에 문장 생성을 할 수 있는 반복문에 들어간다. 여기서는 토크나이즈된 단어를 인덱스로 변환하고 모델에 입력값으로 넣어 출력값을 받는다. 모델의 출력값에 대해서는 문장에서 마지막 단어만 선택하게 한다.

```
if greedy:
    gen = vocab.to_tokens(tf.argmax(outputs, axis=-1).numpy().tolist()[0])
else:
    output_logit = tf_top_k_top_p_filtering(outputs[0], top_k=top_k, top_p=top_p)
    gen = vocab.to_tokens(tf.random.categorical(output_logit, 1).numpy().tolist()[0][0])
```

---

[10] https://arxiv.org/abs/1904.09751

모델에서 출력을 마쳤다면 출력한 마지막 토큰에서 가장 확률이 높은 단어를 선택하거나 확률이 높은 단어 중에서 확률 분포에 따라 선택할 수 있게 해야 한다. 이 두 방법을 각기 선택하기 위해서는 앞서 언급한 greedy 파라미터를 True 또는 False로 설정하면 된다. greedy 값이 True인 경우 tf.argmax로 가장 확률이 높은 단어를 선택하고 텍스트로 변환한다. greedy 값이 False인 경우 tf_top_k_top_p_filtering 함수를 통해 무작위로 선택할 단어들을 필터링한다. 그리고 tf.random.categorical을 통해 무작위로 선택한 단어들의 확률 분포를 토대로 무작위 선택을 하고 텍스트로 변환한다. 여기서는 top_k 값을 0으로 설정하고 top_p만 조절해서 문장을 생성하는 뉴클러스 샘플링을 활용한다.

```
if gen == '</s>':
    break
sent += gen.replace(' ', '')
toked = tokenizer(sent)
```

생성된 텍스트 토큰을 대상으로 먼저 문장의 끝을 알리는 </s> 토큰인지 확인한다. </s> 토큰인 경우 생성을 멈춘다. 그리고 앞서 만들어진 텍스트에 덧붙인다. 그 후 다음 토큰을 생성하기 위해 다시 토크나이저를 거치게 한다. 아 과정을 max_step만큼 반복하면 문장이 생성된다.

```
print(generate_sent('이때', gpt_model, greedy=True))
```

```
'이때문에 일부 전문가들은 "이번 사건은 '제2의 삼성'을 꿈꾸는 삼성의 내부 사정을 잘 보여
주는 사례"라고 평가했다.'
```

문장을 생성하는 함수를 구현하게 되면 GPT2 모델을 활용해 생성된 문장을 확인할 수 있다. 위의 경우는 탐욕(greedy) 방식으로 문장을 생성한 결과다. 이 방식은 항상 확률이 가장 높은 단어만 선택하기 때문에 모델이 학습한 바이어스(bias)에 따라 일관된 문장만 출력하게 되고, 경우에 따라 반복되는 단어가 출력되는 결과가 나올 수도 있을 것이다.

만약 greedy 파라미터를 False로 지정하고 top_k와 top_p를 설정하면 샘플링 방식을 통해 좀 더 자연스럽고 다양한 문장들을 확인할 수 있을 것이다.

```
generate_sent('이때', gpt_model, top_k=0, top_p=0.95)
```

'이때 다이메틸 플라본이란 물질들이 전립선암의 발생을 감소시키고 폐암 발생률도 완화시키는 것으로 알려진 'T' 연구법이 동원되었다.'

'이때문에 참석자들은 '세대통합'을 주문했다.'

'이때 학생들이 들고일어난 옷은 편백나무털로 되어 있어 접착이 쉽고 , 거칠기 때문에 저지로 인한 그늘로 더러워지는 경우가 많은 것으로 분석됐다.'

소설 텍스트 데이터 전처리하기

이제 미세 조정할 학습 데이터를 구성해 보자. 이번 실습에서 학습할 데이터는 소설 "운수 좋은 날"이다.

```
DATA_IN_PATH = './data_in/KOR/'
TRAIN_DATA_FILE = 'finetune_data.txt'

sents = [s[:-1] for s in open(DATA_IN_PATH + TRAIN_DATA_FILE, 'rb', encoding='utf-8').
readlines()]
```

학습 데이터는 소설 텍스트를 먼저 문장별로 분리해둔 텍스트 데이터다. 우선 이 텍스트 데이터를 불러온다.

```
input_data = []
output_data = []

for s in sents:
    tokens = [vocab[vocab.bos_token],] + vocab[tokenizer(s)] + [vocab[vocab.eos_token],]
    input_data.append(tokens[:-1])
    output_data.append(tokens[1:])
```

테스트 데이터는 토그나이저로 텍스트를 토큰화안 후 입력 데이터와 출력 데이터로 구성한다. 한 문장으로 이뤄진 데이터를 구성할 때는 항상 문장 시작과 끝에 대한 스페셜 토큰을 할당한다. 언어 생성 모델은 다음 단어를 예측하는 데이터 구조로 구성해야 하기 때문에 입력 데이터를 tokens[:-1]로 맨 앞에서 맨 뒤 직전 토큰까지만 활용하게 하고 정답 데이터를 tokens[1:]로 맨 앞 다음 토큰에서 맨 뒤 토큰까지 활용하게 한다.

```
input_data = pad_sequences(input_data, MAX_LEN, value=vocab[vocab.padding_token])
output_data = pad_sequences(output_data, MAX_LEN, value=vocab[vocab.padding_token])

input_data = np.array(input_data, dtype=np.int64)
output_data = np.array(output_data, dtype=np.int64)
```

이렇게 해서 입출력 데이터 구성을 마쳤다면 pad_sequences 함수를 통해 데이터를 패딩한다. 그리고 np.array로 구성하면 학습 데이터 준비가 완료된다.

소설 텍스트 미세 조정 모델 학습

앞서 6장에서 Seq2Seq와 Transformer 모델을 보면서 시퀀스 출력 모델에 대한 loss와 accuracy를 구하는 방법을 이미 알아봤다. GPT2 미세 조정 학습에서도 마찬가지로 이와 같은 방법을 활용한다.

```
loss_object = tf.keras.losses.SparseCategoricalCrossentropy(
    from_logits=True, reduction='none')

train_accuracy = tf.keras.metrics.SparseCategoricalAccuracy(name='accuracy')

def loss_function(real, pred):
    mask = tf.math.logical_not(tf.math.equal(real, vocab[vocab.padding_token]))
    loss_ = loss_object(real, pred)

    mask = tf.cast(mask, dtype=loss_.dtype)
    loss_ *= mask

    return tf.reduce_mean(loss_)

def accuracy_function(real, pred):
    mask = tf.math.logical_not(tf.math.equal(real, vocab[vocab.padding_token]))
    mask = tf.expand_dims(tf.cast(mask, dtype=pred.dtype), axis=-1)
```

```
    pred *= mask
    acc = train_accuracy(real, pred)


    return tf.reduce_mean(acc)
```

 6장에서 진행한 방법과 동일하게 loss_function과 accuracy_function을 구현한다. 여기서 다른 점은 mask 토큰 인덱스가 다르기 때문에 그 값에 대해서만 변경하면 된다는 것이다.

```
gpt_model.compile(loss=loss_function,
                  optimizer=tf.keras.optimizers.Adam(1e-4),
                  metrics=[accuracy_function])
```

gpt_model.compile을 통해 loss나 optimizer, metrics 등을 설정하게 하면 미세 조정에 대한 모든 준비가 끝난다.

```
history = gpt_model.fit(input_data,
                        output_data,
                        batch_size=BATCH_SIZE,
                        epochs=NUM_EPOCHS,
                        validation_split=VALID_SPLIT)
```

학습 준비를 마치면 gpt_model.fit을 통해 학습을 진행한다. 모델의 크기가 상당히 크기 때문에 학습하는 데 시간이 걸릴 수 있다. 여기서는 작은 데이터셋으로 학습하기 때문에 일반 CPU에서 학습을 진행해도 크게 문제는 없지만 만약 큰 데이터셋으로 학습하고자 한다면 GPU에서 학습할 것을 권장한다.

```
Epoch 10/10
16/16 [==============================] - 2s 112ms/step - loss: 0.8623 - accuracy_func-
tion: 0.2296 - val_loss: 2.9709 - val_accuracy_function: 0.2345
```

실습에서는 10에폭 지점에서 학습을 멈췄다. 그리고 학습 성능이나 검증 성능이 생각보다 좋지 않다는 점을 확인할 수 있다. 여기서는 에폭 수를 더 늘려 학습하게 되면 학습의 정확도는 올라가지만 텍스트 생성이 잘 되지 않는 것을 볼 수 있다. 아마도 작은 데이터셋을 활용해 미세 조정을 학습하다 보니 학습 데이터에 바이어스가 생겨 텍스트 생성에 영향을 주는 것으로 보인다. 다양한 성능 검증 방법이 있지만 이러한 경우에 가장 검증하기 간단한 방법은 모델을 학습하면서 생성된 텍스트 결과를 보고 적절한 모델을 찾는 것이다. 실습에서는 10에폭이 괜찮은 결과를 보여 이와 같이 학습 설정을 했다.

```python
DATA_OUT_PATH = './data_out'
model_name = "tf2_gpt2_finetuned_model"

save_dir_path = os.path.join(DATA_OUT_PATH, model_name)
save_file_path = os.path.join(save_dir_path, 'weights.h5')

if not os.path.exists(save_dir_path):
    os.makedirs(save_dir_path)

gpt_model.gpt2.save_pretrained(save_file_path)
loaded_gpt_model = GPT2Model(save_file_path)
```

학습한 모델은 이와 같은 방식으로 모델에 대한 config.json과 tf_model.h5 파일을 폴더에 저장할 수 있다. 저장한 모델은 다시 새로운 모델을 생성할 때 입력 파라미터로 모델이 위치한 폴더의 경로를 입력하면 활용 가능하다.

미세 조정 학습 결과 확인

학습이 어느 정도 진행되면 앞서 사전 학습 모델의 결과와 문장 생성을 통해 비교해 보자.

```python
generate_sent('이때', gpt_model, greedy=True)
```

'이때에 마침 길가 선술집에서 김첨지의 친구 김'

앞서 문장을 생성한 첫 단어를 동일하게 입력해서 생성하게 되면 소설에 나오는 문장의 내용과 거의 유사하게 나올 것이다. 지금 보이는 출력값은 앞에서 설명한 greedy 방식을 사용했을 때 반복되는 단어가 출력된다는 점을 그대로 보여준다.

```
generate_sent('이때', gpt_model, top_k=0, top_p=0.95)
```

'이때 누운 이의 창백한 얼굴과 가슴이 움켜쥐어진 채 오직 박수로만 울었던 홍수 김첨지의 눈울기 어린 목소리는 마치 어린애의 울음소리 같았다.'

'이때까지 여관방 한 칸이 비는 데는 2천-4천원 선이었고 어제 한 번 비가 온 날은 한 달에 두 번 꼴로 비가 와 추웠던 것이다.'

'이때에 주정꾼들이 물러가려고 버들머리를 굴리기 시작했다.'

만약 greedy를 False로 지정하면 소설의 내용과는 비슷한 경향이 있지만 앞서 사전 학습 모델에서 생성한 바와 같이 다양하게 생성한 문장을 확인할 수 있을 것이다.

이렇게 GPT2를 활용해 언어를 생성하는 방법까지 살펴봤다. 이러한 미세 조정 방법을 통해 다양한 한글 텍스트 데이터를 활용해 학습하고 재미난 문장 생성 결과를 확인할 수 있다. 만약 재미난 소설이나 노래 가사를 만들어 보고 싶다면 다른 흥미로운 소설책의 내용을 가지고 학습해보길 바란다. 아마도 흥미로운 결과를 볼 수 있을 것이다.

GPT2는 언어 생성뿐 아니라 버트 모델과 같이 텍스트 분류나 텍스트 유사도 분류와 같은 모델로도 활용할 수 있다. 다음 절에서는 GPT2를 활용해 텍스트 분류 모델을 만들어 보자.

GPT2를 활용한 한국어 텍스트 분류 모델

GPT2를 활용해 영화 리뷰 분류 모델을 학습해 보자. 영화 리뷰 분류 모델은 앞서 버트에서 활용한 네이버 영화 데이터셋을 가지고 실습하겠다. 전체적인 학습 방법은 버트와 대부분 유사하다. 이번 실습은 크게 GPT2를 텍스트 분류기로 활용하기 위한 분류기 클래스 선언과 앞서 활용한 토크나이저로 모델에 입력할 데이터를 구성하는 방법, 모델 학습 및 평가 등의 순서도 신행알 예성이다.

네이버 영화 리뷰 데이터 전처리

미세 조정 학습을 할 모델에 대해 클래스를 정의했다면 이제 학습할 데이터를 준비하자. 이번 실습에서도 앞의 GPT2 언어 생성 미세 조정 학습한 방식과 마찬가지로 서로 다른 토크나이저를 사용하기 때문에 데이터를 준비하는 방식은 버트와 유사하지만 모델에 입력 데이터를 구성하는 방식이 다르다. 이 점에 유의하면서 보자.

```
TOKENIZER_PATH = './gpt_ckpt/gpt2_kor_tokenizer.spiece'
tokenizer = SentencepieceTokenizer(TOKENIZER_PATH)
vocab = nlp.vocab.BERTVocab.from_sentencepiece(TOKENIZER_PATH,
                                               mask_token=None,
                                               sep_token='<unused0>',
                                               cls_token=None,
                                               unknown_token='<unk>',
                                               padding_token='<pad>',
                                               bos_token='<s>',
                                               eos_token='</s>')
```

데이터를 불러오기에 앞서 먼저 토크나이저를 생성해야 한다. 앞서 GPT2 미세 조정 학습을 했을 때와 동일하게 토크나이저를 구성한다. 여기서 추가되는 점은 분류를 해야 하기 때문에 분류를 하기 위한 1개의 스페셜 토큰을 지정할 필요가 있다는 것이다. 추가할 스페셜 토큰은 문장을 분리하는 SEP 토큰이다. 여기서 활용하는 GPT2 모델에서는 생성 모델 학습을 위주로 하다 보니 별도의 SEP를 정의하지는 않았다. 대신 사용자가 추가로 활용할 수 있는 토큰을 <unused0>과 같은 형태로 99개 정의해 뒀다. 토큰을 정의한 아래 표를 보면서 SEP 토큰을 어떻게 정의했는지 살펴보자.

GPT2 분류 모델을 위한 스페셜 토큰 SEP의 역할

스페셜 토큰	역할
<unused0>	SEP 토큰으로 두 개의 문장을 입력할 때 문장을 구분해 주는 토큰으로 활용 (자연어 추론과 텍스트 유사도 모델에서 활용 예정)

여기서는 '<unused0>' 토큰들을 문장 분리를 위한 SEP 토큰으로 정의했다. 각 unused 토큰은 nlp.vocab.BERTVocab.from_sentencepiece 함수의 sep_token 파라미터에 입력한다. SEP 토큰의

경우 이후 자연어 추론과 문장 유사도 모델에서 활용할 예정이다. 토크나이저를 생성했다면 이제 네이버 영화 리뷰 데이터를 불러오자.

```
DATA_IN_PATH = './data_in/KOR'
DATA_OUT_PATH = './data_out/KOR'

DATA_TRAIN_PATH = os.path.join(DATA_IN_PATH, "naver_movie", "ratings_train.txt")
DATA_TEST_PATH = os.path.join(DATA_IN_PATH, "naver_movie", "ratings_test.txt")

train_data = pd.read_csv(DATA_TRAIN_PATH, header = 0, delimiter = '\t', quoting = 3)
train_data = train_data.dropna()
```

앞서 네이버 영화 리뷰 데이터셋을 받는 방식과 동일하게 판다스를 사용해 txt 파일을 불러온다. 데이터를 정상적으로 불러왔다면 토크나이저를 활용해 모델에 입력할 데이터를 구성해 보자.

```
train_data_sents = []
train_data_labels = []

for train_sent, train_label in train_data[['document', 'label']].values:
    train_tokenized_text = vocab[tokenizer(clean_text(train_sent))]

    tokens = [vocab[vocab.bos_token]]
    tokens += pad_sequences([train_tokenized_text],
                            SENT_MAX_LEN,
                            value=vocab[vocab.padding_token],
                            padding='post').tolist()[0]
    tokens += [vocab[vocab.eos_token]]

    train_data_sents.append(tokens)
    train_data_labels.append(train_label)

train_data_sents = np.array(train_data_sents, dtype=np.int64)
train_data_labels = np.array(train_data_labels, dtype=np.int64)
```

텍스트를 전처리하는 방법은 앞서 버트 분류기를 활용해 미세 조정했을 때와 비슷하다. clean_text 함수를 정의해 한글 데이터만 사용하도록 필터링하고 토크나이저를 통해 텍스트를 토큰 단위로 나누고 인덱싱하면 된다. 인덱싱 과정에서 각 문장 인스턴스마다 패딩을 주기 위해 pad_sequences를 호출한다. pad_sequences 함수에서 리턴되는 값은 2차원의 넘파이 배열인데 우리가 만드는 학습 데이터는 리스트이고 문장 인스턴스는 1차원의 리스트로 돼 있어야 한다. 이를 위해 pad_sequences에서 출력한 값을 tolist 함수로 호출하고 0번 인덱스를 부르면 1차원에 패딩이 적용된 한 문장의 인덱스 시퀀스가 돼 있을 것이다. 인덱싱을 하고 난 다음, 약간의 데이터 구성을 더 해야 한다. 여기서는 버트와 다르게 GPT2 모델을 분류기로 활용하기 위해 입력 데이터에 대한 영역을 다음과 같이 정의해서 구성하고자 한다.

| BOS | 입력 텍스트 영역 | \<pad\> \<pad\>... | EOS |

그림 7.72 GPT2 텍스트 분류 학습 데이터의 구성

입력 데이터는 고정된 길이에서 구성하기 때문에 텍스트 인덱스의 길이에 따라 패딩 영역이 정해진다. 텍스트 정보가 있는 영역 앞뒤로는 문장의 시작과 끝을 알리는 BOS, EOS 토큰을 두고 텍스트 영역 뒷부분에 패딩 토큰이 있다. 패딩 토큰은 텍스트 영역의 길이에 따라 패딩 영역이 할당된다. 항상 맨 마지막 토큰 위치에는 분류를 할 수 있는 영역으로 CLS 토큰을 두는 대신 EOS 토큰을 활용한다. 데이터 구성이 앞서 버트 학습 방법과 비슷하고 CLS 토큰의 위치가 뒤로 가고 EOS 토큰이 대신하는 것으로 볼 수 있다. 이렇게 하면 입력 데이터에 대한 구성이 끝난다. 그렇다면 이제 학습 데이터를 구성할 준비가 됐으니 모델 학습으로 가보자.

네이버 영화 리뷰 모델 학습

모델 학습을 하기에 앞서 모델 클래스를 구현하자. GPT2 텍스트 분류기를 만들기 위해 TFGPT2Classifier라는 클래스를 구현하고자 한다. 앞서 버트에서 활용한 TFBertClassifier 클래스와 유사하게 GPT2의 출력값을 활용해 선형 레이어를 거쳐 분류한다. 구체적으로 어떤 방식으로 구현되는지 살펴보자.

```
class TFGPT2Classifier(tf.keras.Model):
    def __init__(self, dir_path, num_class):
        super(TFGPT2Classifier, self).__init__()
```

```
        self.gpt2 = TFGPT2Model.from_pretrained(dir_path)
        self.num_class = num_class

        self.dropout = tf.keras.layers.Dropout(self.gpt2.config.summary_first_dropout)
        self.classifier = tf.keras.layers.Dense(self.num_class,
                                    kernel_initializer=tf.keras.initializers.
TruncatedNormal(stddev=self.gpt2.config.initializer_range), name="classifier")

    def call(self, inputs):
        outputs = self.gpt2(inputs)
        gpt_output = outputs[0][:, -1]

        pooled_output = self.dropout(gpt_output)
        logits = self.classifier(pooled_output)

        return logits
```

모델 클래스를 선언하면서 먼저 tf.keras.Model로부터 상속받아 학습과 평가가 가능한 모델 클래스로 구현한다. _init_ 함수에는 GPT2 분류기에 활용할 모델을 생성한다. 생성에 앞서 _init_ 함수에 대한 파라미터로는 GPT2 모델을 불러오는 경로인 dir_path와 분류기의 분류 수를 정하는 num_class를 정의한다. 먼저 GPT2 모델은 TFGPT2Model 클래스의 from_pretrained 함수를 통해 저장된 모델을 불러와 self.gpt2에 할당한다. 그리고 tf.keras.layers.Dropout과 tf.keras.layers.Dense를 생성하고 self.dropout과 self.classifier에 각각 할당해서 분류기의 역할을 할 레이어를 생성한다.

call 함수에서는 _init_ 함수에서 생성한 self.gpt2, self.dropout, self.classifier를 활용해 연산 과정을 구현한다. 함수의 입력값으로 inputs를 받는다. 그다음 self.gpt2(inputs)를 호출해서 GPT2 모델에서 연산한 결과를 받는다. self.gpt2(inputs)를 통해 나온 출력값 outputs는 앞서 언어 생성 실습에서 활용한 GPT2 모델과 같이 튜플 형태로 last_hidden_states, past, hidden_states, attentions 순서로 나타낸다.

여기서도 GPT2의 마지막 레이어에서 출력된 값을 활용하기 때문에 last_hidden_states 값을 활용한다. last_hidden_states는 입력한 전체 실이만큼의 시퀀스 형태로 출력되는데 여기서 맨 마지막 토큰만 활용해 분류기를 만든다. 버트와 달리 마지막 토큰을 분류 토큰으로 활용하는 이유는 GPT2 모델은 추론 연산을 수행할 때 순방향 어텐션 마스크를 활용해 맨 앞에 분류 토큰으로 정의하면 해당 토큰 뒤에 있는 텍스트 정보 간의 정보를 추론할 수 없기 때문이다. 따라서 self.gpt2(inputs)를 통해 출력값을 outputs에 할당받고 outputs[0][:, -1]로 last_hidden_states에 시퀀스의 맨 마지막 토큰 벡터를 출력받아 gpt_output에 할당한다. GPT2로부터 분류기를 연산할 값을 gpt_output으로 할당받고 나면 self.dropout과 self.classifier 연산을 거치도록 구현한다. self.classifier를 거친 결괏값이 최종 분류기의 출력값이 된다.

이렇게 구현한 모델은 버트와 마찬가지로 분류기와 자연어 추론과 같은 모델을 학습할 수 있다.

분류기 모델을 학습하는 방법은 앞선 모델들의 학습 방법과 동일하다.

```
cls_model = TFGPT2Classifier(dir_path=BASE_MODEL_PATH, num_class=2)

optimizer = tf.keras.optimizers.Adam(6.25e-5)
loss = tf.keras.losses.SparseCategoricalCrossentropy(from_logits=True)
metric = tf.keras.metrics.SparseCategoricalAccuracy('accuracy')
cls_model.compile(optimizer=optimizer, loss=loss, metrics=[metric])
```

먼저 분류기 모델을 생성하고 최적화 함수와 손실 함수, 평가에 활용할 정확도 함수를 구성해 model.compile을 실행하면 모델을 학습할 준비가 끝난다.

```
model_name = "tf2_gpt2_naver_movie"

earlystop_callback = EarlyStopping(monitor='val_accuracy', min_delta=0.0001, patience=2)

checkpoint_path = os.path.join(DATA_OUT_PATH, model_name, 'weights.h5')
checkpoint_dir = os.path.dirname(checkpoint_path)

if os.path.exists(checkpoint_dir):
    print("{} -- Folder already exists \n".format(checkpoint_dir))
else:
    os.makedirs(checkpoint_dir, exist_ok=True)
    print("{} -- Folder create complete \n".format(checkpoint_dir))

cp_callback = ModelCheckpoint(
    checkpoint_path,
```

```
        monitor="val_accuracy",
        verbose=1,
        save_best_only=True,
        save_weights_only=True,
    )
history = cls_model.fit(
        train_data_sents,
        train_data_labels,
        epochs=NUM_EPOCHS,
        batch_size=BATCH_SIZE,
        validation_split=VALID_SPLIT,
        callbacks=[earlystop_callback, cp_callback],
    )
```

그다음 학습 진행을 위한 방법은 다른 모델들을 학습한 방식과 동일하다. 여기서도 마찬가지로 GPU로 학습하는 것을 권장한다. 모델 학습 후 성능 그래프를 보면 다음과 같다.

```
plot_graphs(history, 'accuracy')
```

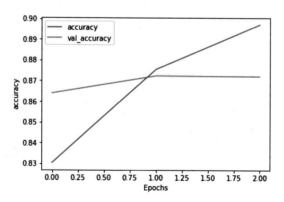

그림 7.73 GPT2 문장 분류 정확도 함수의 학습 그래프

```
plot_graphs(history, 'loss')
```

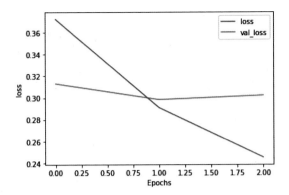

그림 7.74 GPT2 문장 분류 손실 함수의 학습 그래프

정확도와 손실 그래프를 확인하면 모델 학습은 2에폭까지는 성능이 크게 오르다 3에폭에서
는 떨어지는 것을 확인할 수 있다.

네이버 영화 리뷰 모델 테스트

모델 학습을 마쳤다면 이제 테스트를 진행해 보자.

```
test_data = pd.read_csv(DATA_TEST_PATH, header=0, delimiter='\t', quoting=3)
test_data = test_data.dropna()

test_data_sents = list()
test_data_labels = list()

for test_sent, test_label in test_data[['document','label']].values:
    test_tokenized_text = vocab[tokenizer(clean_text(test_sent))]

    tokens = [vocab[vocab.bos_token]]
    tokens += pad_sequences([test_tokenized_text],
                        SENT_MAX_LEN,
                        value=vocab[vocab.padding_token],
                        padding='post').tolist()[0]
    tokens += [vocab[vocab.eos_token]]

    test_data_sents.append(tokens)
    test_data_labels.append(test_label)
```

```
test_data_sents = np.array(test_data_sents, dtype=np.int64)
test_data_labels = np.array(test_data_labels, dtype=np.int64)

cls_model.load_weights(checkpoint_path)

results = cls_model.evaluate(test_data_sents, test_data_labels, batch_size=1024)
```

앞서 학습 데이터를 준비하는 것과 동일한 방식으로 데이터를 전처리해서 `model.evaluate`를 수행한다. 테스트를 진행하면 약 89%의 정확도가 나올 것이다.

네이버 영화 데이터셋의 성능 평가 비교

	CNN Classifier	BERT Classifier	GPT2 Classifier
Score	82.63%	85.52%	86.68%

여기서 GPT2의 성능이 버트에 비해 나은 점수로 나왔다. GPT2 모델이 앞서 소개한 버트 모델보다 나은 이유는 GPT2 사전 학습 모델의 학습 데이터가 다르기 때문이다. 만약 GPT2에서 활용한 데이터셋을 가지고 버트를 사전 학습했다면 다른 결과가 나왔을 수도 있다. 이제 GPT2 모델을 활용해 텍스트 분류를 해봤으니 자연어 추론에 관한 분류 모델을 만들어 보자.

GPT2를 활용한 한국어 자연어 추론 모델

앞서 버트에서 진행한 자연어 추론 미세 조정을 GPT2에서도 적용해보자. 자연어 추론 모델을 미세 조정하기 위한 베이스 모델은 앞에서 본 `TFGPT2Classifier`와 KorNLI 데이터셋을 활용할 예정이다.

KorNLI 데이터 전처리

데이터 준비를 위해 앞서 버트 미세 조정에서 한 방법과 동일하게 KorNLI 데이터셋을 판다스를 통해 불러온다.

```
TRAIN_SNLI_DF = os.path.join(DATA_IN_PATH, 'KorNLI', 'snli_1.0_train.kor')
TRAIN_XNLI_DF = os.path.join(DATA_IN_PATH, 'KorNLI', 'multinli.train.ko.tsv')
DEV_XNLI_DF = os.path.join(DATA_IN_PATH, 'KorNLI', 'xnli.dev.ko.tsv')
```

```
train_data_snli = pd.read_csv(TRAIN_SNLI_DF, header=0, delimiter = '\t', quoting = 3)
train_data_xnli = pd.read_csv(TRAIN_XNLI_DF, header=0, delimiter = '\t', quoting = 3)
dev_data_xnli = pd.read_csv(DEV_XNLI_DF, header=0, delimiter = '\t', quoting = 3)

train_data_snli_xnli = train_data_snli.append(train_data_xnli)
train_data_snli_xnli = train_data_snli_xnli.dropna()
train_data_snli_xnli = train_data_snli_xnli.reset_index()

dev_data_xnli = dev_data_xnli.dropna()
```

판다스를 통해 불러온 데이터셋은 두 문장에 대한 관계 분류를 할 수 있도록 모델에 입력할
수 있는 데이터 형태로 구성해야 한다.

BOS	입력 텍스트 영역 1	\<pad\>...	SEP	입력 텍스트 영역 2	\<pad\>...	EOS

그림 7.75 GPT2 자연어 추론 학습 데이터의 구성

앞서 버트에서 한 방식과 유사하게 GPT2 모델 학습에서도 서로 다른 텍스트를 구분하고 분
류하기 위한 SEP 토큰과 CLS 토큰을 가지고 구성한다. 각 입력 토큰을 구성하기 위해 어떻게
구현하는지 보자.

```
train_data_sents = list()

for train_sent_1, train_sent_2 in train_data_snli_xnli[['sentence1',
                                                         'sentence2']].values:
    train_tokenized_sent_1 = vocab[tokenizer(clean_text(train_sent_1))]
    train_tokenized_sent_2 = vocab[tokenizer(clean_text(train_sent_2))]

    tokens = [vocab[vocab.bos_token]]
    tokens += pad_sequences([train_tokenized_sent_1],
                            SENT_MAX_LEN,
                            value=vocab[vocab.padding_token],
                            padding='post').tolist()[0]
    tokens += [vocab[vocab.sep_token]]
    tokens += pad_sequences([train_tokenized_sent_2],
                            SENT_MAX_LEN,
```

```
                                    value=vocab[vocab.padding_token],
                                    padding='post').tolist()[0]
        tokens += [vocab[vocab.eos_token]]

        train_data_sents.append(tokens)

train_data_sents = np.array(train_data_sents, dtype=np.int64)
```

먼저 토크나이징과 인덱싱은 앞서 분류 모델에서 생성한 토크나이저를 그대로 활용해 입력
한 문장 2개에 대해 전부 토큰 인덱스 번호 데이터로 구성한다. 그리고 각 스페셜 토큰(BOS,
EOS, SEP)을 덧셈 연산을 통해 각 토큰 인덱스 데이터와 합칠 수 있게 한다. 스페셜 토큰들
을 합치기 전에 각 문장 뒤에 패딩을 주는 데 pad_sequences를 사용한다.

```
dev_data_sents = list()

for dev_sent_1, dev_sent_2 in dev_data_xnli[['sentence1',
                                             'sentence2']].values:
    dev_tokenized_sent_1 = vocab[tokenizer(clean_text(dev_sent_1))]
    dev_tokenized_sent_2 = vocab[tokenizer(clean_text(dev_sent_2))]

    tokens = [vocab[vocab.bos_token]]
    tokens += pad_sequences([dev_tokenized_sent_1],
                            SENT_MAX_LEN,
                            value=vocab[vocab.padding_token],
                            padding='post').tolist()[0]
    tokens += [vocab[vocab.sep_token]]
    tokens += pad_sequences([dev_tokenized_sent_2],
                            SENT_MAX_LEN,
                            value=vocab[vocab.padding_token],
                            padding='post').tolist()[0]
    tokens += [vocab[vocab.eos_token]]

    dev_data_sents.append(tokens)

dev_data_sents = np.array(dev_data_sents, dtype=np.int64)
```

검증 데이터에 대해서도 학습 데이터를 생성하는 과정과 동일하게 진행한다.

```
label_dict = {"entailment": 0, "contradiction": 1, "neutral": 2}
def convert_int(label):
    num_label = label_dict[label]
    return num_label

train_data_snli_xnli["gold_label_int"] = train_data_snli_xnli["gold_label"].apply(
    convert_int
)
train_data_labels = np.array(train_data_snli_xnli['gold_label_int'], dtype=int)

dev_data_xnli["gold_label_int"] = dev_data_xnli["gold_label"].apply(convert_int)
dev_data_labels = np.array(dev_data_xnli['gold_label_int'], dtype=int)
```

그리고 앞서 버트 모델로 학습했을 때와 마찬가지로 각 라벨에 대해 분류 번호로 변환한다.
이렇게 하면 GPT2 모델을 활용한 자연어 추론 모델을 학습할 준비가 끝난다. 이제 준비된 데
이터셋으로 모델을 학습하자.

KorNLI 모델 학습

GPT2를 활용한 자연어 추론 모델을 학습해 보자.

```
sim_model = TFGPT2Classifier(dir_path=BASE_MODEL_PATH, num_class=3)
optimizer = tf.keras.optimizers.Adam(6.25e-5)
loss = tf.keras.losses.SparseCategoricalCrossentropy(from_logits=True)
metric = tf.keras.metrics.SparseCategoricalAccuracy('accuracy')
sim_model.compile(optimizer=optimizer, loss=loss, metrics=[metric])
```

앞선 GPT2 분류 모델과 같이 TFGPT2Classifier를 생성하고 옵티마이저와 손실 함수, 평가 지
표 함수를 생성한다. 여기서 다른 점은 분류 수가 3가지이기 때문에 TFGPT2Classifier의 두 번
째 파라미터에 분류 수를 지정하기 위해 3을 입력한다는 것이다. 모델을 위한 각 함수가 구성
되면 model.compile을 실행한다.

```
model_name = "tf2_gpt_kornli"

earlystop_callback = EarlyStopping(monitor='val_accuracy', min_delta=0.0001, patience=2)

checkpoint_path = os.path.join(DATA_OUT_PATH, model_name, 'weights.h5')
checkpoint_dir = os.path.dirname(checkpoint_path)

if os.path.exists(checkpoint_dir):
    print("{} -- Folder already exists \n".format(checkpoint_dir))
else:
    os.makedirs(checkpoint_dir, exist_ok=True)
    print("{} -- Folder create complete \n".format(checkpoint_dir))

cp_callback = ModelCheckpoint(
    checkpoint_path, monitor='val_accuracy', verbose=1, save_best_only=True, save_
weights_only=True)

history = sim_model.fit(train_data_sents, train_data_labels,
                        epochs=NUM_EPOCHS,
                        validation_data=(dev_data_sents, dev_data_labels),
                        batch_size=BATCH_SIZE,
                        callbacks=[earlystop_callback, cp_callback])
```

모델 학습이 준비되면 model.fit으로 학습을 진행한다. 이 모델에서도 GPU를 활용해 학습하는 것을 권장한다. KorNLI의 경우 학습 데이터 양이 95만 개 정도로 상당히 크고 학습 시간이 꽤 길기 때문이다. 모델 학습을 진행하면 다음과 같은 그래프 형태로 정확도와 손실 그래프가 나타날 것이다.

```
plot_graphs(history, 'accuracy')
```

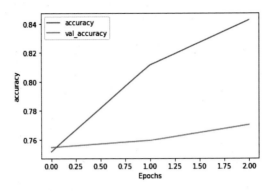

그림 7.76 GPT2 자연어 추론 모델의 정확도 함수 학습 그래프

```
plot_graphs(history, 'loss')
```

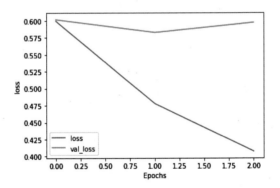

그림 7.77 GPT2 자연어 추론 모델의 손실 함수 학습 그래프

그래프를 확인하면 이미 1에폭에서 검증 성능이 크게 올라 3에폭까지 조금씩 오르는 것을 알 수 있다.

KorNLI 모델 테스트

모델 학습을 마쳤다면 모델 테스트를 진행하자.

```
TEST_XNLI_DF = os.path.join(DATA_IN_PATH, 'KorNLI', 'xnli.test.ko.tsv')
test_data_xnli = pd.read_csv(TEST_XNLI_DF, header=0, delimiter='\t', quoting=3)
test_data_sents = list()
```

```
for test_sent_1, test_sent_2 in test_data_xnli[['sentence1',
                                                  'sentence2']].values:
    test_tokenized_sent_1 = vocab[tokenizer(clean_text(test_sent_1))]
    test_tokenized_sent_2 = vocab[tokenizer(clean_text(test_sent_2))]

    tokens = [vocab[vocab.bos_token]]
    tokens += pad_sequences([test_tokenized_sent_1],
                            SENT_MAX_LEN,
                            value=vocab[vocab.padding_token],
                            padding='post').tolist()[0]
    tokens += [vocab[vocab.sep_token]]
    tokens += pad_sequences([test_tokenized_sent_2],
                            SENT_MAX_LEN,
                            value=vocab[vocab.padding_token],
                            padding='post').tolist()[0]
    tokens += [vocab[vocab.eos_token]]

    test_data_sents.append(tokens)

test_data_sents = np.array(test_data_sents, dtype=np.int64)

test_data_xnli["gold_label_int"] = test_data_xnli["gold_label"].apply(convert_int)
test_data_labels = np.array(test_data_xnli['gold_label_int'], dtype=int)

sim_model.load_weights(checkpoint_path)

results = sim_model.evaluate(test_data_sents, test_data_labels)
```

앞서 모델 학습 데이터를 준비할 때와 동일한 과정을 거쳐서 model.evaluate를 수행하면 평가 결과가 나온다. 평가 결과 성능은 77% 정도 나올 것이다. 앞서 실습한 버트 모델과 비교했을 때 약 4% 더 나은 성능을 보인다. (현 모델이 항상 버트 모델을 활용한 모델보다 낫다고 이야기하기는 어렵다. 여기서 더 낫다고 표현한 것은 앞서 실습한 버트 모델과 비교했을 때 더 낫다는 것을 강조하기 위해서다.)

GPT2 자연어 추론 모델의 테스트 성능 평가 비교

	BERT Classifier	GPT2 Classifier
Score	73.05%	77.39%

GPT2를 활용한 한국어 텍스트 유사도 모델

이번에는 앞서 버트 모델에서 해결했던 문제 중 하나인 KorSTS 데이터셋을 활용한 텍스트 유사도 문제를 해결해 보자. 사전 학습된 GPT2 모델에 미세 조정한 후 버트와의 성능을 비교해 볼 것이다. 우선 학습을 위해 데이터를 준비하자.

KorSTS 데이터 전처리

앞서 분석했던 KorSTS 데이터 분석 내용을 토대로 데이터를 전처리하자. 대부분 앞선 전처리 과정과 비슷하지만 GPT를 활용해 텍스트 유사도 문제에 미세 조정하는 경우 다른 모델과 입력 구조가 다른 점이 있다. 앞서 NLI 문제에 미세 조정하는 경우에는 두 개의 텍스트를 스페셜 토큰인 SEP 토큰을 사이에 넣어서 모델에 입력값으로 사용했다. 텍스트 유사도 역시 마찬가지로 두 개의 텍스트 사이에 SEP 토큰을 두고 입력값을 만드는 것은 동일하나 텍스트 위치가 바뀐 두 개의 입력값이 필요하다.

좀 더 자세히 얘기하면 텍스트 유사도의 경우 두 텍스트가 NLI 문제에서 사용했던 것처럼 수반 등의 종속적인 관계가 아닌 독립적인 두 문장이기 때문에 두 문장의 선후관계가 존재하지 않는다. 따라서 두 문장의 순서를 모델이 고려하지 않도록 가능한 두 가지 순서를 모두 모델에 넣어야 한다. 즉, 가능한 한 두 가지 순서를 반영한 두 가지 입력값을 준비하며, 아래 그림과 같이 두 개의 입력값을 모델의 입력으로 사용한다.

BOS	입력 텍스트 영역 1	<pad>...	SEP	입력 텍스트 영역 2	<pad>...	EOS
BOS	입력 텍스트 영역 2	<pad>...	SEP	입력 텍스트 영역 1	<pad>...	EOS

그림 7.78 GPT2 모델의 텍스트 유사도 학습 데이터 구성

위와 같은 구조를 만든다는 것에 유의한 후 데이터 전처리를 시작해 보자. 우선 KorSTS 데이터를 불러오자.

```
TRAIN_STS_DF = os.path.join(DATA_IN_PATH, 'KorSTS', 'sts-train.tsv')
DEV_STS_DF = os.path.join(DATA_IN_PATH, 'KorSTS', 'sts-dev.tsv')

train_data = pd.read_csv(TRAIN_STS_DF, header=0, delimiter = '\t', quoting = 3)
dev_data = pd.read_csv(DEV_STS_DF, header=0, delimiter = '\t', quoting = 3)

print("Total # dataset: train - {}, dev - {}".format(len(train_data), len(dev_data)))
```

```
Total # dataset: train - 5749, dev - 1500
```

우선 tsv 파일을 불러오기 위해 delimiter를 탭(\t)으로 설정한 후 판다스 데이터프레임 형태
로 불러온다. 그런 다음 전체 데이터 크기를 보자. 학습 데이터와 검증 데이터가 많지 않다.
불러온 데이터를 전처리하기 위해 토크나이저를 정의한 후 전처리를 진행해 보자. 앞서 NLI
데이터 전처리와 진행 과정이 대부분 유사하다.

```
TOKENIZER_PATH = './gpt_ckpt/gpt2_kor_tokenizer.spiece'

tokenizer = SentencepieceTokenizer(TOKENIZER_PATH, alpha=0)
vocab = nlp.vocab.BERTVocab.from_sentencepiece(TOKENIZER_PATH,
                                               mask_token=None,
                                               sep_token='<unused0>',
                                               cls_token=None,
                                               unknown_token='<unk>',
                                               padding_token='<pad>',
                                               bos_token='<s>',
                                               eos_token='</s>')
def clean_text(sent):
    sent_clean = re.sub("[^가-힣ㄱ-ㅎㅏ-ㅣ\\s]", " ", sent)
    return sent_clean
```

우선 전처리 과정에서 사용한 토크나이저를 불러오자. 센턴스피스 토크나이저와 vocab을 정
의한다. 이때 앞서 NLI 테스트에서 진행한 것과 동일하게 sep 토큰을 추가로 활용한다. 이
후 특수문자를 제거하기 위한 clean_text 함수를 정의하자. 이제 앞에서 정의한 토크나이저,
vocab, clean_text 함수를 사용해 전처리를 진행하자.

```python
train_data_sents1 = list()
train_data_sents2 = list()
train_labels = list()


for sent1, sent2, score in train_data[['sentence1', 'sentence2', 'score']].values:
    train_tokenized_sent_1 = vocab[tokenizer(clean_text(sent1))]
    train_tokenized_sent_2 = vocab[tokenizer(clean_text(sent2))]
    tokens1 = [vocab[vocab.bos_token]]
    tokens1 += pad_sequences([train_tokenized_sent_1],
                        SENT_MAX_LEN,
                        value=vocab[vocab.padding_token],
                        padding='pre').tolist()[0]
    tokens1 += [vocab[vocab.sep_token]]
    tokens1 += pad_sequences([train_tokenized_sent_2],
                        SENT_MAX_LEN,
                        value=vocab[vocab.padding_token],
                        padding='pre').tolist()[0]
    tokens1 += [vocab[vocab.eos_token]]
    tokens2 = [vocab[vocab.bos_token]]
    tokens2 += pad_sequences([train_tokenized_sent_2],
                        SENT_MAX_LEN,
                        value=vocab[vocab.padding_token],
                        padding='pre').tolist()[0]
    tokens2 += [vocab[vocab.sep_token]]
    tokens2 += pad_sequences([train_tokenized_sent_1],
                        SENT_MAX_LEN,
                        value=vocab[vocab.padding_token],
                        padding='pre').tolist()[0]
    tokens2 += [vocab[vocab.eos_token]]

    train_data_sents1.append(tokens1)
    train_data_sents2.append(tokens2)
    train_labels.append(score)

train_data_sents1 = np.array(train_data_sents1, dtype=np.int64)
train_data_sents2 = np.array(train_data_sents2, dtype=np.int64)
train_data_sents = (train_data_sents1, train_data_sents2)
train_data_labels = np.array(train_labels)
```

위와 같이 진행해서 학습 데이터와 검증 데이터를 전처리하면 이제 데이터 전처리 과정이 모두 끝난다. 전처리 과정에 대해 좀 더 살펴보면 결국 앞서 얘기한 데이터 구조를 만들어주는 것이다. 두 가지 순서를 모두 고려한 입력을 만들기 위해 각각 train_data_sents1, train_data_sents2를 만든다. 이때 구조는 bos 토큰, 문장 1(혹은 2), sep 토큰, 문장 2(혹은 1), eos 토큰 순서로 데이터를 구성한다. 이렇게 모든 데이터를 순회하며 전처리했다면 각 리스트를 넘파이 배열로 만든다. 그리고 두 개의 입력값이 있기 때문에 두 개의 넘파이 배열이 있는데 두 배열을 튜플 형식으로 감싸서 train_data_sents라는 변수에 할당한다.

이제 전처리된 데이터를 활용해 모델을 학습해 보자.

KorSTS 모델 학습

이제 모델 학습을 진행해 보자. 우선 모델 구현을 먼저 진행하자. 모델 구조 자체는 앞서 NLI 문제와 분류 문제를 해결하기 위한 모델 구조인 TFGPT2Classifier와 거의 비슷하다. 다른 점은 모델의 입력값이 두 개가 들어간다는 점이다. 우선 아래 그림을 통해 텍스트 유사도 문제를 GPT 모델이 미세 조정하는 방법에 대해 먼저 알아보자.

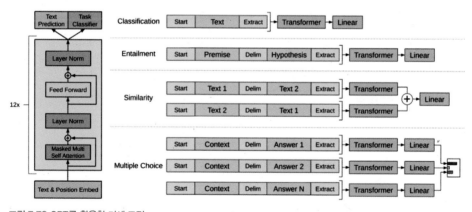

그림 7.79 GPT를 활용한 미세 조정

위 그림을 보면 유사도(Similarity) 문제를 해결하기 위한 사전 학습된 GPT 모델 미세조정 방법으로는 앞서 정의한 두 문장(그림 7.78 'GPT2 모델의 텍스트 유사도 학습 데이터 구성' 참고)의 두 가지 순서가 모두 고려된 두 개의 입력값이 필요하다. 그리고 각 입력값을 각각 사전 학습된 Transformer 모델에 통과시켜 출력값을 얻은 후 각 입력값을 원소별로(element-wise) 더한 후 마지막 리니어 층을 통과시킨다. 위 그림과 같이 적용할 수 있도록 모델을 구현해 보자.

```
class TFGPT2Regressor(tf.keras.Model):
    def __init__(self, dir_path, num_class):
        super(TFGPT2Regressor, self).__init__()

        self.gpt2 = TFGPT2Model.from_pretrained(dir_path)
        self.num_class = num_class
        self.dropout = tf.keras.layers.Dropout(self.gpt2.config.summary_first_dropout)
        self.regressor = tf.keras.layers.Dense(
            self.num_class,
            kernel_initializer=tf.keras.initializers.TruncatedNormal(
                stddev=self.gpt2.config.initializer_range
            ),
            name="regressor"
        )

    def call(self, inputs):
        outputs1 = self.gpt2(inputs[0])
        outputs2 = self.gpt2(inputs[1])
        outputs = outputs1[0] + outputs2[0]
        pooled_output = outputs[:, -1, :]

        pooled_output = self.dropout(pooled_output)
        logits = self.regressor(pooled_output)

        return logits
```

구현 과정을 보면 앞에서 설명했듯이 대부분은 기존의 미세 조정 모델과 유사하다. TFGPT2Model의 from_pretrained 메서드를 통해 모델을 불러온 후 드롭아웃과 선형 층을 정의한다. 앞서 구현한 모델과 다른 부분은 모델의 call 메서드 쪽인데 유사도 문제에서는 두 개의 입력값이 튜플 형식으로 들어오게 된다. 두 입력값을 gpt2 모델에 각각 적용해 outputs1, output2 변수에 할당한다. 이후 두 값에서 last_hidden_states 값인 첫 번째 값들을 원소별로 더한다. 이렇게 더한 출력값을 outputs라는 변수에 할당한 후 가장 마지막 스텝의 출력값을 뽑아야 하는데, 우선 outputs 변수의 형태를 생각해보자. *(배치 수, 시퀀스 길이, 특징 차원)*의 형태를 가질 텐데 그중 여기서는 마지막 단어의 벡터를 뽑아야 하기 때문에 시퀀스 길이를 의미하는 두 번째 차원에서 마지막 단어인 가장 마지막 인덱스의 값을 뽑아야 한다. 따라서 첫 번째 차원과 세 번째 차원에서는 모든 값을 선택하기 위해 :을 넣고, 두 번째 차원에는 마지막 위치의 단어를 뽑기 위해 −1을 넣는다. 즉, outputs[:, -1, :]을 통해 모든 배치의 마지막 단어의 벡터를 뽑는다. 이후 더한 값에 드롭아웃을 적용한 후 리니어 층을 통과시키면 최종 출력값이 된다.

이제 구현한 모델을 정의하자.

```
regression_model = TFGPT2Regressor('./gpt_ckpt', 1)
```

모델을 구현할 때는 두 개의 인자를 넣어야 하는데, 첫 번째로 가중치 파일의 경로를 지정해야 하고, 두 번째로 최종 출력값의 차원인 num_class 값을 넣어야 한다. STS 문제는 회귀 문제이기 때문에 이 값을 1로 지정한다.

앞에서 정의한 모델을 이제 컴파일해서 학습을 진행해 보자. 앞서 버트의 텍스트 유사도 미세조정 과정에서와 동일하게 평균 제곱 오차 손실 함수와 사용자 지정 평가 지표인 피어슨 상관계수 모듈을 정의해서 compile 메서드를 실행한다.

```
class PearsonCorrelationMetric(tf.keras.metrics.Metric):
    def __init__(self, name="pearson_correlation", **kwargs):
        super(PearsonCorrelationMetric, self).__init__(name=name, **kwargs)
        self.y_true_list = []
        self.y_pred_list = []

    def update_state(self, y_true, y_pred, sample_weight=None):
        y_true = tf.reshape(y_true, shape=[-1])
        y_pred = tf.reshape(y_pred, shape=[-1])
        self.y_true_list.append(y_true)
        self.y_pred_list.append(y_pred)

    def result(self):
        y_true = tf.concat(self.y_true_list, -1)
        y_pred = tf.concat(self.y_pred_list, -1)
        pearson_correlation = self.pearson(y_true, y_pred)

        return pearson_correlation

    def reset_states(self):
```

```
        self.y_true_list = []
        self.y_pred_list = []


    def pearson(self, true, pred):
        m_true = tf.reduce_mean(true)
        m_pred = tf.reduce_mean(pred)
        m_true, m_pred = true-m_true, pred-m_pred
        r_num = tf.reduce_sum(tf.multiply(m_true, m_pred))
        r_den = tf.sqrt(tf.multiply(tf.reduce_sum(tf.square(m_true)), tf.reduce_sum(tf.
square(m_pred)))) + 1e-12
        return r_num / r_den

optimizer = tf.keras.optimizers.Adam(6.25e-5)
loss = tf.keras.losses.MeanSquaredError()
metric = PearsonCorrelationMetric()
regression_model.compile(
    optimizer=optimizer, loss=loss, metrics=[metric], run_eagerly=True
)
```

피어슨 상관계수 모듈은 앞서 버트에서 사용한 것과 동일하게 정의한다. 이렇게 구현한 피어슨 상관계수 모듈과 평균 제곱 오차 손실 함수, 아담 옵티마이저를 모델의 compile 메서드의 인자로 지정하면 학습할 준비가 모두 끝난다. 추가로 compile을 실행할 때 run_eagerly 인자를 True로 지정해 사용자 평가 지표 모듈을 사용할 때 에러가 발생하지 않게 한다. 이제 사용할 콜백 모듈들을 정의하고 fit 메서드를 호출해서 학습을 진행해보자.

```
model_name = "tf2_gpt_korsts"

earlystop_callback = EarlyStopping(monitor='val_pearson_correlation', min_delta=0.0001,
patience=2, mode='max')

checkpoint_path = os.path.join(DATA_OUT_PATH, model_name, 'weights.h5')
checkpoint_dir = os.path.dirname(checkpoint_path)

if os.path.exists(checkpoint_dir):
    print("{} -- Folder already exists \n".format(checkpoint_dir))
else:
```

```
    os.makedirs(checkpoint_dir, exist_ok=True)
    print("{} -- Folder create complete \n".format(checkpoint_dir))


cp_callback = ModelCheckpoint(
    checkpoint_path, monitor='val_pearson_correlation', verbose=1, save_best_only=True,
save_weights_only=True, mode='max')


history = regression_model.fit(train_data_sents, train_data_labels, epochs=NUM_EPOCHS,
                    validation_data = (dev_data_sents, dev_data_labels),
            batch_size=BATCH_SIZE, callbacks=[earlystop_callback, cp_callback])
```

앞서 사용하던 두 개의 콜백 모듈을 먼저 정의한다. 학습의 조기 멈춤을 수행하는 모듈인 EarlyStopping과 가중치를 저장하게 하는 모듈인 ModelCheckpoint가 모니터하는 평가 지표를 피어슨 상관계수 모듈의 이름으로 지정한다. 그리고 mode 인자의 경우 피어슨 상관계수는 클수록 좋은 값이기 때문에 이 값을 'max'로 설정한다.

이렇게 정의한 두 개의 콜백 모듈과 학습 데이터, 평가 데이터, 전체 에폭 수까지 지정한 후 fit 메서드를 통해 학습을 진행하자. 학습이 끝난 후 손실 함수와 평가 지표 그래프를 확인해 보자.

```
plot_graphs(history, 'pearson_correlation')
```

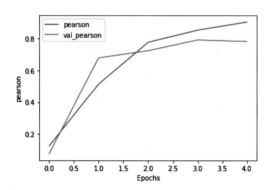

그림 7.80 GPT2 모델의 텍스트 유사도 피어슨 상관계수의 학습 그래프

```
plot_graphs(history, 'loss')
```

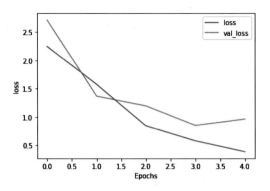

그림 7.81 GPT2모델의 텍스트 유사도 손실 함수의 학습 그래프

네 번째 에폭에서 가장 높은 검증 피어슨 상관계수 값을 가지는 것을 확인할 수 있다. 이제 해당 에폭의 가중치를 활용해 테스트를 진행해 보자.

KorSTS 모델 테스트

KorSTS 테스트 데이터를 불러와서 전처리하자.

```
TEST_STS_DF = os.path.join(DATA_IN_PATH, 'KorSTS', 'sts-test.tsv')

test_data = pd.read_csv(TEST_STS_DF, header=0, delimiter = '\t', quoting = 3)
test_data = test_data.dropna()
test_data.head()

test_data_sents1 = list()
test_data_sents2 = list()
test_labels = list()


for sent1, sent2, score in test_data[['sentence1', 'sentence2', 'score']].values:
    test_tokenized_sent_1 = vocab[tokenizer(clean_text(sent1))]
    test_tokenized_sent_2 = vocab[tokenizer(clean_text(sent2))]
    tokens1 = [vocab[vocab.bos_token]]
    tokens1 += pad_sequences([test_tokenized_sent_1],
                        SENT_MAX_LEN,
                        value=vocab[vocab.padding_token],
```

```
                                    padding='post').tolist()[0]
        tokens1 += [vocab[vocab.sep_token]]
        tokens1 += pad_sequences([test_tokenized_sent_2],
                                 SENT_MAX_LEN,
                                 value=vocab[vocab.padding_token],
                                 padding='post').tolist()[0]
        tokens1 += [vocab[vocab.eos_token]]
        tokens2 = [vocab[vocab.bos_token]]
        tokens2 += pad_sequences([test_tokenized_sent_2],
                                 SENT_MAX_LEN,
                                 value=vocab[vocab.padding_token],
                                 padding='post').tolist()[0]
        tokens2 += [vocab[vocab.sep_token]]
        tokens2 += pad_sequences([test_tokenized_sent_1],
                                 SENT_MAX_LEN,
                                 value=vocab[vocab.padding_token],
                                 padding='post').tolist()[0]
        tokens2 += [vocab[vocab.eos_token]]

        test_data_sents1.append(tokens1)
        test_data_sents2.append(tokens2)
        test_labels.append(score)

test_data_sents1 = np.array(test_data_sents1, dtype=np.int64)
test_data_sents2 = np.array(test_data_sents2, dtype=np.int64)
test_data_sents = (test_data_sents1, test_data_sents2)
test_data_labels = np.array(test_labels)
```

먼저 테스트 데이터를 불러오자. 학습 데이터와 검증 데이터를 불러오는 과정과 동일하게 불러온다. 탭(\t)을 기준으로 구분돼 있는 tsv 데이터이기 때문에 구분자를 탭으로 넣어 판다스의 데이터프레임 형태로 불러온다. 이렇게 불러온 데이터를 센텐스피스 토크나이저와 clean_text 함수를 사용해 전처리한다. 이후 동일하게 두 문장의 두 가지 순서가 모두 반영된 두 입력값을 만든 후 넘파이 배열로 만들어 데이터 전처리를 마무리한다.

전처리된 테스트 데이터를 사용해 모델의 성능을 측정해보자. 측정을 위해 우선 가중치를 불러와 모델에 적용한 후 evaluate 메서드를 통해 성능을 측정해보자.

```
regression_model.load_weights(checkpoint_path)

results = regression_model.evaluate(test_data_sents, test_data_labels, batch_size=512)
print("test loss, test pearson correlation: ", results)
```

GPT2 텍스트 유사도 테스트의 성능 평가 비교

	BERT Regressor	GPT2 Regressor
Score	0.7731	0.7439

결과를 보면 버트 모델보다 조금 낮은 성능을 보이는 것을 확인할 수 있다. 여기서 추가로 여러 가지 하이퍼파라미터를 수정하는 등 다양하게 변경해 보면서 성능을 향상시켜 보자.

이렇게 해서 GPT2 모델을 활용해 텍스트 생성과 텍스트 분류, 자연어 추론, 텍스트 유사도 모델 등을 구현한 후 학습 및 테스트를 진행해봤다. GPT2 모델은 버트 모델과 비교했을 때 미세 조정 학습으로 텍스트 분류 학습 외에 텍스트를 생성하는 기능도 수행할 수 있는 모델이다. 여러 측면에서 자연어 처리 작업을 수행할 수 있다는 장점이 있는 모델이기도 하므로 다양한 아이디어를 떠올려보면서 재미 있는 자연어 처리를 시도해보기 바란다.

05 정리

여러분은 4장부터 7장까지 모든 실습을 마쳤다. 다뤄본 실습들은 실제 자연어 처리에서 충분히 다뤄볼 수 있는 문제들이다. 특히 이번 7장에서는 다양한 자연어 처리 문제들을 사전학습 모델인 버트와 GPT2를 통해 풀었다. 사전 학습 모델과 미세조정에 대한 새로운 콘셉트를 이해하고 문제를 풀어가는 방법이 기존 장들에 비해 어렵지만 7장의 모든 실습을 수행했다면 한층 더 높은 수준의 최신 자연어 처리 방법을 이해했을 것으로 본다. 실습을 통해 자연어 처리 기술을 다뤄 볼 자신감이 생겼다면 여러분은 이미 딥러닝 자연어 처리 전문가의 첫발을 내디딘 것이다. 이제 지금껏 다뤄본 텍스트 분류, 텍스트 유사도, 개체명 인식 그리고 기계 독해 모델들을 가지고 자연어 처리 현장에 새로운 기술들을 적용해보는 선구자가 되길 바란다.

GPT3

01 GPT3 개요

7장에서 알아본 사전 학습(pre-training) 모델은 버트(BERT)와 GPT의 등장 이후 높은 성능과 여러 자연어 처리 문제를 유연하게 적용할 수 있다는 장점을 통해 자연어 처리 분야에서 하나의 큰 흐름으로 자리 잡았다. 앞서 다뤄본 모델 외에도 사전 학습 방법론을 기반으로 한 다양한 모델들이 새롭게 나왔고 다양한 자연어 처리 분야에서 향상된 성능을 보여줌으로써 사전 학습 방법론에 대한 효과를 입증해왔다.

또한 새롭게 소개되는 다양한 사전 학습 모델들은 모델 구조의 변경이나, 학습 방식의 변경 등 여러 가지 특징들이 있지만, 모델의 가중치 개수가 늘어가고 모델 크기가 커질수록 높은 성능을 보여주는 경향이 있다. 최초의 GPT 모델은 모델 가중치 개수가 천만 개 정도였고, 이후 버트에서 3천만 개, GPT2에서 15억 개, Megatron-LM 모델의 경우 80억 개, 구글의 T5 모델의 경우 110억 개, 그리고 마이크로소프트의 T-NLG 모델의 경우는 170억 개까지 계속해서 모델의 크기는 점점 커져왔고, 크기가 커짐에 따라서 다양한 자연어 처리 하위 문제(downstream task)에 대해 미세조정했을 때 높은 성능을 보여주었다.

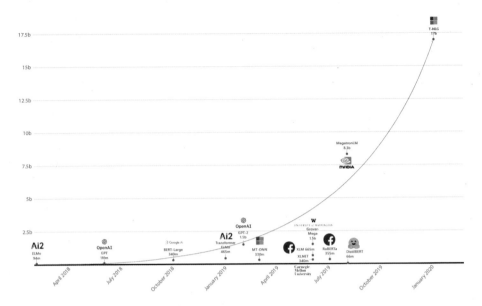

그림 8.1 자연어 처리 모델들의 모델 크기[1]

GPT, GPT2에 이어서, 2020년 5월 OpenAI에서는 총 1750억 개의 가중치를 갖는 GPT3를 공개했다. GPT3는 GPT2와 같은 모델 구조를 가지면서 모델의 크기가 매우 커졌는데, 단순히 모델의 크기가 커진 것뿐만 아니라, 기존의 사전 학습 ─ 하위 문제에 대해 미세조정하는 구조의 한계를 지적하며 새로운 방법론을 제시한다.

기존의 사전 학습 – 미세조정 방법론의 가장 큰 한계는 학습된 모델이 특정 문제에 국한된다는 점이다. 좀 더 구체적으로는 각 하위 문제를 해결하기 위해 미세조정 과정이 필요할 뿐만 아니라 미세조정을 위한 하위 문제의 데이터셋이 추가적으로 필요하다. 일반적으로 이러한 데이터셋의 경우 각 문제에 대해서 수십만 개의 데이터를 필요로 한다.

추가로 아래 세 가지의 이유들을 통해서 기존의 사전 학습 – 미세조정 방법론이 특정 문제에 국한된다는 한계점을 해결하는 것에 목적을 두었다.

첫째로 기존의 방법론의 경우 하나의 새로운 문제를 해결하려면 그 문제를 위한 정답이 주어진 매우 많은 데이터셋을 필요로 한다. 이러한 상황이 사전 학습된 언어 모델의 활용도를 감소시킨다. 다양한 언어 모델의 언어 능력을 활용한 문제들을 해결하기 위해서 추가적인 학습 데이터가 필요하지만 이러한 데이터셋을 구축하는 것 또한 쉽지 않다.

---

1   출처: https://www.microsoft.com/en-us/research/blog/turing-nlg-a-17-billion-parameter-language-model-by-microsoft/

두번째는 기존의 방법론에서는 학습 데이터의 분포가 좁을수록(다양하지 않을수록) 더욱 높은 성능을 보여줬다. 이러한 점은 각 하위 문제의 성능을 높이는 데 도움을 줄 수는 있지만, 좀 더 국한된 문제에서만 좋은 성능을 보일 수밖에 없는 한계 또한 만들어냈다.

마지막으로는 사람의 경우를 빗대어 봤을 때, 사람은 새로운 언어적인 문제(감정 분석 등)를 해결하기 위해 수많은 정답을 가진 데이터를 필요로 하지 않고 간단한 몇 가지 가이드만 있으면 어느 정도는 새로운 문제를 충분히 해결할 수 있다.

이러한 문제점들을 생각했을 때 언어 모델 또한 기존의 방법이 아닌 새로운 접근법을 통해 다양한 언어 문제를 충분히 해결할 수 있을 것으로 생각하고 접근했다. 그리고 이런 문제들을 해결할 수 있는 방법으로 **메타 학습(Meta-learning) 방법론**을 제안했다. 사전 학습 과정에서 학습된 다양한 언어적인 능력 및 패턴을 인식하는 능력만을 활용해서 새로운 문제에 적용하는 방법이다. 즉 방대한 데이터로 가중치를 사전 학습하고, 학습된 모델의 능력을 활용해서 특정 문제에 적용 및 예측하는 방법이다. 예를 들면 "한국의 수도는 어디입니까?"라는 질문에 대답하기 위해 사전 학습 단계에서 방대한 자연어 데이터에서의 정보를 활용해서 대답한다.

기존 방법론과의 가장 큰 차이점은 기존의 사전 학습-미세조정 방법론에서는 사전 학습된 모델에 미세조정하는 과정을 통해 새로운 문제에 특정된 가중치로 새롭게 업데이트하지만, 메타 학습 방법론에서는 새로운 문제에 미세조정하여 가중치를 업데이트하는 것이 아니라, 사전 학습 과정에서 학습된 정보만을 활용해서 문제를 해결한다는 점이다.

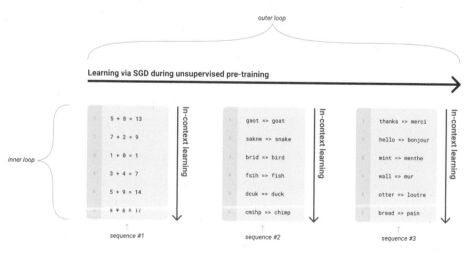

그림 8.2 메타 학습

메타학습을 활용하는 방법론은 문제를 해결하기 위한 예시를 몇 개 사용했는지에 따라 제로샷 러닝(zero-shot learning), 원샷 러닝(one-shot learning), 퓨샷 러닝(few-shot learning)으로 나뉘며, 각 방법은 각각 0개, 1개, n개의 예시를 활용한다. 퓨샷에서는 우리가 문제를 해결하기 위해 n개의 예시를 언어 모델에 제공하고 그 예시를 활용해서 문제를 해결하게 한다. 어떻게 보면 기존의 미세조정 방법론과 비슷하다고 생각될 수 있는데, 미세조정에서는 추가 데이터를 활용해 모델 자체를 추가 학습하지만 퓨샷 러닝에서는 모델을 추가 학습하는 것이 아니라 문제를 해결하기 위해 단순히 예시만 활용한다는 점이 중요한 차이점이다.

제로샷, 원샷, 퓨샷 러닝에 대해서 자세한 예시와 설명은 잠시 후에 좀 더 알아보기로 하고 결과부터 확인해보면, 다양한 자연어 처리 문제들에 대해서 기존의 미세조정 모델의 가장 좋은 모델들과 비교했을 때 많은 문제들에 대해서 추가적인 수많은 데이터/학습 없이 기존의 최고 성능에 가까운 성능을 보여주고, 또 특정 문제들에 대해서는 미세조정 과정을 통해 추가 학습한 경우보다도 더욱 좋은 성능을 보여줬다. 일부 문제들에 대해서는 미세조정 방법론의 성능에 비해 현저히 떨어지는 성능을 보여주는 문제도 있었지만, 추가 학습 없이 사전 학습한 정보만을 활용해서 이러한 다양한 자연어 처리 문제들에 대해서 높은 성능을 보여줬다는 것이 큰 의미를 가진다.

이제 퓨샷 러닝 및 다른 메타학습의 방법들에 대해서 좀 더 자세히 알아보자.

02 퓨샷 러닝

퓨샷 러닝은 메타학습의 한 종류로, 모델이 소량의 데이터만으로도 처음 보는 문제를 풀 수 있는 접근방식이다. 이는 마치 사람이 현재 가지고 있는 지식을 바탕으로 문제의 몇 가지 예시만을 가지고도 정답을 유추하는 것과 같은 방식이라고 할 수 있다.

그렇다면 퓨샷 러닝이 왜 자연어 처리에 필요할까? 현재의 자연어 처리는 수많은 데이터를 활용한 비지도 학습의 접근법을 활용해 언어의 표현(Representation) 능력을 향상시킨 이후에 해당 모델을 기반으로 새로운 문제에 맞춰 업데이트하는 방식인 미세조정(Fine-tuning)으로 큰 성능 향상을 이뤘다. 우리가 앞 장에서 배운 트랜스포머 기반의 버트나 GPT가 해당 방식의 예시라고 볼 수 있다. 하지만 자연어 처리에서 요구하는 다양한 방식의 문제들(분류, 유사도, Q&A, 요약 등)의 문제에 따라 매번 미세조정해야 하는 한계가 있었다.

구체적으로 퓨샷 러닝을 적용하는 방법에 대해서 알아보면, 모델에 문제 설명·예제·프롬프트라는 정보들을 전달한다. 문제 설명은 모델에게 예측하려는 문제에 대한 정보를 알려주는 것이고 예제의 경우 예측하려는 문장을 제외한 정답을 포함한 다른 문장들을 의미한다. 그리고 프롬프트는 우리가 예측하려는 문장을 의미한다. 네이버 영화 리뷰 감정 분석 문제를 예시로 보면 아래와 같다.

[문제 설명]

아래 리뷰 문장에 대해서 긍정, 부정을 구별하시오.

[예제]

문장: 뭐야 이 평점들은.... 나쁘진 않지만 10점 짜리는 더더욱 아니잖아 / 예측: 부정

[프롬프트]

꽤 재밌게 본 영화였다! / 예측: ___

이는 마치 사람이 굳이 해당 문제의 지식을 학습하지 않아도 배경 지식을 바탕으로 해당 문제를 인지하고 풀 수 있기 때문이다. 다만 해당 접근방법은 GPT2에서는 기대만큼의 좋은 성능을 나타내지 못했다. 하지만 1750억 개의 가중치를 가진 GPT3가 등장해 퓨샷 러닝 기법을 번역, Q&A 등에 적용해 성공적으로 수행했다.

The three settings we explore for in-context learning

Zero-shot

The model predicts the answer given only a natural language description of the task. No gradient updates are performed.

```
1    Translate English to French:    ← task description
2    cheese =>                        ← prompt
```

One-shot

In addition to the task description, the model sees a single example of the task. No gradient updates are performed.

```
1    Translate English to French:    ← task description
2    sea otter => loutre de mer       ← example
3    cheese =>                        ← prompt
```

Few-shot

In addition to the task description, the model sees a few examples of the task. No gradient updates are performed.

```
1    Translate English to French:    ← task description
2    sea otter => loutre de mer
3    peppermint => menthe poivrée     ← examples
4    plush girafe => girafe peluche
5    cheese =>                        ← prompt
```

Traditional fine-tuning (not used for GPT-3)

Fine-tuning

The model is trained via repeated gradient updates using a large corpus of example tasks.

```
1    sea otter => loutre de mer        ← example #1
```
↓
gradient update
↓
```
1    peppermint => menthe poivrée      ← example #2
```
↓
gradient update
↓
• • •
↓
```
1    plush giraffe => girafe peluche   ← example #N
```
gradient update
```
1    cheese =>                         ← prompt
```

그림 8.3 메타 학습과 미세조정 방법론의 차이점

위의 그림은 GPT3에서의 미세조정과 사전 학습의 차이에 대해 설명한 부분이다. 이 그림을 바탕으로 GPT3에서 활용한 메타 학습 방식 3가지를 알아보면 아래와 같다.

- **퓨샷 러닝**(few-shot learning, in-context learning): 모델에 해당 문제에 대한 특정 개수(여기서는 10~100 개)의 예제를 추가해 학습하는 방법이다.

- **원샷 러닝**(one-shot learning): 퓨샷 러닝과 세팅이 동일하지만 하나의 예제만 제공한다.

- **제로샷 러닝**(zero-shot learning): 예제를 추가하지 않고 문제에 대한 지침만 추가해 진행한다. 메타 학습 방식 중에서는 가장 간단하고 효율성이 높지만, 아직까지 좋은 성능을 내기 쉽지 않다.

아래 간단한 네이버 영화 리뷰 감정 분석 문제(NSMC)로 3가지 메타학습의 예를 들어보자.

NSMC (네이버 리뷰 영화 감정 분석 문제의 예)

제로샷 러닝

- [문제 설명]

  아래 리뷰 문장에 대해서 긍정, 부정을 구별하시오.

- [프롬프트]

문장: 꽤 재밌게 본 영화였다!
예측: ___

원샷 러닝

- [문제 설명]

  아래 리뷰 문장에 대해서 긍정, 부정을 구별하시오.

- [예제]

문장: 뭐야 이 평점들은.... 나쁘진 않지만 10점 짜리는 더더욱 아니잖아.
예측: 부정

- [프롬프트]

문장: 꽤 재밌게 본 영화였다!
예측: ___

퓨샷 러닝

- [문제 설명]

  아래 리뷰 문장에 대해서 긍정, 부정을 구별하시오.

- [예제]

문장: 뭐야 이 평점들은.... 나쁘진 않지만 10점 짜리는 더더욱 아니잖아.
예측: 부정
문장: 지루하지는 않은데 완전 막장임... 돈주고 보기에는....
예측: 부정
문장: 3D만 아니었어도 별 다섯 개 줬을텐데.. 왜 3D로 나와서 제 심기를 불편하게 하죠??
예측: 부정

문장: 독립영화치고는 작품성과 스케일이 괜찮은거 같은데?

예측: 긍정

- ▪ [프롬프트]

문장: 꽤 재밌게 본 영화였다!

예측: ___

퓨샷 러닝의 예

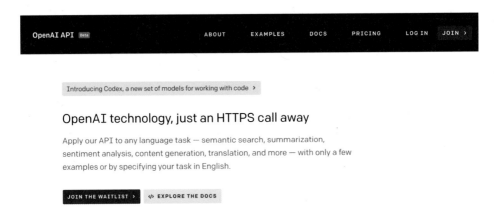

그림 8.4 영문 GPT3 사용 가능한 OpenAI의 API 화면

GPT3는 모델의 체크포인트가 공개되지 않았고, 해당 모델의 크기가 너무 커서 일반 GPU 로 테스트할 수 없고, 기업 단위의 서버 GPU 정도가 되어야 테스트할 수 있다. 따라서 OpenAI(https://beta.openai.com/)에서 베타 버전으로 제공하는 API의 예제를 통해 간략히 소개하고자 한다. 아래 해당 예제들을 통해 GPT3의 퓨샷 러닝의 활용 가능성과 확장 범위에 대해서 알아보자.

회사 속성 분류

첫번째 예는 회사의 속성을 분류하는 예다. 퓨샷 형식은 위와 같이 문제에 대한 설명과 그에 대한 예제들을 제공하는 방식이며, 적용하면 다음과 같다.

[문제 설명]

회사의 리스트와 어떤 분류에 속하는지에 대한 리스트다.

[예제]

Facebook: 소셜 미디어, 기술
LinkedIn: 소셜 미디어, 기술, 기업, 직업
Uber: 운송, 기술, 시장
Unilever: 복합 기업, 소비재
Mcdonalds: 음식, 패스트푸드, 물류, 음식점

[프롬프트]

FedEX: **물류, 운송업** [생성결과]

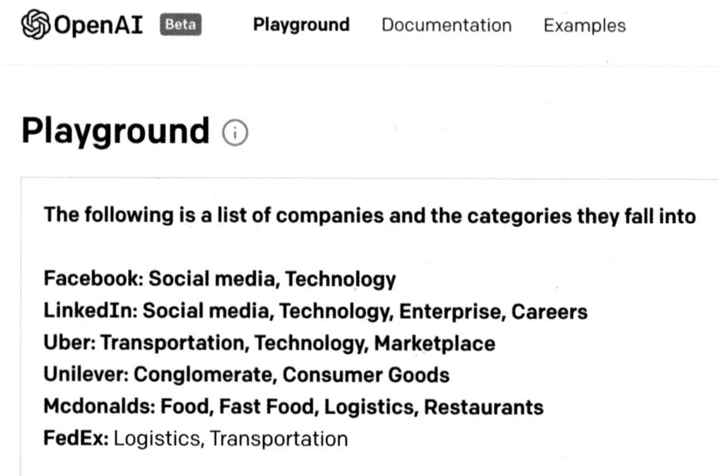

@OpenAI Beta   **Playground**   Documentation   Examples

Playground ⓘ

The following is a list of companies and the categories they fall into

Facebook: Social media, Technology
LinkedIn: Social media, Technology, Enterprise, Careers
Uber: Transportation, Technology, Marketplace
Unilever: Conglomerate, Consumer Goods
Mcdonalds: Food, Fast Food, Logistics, Restaurants
FedEx: Logistics, Transportation

그림 8.5 퓨샷을 활용한 OpenAPI GPT3 분류

문법 교정

두번째 예시는 문법 교정이다. 해당 예제에도 위와 같이 퓨샷 형식을 적용하면 아래와 같다.

[문제 설명]

아래 문장의 문법 교정을 진행하시오.

```
Original: She go to the school yesterday.
Standard American English: She went to school yesterday.
Original: She no went to the market.
```

[프롬프트]

Standard American English: **She didn't go to the market.** [생성 결과]

해당 예시를 보면 Original에서 문법적으로 교정이 필요한 문장에 대해서 정확하게 교정했음을 알 수 있다.

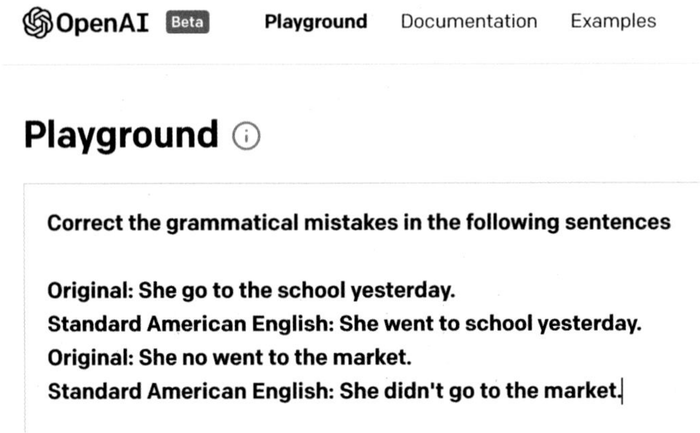

⑨ OpenAI [Beta]   **Playground**   Documentation   Examples

Playground ⓘ

Correct the grammatical mistakes in the following sentences

Original: She go to the school yesterday.
Standard American English: She went to school yesterday.
Original: She no went to the market.
Standard American English: She didn't go to the market.

그림 8.6 퓨샷을 활용한 OpenAPI GPT3 문법 교정

질문 & 답변

세번째 예시는 질문 & 답변을 퓨샷으로 적용해 본 케이스다. 여기서 퓨샷 러닝을 위해 문제를 설명하는 첫 문구가 자세하게 모델에게 어떤 대답을 요구하는지 설명을 하고 있다.

[문제 설명]

나는 매우 지능이 높은 Q&A 봇이다. 정답이 명확한 문제를 물어보면 답변할 것이고, 그게 아닌 넌센스에 복잡하고 모호한 질문을 주면 "Unknown"으로 대답할 것이다.

```
Q: Where were the 1992 Olympics held?
A: The 1992 Olympics were held in Barcelona, Spain [생성 결과]
```

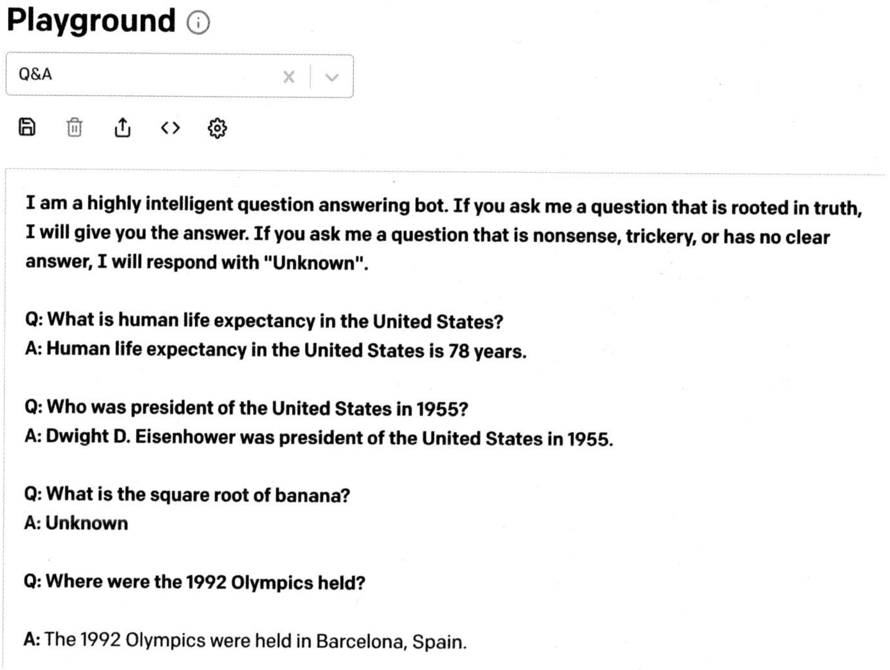

Playground ⓘ

Q&A	✕ ∨

🖫 🗑 ⬆ <> ⚙

I am a highly intelligent question answering bot. If you ask me a question that is rooted in truth, I will give you the answer. If you ask me a question that is nonsense, trickery, or has no clear answer, I will respond with "Unknown".

Q: What is human life expectancy in the United States?
A: Human life expectancy in the United States is 78 years.

Q: Who was president of the United States in 1955?
A: Dwight D. Eisenhower was president of the United States in 1955.

Q: What is the square root of banana?
A: Unknown

Q: Where were the 1992 Olympics held?

A: The 1992 Olympics were held in Barcelona, Spain.

그림 8.7 퓨샷을 활용한 OpenAPI GPT3 질문 & 답변

친구와의 대화

네번째 예시는 친구와의 대화의 예시다. 해당 부분에서는 따로 대화를 한다는 문제 설명을 제공하지 않았고, 대화에 대한 퓨샷 예제를 제공했다. 친구 봇은 오래된 영화를 보는 것을 좋아한다고 하고, 해당 대화 흐름을 기억해 어떤 영화를 좋아하느냐는 질문에 'The Matrix' 라고 대답한 후, 해당 영화에 대해 특수효과가 좋아 마음에 든다고 문장을 생성하는 것을 볼 수 있다.

```
You: Did you watch anything interesting?
Friend: I watched 'The Matrix'
```

```
You: What did you think of it?
Friend: It was pretty good. I liked the special effects [생성 결과]
```

Playground ⓘ

```
You: What have you been up to?
Friend: Watching old movies.
You: Did you watch anything interesting?
Friend: I watched 'The Matrix'.
You: What did you think of it?
Friend: It was pretty good. I liked the special effects.
```

그림 8.8 퓨샷을 활용한 OpenAPI GPT3 친구와의 대화

요약

마지막으로 다섯번째 예시는 요약이다. 각각의 인원들이 설명한 회의록 기록을 요약본으로 변경해주는 예시다. 각 인원별로 특징을 기록한 내용을 그림의 Summary 이후에 조금 더 문어체 구조로 변형해서 생성했다.

[문제 설명]

간략하게 요약한 미팅 노트를 문체를 바꾸어 줘…

[예제]

```
Tom: Profits up 50%
Jane: New servers are online
....
```

Summary:

Tom, Jane, Kjel, and Parkman discuss the current state of the business. Profits are up
50% year over year. News servers are online and everything runs smoothly. Kjel is working
on fixing the software bug but needs more time. Beta testing for new software is almost
done. [생성 결과]

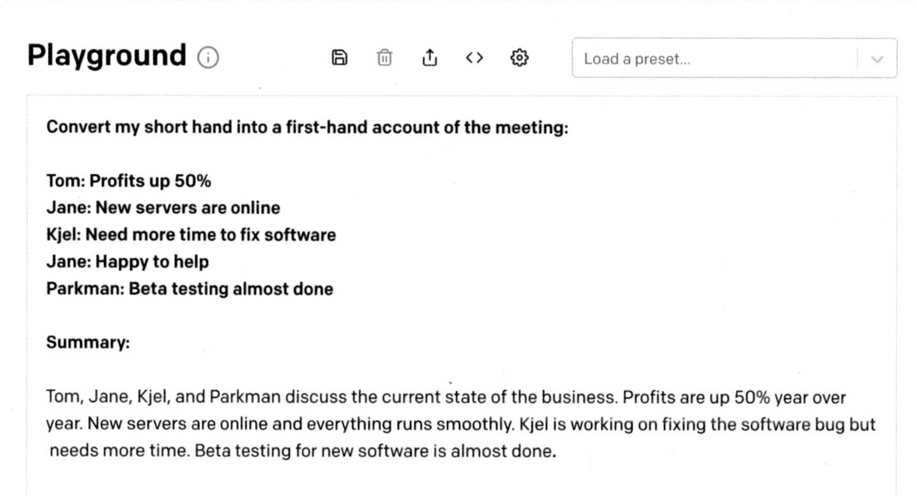

Playground ⓘ 　　　🖫 🗑 ⬆ <> ⚙ 　　[Load a preset...　　　　⌄]

Convert my short hand into a first-hand account of the meeting:

Tom: Profits up 50%
Jane: New servers are online
Kjel: Need more time to fix software
Jane: Happy to help
Parkman: Beta testing almost done

Summary:

Tom, Jane, Kjel, and Parkman discuss the current state of the business. Profits are up 50% year over
year. New servers are online and everything runs smoothly. Kjel is working on fixing the software bug but
needs more time. Beta testing for new software is almost done.

그림 8.9 퓨샷을 활용한 OpenAPI GPT3 요약

이처럼 GPT3를 통해 다양한 자연어 처리 문제들을 퓨샷 러닝을 활용해 효과적으로 해결함으
로써 기존에 새로운 도메인에 적용하기 위한 대량의 데이터와 라벨이 필요한 미세조정 방식
의 단점을 개선했다. GPT3 논문의 내용을 바탕으로 추론한다면 최소 130억(13B) 정도의 크
기는 되어야 미세조정 버트 Large와 유사한 결과를 나타내는 것을 볼 수 있다(SuperGLUE[2]
기준). 다만, 현재 GPT3는 모델이 공개되지 않아, GPT2를 사용해 퓨샷 러닝을 활용한 감정
분류를 어떻게 하면 적용할 수 있는지 소개한다.

2　SuperGLUE: https://super.gluebenchmark.com/

03 퓨샷 러닝을 활용한 텍스트 분류

GPT2 모델에 퓨샷 러닝을 활용해 영화 리뷰 분류를 예측해 보자. 영화 리뷰 분류 모델은 GPT2 미세조정 학습과 동일하게 네이버 영화 데이터셋을 가지고 실습한다. 학습 방법은 앞선 버트와 GPT2 모델의 미세조정 학습과는 다르다. 이전 장에서는 버트나 GPT2 모델 가중치를 학습하지만 지금은 퓨샷 러닝 방식으로 모델 학습 없이 학습 예시 텍스트를 배경 지식으로 GPT2 모델에 입력해 텍스트 분류를 예측하는 토큰을 생성한다.

이번 실습은 크게 GPT2 언어 생성 모델과 토크나이저를 선언하고 퓨샷 러닝으로 활용할 데이터를 구성하는 방법을 구성한다. 퓨샷 러닝의 경우 학습 예시의 구성을 다양하게 만들 수 있다. 이 실습에서는 2가지 형태의 학습 예시를 구성해 퓨샷 러닝을 진행하고자 한다. 그리고 마지막으로 퓨샷 러닝 결과에 대한 평가를 진행할 예정이다. 해당 실습은 GPU 자원을 필요로 하기 때문에 구글 Colab을 활용하길 권장한다.

퓨샷 러닝을 위한 네이버 영화 리뷰 모델 구성

퓨샷 러닝을 위한 토크나이저와 모델을 생성해 보자.

```
TOKENIZER_PATH = './gpt_ckpt/gpt2_kor_tokenizer.spiece'
tokenizer = SentencepieceTokenizer(TOKENIZER_PATH)
vocab = nlp.vocab.BERTVocab.from_sentencepiece(TOKENIZER_PATH,
                                    mask_token=None,
                                    sep_token='<unused0>',
                                    cls_token=None,
                                    unknown_token='<unk>',
                                    padding_token='<pad>',
                                    bos_token='<s>',
                                    eos_token='</s>')
```

앞서 GPT2 미세조정 학습과 동일하게 토크나이저 모델을 생성한다. 그리고 퓨샷 러닝 학습을 위한 영화 리뷰 모델을 생성한다.

```python
class TFGPT2FewshotClassifier(tf.keras.Model):
    def __init__(self, dir_path):
        super(TFGPT2FewshotClassifier, self).__init__()
        self.gpt2 = TFGPT2LMHeadModel.from_pretrained(dir_path)

    def call(self, inputs):
        outputs = self.gpt2({'input_ids': inputs})[0][:, -1, :]

        return outputs
```

모델 클래스 코드는 앞서 소개한 GPT2 언어 모델과 구현한 코드가 클래스 이름을 제외하고 동일하다. 퓨샷 러닝에서는 별도의 학습 없이 GPT2 언어 모델의 텍스트 생성만을 통해 텍스트 분류를 예측하므로 TFGPT2LMHeadModel을 통해 텍스트 생성만 가능하게 해두었다. 생성 방식은 call 함수에서 텍스트 인덱스를 입력받으면 self.gpt2를 통해 출력값의 0번째 인덱스에 있는 단어들에 대한 확률 분포(logits)를 출력받도록 한다. 이 중 생성된 마지막 위치의 토큰을 할당하기 위해 출력 행렬의 2 차원에 대해 −1 번째 인덱스의 값을 받게 구현한다. 이렇게 구현한 모델 클래스 코드를 가지고 모델을 생성해 보자.

```python
BASE_MODEL_PATH = './gpt_ckpt'
cls_model = TFGPT2FewshotClassifier(dir_path=BASE_MODEL_PATH)
```

이제 모델을 생성했으면 본격적으로 GPT2 퓨샷 러닝을 해 보자. 진행하기 전에 우선 퓨샷 러닝을 위해 필요한 학습 예시 데이터를 구성하자.

퓨샷 러닝을 위한 네이버 영화 리뷰 데이터 구성

퓨샷 러닝을 위해 학습 예시 데이터를 구성해 보자. 우선 학습 데이터를 불러온다.

```python
DATA_IN_PATH = 'data_in/KOR'
DATA_OUT_PATH = 'data_out/KOR'

DATA_TRAIN_PATH = os.path.join(DATA_IN_PATH, 'naver_movie', 'ratings_train.txt')
DATA_TEST_PATH = os.path.join(DATA_IN_PATH, 'naver_movie', 'ratings_test.txt')

train_data = pd.read_csv(DATA_TRAIN_PATH, header=0, delimiter='\t', quoting=3)
train_data = train_data.dropna()
```

학습 데이터를 불러왔으면 학습 예시 데이터를 구성해야 하는데, 여기서 두 가지를 고려하고자 한다. 첫 번째는 학습 예시를 구성할 템플릿 구조에 대해서 생각한다. GPT2 모델에 어떤 방식으로 학습 예시를 입력해야 영화 리뷰 데이터에 대한 분류가 될지를 본다. 두 번째는 모델에 입력할 예시 케이스 수를 정한다. 입력한 학습 예시 수가 많을수록 영화 리뷰 분류에 대한 예측은 높을 가능성이 크다. 그렇다면 모델이 허용할 수 있는 입력 길이를 기준으로 넣을 수 있는 케이스 수를 파악해야 한다.

우선 학습 예시를 구성할 템플릿 구조를 보자. 퓨샷 러닝을 진행하고자 했을 때 템플릿에서 분류 예측은 생성으로 어떻게 표현하는지와 예시 문장 구성을 위한 프롬프트 토큰을 어떻게 정의할지를 고민할 수 있다. 분류 예측할 때 생성할 토큰을 표현하는 방법은 단순하게 분류할 때 예측할 라벨을 정의하면 된다. 네이버 영화 리뷰 데이터를 예로 들자면 긍정과 부정 라벨이 0, 1로 존재한다. 이 라벨에 대해서 GPT2 모델에서 '긍정'과 '부정'이란 텍스트 토큰으로 정의하고 토크나이징을 하면 다음과 같이 결과가 나온다.

```
print('데이터 positive 라벨: ', tokenizer('긍정'))
print('데이터 negative 라벨: ', tokenizer('부정'))
```

[실행 결과]
```
데이터 positive 라벨: ['_긍정']
데이터 negative 라벨: ['_부정']
```

문장 구성을 위한 프롬프트 토큰 정의도 앞서 정의한 분류 라벨과 동일하다. 프롬프트 토큰은 영화 스크립트와 같이 표현이 되는데 아래 예시와 같이 볼 수 있다.

```
문장: 오늘 너무 행복하다.
예측: 긍정
```

예시에서 '문장: ' 다음에 감정을 분석할 문장 '오늘 너무 행복하다'가 나오고 '예측: ' 다음에 감정 분석을 예측할 라벨 '긍정' 토큰이 나온다. 여기서 '문장:'과 '예측:'은 감정 분석할 문장과 라벨을 위한 프롬프트 토큰이다. 프롬프트 토큰은 어떻게 구성하는지에 따라서 퓨샷 러닝의 예측 성능에 영향을 준다. 프롬프트 토큰으로 구성된 예시를 토크나이징하면 다음과 같이 나온다.

```
print('학습 예시 케이스 구조: ', tokenizer('문장: 오늘 기분이 좋아\n감정: 긍정\n'))
```

[실행 결과]
```
학습 예시 케이스 구조:  ['_문장', ':', '_오늘', '_기분이', '_좋아', '_감정', ':',
'_긍정']
```

이 토크나이징된 학습 예시 토큰들이 GPT2에 입력값으로 받아 감정 분류를 예측하게 해줄
것이다. 이번 실습에서는 2가지 프롬프트 토큰 유형으로 감정 분류 예측하고자 한다. 이렇게
해서 예측 레이블 토큰과 프롬프트 토큰을 정의함으로써 학습 예시 데이터의 구조를 정의할
수 있다. 정의한 구조에 대한 코드 내용은 퓨샷 러닝으로 예측할 때 소개한다. 템플릿 구조를
정의했다면 이제 예시 수를 살펴봐야 한다. 예시 수는 GPT2 모델의 입력 길이와 데이터 예시
의 길이를 고려해서 정해야 한다. 먼저 GPT2 모델의 입력 길이를 알아보자.

```
print('gpt2 최대 토큰 길이: ', cls_model.gpt2.config.n_ctx)
```

[실행 결과]
```
gpt2 최대 토큰 길이:  1024
```

GPT2 모델의 길이를 configs를 통해 확인하면 1024인 것을 확인할 수 있다. 퓨샷 러닝을 통
해 분류 모델을 예측하고자 했을 때 ('분류 문장 토큰 길이' × '학습 예시 수') + '예측할 문장
토큰 길이'를 고려해야 한다. 이를 위해 먼저 데이터셋 문장 토큰 길이의 분포를 파악해야 한
다.

```
sent_lens = [len(tokenizer(s)) for s in train_data['document']]

print('Few shot 케이스 토큰 평균 길이: ', np.mean(sent_lens))
print('Few shot 케이스 토큰 최대 길이: ', np.max(sent_lens))
print('Few shot 케이스 토큰 길이 표준편차: ', np.std(sent_lens))
print('Few shot 케이스 토큰 길이 80 퍼센타일: ', np.percentile(sent_lens, 80))
```

[실행 결과]
```
Few shot 케이스 토큰 평균 길이:  17.206493549784994
Few shot 케이스 토큰 최대 길이:  141
Few shot 케이스 토큰 길이 표준편차:  13.920690644605873
Few shot 케이스 토큰 길이 80 퍼센타일:  24.0
```

학습 데이터에서 문장 토큰 길이를 보면 평균 약 17이고 80퍼센트 분위값 기준 24다. 물론 최대 길이는 141이지만 이 실습에서는 가능한 한 많고 다양한 학습 예시를 모델에 넣고자 하는데 문장 토큰 최대 길이를 25라 정한다. (이 부분은 프롬프트 토큰과 라벨 토큰이 추가된 경우를 같이 고려한 상황이라 봐도 좋을 것 같다.) 학습 예시 수를 결정하는 것은 예측하고자 하는 데이터와 개발하는 사람의 입장에 따라 다를 수 있다. 이 부분은 독자가 실습하는 데 적절한 숫자를 탐색해봐도 좋을 것 같다.

앞서 소개한 GPT3 모델의 퓨샷 러닝에서는 가급적 예시를 많이 넣을수록 모델 예측 성능을 높일 수 있다. 이에 이번 실습에서는 모델에 입력할 수 있는 가능한 많은 예시를 입력해 최대 성능을 확인하고자 한다. 앞서 평균 문장 토큰 길이에 대해서 탐색한 결과를 토대로 학습 예시에 들어갈 최대 문장 길이를 25로 정했다면 학습 예시로 들어갈 수를 정하도록 한다. 실습에서는 최대 문장 길이 25에 추가될 프롬프트 토큰과 라벨 토큰을 고려해 학습 예제에서 활용할 최대 토큰 길이를 30으로 예측할 문장의 최대 토큰 길이를 100으로 한다. 그러면 학습 예시와 예측할 문장의 최대 길이를 고려했을 때 GPT2 전체 토큰 길이 1024에서 최대 약 30개의 학습 예시가 GPT2 모델에 입력할 수 있는 것을 알 수 있다. (학습 예시에 활용되는 토큰 길이는 학습 예시 최대 토큰 길이 (30) × 케이스 (30) = 900이다.)

학습 예시에 대한 구조와 수를 정했다면 활용할 학습 예시 데이터를 준비하자.

```
train_fewshot_data = []

for train_sent, train_label in train_data[['document', 'label']].values:
    tokens = vocab[tokenizer(train_sent)]

    if len(tokens) <= 25:
        train_fewshot_data.append((train_sent, train_label))
```

학습 데이터에서 영화 리뷰 문장과 정답 라벨을 튜플 형태로 구성해 리스트 데이터로 만든다. 이렇게 튜플로 구성하는 것은 퓨샷 러닝으로 모델 예측을 할 때 학습 예시를 구성하기 위한 샘플링을 위해서다. 리스트 데이터로 구성할 때 구성할 학습 예시의 최대 토큰 문장 길이는 앞서 정의한 문장 토큰 최대 길이인 25로 제한한다.

그렇다면 이제 학습 예시 데이터를 구성할 준비가 됐으니 GPT2 퓨샷 러닝을 실습해보자.

네이버 영화 리뷰 데이터를 활용한 퓨샷 러닝 및 평가

GPT2 퓨샷 러닝은 이전 모델 소개와는 다르게 학습 과정이 필요하지 않다. 왜냐하면 GPT2 언어 모델에 학습 예시와 예측할 문장을 입력하면 바로 분류 예측 결과가 토큰으로 생성되기 때문이다. 이 실습에서는 평가 데이터셋을 준비하고 퓨샷 러닝을 위해 구성한 학습 예시 데이터와 같이 GPT2 모델에 입력으로 넣어 분류 예측 라벨 토큰을 생성하고자 한다. GPT2 퓨샷 러닝 실습은 프롬프트 토큰 구성을 2가지 방식으로 다르게 표현해 진행한다.

먼저 퓨샷 러닝을 평가하기 위한 평가 데이터셋을 불러오자.

```
test_data = pd.read_csv(DATA_TEST_PATH, header=0, delimiter='\t', quoting=3)
test_data = test_data.dropna()
test_data.head()
```

평가 데이터셋을 불러온 다음 실습에서 활용할 학습 예시 데이터와 테스트 데이터를 샘플링한다. 실습에서는 평가 데이터를 빠르고 간단하게 성능을 측정하고자 샘플링을 진행한다. 전체 데이터셋을 가지고 평가하고자 하면 샘플링하지 않고 퓨샷 러닝을 진행하면 된다. (평가 시간은 한 유형당 구글 Colab 기준 약 1시간 반에서 2시간 정도 소요된다.)

```
sample_size = 5000

train_fewshot_samples = []

for _ in range(sample_size):
    fewshot_examples = sample(train_fewshot_data, 30)
    train_fewshot_samples.append(fewshot_examples)

if sample_size < len(test_data['id']):
    test_data = test_data.sample(sample_size, random_state=SEED_NUM)
```

먼저 평가 데이터를 샘플할 사이즈를 sample_size에 설정을 하고 평가 샘플 사이즈만큼 퓨샷 러닝을 할 학습 예시 데이터를 샘플링한다. 앞서 퓨샷 러닝 데이터를 구성하고자 했을 때 학습 예시 수를 30으로 지정했으므로, 학습 예시 데이터인 train_fewshot_data에서 퓨샷 러닝 데이터 구성을 위해 탐색하면서 정의한 예시 케이스 30개를 sample 함수를 통해 샘플링해 평가 문장별로 학습 예시 데이터를 구성한다. 평가 데이터는 sample_size만큼 샘플링해야 하는 데 pandas.DataFrame의 sample 함수를 활용해 평가 문장을 구성한다. 이때 실험의 일관성을 유지하기 위해 random_state를 SEED_NUM 값을 입력한다.

이렇게 퓨샷 러닝을 할 학습 예시 데이터와 평가 데이터를 구성했다면 본격적으로 퓨샷 러닝을 시도해 보자. 앞서 설명했다시피 학습 예시에서 프롬프트 토큰 정의는 2개의 유형으로 나누어 보고자 한다. 유형이 바뀜에 따라 성능 차이가 얼마나 나는지도 살펴보자. 먼저 첫 번째 프롬프트 토큰 유형을 활용한 퓨샷 러닝을 살펴보자.

```
def build_prompt_text(sent):
    return '문장: ' + sent + '\n감정: '
```

먼저 퓨샷 러닝의 결과 성능을 확인하고자 real_labels와 pred_tokens를 두어 평가 정답 데이터와 모델 예측 데이터를 저장한다. 그다음 학습 예시와 예측할 평가 대상 문장에 적용할 프롬프트 토큰을 적용할 함수를 build_prompt_text로 정의한다. build_prompt_text 함수에는 입력 문장 앞에 '문장: '이라는 텍스트와 분류 예측 토큰 앞에 '감정: '이라는 텍스트를 두어 프롬프트 토큰을 구성할 수 있게 한다.

build_prompt_text 함수로 프롬프트 토큰을 구성할 준비가 되었다면 샘플링한 평가 데이터를 가지고 퓨샷 러닝을 해 보자.

```
def clean_text(sent):
    sent_clean = re.sub('[^가-힣ㄱ-ㅎㅏ-ㅣ\\s]', '', sent)
    return sent_clean


real_labels = []
pred_tokens = []

for i, (test_sent, test_label) in enumerate(test_data[['document','label']].values):
    tokens = [vocab[vocab.bos_token]]

    for ex in train_fewshot_samples[i]:
        example_text, example_label = ex
        cleaned_example_text = clean_text(example_text)
        appended_prompt_example_text = build_prompt_text(cleaned_example_text)
```

```
        appended_prompt_example_text += '긍정' if example_label == 1 else '부정' + '\n'

        tokens += vocab[tokenizer(appended_prompt_example_text)]

    cleaned_sent = clean_text(test_sent)
    appended_prompt_sent = build_prompt_text(cleaned_sent)
    test_tokens = vocab[tokenizer(appended_prompt_sent)]

    tokens += test_tokens

    pred = tf.argmax(cls_model(np.array([tokens], dtype=np.int64)), axis=-1).numpy()
    label = vocab[tokenizer('긍정')] if test_label == 1 else vocab[tokenizer('부정')]
    pred_tokens.append(pred[0])
    real_labels.append(label[0])
```

데이터 전처리는 반복문을 통해 GPT2 모델에 입력될 샘플들과 예측할 문장들을 전부 토크나이징과 인덱싱하는 방식이다. 반복문 안에서 어떤 식으로 작동하는지 살펴보자.

```
for i, (test_sent, test_label) in enumerate(test_data[['document','label']].values):
```

먼저 반복문에 활용될 데이터를 살펴보자. 활용한 데이터는 DataFrame으로 구성된 test_data에서 문장과 정답 라벨인 document와 label 칼럼에서 가져온다. 이 칼럼 데이터들을 각각 test_sent, test_label로 가져와 매 반복마다 평가 문장과 정답 라벨이 출력되게 하고 enumerate를 통해 for 반복의 인덱스 변수 i가 출력되도록 한다. 여기서 인덱스 i는 학습 예시를 불러오기 위한 인덱스다. 다음 GPT2에 입력할 샘플 데이터 구성을 살펴보자.

```
tokens = [vocab[vocab.bos_token]]

for ex in train_fewshot_samples[i]:
    example_text, example_label = ex
    cleaned_example_text = clean_text(example_text)
    appended_prompt_example_text = build_prompt_text(cleaned_example_text)
    appended_prompt_example_text += '긍정' if example_label == 1 else '부정' + '\n'
    tokens += vocab[tokenizer(appended_prompt_example_text)]
```

GPT2 모델에 입력할 샘플 데이터를 구성 하기 전에 가장 먼저 GPT2 모델에 입력할 토큰으로 bos 토큰을 둔다. 그리고 GPT2에 입력할 대상으로 학습 예시 토큰을 추가한다. 앞서 평가 문장별로 샘플링한 학습 예시들에 프롬프트 토큰을 구성하고 토크나이징해서 인덱싱한다. 앞서 샘플링한 학습 예시들은 train_fewshot_samples 데이터에 (문장, 라벨) 형태로 구성됐다. 이 데이터를 clean_text 함수에 입력해 학습 예시의 문장을 정제하고 build_prompt_text 함수를 통해 프롬프트 토큰을 추가한다. 라벨의 경우 0, 1로 표현되어있는데 이를 '긍정', '부정' 문자열로 표현해 프롬프트 토큰으로 구성된 appended_prompt_example_text 뒤에 추가한다. 그리고 tokenizer를 통해 토크나이징을 하고 vocab을 통해 인덱싱한다. 이 과정을 학습 예시 수만큼 반복해 tokens에 추가한다.

```
cleaned_sent = clean_text(test_sent)
appended_prompt_sent = build_prompt_text(cleaned_sent)
test_tokens = vocab[tokenizer(appended_prompt_sent)]


tokens += test_tokens
```

마지막으로 예측할 평가 문장을 추가하자. 학습 예시와 동일하게 test_sent를 clean_text 함수와 build_prompt_text에 입력해 텍스트를 정제하고 프롬프트 토큰을 추가한 텍스트로 만든다. 이렇게 만들어진 텍스트를 토크나이징과 인덱싱을 거쳐 모델에 입력할 구성을 마친다. 완성된 평가문장은 학습 예시 토큰 뒤에 붙을 수 있게 tokens에 추가한다.

```
pred = tf.argmax(cls_model(np.array([tokens], dtype=np.int64)), axis=-1).numpy()
label = vocab[tokenizer('긍정')] if test_label == 1 else vocab[tokenizer('부정')]
pred_tokens.append(pred[0])
real_labels.append(label[0])
```

이제 GPT2 모델에 준비된 토큰들을 입력해 예측 토큰을 확인하자. 앞서 생성한 GPT2 퓨샷 러닝 모델을 호출하면 출력으로 입력한 토큰 다음에 생성할 토큰 확률 벡터를 출력할 것이다. 생성된 벡터에서 tf.argmax를 통해 가장 확률 값이 높은 토큰을 출력하면 모델에서 예측한 토큰을 확인할 수 있다. 이 토큰 값을 pred에 할당해준다. 그리고 예측한 결과가 맞는지 확인하기 위해 평가 정답 라벨을 같이 label에 저장한다. 평가 정답 라벨은 기존에 0, 1로 되어있었으므로 예측 토큰과 맞추기 위해 '긍정', '부정' 토큰으로 변환한다.

이렇게 모델 예측 토큰과 평가 정답 라벨이 만들어지면 앞서 이들을 평가하기 위해 만든 pred_tokens와 real_labels 리스트에 추가한다. 이렇게 퓨샷 러닝을 진행하고 예측 결과에 대한 정확도를 확인해야 한다.

```
accuracy_match = [p == t for p, t in zip(pred_tokens, real_labels)]
accuracy = len([m for m in accuracy_match if m]) / len(real_labels)


print(accuracy)
```

앞서 퓨샷 러닝에서 예측한 결과와 평가 정답 라벨을 저장한 pred_tokens와 real_labels 리스트를 가지고 각 평가 문장마다 정답을 맞췄는지를 비교한다. 예측한 토큰과 정답 라벨이 같으면 True, 그렇지 않으면 False 형태로 출력되는 리스트를 만들어 accuracy_match 변수에 할당한다. accuracy_match 리스트에 정답이 되는 경우는 True이므로 True인 경우만 남겨 맞는 개수를 표현한다.

정확도 평가 결과 약 56%의 성능을 보인다. 기존에 GPT2로 미세조정했을 때보다 훨씬 낮은 점수다. 지금 점수보다 더 올릴 수 있는 방법은 없을까? 실제로 더 나은 성능을 보일 수 있을지 다른 프롬프트 토큰 유형을 가지고 퓨샷 러닝을 해보자.

```
def build_prompt_text(sent):
    return '감정 분석 문장: ' + sent + '\n결과: '

real_labels = []
pred_tokens = []

for i, (test_sent, test_label) in
tqdm(enumerate(sampled_test_data[['document','label']].values)):
    tokens = [vocab[vocab.bos_token]]

    for ex in train_fewshot_samples[i]:
        example_text, example_label = ex
        cleaned_example_text = clean_text(example_text)
        appended_prompt_example_text = build_prompt_text(cleaned_example_text)
        appended_prompt_example_text += '긍정' if example_label == 1 else '부정' + '\n'
```

```
        tokens += vocab[tokenizer(appended_prompt_example_text)]

    cleaned_sent = clean_text(test_sent)
    appended_prompt_sent = build_prompt_text(cleaned_sent)
    test_tokens = vocab[tokenizer(appended_prompt_sent)]

    tokens += test_tokens
    pred = tf.argmax(cls_model(np.array([tokens], dtype=np.int64)), axis=-1).numpy()
    label = vocab[tokenizer('긍정')] if test_label == 1 else vocab[tokenizer('부정')]

    pred_tokens.append(pred[0])
    real_labels.append(label[0])
```

위 코드는 앞서 처음 퓨샷 러닝을 한 코드와 거의 똑같다. 여기서 큰 차이는 build_prompt_
text에 구성된 프롬프트 토큰이 다르다는 점이다. 앞서 '문장: ', '감정: '이라는 텍스트로 프
롬프트 토큰을 구성했는데, 여기서는 '감정 분석 문장: '과 '결과: '로 구성되어있다. 앞서
본 프롬프트 토큰과 비교했을 때 예측을 수행하는 데 좀 더 구체적인 설명이 들어간 텍스트로
구성돼 있다. 이렇게 프롬프트 토큰을 바꾸고 퓨샷 러닝을 수행하면 성능은 어떻게 나올까?

```
accuracy_match = [p == t for p, t in zip(pred_tokens, real_labels)]
accuracy = len([m for m in accuracy_match if m]) / len(real_labels)

print(accuracy)
```

퓨샷 러닝 수행 결과 약 60%의 결과가 나온다. 프롬프트 토큰 구성을 조금 바꾼 것으로도 4%
의 성능 차이가 난다. 이렇게 프롬프트 방식에 따라서도 텍스트 분류 성능이 달라질 수 있다.

하지만 앞서 소개된 모델보다 성능이 여전히 낮다. 이 실습에서는 아무런 학습을 하지 않은
GPT2 모델로도 이와 같은 성능을 낼 수 있다는 점에 의의를 두자. 논문에서는 GPT3 모델
이 더 좋은 성능을 낼 수 있다고 주장하고 있으니 더 많은 데이터와 더 큰 가중치를 구성한 모
델이라면 좋은 성능을 낼 수 있을 것이다. 두 유형 모두 성능이 기존 학습한 모델에 비해 크게
떨어지긴 하지만, 퓨샷 러닝으로도 어느 정도 분류 예측을 할 수 있다는 것을 확인할 수 있다.

그런데 여기서 살펴볼 점이 있다. 퓨샷 러닝 실습에서 프롬프트 토큰 구성에 따라 분류 예측 성능이 달라짐을 확인했다. 그렇다면 '프롬프트 토큰을 아주 잘 구성하면 분류 예측 성능이 굉장히 좋아질 수 있지 않을까?'라는 생각을 해볼 수 있다. 그리고 학습 예시 없이 프롬프트 토큰만 잘 구성되어도 분류 예측을 할 수 있을지도 생각해볼 만하다. 다음 장에서는 자연어 문제를 잘 수행하는 프롬프트 토큰을 탐색하는 피-튜닝을 소개하고자 한다.

04 피-튜닝

개요

전통적인 미세조정을 사용하는 GPT는 자연어 이해(NLU)에 대한 강력한 결과를 얻지 못했다. 하지만 훈련 가능한 프롬프트 임베딩을 사용하는 새로운 방법 피-튜닝(P-tuning)을 통해 GPT가 자연어 이해 작업에서 유사한 크기의 버트보다 좋거나 비슷할 수 있음이 밝혀졌다.

피-튜닝은 프롬프트 엔지니어링에 필요한 퓨샷과 지도학습에 필요한 세팅을 크게 줄이면서도 성능을 더욱 향상시킨다.

언어 모델 사전 학습은 많은 자연어 처리(NLP) 분야에서 성공적인 접근법이었으며 자동인코더(Autoencoder)와 자동회귀(Autoregressive) 방법론을 적용해 좋은 성능을 기록했다. 자연어 처리 연구자들은 자동회귀의 대표적인 GPT 형태의 미세조정을 해도 자연어 이해 분야에서 성능이 떨어진다는 것을 실험을 통해서 관찰했다. 이것은 자연어 이해 측면에서 GPT 형태의 모델이 좋지 않음을 이야기한다.

새롭게 부상하고 있는 GPT-3와 수작업 프롬프트(hand-crafted prompt)를 사용한 퓨샷과 제로샷 학습에 대한 성능이 머신러닝 커뮤니티에 큰 영향을 주었으며 이것의 성공은 적절한 수동 프롬프트와 함께 거대한 단방향 언어 모델이 자연어 이해에 도움이 될 수 있다는 것을 보여 주었다.

하지만 최고의 성능을 발휘하는 프롬프트를 수작업으로 만드는 것은 종종 비현실적으로 큰 검증 세트가 필요하고, 찾는 것 또한 쉽지 않으며, 성능 저하를 초래하는 적대적 프롬프트(adversarial prompts)를 쉽게 생성할 수 있어 GPT-3 성능에 안 좋은 영향을 줄 수 있다. 적절한 수작업 프롬프트를 생성하는 어려움과 엄청난 사람의 작업을 요구하는 수작업 프롬프트를 대체하기 위해 최근에는 프롬프트를 자동으로 검색하는 데 초점을 맞추고 그 효과를 입증하고 있다. 피-튜닝 또한 수작업 프롬프트를 대체하기 위해 나온 최신 방법론이다.

피-튜닝은 사전 학습 언어 모델에 대해 프롬프트 역할을 하기 위해 몇 개의 연속적인 가중치를 만들고 경사하강법으로 학습해 프롬프트 검색을 대체한다. 피-튜닝은 GPT와 자연어 이해 애플리케이션 간의 성능의 간격을 메우며 GPT가 생성만 잘하고 자연어 이해는 잘하지 못한다는 고정관념을 깨고 있다.

아래 그림은 SuperGlue 평가 데이터셋에서 버트 미세조정보다 GPT 피-튜닝의 성능이 더 높음을 보여준다.

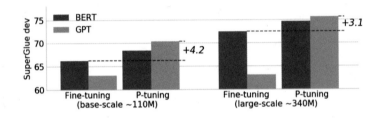

그림 8.10 미세조정과 피-튜닝 성능

언어 모델이 우리가 생각했던 것보다 더 많은 세계 지식(언어 모델의 사전 학습을 통해 얻은 지식)과 선행작업 지식(미세조정이나 피-튜닝을 통해 얻은 지식)을 습득하고 이해하는 것을 알 수 있다.

피-튜닝 방법론

GPT-3와 DALL-E[3]의 놀라운 성능은 거대한 모델이 기계의 지능을 높이는 가장 진보된 방법론임을 시사하고 있다. 하지만 거대 모델이 항상 최고의 방법론이 될 수는 없으며 이슈 또한 존재한다. 하위 문제에서 미세조정을 한다면 조 단위의 가중치를 이동시켜야 한다는 부담으로 인해 잘 사용되지 않으며, 학습을 진행한다고 했을 때 데이터를 가지고 학습을 진행함에 있어 빠른 학습이 힘들다는 것을 치명적인 이슈로 보고 있다. 해당 문제를 이동성(transferability) 문제라고 할 수 있다.

---

3   https://arxiv.org/pdf/2102.12092.pdf

또 하나의 문제는 사람이 직접 프롬프트를 찾아내는 경우이며 이 경우에는 사람의 많은 작업을 요구하며 기본적으로 큰 검증 데이터는 필수적으로 존재해야 한다. 또한 사람이 수작업으로 만들어낸 프롬프트이므로 성능이 불안정하다. 아래는 한 단어의 변화가 급격한 차이를 일으킬 수 있는 사례를 보여주는 표다.

Prompt	P@1
[X] is located in [Y]. (original)	31.29
[X] is located in which country or state? [Y].	19.78
[X] is located in which country? [Y].	31.40
[X] is located in which country? In [Y].	51.08

그림 8.11 프롬프트 구성에 따른 성능 차이

프롬프트가 어떻게 구성돼 있느냐에 따라서 P@1의 성능이 높아지고 있다. P@1(Mean Precision@1)은 평균 정밀도로, P@K의 K는 몇 개의 평균 정밀도를 측정할 것인지를 나타낸다. P@1 같은 경우는 상위 한 개가 주어진 사실과 같은 경우 1값이 되고 그렇지 않은 경우 0이다. LAMA 데이터에서 사용된 모델 평가를 위한 지표이며 높을수록 좋다.

아래 그림은 피-튜닝의 구조다. 기존의 모델들과 어떠한 차이가 있는지 보자.

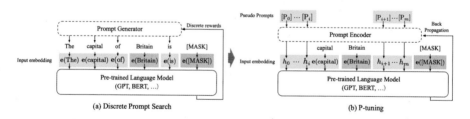

그림 8.12 피-튜닝 구조

피-튜닝은 사전 학습 모델의 가중치에 영향을 주는 미세조정 학습 방법론을 사용하지 않는다. 사전 학습의 입력 임베딩과 다른 임베딩 값으로 대체하는 역할을 하는 프롬프트 인코더를 만든다. 대체되는 임베딩값은 의사 프롬프트(Pseudo Prompts)이며 원래 어휘보다 더 나은 임베딩을 찾게 한다. 위 그림은 마스크(MASK)를 맞추는 방법론을 위해서 의사 프롬프트(P[0]~P[i], P[i+1]~P[m])를 설정하고 있다. 뒤에서 실습 코드에서는 분류 모델을 학습함에 있어 의사(Pseudo) 프롬프트를 어떻게 설정해주는지 보고 작업해줘야 할 분야마다 다른 의사 프롬프트 후보들을 확인하자.

피-튜닝 최적화 방법론

프롬프트 학습에는 실제로 두 가지 최적화 문제에 직면하게 된다. 첫째는 분별력의 문제다. 사전 학습에서 이미 원래 단어에 대해서 이미 매우 잘 분별하고 있는데 이러한 매개변수를 변경한다면 극소점(local minima)에 들어갈 수 있다.

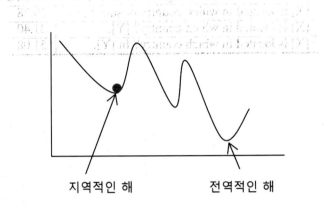

그림 8.13 극소점 문제 에러

극소점 문제는 에러를 최소화하는 최적의 파라미터를 찾기 위해 수많은 지역적인 해를 넘어서 전역적인 해로 접근해야 하지만, 지역적인 해에 빠져 벗어나지 못해 성능이 잘 나오지 않는 문제를 이야기한다.

둘째는 연관성의 문제다. 입력값이 독립적이기보다는 관련성이 있는 입력값을 서로 연결할 수 있는 방법이 필요하다. 이러한 연결성을 위해서 피-튜닝은 시퀀스(sequence) 모델링을 제안한다.

분별력과 연관성 두 문제를 해결하기 위해 매우 가벼운 신경 네트워크로 두 개 층의 멀티 퍼셉트론(MLP: multilayer perceptron)과 활성함수로 렐루(ReLU) 함수를 사용하며 내부에는 LSTM으로 구성된다.

수식은 다음과 같다.

$$h_i = \text{MLP}([\overrightarrow{h_i} : \overleftarrow{h_i}])$$
$$= \text{MLP}([\text{LSTM}(h_{0:i}) : \text{LSTM}(h_{i:m})])$$

그림 8.14 피-튜닝 모델 입력값 수식

고정 토큰(anchor tokens)을 추가하면 자연어 이해 작업에 도움이 된다.

RTE 데이터는 자연어 추론(Natural Language Inference) 데이터로 두 문장의 관계를 정답으로 가지고 있다. 해당 데이터를 가지고 프롬프트 내의 토큰을 아래와 같이 구성한다.

```
예) [PRE][prompt tokens][HYP]?[prompt tokens][MASK]
```

논문에서는 고정 토큰 [HYP]가 추가될 때 또는 추가되지 않을 때 NLI 성능에 많은 영향을 주는 것을 논문에서는 실험을 통해서 이야기하고 있다. 즉 실험을 통해 모델이 인지하기 더 좋은 구성의 고정 토큰과 구조로 프롬프트를 구성할 때 성능이 좋아진다.

피-튜닝의 장점을 정리하면 다음과 같다.

1. 벡터 기반의 프롬프트를 자동으로 검색해주는 방법론보다 성능이 좋다.

2. 적대적 프롬프트에 강하며 대규모 검증 세트의 중요성이 없어진다. 적대적 프롬프트란 모델 성능에 악영향을 주는 특정 문구나 특정 형태를 입력으로 넣는 것을 말한다.

3. 오버피팅을 막아준다.

4. GPT 모델이 유사한 크기의 버트와 같거나 능가하는 성능을 보여준다.

그럼 실습을 통해 더 깊이 이해해 보자.

피-튜닝을 활용한 텍스트 분류 적용

GPT2 피-튜닝을 활용해 영화 리뷰 분류를 해보자. 이번 실습에서도 마찬가지로 퓨샷 러닝에서 다룬 네이버 영화 데이터셋을 가지고 진행한다. 기존 버트나 GPT2 모델의 미세조정 학습과는 다르게 전체 GPT2 모델을 학습하지는 않고 텍스트를 분류하는 데 적합한 프롬프트 토큰을 탐색하기 위해서 학습을 진행하게 된다. 프롬프트 토큰을 학습하는 점은 예시들을 통해 예측하는 퓨샷 러닝과 다른 점이기도 하다. 또한 피-튜닝은 학습 예시 데이터를 준비하지 않고 예측할 문장만 있으면 된다. 이번 실습은 크게 GPT2 피-튜닝을 위한 모델을 먼저 소개하고자 한다. 구조를 소개한 후 피-튜닝을 위한 학습 데이터 구성 방법을 소개하고 그다음에 모델 학습 평가를 진행하고자 한다.

피-튜닝 모델 구현

먼저 영화 리뷰 감정 분석을 위한 피-튜닝 모델 구현에 대해서 먼저 살펴보자. 피-튜닝 모델은 언어 생성 모델인 GPT2와 프롬프트 토큰으로 주입할 토큰 임베딩으로 구성되어있다. 모델 클래스를 선언하면서 먼저 tf.keras.Model로부터 상속받아 학습과 평가가 가능한 모델 클래스로 구현한다.

```python
class TFGPT2PtuningClassifier(tf.keras.Model):
    def __init__(self, dir_path):
        super(TFGPT2PtuningClassifier, self).__init__()

        self.gpt2 = TFGPT2LMHeadModel.from_pretrained(dir_path)
        self.gpt2.trainable = False

        self.prompt_embedding_size = self.gpt2.config.hidden_size
        self.prompt_embedding = tf.keras.layers.Embedding(
            2, self.prompt_embedding_size, name='prompt_embedding'
        )

        self.bilstm = tf.keras.Sequential(name='prompt_bilstm')
        self.bilstm.add(
            tf.keras.layers.Bidirectional(
                tf.keras.layers.LSTM(self.prompt_embedding_size, return_sequences=True)
            )
        )
        self.bilstm.add(
            tf.keras.layers.Bidirectional(
                tf.keras.layers.LSTM(self.prompt_embedding_size, return_sequences=True)
            )
        )

        self.mlp = tf.keras.Sequential(name='prompt_mlp')
```

```
            self.mlp.add(tf.keras.layers.Dense(self.prompt_embedding_size))
            self.mlp.add(tf.keras.layers.ReLU())
            self.mlp.add(tf.keras.layers.Dense(self.prompt_embedding_size))

        def generate_prompt_input(self, inputs_ids):
            inputs_embeds = self.gpt2.transformer.wte(inputs_ids[:, 1:-1])

            prompt_indexs = tf.concat([inputs_ids[:, 0:1], inputs_ids[:, -1:]], axis=-1)
            prompt_embeds = self.prompt_embedding(prompt_indexs)
            prompt_embeds = self.bilstm(prompt_embeds)
            prompt_embeds = self.mlp(prompt_embeds)
            prompt_updated_inputs = tf.concat([prompt_embeds[:, 0:1, :], inputs_embeds,
                                    prompt_embeds[:, 1:, :]],
                                    axis=1)

            return prompt_updated_inputs

        def call(self, inputs):
            input_ids = inputs[0]
            attention_mask = inputs[1] if len(inputs) > 1 else None

            inputs_embeds = self.generate_prompt_input(input_ids)
            outputs = self.gpt2(
                {
                    'inputs_ids': None,
                    'inputs_embeds': inputs_embeds,
                    'attention_mask': attention_mask
                }
            )[0][:, -1, :]

            return outputs
```

모델 클래스에 정의한 각 함수들을 하나씩 살펴보자.

```
def __init__(self, dir_path):
    super(TFGPT2PtuningClassifier, self).__init__()
```

```
self.gpt2 = TFGPT2LMHeadModel.from_pretrained(dir_path)
self.gpt2.trainable = False

self.prompt_embedding_size = self.gpt2.config.hidden_size
self.prompt_embedding = tf.keras.layers.Embedding(
    2, self.prompt_embedding_size, name='prompt_embedding'
)

self.bilstm = tf.keras.Sequential(name='prompt_bilstm')
self.bilstm.add(
    tf.keras.layers.Bidirectional(
        tf.keras.layers.LSTM(self.prompt_embedding_size, return_sequences=True)
    )
)
self.bilstm.add(
    tf.keras.layers.Bidirectional(
        tf.keras.layers.LSTM(self.prompt_embedding_size, return_sequences=True)
    )
)

self.mlp = tf.keras.Sequential(name='prompt_mlp')
self.mlp.add(tf.keras.layers.Dense(self.prompt_embedding_size))
self.mlp.add(tf.keras.layers.ReLU())
self.mlp.add(tf.keras.layers.Dense(self.prompt_embedding_size))
```

__init__ 함수에는 GPT2 언어 모델을 생성한다. 생성에 앞서 __init__ 함수에 대한 파라미터로는 GPT2 모델을 불러오는 경로인 dir_path와 분류기의 분류 수를 정하는 num_class를 정의한다. 먼저 GPT2 모델은 TFGPT2LMHeadModel 클래스의 from_pretrained 함수를 통해 저장된 모델을 불러와 self.gpt2에 할당한다. self.gpt2는 모델 학습을 하지 않을 것이므로 trainable 설정을 False로 해둔다.

프롬프트 임베딩을 위한 임베딩 층의 구성은 논문에서 소개된 것과 같이 임베딩 층과 멀티 레이어 퍼셉트론이나 Bidirectional LSTM을 활용한다. 먼저 임베딩 층을 구성하기 위해 tf.keras.layers.Embedding을 활용해 프롬프트 전용 임베딩을 구성한다. 그리고 Bidirectional LSTM층과 멀티 레이어 퍼셉트론층들을 구성하기 위해 각각 레이어를 생성해 self.bilstm과 self.mlp로 각 층을 만든다. Bidirectional LSTM의 경우 tf.keras.layers.Bidirection과 tf.keras.layers.LSTM을 활용해 두 개의 LSTM 층을 쌓고 멀티 레이어 퍼셉트론 층의 경우 tf.keras.layers.Dense를 활용해 2개의 dense 층을 쌓는다. Dense 층의 경우 층 사이에 ReLU를 두어 활성화 함수를 적용한다. self.bilstm과 self.mlp의 경우 각각 모든 연산 과정을 tf.keras.Sequential의 add 함수를 활용해 하나의 모듈 형태로 묶는다. 이렇게 구성해 프롬프트 토큰 벡터를 출력한다.

```
def generate_prompt_input(self, inputs_ids):
    inputs_embeds = self.gpt2.transformer.wte(inputs_ids[:, 1:-1])

    prompt_indexs = tf.concat([inputs_ids[:, 0:1], inputs_ids[:, -1:]], axis=-1)
    prompt_embeds = self.prompt_embedding(prompt_indexs)
    prompt_embeds = self.bilstm(prompt_embeds)
    prompt_embeds = self.mlp(prompt_embeds)
    prompt_updated_inputs = tf.concat([prompt_embeds[:, 0:1, :], inputs_embeds,
                        prompt_embeds[:, 1:, :]],
                        axis=1)

    return prompt_updated_inputs
```

프롬프트 임베딩을 위한 층들의 구성이 다 되었다면 GPT2 모델에 프롬프트 토큰을 적용하는 방법을 알아보자.

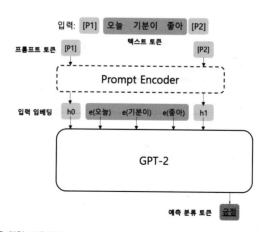

그림 8.15 파-튜닝 학습을 위한 모델 구조

실습에서는 프롬프트 토큰 학습을 위해 TFGPT2PTuningClassifier 모델의 입력에 맨 앞과 뒤를 프롬프트 토큰으로 입력받는 자리로 설정했다. 예를 들어 위 그림과 같이 "오늘 기분이 좋아"라는 문장을 프롬프트 토큰 [P1], [P2]와 같이 포함해 모델에 입력한다면 [P1] "오늘 기분이 좋아" [P2]와 같은 형태로 추가한다. 이와 같이 입력을 하면 맨 앞과 뒤에 있는 프롬프트 토큰들이 프롬프트 인코더를 통해 위 그림과 같이 프롬프트 임베딩 h0, h1로 GPT-2 모델에 입력할 임베딩이 된다. 이 방식은 앞서 퓨샷 러닝에서 토큰 '문장: ', '예측: '과 같은 역할을 하는 것으로 [P1]은 다음 토큰에 예측할 문장이 나온다는 표기이고 [P2]는 예측할 문장 뒤에 분류 토큰이 나온다는 표기로 활용한다. 그리고 프롬프트 토큰 사이에 있는 입력 텍스트 토큰은 그림에 표현된 것과 같이 GPT-2에 있는 토큰 임베딩을 통해 e(오늘), e(기분이), e(좋아)로 입력 임베딩으로 구성한다.

그림에 설명된 내용과 같이 프롬프트 토큰을 텍스트 입력과 같이 적용하는 방법은 TFGPT2PTuningClassifier 모델 클래스 안에 generate_prompt_input이라는 함수로 구현한다. 이 함수에서는 프롬프트 토큰을 포함한 입력 텍스트 인덱스 행렬을 받아 프롬프트 임베딩과 텍스트 토큰 임베딩을 같이 포함해 출력한다. 함수의 입력으로는 토큰 인덱스 행렬을 받는다. 각 문장별 토큰 어레이는 앞뒤로는 프롬프트 토큰 임베딩 인덱스이고 나머지 텍스트 토큰 인덱스는 gpt2 모델의 임베딩 인덱스로 구성한다. 먼저 텍스트에 대한 토큰은 GPT2 모델의 워드 임베딩 층인 self.gpt2.transformer.wte에 입력해 토큰 임베딩 벡터를 inputs_embeds에 할당한다. 워드 임베딩 wte 층에 입력 시 input_ids에서 텍스트 토큰만 입력하기 위해서 2차원에 대한 인덱스를 1에서 -1로 슬라이스한다. 그다음 프롬프트 토큰을 구성을 하기 위해 input_ids 토큰 인덱스 행렬에서 2차원에 0번과 -1번 위치의 인덱스를 tf.concat을 활용해 prompt_indexs로 할당한다. 이렇게 하여 프롬프트 임베딩 층에 입력할 수 있도록 한다. 프롬프트 임베딩 층에 입력한 prompt_indexs는 self.prompt_embedding과 self.mlp와 self.bilstm을 거쳐 prompt_embeds로 할당해 프롬프트 토큰 임베딩을 구성한다. 이렇게 구성한 프롬프트 토큰 임베딩과 텍스트 토큰 임베딩을 입력한 토큰 인덱스 구조로 만들기 위해 tf.concat 함수를 활용해 재구성한다. 이렇게 구성하면 gpt2 모델에 입력할 준비가 된 것이다.

```
def call(self, inputs):
    input_ids = inputs[0]
    attention_mask = inputs[1] if len(inputs) > 1 else None
```

```
        inputs_embeds = self.generate_prompt_input(input_ids)
        last_hidden_states, _ = self.gpt2({'inputs_ids': None, 'inputs_embeds':
  inputs_embeds, 'attention_mask': attention_mask})
        output = last_hidden_states[:, -1, :]

        return outputs
```

프롬프트 토큰을 구성해 모델에 입력할 준비가 되었다면 이제 gpt2 모델에 입력해 학습과 추론을 할 수 있는 call 함수를 구현해보자. call 함수에서는 __init__ 함수에서 생성한 모듈 층들을 활용해 연산 과정을 구현한다. 함수의 입력값은 inputs를 받는다. 이 inputs는 리스트 구조로 입력을 하고 튜플의 첫 번째 위치에는 입력 토큰 인덱스를 두 번째 위치에는 어텐션 마스크를 값으로 담는다. 예를 들어 '입력 토큰 인덱스'와 '어텐션 마스크'가 각각 있다면 리스트로 [입력 토큰 인덱스, 어텐션 마스크] 형태로 함수에 입력된다. 어텐션 마스크는 프롬프트 토큰 학습 시 패드 토큰에 대한 정보를 학습하지 않게 하기 위한 것이다. 함수 입력값을 통해 토큰 인덱스 input_ids는 self.generate_prompt_input 함수를 통해 프롬프트 토큰과 같이 구성한 텍스트 임베딩을 inputs_embeds로 할당한다. 구성한 텍스트 임베딩과 어텐션 마스크는 self.gpt2에 dict 구조로 입력한다. self.gpt2를 호출 시 input_ids에 대해 None으로 입력하고 input_embeds에 임베딩 벡터를 입력하면 gpt2에 대한 연산을 임베딩 층을 거치지 않고 연산한다. self.gpt2 연산을 통해 출력한 결과는 앞서 소개된 언어 모델 미세조정 실습과 동일하게 튜플 형태로 last_hidden_states, past, hidden_states, attentions 순으로 출력한다. 여기서는 last_hidden_states를 이용해 생성된 토큰 인덱스 0에 대해서 출력하고 입력 배치의 각 마지막 인덱스 토큰을 얻기 위해 2번째 차원에서 -1 번째 인덱스의 값을 outputs로 할당한다.

이렇게 구현한 피-튜닝 모델은 gpt2 가중치에 영향을 주지 않고 간단하게 프롬프트 토큰만을 학습할 수 있다.

피-튜닝을 위한 네이버 영화 리뷰 데이터 전처리

이번 실습에서도 GPT2 미세조정 학습, 퓨샷 러닝 방식과 마찬가지로 동일할 토크나이저를 생성하고 학습 데이터를 불러온다.

```
TOKENIZER_PATH = './gpt_ckpt/gpt2_kor_tokenizer.spiece'
tokenizer = SentencepieceTokenizer(TOKENIZER_PATH)
```

```
vocab = nlp.vocab.BERTVocab.from_sentencepiece(TOKENIZER_PATH,
                                               mask_token=None,
                                               sep_token='<unused0>',
                                               cls_token=None,
                                               unknown_token='<unk>',
                                               padding_token='<pad>',
                                               bos_token='<s>',
                                               eos_token='</s>')
DATA_IN_PATH = 'data_in/KOR'
DATA_OUT_PATH = 'data_out/KOR'

DATA_TRAIN_PATH = os.path.join(DATA_IN_PATH, 'naver_movie', 'ratings_train.txt')
DATA_TEST_PATH = os.path.join(DATA_IN_PATH, 'naver_movie', 'ratings_test.txt')

train_data = pd.read_csv(DATA_TRAIN_PATH, header = 0, delimiter = '\t', quoting = 3)
train_data = train_data.dropna()
```

토크나이저는 센텐스피스 모델을 불러오고 학습 데이터는 판다스를 사용해 txt 파일을 불러
온다. 데이터를 정상적으로 불러왔다면 토크나이저를 활용해 모델에 입력할 데이터를 구성해
보자.

```
def clean_text(sent):
    sent_clean = re.sub('[^가-힣ㄱ-ㅎㅏ-ㅣ\\s]', '', sent)
    return sent_clean

def add_prompt_token(tokens):
    return [0] + tokens + [1]

train_data_sents = []
train_attn_mask = []
train_data_labels = []

for train_sent, train_label in train_data[['document', 'label']].values:
    train_tokenized_text = vocab[tokenizer(clean_text(train_sent))]

    tokens = []
    tokens += pad_sequences([train_tokenized_text],
```

```
                            SENT_MAX_LEN,
                            value=vocab[vocab.padding_token],
                            padding='post').tolist()[0]
        tokens = add_prompt_token(tokens)

        train_attn_mask.append([1 if t != 3 else 0 for t in tokens])
        train_data_sents.append(tokens)

        label = vocab[tokenizer('긍정')] if train_label == 1 else vocab[tokenizer('부정')]
        train_data_labels.append(label)


    train_attn_mask = np.array(train_attn_mask, dtype=np.int64)
    train_data_sents = np.array(train_data_sents, dtype=np.int64)
    train_data_labels = np.array(train_data_labels, dtype=np.int64)
```

텍스트를 전처리하는 방법은 앞서 GPT-2 모델을 활용해 미세조정했을 때와 비슷한데 프롬 프트 토큰을 추가하는 것이 큰 차이점이다. 앞서 모델 구현에서 설명했다시피 프롬프트 토큰 입력을 위해 입력 텍스트 앞뒤로 프롬프트 토큰을 입력해야 한다. 이를 위해 add_prompt_token 함수를 구현해 입력 텍스트 토큰 앞뒤에 프롬프트 토큰을 붙이도록 구현한다. 붙이는 토큰 0 과 1은 각각 예측 문장의 시작을 알리는 정보와 예측 토큰이 다음에 나와야 한다는 정보를 표 현한다. 프롬프트 토큰을 추가하는 방식 외에는 기존 미세조정에서 학습하는 방식과 동일하 다. clean_text를 통해 한글 데이터만 토크나이징을 하고 인덱싱한다. 토큰 인덱스에 대한 패 딩을 하기 전에 add_prompt_token을 호출해 프롬프트 토큰을 추가하고 pad_sequences를 거친 다. pad_sequences 함수에서 출력한 값은 [1 × 문장 최대 토큰 길이] 형태의 2차원의 넘파이 배열로 구성되어있다. 넘파이 배열에서 리스트로 변환하기 위해 to_list 함수를 호출하고 0 번 인덱스를 호출해 패딩된 결과를 얻는다.

추가로 피-튜닝 실습에서는 어텐션 마스킹을 학습 데이터와 같이 만든다. 이 어텐션 마스킹 은 학습 시에 패딩 영역에 대해 학습되지 않게 하려고 만든 것이다. 어텐션 마스킹 정보를 만 들기 위해 패딩된 인덱스 정보에서 패드의 인덱스 값인 3과 다른 경우 1 같은 경우 0으로 하 나의 리스트를 생성한다. 예를 들어 입력 토큰 인덱스가 [134, 280, 48212, 7175, 5895, 47643, 47491, 7974, 9092, 3, 3, 3, 3, 3, 3] 이라면 이 인덱스들에 대한 어텐션 마스킹은

[1, 1, 1, 1, 1, 1, 1, 1, 1, 0, 0, 0, 0, 0, 0] 으로 만들어진다. 마스크에서 값이 0인 경우 모델 학습 시 패드에 대한 정보를 무시할 수 있다. 이렇게 만들어진 어텐션 마스킹 정보는 train_attn_mask 리스트에 추가한다.

만들어진 각 데이터는 다음과 같이 나타난다.

```
print('입력 토큰 인덱스: ', train_data_sents[0])
print('어텐션 마스크: ', train_attn_mask[0])
print('정답 라벨: ', train_data_labels[0])
```

[실행 결과]
```
입력 토큰 인덱스:  [    0     0   134   280 48212  7175  5895 47643 47491  7974  9092
     3
      3     3     3     3     3     3     3     3     3     3     3     3
      3     3     3     3     3     3     3     3     3     3     3     3
      3     3     3     3     3     1]
어텐션 마스크:  [1 1 1 1 1 1 1 1 1 1 1 0 0 0 0 0 0 0 0 0 0 0 0 0 0 0 0 0 0 0 0 0 0 0
 0 0
  0 0 0 1]
정답 라벨:  [2473]
```

이제 피-튜닝 학습 데이터를 구성했으니 모델 학습을 해보자.

네이버 영화 리뷰 감정 분석을 위한 피-튜닝 학습

이제 정의한 피-튜닝 모델과 학습 데이터를 가지고 학습해보자.

```
BASE_MODEL_PATH = './gpt_ckpt'
cls_model = TFGPT2PtuningClassifier(dir_path=BASE_MODEL_PATH)
```

먼저 구현한 TFGPT2PtuningClassifier 모델을 생성해 cls_model에 할당한다. 모델 경로는 이전 실습들과 동일하게 설정한다.

```
optimizer = tf.keras.optimizers.Adam(learning_rate=1e-4)
loss = tf.keras.losses.SparseCategoricalCrossentropy(from_logits=True)
metric = tf.keras.metrics.SparseCategoricalAccuracy('accuracy')
cls_model.compile(optimizer=optimizer, loss=loss, metrics=[metric])
```

모델 객체를 생성되면 학습에서 사용할 옵티마이저와 손실 함수, 평가 지표함수 등을 생성해
cls_model.compile 함수에 입력한다. 여기서 loss는 모델에서 생성한 마지막 토큰과 정답 라벨
토큰을 가지고 산출하므로 이전 GPT2 언어 모델 미세조정 실습에서 다룬 tf.keras.losses.
SparseCategoricalCrossentropy를 활용한다.

```
model_name = 'tf2_gpt2_ptuning_naver_movie'

earlystop_callback = EarlyStopping(monitor='val_accuracy', min_delta=0.0001, patience=2)

checkpoint_path = os.path.join(DATA_OUT_PATH, model_name, 'weights.h5')
checkpoint_dir = os.path.dirname(checkpoint_path)

if os.path.exists(checkpoint_dir):
    print('{} -- Folder already exists \n'.format(checkpoint_dir))
else:
    os.makedirs(checkpoint_dir, exist_ok=True)
    print('{} -- Folder create complete \n'.format(checkpoint_dir))

cp_callback = ModelCheckpoint(
    checkpoint_path,
    monitor='val_accuracy',
    verbose=1,
    save_best_only=True,
    save_weights_only=True
)

history = cls_model.fit((train_data_sents, train_attn_mask), train_data_labels,
                    epochs=NUM_EPOCHS,
                    batch_size=BATCH_SIZE,
                    validation_split=VALID_SPLIT,
                    callbacks=[earlystop_callback, cp_callback])
```

그다음 피-튜닝을 위한 학습 진행을 위한 방법은 미세조정 학습했던 모델들과 방식과 동일한
방식으로 학습한다. EarlyStopping 객체를 earlystop_callback에 호출해 모델 학습에 대한 얼
리스타핑을 할 수 있게 하고 ModelCheckpoint 객체를 cp_callback에 할당해 매 에폭마다 모델

결과를 저장한다. 그다음 `cls_model.fit`으로 모델 학습을 시작한다. 학습 때 입력할 토큰 인덱스 데이터와 어텐션 마스크 데이터를 튜플로 구성해 입력한다. 생성한 각 callback 객체들은 callbacks 파라미터에 입력해 학습을 진행한다. 학습 후 성능 그래프는 다음과 같다.

```
plot_graphs(history, 'accuracy')
```

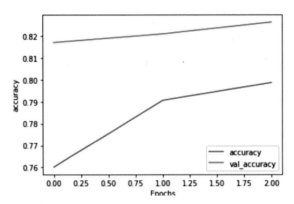

그림 8.16 GPT2 파-튜닝 문장 분류의 학습 정확도 그래프

```
plot_graphs(history, 'loss')
```

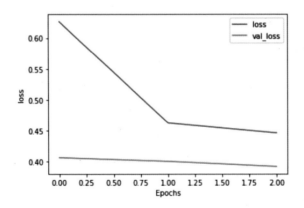

그림 8.17 GPT2 파-튜닝 문장 분류의 학습 손실 함수 그래프

정확도와 손실 함수 그래프를 보면 계속해서 성능이 오르는 것을 확인할 수 있다.

네이버 영화 리뷰 모델 파-튜닝 테스트

모델 학습을 마쳤다면 이제 테스트를 진행해 보자.

```python
test_data = pd.read_csv(DATA_TEST_PATH, header=0, delimiter='\t', quoting=3)
test_data = test_data.dropna()
test_data.head()
```

테스트 데이터 구성은 앞서 학습 데이터 구성과 동일한 방식으로 진행한다.

```python
test_data_sents = []
test_data_labels = []
test_attn_mask = []

pred_tokens = []


for test_sent, test_label in test_data[['document', 'label']].values:
    test_tokenized_text = vocab[tokenizer(clean_text(test_sent))]

    tokens = []
    tokens += pad_sequences([test_tokenized_text],
                            SENT_MAX_LEN,
                            value=vocab[vocab.padding_token],
                            padding='post').tolist()[0]
    tokens = add_prompt_token(tokens)
    test_data_sents.append(tokens)
    mask = [1 if t != 3 else 0 for t in tokens]
    test_attn_mask.append(mask)

    label = vocab[tokenizer('긍정')] if test_label == 1 else vocab[tokenizer('부정')]
    test_data_labels.append(label)

test_attn_mask = np.array(test_attn_mask, dtype=np.int64)
test_data_sents = np.array(test_data_sents, dtype=np.int64)
test_data_labels = np.array(test_data_labels, dtype=np.int64)
```

clean_text로 test_sent 텍스트에서 한글만 남기고 tokenizer를 거쳐 vocab을 통해 인덱싱한다. 그 뒤엔 pad_sequence로 패딩하고, 프롬프트 토큰을 추가하기 위해 add_prompt_token을 호출한다.

그 외에 어텐션 마스크와 평가할 레이블을 생성해 테스트할 준비를 마친다.

```
cls_model.load_weights(checkpoint_path)

results = cls_model.evaluate((test_data_sents, test_attn_mask), test_data_labels,
batch_size=1024)
print("test loss, test acc: ", results)
```

피-튜닝 학습에서도 이전 실습과 같이 model.evaluate를 수행해 평가한다. 테스트를 진행하면 약 82%의 정확도가 나올 것이다. 직전의 퓨샷 러닝 실습 결과와 비교하면 약 22%의 정확도가 높아진 성능이다.

표 8.1 네이버 영화 데이터셋의 성능 평가 비교

	CNN Classifier	GPT2 피-튜닝
Score	82.63%	81.64%

이 GPT2 피-튜닝 성능은 4장에 소개된 CNN 분류 모델과 비슷하다. 하지만 GPT-2 모델의 가중치를 수정하지 않고 GPT-2 피-튜닝으로 프롬프트 토큰 임베딩 2개에 대한 학습만을 통해 이와 같은 성능을 낼 수 있고, 더욱이 퓨샷 러닝의 성능에 좀 더 좋은 성능을 보일 수 있다는 이점도 있다.

이 실습에서 GPT2 모델이 피-튜닝이 퓨샷보다 나은 점을 보였는데, 앞서 소개한 GPT3를 활용해 피-튜닝을 한다면 지금의 피-튜닝 성능보다 더 높을 수 있다.